W0400555

Kohlhammer

Prendke

Lexikon der Feuerwehr

Begonnen von Wolf-Dieter Prendke

Fortgeführt und herausgegeben von
Hermann Schröder

Redaktion: Professor Dr. Günter Springer

Mit Beiträgen von
Johann Bartetzko, Berthold Brutscher, Ralf Fischer,
Adolf Fleck, Heinz-Otto Geisel, Joachim Hahn,
Frieder Kircher, Jürgen Klein, Jochen Matenaer,
Wolfgang Maurer, Erhard Ortelt, Jens Rönnfeldt,
Hermann Schröder und Rüdiger Zimmermann

3., überarbeitete und erweiterte Auflage

Verlag W. Kohlhammer

Leitender Branddirektor Dipl.-Ing. Wolf-Dieter Prendke †
war Stellvertretender Leiter der Feuerwehr Stuttgart

Branddirektor Dipl.-Ing. Hermann Schröder
ist Leiter der Landesfeuerwehrschule Baden-Württemberg

3., überarbeitete und erweiterte Auflage 2005

Umschlag: Gestaltungskonzept Peter Horlacher
unter Verwendung eines Fotos von Jochen Thorns, Filderstadt
Gesamtherstellung: W. Kohlhammer
Druckerei GmbH + Co. KG, Stuttgart
Printed in Germany

ISBN 3-17-018610-8

Vorwort zur 1. Auflage

Nach sorgfältiger Vorbereitung erscheint das im Jahr 1993 vom damaligen Stellvertretenden Leiter der Feuerwehr Stuttgart, Herrn Ltd. Branddirektor Dipl.-Ing. Wolf-Dieter Prendke, begonnene „Lexikon der Feuerwehr". Eine tückische Krankheit machte es Herrn Prendke nach Aufnahme seiner Arbeit an diesem Lexikon leider unmöglich, sein Werk fortzusetzen und zu vollenden. Der langjährige Vorsitzende des Arbeitskreises Ausbildung der AGBF und damit gleichzeitig bundesweite Betreuer der Brandreferendare im höheren feuerwehrtechnischen Dienst verstarb am 23. November 1994. Die deutschen Feuerwehren verloren mit ihm einen vorbildlichen Kollegen.

Für mich war es daher nicht nur Verpflichtung, sondern Selbstverständlichkeit und Ehre, auf Bitten des Verlages die Herausgeberschaft für das Lexikon zu übernehmen und die begonnene Arbeit zu vollenden. Elf kompetente Autoren zeichnen für die knapp 2 400 Begriffe und 78 Tabellen aus dem Feuerwehrwesen und aus verwandten Fachgebieten verantwortlich. Professor Dr. Günter Springer hat die Fachbegriffe lexikalisch aufbereitet und zu einer Einheit zusammengeführt.

Der *Prendke* enthält alle für eine Feuerwehrfrau/einen Feuerwehrmann wichtigen Begriffe aus folgenden Fachgebieten: Bauwesen, Brandlehre, Einsatztaktik, Fahrzeug- und Gerätetechnik, Gefahrstoffe, Informations- und Kommunikationswesen, Löschanlagen, Löschlehre, Normenwesen, Organisation, Polizeiwesen, Pumpenkunde, Rettungsdienst, Strahlenschutz, Tauchwesen, Umweltschutz, Vorbeugender Brandschutz, Wasserversorgung und -hygiene, Quellen sind die gängige Fachliteratur einschließlich aktueller Fachzeitschriften, zum anderen DIN-Blätter, VDE-Bestimmungen, Unfallverhütungsvorschriften, Gesetze und Verordnungen.

Ein umfassendes Verweissystem (→) führt den Benutzer zu dem gesuchten Begriff oder weist auf Begriffe hin, die spezielle Erläuterungen enthalten bzw. übergeordnete Zusammenhänge darstellen.

Das Lexikon soll den Feuerwehrangehörigen in der Ausbildung und im allgemeinen Dienstbetrieb wie auch dem interessierten feuerwehrtechnischen Laien ein verlässlicher Ratgeber und eine sichere Orientierungshilfe sein. Es verschafft bei komplexen Zusammenhängen einen ersten Überblick über den Begriff. Großer Wert wurde auf eine verständliche Darstellung gelegt. Die Begriffe sind möglichst präzise formuliert und anschaulich erläutert, fremdsprachliche Begriffe sind übersetzt.

Als Herausgeber danke ich dem Verlag für die Unterstützung bei der Erstellung dieses Werkes, Dank auch den Autoren für ihre Arbeit bei der Abfassung ihrer Begriffe und für das Verständnis und ihre Geduld, die sie bei der Abstimmung der Begriffe aufgebracht haben.

Ein ganz besonderer Dank gilt Herrn Professor Dr. Springer; ohne ihn wäre dieses Lexikon für die Feuerwehren nie möglich geworden. Ihm oblag nicht nur die redaktionelle Aufarbeitung und Abstimmung der einzelnen Begriffe, vielmehr war er auch stets engagierter Antreiber, Motivator und kritischer Hinterfrager für die Autoren. Hierfür herzlichen Dank.

Auch größte Sorgfalt kann Fehler und Ungenauigkeiten, aber auch Lücken nicht verhindern. Autoren, Herausgeber und Verlag sind daher für alle Vorschläge und Anregungen dankbar.

Bruchsal/Stuttgart, im Herbst 1996 Hermann Schröder

Vorwort zur 3. Auflage

Rechtzeitig zur INTERSCHUTZ 2005 erscheint das „Lexikon der Feuerwehr" überarbeitet und aktualisiert in seiner 3. Auflage. Der „Prendke" – so der zwischenzeitlich in der Feuerwehrwelt verwendete Name für das Lexikon – hat sich zu einem Standardwerk in der Feuerwehrfachliteratur entwickelt. In vielen Bücherschränken von Dienststellen und interessierten Feuerwehrangehörigen findet man den „Prendke" wieder. Und was wichtig ist: Das Lexikon steht nicht nur in den Regalen, sondern es macht auch einen „abgegriffenen" Eindruck.

Die Autoren und der Herausgeber freuen sich, dass sich der Name „Prendke" etabliert hat. Damit bleiben langfristig die Leistungen und die Verdienste des ehemaligen Stellvertretenden Leiters der Feuerwehr der Landeshauptstadt Stuttgart, des Leitenden Branddirektors Dipl.-Ing. Wolf-Dieter Prendke (†), in der Erinnerung der Feuerwehrwelt bewusst und lebendig.

Die Autoren haben versucht, die am häufigsten interessierenden Begriffe zu erfassen und zu erläutern; dennoch besteht kein Anspruch auf Vollständigkeit – zu umfangreich ist das Feuerwehrwesen. Im „Prendke" sind mehr als 3500 Begriffe des Feuerwehrwesens definiert. In der 3. Auflage sind vor allem die in den vergangenen Jahren laufenden Umstrukturierungen im Norm- und Vorschriftenwesen eingearbeitet worden. Auch die neuen amtlichen Rechtschreibregeln wurden in der 3. Auflage berücksichtigt.

Danken darf ich dem Lektorat und der Verlagsleitung des Kohlhammer-Verlags für die engagierte Unterstützung bei der umfangreichen Aktualisierungsarbeit. Den Nutzern des Lexikons wünsche ich viel Freude beim Gebrauch des „Prendke".

Und sollten Sie einmal einen wichtigen Begriff nicht finden oder sollte Ihnen ein Fehler auffallen, so sind die Autoren, der Verlag und der Herausgeber für Hinweise und Verbesserungsvorschläge dankbar.

Sommer 2005 Hermann Schröder

Autoren und ihre Fachgebiete

Bartetzko, Johann (Bt), Dipl.-Ing. (FH), Amtsrat an der Landesfeuerwehrschule Baden-Württemberg (Baukunde)

Brutscher, Berthold (Br), Dipl.-Ing. (FH), Oberamtsrat an der Landesfeuerwehrschule Baden-Württemberg (Wasserversorgung und -hygiene)

Fischer, Ralf (Fi), stv. Bezirksbrandmeister bei der Bezirksregierung Arnsberg, Richter am Amtsgericht (Rechtsbegriffe)

Fleck, Adolf (Fl), Dipl.-Ing., Oberbrandrat und Stellvertretender Leiter der Landesfeuerwehrschule Baden-Württemberg (Fahrzeug- und Pumpenkunde, Gefahrstoffe, Umweltschutz)

Geisel, Heinz-Otto (Ge), Dipl.-Ing., Oberbrandrat an der Landesfeuerwehrschule Baden-Württemberg (Informations- und Kommunikationswesen)

Hahn, Joachim (Ha), Dipl.-Ing., Branddirektor a. D., ehemals Leiter der Abteilung Aus- und Fortbildung der Berliner Feuerwehr (Brandlehre, Einsatzlehre)

Kircher, Frieder (Ki), Dipl.-Ing., Leitender Branddirektor bei der Berliner Feuerwehr (Vorbeugender Brandschutz)

Klein, Jürgen (Kl), Dr. rer. nat., Oberbrandrat an der Landesfeuerwehrschule Baden-Württemberg (Strahlenschutz, Löschlehre)

Matenaer, Jochen (Mt), Erster Polizeihauptkommissar bei der Wasserschutzpolizei Baden-Württemberg (Polizei, Tauchwesen, Schifffahrt)

Maurer, Wolfgang (Ma), Dipl.-Ing. (FH) Brandamtsrat bei der Berufsfeuerwehr Düsseldorf (Technische Hilfeleistung)

Rönnfeldt, Jens (Rö), Dipl.-Ing. (FH), Brandoberamtsrat bei der Branddirektion Frankfurt am Main (Gefährliche Stoffe und Güter, Messtechnik)

Ortelt, Erhard (Oe), Hauptbrandmeister a. D. im Verband Werkfeuerwehren und betrieblicher Brandschutz Rheinland-Pfalz e. V. (Feuerlöscher, Löschanlagen, Berufsgenossenschaften)

Schröder, Hermann (Sr), Dipl.-Ing., Branddirektor und Leiter der Landesfeuerwehrschule Baden-Württemberg (Einsatzlehre, Organisation)

Zimmermann, Rüdiger (Zi), Stadtbrandmeister und Leiter der Feuerwehr Gernsbach (Atemschutz, Rettungsdienst, Gerätekunde)

Zum Arbeiten mit diesem Buch

- In **Fettdruck** steht in der ersten Zeile der **Hauptbegriff** (Fachbegriff). Dabei handelt es sich meist um Substantive. Normalerweise steht der Begriff in der Einzahl. Als Hauptbegriffe sind auch **Abkürzungen** eingearbeitet. Auf weitere Definitionen wird nach dem Hauptbegriff durch „(auch ...)" hingewiesen; Beispiel: Brandwache (auch: Brandstellenwache).

- **Abkürzungen,** die aus **Einzelbuchstaben** in Verbindung mit **Zahlen** bestehen, stehen in der alphabetischen Ordnung direkt nach den betreffenden Grundbuchstaben der Abkürzung; Beispiel: G 26 vor Gamma-Strahlung, LF 8 nach dem Begriff Lewis.

- Auf den Hauptbegriff folgt ggf. die übliche **Abkürzung,** dann die **Erklärung,** wo möglich in Form einer **Definition;** dann folgen **Beispiele** und ggf. Hinweise auf FwDVen, DIN-Blätter, VDE- und andere Vorschriften.

- **Unterbegriffe** sind durch **Spiegelstriche** (–) und durch **Fettdruck** gekennzeichnet.

- **Kleinschreibung** steht vor Großschreibung.

- **Umlaute** sind jeweils nach den entsprechenden Buchstaben eingeordnet (DUDEN-Regel); Beispiele: Führen nach Fuge, A-Schlauch nach Asbestzement, Alarm- und Ausrückeordnung nach Alarmübertragungsanlage.

- **Verweispfeile** (→) weisen darauf hin, dass der betreffende Begriff im Buch aufgeführt ist und dass dort Ergänzungen gegeben werden.

- **Personenbezogene Begriffe** sind der Einfachheit halber und zur besseren Lesbarkeit meist nur in **männlicher Form** aufgeführt.

Abbrandfestigkeit ist ein Maß für die Beständigkeit des Schaumes (→ *Schaummittel)* gegen Wärme. In der Praxis wird wegen der Zerstörung des Schaumes durch die Wärme etwa 30 bis 50 % mehr Schaum benötigt, als nach der Volumenberechnung ohne Brand notwendig wäre. *(Kl)*

Abbrandgeschwindigkeit → *Abbrandrate. (Ha)*

Abbrandrate
– **allgemein**: Masseverlust des in einer bestimmten Zeiteinheit verbrennenden Materials; Einheit (beispielsweise): g/s. Die Abbrandrate eines Stoffes kann unterschiedlich sein: Holzwolle hat eine größere Abbrandrate als massives Holz;
–, **spezifische**: (Abbrandgeschwindigkeit), die in einer bestimmten Zeitspanne verbrennende Masse oder das verbrennende Volumen eines → *brennbaren Stoffes*, bezogen auf die Flächeneinheit der Brennstoffoberfläche;
Einheit: $kg/(m^2 \cdot s)$; $kg/(m^2 \cdot h)$ bzw. $m^3/(m^2 \cdot s)$ *(Tabelle)*. Sie ist abhängig von
– der Art und den Eigenschaften des Stoffes,
– dem Mischungsverhältnis brennbarer Stoff/Sauerstoff,
– dem Verhältnis von Oberfläche zu Masse bzw. Oberfläche zu Volumen (Verteilungsgrad): je feiner verteilt der Stoff ist, um so größer ist seine Abbrandrate;
– dem → *Aggregatzustand* (fest, flüssig, gasförmig),

brennbarer Stoff	**spezifische Abbrandrate** *in* $kg/(m^2 \cdot h)$
Holz	54
Baumwolle	15
Natrium	42 bis 63
Benzin	160 bis 200
Dieselkraftstoff	150

– vom Sauerstoffgehalt: mit der Sauerstoffkonzentration steigt die Abbrandrate. *(Ha)*

ABC, Abk. für: Atomare, biologische, chemische Gefahrstoffe; früher wurden unter der Abkürzung ABC nur Gefahrstoffe verstanden, die als Kampfmittel verwendet werden. *(Sr)*

ABC-Dienst, früher: Begriff für den → *Fachdienst* des → *Katastrophenschutzes* zur Bekämpfung der Gefahren von atomaren, biologischen und chemischen Kampfmitteln.
Der ABC-Dienst dekontaminierte (→ *Dekontamination*) Menschen und Sachen; er erkundete (maß) ferner die von Kampfmitteln ausgehenden Belastungen. Er bestand aus einer Erkundungs-Einheit und einer Dekontaminations-Einheit. *(Sr)*

ABC-Löschpulver, → *Löschpulver* für die → *Brandklassen A, B* und *C* nach DIN EN 615.
ABC-Löschpulver enthält im Unterschied zum BC-Löschpulver zusätzlich Salze mit einem niedrigen Schmelzpunkt (etwa 200 bis 300 °C), sodass sie bei Bränden fester, glutbildender Stoffe auf der Glut aufschmelzen, dabei Wärme aus dem Stoff entziehen und beim Erkalten eine Salzschicht auf der Oberfläche hinterlassen.
Folgende Chemikalien werden verwendet:
– Diammoniumphosphat $(NH_4)_2HPO_4$,
– Ammoniumsulfat $(NH_4)_2SO_4$,
– Bariumsulfat $BaSO_4$. *(Oe)*

Abfall,
–, **gefährlicher**: → *Gefahrstoff*, dessen sich der Besitzer entledigen will; Beispiele: ölgetränkte

Lappen, Abfallschwefelsäure, Inhalt von Ölabscheidern.
Gefährliche Abfälle unterliegen denselben Gefahrgutvorschriften wie Chemikalien. Bei der Entsorgung von Abfall gilt die → *Abfall-Schlüsselnummer*: sie dient zur Identifizierung und Zuordnung von Abfall; Beispiele: Abfall-Schlüsselnummer 030204 = anorganische Holzschutzmittel, 160502 = Löschpulver. *(Fl)*

–, radioaktiver: → *radioaktive Stoffe*, die z. B. in Kernkraftwerken oder Isotopenlabors anfallen oder Strahler, die beseitigt werden sollen oder aus Gründen des Strahlenschutzes, z. B. wegen ihrer hohen → *Aktivität*, geordnet beseitigt werden müssen. *(Kl)*

Abfall-Schlüsselnummer ist eine sechsstellige Ziffer (z. B. 090101 für Entwicklerbäder), über die ein Abfall identifiziert werden kann. Die Abfallarten sind in der Verordnung zum Europäischen Abfallkatalog nach der Systematik des Europäischen Abfallartenkataloges aufgeführt. Diese Nummer wird z. B. beim Abfallnachweisverfahren mittels Begleitscheinen und Entsorgungsnachweisen eingesetzt. *(Fl)*

Abfragen, Feststellen des Verbindungswunsches eines rufenden Teilnehmers durch das Betriebspersonal der Fernmeldezentrale mit handbedienter Fernsprechvermittlung, insbesondere beim Betrieb eines → *Feldkabelnetzes* (mit Telefonen) in → *Ortsbatterie-Technik* bei Großschadenstellen. *(Ge)*

Abfragende Verbindung → *Festverbindung. (Ge)*

Abgasschlauch, ein Schlauch zur Ableitung von Auspuffgasen; er verhindert, dass der → *Maschinist* am Bedienstand des Fahrzeuges oder des Gerätes giftige Abgase einatmet. Man unterscheidet mobile und stationäre Abgasschläuche. Mobile Abgasschläuche werden z. B. zum Ableiten von Abgasen von → *Feuerwehrfahrzeugen*, → *Tragkraftspritzen*, → *Stromerzeugern* oder → *Lüftern* im Einsatz verwendet. Stationäre Abgasschläuche verwendet man in Fahrzeughallen der → *Feuerwehrhäuser.* Abgasschläuche für Feuerwehrfahrzeuge haben einen Durchmesser von 50, 85, 102 oder 130 mm und eine Länge von 2,5 m, Abgasschläuche für Stromerzeuger einen Durchmesser von 50 mm und eine Länge von 2,5 m, Abgasschläuche für Tragkraftspritzen nach DIN 14410 einen Durchmesser von 50 mm und eine Länge von 1,5 m (DIN 14572). *(Fl)*

Abgasturbolader, eine Strömungsmaschine zur Leistungssteigerung eines Diesel-Motors. Der Abgasturbolader besteht aus einem Turbinenrad und einem Verdichter-Schaufelrad; Prinzip: Die Energie des Abgasstromes treibt die Abgasturbine und diese das Ladegebläse, das auf der gleichen Welle im Zuluftstrom sitzt, an. Bei einem Motor mit Abgasturbolader wird die angesaugte Frischluft außerhalb der Zylinder durch den Abgasturbolader vorverdichtet und in die Zylinder gepresst. Die durch die Kompression erwärmte Luft wird durch einen Ladeluftkühler gekühlt und – da kalte Luft eine höhere Dichte hat – die Zylinderfüllung verbessert und – da durch die Kühlung auch die Verbrennungstemperatur insgesamt niedriger ist als ohne Ladeluftkühlung – der Schadstoffausstoß an Stickoxiden des Motors verringert. Die Leistungssteigerung gegenüber einem Saugmotor beträgt bei Verwendung eines Abgasturboladers etwa 30%. Die Wirkung des Abgasturboladers setzt erst bei höherer Drehzahl des Motors voll ein. *(Fl)*

Abholpunkt (im Fernmeldewesen), Anschlussstelle, an der leitergebundene → *Übertragungswege* übernommen und weitergeführt werden, z. B. die Verlängerung eines Telefonanschlusses der Telekom durch ein selbstverlegtes → *Feldkabel* bis zur Telefonvermittlung im Einsatzleitwagen. *(Ge)*

Abhörgefahr, Möglichkeit, dass Unbefugte den → *Fernmeldeverkehr* erfassen; die Abhörgefahr ist grundsätzlich bei allen Funkgesprächen auf BOS-Funkkanälen (BOS) zu berücksichtigen. Lagemeldungen an die Leitstelle sollten daher keine sensiblen Einzelheiten des Einsatzgeschehens oder Namen von Beteiligten enthalten. *(Ge)*

Abhörsicherheit, Eigenschaft eines → *Übertragungsweges,* z. B. einer Funkverbindung, unbefugtes Mithören zu verhindern, z. B. durch Sprachverschlüsselungsgeräte oder durch ein besonderes Übertragungsverfahren. *(Ge)*

Abkühlen, eine → *Löschwirkung;* beim Abkühlen wird dem Verbrennungsvorgang durch Erwärmen bzw. Verdampfen des → *Löschmittels* soviel Energie (Wärme) entzogen, dass dieser zum Erliegen kommt (Beispiel: Löschmittel Wasser). *(Oe)*

Ablasshahn, Entwässerungshahn an der tiefsten Stelle der → *Feuerlöschkreiselpumpe. (Fl)*

Ablaufplan → *Führungsvorgang. (Sr)*

Abluftöffnung, im Sinne des Brandschutzes eine Öffnung, die manuell oder selbstständig geöffnet wird, um Verbrennungsprodukte wie Brandrauch und Brandwärme möglichst schnell abzuleiten. *(Oe)*

Abmeldung ist die Meldung, die von alarmierten Kräften beim Verlassen ihres Standorts abgegeben wird; Beispiel: „Florian LF xy – zum Brand – Bergstraße 15". *(Sr)*

Abnahmeprüfung, Prüfung feuerwehrtechnischer Geräte oder Fahrzeuge vor der Auslieferung und Übernahme. Sie erfolgt in der Regel im Herstellerwerk und wird von Abnahmebeauftragten der Innenministerien der jeweiligen Bundesländer durchgeführt, z. B. von Mitarbeitern des beauftragten Technischen Überwachungsvereins (TÜV), von damit eigens beauftragten Prüfdiensten, die z. B. bei Feuerwehrschulen oder bei Brandversicherungskassen angegliedert sind.
Bei der Abnahmeprüfung wird auf Einhaltung der Norm oder eines Landeserlasses geprüft. Bei Feuerwehrfahrzeugen ist dies im Einzelnen die Prüfung auf Einhaltung der zulässigen Gesamtmasse, der Vollständigkeit der Beladung und der notwendigen Löschmittelmenge.
Die Abnahmeprüfung ist nicht zu verwechseln mit der Prüfung der Fahrzeuge auf Verkehrstauglichkeit nach § 29 StVZO (Straßenverkehrszulassungsordnung). *(Fl)*

Abnahmeprüfung einer Sprinkler-, Brandmelde- oder Feststellanlage: Nach dem betriebsfertigen Einbau ist am Verwendungsort die einwandfreie Funktion und vorschriftsmäßige Installation durch eine Abnahmeprüfung festzustellen. Sie ist vom Betreiber zu veranlassen und darf nur von Fachkräften der Hersteller oder einer autorisierten Prüfstelle durchgeführt werden. Es ist ein Abnahmeprotokoll zu erstellen, das der Betreiber zur Vorlage, z. B. beim Bauamt, Versicherung usw. benützt. *(Oe)*

Abriegeln (auch: Riegelstellung), ein Vorgehen der taktischen → *Einheiten* mit dem Ziel, die Brandausbreitung in bestimmter Richtung zu unterbinden (DIN 14011 Teil 2). *(Sr)*

Abrollbehälter (AB), auch: Absetzbehälter, ein genormter (DIN 14505), für Feuerwehrzwecke gestalteter Behälter, der auf ein Trägerfahrzeug zur Beförderung aufgesetzt ist und mit einer Ladeeinrichtung an der Einsatzstelle abgelassen bzw. aufgenommen wird (siehe auch → *Wechselladerfahrzeug);*
Beispiele:
- AB-Atemschutz (AB-A),
- AB-Befehlsstelle,
- AB-Belüftung,
- AB-Dekontamination (AB-Dekon),
- AB-Gewässerschutz,
- AB-Küche,
- AB-Löschmittel,
- AB-MANV (Massenanfall von Verletzten),
- AB-Ölbeseitigung (AB-Öl),
- AB-Rüstmaterial (AB-Rüst),
- AB-Schaummittel,
- AB-Schnellkupplungsrohre,
- AB-Strahlenschutz (AB-Str),
- AB-Werkstatt. *(Fl)*

Abrufen, Schlusssignal eines Fernsprechteilnehmers mit → *OB-Telefon* bei Gesprächsende, z. B. durch eine Umdrehung des Kurbelinduktors, damit die handvermittelte Verbindung wieder aufgetrennt wird; Abrufen ist erforderlich beim Betrieb von Telefonanlagen in → *Ortsbatterie-Technik. (Ge)*

Absaugpumpe, Pumpe zum Absaugen, z. B. von Blut und Erbrochenem, aus dem Mund-Rachenraum eines → *Verletzten.*
Absaugpumpen haben einen elektrischen oder pneumatischen Antrieb (Injektorprinzip) oder werden von Hand oder mit dem Fuß betätigt. *(Zi)*

Abschirmung (von radioaktiver → *Strahlung);* je nach Art der Strahlung können zur Abschirmung unterschiedliche Materialien eingesetzt werden. Bei → *Alpha-Strahlung* genügt bereits ein Blatt Papier und bei → *Beta-Strahlung* Aluminiumblech mit einer Dicke von etwa 10 mm zur vollständigen Abschirmung. → *Gamma-Strahlung* kann nicht vollständig abgeschirmt werden. *(Kl)*

Abschnitt → *Einsatzabschnitt. (Sr)*

Abschnittsleiter → *Einsatzabschnittsleiter. (Sr)*

Abschottung, brandsichere Abdichtung von Wand- und Deckendurchbrüchen durch Leitungen oder Rohre (Installationsschacht); Grund: bei Leitungsdurchführungen (Rohre, elektrische Leitungen), die nicht sicher abgeschottet sind, kann es zu einer Brandübertragung kommen; → *Abschottungssysteme. (Ki)*

Abschottungssysteme (nach DIN 4102 Teil 11) dienen der → *Abschottung* (Abdichtung) von Wand- und Deckendurchbrüchen durch Leitungen (elektrische Leitungen, Heizungs-L., Abwasser-L.) zum Schutz vor Brandübertragung; Arten:

– **Brandschutzkissen** dienen zur vorübergehenden Abschottung von Rohrdurchführungen im Ausbauzustand. Sie bestehen aus in Glasseide gehüllte → *intumeszierenden* Baustoffen und werden aufeinandergestapelt in die Rohrdurchbrüche gesteckt. Bei Brandbeanspruchung schäumen sie auf und verschließen damit die Öffnung;
– **Brandschutzstopfen** sind vorgefertigte Abschottungselemente für Kernbohrungen, die mit dem Messer zugeschnitten und in die Öffnung eingefügt werden. Bei Brandbeanspruchung schäumen sie auf und verschließen die Öffnung sicher;
– **Mörtelschott** (auch: Brandschutzmörtel) werden aus einem verarbeitungsfertigen Brandschutzmittel hydraulischer Bindung hergestellt und wie ein Mörtel in den Rohr- oder Leitungsdurchbruch eingepresst bzw. in eine Schalung eingefüllt;
– **Rohrmanschetten** (auch: Brandschutzmanschetten) werden um die zu schützenden Rohrleitungen gelegt. Im Brandfall schäumen → *intumeszierende* Baustoffe in der Rohrmanschette auf und drücken das Rohr zusammen. Rohrmanschetten können auch nachträglich eingebaut werden.
– **Universalschotts** sind vorgefertigte Komplettbauteile, die bereits im Rohbauzustand in die Wand eingebaut werden. Sie bestehen aus Rahmen und den zugehörigen Bauelementen zur Umhüllung von Kabel und Rohren sowie zum Auffüllen der Zwischenräume.
Abschottungssysteme benötigen die Zulassung des → *Deutschen Institutes für Bautechnik* (DIBt) Berlin. *(Ki/Oe)*

Abseilachter, ein in der → *Höhenrettung* und Sicherung eingesetztes Bremssystem zur Eigensicherung beim Abseilen.
Der Abseilachter ist ein Teil, z. B. aus Aluminium, in der Form einer

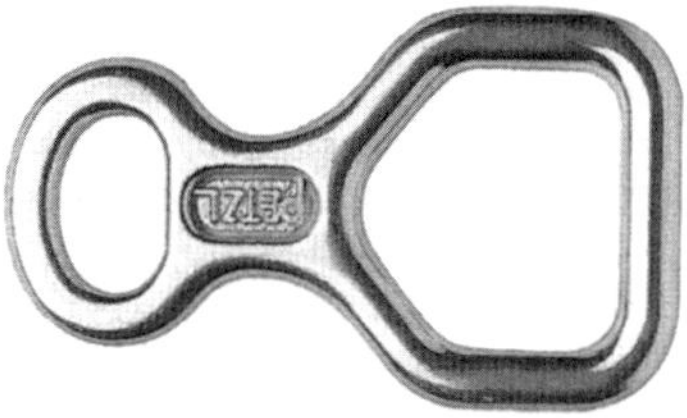

Bild: Abseilachter

Acht (Bild); er kann mit einer Kraft bis 20 kN belastet werden. Das Seil wird durch den Abseilachter geführt. Seilführung und Seildicke beeinflussen die Bremswirkung. Es werden Bremskräfte zwischen 0,8 und 2 kN erreicht. *(Ma)*

Abseilgerät, Gerät zum Auf- bzw. Abseilen von zu rettenden Personen oder Helfern aus Höhen oder Tiefen; → *Rollgliss. (Ma)*

Absetzbehälter, andere Bezeichnung für → *Abrollbehälter. (Fl)*

Absorption, allgemein: Aufnahme von Gasen oder Dämpfen durch feste Körper bzw. Flüssigkeiten unter vollständiger Durchdringung;
– **im Strahlenschutz:** Intensitätsschwächung einer Teilchen- oder Wellenstrahlung durch Materie unter Energieabgabe; Beispiel: → *Abschirmung* von ionisierender Strahlung *(→ Alpha-, → Beta-, → Gamma-Strahlung). (Kl)*
– **im IuK-Wesen** *(→ IuK):* Dämpfung der elektromagnetischen Wellen bei der Ausbreitung vom Sender zum Empfänger. *(Ge)*

Absperrband → *Absperrmaterial. (Kl)*

Absperrgrenze → *Gefahrenbereich. (Kl)*

Absperrmaterial, Gegenstände, z. B. Stangen, Ständer, Ketten oder Flatterband, mit z. B. Warnzeichen vor radioaktiver Strahlung, mit denen Gefahrenbereiche kenntlich gemacht und vor unbefugtem Betreten geschützt werden sollen. Personen, die sich während eines ABC-Einsatzes im → *Gefahrenbereich* befinden, gelten solange als kontaminiert *(→ Kontamination),* bis die Kontaminationsfreiheit nachgewiesen oder eine Dekontamination durchgeführt wurde. *(Kl)*

Absperrung bei der Polizei:
– **äußere:** Absperrung eines bestimmten Raumes von außen und nach außen; Beispiel: Tatort, Unfallstelle, Brandstelle,
– **innere:** Aufteilung eines bereits abgesperrten Raumes in mehrere Abschnitte oder Abschließung eines (aufgeteilten) Raumes, z. B. bei Hausdurchsuchungen. *(Mt)*

Abstand (beim Strahlenschutzeinsatz) → *Strahlenschutzgrundsätze;* → *Abstandsgesetz. (Kl)*

Abstandsgesetz beim Strahlenschutzeinsatz für punktförmige Gamma-Strahlenquellen; → *Gamma-Strahlung:* Die Stärke der → *Dosisleistung* nimmt mit dem Quadrat des Abstandes ab. *(Kl)*

Absturzgefahr, Gefahr, dass Menschen und/oder Gegenstände herunterstürzen können; Beispiel: „Person auf Dach"; Anlass für → *Technische Hilfeleistung* der Feuerwehr bzw. für Rettungsmaßnahmen (DIN 14 011 Teil 3). *(Sr)*

Absturzsicherung, ist erforderlich, wenn Personen durch Absturz gefährdet sind. Die Maßnahmen der Absturzsicherung dienen dazu, Personen bei einem Absturz selbsttätig zu bremsen. Geräte zur Absturzsicherung werden von der Feuerwehr zur Eigensicherung eingesetzt, insbesondere dann, wenn Absturzgefahr besteht und der → *Feuerwehr-Haltegurt* nicht geeignet ist. Die Absturzsicherung wird durch die Feuerwehr-Dienstvorschrift 1/2 geregelt und verwendet → *Feuerwehrleine,* → *Feuerwehr-Haltegurt* und → *Absturzsicherungsset. (Zi)*

Absturzsicherungsset, ist eine zusätzliche, spezielle Ausrüstung für Feuerwehrarbeiten in absturzgefährdeten Bereichen (→ *Absturzsicherung*). Es enthält ein → *Dynamik-Kernmantelseil,* verschiedene → *Karabinerhaken,* verschiedene → *Bandschlingen,* Handschuhe, Gurtzeug (Sitz- und Brustgurt), Kantenschutz und weitere Hilfsmittel aus dem Bereich der → *Höhenrettung.* Sie sind in einem Sack meistens auf → *Hubrettungsfahrzeugen* oder → *Löschfahrzeugen* verlastet. *(Zi)*

Abwasser, nach dem Gebrauch so stark verschmutztes oder belastetes Wasser, das erst nach einem Reinigungsvorgang wieder dem natürlichen Wasserkreislauf zurückgegeben werden kann. *(Br)*

abwehrender Brandschutz → *Brandschutz,* abwehrender. *(Sr)*

Acetylen, (Azetylen, Ethin), farbloses Gas. Reines Acetylen ist fast geruchfrei; das technisch aus Karbid gewonnene Gas riecht unangenehm, weil es z. B. durch Schwefelwasserstoff und Phosphorwasserstoff verunreinigt ist. Es entzündet sich oberhalb 350 °C und verbrennt an der Luft mit stark leuchtender und rußender Flam-

me. Die untere → *Explosionsgrenze* liegt bei 1,5 Vol.-%, die obere Explosionsgrenze bei 82 Vol.-%. Unverdünntes Acetylen kann unter Normaldruck schon von 160 °C an zerfallen und detonieren.
Als Entscheidungshilfe für Einsatzmaßnahmen in Verbindung mit Acetylenflaschen kann die Anlage zu TRAC 208 (Technische Regel Acetylen, November 1997) herangezogen werden. Hat der Zerfall von Acetylen in einem Druckbehälter begonnen, sollten folgende Sicherheitsabstände eingehalten werden *(Tabelle)*. *(Kl)*

Sicherheits-abstand	Personenkreis
bis 200 m	nur dringend notwendiges Einsatzpersonal unter Ausnutzung von Deckungsmöglichkeiten
200 bis 500 m	Zivilpersonen sollten in Gebäuden verbleiben

achtern, seemannssprachlicher Ausdruck für „hinten" (auf einem Schiff), d. h. alles, was hinter → *mittschiffs* liegt. *(Mt)*

ADR, Abk. für: Accord Européen Relatif au Transport International des Marchandises Dangereuses par Route (Europäisches Übereinkommen über die internationale Beförderung gefährlicher Güter auf Straßen). Dem ADR sind 38 europäische Länder beigetreten (Stand: 2004). *(Fl)*

Adresse, eindeutige und unverwechselbare Kennzeichnung des Empfängers einer Nachricht, z. B. einer → *Fernmeldebetriebsstelle,* einer Funkstelle (der → *Funkrufname)* oder eines → *Meldeempfängers* (die „5-Ton-Folge"). *(Ge)*

Adsorption, Anlagerung von Gasen, Dämpfen oder gelösten Stoffen an feste Körper aufgrund atomarer oder molekularer Kräfte.
Adsorbierende Stoffe, z. B. Aktivkohle, haben meist eine große, z. T. auch poröse Oberfläche, an die andere Stoffe angelagert werden können; Beispiele:
- Aktivkohlefilter,
- Adsorption bei der Probennahme luftgetragener Schadstoffe; dabei wird Umgebungsluft in ein Sammelröhrchen gesaugt, in dem sich bestimmte Substanzen, z. B. Aktivkohle, befinden. An diesen Substanzen lagern sich die (luftgetragenen) Schadstoffe an. Die Probe wird durch physikalische oder chemische Verfahren aufbereitet und analysiert. *(Rö)*

AE, Abk. für: → *Alarmempfangseinrichtung. (Ge)*

aerodynamisch wirksame Öffnungsfläche (eines → *Rauchabzugsgerätes* nach DIN 18 232); die Öffnungsfläche (in m^2) eines Rauchabzugsgerätes für den natürlichen Rauchabzug ist ein Maß für die Menge des → *Rauches,* der abgeführt werden kann.
Die aerodynamisch wirksame Öffnungsfläche berücksichtigt den Einfluss des Windes auf die Wirksamkeit des Rauchabzugsgerätes. Sie wird experimentell für jeden Gerätetyp bestimmt und ist im Prüfbericht angegeben.
Die aerodynamisch wirksame Öffnungsfläche ist immer kleiner als die geometrische Öffnungsfläche (Größe der Öffnung in Wand oder Dach). *(Ki)*

Aerosol, ein Stoffgemenge, das aus einem gasförmigen Verteilungsmittel, z. B. Stickstoff oder auch Luft, und äußerst fein verteilten flüssigen oder festen Schwebstoffen besteht. Die Teilchengröße der Schwebstoffe liegt zwischen

10^{-1} und 10^{-6} mm (100 bis 0,001 μm).
Je nach dem → *Aggregatzustand* unterscheidet man Schwebstoffe
– als feste Stoffe (in gasförmigen Stoffen), z. B. → *Rauch* oder → *Staub* und
– als flüssige Stoffe (in gasförmigen Stoffen), z. B. → *Nebel* (Wasser-Luft) und
– als gasförmige Stoffe (in flüssigen Stoffen), z. B. Schaum.
Aerosole sind nur begrenzt beständig. Weit verbreitet sind Aerosole mit kondensierten Verteilungsmitteln, z. B. Lacke, Medikamente und Insektizide, sowie unter Druck verflüssigte Verteilungsmittel, z. B. Sprays. *(Ha)*

AFFF, Abk. für: *Aqueous Film Forming Foam* (= wasserfilmbildender Schaum), ein synthetisches, wasserfilmbildendes → *Schaummittel* aus grenzflächenaktiven Substanzen, z. B. Tensiden; → *Light Water,* → *Schaummittel. (Oe/Kl)*

AFKzV, Abk. für: → *Ausschuss* Feuerwehrangelegenheiten, Katastrophenschutz und zivile Verteidigung. *(Sr)*

AGBF, Abk. für: → *Arbeitsgemeinschaft der Leiter der Berufsfeuerwehren. (Sr)*

AGBF-Löschzug, Bezeichnung für einen Löschzug, wie er von der → *AGBF* bei der Diskussion um die Personalstärke von Berufsfeuerwehren als Mindestanforderung festgelegt ist.
Der AGBF-Löschzug hat eine Mindeststärke von einem Zugführer und 15 Mann. Die AGBF geht bei ihrer Festlegung von einem Standardeinsatz aus, bei dem gleichzeitig eine Brandbekämpfung über den Treppenraum im 2. Obergeschoss und eine Menschenrettung über die Schiebleiter aus dem darüberliegenden Geschoss durchzuführen ist. *(Sr)*

Aggregatzustand, die von Druck und Temperatur abhängige Zustandsform eines Stoffes; man unterscheidet drei Zustandsformen (fest, flüssig, gasförmig):
– feste Stoffe: gekennzeichnet durch mehr oder weniger starke Kohäsion (Zusammenhaltskraft), also durch bestimmtes Volumen mit fester Gestalt,
– flüssige Stoffe: gekennzeichnet durch ihr Volumen; die Kohäsion flüssiger Stoffe ist so gering, dass nur Tröpfchen gebildet werden können; die Kompressibilität (Zusammendrückbarkeit, Verdichtbarkeit) flüssiger Stoffe ist gering;
– gasförmige Stoffe (Gase): gekennzeichnet durch ein bestimmtes Volumen; ideale Gase haben keine Kohäsion. Ideale Gase haben eine Expansion (das Bestreben, sich räumlich auszudehnen); sie füllen jeden angebotenen Raum sofort und gleichmäßig aus.
Bezeichnung der Übergänge:
– vom festen zum flüssigen Zustand: Schmelzen,
– vom flüssigen zum gasförmigen Zustand: Verdampfen,
– vom festen zum gasförmigen Zustand: Sublimieren,
– vom gasförmigen zum flüssigen Zustand: Kondensieren,
– vom flüssigen zum festen Zustand: Erstarren. *(Ha/Oe)*

AGWF, Abk. für: Arbeitsgemeinschaft Werkfeuerwehren. *(Oe)*

Airbag, Sicherheitssystem in Kraftfahrzeugen, das durch eine Unfallmechanik ausgelöst wird und die Fahrzeuginsassen schützen soll (Aufprallschutzgerät).

Man unterscheidet insbesondere Kopf- und Seiten-Airbag.
Die Auslöseeinheit besteht aus Auslösesensor, Steuergerät, Gasgenerator, Luftsack und Abdeckung (mit Sollbruchstelle).
Prinzip: Bei einem Aufprall bläst sich der Airbag, ausgelöst durch eine elektronische Steuerung, innerhalb von einigen Millisekunden auf. Dabei entsteht ein lauter Knall (160 bis 180 dB), Rauch (durch das Treibgas) und hohe Temperaturen.
Bei versehentlichem Auslösen eines intakten Airbags besteht für den Feuerwehrangehörigen und die Fahrzeuginsassen zusätzlich die Gefahr, verletzt zu werden. Eine nachträgliche Auslösung kann durch mechanische Arbeiten am Fahrzeug, aber auch durch elektrische (Kurzschluss) bzw. elektronische (Defibrillator) Einflüsse erfolgen.
Zum Schutz vor den Wirkungen einer nachträglichen Auslösung dienen sog. Auslösesperren, die z. B. über das Lenkrad gezogen werden. *(Ma)*

AK V (sprich: AK fünf), Abk. für: → *Arbeitskreis V der Ständigen Konferenz der Innenminister und -senatoren der Länder. (Sr)*

Akademie für Krisenmanagement, Notfallplanung und Zivilschutz (AKNZ) mit Sitz in Bad Neuenahr-Ahrweiler ist die zentrale Aus- und Fortbildungseinrichtung des Bundes beim → *Bundesamt für Bevölkerungsschutz und Katastrophenhilfe* (BBK). *(Sr)*

Akkreditierte Stelle; Stelle, der die Anerkennung nach DIN 45011 erteilt wurde, Fachfirmen im Sinne dieser Norm zu zertifizieren, z. B. Hersteller und Errichter von Alarmübertragungsanlagen. *(Ge)*

AKNZ, Abk. für: → *Akademie für Krisenmanagement, Notfallplanung und Zivilschutz. (Sr)*

Aktivierungsenergie (Bild) ist bei einer Verbrennung der Teil der → *Zündenergie,* der mindestens aufgewendet werden muss, um ein brennbares System (brennbarer Stoff, Sauerstoff, richtiges „Mengenverhältnis") in einen reaktionsfähigen Zustand zu versetzen.
Die Aktivierungsenergie ist immer geringer als die → *Zündenergie.* Die weitere Zündenergie geht an die Umgebung verloren.
Erklärung (Kollisionstheorie): Eine chemische Reaktion kommt durch Zusammenstoß von Teilchen (Atome, Moleküle) zustande; vgl. → *Reaktionsgeschwindigkeit.* Bei einem Zusammenstoß der Teilchen tritt aber nur dann eine Reaktion ein, wenn die Teilchen eine bestimmte räumliche Anordnung zueinander haben und eine Mindeststoßenergie besitzen. Die Mindeststoßenergie wird vor Beginn der chemischen Reaktion zur Lösung bestimmter Bindungen (Entstehung reaktionsfähiger Radikale) bzw. zur Überwindung einer Energiebarriere benötigt.
Somit gilt: Die Aktivierungsenergie ist die Differenz zwischen der Energie des Ausgangszustandes der Stoffe und der des Eintritts der → *Reaktionswärme.*
Ein Maß für die Stoßenergie ist die → *Temperatur* der Reaktionspartner. Die Mindesttemperatur, bei der eine Reaktion mit Flammenerscheinung eintritt, heißt → *Zündtemperatur.* Durch → *Katalysatoren* kann die erforderliche Aktivierungsenergie vermindert werden. *(Ha)*

Aktivität (einer radioaktiven Substanz), Anzahl der je Sekunde in

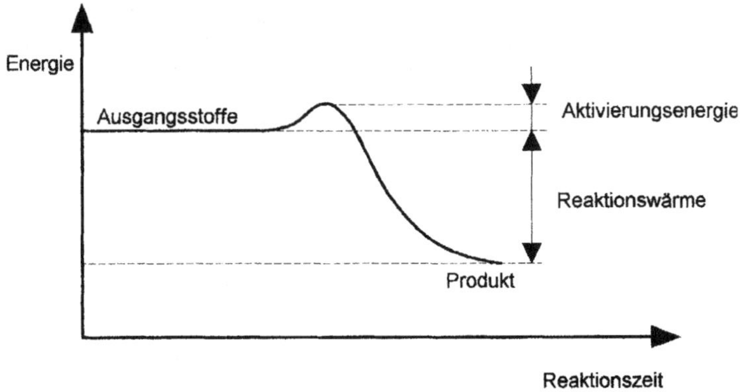

Bild: Energiediagramm einer gehemmten exothermen Reaktion bei konstantem Druck *(Ha)*

einer radioaktiven Substanz ausgesandten Teilchen oder Energiequanten. Die Einheit für die Aktivität ist das → *Becquerel* (Bq). 1 Becquerel entspricht dem Zerfall eines Atomkerns je Sekunde; frühere Einheit der Aktivität: das → *Curie* (Ci): 1 Ci = 37 000 000 000 Bq ($3{,}7 \cdot 10^{10}$ Bq); dies entspricht der Aktivität von 1 g Radium-226; → *Größen und Einheiten im Strahlenschutz.*

–, spezifische: Quotient aus der → *Aktivität* eines Stoffes und der Masse dieses Stoffes; Einheit z. B. Bq/kg. Diese Einheit wird zum Vergleich, z. B. im Lebensmittelbereich, benötigt, da nur unter Bezug zur Masse der einzelnen Stoffe ein direkter Vergleich über die Belastung mit radioaktiven Stoffen stattfinden kann; → *Größen und Einheiten im Strahlenschutz. (Kl)*

Aktivitätskonzentration, Quotient aus der → *Aktivität* eines Stoffes und dem Volumen dieses Stoffes; Einheit: Bq/m^3 bzw. Bq/Liter; → *Größen* und Einheiten im Strahlenschutz. *(Kl)*

akustische Warneinrichtung → *Warneinrichtung. (Zi/Oe)*

Alarm (von franz.: à l'arme! = „zur Waffe!"), Aufforderung zum unverzüglichen Handeln, z. B. zu einer hilfeleistenden Tätigkeit oder einer bestimmten Verhaltensweise; Beispiel: Brandalarm. *(Ge)*

Alarmanlage, Sammelbegriff für → *Alarmierungsanlagen* aller Art. *(Ge)*

Alarmdosimeter → *Dosiswarngerät. (Kl)*

Alarmempfangseinrichtung (AE), Empfangseinrichtung in → *Alarmübertragungsanlagen* (AÜA), die Meldungen aus → *Gefahrenmeldeanlagen* empfängt, quittiert, auswertet, anzeigt und Steuersignale an das → *Übertragungsgerät* übermittelt.
Die Alarmempfangseinrichtung besteht mindestens aus einer → *Übertragungszentrale* und einer → *Bedieneinrichtung. (Ge)*

Alarmgeber (Funk-Alarmgeber), Zusatzgerät nach → *TR BOS* „Geräte für die Funkalarmierung" für Funkgeräte; Aufgabe: Erzeugung eines 5-Ton-Folgerufs und von Doppeltönen, damit → *Alarmsignale* für → *Meldeempfänger* und → *Sirenen* ausgelöst werden können; → *Signalgeber. (Ge)*

Alarmierung, die Ausgabe eines → *Befehls,* durch den bestimmte Einsatzkräfte zu einem sofortigen → *Einsatz* oder zur → *Bereitstellung* aufgefordert werden (DIN 14011 Teil 9); Beispiel: Alarmierung eines Löschzuges in der Feuerwache.
Treffen Einsatzkräfte Schadenereignisse an, zu denen sie nicht alarmiert worden sind, so gelten sie durch das Ereignis als unmittelbar (direkt) alarmiert; Beispiel: Auf Rückfahrt befindliches Löschfahrzeug kommt zu einem brennenden Pkw.
Die Alarmierung der Einsatzkräfte wird mündlich oder durch akustische und/oder optische Signale über eine öffentliche Warnanlage (Sirene), eine zentrale Alarmierungsanlage über Funkmeldeempfänger oder über eine → *Wachalarmierungsanlage* ausgeführt. *(Ge)*

Alarmierungsanlage, eine Fernmeldeanlage, mit der Einsatzkräfte bei Bedarf mit einem → *Alarmsignal* aufgerufen werden, Einsatzbereitschaft herzustellen. Auf einer Feuer- oder Rettungswache erfolgt das durch eine drahtgebundene Alarmierungsanlage (Wachalarmierungsanlage), bei einer Freiwilligen Feuerwehr durch → *Funkalarmierung. (Ge)*

Alarmierungsstichwort, die Feuerwehr-Kennzeichnung eines Schadenereignisses zum Zweck der Alarmierung; dem Alarmierungsstichwort sind in der → *Ausrückeordnung* Anzahl und Art der zu alarmierenden → *Einheiten* zugeordnet; Beispiel: Alarmierungsstichwort: „Wohnungsbrand"; → *Alarmierung* eines → *Löschzuges. (Sr)*

Alarmierungssystem, Verbund verschiedenartiger Fernmeldeanlagen zum Erzeugen (im Alarmgeber), Übertragen (über Funkverbindungen) einschließlich Zwischenspeichern (in Alarmumsetzern) von Alarmsignalen sowie von Empfangseinrichtungen (Meldeempfänger sowie Sirenensteuerempfänger) zur Abgabe akustischer und optischer Signale und weiterer Zusatzinformationen zur Alarmierung von Einsatzkräften oder Warnung der Bevölkerung vor drohender Gefahr.
Zum Alarmieren der überwiegend Freiwilligen Feuerwehren über Funk sind die Eigenschaften der dazu notwendigen Komponenten in den → *TR BOS* „Geräte für die (analoge) Funkalarmierung" bzw. „Geräte für die digitale Funkalarmierung" beschrieben. *(Ge)*

Alarmierungszeit, die Zeit zwischen dem Ende der Abgabe einer → *Meldung* (→ *Notruf* oder Nachforderung von Kräften *(→ Nachalarmierung))* und dem Abschluss der → *Alarmierung* von Einsatzkräften. *(Sr)*

Alarmierungszentrale, eine Anlage, mit der von der Feuerwehrleitstelle aus → *Alarmierungsanlagen* (→ *Wachalarmierungsanlagen)* angesteuert werden können, z. B. wenn von einer → *Leitstelle* aus Einsatzkräfte von verschiedenen Feuer- oder Rettungswachen alarmiert werden müssen. *(Ge)*

Alarmorganisation (bei Brandmeldeanlagen), alle Maßnahmen, die bei einem → *Brand* der Alarmierung, der → *Rettung* oder Verhinderung der → *Brandausbreitung* sowie der Orientierung dienen. *(Ge)*

Alarmplan, ein Dokument mit detaillierten Festlegungen über
- das Schadenereignis,
- den zur Alarmauslösung berechtigten Personenkreis,
- die zu alarmierenden Kräfte,
- die Reihenfolge der Alarmierungen und die einzusetzenden Fernmeldemittel,
- die Einsatzaufträge und Tätigkeiten der alarmierten Kräfte,
- die Einsatzmaßnahmen und Verhaltensweisen der alarmierten Kräfte. *(Sr)*

Alarmsignal, ein allgemein bekanntes Zeichen, damit Einsatzkräfte → *Einsatzbereitschaft* herstellen; Beispiele: Gongsignal (bei Wachalarm) oder → *Sirenensignal* (bei Feueralarm) oder um die Bevölkerung zu einer bestimmten Handlungsweise zu veranlassen, z. B. Fenster zu schließen, oder durch das Sirenensignal „Rundfunkgerät einschalten – auf Durchsagen achten" (Heulton von 1 Minute Dauer). *(Ge)*

Alarmübertragungsanlage, alter Begriff: „Hauptmelderanlage", auch: „Übertragungsanlage für Gefahrmeldungen", Anlage zur Übertragung von Meldungen (→ *Fernalarme*) aus Objekten mit Brandmeldeanlage zu einer ständig besetzten Stelle. Sie besteht aus einer → *Übertragungseinrichtung/Übertragungseinheit* (ÜE), einem → *Übertragungsweg* und einer → *Alarmempfangsstelle. (Ge)*

Alarm- und Ausrückeordnung → *Ausrückeordnung. (Sr)*

Alarmventil (in einer → *Sprinkleranlage),* Ventil, das in das Rohrnetz einer Sprinkleranlage eingebaut ist und im nicht ausgelösten Zustand die Wasserzufuhr zu den Leitungen, die zu den Sprinklern führen, sperrt.
Funktion: Hat ein Sprinkler ausgelöst, so fällt im Rohrnetz zwischen Alarmventil und Sprinkler der Druck ab. Das Alarmventil öffnet sich und gibt neben der Löschwasserversorgung zu den Sprinklerköpfen die Alarmierung frei, z. B. über eine Nebenleitung zur → *Sprinkler-Alarmglocke,* über elektrische Kontakte für akustische Alarmierung (Hupe) und optische (Blinklicht), sowie zur Alarmübermittlung an eine ständig besetzte Stelle, z. B. Pförtner oder Feuerwehrleitstelle *(→ Leitstelle). (Oe)*

Alarmvorstufe (bei Brandmeldeanlagen), → *Alarm* bei minimalem Brandereignis; Wirkungsweise: Die → *Brandmeldezentrale* ist so geschaltet, dass beim ersten Erkennen eines möglichen Schadens über eine optische und/oder akustische Warneinrichtung Fachpersonal zur Schadensbeseitigung gerufen wird. Die Brandmelderzentrale löst selbsttätig Alarm aus, wenn die Alarmvorstufe nicht innerhalb einer vorgegebenen Zeit quittiert (gelöscht) wird, z. B. nach 2 Minuten, oder wenn die → *Brandkenngröße* weiter ansteigt. *(Ge/Oe)*

Alarmzwischenspeicher, Einrichtung zur Vermeidung von Alarmen bei minimalem Brandereignis, um in einer → *Alarmvorstufe* die Ursache der Melderauslösung ermitteln zu können. *(Ge)*

Alarmzwischenspeicherung, Maßnahme, um den Alarmzustand einer → *Brandmeldeanlage* überprüfen zu können. Das Ansprechen von automatischen → *Brandmeldern* wird erst dann als Brandmeldezustand gewertet, wenn die → *Brandkenngröße* über eine bestimmte Zeitdauer vorliegt (Alarmvorstufe). *(Ge)*

Alkane, einfache gesättigte (bis zur Grenze ihrer Aufnahmefähigkeit mit Wasserstoff gesättigt) → *Kohlenwasserstoffe* mit kettenförmiger oder zyklischer Anordnung. Die einfachsten Vertreter sind z. B. Methan (CH_4), Ethan (C_2H_6), Propan (C_3H_8), Butan (C_4H_{10}) und Pentan (C_5H_{12}). Für Alkane in azyklischer Form gilt die Summenformel C_nH_{2n+2}. Die Kohlenstoffketten können auch verzweigt sein. Alkane kommen in gasförmigem (1 bis 4 Kohlenstoffatome), flüssigem (5 bis 16 Kohlenstoffatome) und festem bzw. wachsartigem (Paraffine) → *Aggregatzustand* vor. Alkane sind brennbar; die gasförmigen und flüssigen Vertreter können mit Luft explosive Gas-Luft- bzw. Dampf-Luft-Gemische bilden. *(Kl)*

Alkene, Bezeichnung für einfach ungesättigte (eine Doppelbindung zwischen zwei Kohlenstoffatomen) aliphatische Kohlenwasserstoffe der allgemeinen Form C_nH_{2n}. Einfachste Vertreter sind z. B. Ethen (Ethylen C_2H_4) (Ausgangsstoff für Polyethylen, PE), Propen (Propylen) (C_3H_6, Ausgangsstoff für Polypropylen, PP) und Buten (C_4H_8). Alkene sind bis zum Buten gasförmig; die nächsten (ab Penten) sind flüssig und die höheren sind fest.
Alkene sind brennbar; die gasförmigen und flüssigen Vertreter können mit Luft explosive Gas-Luft- bzw. Dampf-Luft-Gemische bilden; Bedeutung in der chemischen Industrie. *(Kl)*

Alkine, Bezeichnung für aliphatische Kohlenwasserstoffe der allgemeinen Formel C_nH_{2n-2}, die eine Kohlenstoff-Kohlenstoff-Dreifachbindung im Molekül enthalten. Einfachste Vertreter sind z. B. → *Acetylen* (Ethin) (C_2H_2), Propin (C_3H_4) und Butin (C_4H_6). Alkine sind bis zum Propin gasförmig; die mittleren sind flüssig und die höheren ab 15 Kohlenstoffatome sind fest.
Alkine sind brennbar, die gasförmigen und flüssigen Vertreter können mit Luft explosive Gas-Luft- bzw. Dampf-Luft-Gemische bilden; Bedeutung in der chemischen Industrie. *(Kl)*

alkoholbeständiges Schaummittel → *Schaummittel. (Kl/Oe)*

Allradantrieb, Antrieb eines mehrachsigen Fahrzeugs, z. B. RW, mit mehr als einer angetriebenen Achse (besser: Mehrachsantrieb).
Man unterscheidet:
– **zuschaltbarer Allradantrieb,** wenn zusätzlich zu einer angetriebenen Achse eine weitere von Hand (in der Regel pneumatisch) zugeschaltet wird,
– **permanenter Allradantrieb,** wenn zwei oder mehr Achsen ständig angetrieben werden. Beim permanenten Allradantrieb ist die Antriebsleistung häufig so aufgeteilt, dass 70 % auf die Hinterachse und 30 % auf die Vorderachse geleitet werden. Bei Feuerwehrfahrzeugen tritt der Begriff „Allradantrieb" im Zusammenhang mit der Definition → *Geländefähigkeit* auf, d. h. der Fortbewegungsfähigkeit auf unbefestigtem Gelände.
Beim Allradantrieb werden über ein Verteilergetriebe alle Achsen

angetrieben. Eine zuschaltbare Getriebesperre verhindert, dass eine Achse bei vermindertem Bodenkontakt durchdrehen kann (sog. Längssperre).
Auf den Achsen (vorne und hinten) sitzt jeweils ein Planetengetriebe (Differenzial), das im Normalbetrieb, d. h. ohne dass eine Sperre eingeschaltet ist, bei Kurvenfahrt die unterschiedlichen Wege von Innenrad und Außenrad ausgleicht. Die zuschaltbare Differenzialsperre verhindert, dass ein → *Rad* der Achse bei vermindertem Bodenkontakt durchdrehen kann (sog. Quersperre).
Da bei gesperrtem Getriebe kein Wegausgleich vorgenommen wird, die Räder also bei Kurvenfahrt stark verschleißen würden, darf mit eingeschalteter(n) Sperre(n) nur langsam und nur eine kurze Strecke so weit wie nötig gefahren werden. *(Fl)*

Alpha-Strahlung (α-Strahlung), von manchen radioaktiven Stoffen, z. B. Am-241 (Americum), beim Zerfall ausgesandte Teilchenstrahlung; Reichweite in Luft nur wenige mm bis cm. Alphastrahlung wird schon durch ein Blatt Papier absorbiert. Von den drei → *Strahlungsarten* (Alpha-, → *Beta-* und *Gammastrahlung*) ist sie die am wenigsten durchdringende Strahlung. Sie ist für Lebewesen nur dann gefährlich, wenn die Alphastrahlen aussendende Substanz eingeatmet oder durch Körperöffnungen aufgenommen wird, oder wenn sie in Wunden gelangt; → *Inkorporation. (Kl)*

Amplitudenmodulation (AM), ein Verfahren, bei dem eine hochfrequente Trägerwelle durch die zu übermittelnde Information, z. B. Sprache oder Töne, durch → *Modulation* in ihrer Amplitude *(→ Schwingungsweite)* verändert wird. AM ist z. B. üblich bei Rundfunkempfang im Lang-, Mittel- und Kurzwellenbereich sowie beim UKW-Flugfunk. *(Ge)*

Amtliches Dosimeter, → *Personendosimeter. (Kl)*

Amtshilfe, Begriff aus dem Verwaltungsrecht: Amtshilfe bedeutet, dass eine Behörde eine Aufgabe erledigen muss und hierzu eine andere Behörde um Hilfe bittet, weil die eigenen Kräfte nicht ausreichen oder das hilfeleistende Amt die sächlich oder personell besseren Möglichkeiten besitzt; Beispiele: Die Feuerwehr leuchtet eine polizeiliche Einsatzstelle aus oder die Polizei stellt der Feuerwehr bei einem Waldbrand zur Erkundung einen Hubschrauber zur Verfügung.
Amtshilfe leisten auch Kräfte von Feuerwehr und/oder Polizei anderer Bundesländer, beispielsweise bei Naturkatastrophen oder Unglücksfällen, die das Gebiet mehr als eines Landes gefährden. Nach Art. 35 GG (Rechts- und Amtshilfe) sind alle Behörden des Bundes und der Länder gegenseitig zur Amtshilfe und Rechtshilfe verpflichtet. Amtshilfe liegt nicht vor, wenn eine Behörde auf Anforderung eine eigene Aufgabe wahrnimmt. Beispiel: Die Feuerwehr fordert die Polizei zur Verkehrsregelung an. Dies stellt keine Amtshilfe der Polizei dar, da sie eine eigene, ihr originär obliegende Aufgabe wahrnimmt. Nach § 8 VwVfG sind Auslagen, die der ersuchten Behörde bei der Durchführung entstehen, zu erstatten, soweit sie den Betrag von 35 € übersteigen und die Behörde nicht dem selben Rechtsträger angehört. *(Fi)*

Analyse, chemische: ist die Zerlegung von → *chemischen Verbindungen* oder → *Gemischen* zur Bestimmung ihrer Bestandteile und/oder Strukturen; Beispiele: 2 H_2O (Verbindung) → 2 H_2 (Elemente) + O_2 (Elemente).
Die entgegengesetze Reaktion der Analyse ist die → *Synthese. (Ha)*

anaphylaktischer Schock → *Schock. (Zi)*

anatomischer Totraum → *Totraum. (Zi)*

Anfahrzeit → *Anmarschzeit. (Sr)*

Anforderung → *Nachforderung. (Sr)*

Angriffsarten, → *Innenangriff,* → *Außenangriff;* → *Frontalangriff;* → *Umfassender* Angriff → *Abriegeln. (Sr)*

Angriffsform; siehe → *Einsatzform. (Ha)*

Angriffstrupp (ATr), → *Trupp* innerhalb einer → *Gruppe,* bzw. einer → *Staffel* zur Durchführung bestimmter Einsatzaufgaben. Der Angriffstrupp besteht aus einem Truppführer und einem Truppmann.
Der Angriffstrupp wird gezielt für die ersten Gefahrenabwehrmaßnahmen eingesetzt, z. B. zur Menschenrettung. *(Sr)*

Angriffsweg (für die → *Feuerwehr),* vorbereitete oder mit Leitern geschaffene Zugangsmöglichkeit für die Einsatzkräfte der Feuerwehr zum Gebäude und innerhalb des Gebäudes; Beispiel: Treppenraum zur Durchführung der Brandbekämpfung. *(Sr)*

Angstreaktion steht für Kurzschlusshandlung und Schreckreaktionen von Einzelpersonen oder für Panikreaktionen von Menschenmassen; Beispiele: Person springt aus Angst vor einem Brand aus einem Fenster eines Obergeschosses; die Besucher einer Versammlungsstätte drängen aus Angst zum Ausgang und zeigen massenhysterisches Verhalten. *(Sr)*

Anhängefahrzeug → *Feuerwehranhänger. (Fl)*

Anhängelast, Gesamtmasse eines → *Feuerwehranhängers,* die von einem Zugfahrzeug gezogen wird; Beispiel: LF 16/12, ungebremster Anhänger, Anhängelast maximal 1 500 kg, gebremster Anhänger maximal 2 000 kg; → *Gesamtgewicht. (Fl)*

Anhängeleiter (AL), ein Anhängefahrzeug der Feuerwehr mit einem Leitersatz mit Handantrieb; Beispiel: AL 10-4 (DIN 14 703); diese hat eine Nennrettungshöhe von 10 m bei einer Nennausladung von 4 m. Mit der Anhängeleiter kann das zweite bzw. dritte Obergeschoss erreicht werden. *(Fl)*

Anhänger → *Feuerwehranhänger.*
– mit Schaum-Wasserwerfer (SWA), einachsiger → *Feuerwehranhänger* mit abnehmbarem → *Schaum-Wasserwerfer* mit Schaummittelzumischer und mit Behältern für → *Schaummittel,* Beispiel: SWA-16 S = Anhänger mit Schaum-Wasserwerfer mit einem Schwerschaumstrahlrohr mit Selbstansaugung (S) und einem Schaummittel-Wasser-Gemisch von 1 600 Liter je Minute (16).
Der Betrieb des Schaum-Wasserwerfers ist sowohl vom Anhänger

aus als auch abgesetzt möglich. *(Fl)*

Anhebeklaue, Zusatzgerät für hydraulische Heber. Die Anhebeklaue stellt die Verbindung zwischen dem → *Anhebepunkt* und dem Heber her. Sie ermöglicht es, den Heber bei ungünstiger Lage des Anhebepunktes zu verwenden, z. B. wenn die Bauhöhe des Hebers größer ist als die Entfernung zum Anhebepunkt oder wenn der Anhebepunkt schräg zum Heber liegt. Anhebeklauen sind ein Zubehör zum Heber. *(Ma)*

Anhebepunkt (an Schienenfahrzeugen) nennt man den Punkt, der statisch geeignet ist, ein Hebegerät (Hydraulikheber, Luftheber) anzusetzen oder das Fahrzeug zu unterbauen, z. B. um eine Person, die unter ein Fahrzeug geraten ist, zu befreien. *(Ma)*

Anhebepunkte sind Stellen (Auflager) an Fahrzeugen und Geräten, an denen das Fahrzeuge oder Gerät mit Hilfsmitteln angehoben werden kann, ohne dass Beschädigungen infolge mechanischer Belastungen zu erwarten sind. Anhebepunkte werden durch ein Symbol (Auflager) gekennzeichnet. *(Ma)*

Anlageklasse, Einstufung einer Fernmeldeanlage nach DIN VDE 0833 „Gefahrenmeldeanlagen", meist speziell einer → *Brandmeldeanlage,* hinsichtlich der → *Verfügbarkeit* im Bedarfsfall.
– Klasse 1: erfassen Störungen und Eingriffe, sofern sich diese wie betriebliche Störungen auswirken; dazu gehören Brandmeldeanlagen;
– Klasse 2: erfüllen die Anforderungen der Klasse 1 und darüber hinaus die Anforderung, dass Eingriffe mit dem Ziel, eine Meldung zu verhindern, zu einer Meldung führen; dazu gehören Einbruchmeldeanlagen. *(Ge)*

Anlässe für → *Technische Hilfeleistung,* bei denen die Feuerwehr ausrückt (DIN 14011 Teil 3); Beispiele: → *Eingeklemmte Person,* → *Verschüttete Person,* → *Wasserunfall,* → *Freiwerden gefährlicher Stoffe* oder → *Überschwemmung. (Ha)*

Anleiterwinkel, der beim Aufstellen von Leitern sich am Leiterfuß zwischen der waagerechten Aufstellfläche zur Anleiterstelle hin und der Leiterlängsachse bildende Winkel in Grad. Er soll bei → *Tragbaren Leitern 65°* nicht unterschreiten (Gefahr des Wegrutschens) und 75° nicht überschreiten (Gefahr der statischen Überlastung). *(Sr)*

Anmarschzeit (auch: Anfahrzeit), Zeit, die zwischen dem Ausrücken der → *Einsatzkräfte* bis zu deren Eintreffen an der → *Einsatzstelle* vergeht. Die Anmarschzeit ist Teil der → *Hilfsfrist. (Ha)*

Anomalie des Wassers, (sog. regelwidrige) Verhaltensweise des Wassers bei Erwärmung im Temperaturbereich zwischen 0 °C und 4 °C (siehe Bild); Wasser weicht von den meisten Flüssigkeiten ab in:
– Wasser hat bei 4 °C und Normluftdruck (1013,25 mbar) seine größte → *Dichte* und sein kleinstes Volumen;
– bei Abkühlung unter 4 °C nimmt die Dichte des Wassers ab, das Volumen dagegen zu;
– beim Übergang des Wassers von 0 °C in Eis von 0 °C verringert sich die Dichte des Wassers nochmals wesentlich; zusätzlich tritt

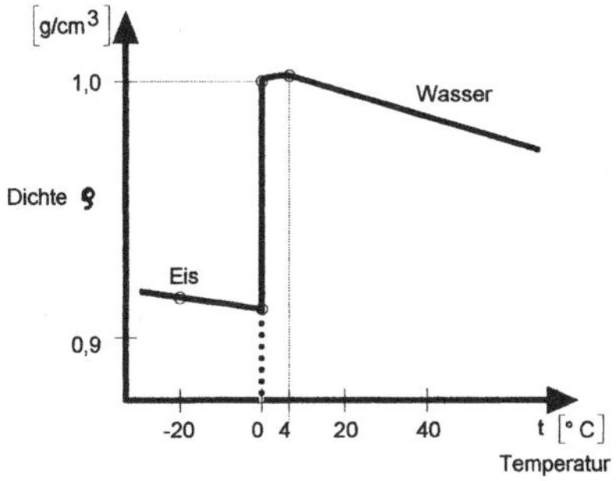

Bild: Abhängigkeit der Dichte von Wasser und von Eis von der Temperatur (Anomalie des Wassers)

eine beträchtliche Volumenvergrößerung ein;
Eis von 0 °C schwimmt daher auf Wasser gleicher Temperatur;
– bei Abkühlung des Eises unter 0 °C wird das Volumen proportional zur Temperatur kleiner;
– die Dichte des Wassers nimmt bei Erwärmung über 4 °C langsam ab.
Bedeutung für die → *Brandbekämpfung:*
– Löschwasserentnahme aus tieferen Gewässern mit Eisdecke auch im Winter möglich;
– die Volumenzunahme des Wassers beim Gefrieren beträgt etwa 9 %, dabei ist die lineare Ausdehnung 3 %; Folgen: Zerstören (Platzen) von Rohrleitungen oder Armaturen mit einer geringeren Elastizität als 3 % ist wahrscheinlich. *(Ha)*

Tabelle: Dichte und Volumen von Wasser und Eis

	Temperatur in °C	Dichte in g/cm³	Volumen in cm³
Wasser	0	0,99987	1,00013
	4	1,00000	1,00000
	8	0,99987	1,00012
Eis	0	0,91674	1,09083

Ansaugbrandmelder, ein automatischer → *Melder,* der sich die Luft mit der darin enthaltenen Brandkenngröße, z. B. Rauch oder Wärme, selbst zuführt, indem er aus dem Überwachungsbereich durch ein Rohrsystem mit Eintrittsöffnungen ständig Luft ansaugt. *(Oe/Ge)*

Ansaugschlauch, D-Ansaugschlauch für Löschmittelzusätze, z. B. → *Schaummittel;* einseitig mit einer Druck-Saug-Kupplung Größe D versehener, 1,5 oder 3 m langer thermoplastischer, transparenter Kunststoffschlauch aus PVC mit einem Innendurchmesser von 19 bis 25 mm und einer Dicke von etwa 4 mm. Er ist am freien Ende mit einer Einkerbung versehen, die ein Festsaugen des Schlauchs am Behälter verhindern soll.
Das Schlauchmaterial muss transparent sein, sodass Störungen im Fluss des Ansaugstromes, z. B. des Schaummittels, erkannt werden können.
Der Schlauch muss jährlich einmal einer Sicht- und Dichtheitsprüfung unterzogen werden.
Die Bezeichnung eines 1,5 m langen D-Ansaugschlauchs für Löschmittelzusätze lautet: Ansaugschlauch DIN 14 819 – D 1500.
Dieser Schlauch wird auf allen Löschfahrzeugen mitgeführt. *(Fl)*

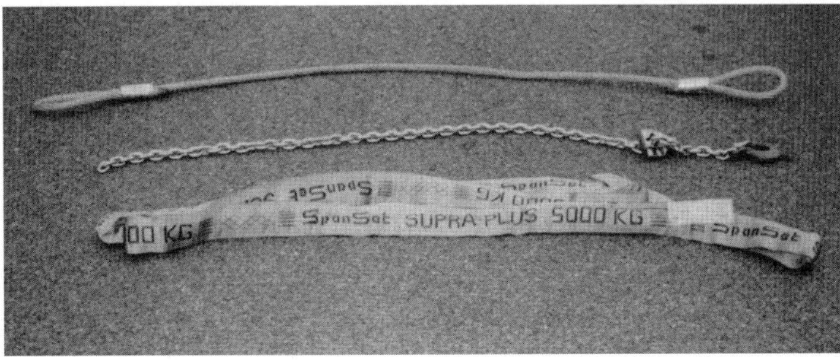

Bild: Anschlagmittel

Anschlagmittel dienen der Feuerwehr als Verbindung zwischen einer zu ziehenden Last, z. B. einem Fahrzeug, und der → *Zugeinrichtung,* z. B. einer Seilwinde und dem → *Anschlagpunkt.*
Als Anschlagmittel kommen Drahtseile und Ketten aus Stahl sowie Hebebänder aus Kunststoffgewebe (Bild) in verschiedenen Längen und Durchmessern bzw. Dicke zum Einsatz.
Anschlagmittel sind während des Einsatzes pfleglich zu behandeln, z. B. nicht über scharfe Kanten ziehen bzw. legen und nicht knicken. Sie müssen nach Gebrauch einer Sichtprüfung unterzogen werden und sind bei Beschädigung auszumustern.
Achtung! Die zulässige Belastung des Anschlagmittels darf nicht überschritten werden (sie ist auf dem Anschlagmittel angegeben). Beim Anschlagen mit zwei Anschlagmitteln darf der Anschlagwinkel nicht über 120° betragen. *(Zi)*

Anschlagpunkt ist der Festpunkt, an dem eine → *Zugeinrichtung* beim Ziehen von Lasten mittels → *Anschlagmittel* befestigt wird.
Bei der Auswahl des Anschlagpunktes muss die Masse der zu ziehenden Last berücksichtigt werden. Ist die Last größer als die Zugfestigkeit des Anschlagpunktes, bricht die Last aus und das zurückschlagende Anschlagmittel kann umstehende Personen verletzen. *(Zi)*

Anschlussstelle, Schalteinrichtung als → *Abholpunkt* von Übertragungswegen, z. B. bei öffentlichen oder privaten → *Fernmeldenetzen,* zwecks Übergang in BOS-eigene Fernmeldenetze *(→ BOS). (Ge)*

Anschlussstück, Teil einer → *Vollmaske;* Werkstoff: Hartplastik; Verbindung zwischen der atemgesteuerten → *Dosiereinrichtung* (Lungenautomat) oder den Atemschläuchen des → *Regenerationsgerätes* und der → *Vollmaske.*
Je nach dem Verwendungszweck hat das Anschlussstück ein Rundgewinde nach DIN EN 148 Teil 1 für → *Normaldruck-Pressluftatmer,* ein metrisches Gewinde M 45 × 3 nach DIN EN 148 Teil 3 für → *Überdruck-Pressluftatmer* oder ein Zentralgewinde nach DIN EN 148 Teil 2 für → *Regenerationsgeräte.* Seit 2000 werden auch Steck- und Bajonettanschlüsse für die verschiedenen Verwendungszwecke angeboten. *(Zi)*

Anstauen, Maßnahmen, um Wasserläufe, Bäche und Wassergräben zur Löschwasserentnahme nutzbar zu machen. *(Br)*

Anstauvorrichtungen sind z. B. Stauschütze und Wehre; behelfsmäßig baut man einen Staudamm mit Steinen, Bohlen, Brettern, Sandsäcken oder Planen.
Da das Anstauen einen Eingriff in den natürlichen Abfluss des Gewässers darstellt, sind alle behelfsmäßigen Anstauvorrichtungen nach dem Einsatz wieder zu entfernen. *(Br)*

Anstell-Leiter, eine → *Leiter* der Feuerwehr, die, um sie besteigen zu können, an eine Hauswand, Mauer oder Balkon, angestellt werden muss.
Bei der Feuerwehr dienen folgende Leitern als Anstell-Leitern: → *Steckleiter,* → *Schiebleiter,* → *Klappleiter. (Zi)*

Antenne, Einrichtung zur Aufnahme und/oder zum Abstrahlen von hochfrequenten elektromagnetischen Wellen. Man unterscheidet die Antennenarten nach
– der Polarisation: vertikale (senkrechte) Antennen, z. B. für Funkverbindungen mit beweglichen Funkstellen und horizontale (waagrechte) Antennen, z. B. zwischen ortsfesten Funkstellen (Festfunkverbindungen, Zubringer);
– dem Abstrahlverhalten *(→ Antennendiagramm),* z. B. Rundstrahl- oder Richtantenne, oder
– der Ausführungsform, z. B. Stabantenne (Abmessung entsprechend einem Viertel der Wellenlänge der Betriebsfrequenz), Dipolantenne (Abmessung entsprechend der halben Wellenlänge der Betriebsfrequenz) oder Wendelantenne (verkürzte Abmessung im Vergleich zur Stabantenne). *(Ge)*

Antennendiagramm, grafische Darstellung der Abstrahlung einer Antenne in einer Ebene. *(Ge)*

Antennenhöhe, effektive: die für die Wellenausbreitung maßgebende Höhe, bezogen auf die Topographie der Umgebung im Radius von 3 km bis 15 km um die Funkanlage. *(Ge)*

Antikatalysator → *Inhibitor. (Ha)*

antikatalytischer Effekt, die Wirkung bestimmter Stoffe derart, dass katalytische Reaktionen (Katalysator) gehemmt oder völlig unterbunden werden.
Stoffe mit einem antikatalytischen Effekt werden auch negative Katalysatoren oder → *Inhibitoren,* nach deren Wirkungsweise → *Inhibition* (Hemmung) genannt. *(Ha)*

Anweisungen, besondere (zum Gefahrendiamant); → *Besondere Anweisungen. (Fl)*

Anwerfvorrichtung (für Kraftfahrzeuge), Vorrichtung zum Starten eines Verbrennungsmotors. Dies kann elektrisch erfolgen (Starter) oder von Hand (Anwerfvorrichtung), z. B. bei der Tragkraftspritze als Kurbel oder als Seilzug bei tragbaren Stromerzeugern und bei Kettensägen.
Man unterscheidet Schubschraubtrieb-Starter ohne und mit Vorgelege sowie zweistufige Schubtrieb-Starter.
Hinweis 1: Es empfiehlt sich, beim Starten alle anderen elektrischen Verbraucher am Fahrzeug abzuschalten.
Hinweis 2: Beim Anwerfen mit Kurbel darf der Daumen die Kurbel nicht umgreifen, weil sonst bei ei-

nem Rückschlag der Kurbel Verletzungsgefahr besteht (siehe UVV Feuerwehr). *(Fl)*

Aorta, größte Körperschlagader, größte → *Arterie* des Körpers; Ursprung der Aorta ist die linke Herzkammer und führt in einem Bogen durch den Brust- und Bauchraum. Dort teilt sie sich und verteilt das sauerstoffreiche Blut an die übrigen Adern. *(Zi)*

AOX, Abk. für: Adsorbierbares organisch gebundenes Halogen. *(Rö)*

Äquivalentdosis (im Feuerwehrbereich allgemein als „Dosis" (D) bezeichnet; Begriff des Strahlenschutzes: Produkt aus der → *Energiedosis* H und dem → *Bewertungsfaktor* q (D = H · q), z. B. an einem Punkt im Gewebe; → *Größen und Einheiten im Strahlenschutz. (Kl)*

Äquivalentdosisleistung (wird im Bereich der Feuerwehr oft kurz als Dosisleistung, DL, bezeichnet), Begriff des Strahlenschutzes; Quotient aus der → *Äquivalentdosis* und der Zeit; Einheit: z. B. Millisievert/Stunde (mSv/h); frühere Einheit: rem/h; 1 rem/h = 0,01 Sv/h; → *Größen und Einheiten im Strahlenschutz. (Kl)*

Arbeitsausschüsse (AA, des Fach-Normenausschuss Feuerwehrwesen) → *FNFW. (Fl)*

Arbeitsgemeinschaft der Feuerwehr-Museen, → *Feuerwehrmuseum. (Sr)*

Arbeitsgemeinschaft der Leiter der Berufsfeuerwehren (AGBF), Zusammenschluss der Leiter der → *Berufsfeuerwehren* in der Bundesrepublik Deutschland (auf Bundesebene AGBF-Bund, auf Länderebene AGBF-Land genannt).
Die AGBF ist eine Arbeitsgruppe des Deutschen Städtetages bzw. des Städtetages des betreffenden Bundeslandes; Aufgaben: Erfahrungsaustausch sowie Entwicklung von Grundsätzen und Empfehlungen zu Fragen des Feuerwehrwesens (Feuerwehr), des → *Rettungsdienstes,* des → *Katastrophenschutzes* und der Gefahrenabwehr auf dem Gebiet des Umweltschutzes.
Arbeitsgrundlage der AGBF-Bund ist eine Geschäftsordnung, die vom Präsidium des Deutschen Städtetages beschlossen wurde.
Die AGBF-Bund hat vier Arbeitskreise (AK):
- AK Grundsatzfragen,
- AK Ausbildung,
- AK Technik,
- AK Vorbeugender Brand- und Gefahrenschutz. *(Sr)*

Arbeitshandschuhe, Feuerwehrschutzhandschuhe nach DIN EN 659 zum Einsatz an Brand- und Unfallstellen.
Feuerwehrschutzhandschuhe werden nach folgenden Kriterien geprüft: Abriebfestigkeit, Schnittfestigkeit, Weiterreißverhalten, Brennverhalten, konvektive Wärme, Strahlungswärme, Kontaktwärme, Tastgefühl. Ferner darf das Futtermaterial nicht schmelzen, tropfen oder sich entzünden; Mindestlänge (einschließlich der Stulpen) Größe 6: 280 mm, Größe 11: 315 mm. *(Fl)*

Arbeitskorb → *Rettungskorb* von → *Hubrettungsfahrzeugen. (Fl)*

Arbeitskreis V der Ständigen Konferenz der Innenminister und -senatoren der Länder (AK V; sprich: AK fünf).

Der AK V wurde auf Beschluss der Ständigen Konferenz der Innenminister vom 15. Dezember 1972 gebildet und ist zuständig für Feuerwehrangelegenheiten, → *Rettungswesen,* → *Katastrophenschutz* und → *Zivilverteidigung.* Im AK V sind i.d.R. die zuständigen Abteilungsleiter der Innenministerien vertreten.
Der AK V hat den → *Ausschuss Feuerwehrangelegenheiten, Katastrophenschutz und zivile Verteidigung* (AFKzV). *(Sr)*

Arbeitsleine (A), eine 20 m oder 30 m lange und 10 mm dicke, besonders gekennzeichnete (rot eingefärbte) Leine aus Polyester- oder Polyamidfaser mit einem Holzknebel oder einem Karabinerhaken an einem Ende und einer Seilschlaufe am anderen Ende; Verwendung: z. B. – Absperren von Gefahrenstellen und
– Betätigung des Rückschlagorgans im → *Saugkorb.*
Ausgemusterte → *Feuerwehrleinen* dürfen nach Einfärbung ebenfalls als Arbeitsleinen benutzt werden.
Bezeichnung einer Arbeitsleine (A) von 20 m Länge mit Holzknebel: Arbeitsleine DIN 14920-A 20-H. *(Zi)*

arbeitsmedizinische Untersuchung → *arbeitsmedizinischer Grundsatz. (Zi/Oe)*

arbeitsmedizinischer Grundsatz, eine berufsgenossenschaftliche Festlegung, wie arbeitsmedizinische Vorsorgeuntersuchungen bei Personen mit besonderer Tätigkeit durchzuführen sind.
Bei der Feuerwehr sind die Arbeitsmedizinischen Grundsätze G 26 „Berufsgenossenschaftliche Grundsätze für arbeitsmedizinische Vorsorgeuntersuchung – Träger von → *Atemschutzgeräten* für Arbeit und → *Rettung"* für die → *Atemschutzgeräteträger* und G 31 „ ... Überdruck für die Taucher" von besonderer Bedeutung. Diese Untersuchungen geben durch ihre speziellen arbeitsmedizinischen Anforderungen Aufschluss darüber, ob gesundheitliche Bedenken gegen das Tragen von Atemschutzgeräten bzw. Tauchgeräten bei der untersuchten Person bestehen.
Bei diesen Untersuchungen werden Körpergewicht, Blutdruck, Seh- und Farbsehvermögen, Hörvermögen und die allgemeine Konstitution überprüft. Ferner wird ein Belastungs-EKG geschrieben, um eventuelle Herzstörungen zu erkennen, von denen der Untersuchte ggf. bisher nichts gewusst hat, die aber unter Belastung zutage kommen und die Gesundheit des Atemschutzgeräteträgers gefährden können.
– Fristen nach G 26:
Die Untersuchung nach G 26 wird alle drei Jahre bei einem für die Untersuchung nach G 26 ermächtigten Arzt wiederholt. Bei Feuerwehrangehörigen über 50 Jahre muss diese Untersuchung jedes Jahr durchgeführt werden.
Darüber hinaus wird gemäß FwDV 7 zusätzlich eine Untersuchung bei allen Feuerwehrangehörigen notwendig:
– wenn Hinweise auftreten, die einen Anlass zu gesundheitlichen Bedenken geben, z. B. nach schwerer Krankheit,
– wenn die Vermutung besteht, dass der Geräteträger den Anforderungen nicht mehr gewachsen ist, und
– falls bei Untersuchungen Befunde erhoben werden, die eine kürzere, vom ermächtigten Arzt dann zu bestimmende Frist notwendig erscheinen lassen.

– Fristen nach G 31:
Die Untersuchung nach G 31 (für Taucher) muss vor Ablauf von 12 Monaten bei einem für die Untersuchung nach G 31 ermächtigten Arzt wiederholt werden.
Darüber hinaus wird gemäß FwDV 8 zusätzlich eine Untersuchung notwendig:
– nach jedem Taucherunfall bzw. Tauchzwischenfall, bei dem gesundheitliche Störungen auftraten,
– nach Durchfallerkrankungen,
– nach Erkrankungen und Unfallfolgen von mehr als sechs Wochen Dauer,
– nach mehrmaligen Erkrankungen innerhalb eines halben Jahres,
– wenn Hinweise auftreten, die einen Anlass zu gesundheitlichen Bedenken geben und
– falls bei Untersuchungen Befunde erhoben werden, die eine kürzere, vom ermächtigten Arzt dann zu bestimmende Frist notwendig erscheinen lassen. *(Zi/Oe)*

Arbeitsplatzgrenzwert, der Arbeitsplatzgrenzwert ist der Grenzwert für die zeitlich gewichtete durchschnittliche Konzentration eines Stoffes in der Luft am Arbeitsplatz in Bezug auf einen gegebenen Referenzzeitraum.
Er gibt an, bei welcher Konzentration eines Stoffes akute oder chronische schädliche Auswirkungen auf die Gesundheit im Allgemeinen nicht zu erwarten sind.
Als Arbeitsplatzgrenzwert sind von der Art her der → *MAK-Wert,* der → *TRK-Wert* und der BAT-Wert bekannt. *(Fl)*

Arbeitsstättenrichtlinien (ASR), aufgrund der Ermächtigung in der Arbeitsstättenverordung vom Bundesministerium für Arbeit und Sozialordnung herausgegebene Richtlinie zur Präzisierung der Anforderungen der Arbeitsstättenverordnung. Die ASR enthalten die wichtigsten, allgemein anerkannten sicherheitstechnischen, arbeitsmedizinischen und hygienischen Regeln für Arbeitsstätten. Zu diesen Regelungen gehören z. B. auch der Umfang und die Art der Ausstattung von Arbeitsstätten mit Feuerlöschern. *(Oe)*

Arbeitsstättenverordnung, Verordnung für einen Gewerbebetrieb nach §§ 120 e und 139 h der Gewerbeordnung (GO) in Verbindung mit Artikel 129 (1) des Grundgesetzes. Es werden für den Gewerbebetrieb geregelt: Arbeitssicherheit, Arbeitshygiene, Brandschutz und Unfallsicherheit. *(Oe)*

Arbeitsstellenscheinwerfer, an Feuerwehrfahrzeugen oder auf einem Stativ befestigte Beleuchtungseinrichtung, die blendfreies Streulicht für die Arbeitsstelle in der Nähe des Feuerwehrfahrzeugs oder davon abgesetzt liefert.
Arbeitsstellenscheinwerfer werden an Kleinspannung (Versorgungsspannung 12 V oder 24 V) betrieben, die von der Fahrzeugbatterie des Feuerwehrfahrzeugs gespeist wird. Der Anschluss erfolgt über eine Steckdose A nach DIN 14 640 auf dem Aufsteckzapfen C an der Frontseite des Feuerwehrfahrzeugs.
Das Gewicht des Scheinwerfers beträgt 3,5 oder 4 kg. Es werden folgende Glühlampen verwendet:
H1 – 12 V 55 W DIN 72 601,
YC 12 V 55 W DIN 72 601 oder
H1 – 24 V 70 W DIN 72 601,
YC 24 V 70 W DIN 72 601.
Bezeichnung eines Arbeitsstellenscheinwerfers mit 200 mm Durchmesser: Scheinwerfer A 200 DIN 14 644. Die Lichtaustrittsöffnung des Scheinwerfers hat einen Durchmesser von 200 mm oder 250 mm. Man kann, um die Blend-

wirkung zu verringern und um das Scheinwerferglas zu schützen, eine glasklare oder gekörnte Vorsteckscheibe anbringen. *(Fl)*

Arbeitsstoffverordnung, frühere Bezeichnung für eine Rechtsverordnung auf der Basis des → *Chemikaliengesetzes* zum Umgang mit → *Gefahrstoffen;* heutige Bezeichnung: → *Gefahrstoffverordnung. (Fl)*

ARGEBAU, Arbeitsgemeinschaft der für das Bau-, Wohnungs- und Siedlungswesen zuständigen Minister der Länder. Die ARGEBAU ist zuständig für Fragen der Bauaufsicht, der Baunormung und der Bautechnik, die von gemeinsamer Bedeutung für die Bundesländer sind.
Im → *Brandschutz* bildet die Fachkommission Bauaufsicht das wichtigste Gremium. Von ihr werden sowohl die → *Musterbauordnung* (MBO) als auch die zugehörigen → *Musterverordnungen* (MVOs) entworfen und fortgeschrieben. Eines der wichtigsten Ziele der ARGEBAU ist, auf einheitliche Rechts- und Verwaltungsvorschriften der Bundesländer im Vorbeugenden Brandschutz hinzuwirken. *(Ki)*

Argon, chemisches Element (chemisches Zeichen Ar), ist ein nichtbrennbares, farb-, geruch- und geschmackloses Edelgas, das den elektrischen Strom nicht leitet. Es ist ein inertes Gas *(→ inerte Gase).*
In der Technik wird Argon verwendet zum Schutzgasschweißen, zur Füllung von Glühlampen und Leuchtstofflampen, ferner als Trägergas zur Gas-Chromatographie.
Argon wird als → *Löschmittel* in ortsfesten Löschanlagen (sog. Argon-Löschanlagen) verwendet; Funktion: Argon löscht durch den sog. → *Stickeffekt,* indem es den Luftsauerstoff am Brandort verdrängt (ähnlich wie die Löschmittel → *Kohlendioxid* und → *Inergen).*
Argon ist aufgrund der Dichte von 1,78 kg/m^3 bei 0 °C und 1013 hPa schwerer als Luft.
Bei der Verwendung von Argon sind die Sicherheitsregeln für CO_2-Feuerlöschanlagen (BGR 134) zu beachten. In Konzentrationen, die oberhalb der Löschfähigkeit liegen, kann es zu Sauerstoffmangel (Unterversorgung des Gehirns mit Sauerstoff) kommen.
Für freistehende, räumlich nicht abgegrenzte Objekte, z. B. freistehende Produktionsanlagen, z. B. in der chemischen Industrie, ist Argon als Löschmittel nicht geeignet, weil in diesen Fällen keine ausreichende Löschgaskonzentration aufgebaut werden kann. *(Oe)*

Argonite, ein neuartiges Löschmittel, bestehend aus einer Mischung von 50 % Stickstoff und 50 % Argon bei einem Druck von 300 bar. Prinzip: Argonite reduziert die Sauerstoffkonzentration im Raum und löscht damit jeden Brand rückstandsfrei. Die Reduktion des Sauerstoff erlaubt, dass Personen für kürzere Zeit dieser Atmosphäre gefahrlos ausgesetzt werden können.
Vorteil der Mischung Stickstoff/Argon: Das Löschgas verteilt sich nicht nur in Bodennähe, sondern auch in höheren Lagen besonders schnell. Vorteil durch die Druckerhöhung: Es werden damit ca. 30 % Platz und damit auch Kosten gespart.
Anwendung (wie beispielsweise Inergen oder Argon): Rechenzentren, Archivräume, Kontrollzentren, Gasturbinen, petrochemische Anlagen.
Das Argonite-System ist international zugelassen, in Deutschland

durch das sächsische Staatsministerium für die Brandklassen A und B (Stand 11/2004). *(Oe)*

Argon-Kleinlöschanlage, eine → *Löschanlage,* ausgelegt beispielsweise zum Schutz hochempfindlicher Komponenten der EDV, z. B. Prozesssteuerungen und Telekommunikation, insbesondere in Schalt- und Netzwerkschränken. Funktion: Im Normalbetrieb übernimmt die Argon-Kleinlöschanlage die erforderliche Belüftung (Wärmeabfuhr) des Schaltschrankinnenraumes. Die Kühlluft wird über ein Rohrsystem von unten in den Schrank angesaugt, um dann durch die Ventilationseinheit an der Oberseite des Schrankes abgeführt zu werden. Die dabei erzeugte Luftströmung wird vor dem Verlassen des Gerätes von einer Branderkennungs-Sensorik kontinuierlich überwacht (Branderkennung). Im Alarmfall können beispielsweise überwachte Rechner bereits beim Erkennen eines entstehenden Brandes kontrolliert abgeschaltet werden. Gleichzeitig schließt sich die Abluftöffnung und das → *Löschmittel* → *Argon* (aus einer etwa 3 Liter Argon fassenden Gasflasche) wird freigegeben und über Gasdüsen von oben in den Schrank eingeleitet. Die im Schrank enthaltene Atmosphäre entweicht dabei durch das Rohrsystem, das im Normalfall die Kühlluft zuführt.

Das Löschmittel Argon reduziert den Sauerstoffanteil im Schrank so weit, dass ein Brennen nicht mehr möglich ist. Eine Aufschaltung der Kleinlöschanlage an eine → *Brandmelderzentrale* oder an eine dauernd besetzte Stelle ist möglich.

Vorteile der Kleinlöschanlage:
- keine Personengefährdung,
- es wird nur der betreffende Schrank mit Löschmittel beaufschlagt,
- nur geringe Bevorratung von Löschmitteln,
- keine zusätzliche Installation und Wartung von Rohrleitungssystemen,
- flexible Anlage bei Änderung, Umstellung oder Erweiterung,
- der Raum kann während und nach dem Löschvorgang betreten werden. *(Oe)*

Argon-Löschanlage, eine ortsfeste Löschanlage mit dem → *Löschmittel* → *Argon;* Aufbau und Funktion ist ähnlich der → *Inergen-* oder → *Stickstoff-Löschanlage.*
Bei Erkennen eines Brandes durch automatische Melder, z. B. Rauchmelder oder durch manuelle Auslösung eines Druckknopfmelders, werden die Warnsignale (optisch und akustisch) im Löschbereich sofort ausgelöst. Eine von der Auslöseeinheit gesteuerte pneumatische Hupe zeigt den Beginn der Vorwarnzeit an (meist ein schriller Dauerton). Alle Personen haben den Löschbereich sofort zu verlassen.
Nach Ablauf der Vorwarnzeit erfolgt über pneumatisch gesteuerte Ventile die Freigabe des Löschmittels Argon aus Stahlflaschen. Das Löschmittel strömt über Rohrleitungen durch Düsen in den Löschbereich.
Die Flutung kann durch einen → *Stopptaster* verzögert werden. Dies hat den Vorteil, dass bei einem Fehlalarm das Ausströmen des Löschgases verhindert wird oder – falls nicht alle Personen den Flutungsbereich rechtzeitig verlassen haben – kann eine Person innerhalb oder außerhalb des Raumes durch Drücken des Stopptasters die Flutung mit Löschgas solange verzögern, bis

alle Personen den gefährdeten Bereich verlassen haben.
Die Löschwirkung beginnt, wenn im Flutungsbereich die Sauerstoffkonzentration unter 15 Vol.-% abgesunken ist.
Vorteil: Im Gegensatz zu Kohlendioxid tritt beim Fluten mit Argon keine Sichtbehinderung durch Nebelbildung auf.
Gefahr: Argon in löschfähiger Konzentration in der Atemluft führt zu einer Unterversorgung des Gehirns mit Sauerstoff.
Argon-Löschanlagen müssen daher über sog. → *Personenschutzvorrichtungen* nach den Richtlinien des VdS und der Gewerblichen Berufsgenossenschaften BGR 134 verfügen.
Vorteil: Im Gegensatz zu Kohlendioxid tritt beim Fluten mit Argon keine Sichtbehinderung durch Nebelbildung auf. Auch der bei Kohlendioxid so gefürchtete Kälteschock durch Trockeneisbildung an empfindlichen Einrichtungen im Schutzbereich ist ausgeschlossen, denn der feste Aggregatzustand ist bei Argon nicht herzustellen.
Nachteil gegenüber Kohlendioxidlöschanlagen: Argon ist z. Z. etwa dreimal so teuer wie Kohlendioxid (Stand von 2003). Auch die Löschmittelbevorratung ist wegen des höheren apparativen Aufwandes etwa 100% teurer als eine Kohlendioxid-Löschanlage für das gleiche Objekt.
Gefahr: Argon in löschfähiger Konzentration in der Atemluft führt durch seine höhere Dichte (1,78 kg/m^3 bei 0 °C und 1013 hPa) als Luft (1,29) zu Sauerstoffmangel.
Haupteinsatzgebiete: EDV-Bereiche, elektrische Schaltverteilerräume oder medizinische Untersuchungsräume mit entsprechenden Geräten (Ultraschall- oder Röntgengeräte). *(Oe)*

Armaturen (wasserführende), Sammelbegriff für Ausrüstungsteile der Feuerwehr, die von Wasser durchflossen werden und in Verbindung mit Pumpen und Schläuchen die Löschwasserversorgung sicherstellen. Man unterscheidet:
– **zur Wasserentnahme:** Anschluss zwischen Wasserentnahmestelle und Pumpe, z. B. → *Saugkorb,* → *Standrohr,* Wasserstrahlpumpe;
– **zur Wasserfortleitung:** sie werden in die Schlauchleitung eingekuppelt, z. B. Kupplungen, Sammelstück, Verteiler, Übergangsstück, Stützkrümmer, Schaummittel-Zumischer;
– **zur Löschwasser- und Löschmittelabgabe:** Geräte zur Brandbekämpfung, z. B. Strahlrohre, Düsen, Löschlanzen und Schaumrohre. *(Br)*

Ärmelabzeichen, zeigt an, welche Art von Feuerwehr (Berufs-, Freiwillige Feuerwehr, Betriebs- oder Werkfeuerwehr) und welcher Gemeinde oder Betrieb der Träger angehört; wird länderunterschiedlich am linken oder rechten Oberärmel der Uniform getragen. *(Sr)*

Armierung → *Bewehrung. (Bt)*

Arterie, Schlagader, Blutgefäß, das vom Herzen weg führt; Beispiele: Halsschlagader (Arteria carotis), Beinschlagader (Arteria femoralis), Nierenarterie (Arteria renalis). *(Zi)*

ärztlicher Leiter Rettungsdienst ein Arzt, der die medizinische Aufsicht über einen Rettungsdienstbereich hat. Er verfügt über eine entsprechende Qualifikation; Beispiel: Notarzt, → *Leitender Notarzt. (Sr)*

Asbest, aus dem Griechischen (asbestos) abgeleitetes Wort für ein feinfaseriges, feuerfestes Mineral, z. B. Serpentin-Asbest $Mg_6(OH_8Si_4O_{10}$ (weißer Asbest).
Aus Asbest wurden früher z. B. → *Löschdecken* und hitzebeständige Einsatzkleidung für Feuerwehren sowie für Hochofen- und Gießereiarbeiter hergestellt.
Wegen der krebserzeugenden Wirkung der (feinsten) Asbestfasern unterliegt der Umgang mit Asbest strengen arbeitsschutzrechtlichen Bestimmungen; u. a. ist die Verwendung von Schutzausrüstung (TRK-Wert, Tabelle) vorgeschrieben. Die Verwendung asbesthaltiger Erzeugnisse ist weitgehend verboten.
Für den Transport ist Asbest in die Gefahrklasse 9 eingeteilt, blauer Asbest unter der → *UN-Nummer* 2212, weißer Asbest unter der UN-Nr. 2590.
Krokydolith (UN-Nr. 2212) ist die gefährlichste Asbestart. *(Fl)*

Asbest-Löschdecke → *Löschdecke. (Oe)*

Asbestzement, ein nichtbrennbarer → *Baustoff* der → *Baustoffklasse* A 1, bestehend aus Asbestfasern und Zement. Asbestzement wurde früher als → *Feuerschutzmittel* in Form von Spritzasbest eingesetzt oder zu nichttragenden Bauprodukten wie Platten und Rohren verarbeitet.
Aus Asbestzement hergestellte Bauelemente platzen im Brandfall ab, insbesondere beim Abkühlen durch Löschwasser. Größte Vorsicht ist beim Betreten einer aus Asbestzement-Wellplatten (sog. Eternit-Platten) hergestellten → *Dachhaut* geboten, da diese Platten spröde sind und leicht brechen können. Daher müssen vor dem Begehen derartiger Dachflächen Sicherungsmaßnahmen getroffen werden, um einen Absturz zu verhindern, z. B. durch Schaffung behelfsmäßiger Verkehrswege aus Leitern.
Wegen der Gesundheitsgefährdung durch Asbest (krebserregend) werden Produkte aus Asbestzement durch asbestfreie ersetzt, z. B. aus Faserzement. Bei Tätigkeiten an asbesthaltigen Materialien, z. B. bei Abbrucharbeiten, müssen geeignete → *Atemschutzgeräte* getragen werden, z. B. Filtergeräte gegen Partikel. *(Bt)*

ASCII (sprich: aski), Abk. für *American Standard Code for Information Interchange,* amerikanischer Standard für Datenaustausch; Datenformat für Zeichen (Zahlen, Buchstaben, Sonderzeichen) mit 7 Bit pro Zeichen. *(Ge)*

A-Schlauch, → *Feuerwehrschläuche. (Zi)*

Atemanschluss, gasdichte Verbindung des → *Atemschutzgerätes* (Filtergerät oder Isoliergerät) mit den → *Atemwegen* des → *Atemschutzgeräteträgers.*
Bei der Feuerwehr wird die → *Vollmaske* oder eine Helm-/Maskenkombination als Atemanschluss (→ *Feuerwehrhelm*) verwendet. *(Zi)*

Atembeutel, Teil eines → *Regenerationsgerätes* mit Drucksauerstoff. Der Atembeutel dient als Ausgleichsbehälter der → *Atemluft.*
Je nach → *Atemzugvolumen* verbraucht der → *Atemschutzgeräteträger* mehr oder weniger Atemluft. Da diese nicht aus dem Regenerationsgerät entweichen kann, muss der Ausgleich durch den Atembeutel erfolgen. *(Zi)*

Atemfilter → *Filter. (Zi)*

Atemfrequenz (AF), Anzahl der Atemzüge je Minute. Die Atemfrequenz ist abhängig vom Alter und der Belastung der Person. *(Zi)*

Tabelle: **Atemfrequenz** (unter normalen Bedingungen)

	Atemzüge je Minute
Erwachsene	16 bis 20
Jugendliche	20 bis 25
Kinder	25 bis 40
Neugeborene	etwa 40

atemgesteuerte Dosiereinrichtung → *Dosiereinrichtung. (Zi)*

Atemgifte, in der Luft befindliche Gase, Dämpfe oder Schwebstoffe, die wegen ihrer chemischen bzw. physikalischen Eigenschaften schädigend auf den menschlichen Körper einwirken. Sie können über die Atemwege oder die Haut aufgenommen werden. Man unterteilt die Atemgifte in drei Gruppen:
- Atemgifte mit erstickender Wirkung (z. B. Stickstoff, Methan, Wasserstoff),
- Atemgifte mit Wirkung auf Blut, Nerven und Zellen (z. B. Kohlenmonoxid, Kohlendioxid, Blausäure) sowie
- Atemgifte mit Reiz- und Ätzwirkung (z. B. Chlor, Fluor, Nitrosegase, Säure- und Laugendämpfe). *(Sr)*

Atemluft → *Einatemluft;* → *Luft. (Zi)*

Atemluftflaschen, Behälter zur Bevorratung von Atemluft; Atemluftflaschen werden aus Stahl, Aluminium oder Kohlefaser-Verbundwerkstoffen hergestellt; Fülldruck 200 und 300 bar, Flaschenvolumen: 6, 8 (Kohlefaser-Verbundflaschen) 4 und 6 (im Bereich des Tauchwesens bis 7) Liter; Farbe: Signalgelb (RAL 1003) und Signalgrau (RAL 7004). Atemluftflaschen sind nach DIN EN 1089 Teil 3 am Flaschenhals zusätzlich weiß/schwarz zu kennzeichnen. Während einer Übergangsfrist bis Juni 2006 müssen Atemluftflaschen, die nach DIN EN 1089 Teil 3 weiß/schwarz gekennzeichnet sind, zusätzlich mit einem N am Flaschenhals versehen sein. *(Zi)*

Atemluftkompressor, Kompressor zum Füllen der → *Atemluftflaschen*; Prinzip: Der Kompressor saugt Umgebungsluft an und verdichtet sie je nach der zu füllenden → *Atemluftflasche* auf 200 bar bzw. 300 bar. Um die in DIN EN 12 021 (Ausgabe 1999-01) vorgeschriebene Reinheit der → *Atemluft* zu erreichen, ist der Kompressor mit einer Reihe von Filtern und einer Entwässerungseinrichtung ausgerüstet. *(Zi)*

Atemluftvorrat, Vorrat an → *Atemluft,* den der → *Atemschutzgeräteträger* in → *Atemluftflaschen* mit sich führt. Der Atemluftvorrat V_{GES} berechnet sich aus der Anzahl der Atemluftflaschen mal dem Fülldruck p mal dem Flaschenvolumen V ($V_{GES} = V \cdot p \cdot n$). Bei einem Druck über 200 bar muss dieser Wert durch einen Korrekturfaktor dividiert werden, bei 300 bar z. B. 1,09.
Der Atemluftvorrat wird beim → *Freitragbaren Isoliergerät* mit dem → *Druckmanometer* kontrolliert. *(Zi)*

Atemminutenvolumen (AMV), das je Minute aufgenommene → *Atemzugvolumen;* es errechnet sich aus der → *Atemfrequenz* und dem → *Atemzugvolumen. (Zi)*

Atemschlauch, Teil eines umluftunabhängigen → *Atemschutzgeräts;* er stellt die Verbindung zwischen dem Gerätesystem und dem → *Atemanschluss* des Atemschutzgeräteträgers her. *(Zi)*

Atemschutzfilter → *Filter. (Zi)*

Atemschutzgerät, Gerät, das → *Atemschutzgeräteträger* im Einsatz vor → *Atemgiften* schützt (DIN EN 132).
Man unterscheidet umluftabhängige und umluftunabhängige Geräte.
–, umluftabhängiges (Filtergerät): Atemschutzgerät, das die den → *Atemschutzgeräteträger* umgebende Atmosphäre filtert (Filter). Umluftabhängige Atemschutzgeräte unterliegen bestimmten Einsatzgrenzen, die vom Sauerstoffgehalt, der Art und Höhe der Konzentration des → *Atemgiftes* sowie der Staub- und Flockenbildung der → *Umgebungsatmosphäre* bestimmt werden;
–, umluftunabhängiges *(→ Isoliergerät):* Atemschutzgerät, bei dem der → *Atemschutzgeräteträger* seine → *Atemluft* selbst mitführt oder über Schlauchleitungen zugeführt bekommt.
Man unterscheidet nicht freitragbare und freitragbare Geräte (Isoliergeräte). Umluftunabhängige Atemschutzgeräte unterliegen bestimmten Einsatzgrenzen, z. B. zulässige Schlauchlänge, Anzahl der Atemluft- bzw. Sauerstoffflaschen, deren Fülldruck und Flaschenvolumen;
– für Selbstrettung: Atemschutzgerät, das nur für die Selbstrettung aus einer gefährdenden Atmosphäre benützt werden soll (z. B. Brandfluchthaube), also nicht als Angriffsgerät für die Feuerwehr.
Man unterscheidet Atemschutzgeräte für Selbstrettung
- mit Drucksauerstoff,
- mit → *Chemikalsauerstoff,*
- mit filtrierendem Atemanschluss (z. B. → *Brandfluchthaube),*
- mit Druckluft (Behältergerät mit Druckluft. *(Zi)*

Atemschutzgerätekarte → *Gerätenachweis. (Zi)*

Atemschutzgeräteträger, → *Feuerwehrangehöriger,* der aufgrund seiner Ausbildung und seines Gesundheitszustandes mit einem → *Atemschutzgerät,* z. B. Pressluftatmer, Einsatzmaßnahmen durchführen kann; Voraussetzungen: abgeschlossene Ausbildung als Atemschutzgeräteträger und gültige Untersuchung nach dem → *Arbeitsmedizinischen Grundsatz G 26. (Zi)*

Atemschutzgerätewagen → *Gerätewagen-Atemschutz. (Fl)*

Atemschutzgerätewart, ein an einer anerkannten Ausbildungsstätte ausgebildeter → *Feuerwehrangehöriger,* der aufgrund dieser Ausbildung befähigt ist, → *Atemschutzgeräte* zu prüfen, zu warten und instandzuhalten. Die Ausbildung erstreckt sich über einen Zeitraum von mindestens 28 Stunden (FwDV 2 und FwDV 7). *(Zi)*

Atemschutzgerätewerkstatt, Werkstatt, die für die Wartung und Reparatur von → *Atemschutzgeräten* geeignet ist. Die Anforderungen bezüglich Räumlichkeiten und Ausrüstung werden in DIN 14092 Teil 4 und FwDV 7 vorgeschrieben. *(Zi)*

Atemschutzhelm → *Feuerwehrhelm. (Zi)*

Atemschutznachweis, Formblatt, als persönlicher Nachweis für den → *Atemschutzgeräteträger,* in dem dokumentiert wird: Untersuchungstermine nach G 26, absolvierte Aus- und Fortbildungen, Unterweisungen und Einsätze unter Atemschutz.
Folgende Angaben sind in den Atemschutznachweis mindestens aufzunehmen:
- Datum und Einsatzort,
- Art des Gerätes,
- Atemschutzeinsatzzeit (Minuten),
- Tätigkeit.

Der Atemschutznachweis kann auch zentral und/oder als EDV-Datei geführt werden. Der Leiter der Feuerwehr oder eine beauftragte Person bestätigen die Richtigkeit der Angaben. *(Zi)*

Atemschutzpartikelfilter → *Partikelfilter. (Zi)*

Atemschutztauglichkeit, gesundheitliche Eignung zum Tragen von → *Atemschutzgeräten.*
Das Arbeiten unter Atemschutz verlangt vom → *Atemschutzgeräteträger* eine hohe körperliche Belastbarkeit. Um diesen Anforderungen gerecht zu werden, muss er dafür ausgebildet und gesundheitlich zum Tragen von Atemschutzgeräten geeignet sein.
Die gesundheitliche Eignung wird durch eine arbeitsmedizinische Untersuchung nach Grundsatz 26 (G 26) *(→ Arbeitsmedizinischer Grundsatz)* festgestellt. Diese Untersuchung wird alle drei Jahre bei einem für die Untersuchung nach G 26 ermächtigten Arzt wiederholt.
Bei Feuerwehrangehörigen über 50 Jahren wird diese Untersuchung jedes Jahr durchgeführt. Liegt keine gültige Untersuchung nach G 26 vor, darf der Atemschutzgeräteträger nicht eingesetzt werden. Ebenso darf er nicht eingesetzt werden, wenn er zum Zeitpunkt des Einsatzes nicht gesund ist. *(Zi)*

Atemschutzüberwachung, alle Maßnahmen zur Kontrolle und zur Unterstützung der unter Atemschutz vorgehenden Trupps; sie beinhaltet insbesondere die Registrierung und die Zeitüberwachung des Atemschutzeinsatzes. Für die Atemschutzüberwachung ist der Einheitsführer der taktischen Einheit verantwortlich. Er kann andere geeignete Personen zur Unterstützung hinzuziehen. *(Sr)*

Atemschutzübungsanlage, bauliche Anlage, in denen Einsatzbedingungen wie Rauch, Lärm, Wärme und körperliche Belastung simuliert werden können.
Die Anlage ist so gestaltet, dass der → *Atemschutzgeräteträger* in voller Einsatzkleidung Hindernisse überwinden, kriechen und sich immer wieder neu orientieren muss. Durch Arbeitsgeräte wie Schlaghammer, Endlosleiter und Laufbandergometer wird dem Atemschutzgeräteträger eine körperliche Belastung abverlangt, wie sie im Ernstfall auf ihn zukommt.
Bau, Gestaltung und Einrichtung einer Atemschutzübungsanlage siehe DIN 14 093 Teil 1. *(Zi)*

Atemspende, das Zuführen der Ausatemluft des Helfers an den → *Verletzten* durch → *Mund-zu-Mund-Beatmung,* → *Mund-zu-Nase-Beatmung* oder über einen → *Tubus. (Zi)*

Atemtiefe, andere Bezeichnung für → *Atemzugvolumen. (Zi)*

Atemwege, die Organe im menschlichen Körper, die zum Transport der Atemluft von der Umgebungsatmosphäre in den menschlichen Körper dienen.
Man unterscheidet obere Atemwege (Mund, Nasen-Rachenraum, Kehlkopfdeckel) und untere Atemwege (Kehlkopf, Luftröhre, Bronchien, Bronchiolen und Alveolen). Die oberen und unteren Atemwege mit Ausnahme der Alveolen (Lungenbläschen) nennt man auch das „luftleitende System" oder den „anatomischen Totraum". Die Gesamtheit der Alveolen nennt man das „gasaustauschende System". *(Zi)*

Atemwiderstand, Strömungswiderstand eines → *Atemschutzgerätes* gegenüber Luft während der Ein- und Ausatmung. *(Zi)*

Atemzugvolumen (AZV), die Menge an Atemluft in ml (Milliliter), die bei einem Atemzug aufgenommen wird. Das AZV ist abhängig vom Alter und der Kondition des betreffenden Menschen. *(Zi)*

Tabelle: **Atemzugvolumen** in ml je Atemzug

Erwachsene	500 bis 800
Jugendliche	300 bis 400
Kinder	200 bis 300
Kleinkinder	100 bis 200
Säuglinge	15 bis 20

Atmosphäre, explosionsfähige: ein explosionsfähiges → *Gemisch* von Gasen, → *Dämpfen,* → *Nebeln* oder brennbaren → *Stäuben* mit Luft einschließlich üblicher Beimengungen (z. B. Feuchtigkeit) unter atmosphärischen Bedingungen (20 °C, 1013 mbar). *(Ha)*

Atmung, die Aufnahme von Sauerstoff (O_2) aus der Umgebungsatmosphäre über die → *Atemwege* in den menschlichen Körper.
Das im menschlichen Körper durch Verbrennung produzierte Kohlendioxid (CO_2) wird dann wieder über die Atemwege an die Umgebungsatmosphäre abgegeben. Durch Atmung wird die zum Leben notwendige Energie gewonnen.
Man unterscheidet äußere Atmung (Gasaustausch zwischen Lunge und Blut) und innere Atmung (Gasaustausch zwischen Blut und Zellen). *(Zi)*

Atomgesetz (AtG), Gesetz über die friedliche Verwendung von Kernenergie und den Schutz gegen ihre Gefahren vom 15. Juli 1985; zuletzt geändert am 6. Januar 2004. *(Kl)*

ätzende Stoffe, Stoffe, die eine Hautreizung oder die Zerstörung der Haut bewirken. Saure Stoffe mit einem pH-Wert unter 2 (z. B. 30 %ige Salzsäure) und basische Stoffe mit einem pH-Wert über 11,5 (Grenzwerte inbegriffen), z. B. wässrige Natronlauge, sind ohne weitere Prüfung ätzende Stoffe.
Je nach der Kürze der Zeit, nach der die Zerstörung der Haut beginnt, unterscheidet man ätzende Stoffe in
– Stoffe, die schwere Verätzungen verursachen, bei einer Hautzerstörung innerhalb von 4 Stunden; Beispiel:
Chlorsulfonsäure $ClSO_3H$;
– reizende Stoffe, die eine Hautentzündung verursachen; Beispiel: Biphenyl $C_{12}H_{10}$.
Im Gefahrgutrecht sind ätzende Stoffe der Klasse 8 zugeordnet; Gefahrnummer 88 oder 80. *(Fl)*

AÜA, Abk. für → *Alarmübertragungsanlage. (Ge)*

Aufbereitung
– eines → brennbaren Stoffes, Veränderung oder Zersetzung eines Stoffes vor dem → *Entzünden* mit folgendem Ergebnis:
– Verringerung der erforderlichen → *Zündenergie,*
– Erhöhung der → *Entzündbarkeit* (Erniedrigung der zur Entzündung erforderlichen Zündenergie);
– Herstellen einer Übergangsfläche für die Energieabgabe von einer → *Zündquelle.*
Man unterscheidet:
– chemische (oder biologische) Aufbereitung: Auslösung chemischer, meist → *exothermer* Reaktionen zwischen unverträglichen Stoffen oder Stoffgemischen, z. B. Alkalimetallen mit Kohlendioxid oder Halogenen; Zerfall gärungsfähiger Stoffe bei einem bestimmten Feuchtigkeitsgehalt der Luft und bestimmter Temperatur durch thermophile (wärmeliebende) Bakterien. Die entstehende → *Wärme* kann bis zur → *Selbstentzündung* führen, z. B. Heugärung oder mit Öl oder Fett verunreinigte Holzspäne.
– mechanische Aufbereitung: Zerkleinerung, Verspritzen oder Abrieb von Stoffen zu → *Stäuben,* Körnern oder Fasern; Folge: Vergrößerung der Kontaktflächen, dadurch intensiver Energieübergang von der → *Zündquelle* auf den brennbaren Stoff und beschleunigte Verbrennungsreaktion;
– thermische Aufbereitung: Erwärmung eines brennbaren Stoffes, z. B. durch heiße → *Brandgase,* mit der Folge:
– bei festen Stoffen: Bildung von Zersetzungsprodukten, Änderung des → *Aggregatzustandes;*
– bei flüssigen Stoffen: Dampfbildung an der Oberfläche, Destillation (Trennung) von Flüssigkeitsgemischen (z. B. Erdöl in Benzine oder Öle); chemische Zersetzung der Flüssigkeit;
– bei gasförmigen Stoffen: meist Veränderung der Molekularstruktur mit dem typisch für Kohlenwasserstoffe folgenden Zerfall. *(Ha)*

Aufenthaltsräume, nicht nur zum vorübergehenden Aufenthalt von Menschen bestimmte oder geeignete Räume, z. B. Wohnräume, Büroräume, Schulräume.
Die Lage der obersten Aufenthaltsräume entscheidet im Bauordnungsrecht über die Gebäudeart, z. B. → *Hochhaus* oder → *Gebäude* geringer Höhe und somit über die Brandschutzanforderungen, z. B. über die → *Feuerwiderstandsdauer* von → *Bauteilen* oder über die Art des zweiten → *Rettungsweges. (Ki/Bt)*

Aufgabenbereiche der Feuerwehr: Menschenrettung (Rettung), → *Brandbekämpfung,* → *Technische* Hilfeleistung, → *Rettungsdienst* und vorbeugender Brandschutz. *(Ha)*

Aufkleber → *Fahrzeugaufkleber. (Fl)*

Aufladelöscher, → *Feuerlöscher* der aus zwei Behältern (Löschmittelbehälter und Treibgasbehälter) besteht; Prinzip: wird zwischen den beiden Behältern eine Verbindung hergestellt, z. B. durch Öffnen des Ventils am Treibgasbehälter, so strömt das Treibmittel (Treibgas, z. B. Kohlendioxid) in den Löschmittelbehälter und setzt diesen unter Druck. Man sagt, der Aufladelöscher ist aufgeladen; er ist nun bereit, das → *Löschmittel* auszustoßen (siehe Bild → *Pulverlöscher).*
Man unterscheidet Aufladelöscher mit am Löscher außen und

mit innen (im Löschmittelbehälter) angebrachter Treibgasflasche.
Aufladelöscher gibt es für die → *Löschmittel* Pulver, Wasser und Schaum als vorgemischte Lösung oder als Kartusche mit Schaumkonzentrat (Kartuschelöscher). *(Oe)*

Aufladung, elektrostatische: Veränderung des elektrischen Ladungszustandes auf einem elektrischen Leiter oder Nichtleiter durch Verminderung oder Vermehrung positiver bzw. negativer elektrischer Ladung; Elektronenüberschuss führt zu elektrisch negativer Ladung, Elektronenmangel zu elektrisch positiver Ladung (Aufladung) eines Körpers.
Beim Berühren zweier Gegenstände mit unterschiedlicher Oberflächenbeschaffenheit tritt an den Grenzflächen eine Ladungstrennung auf: von der negativ geladenen Oberfläche gehen Ladungsträger auf die andere Fläche über. Beide Körper laden sich entgegengesetzt auf. Wird eine mechanische Trennung der Oberflächen vorgenommen, so bleibt die Ladungstrennung ganz oder teilweise (insbesondere bei Nichtleitern oder nicht geerdeten Gegenständen) erhalten.
Elektrostatische Aufladung (Ladungstrennung) tritt meist bei Reibungsvorgängen auf, z. B. beim Ausströmen oder Verarbeiten schüttfähiger Stoffe (z. B. Kohlenstaub), flüssiger Stoffe (z. B. Heizöl) oder gasförmiger Stoffe (z. B. Propan, Butan).
Elektrostatische Aufladung kann eine → *Zündquelle* sein; Prinzip: um den aufgeladenen Gegenstand besteht ein elektrisches Feld. Überschreitet die Feldstärke die Durchschlagsfeldstärke, z. B. von Luft oder einem vorhandenen Gas, so tritt unter Funkenbildung ein plötzlicher Ladungsausgleich auf, z. B. ein Blitz.
Elektronische Bauteile können durch elektrostatische Aufladung zerstört werden. *(Ha)*

Aufräumarbeiten, die Durchführung geeigneter Maßnahmen zur Minderung oder Beseitigung von Schäden, die bei Löscharbeiten oder Technischen Hilfeleistungen entstanden sind; Beispiel: Beseitigen von Brandschutt. *(Sr)*

Aufrichtwinkel (α) bei → *Hubrettungsfahrzeugen* ist der Winkel zwischen der Mittelachse der Auslegerelemente und der Waagrechten. Üblich sind Aufrichtwinkel von –10° bis 75°. Bei negativem Aufrichtwinkel erreicht man Positionen, die tiefer als die Aufstellfläche des Hubrettungsfahrzeugs liegen. *(Fl)*

Aufsicht über das Feuerwehrwesen, wird von den allgemeinen Aufsichtsbehörden ausgeübt: in Baden-Württemberg z. B. von den Landratsämtern (für kreisangehörige Gemeinden) bzw. den Regierungspräsidien (für Stadtkreise).
Die Aufsicht über → *Werkfeuerwehren* (in den Stadtkreisen) obliegt dem Bürgermeister. Obere Aufsichtsbehörde ist das Regierungspräsidium, oberste Aufsichtsbehörde das Innenministerium für alle Gemeinden, Landkreise und Betriebe bzw. Verwaltungen mit einer Werkfeuerwehr.
Im Feuerwehrwesen besteht grundsätzlich → *Rechtsaufsicht* (nicht → *Fachaufsicht).*
Die feuerwehrtechnischen Angelegenheiten, z. B. Organisation, Ausrüstung, Ausbildung, Einsatztaktik, werden in den Aufsichtsbehörden

von → *Feuerwehrtechnischen Aufsichtsbeamten bearbeitet. (Sr)*

Aufsichtsbeamter, feuerwehrtechnischer → *Feuerwehrtechnischer Aufsichtsbeamter. (Sr)*

Aufstellflächen → *Flächen für die Feuerwehr. (Oe)*

Aufstiegsgeschwindigkeit (eines Tauchers im Wasser); aus medizinischen Gründen darf – unabhängig von den → *Haltezeiten* – die Aufstiegsgeschwindigkeit von bisher 18 m/min (nach neuesten Erkenntnissen 10 m/min) nicht überschritten werden, damit die beim Auftauchen entstehende Dekompression (Druckabfall) nicht zu groß ist und Stickstoffablagerungen aus der Atemluft im Körpergewebe des Tauchers verhindert werden. *(Mt)*

Aufzug → *Feuerwehraufzug. (Oe)*

Aufzugseil und Winde → *Zugeinrichtung. (Fl)*

Ausatemluft (im Atemschutz) ist die → *Luft,* die der → *Atemschutzgeräteträger* ausatmet. Sie wird entweder über ein → *Ausatemventil* in der → *Vollmaske* (Filter-, Schlauch- und Behältergerät) an die → *Umgebungsatmosphäre* abgegeben oder über einen Ausatemschlauch dem → *Atemschutzgerät (→ Regenerationsgerät)* zurückgeführt.
Die Ausatemluft besteht allgemein aus etwa 17 % Sauerstoff, 78 % Stickstoff, 4,04 % Kohlendioxid und 0,96 % Edelgasen. *(Zi)*

Ausatemventil, Teil einer → *Vollmaske* bei Behältergeräten und Schlauchgeräten; ein in einer Richtung öffnendes Ventil, das das Abströmen ausgeatmeter Luft aus dem → *Atemanschluss* ermöglicht. *(Zi)*

Ausbildung, Wissensvermittlung mit dem Ziel, dem Lernenden das für eine bestimmte Tätigkeit notwendige Wissen näher zu bringen. Ausbildung findet institutionalisiert, insbesondere an Schulen statt; Beispiel: Gruppenführerlehrgang an → *Landesfeuerwehrschulen.* Ausbildung wird oft auch als Oberbegriff für jede Art institutionalisierter Wissensvermittlung verwendet; → *Weiterbildung;* → *Fortbildung. (Sr)*

Ausbreitung, Sammelbegriff für alles, was zu einer räumlichen Vergrößerung eines Schadens führt; Beispiele: → *Brandausbreitung,* Ausbreitung von Rauch, z. B. unter dem Gesichtspunkt der Verschmutzung von Sachwerten, Auslaufen wassergefährdender Flüssigkeiten, Abfließen von belastetem Löschwasser; *(Sr)*
– von Wärme: andere Bezeichnung für → *Wärmeübertragung. (Ha)*
– von Funkwellen: Verlauf der von einer Antenne ausgesendeten elektromagnetischen Wellen im freien Raum, abhängig von bestimmten physikalischen Gesetzmäßigkeiten und besonderen Anomalien. Bei den BOS-Wellenbereichen beeinflussen wesentlich Absorption und Reflexion die Ausbreitung. *(Ge)*

Ausfallsicherheit (Abk.: MTBF = *Meantime Between Failures),* = „mittlerer Abstand der Zeit zwischen zwei Fehlern", d. h. Zeit zwischen zwei aufeinanderfolgenden Fehlern, z. B. bei elektronischen Bauteilen; mittlere Lebensdauer. *(Ge)*

Ausflussgleichung (für Strahlrohrmundstücke) → *Wasserdurchfluss. (Fl)*

Ausladung von → *Hubrettungsfahrzeugen,* waagrechter Abstand zwischen der äußersten Kante der Abstützung der belasteten Seite eines Hubrettungsfahrzeugs, z. B. DLK 23-12, bzw. dessen Fahrzeugaußenkante und der Außenkante des Korbs bzw. bei Drehleitern ohne Korb Abstand der Abstützung zur äußersten Sprosse.
Die Ausladung wird in Meter gemessen (in unbelastetem Zustand).
Je geringer die Ausladung, um so näher muss das Fahrzeug an das Gebäude herangefahren werden, damit ein Übersteigen in den Rettungskorb möglich wird. Der vom Fahrzeug zum Gebäude einzuhaltende Abstand (Ausladung) ist jedoch durch Vorbauten, nicht befahrbare Flächen oder geparkte Fahrzeuge eingeschränkt.
Die maximal mögliche Ausladung hängt in weiten Bereichen von der → *Rettungshöhe* und von der Belastung des → *Hubrettungsauslegers* ab. *(Fl)*

Auslöseanzeige (bei → *Sprinkleranlagen),* mechanisch ausgelöstes, akustisches Signal, z. B. von der → *Sprinkler-Alarmglocke,* und evtl. zusätzliches optisches Signal (Blinklicht), das – je nach örtlichen Gegebenheiten – an der Außenfront der zu schützenden Gebäude installiert ist. Es muss sichergestellt sein, dass der Alarm jederzeit von Personen gehört werden kann. Eine zusätzliche Alarmübertragung zu einer ständig besetzten Stelle, z. B. Pförtner oder Feuerwehrleitstelle *(→ Leitstelle),* kann vom Versicherer gefordert werden. Die Auslöseanzeige zeigt im Alarmfall an, dass mindestens ein Sprinkler Wasser freigibt. *(Oe)*

Auslöseeinrichtung (bei → *Feuerlöschanlagen);* zur Freigabe von Löschmitteln hat jede Löschanlage eine oder mehrere Auslösevorrichtungen.
Man unterscheidet mechanische, pneumatische, hydraulische und elektrische Auslösung.
Neben der automatischen (selbsttätigen) Auslösung, gesteuert durch Impulse, z. B. von → *Rauchmeldern* über eine → *Brandmelderzentrale,* soll bei allen Anlagen eine Auslösung von Hand möglich sein *(→ Handauslösung).* Die Handauslösung muss leicht bedienbar (kein Schraubventil) und gegen unbefugte Betätigung gesichert sein.
Die meisten Löschanlagen haben automatische Auslöseeinrichtungen. Das sind Vorrichtungen, die z. B. auf eine Temperaturänderung, z. B. bei einem Brand, reagieren.
Man unterscheidet
- Glasfasssprinkler und
- Schmelzlotsprinkler,

bei denen sich jeweils nur der betroffene Sprinkler öffnet und Auslösevorrichtungen, die die gesamte Anlage mit allen Düsen in Tätigkeit setzen, z. B. bei → *Sprühwasseranlagen* oder → *Gaslöschanlagen.*
Es gibt ferner Löschdüsen mit einer Schmelzlotvorrichtung oder ein unter Zugspannung stehender Seilzug mit einem Schmelzlot-Trennglied (auch Thermo- oder Trennglied genannt). Man bezeichnet letztere auch als Anregerdüsen, weil sie die Löschanlage zum Löschen „anregen". Funktion des Thermo-Trennglieds: Oberhalb des Schutzobjekts, z. B. einem Farb-Pigment-Reibstuhl, befindet sich ein Seilzug (sog.

Anregerseilzug) mit Gegengewicht. Im Seilzug wird an einer oder mehreren besonders gefährdeten Stellen das Schmelzlot-Trennglied eingebaut. Schmilzt das temperaturempfindliche Trennglied infolge zu großer Wärme, so „reißt" der Seilzug und löst damit die Löschanlage aus. *(Oe)*

Auslösetemperatur (für → *Schmelzlotsprinkler* und → *Glasfasssprinkler* auch: Nennöffnungstemperatur oder Ansprechtemperatur), Temperatur, bei der der Haltearm oder das Glasfass durch Erweichen des Schmelzlotes bzw. durch Bersten des Glasfasses das Öffnen des → *Sprinklers* bewirkt. Die Auslösetemperatur ist so zu wählen, dass sie etwa 30 °C über der maximal zu erwartenden Umgebungstemperatur liegt *(Tabelle)*.

Sprinkler	**Auslösetemperatur** in °C (nach VdS)	Kennfarbe der Haltearme bzw. der Flüssigkeit im Glasfass
Schmelzlot-sprinkler	57/ 77	ungefärbt
	80/107	weiß
	121/149	blau
	163/191	rot
	207/260	grün
Glasfass-sprinkler	57	orange
	68	rot
	79	gelb
	93/100	grün
	141	blau
	182	malve (hellviolett)
	204/260	schwarz)

(Oe)

Ausnahmezustand, der Zustand, der erklärt wird, wenn Anzahl oder Umfang der gemeldeten Schadenereignisse ein Ausrücken nach der → *Ausrückeordnung* nicht mehr zulassen, sondern abweichend hiervon, z. B. mit kleineren → *Einheiten* ausgerückt werden muss: Beispiel: Bei Unwettereinsätzen wird die Löschzugstärke um ein Fahrzeug verringert, um mehr Schadenstellen gleichzeitig abdecken zu können. *(Sr)*

Ausrückebereich, festgelegtes Gebiet, für das die Einsatzkräfte einer → *Feuerwache,* einer → *Rettungswache,* eines → *Feuerwehrhauses* oder eines → *Feuerwehrstützpunktes* zuständig sind.
Die Grenzen des Ausrückebereiches hängen insbesondere von regionalen Gegebenheiten ab, z. B. Bebauungsdichte, Bevölkerungszahl und -dichte, Grad der Industrialisierung, Verkehrsverhältnisse, Wasserversorgung sowie der Zahl der Einsätze je Zeiteinheit und der → *Eintreffzeit. (Sr)*

Ausrückefolge, Festlegung der Reihenfolge, in der zuständige → *Einsatzkräfte* von ihren Standorten zu einer → *Einsatzstelle* ausrücken. Die Ausrückefolge hängt ab vom → *Alarmierungsstichwort* und von der → *Anmarschzeit* der Einheiten. Sie ist Teil der → *Ausrückeordnung. (Sr)*

Ausrückeordnung, bestimmt Anzahl, Art und Reihenfolge der → *Einheiten,* die auf ein gegebenes → *Alarmierungsstichwort* hin zu einer gemeldeten → *Einsatzstelle* zu entsenden sind (DIN 14 011 Teil 9); Beispiel: ein LF 16/12 der Wache X und ein RTW der Wache Y zum Verkehrsunfall auf Bundesautobahn. *(Sr)*

Ausrückezeit, die Zeit zwischen dem Abschluss der → *Alarmierung* von Einsatzkräften und dem Verlassen ihrer → *Feuerwache* oder ihres → *Feuerwehrhauses.* Die Ausrückezeit wird in der Regel für jede Einheit separat festgehalten. *(Sr)*

Aussagegenehmigung (eine) ist erforderlich, wenn ein Feuerwehrangehöriger von der Polizei, der Staatsanwaltschaft oder dem Gericht über Fragen vernommen werden soll, die unter seine Verschwiegenheitspflicht fallen, z. B. bei Aussagen über die vom Gruppenführer erteilten Befehle.
Die Aussagegenehmigung ist vom Dienstherrn zu erteilen und darf nur unter den Voraussetzungen des § 39 Abs. 3 BRRG (Beamtenrechtsrahmengesetz) bei Gefährdung des öffentlichen Wohls verweigert werden. *(Fi)*

Ausschreibung, die Aufnahme von polizeilichen Fahndungsdaten → *Fahndung* in ein oder mehrere Fahndungshilfsmittel, z. B. der Personenfahndungsdatei. *(Mt)*

Ausschuss Feuerwehrangelegenheiten, Katastrophenschutz und zivile Verteidigung (AFKzV), ein Ausschuss des → *Arbeitskreises* V der Arbeitsgemeinschaft der Innenministerien der Länder (AK V) zur Beratung aller, das Feuerwehrwesen, den Brandschutz, den Katastrophenschutz und die zivile Verteidigung betreffenden Fragen.
Aufgabe: Schaffung bundesweit einheitlicher Regelungen auf allen für die Feuerwehr, den Brandschutz und den Katastrophenschutz relevanten Gebieten, beispielsweise Verabschiedung der → *Feuerwehr-Dienstvorschriften.*
Jedes Bundesland entsendet einen Vertreter in diesen Ausschuss (i. d. R. den zuständigen Referatsleiter des jeweiligen Innenministeriums). *(Sr)*

Ausschuss Informations- und Kommunikationswesen (früher: Arbeitsgruppe Fernmeldewesen, AG Fm), eine Ad-hoc-Arbeitsgruppe des → *Arbeitskreis V* zur Absprache fernmeldetechnischer und fernmeldebetrieblicher Konzepte zwischen Bund und Ländern. *(Ge)*

Außenangriff, Vorgehen, bei dem die → *Löschmittel* von außen in das Innere eines Gebäudes oder Raumes eingebracht werden (DIN 14011 Teil 2); Gegensatz: → *Innenangriff. (Ha)*

Aussendung, vom Sender einer Funkanlage erzeugte und von der → *Antenne* bewirkte Ausstrahlung, die nach der erforderlichen → *Bandbreite* oder der → *Sendeart* entsprechend gekennzeichnet wird. *(Ge)*

Außenwand, ein vertikales → *Bauteil,* das die äußere Hülle eines → *Gebäudes* bildet und das Innere eines Gebäudes vom Äußeren trennt.
Eine Außenwand wird gebildet durch durchlässige → *Bauteile,* z. B. Fenster, und nichtdurchlässige Bauteile, z. B. → *Brüstungen,* und ihre Befestigungen am Gebäudetragwerk. Da tragende und nichttragende Außenwände im Brandfall einem Feuer von innen und/oder außen ausgesetzt werden können, müssen sie über einen bestimmten → *Feuerwiderstand* verfügen. *(Bt)*

Außenzone, → *Zonen um kerntechnische Anlagen. (Kl)*

Austauchtabelle, Tabelle, aus der die → *Austauchzeit* und die → *Haltezeit* eines Tauchers nach einem Tauchgang – speziell für die vorliegende Tauchzeit und Tauchtiefe – abgelesen werden können. Die Austauchtabelle gilt für das Austauchen nach mittelschwerer Arbeit unter Wasser. Die auf den einzelnen Austauchstufen angegebenen → *Haltezeiten* sind vom Taucher unbedingt einzuhalten, um Körperschäden durch Tauchunfälle zu vermeiden und um eine langsame → *Dekompression* zu erreichen (Quelle: VBG 39; FwDV 8, Ziff. 10.4; PDV 415, Anl. 4). *(Mt)*

Austauchzeit, Gesamtzeit des Auftauchens eines Tauchers nach einem Tauchgang; sie hängt ab von der → *Aufstiegsgeschwindigkeit* und den aus der → *Austauchtabelle* zu entnehmenden, vorgeschriebenen → *Haltezeiten* eines Tauchers. *(Mt)*

Auswerfen (von brennbaren Flüssigkeiten), engl. Fachbegriff: Boilover; Vorgang beim Brennen von Gasen oder Dämpfen einer brennbaren Flüssigkeit in einem Behälter, z. B. Mineralöltank, in dem unter dieser Flüssigkeit eine andere mit niedrigerem → *Siedepunkt,* z. B. Wasser, liegt.
Hat sich das Temperaturprofil im Behälterinnern so geändert, dass an der Grenzschicht zu Wasser der Siedepunkt des Wassers überschritten wird, so schleudert das plötzlich verdampfende Wasser die über ihr liegende Flüssigkeit aus dem Behälter.
Bereits geringer Wassergehalt führt zum Auswerfen und stellt eine erhebliche Gefahr dar. *(Ha)*

Authentisierung (von authentisch, lat., mit der Bedeutung: echt, zuverlässig, verbürgt), ein festgelegtes Verfahren, um die Berechtigung zur Teilnahme am → *Fernmeldeverkehr* nachzuweisen, z. B. durch ein → *Kennwort. (Ge)*

Auto-Feuerlöscher, kleiner, handlicher → *Feuerlöscher* (nach EN 3 und DIN 14 406) mit 1, 1,3 oder 2 kg → *Löschpulver* für die → *Brandklassen* A, B und C mit Halterung für Kfz-Einbau.
Auto-Feuerlöscher sind meist → *Dauerdrucklöscher* seltener → *Aufladelöscher.* Die Löschzeit (Spritzzeit) beträgt beim 1- und 2-kg-Löscher (ununterbrochen) mindestens 6 Sekunden; Haupteinsatzgebiet: Auto, Caravan, Camping. *(Oe)*

Autokran nennt man einen Kran mit Radfahrwerk (straßenfahrbar) mit getrennten Steuerständen für die Kran- und Fahrbewegung und separatem Antrieb für den Fahrbetrieb.
Der Ausleger ist in Teleskopausführung; Tragfähigkeit bis 300 t (Spezialausführungen bis 1 000 t); Verwendung: zum Auf- und Abbau von Turmkränen, Montage von Stahlbaukonstruktionen, Fahrgeschäften und Betonfertigteilen; bei der Feuerwehr *(→ Feuerwehrkran)* vor allem zum Anheben und Sichern von Bauteilen, z. B. nach dem Einsturz eines Gebäudes, zum Umladen von Fahrzeugladungen, z. B. im Gefahrgut-Einsatz, und für das Aufrichten von Fahrzeugen nach einem Unfall. *(Fl)*

Automatisches Wähl- und Ansagegerät (AWAG), Gerät, das dem Angerufenen, z. B. der → *Leitstelle,* eine Information verbal (mit Worten) übermittelt; Beispiel: „Brandmeldung Kaufhaus Klein – Am Steinbruch 24"; → *Telefonwählgerät. (Ge)*

Automatisches Wähl- und Übertragungsgerät (AWUG), Gerät, das dem Angerufenen, z. B. der → *Leitstelle,* eine Information in elektronisch codierter Form übermittelt. Dazu ist dort ein entsprechendes Empfangsgerät erforderlich; → *Telefonwählgerät. (Ge)*

AWAG, Abk. für: → *Automatisches Wähl- und Ansagegerät. (Ge)*

AWUG, Abk. für: → *Automatisches Wähl- und Übertragungsgerät. (Ge)*

Azimut, Winkel zwischen dem geografischen Nordpol und der betrachteten Himmelsrichtung (im Uhrzeigersinn), angegeben in Grad (°); Kenngröße zur Angabe der Hauptstrahlrichtung bei einer Richtantenne. *(Ge)*

BAGUV frühere Abk. für → *Bundesverband* der Unfallversicherungsträger der öffentlichen Hand; früher: Bundesarbeitsgemeinschaft der Unfallversicherungsträger der öffentlichen Hand. jetzt: → *Bundesverband der Unfallkassen. (Sr)*

Bake (Begriff der Schifffahrt), am Ufer angebrachte Stange, die als feststehendes → *Schifffahrtszeichen* (Markierungs-, Warn- oder Begrenzungszeichen) dient und Auskunft über die Fahrwasserverhältnisse gibt. *(Mt)*

Balkenschuh, ein räumliches Stahlteil in Form eines gebogenen oder geschweißten Winkels, mit dem Bauteile aus Holz, z. B. Balken, miteinander oder mit Bauteilen aus anderen → *Baustoffen,* z. B. → *Beton* oder → *Mauerwerk* verbunden werden.
Balkenschuhe verdrängen die früher verbreiteten zimmermannsmäßigen → *Holzverbindungen.* Wegen des schlechten Brandverhaltens von Stahl können Balkenschuhe im Brandfall schnell versagen, was zum Einsturz führen kann. *(Bt)*

Bandbreite, Abstand zwischen oberer und unterer Grenzfrequenz eines Übertragungsweges, z. B. einer Fernsprechverbindung. Damit Sprache verständlich bleibt, müssen alle Töne in einer Bandbreite zwischen 300 Hz und 3 000 Hz liegen. *(Ge)*

Bandschlinge, eine textile Endlosschlaufe nach DIN EN 566, z. B. zum Fixieren der Sicherungsleine bei der → *Absturzsicherung* und der → *Höhenrettung.* Dabei gilt folgende Empfehlung *(Tabelle)*:

Höhe in m	**Fixierung**
bis 5 m	Fixierung jeden Meter
5 bis 9 m	Fixierung alle 2 m
über 9 m	Fixierung alle 3 m

Es gibt Bandschlingen in den Längen von 0,6 m, 1,0 m und 1,2 m und Sonderlängen; Farbe: beliebig.
Bandschlingen dürfen nicht verwechselt werden mit Rundschlingen und Hebebändern. Sie können/dürfen auch als → *Anschlagmittel* zum Bewegen von Lasten verwendet werden *(Tabelle). (Zi)*

Farbkennzeichnung	**Tragfähigkeit** (Traglast) der Bandschlinge in kg
olivgrün	500
violett	1 000
grün	2 000
gelb	3 000
grau	4 000
rot	5 000
braun	6 000
blau	8 000
orange	> 8 000

BAPT, Abk. für das frühere → *Bundesamt* für Post und Telekommunikation; jetzt → *Regulierungsbehörde* für Telekommunikation und Post (RegTP). *(Ge)*

Barotrauma (von baros, griech. = Schwere, Gewicht und trauma, griech. = Wunde, Verletzung), bei Tauchern durch plötzliche Erniedrigung oder Erhöhung des Luftdrucks bei mangelndem Druckausgleich verursachte Schädigung von Körpergewebe, z. B. im Mittelohr oder den Nasennebenhöhlen, ggf. auch Riss des Trommelfells.

Das Ausmaß der Schädigung hängt von der Höhe der Druckdifferenz und der Einwirkungszeit ab. *(Mt)*

Barterlass, Erlass der einzelnen Innenministerien, in dem bundeseinheitlich geregelt wird, dass → *Atemschutzgeräteträger* keine „Haartracht" im Gesicht tragen dürfen, die den Dichtsitz der → *Vollmaske* unterbricht.
Unter diese Regelung fallen z. B. Vollbärte, Wangenbärte und lange Koteletten. Hat ein Atemschutzgeräteträger zum Zeitpunkt des Einsatzes einen Bartwuchs, der unter diese Regelung fällt, darf er nicht eingesetzt werden. Dies ist auch in der → *FwDV* 7 geregelt. *(Sr)*

Batch (engl.: = Partie, abgeteilte Menge, Quantum; hier: Datenblock), beim digitalen → *Alarmierungssystem* nach dem → *RPC-System* ein Datenpaket mit konstanter Länge (544 Bit). *(Ge)*

Bauantrag, formaler Antrag auf Erteilung einer → *Baugenehmigung* für genehmigungsbedürftige Bauvorhaben. Im Rahmen des Bauantrages muss auch auf die notwendigen Brandschutzmaßnahmen eingegangen werden. *(Ki)*

Bauart, die Art und das Zusammenfügen von → *Baustoffen* und → *Bauteilen* eines Bauwerks oder Gebäudes, z. B. Stahlskelettbau *(→ Skelettbau),* Holz-Fachwerkbau *(→ Fachwerkbau)* oder Mauerwerksbau *(→ Mauerwerk).*
Die Bauart hat entscheidenden Einfluss auf das → *Brandverhalten* eines Gebäudes. Im Brandfall ist z. B. bei → *Stahl-Skelettbau* früher mit einem Einsturz zu rechnen als bei → *Stahlbeton-Massivbau. (Bt)*

bauaufsichtliches Verfahren, prüft die Vereinbarkeit eines konkret anstehenden Bauvorhabens mit den Vorschriften des öffentlichen Baurechts. Das üblicherweise angewandte Verfahren ist das Baugenehmigungsverfahren. Zum bauaufsichtlichen Verfahren gehören noch das Bauvorbescheidsverfahren, das Zustimmungsverfahren, das Verfahren zur Erlangung einer Befreiung und das Verfahren zur Erlangung einer Ausführungsgenehmigung für Fliegende Bauten. Alle Verfahren müssen durch einen schriftlichen Bescheid der Bauaufsichtsbehörde abgeschlossen werden. *(Ki)*

bauaufsichtliche Zustimmung, wird angewandt für Bauvorhaben des Bundes und der Länder. Sie tritt an die Stelle der → *Baugenehmigung.* Der Gesetzgeber geht davon aus, dass bei Bauvorhaben des Bundes und der Länder die zuständigen Bauabteilungen durch Mitarbeiter des höheren bautechnischen Dienstes besetzt sind, die für die Einhaltung der bauaufsichtlichen Vorschriften Gewähr bieten. *(Ki)*

Bauaufsichtsbehörde, untere Verwaltungsbehörde, die die Übereinstimmung von Bauvorhaben mit den gültigen Rechtsvorschriften überprüft.
Die Bauaufsichtsbehörde kontrolliert insbesondere auch die Einhaltung aller Vorschriften des → *Vorbeugenden Brandschutzes.* In Fragen des Vorbeugenden Brandschutzes geben → *Brandschutzsachverständige* oder in größeren Städten die → *Berufsfeuerwehr* eine Stellungnahme zu Bauvorhaben ab. *(Oe)*

Baugenehmigung, ein förmlicher und schriftlicher Verwaltungsakt,

der nach Beantragung bestätigt, dass ein Bauvorhaben gemäß den eingereichten Bauvorlagen den gültigen öffentlich-rechtlichen Vorschriften entspricht.
In der Baugenehmigung können im Rahmen von Nebenbestimmungen auch Auflagen erteilt werden, welche die Baufreigabe an bestimmte Bedingungen knüpfen. *(Oe)*

Baugrenze, in einem → *Bebauungsplan* festgesetzte Linie, die errichtete bauliche Anlagen nicht überschreiten dürfen. *(Bt/Oe)*

Bauklammer, ein etwa 300 mm langes, bügelförmiges Hilfsmittel *(→ Holzverbindungen)* aus Rund- oder Flachstahl zur schnellen Verbindung von Holzteilen einer Bauhilfskonstruktion, z. B. bei waagerechter Abstützung zur Verbindung von → *Stützen* mit → *Streben.*
Mit den etwa 90 mm langen, umgebogenen spitzen Enden wird die Bauklammer mit einem Hammer in die zu verbindenden Holzteile eingetrieben. *(Bt)*

Baulast, öffentlich rechtliche, dingliche Verpflichtung eines Grundstückseigentümers zu einem sein Grundstück betreffenden Tun, Duldung oder Unterlassung. Der Begriff Baulast hat im Vorbeugenden Brandschutz Bedeutung, z. B. bei der Gewährung einer → *Feuerwehrzufahrt* für ein Gebäude über ein fremdes Grundstück. Die Anforderungen des Baurechts bei Notwendigkeit einer derartigen Feuerwehrzufahrt sind erst erfüllt, wenn die Baulast im Baulastenverzeichnis des Grundstücks urkundlich gesichert ist. Die Löschung von Baulasten ist nur mit Zustimmung der → *Bauaufsichtsbehörde* zulässig. *(Ki)*

bauliche Anlage besonderer Art und Nutzung → *Sonderbauten. (Ki)*

Baulinie, in einem → *Bebauungsplan* festgesetzte Linie, an der bauliche Anlagen errichtet werden müssen. *(Bt)*

Baumassenzahl (BMZ), gibt an, wie viel Kubikmeter Baumasse (BM) je Quadratmeter Grundstücksfläche (A_B) zulässig sind; Formel: BMZ = BM : A_B; Einheit: m^3/m; Beispiel: BMZ 3.
Die Baumassenzahl ist im → *Bebauungsplan* festgelegt und ist ein Maß der baulichen Nutzung, z. B. eines Industriegebietes. Sie dient u. a. der Ermittlung des Löschwasserbedarfs nach den Regeln des → *DVGW. (Bt)*

Baumwoll-Löschdecke → *Löschdecke. (Oe)*

Bauordnung → *Landesbauordnung. (Ki)*

Bauordnungsrecht, Summe aller gesetzlichen Vorschriften, die sich im Bauwesen mit der Gefahrenabwehr, der Baugestaltung, den Anforderungen an Bauten für besondere Personengruppen (z. B. behinderte Personen, alte Menschen oder Kleinkinder) und den bauaufsichtlichen Verfahren befassen. Die wesentliche Ausgestaltung des Bauordnungsrechts wird durch die → *Musterbauordnung* (MBO) und die → *Landesbauordnungen* (LBO) vorgenommen. Die Zweckbestimmung des Bauordnungsrechts liegt in der Vermeidung von Gefahren für Leib und Leben für die Nutzer von baulichen Anlagen. *(Ki)*

Bauprodukte, Baustoffe, Bauteile und technische Anlagen, z. B.

Gipskartonplatten, Gebäudetrennwände oder Brandschutzklappen, die zum dauerhaften Einbau in baulichen Anlagen hergestellt werden. Beim Einbau ist darauf zu achten, dass sie keinem Verwendungsverbot unterliegen, wie dies z. B. bei Baustoffen der Baustoffklasse B 3 der Fall ist, wenn sie nicht durch den Einbau die Eigenschaft der Leichtentflammbarkeit verlieren. *(Ki)*

Bauproduktengesetz, (BauPG), Gesetz über das Inverkehrbringen und den freien Warenaustausch von → *Bauprodukten* zur Umsetzung der Richtlinien 89/106/EWG des Rates vom 21. Dezember 1988 zur Angleichung der Rechts- und Verwaltungsvorschriften der Mitgliedsstaaten über Bauprodukte. In ihm sind auch Anforderungen hinsichtlich des Brandschutzes an Bauprodukte definiert. *(Ki)*

Bauproduktenrichtlinien, Richtlinie der EU, die die Mitgliedsstaaten verpflichtet, die Rechts- und Verwaltungsvorschriften über das Inverkehrbringen, den freien Warenverkehr und die Verwendung von → *Bauprodukten* anzugleichen. In Anhang 1 dieser Richtlinien werden auch die wesentlichen Anforderungen an Bauwerke (auch hinsichtlich der Brandsicherheit) beschrieben und damit ein Rahmen für die materiellen Anforderungen vorgegeben. Die Anforderungen an den Brandschutz sind in einem Grundlagendokument Brandschutz niedergelegt. *(Ki)*

Bauregelliste, Sammelwerk, das die Grundlage für den Einsatz von → *Bauprodukten* legt, die den Anforderungen des Baurechts entsprechen müssen. Es wird unterschieden zwischen Bauregelliste A, B und C.
Bauregelliste A enthält alle technischen Regeln für Bauprodukte, die den Anforderungen der Bauordnung entsprechen müssen, z. B. DIN 4102.
Bauregelliste B stellt eine vom DIBt zusammengestellte und geführte Liste dar, in der bauaufsichtlich bedeutsame Klassen und Leistungsstufen von Bauprodukten, die nach europäischen harmonisierten Normen nach dem Bauproduktengesetz hergestellt werden, enthalten sind.
In Bauregelliste C sind im Sinne des Baurechts untergeordnete Bauprodukte enthalten, für die keine besondere Zulassung erforderlich ist. *(Ki)*

Baustoffe, Sammelbezeichnung für die im Bauwesen verwendeten Stoffe; man unterscheidet z. B.:
– natürliche Baustoffe: Holz, Natursteine, Schotter, Kies, Sand;
– künstliche Baustoffe: Glas, Keramiken, Klinker, Ziegel, Schlacken;
– Bindemittel: Gips, Kalk, Mörtel, Zement und daraus hergestellte Produkte;
– Isoliermaterial: Gesteinswolle, Glaswolle, Schaumstoffe;
– Bauhilfsmittel: Dichtstoffe wie Asphalt, Bitumen und Teer.
Baustoffe müssen bezüglich des baulichen → *Brandschutzes* bestimmten Anforderungen genügen (siehe DIN 4102 Teil 1). *(Bt)*

Baustoffklasse, Ordnungsbegriff aus dem vorbeugenden baulichen Brandschutz; eine Baustoffklasse ist eine der Klassen, in die → *brennbare* und → *nichtbrennbare* Baustoffe nach ihrem → *Brandverhalten* eingeteilt werden (DIN 14011 Teil 5 und DIN 4102 Teil 1); s. *Tabelle.*

Tabelle: **Baustoffklassen**

Baustoffklasse	bauaufsichtliche Benennung	Beispiele
A	*nichtbrennbar*	
A 1	*nichtbrennbar (ohne* brennbare Bestandteile)	Steine, Beton, Sand, Glas, Mörtel
A 2	*nichtbrennbar (mit* brennbaren Bestandteilen)	Verbundbaustoffe wie Mineralfasermatten oder Klebemörtel
B	*brennbar*	
B 1	*schwerentflammbar*	harte PVC-Rohre, Gipskartonplatten
B 2	*normalentflammbar*	Holz und genormte Holzwerkstoffe (Dicke > 2 mm), Asphalt, Dachpappen
B 3	*leichtentflammbar*	Holzwolle, Baumwolle

* Nach DIN 4102 Teil 1

Über das Brandverhalten der Baustoffe müssen Nachweise durch → *Prüfzeugnisse* geführt werden. *(Oe)*

Bauteil, aus einem oder mehreren → *Baustoffen* gefertigtes Teil einer baulichen Anlage, z. B. Wände, Decken, Treppen → *Stützen.* An Bauteile werden insbesondere Anforderungen hinsichtlich der Feuerwiderstandsklasse und/oder der → *Baustoffklasse* gestellt. *(Bt/Oe)*

Bauvorlagen, Planunterlagen, die im Rahmen eines → *Bauantrags* zur Erlangung einer → *Baugenehmigung* eingereicht werden müssen. Zu den Bauvorlagen zählen insbesondere Lageplan, Gebäudegrundrisse, Gebäudeschnitte und Gebäudeansichten, Geländeschnitte, Entwässerungspläne sowie Pläne für die Löschwasserversorgung und für besondere Brandschutzeinrichtungen. Aus den Bauvorlagen muss das Bauvorhaben vollständig auf Einhaltung der baurechtlichen Vorschriften beurteilbar sein. Den detaillierten Inhalt der Bauvorlagen legen die jeweiligen → *Bauvorlagenverordnungen* der Länder fest. Bei unvollständigen Bauvorlagen sind die Bauaufsichtsämter berechtigt, die Baugenehmigung zu verweigern. *(Ki)*

Bauvorlagenverordnung, Rechtsverordnung, die festlegt, welche Unterlagen einem → *Bauantrag* beigefügt werden müssen. In ihr ist auch der Umfang der erforderlichen Unterlagen für den Nachweis der Erfüllung der Anforderungen hinsichtlich des Brandschutzes definiert. *(Ki)*

Bauweise, die in einem → *Bebauungsplan* festgelegte Anordnungsart von Gebäuden auf Grundstücken; man unterscheidet:

- **offene Bauweise:** Art der Bebauung, bei der Gebäude mit seitlichem Grenzabstand als Einzelhäuser, Doppelhäuser oder Hausgruppen mit einer Länge von höchstens 50 m errichtet werden;
- **geschlossene Bauweise:** Art der Bebauung, bei der Gebäude ohne seitlichen Grenzabstand errichtet werden;
- **gemischte Bauweise:** Art der Bebauung, bei der einzelne Häuser nur mit einseitigem Grenzabstand oder zusammengefasst zu Haus-

gruppen mit einer Länge von über 50 m errichtet werden. *(Bt/Oe)*

BBK Abk. für: → *Bundesamt für Bevölkerungsschutz und Katastrophenhilfe. (Sr)*

BC-Löschpulver, → *Löschpulver* für die → *Brandklassen* B und C. BC-Löschpulver haben gegenüber → *ABC-Löschpulver* einen höheren Schmelzpunkt (etwa 1 000 °C). Für BC-Löschpulver werden folgende Chemikalien verwendet:
- Natriumhydrogencarbonat $NaHCO_3$,
- Kaliumhydrogencarbonat $KHCO_3$,
- Kalium-Ammonium-Carbamate $CH_3NO_2 \cdot H_3N$ (Ammonium-Carbamat);
- Kaliumsulfat K_2SO_4 mit Calciumcarbonat $CaCO_3$. *(Oe)*

BE, Abk. für → *Bedieneinrichtung. (Ge)*

Beatmung, die mechanische Atemhilfe bei Atemstillstand oder Atembeschwerden.
Beatmung kann durch einen Helfer erfolgen, der seine → *Ausatemluft* dem Verletzten/Patienten zuführt (Atemspende), über einen → *Beatmungsbeutel* oder durch Einführen eines → *Tubus* in die Luftröhre mit Anschluss an ein → *Beatmungsgerät* oder einen → *Beatmungsbeutel. (Zi)*

Beatmungsbeutel, ein Hilfsmittel zur → *Beatmung.* Er besteht aus einem etwa 1,5 Liter Luft fassenden, komprimierbaren Beutel, in den über ein Ventil Umgebungsluft angesaugt wird, einem Anschlussstück für die Beatmungsmaske und einem Rückschlagventil. Letzteres verhindert, dass die → *Ausatemluft* in den Beutel zurückströmen kann.
Der Beatmungsbeutel gibt dem Helfer die größtmögliche Sicherheit vor Infektionen und gewährleistet ein sicheres und effizientes Beatmen.
Beatmungsbeutel, die mit einem → *PEEP-Ventil* ausgerüstet sind (PEEP-Beatmung), dürfen nur von Rettungsdienstkräften eingesetzt werden.
Aufsetzen und Halten der Maske: Die Maske wird mit Daumen und Zeigefinger einer Hand über Mund und Nase des Verletzten aufgesetzt (C-Griff). Gleichzeitig umfassen Mittel-, Ring- und Kleinfinger den Unterkiefer des Verletzten und heben den Unterkiefer an. Alle fünf Finger der Maskenhand halten den Kopf in Überstreckung.
Beutelbetätigung: Die rechte Hand (bei Rechtshänder) umgreift den Beatmungsbeutel und presst ihn zusammen. Dabei strömt die im Beutel befindliche Luft über Ventil und Maske in die Lunge des Patienten. Nach jedem Zusammendrücken werden die Finger der rechten Hand sofort wieder entspannt, sodass sich der Atembeutel wieder selbsttätig füllt. *(Zi)*

Beatmungsgerät nennt man ein medizintechnisches Gerät, das auf → *Rettungsfahrzeugen* mitgeführt und mit Sauerstoff aus einer Druckgasflasche betrieben wird.
Es besteht aus dem vom Sauerstoff über einen Injektor betriebenen Sekretabsaugteil, dem regelbaren Inhalationsteil, das dem Patienten über eine Inhalationsmaske oder eine Sonde Sauerstoff zuführt, und dem Beatmungsteil zur kontrollierten Beatmung intubierter Patienten. → *Atemfrequenz* und → *Atemminutenvolumen* sowie die Höhe des Beatmungsdruckes können eingestellt werden.

Sicherheitstechnische Anforderungen, Reinigung und Desinfektion sind in den Herstelleranweisungen geregelt. *(Zi)*

Beatmungshilfen, Geräte, um eine Gefährdung des Helfers durch Infektion auszuschließen; Beispiele: ADAC-Beatmungsmaske, Safar-Tubus. *(Zi)*

Bebauungsplan, ein i. d. R. aus dem Flächennutzungsplan entwickelter Plan, der rechtsverbindliche Festsetzungen für die städtebauliche Ordnung enthält. Er wird von der Gemeinde durch Satzung beschlossen und vor dem Inkrafttreten durch die höhere Verwaltungsbehörde genehmigt.
Der Bebauungsplan enthält insbesondere Angaben über
– die Art und das Maß der baulichen Nutzung, z. B. als Industriegebiet *(→ Baumassenzahlen)* oder Wohngebiet (Geschossflächenzahlen),
– die → *Bauweise,* z. B. offen oder geschlossen,
– die Größe der Baugrundstücke *(→ Baugrenze),*
– die Stellung der baulichen Anlagen *(→ Baulinie)* und
– die Verkehrsflächen. *(Bt)*

Bebauungstiefe, die in einem → *Bebauungsplan* in Meter festgesetzte Ausdehnung von überbaubaren Grundstücksflächen. Die zulässige Bebauungstiefe ist von der tatsächlichen Straßengrenze aus zu ermitteln und darf nicht überschritten werden. *(Bt)*

Becquerel (Bq), Einheit der → *Aktivität* eines Radionuklids; die Aktivität beträgt 1 Bq, wenn von der vorliegenden Menge eines Radionuklids 1 Teilchen oder Energiequant je Sekunde ausgesendet wird; benannt nach dem französischen Physiker Antoine Henri Becquerel (1852 bis 1908); → *Größen und Einheiten im Strahlenschutz. (Kl)*

Bedachung, Bestandteil eines Daches, das aus der Dacheindeckung *(→ Dachhaut),* z. B. Dachziegeln, einschließlich etwaiger Dämmschichten, und Dampfsperren mit ihren üblicherweise verwendeten tragenden Unterlagen, z. B. Dachschalung und Abschlüssen für Dachöffnungen, z. B. Dachkuppeln, besteht.
Außer der Widerstandsfähigkeit gegen Witterungseinflüsse muss eine Bedachung bei bestimmten Gebäuden, z. B. → *Hochhäusern,* oder → *Bauweisen,* z. B. geschlossene Bauweise, die Ausbreitung eines Brandes auf dem Dach und in das Gebäudeinnere verhindern (harte Bedachung);
– harte: eine gegen → *Flugfeuer* und → *Wärmestrahlung* widerstandsfähige Bedachung, z. B. aus Ziegeln, Beton oder Schiefer. Harte Bedachung soll die Brandausbreitung von außen, z. B. von einem in unmittelbarer Nähe brennenden Gebäude, in das Innere des Gebäudes verhindern;
–, weiche: eine gegen → *Flugfeuer* und → *Wärmestrahlung* nicht hinreichend widerstandsfähige Bedachung, z. B. aus Stroh, Reet oder Holzschindeln. Weiche Bedachung kann zugelassen werden, wenn keine Bedenken wegen des Brandschutzes bestehen, z. B. bei → *Gebäuden* geringer Höhe, die mit entsprechendem Abstand von der Nachbargrenze errichtet werden. *(Bt)*

bedarfsgesteuerte Verbindung, → *Übertragungsweg,* der zur Übertragung von Meldungen erst aufgebaut werden muss und danach wieder abgebaut („ausgelöst") wird. *(Ge)*

Bedieneinrichtung (BE), Einrichtung bei einer → *Alarmübertragungsanlage,* die Meldungen und Informationen der → *Übertragungszentrale* (ÜZ) anzeigt, ggf. speichert und die Auslösung von Steuerbefehlen zum → *Übertragungsgerät* (ÜG) bewirkt. *(Ge)*

Bedienfeld → *Feuerwehrbedienfeld. (Ge)*

Beeinträchtigung, technische oder betriebliche Behinderung des → *Fernmeldeverkehrs* bzw. der Informationsübertragung, z. B. beim Funkverkehr, wenn äußere Einflüsse von Aussendungen fremder Funkstellen den Funkbetrieb kurzzeitig unterbrechen. *(Ge)*

Befehl → *Befehlsgebung. (Sr)*

Befehlsgebung ist die Anordnung zur Auftragsdurchführung, die ein Vorgesetzter einem Nachgeordneten schriftlich, mündlich oder in anderer Weise erteilt.
Der Befehl muss in jedem Fall enthalten: → *Einheit* und Auftrag. Er kann, soweit notwendig, auch enthalten: Lage, Mittel, Ziel, Weg. Bei großen Einsätzen und zur Führung von → *Verbänden* über längere Zeiträume wird der Befehl oft ergänzt durch die Angabe der Logistik (Verpflegung, Betriebsstoff, Instandsetzung, medizinische Versorgung) und Führung (Fernmeldeverbindungen, Meldeköpfe, Platz des Einsatzleiters). *(Sr)*

Befehlsstelle (der → *Feuerwehr),* die an einer → *Einsatzstelle* eingerichtete und besonders gekennzeichnete Stelle, an der sich Personen befinden, die für die taktische Leitung verantwortlich sind.
Sie ist Sitz des → *Einsatzleiters* und der dem → *Einsatzleiter* direkt unterstellten Führungseinrichtung. Die Befehlsstelle wird insbesondere gebildet, wenn mehrere → *Einheiten* zusammenwirken oder wenn der Aufgabenumfang es erfordert. Sie kann z. B. in einem Fahrzeug sowie in vorbereiteten oder provisorisch hergerichteten Räumen eines Gebäudes untergebracht sein. *(Sr)*

Befördern, in der Nachrichtentechnik, die Übertragung von → *Nachrichten* über Fernmeldeverbindungen, z. B. die Weitergabe eines Funkspruchs von einer Einsatzleitung durch die Leitstelle an eine Behörde. *(Ge)*

Beförderungseinheit, Begriff aus dem Gefahrgutrecht *(→ Gefahrgut);* Beispiele: Kraftfahrzeug mit oder ohne Anhänger (der Anhänger allein ist keine Beförderungseinheit). *(Fl)*

Behältergerät, freitragbares umluftunabhängiges → *Atemschutzgerät* (Isoliergerät), bei dem der → *Atemschutzgeräteträger* seinen → *Atemluftvorrat* in → *Atemluftflaschen* mitführt.
Die Einsatzgrenzen der Behältergeräte werden durch den Gesamtluftvorrat der mitgeführten Atemluftflaschen bestimmt. Man unterscheidet Behältergeräte in Normaldruckgeräte (Normaldruck-Pressluftatmer) und Überdruckgeräte nach DIN EN 133 (Überdruck-Pressluftatmer). *(Zi)*

Behörden und Organisationen mit Sicherheitsaufgaben → *BOS. (Ge)*

Beirat der Feuerwehren (BFW), ein Gremium, das den Vorstand der →

vfdb berät und unterstützt. Der BFW ist u. a. für die Themenauswahl und die Gewinnung von Referenten für vfdb-Tagungen und internationale Brandschutzseminare zuständig; er erarbeitet u. a. Stellungnahmen, Richtlinien und Denkschriften.
Dem BFW gehören 13 Mitglieder an: sechs Angehörige der Berufsfeuerwehren, drei Angehörige der Freiwilligen Feuerwehren (DFV) zwei Angehörige von Werkfeuerwehren (Werkfeuerwehrverband) und zwei Angehörige ausländischer Feuerwehren. *(Sr)*

Beladung (von Feuerwehrfahrzeugen) → *Feuerwehrtechnische Beladung. (Fl)*

Beleuchtungsanhänger, ein → *Feuerwehranhänger* mit Lichtmast und → *Stromerzeuger,* Beispiel: Lichtmast, hydraulisch oder pneumatisch auf 9 m Höhe ausfahrbar; Stromerzeuger für 20 kVA Leistung (Abgabeleistung); 6 angebaute Flutlichtstrahler je 1 500 W. *(Fl)*

Benutzungsfeld bei → *Hubrettungsfahrzeugen* ist nach DIN 14 701 die von der Spitze des Hubrettungsauslegers maximal überstrichene Fläche bis zur Benutzungsgrenze, also der Bereich, in dem der Hubrettungssatz bewegt werden darf, ohne seine → *Standsicherheit* zu gefährden.
An der Benutzungsgrenze schaltet das Fahrzeug mit Hilfe einer Sicherheitseinrichtung die Leiterbewegungen selbsttätig ab. Anschließend kann aus Gründen der Sicherheit der Hubrettungsausleger, z. B. die Leiter, nur noch eingefahren werden.
Das Benutzungsfeld hängt von der Belastung im Korb ab und ist am größten, wenn bei Drehleitern diese ohne Korb ausgefahren werden.
Legt man den → *Hubrettungsausleger* (Leiterpark) auf, spricht man von einer Brücke. Die Standsicherheit der Drehleiter ist hierbei durch die Auflage gewährleistet. Personen können in diesem Fall durch Absteigen über die Drehleiter gerettet werden. Dabei muss eine gleichmäßige Belastung des Auslegers von mindestens 720 kg (acht Personen) möglich sein. *(Fl)*

Bereitmeldung, Einsatzbereitmeldung, ist eine Meldung eingesetzter Kräfte über ihre erneute → *Einsatzbereitschaft;* Beispiel: „Florian xy einsatzbereit, über Funk zu erreichen." *(Ha)*

Bereitschaft, Zusammenfassung taktischer → *Einheiten* desselben → *Fachdienstes* zu einem taktischen → *Verband.* Die Bereitschaft besteht aus einer Führungsgruppe und drei Zügen *(→ Zug).* Sie kann vorbereitend aufgestellt werden. *(Sr)*

Bereitschaftsdienst, ärztlicher (auch: Ärztlicher Notfalldienst/Notdienst; nicht zu verwechseln mit → *Rettungsdienst):* ein von ärztlichen Organisationen eingerichteter Dienst zur ambulanten ärztlichen Betreuung Erkrankter oder sonstiger Hilfsbedürftiger außerhalb der ortsüblichen Sprechstunden. *(Sr)*

Bereitstellung ist die vorsorgliche → *Alarmierung* von → *Einsatzkräften* und Geräten der Feuerwehr; Beispiel: Alarmierung von Einsatzkräften ohne direkten Einsatzauftrag, z. B. zu einem → *Bereitstellungsraum. (Ha)*

Bereitstellungsraum, in Einsatzplänen oder spontan festgelegter

Ort in der Nähe einer → *Einsatzstelle,* an dem → *Einsatzkräfte* und Einsatzmittel für den unmittelbaren → *Einsatz* oder vorsorglich gesammelt, gegliedert und in → *Reserve* gehalten werden.
Ein Bereitstellungsraum wird insbesondere bei umfangreichen Einsätzen gebildet, z. B. bei Großschadenereignissen. Durch diese Einrichtung sollen die → *Anmarschzeit* zusätzlicher Kräfte verkürzt sowie die Voraussetzung für deren bedarfsgerechten und kontrollierten Einsatz geschaffen werden. *(Sr)*

Bergen, das Einbringen von Leichen, leblosen Tieren oder gefährdeten Sachwerten (DIN 14011 Teil 2); bei → *Technischer Hilfeleistung kann „Bergen" auch* → *Räumen* erfordern. *(Sr)*

Bergetuch → *Rettungstuch. (Zi)*

Bergfahrt, Fahrt entgegen der Fließrichtung eines Flusses, d. h. entgegen dem Lauf des Flusses. Bei Kanälen ist Bergfahrt die Fahrt von den unteren zu den oberen → *Stauhaltungen;* Gegensatz: → *Talfahrt. (Mt)*

Bergungsdienst, ehemals → *Fachdienst* des → *Katastrophenschutzes,* er rettet Menschen und birgt Sachen aus Gefahrenlagen einschließlich Wassergefahren; er richtet auch Wege und Übergänge behelfsmäßig her und leistet Räumarbeiten.
Basiseinheit des Bergungsdienstes ist der Technische Zug (1/10/29/40). Er besteht aus einem Zugtrupp (1/1/2/4) und zwei Bergungsgruppen (3/9/12) sowie einer, je nach Lage zugeordneten Fachgruppe. *(Sr)*

Berieselungsanlage, eine objektbezogene Schutz- und Kühlanlage, ähnlich dem → *Regenvorhang,* insbesondere für freistehende Tanks zur Lagerung brennbarer Flüssigkeiten.
Man unterscheidet nach DIN 14495: ortsfeste Anlagen (Anlage, bei der aus einem ortsfest verlegten Rohrleitungssystem die Oberfläche der zu kühlenden Behälter mit einem ausreichend starken und gleichmäßig verteilten Wasserfilm beaufschlagt wird), ortsbewegliche (Einspeisung in fest verlegten Rohrleitungen durch Tanklöschfahrzeuge) und teilbewegliche Anlagen/Einrichtungen (Einspeisung über Tanklöschfahrzeuge), Berieselung über Wasserstrahlrohre oder Wasserwerfer.
Tankmantel und Tankdach werden von Berieselungsanlagen unabhängig voneinander mit Wasser berieselt. Wird der Tank durch einen Brand erwärmt, ist es wichtig, den Tankmantel ausreichend zu kühlen, um die Verformung des Tankmantels zu unterbinden. Die Kühlung des Tankdachs ist von untergeordneter Bedeutung, weil die Wärmeübertragung vom Dach aus vernachlässigt werden kann, wenn der Tankmantel ausreichend gekühlt ist.
Die Dachberieselung freistehender Tanks ist eine reine Sommerkühlung, um größere Verdampfungsverluste zu verhindern. Bei stehenden Behältern wird eine Ringleitung um den Tank mit in gleichmäßigen Abständen angeordneten Düsen montiert. Die Düsen sollen das Wasser breitflächig und gleichmäßig auf die Tankmanteloberfläche leiten. Bei Behältern über 12 m Höhe sind 2 oder mehr Düsenringe vorzusehen.
Zylindrische Lagerbehälter auf Stützen sowie Kugelbehälter wer-

den von allen Seiten (allseitig) einschließlich der Stützen berieselt.
Die Wasserversorgung ist nach VdS so auszulegen, dass für den größten einzelnen Tank eine Berieselungsdauer von mindestens 120 min möglich ist.
Faustformel zur Berechnung einer Tankmantelberieselung: 0,8 m^3/h je Meter Tankumfang. Die Inbetriebsetzung der Anlage erfolgt normalerweise von Hand durch geschultes Personal, in Ausnahmen durch eine Erkennungseinheit, z. B. Rauch- oder Flammenmelder (von einer → *Brandmeldeanlage* gesteuert). *(Oe)*

Berieselungsstromdichte, nach DIN 14495 die Wassermenge für die zu kühlende Fläche einer → *Berieselungsanlage;* Einheit: Liter/($m^2 \cdot h$), d. h. Liter je Quadratmeter und Stunde. Sie hängt ab vom Behälterdurchmesser (s. *Tabelle*) und bezieht sich auf die Mantelfläche.
Wird die Berieselung nur in Teilbereichen vorgenommen, so muss in diesen eine Berieselungsstromdichte von 60 Liter je $m^2 \cdot h$ sichergestellt sein.

Behälter-durchmesser *in m*	**Berieselungs-stromdichte** *in Liter/($m^2 \cdot h$)*
20	60
40	55
60	45
80 und größer	40

Die Berieselungsstromdichte ist auf das Doppelte zu erhöhen, wenn von den eingelagerten Stoffen besondere Gefahren ausgehen, z. B. bei Erwärmung zur Polymerisation oder Zersetzung. *(Oe)*

Bernoullisches Gesetz, gibt den Zusammenhang zwischen Druck und Strömungsgeschwindigkeit im Schwerefeld der Erde wieder. Es wird bei inkompressiblen Medien auf die reibungsfreie Strömung von Wasser angewendet, z. B. durch Feuerwehrpumpen und Schläuche.
Vereinfacht lautet die Beziehung in einem Strömungsfeld zwischen zwei beliebigen Punkten einer Stromlinie:
$p_1 + (\varrho \cdot v_1^2)/2 + h_1 \cdot \varrho \cdot g =$
$p_2 + (\varrho \cdot v_2^2)/2 + h_2$ wobei

- $p_{1(2)}$ statischer Druck im Punkt 1(2) in N/m^2 (Pa),
- $v_{1(2)}$ mittlere Geschwindigkeit im Strömungsquerschnitt im Punkt 1(2) in m/s
- $h_{1(2)}$ Höhenlage von Punkt 1(2) in m,
- ϱ Dichte des Strömungsmediums in kg/m^3
- g Erdbeschleunigung in m/s^2. *(Fl)*

Berstscheibe (für tragbare → *Feuerlöscher;* auch Folienscheibe oder Abschlussfolie genannt), membranartige Trennscheibe aus Aluminiumfolie zwischen dem Löschmittelbehälter und der Auswurfvorrichtung bei → *Aufladelöschern;* Prinzip: im betriebsbereiten Zustand (aufgeladen) steigt der Druck im Löschmittelbehälter, die Berstscheibe bricht auf und gibt den Weg des Löschmittels zur Auswurfvorrichtung frei. Die Berstscheibe verhindert, dass das → *Löschmittel,* z. B. das → *Löschpulver,* im nicht aufgeladenen Löscher in den Auswurfschlauch gelangt und diesen verstopft. *(Oe)*

Berufsfeuerwehr (BF), eine öffentliche → *Feuerwehr;* sie besteht aus hauptamtlich tätigen Einsatzkräften des → *Feuerwehrtechnischen Dienstes.* Berufsfeuerwehren gibt es – je nach Bundesland – in der

Regel in Städten ab 100000 Einwohnern. *(Sr)*

Berufsfeuerwehrmann, ursprüngliche, umgangssprachliche Bezeichnung der Angehörigen von → *Berufsfeuerwehren,* wegen der Gleichberechtigung von Mann und Frau wird in offiziellen Texten der Begriff Berufsfeuerwehrangehörige(r) benutzt. *(Sr)*

Berufsgenossenschaften (BG), öffentlich-rechtliche Körperschaften; gesetzlich vorgeschriebene Mitgliedschaft aller Unternehmen, die regelmäßig Versicherungspflichtige beschäftigen. Die BG ist Träger der gesetzlichen Unfallversicherung und hat die Aufgabe, für die Unfallverhütung alle notwendigen Anweisungen und Richtlinien zu erlassen. Alle Beschäftigten sind bei der BG gegen Arbeitsunfälle und Unfälle von und zur Arbeitsstätte versichert. Man unterscheidet zwischen gewerblichen und landwirtschaftlichen Berufsgenossenschaften.
Die einzelnen Berufsgenossenschaften erlassen nur die für ihren Bereich in Betracht kommenden Unfallverhütungsvorschriften.
Alle Berufsgenossenschaftlichen Vorschriften für Sicherheit und Gesundheit bei der Arbeit sind Unfallverhütungsvorschriften entsprechend § 15 Siebtes Buch Sozialgesetzbuch (SGB VII).
Man unterscheidet folgende Unfallverhütungsvorschriften:
- BGV (Berufsgenossenschaftliche Vorschriften):
- BGV A (z. B. BGV A 1 Allgemeine Vorschriften; früher VBG 1); BGV A 1 bis 8,
- BGV B (z. B. BGV B 1 Einwirkungen; Umgang mit Gefahrstoffen; früher VBG 91); BGV B 1 bis 12,
- BGV C (z. B. BGV C 1 Betriebsart/Tätigkeiten; Veranstaltungs- und Produktionsstätten für szenische Darstellung; früher VBG 70); BGV C 1 bis 28,
- BGV D (z. B. BGV D 1 Arbeitsplatz/Arbeitsverfahren; Schweißen, Schneiden und verwandte Verfahren; früher VBG 15); BGV D 1 bis 44,
- BGR (Berufsgenossenschaftliche Regeln): BGR 100 bis 499, früher ZH 1/... (z. B. BGR 133, früher ZH 1/201 Ausrüstung von Arbeitsstätten mit Feuerlöschern),
- BGI (Berufsgenossenschaftliche Informationen): BGI 500 bis 899, früher ZH 1/... (z. B. BGI 563, früher ZH 1/117 Brandschutz bei Schweiß- und Schneidarbeiten),
- BGG (Berufsgenossenschaftliche Grundsätze): BGG 900 bis 999, früher ZH 1/... (z. B. BGG 905, früher ZH 1/27 Grundsätze für die Prüfung von Kranen). *(Oe)*

Beschlagnahme der Brandstelle: die ermittelnde Kriminalpolizei wird grundsätzlich gem. den §§ 94 und 95 StPO (Strafprozessordnung) die Brandstelle nach Abschluss der Löscharbeiten beschlagnahmen, wenn die Brandursache unklar ist und nicht nur unerheblicher Schaden entstanden ist.
Beschlagnahmen heißt, die Brandstelle wird als Beweismittel und für spätere Untersuchungen sichergestellt.
Die Beschlagnahme einer Brandstelle wird durch Absperren und ggf. Versiegelung erreicht. Eine solche Brandstelle darf nicht mehr betreten oder verändert werden, auch nicht von Feuerwehrangehörigen; Ausnahme: wenn der Brand wieder aufflammt und erneute Maßnahmen zur Gefahrenabwehr

getroffen werden müssen. Hiervon ist die Polizei dann sofort in Kenntnis zu setzen. *(Mt/Fi)*

besondere Anweisungen, Begriff aus dem → *Gefahrendiamant;* speziell: Hinweise auf die Reaktion eines Stoffes mit Wasser oder Radioaktivität bei Freiwerden eines radioaktiven Stoffes, z. B. Strontium 90.

Ist das weiße Feld des Gefahrendiamanten (unten) leer, so bedeutet dies, dass Wasser als Löschmittel verwendet werden darf. Falls Wasser als Löschmittel nicht verwendet werden darf, wird dies mit einem waagrecht durchgestrichenen „Buchstaben" W gekennzeichnet.

Das Symbol für einen radioaktiven Stoff ist das Zeichen „Radioaktiv", das auch bei → *Gefahrzetteln* verwendet wird. *(Fl)*

besondere Prüffristen für tragbare → *Feuerlöscher* (siehe *Tabelle).*

Unterschiedliche Landesverordnungen liegen bezüglich der Prüffristen vor bei

- Versammlungsstätten,
- Wochenendplätzen,
- Schulen (naturwissenschaftlicher Unterricht),
- Sporthäfen,
- Verkaufsstätten,
- sog. „Fliegende Bauten",
- Jugendheime.

Normale Prüffrist: spätestens alle 2 Jahre.

Gefahrgut-Transporte (GGVSE)	alle 2 Jahre
Kraftomnibusse	jährlich
Binnenschiffahrt	jährlich
Tankschiffe mit brennbaren Flüssigkeiten	jährlich
Lager von Propan/Butangas (DGA-Richtlinie)	jährlich
Camping- und Zeltplätze	jährlich
Bühnen und Studios (UVV/BGV C)	jährlich
Luftfahrt (für Bodengeräte und Einrichtungen)	jährlich
Sprengstoffe (UVV/BGV B5)	jährlich
Pyrotechnik (UVV/BGR 211)	jährlich
Explosivstoffe und Gegenstände mit Explosivstoffen	jährlich

(Oe)

Beta-Strahlung (β-Strahlung), → *Strahlung* (Teilchenstrahlung), bestehend aus → *Elektronen,* die beim radioaktiven Zerfall frei werden. Beta-Strahlen werden bereits von 2 cm dicken Kunststoff- bzw. 1 cm dicken Aluminium-Platten absorbiert. *(Kl)*

Beton, ein nichtbrennbarer → *Verbundbaustoff* der → *Baustoffklasse A,* bestehend aus Zement, → *Zuschlagstoffen* (z. B. Kies, Schotter, Sand) und Wasser.

Wegen seiner hohen → *Druckfestigkeit* (je nach Betonart 25 bis 50 N/mm^2 und leichten Verarbeitung wird er z. B. zur Herstellung von tragenden → *Bauteilen,* z. B. Wänden, verwendet. Seine → *Zugfestigkeit* ist gering (etwa 10 % der Druckfestigkeit). Die in biegebeanspruchten → *Bauteilen,* z. B. Decken, auftretenden Zugspannungen werden durch die → *Bewehrung* aufgenommen (Stahlbeton), Beton hat eine hohe spezifische Wärmekapazität $c \approx 900$ J/(kg · K) und eine verhältnismäßig geringe → *Wärmeleitfähigkeit* von $\lambda = 1$ bis 2 W/(m · K); daher haben Bauteile aus Beton eine langsamere Durchwärmung als Bauteilen aus Stahl von $\lambda \approx 20$ bis 70 W/(m · K) bei $c \approx 450$ J/kg · K.

Im Brandfall kann die Zerstörung der (natürlichen) Zuschlagstoffe bei Temperaturen über 600 °C zum Abbröckeln der äußeren Schicht führen. Der Kern leistet dem Brand jedoch noch längere Zeit Widerstand. Bauwerke aus Beton sind daher → *feuerbeständig,* sodass im Brandfall kaum mit Einsturzgefahr zu rechnen ist. Im Gegensatz zu Natursteinen ist Beton relativ unempfindlich gegen rasches Abkühlen durch Löschwasser. *(Bt)*

Betreuungsdienst, ehemals Fachdienst des → *Katastrophenschutzes;* er berät und betreut in Not geratene Menschen, wirkt bei ihrer vorübergehenden Unterbringung mit und versorgt sie mit Verpflegung und Gegenständen des dringenden Bedarfs. Der Betreuungsdienst wirkt ferner bei Bevölkerungsbewegungen im Verteidigungsfall mit, wie z. B. bei Evakuierungen, und richtet Betreuungsstellen ein. *(Sr)*

Betrieblicher Brandschutz, die Summe aller Maßnahmen eines Betriebes
- zur Verhinderung eines Brandausbruchs,
- zur Behinderung der Brandausbreitung,
- zur Gewährleistung der Brandbekämpfung,
- zur Sicherung der Rettungswege im Brandfall.

Weiterhin gehört zum Betrieblichen Brandschutz die Planung und Vorbereitung von Einsatzmaßnahmen von Selbsthilfekräften, die Bereitstellung einer Betriebs- oder Werkfeuerwehr sowie die Unterweisung des Personals in Brandschutzfragen und die Wartung und Instandhaltung von Brandschutzeinrichtungen. *(Oe/Ki)*

Betriebsart, frühere Bezeichnung für → *Verkehrsart. (Ge)*

Betriebsaufsicht, Verantwortlicher für den Fernmeldebetrieb einer → *Fernmeldebetriebsstelle,* in der mehrere Betriebskräfte gleichzeitig Dienst versehen, z. B. in einer Leitstelle. *(Ge)*

Betriebsfeuerwehr (BtF), eine private, öffentlich-rechtlich nicht anerkannte (gilt für die meisten Bundesländer) → *Feuerwehr* eines Betriebes zum Schutz von Betrieben, von Behörden oder sonstigen Einrichtungen mit i. d. R. nicht hauptberuflich im Feuerwehrwesen tätigen Betriebsangehörigen; Beispiele: Betriebsfeuerwehren in psychiatrischen Landeskrankenhäusern. *(Sr)*

Betriebsleitung (im Fernmeldebetrieb), Stelle mit Aufsichts- oder Leitfunktion im Fernmeldebetrieb, z. B. Leitstelle für den Funkbetrieb. *(Ge)*

Betriebsmittel,
– elektrische: alle Gegenstände, die insbesondere zum Erzeugen (z. B. Generatoren), Umwandeln (z. B. Transformatoren), Übertragen (z. B. Leitungen und Kabel), Verteilen (z. B. Schaltgeräte) und Anwenden (z. B. Motoren) von elektrischer Energie verwendet werden.
Elektrische Betriebsmittel für die Verwendung in explosionsfähiger → *Atmosphäre* werden eingeteilt in
- Gruppe I: elektrische Betriebsmittel für schlagwettergefährdete Grubenbaue,
- Gruppe II: elektrische Betriebsmittel für alle explosionsgefährdeten Bereiche, also Bereiche um Tankstellen, Gasbehälter, Farbspritzanlagen.

Die elektrischen Betriebsmittel der Gruppe II werden entsprechend der explosionsfähigen → *Atmosphäre* im Verwendungsbereich weiter unterteilt in die → *Explosionsgruppen* II A, II B und II C.

Anmerkung: Die Einteilung der elektrischen Betriebsmittel nach DIN EN 50 014 bzw. DIN VDE 0170/0171 gilt besonders für die Konstruktion, die Prüfung und die Kennzeichnung der Betriebsmittel, die in explosionsgefährdeten Bereichen verwendet werden.
–, elektronische: Geräte zur Informationsverarbeitung und -übertragung, z. B. → *Signalgeber. (Ge)*

Betriebssanitäter, eine Person, die eine Fachausbildung für den Sanitätsdienst durch eine von der Berufsgenossenschaft anerkannten Stelle erhalten hat. *(Oe)*

Betriebsspannung, die zwischen zwei Leitern herrschende Spannung an einem elektrischen → *Betriebsmittel,* Beispiele: 230 V bzw. 400 V im öffentlichen Netz, 12 V bei Gefahrenmeldeanlagen. *(Ge)*

Betriebssicherheitsverordnung (BetrSichV), vollständiger Titel: Verordnung über Sicherheit und Gesundheitsschutz bei der Bereitstellung von Arbeitsmitteln und deren Benutzung bei der Arbeit, über Sicherheit beim Betrieb überwachungsbedürftiger Anlagen und über die Organisation des betrieblichen Arbeitsschutzes vom 27. September 2002 (BGBl I, S. 3777).
Die BetrSichV löst bisher vorhandene Verordnungen, die auf der Rechtsgrundlage der ehemaligen Gewerbeordnung erlassen wurden, ab, wie z. B. Dampfkesselverordnung, Druckbehälterverordnung, Aufzugsverordnung, Acetylenverordnung, Verordnung über elektrische Anlagen in explosionsgefährlichen Bereichen und auch teilweise die Verordnung über brennbare Flüssigkeiten.
Für die Freiwillige Feuerwehr hat die BetrSichV nur in so weit Bedeutung, wie prüftechnische Vorschriften, z. B. für Druckbehälter im Bereich des Atemschutzes, einzuhalten sind. *(Fl)*

Beurteilung der → *Fernmeldelage,* Analyse und Bewertung, wie die notwendigen Fernmeldeverbindungen
– unter den vorhandenen Umständen,
– mit den verfügbaren Kräften und Mitteln und
– unter Beachtung der fernmelderechtlichen Bestimmungen, der Einsatzgrundsätze und der technischen und betrieblichen Erfordernisse bereitgestellt werden können. *(Ge)*

Bevölkerungsschutz → *Zivilschutz. (Sr)*

Bewegungsflächen → *Flächen für die Feuerwehr. (Oe)*

Bewehrung (auch: Armierung), nicht vorgespannte Einlagen aus Betonstahl in → *Stahlbeton* oder als vorgespannte Einlage aus Spannstahl in → *Spannbeton.*
Die Bewehrung hat die Aufgabe, die in Stahlbetonkonstruktionen auftretenden Schub- und Zugspannungen aufzunehmen und auf den Beton zu übertragen.
Im Brandfall kann bei Temperaturen um 1 000 °C die Betonüberdeckung einer Bewehrung abplatzen. Die Bewehrungsstäbe sind dann ungeschützt der Wärme ausgesetzt und verlieren rasch ihre Festigkeit. Wird im Verlauf eines Einsatzes großflächig freigelegte Bewehrung sichtbar, muss mit Einsturzgefahr gerechnet werden. *(Bt)*

Bewertungsfaktor *q* (auch: Qualitätsfaktor) ein Begriff des Strahlenschutzes; er berücksichtigt den Einfluss der mikroskopischen Verteilung der absorbierten Energie auf den Schaden, z. B. auf Zellen und DNS (Desoxiribonukleinsäure = Gene, Erbfaktoren, Erbanlagen); → *Äquivalentdosis. (Kl)*

Art der Strahlen *(Auswahl)*	**Bewertungsfaktor *q***
Röntgen- und Gammastrahlen, Elektronen,	1
Neutronen, Protonen,	10
Alphateilchen	20

Bewusstsein, das Verarbeiten von Informationen, das anschließende Umsetzen in Reaktionen und das Wissen um die eigene Person (Ich-Bewusstsein). Das Bewusstsein befähigt uns zu geordneten Denkabläufen und zu vorausschauendem Handeln. *(Zi)*

Bezirksbrandmeister → *Feuerwehrtechnischer Aufsichtsbeamter. (Sr)*

BFW, Abk. für: → *Beirat der Feuerwehren der vfdb. (Sr)*

BG, Abk. für: → *Berufsgenossenschaft. (Oe)*

BGS, Abk. für: → *Bundesgrenzschutz. (Fi)*

BGSG, Abk. für: Bundesgrenzschutzgesetz; richtig: Gesetz über den → *Bundesgrenzschutz. (Fi)*

BGV, Abk. für: Berufsgenossenschaftliche Vorschriften für Sicherheit und Gesundheit bei der Arbeit; Sammlung von → *UVV* aller Gewerblichen Berufsgenossenschaften; Kennzeichnung von → *Unfallverhütungsvorschriften* (UVV) (mit Ordnungszahl), z. B.:

- BGV A1: Allgemeine Vorschriften,
- BGV A5: Erste Hilfe,
- BGV A8: Sicherheitskennzeichnung am Arbeitsplatz,
- BGV D1: Schweißen, Schneiden und verwandte Verfahren.

Die BGV werden laufend den Europäischen Änderungen des Rates über Mindestvorschriften von Sicherheits- und/oder Gesundheitsrichtlinien angepasst; Beispiel: → *BGV A8.* Es gibt z. Zt. 92 BGV (Stand 2002). *(Oe)*

BGV A8, aktuelle (Stand von 2002) Unfallverhütungsvorschrift (UVV mit der Bezeichnung „Sicherheits- und Gesundheitsschutzkennzeichnung am Arbeitsplatz" vom 1. April 1995). Die BGV A8 dient der Umsetzung der Richtlinie 92/58/EWG des Rates über Mindestvorschriften für die Sicherheits- und/oder Gesundheitskennzeichnung am Arbeitsplatz vom 24. Juni 1992. Die BGV A8 bringt einige Änderungen; so darf z. B. das frühere Zeichen „F" für Feuerlöscher nicht mehr verwendet werden. An seine Stelle tritt das Symbol für → *Feuerlöschgerät.*
Durch die BGV A8 wird eine einheitliche Sicherheitskennzeichnung in der Europäischen Union erreicht. *(Oe)*

BIA-Report, Gefahrstoffliste über Gefahrenstoffe am Arbeitsplatz, bearbeitet vom Berufsgenossenschaftlichen Institut für Arbeitssicherheit (BIA); Herausgeber: Hauptverband der Gewerblichen Berufsgenossenschaften, Sankt Augustin.
Der BIA-Report enthält tabellarisch die wichtigsten Regelungen für die Sicherheit und Gesundheit am Arbeitplatz; Der BIA-Report wird ständig aktualisiert. *(Fl/Oe)*

Biegefestigkeit, die Eigenschaft eines → *Baustoffs,* mehr als zwei, quer zu seiner Achse wirkenden Kräften oder Momenten Widerstand zu leisten, z. B. bei → *Trägern.* Die ein Bauteil durchbiegenden Kräfte verursachen in seinem Querschnitt so genannte Biegespannungen *(→ Spannungen). (Bt)*

Bildungswärme → *Reaktionswärme. (Ha)*

Bildzeichen (auch: grafische Symbole), vereinfachte zeichnerische Darstellung, der eine bestimmte Bedeutung zugeordnet ist (Beispiele siehe Bild, nach DIN 14 034, Teil 1–6). *(Ha)*

Feuerwache einer Berufsfeuerwehr	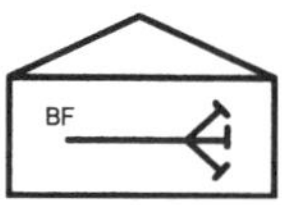
Feuerlöscher, tragbar	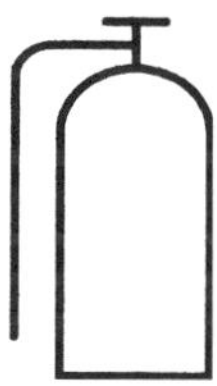
Drehleitersatz aufrichten	

Bild: Bildzeichen (Beispiele)

Bilge (engl. = Kielraum), Raum unmittelbar über dem Schiffsboden, Schiffskiel, damit tiefster Raum in einem Schiff. In der Bilge sammelt sich z. B. Leckwasser oder ölverschmiertes Wasser aus dem Maschinenraum, das vom → *Bilgen-Entölerboot* aufgenommen wird. *(Mt)*

Bilgen-Entölerboot, Boot zur Übernahme der Schmieröl-Wasser-Gemische aus der → *Bilge.* An Bord des Bilgen-Entölerboots wird die Trennung von Öl und Wasser vorgenommen. *(Sr)*

Bindemittel, feste organische oder anorganische Substanz zum Aufsaugen bzw. Verdicken flüssiger → *Gefahrstoffe* (Chemikalienbinder); Beispiele: Sand, Torf, Kunststoffflocken, gelöschter Kalk, Polyethylen-Vlies.
Mit Bindemitteln behandelte Flüssigkeiten können zusammengefasst und als „stichfeste" Gefahrstoffe transportiert werden; Beispiel: → *Ölbinder* zur Beseitigung einer Ölspur auf Straßen, → *Baustoffe. (Fl)*

Binder (Dachbinder), ein tragendes, quer zur Längsachse des Daches liegendes → *Bauteil* einer Dachkonstruktion, Binder werden in gleichen Abständen auf Wänden, → *Pfeilern* oder → *Stützen* fest oder gleitend aufgelagert.
Man unterscheidet
– nach der Form z. B. Dreieck-, Bogen- und Trapezbinder,
– nach der Art des Tragsystems z. B. Fachwerk-, Brettschicht- und Vollwandbinder,
– nach dem Werkstoff z. B. Holz-, Stahl- und Stahlbetonbinder.
Für das → *Brandverhalten* eines Binders ist sein Werkstoff und die Art des Tragsystems entscheidend. Beim Versagen eines Binders kommt es oft nur zum Teileinsturz, weil ein Binder nur die Last eines Dachfeldes aufnimmt. *(Bt)*

Binnenschifffahrtsstraßenordnung (BinSchStrO), nationale Verkehrsordnung für alle Binnenschifffahrtsstraßen mit Ausnahme des Rheins (→ *Rheinschifffahrtspolizeiverordnung,* RheinSchPVO), der Mosel (MoselSchPVO) und der Donau (DonauSchPVO). *(Mt)*

BinSchStrO, Abk. für: → *Binnenschifffahrtsstraßenordnung. (Mt)*

biochemischer Sauerstoffbedarf (BSB), Kenngröße für die Gewässerqualität bzw. für die Belastung von Abwasser, z. B. auch von Löschwasser.
Zur Ermittlung des BSB wird der Gehalt an biologisch abbaubaren Substanzen im Wasser ermittelt, indem man die im Wasser von dort eingebrachten Mikroorganismen benötigte Sauerstoffmenge misst. Diese Analytik muss durch Fachinstitutionen geleistet werden. *(Rö)*

Birett/Vogler, → *Gefahrstoffschlüssel,* → *Nachschlagwerke. (Fl)*

Bitumen (das), ein flüssiger bis fester brennbarer → *Baustoff* der → *Baustoffklasse* B. Es wird als Gemisch aus Kohlenwasserstoffen bei der Erdöldestillation gewonnen.
Im Bauwesen wird Bitumen in Form von Emulsionen, Klebstoffen oder Kitten als Imprägnierungsmittel (→ *Imprägnierung)* oder Abdichtungsmittel verwendet, z. B. zum Abdichten von → *Fugen.* Bitumenhaltige Produkte, z. B. Isoliermatten, verbrennen unter starker Qualmbildung und lassen sich nur sehr schwer mit Wasser löschen. *(Bt)*

Blechschneider (auch: Knabber oder Nager), Gerät zum Schneiden von Blechen. Das Gerät wird von Hand geführt und elektrisch angetrieben; Verwendung im technischen Hilfe-Einsatz, z. B. zum raschen Beseitigen von Verkleidungen. *(Ma)*

Bleigurt, Teil der Taucherausrüstung; Gürtel mit meist 1 kg schweren Bleigewichten, mit der ein Taucher seine Geschwindigkeit beim Ab- bzw. Auftauchen selbst bestimmen kann.
Die Anzahl und Masse der Bleigewichte ist abhängig vom Gewicht (Masse) des Tauchers und von der Art des Tauchanzugs. Die Anzahl der Bleigewichte muss von jedem Taucher individuell erprobt werden.
Damit ein Halt in bestimmter Tiefe vom Taucher erfolgen kann, wird durch Einfüllen von Luft in den → *Tauchersicherungskragen* der erforderliche Auftrieb hergestellt. Der Taucher „schwebt" dann in der gewünschten Wassertiefe.
Der Bleigurt kann mit Hilfe eines Schnellverschlusses, z. B. in Notsituationen, abgeworfen werden. *(Mt)*

Blockbrand, → *Brand,* der sich auf ein von Straßen oder von ähnlichen Brandschneisen umgrenztes bebautes Gebiet erstreckt; Beispiel: mehrere Häuserbrände in einem Altstadtgebiet, z. B. Brand 1988 in Lissabon; → *Brandumfang. (Ha)*

Blockiereinrichtung (einer Gaslöschanlage), Einrichtung jeder Gaslöschanlage, um das unbeabsichtigte Auslösen der Anlage und damit das Ausströmen des Löschgases in bestimmten Situationen zu verhindern, z. B. bei Reparaturarbeiten. *(Oe)*

Blutdruck, Druck des Blutes auf die Wand der Blutgefäße. Er steigt mit zunehmendem Alter und ist auch von körperlicher und psychischer Belastung (Stress) abhängig. Man misst zwei Werte des Blutdrucks, den systolischen (oberen, höchsten) Wert und den diastolischen Wert (unteren, tiefsten) Wert. Der Blutdruck wird in der Medizin nicht in Pascal, sondern noch in der früher allgemein üblichen Einheit mmHg (Millimeter Quecksilbersäule) gemessen; Beispiel: Blutdruck 120/80 mmHg. *(Zi)*

Blutkreislauf (Kreislauf): Die wesentliche Funktion des Blutkreislaufs besteht darin, das Durchströmungsvolumen des Gesamtkreislaufs und der einzelnen Kreislaufbereiche (Lungenkreislauf, Körperkreislauf) zu dosieren.
Der Blutkreislauf wird vor allem durch die Pumpaktion des Herzens aufrechterhalten. Ergänzend wirken die Muskeln des Bewegungsapparates, die bei Anspannung die → *Venen* auspressen. Der Blutstrom wird durch die an Armen und Beinen befindlichen Venenklappen herzwärts geführt.
Funktion Körperkreislauf: Sauerstoffreiches Blut von der linken Herzkammer über die → *Aorta* in den Körper – Stoffwechselaustausch im Gewebe – sauerstoffarmes Blut über Venen zur rechten Herzvorkammer;
Funktion Lungenkreislauf: rechte Herzkammer – sauerstoffarmes Blut über die Lungenarterie zur Lunge – Gasaustausch – sauerstoffreiches Blut über die Lungenvene zur linken Herzvorkammer. *(Zi)*

Bodenfeuer (auch: Lauffeuer): Waldbrandart *(→ Waldbrand),* bei der überwiegend trockenes Gras, Laub, Nadeln, Reisig, Sträucher brennen.
Bodenfeuer ist die häufigste Waldbrandart und in allen Waldbestandsformen möglich. In Nadelwäldern kann sich ein Bodenfeuer zum Vollbrand des Waldes entwickeln. In Laubwäldern treten meist nur Bodenfeuer auf.
Die Ausbreitung eines Bodenfeuers ist abhängig von der Windrichtung, den Wetterbedingungen sowie der Tageszeit, zu der das Bodenfeuer ausbricht. In der ersten Stunde nach dem Ausbruch des Feuers beträgt die Ausbreitungsgeschwindigkeit bis 0,7 m/min, danach Anstieg auf 15 m/min; es ist eine Flammenhöhe bis 2 m möglich. *(Ha)*

Bodenradarsystem → *Suchgerät für Verschüttete. (Rö)*

Boil-over → *Auswerfen* (von brennbaren Flüssigkeiten). *(Ha)*

Boje, verankerter schwimmender Hohlkörper aus Metall oder Kunststoff, der als → *Schifffahrtszeichen* oder zum Festmachen von Schiffen dient. *(Mt)*

BOS, Abk. für: Behörden und Organisationen mit Sicherheitsaufgaben, z. B. Polizeien des Bundes und der Länder, Feuerwehr, THW, Sanitäts- und Rettungsorganisationen wie DRK, ASB, JUH, MHD, die zur Aufgabenerfüllung über Funkverbindungen unmittelbar zusammenarbeiten müssen, z. B. bei Großschadenlagen und Katastrophen. *(Ge)*

BOS-Funkrichtlinie, Kurzbezeichnung für die „Bestimmungen über Frequenzzuteilungen zur Nutzung für das Betreiben von Funkanlagen der Behörden und Organisationen mit Sicherheitsaufgaben“; Bezeichnung für die vom Bundesministerium des Innern in Abstimmung mit der → *Regulierungsbehörde für Telekommunikation und Post* herausgegebene Neufassung der → *Meterwellenfunk-Richtlinie. (Ge)*

Brand, ein nicht bestimmungsgemäßes → *Brennen,* das sich unkontrolliert ausbreiten kann; → *Schadenfeuer* (DIN 14011 Teil 1). *(Ha)*

Brandabschnitt, der Teil eines Gebäudes, der gegenüber einem anderen Teil des Gebäudes in brandschutztechnischer Hinsicht durch besondere Bauteile abgetrennt ist. Die Abtrennung erfolgt in der Regel durch Decken (vertikaler Brandabschnitt) oder durch Wände (horizontaler Brandabschnitt), an die besondere Anforderungen gestellt werden, z. B. DIN 4102 Teil 3 – Brandwände). Insbesondere sind bei den Abtrennungen Öffnungen zu vermeiden bzw. die unabdingbar gewordenen Öffnungen, wie z. B. Türen oder Leitungsdurchführungen, durch besondere Maßnahmen gegen Feuerdurchtritt zu schützen; → *Brandbekämpfungsabschnitt. (Oe)*

Brandalarm, → *Alarmierung* zu einem → *Brand,* der von einer Person bzw. einer Stelle, z. B. Polizei, mündlich, fernmündlich oder über einen Brandmelder bei einer → *Feuerwehr-Leitstelle* eingegangen ist. *(Sr)*

Brandarten kennzeichnen den → *Brand* eines bestimmten Brandobjektes (z. B. Lagerhallenbrand), eines Teiles davon (z. B. Kellerbrand) oder eines bestimmten Stoffes (z. B. Metallbrand). *(Ha)*

Brandausbreitung, allgemeiner Begriff für die Fortbewegung eines → *Brandes* auf → *brennbare* Stoffe in Räumen, Gebäuden oder im Freien sowie das Übergreifen eines Brandes auf angrenzende Räume, Abschnitte oder Bauwerke.
Die Brandausbreitung wird begünstigt durch die
- Art und Menge der → *brennbaren* Stoffe und ihre Vermischung mit Sauerstoff,
- Möglichkeiten der → *Wärmeübertragung* an die Umgebung,
- bauliche Besonderheiten der Gebäude und baulichen Anlagen,
- Zeit von der → *Brandentstehung* bis zur Brandentdeckung sowie der → *Hilfsfrist,*
- meteorologischen Bedingungen, z. B. Wind- oder Wärmeauftrieb,
- weiteren Größen wie → *Funkenflug,* → *Flugfeuer* und → *Auswerfen* brennbarer Flüssigkeiten. *(Ha)*

Brandausbreitungsgeschwindigkeit, der von einem → *Brand* je Zeiteinheit zurückgelegte Weg (Einheit: Meter je Minute). Die Fortbewegung eines Brandes ist ungleichförmig. Meist wird die Brandausbreitungsgeschwindigkeit nur als Näherungswert ermittelt. Sie ist hauptsächlich abhängig von den Eigenschaften, dem Zustand und der Zusammensetzung der → *brennbaren* Stoffe, der Verteilung der brennbaren Stoffe im Raum (sog. Feuerbrücken) sowie von der Luftzufuhr und der Intensität der → *Wärmeübertragung.*
Die Brandausbreitungsgeschwindigkeit ist bei
- Gasen sehr hoch (bis 200 m/min), da bei ihrer Verbrennung kein Phasenübergang, z. B. Änderung des → *Aggregatzustandes* mit notwendigem Wärmeverbrauch, erforderlich ist;

– brennbaren Flüssigkeiten stark abhängig von der Temperatur und dem → *Flammpunkt* der Flüssigkeit und damit von der Dampfbildung (bei Raumtemperatur 1 bis 50 m/min);
– festen Stoffen gering (1 bis 4 m/min), da vor deren Verbrennung eine intensive thermische Aufbereitung stattfinden muss *(→ Aufbereitung brennbarer Stoffe). (Ha)*

Brandausbruchstelle, die Stelle eines → *Brandobjektes,* an der die → *Zündung* erfolgte.
Die Brandausbruchstelle wird beschrieben:
– **in Gebäuden**: durch die Art des Raumes, z. B. Hausanschlussraum, und durch den Hauptinhalt des Raumes, z. B. Gefahrstofflager;
– **außerhalb** von Gebäuden: durch Art und Lage des Geländes oder der Anlage im Freien, Hauptinhalt oder Hauptbestandteil (z. B. Holzlager). *(Ha)*

Brandbekämpfung, Durchführung geeigneter Maßnahmen zum → *Löschen* eines → *Brandes.* Geeignete Löschmaßnahmen sind:

1. Löschen durch Stören der mengenmäßigen Bedingungen des → *Brennens;* Löschverfahren: → *Ersticken;* Löschmittel: → *Kohlendioxid* oder → *Schaum.*
2. Löschen durch Wärmeentzug aus der → *Flammenzone* (Reaktionszone) und damit Senken der → *Brandtemperatur* sowie der Oxidationsgeschwindigkeit; Löschverfahren: → *Abkühlen,* Löschmittel: Wasser.
3. Löschen durch → *antikatalytischen* Effekt *(→ Inhibition);* vereinfacht: Die Anwesenheit des Löschmittels wirkt unmittelbar hemmend auf den Ablauf der chemischen Verbindung des brennbaren Stoffes mit Sauerstoff; Löschmittel: → *Löschpulver,* früher Halone. *(Ha)*

Brandbekämpfungsabschnitt, im Rahmen der Vornorm DIN V 18 230 Teil 1 – Baulicher Brandschutz im Industriebau, rechnerisch erforderliche → *Feuerwiderstandsdauer* – eingeführter Begriff.
Er soll den Unterschied zwischen dem klassischen → *Brandabschnitt,* der nach den Bauordnungen der Länder eine maximale Länge von 40 m hat und dem vergrößerten „Brandabschnitt" im Industriebau, der deutlich größere Maße einnehmen kann, verdeutlichen. Während sich ein Brandabschnitt z. B. nur über ein Geschoss erstreckt (unterteilt durch vertikale Brandwände und horizontale, geschlossene Decken) kann sich unter den Bedingungen der Industriebaurichtlinie und der Vornorm DIN V 18 230 ein Brandbekämpfungsabschnitt auch über mehrere Geschosse erstrecken. *(Ki)*

Brandbelastung, → *Wärmemenge,* die bei einem → *Brand* je m^2 Grundfläche eines Raumes frei wird; Berechnung: Produkt aus Masse des vorhandenen → *brennbaren* Stoffes und seinem → *Heizwert* (Brandlast genannt), bezogen auf die Fläche eines Raumes; Einheit: J/m^2.
Angewendet wird meist die Brandbelastung eines Gebäudes: Summe aller brennbaren Stoffe eines Gebäudes, auch die der eingebauten Baustoffe, bezogen auf die Gebäudegrundfläche. Für Vergleichswerte: Die nicht aus Holz bestehenden Stoffe werden entsprechend den Heizwerten des Holzes (Holzgleichwert) umgerechnet. Der Heizwert des Holzes

wird mit 16,785 MJ/kg angenommen. *(Ha)*

Brandbericht, schriftlicher Bericht über den → *Einsatz* von Feuerwehreinheiten zur Brandbekämpfung.
Er dokumentiert insbesondere das → *Brandobjekt,* die → *Brandstelle,* die → *Brandfläche,* den → *Brandumfang,* die → *Hilfsfrist,* die Zahl und Art der eingesetzten Kräfte und die durchgeführten Rettungs- und Brandbekämpfungsmaßnahmen, die → *Einsatzmittel* sowie ggf. die → *Brandursache* und den Brandschaden. Der Brandbericht wird zum Zweck zentraler statistischer Erfassung und Auswertung aufgestellt. *(Ha)*

Brandcontainer, eine meist mit Holz befeuerte Übungseinrichtung zur realitätsnahen Ausbildung von → *Atemschutzgeräteträgern.* Der Container ist in der Regel mit Spanholzplatten ausgekleidet, die entzündet werden. Nach einiger Zeit kann so beim Vorgehen des Atemschutztrupps ein → *Flash-Over* simuliert werden, der, bevor zur eigentlichen Brandbekämpfung vorgegangen werden kann, bekämpft werden muss. → *Mobile Übungseinrichtung Brandbekämpfung.* *(Zi)*

Branddauer, die Zeit zwischen dem Ausbruch eines → *Brandes* und dem Ende der Löschmaßnahmen. *(Ha)*

Branddecke → *Löschdecke.* *(Oe)*

Brandentstehung (auch: Brandausbruch), physikalisch-chemischer Vorgang, bei dem ein brennbares System (brennbarer Stoff und Sauerstoff) im richtigen Mengenverhältnis mit einer → *Zündquelle* zusammenwirken und als dessen unmittelbare Folge ein → *Brand* entsteht. *(Ha)*

Brandentstehungsursachen → *Brandursachen.* *(Ha)*

Branderkennung, Erkennungseinrichtung, um einen Brand festzustellen. Dazu gehören beispielsweise → *Rauchmelder,* → *Flammenmelder,* Infrarotmelder, Temperaturfühler, Schmelzlot, → *Sprinkler,* Rauchdetektoren (z. B. in Lüftungsanlagen).
Aufgabe der Branderkennung ist es, so früh wie möglich Pyrolysegase (→ *Pyrolyse),* Rauch, → *Flammen* oder einen Temperaturanstieg festzustellen und an eine → *Brandmelderzentrale* weiterzumelden. *(Ge)*

Brandfallsteuerung, Steuerungen, die bei der Alarmauslösung einer → *Brandmeldeanlage* vorgenommen werden, z. B. Auslösen von → *Löschanlagen,* → *Brandschutzklappen,* → *Rauch-* und Wärmeabzugsanlagen, Abschalten von Aufzugs- und Lüftungsanlagen. *(Ge)*

Brandfläche, Grundfläche eines von einem → *Brand* erfassten Gebietes oder Raumes. Bei mehreren Räumen, die auch in verschiedenen Geschossen liegen können, ist Brandfläche die Summe der Grundflächen (DIN 14011 Teil 2). Auf die Brandfläche beziehen sich auch der → *Einzelbrand,* der → *Reihenbrand,* der → *Blockbrand* und der → *Flächenbrand.* *(Ha)*

Brandfluchthaube, eine den Kopf bedeckende Haube aus beschichtetem Textilgewebe, in der innenseitig eine → *Vollmaske* oder eine Halbmaske fest verbunden ist. Die Zufuhr der → *Atemluft* erfolgt über einen in der Brandfluchthaube in-

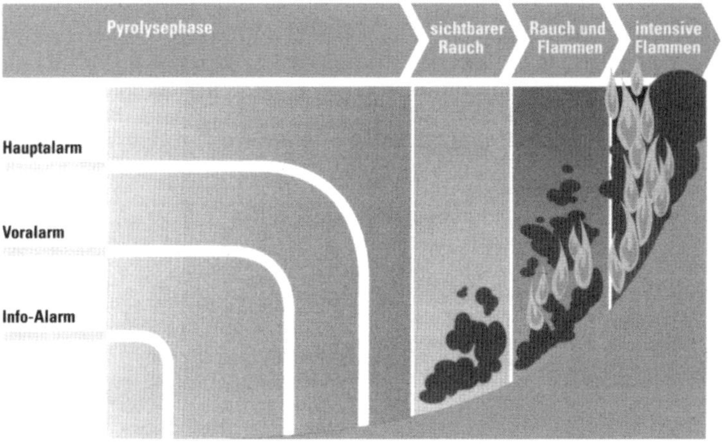

Bild: Brandfrühesterkennung
(Werkfoto: Wagner Alarm- und Sicherungssystem GmbH)

tegrierten → *Kombinationsfilter.* Die Brandfluchthaube dient hauptsächlich als Fluchtgerät zur Rettung bzw. Selbstrettung bei Bränden und ist normalerweise nur zum einmaligen Gebrauch bestimmt. *(Zi)*

Brandfrühesterkennung, hochempfindliches Überwachungssystem, das Brände bereits in der Pyrolysephase *(→ Pyrolyse)* detektiert (d. h. → *Info-Alarm,* → *Voralarm* und → *Hauptalarm* gibt), ehe der Brand sichtbar wird, ehe Rauch und Flammen entstehen, und Schäden durch den Brand oder durch Löschmittel entstehen (s. Bild).
Prinzip: Das System entnimmt über ein Rohrsystem oder eine Klimaanlage permanent Luftproben, die in einer Detektoreinheit auf Rauchpartikel überwacht werden.
Derartige Systeme sind etwa 200 mal sensibler als herkömmliche Rauchmelder; sie melden Pyrolyseprodukte bereits in kleinster Konzentration, z. B. Schmorstellen an einer Platine. Die Auswerteeinheit meldet einen Info-Alarm; Ergebnis: der Fehler kann gesucht und ggf. die Anlage abgeschaltet, der Fehler behoben werden. Auf den Infoalarm folgt der Voralarm und dann der Hauptalarm, der die automatische Löschanlage aktiviert.
Einsatz: Rechenzentren, Reinsträume, energietechnische Anlagen, Kabelführungen (Kabelkanäle, Zwischendecken, Doppelböden), Labore und Spezialanlagen, z. B. Flugsicherung, Leitstellen. *(Oe)*

Brandgase, ein gasförmiges Gemisch aus bei Bränden entstehenden Oxiden, inerten (unbeteiligten) Anteilen, z. B. Stickstoff, und Zersetzungs- oder Pyrolyseprodukten *(→ Pyrolyse,* DIN 14011 Teil 1).
Die Zusammensetzung der Brandgase ist abhängig von
- der Zusammensetzung des brennbaren Stoffes,
- der → *Brandtemperatur* und
- dem Luftzutritt.

Bei unzureichendem Luftzutritt (Sauerstoffmangel) entstehen neben Kohlenmonoxid, das ein → *explosibles Gemisch* bilden kann, Pyrolysegase, wie beispielsweise Schwefelwasserstoff und Cyanwasserstoff (Atemgifte mit Reiz- und Ätzwirkung).
Brandgase sind → *Atemgifte. (Ha)*

Brandgefahr,
–, allgemein: die Möglichkeit, dass ein → *Brand* entsteht oder sich ausbreitet; *(Ha)*
–, bei Sprinkleranlagen: Kenngröße zur Beurteilung der Brandgefahr (BG), z. B. bei Fabriken, Lagerhallen und ähnlichen Anlagen, die durch eine → *Sprinkleranlage* geschützt werden.
Der Begriff „Brandgefahr" ist ein Faktor zur Berechnung von Sprinkleranlagen, insbesondere von Wasserzufluss und Anzahl der → *Sprinkler.*
Nach VdS unterscheidet man bei der Brandgefahr vier Gruppen, z. T. mit weiteren Unterteilungen (BG 1 bis BG 4). *(Oe)*

Brandgefährdung, prinzipielle Möglichkeit einer → *Brandentstehung* und/oder einer anschließenden → *Brandausbreitung.*
Brandgefährdung tritt ein z. B.
- bei der Lagerung von zur → *Selbstentzündung* neigenden Stoffen,
- bei der Ausführung feuergefährlicher Arbeiten in der Nähe brennbarer Stoffe,
- bei unsachgemäß ausgeführter Elektroinstallation und anderen baulichen Mängeln.

Brandgefährdung wird z. B. begünstigt durch die Größe, Form und Aufteilung eines Gebäudes sowie durch die Eigenschaften der brennbaren Stoffe. *(Ha)*

brandhemmend, Eigenschaft von Stoffen, die durch ihre Anwesenheit eine selbstständig ablaufende → *exotherme* Reaktion verzögern oder unterbinden; Beispiel: → *Löschpulver;* → *Inhibitor;* → *Inhibition. (Ha)*

Brandherd, Stelle, an der ein → *Brand* ausgebrochen ist. *(Ha)*

Brandkenngrößen, die bei einem → *Brand* auftretenden messbaren Begleiterscheinungen; diese entstehen durch
- stoffliche Umsetzung der an der Verbrennung beteiligten Stoffe. Resultierende Brandkenngrößen sind nichtflüchtige Verbrennungsprodukte, wie Asche und Schmelze, aber auch flüchtige Verbrennungsprodukte, wie Kohlenmonoxid (CO), Kohlendioxid (CO_2), Wasserdampf, → *Rauch* und → *Brandgase;*
- energetische Umsetzung der an der Verbrennung beteiligten Stoffe unter gleichzeitiger Wärmeabgabe.

Resultierende Brandkenngrößen sind → *Abbrandgeschwindigkeit,* → *Brandausbreitungsgeschwindigkeit,* → *Flammentemperatur,* → *Wärmestrom* (→ *Wärmestromdichte)* und → *Strahlung* (ultraviolett, infrarot und Lichtstrahlung). *(Ha)*

Brandklassen, Gruppeneinteilung → *brennbarer* Stoffe nach gleichartigem Brandverhalten *(Tabelle). (Oe)*

Brandlast → *Brandbelastung. (Ha)*

Brandlehre, Lehrfach über das nicht bestimmungsgemäße → *Brennen* (→ *Schadenfeuer),* das sich unkontrolliert ausbreiten kann; Fachgebiete:

Tabelle: **Brandklassen**

Brandklasse nach DIN EN 2	**Art der Brände**	**Stoffbeispiele**	**Löschmittel**
A	Brände *fester Stoffe,* hauptsächlich organischer Natur, die mit *Glut und Flamme* brennen	– Papier, – Holz, – Stroh, – Kohle, – Textilien, – Autoreifen	Wasser, Pulver, Schaum
B	Brände *flüssiger* und *flüssig werdender Stoffe,* die mit *Flamme* brennen	– Öle, – Fette, – Benzin, – Teer, – Harze	Schaum, Pulver, CO_2 oder Fettbrandlöscher
C	Brände *gasförmiger Stoffe,* die mit *Flamme* brennen	– Methan, – Propan, – Acetylen, – Wasserstoff	Pulver oder CO_2
D	Brände von *Metallen,* die mit *starker Glutbildung* brennen	– Aluminium, – Magnesium, – Natrium, – Kalium, – Titan	Pulver, ggf. auch Sand (trocken)
F	Brände von *Speiseölen/-fetten* in Frittier- und Fettbackgeräten	– Speiseöle/-fette	Fettbrandlöscher

– *Chemische Grundlagen* der → *Verbrennung,* mit den Schwerpunkten „Stoffliche Umwandlungen bei der Verbrennung", „Chemie der → *brennbaren* Stoffe, des Sauerstoffs, der → *Sauerstoffträger* sowie der Verbrennungsprodukte".
– *Physikalische Grundlagen* der Verbrennung, insbesondere mit den Schwerpunkten „Gesetzmäßigkeiten der Einleitung und des Fortschreitens einer Verbrennung", „Wirkungen und Ausbreitungsmöglichkeiten der Wärme", „Energieaustausch bei der Verbrennung",
– *der Verbrennungsvorgang* mit den Schwerpunkten → *Zünden,* → *Ausbreitungs-* und → *Verbrennungsgeschwindigkeit* (→ *Abbrandrate),* → *Sicherheitstechnische Kennzahlen* und Daten, wie z. B. → *Flammpunkt* und → *Explosionsgrenzen,* → *Brandverhalten,* Gefahren und Eigenschaften brennbarer Stoffe. *(Ha)*

Brandmanschette → *Abschottungssysteme. (Oe)*

Brandmauer, frühere Bezeichnung für → *Brandwand. (Oe)*

Brandmeldeanlage, Fernmeldeanlage zum zuverlässigen Melden von Brandgefahren für Personen und Sachen; Brandmeldeanlagen bestehen aus → *Meldern,* dem Leitungsnetz und der → *Brandmelderzentrale,* früher: Nebenmelderanlage („nichtöffentliche Brandmeldeanlage"). *(Ge)*

Brandmelder, → *Melder;* Teil einer → *Brandmeldeanlage. (Ge/Oe)*

Brandmelderzentrale (früher: Nebenmelder-Zentrale), → *Übertragungszentrale,* Teil einer → *Brandmeldeanlage;* Aufgaben:
- Meldungen der angeschlossenen → *Melder* aufzunehmen, optisch und akustisch anzuzeigen und damit den Ort der Gefahr zu kennzeichnen,
- Brandmeldungen weiterzuleiten, z. B. an die Feuerwehr,
- automatische Löschanlagen auszulösen, z. B. Sprinkler- oder Gaslöschanlagen,
- Anlagenteile zu überwachen und Fehler optisch und/oder akustisch anzuzeigen, das sind Fehler im Leitungsnetz (insbesondere Erdschluss, Kurzschluss, Drahtbruch) oder Störungen in der Stromversorgung. *(Ge/Oe)*

Brandnest, eine geringe, verdeckt brennende Menge eines Stoffes, z. B. unter Brandschutt oder hinter abgehängten Decken. *(Ha/Oe)*

Brandobjekt, eine Sache, die von einem Brand betroffen ist; Beispiele: Gebäude, Gebäudeteile, Einrichtungen, Fahrzeuge, Gegenstände, Anlagen.
Ein Brandobjekt wird durch Angaben zur Art und Nutzung beschrieben. *(Sr)*

Brandrisiko *(→ Risiko)* ergibt sich aus der → *Brandgefahr,* d. h. aus
- der Wahrscheinlichkeit, mit der ein Schaden eintritt sowie
- der Höhe des möglichen Schadens. *(Ha)*

Brandsatz, Ansammlung brennbaren Materials zum Zweck der → *Brandstiftung;* Beispiel: Mit Benzin getränkter Lappen mit Zündeinrichtung. *(Fl)*

Brandschaden, ein Schaden, der unmittelbar durch einen → *Brand* oder durch Löschmaßnahmen an Sachen entsteht (DIN 14011 Teil 2); Beispiele: Schaden am → *Brandobjekt,* Wasserschaden. *(Ha/Oe)*

Brandschau → *Brandsicherheitsschau. (Oe)*

Brandschneise, freier oder von brennbaren Stoffen weitgehend freier Raum zwischen bebauten oder bepflanzten Gebieten. Brandschneisen werden vorbeugend oder während der → *Brandbekämpfung* angelegt; Aufgabe: Verhinderung einer → *Brandausbreitung;* Beispiele: Straßen, Wasserläufe; in der Forstwirtschaft sind es Waldbrandriegel und Brandschutzstreifen. *(Ha)*

Brandschutz, umfasst alle Maßnahmen, die zur Vermeidung (Vorbeugender Brandschutz) und zur Bekämpfung (Abwehrender Brandschutz) von Bränden dienen.
–, abwehrender: beschäftigt sich mit dem Brandgeschehen, den Löschmaßnahmen nach Ausbruch eines Schadenfeuers (Brandbekämpfung) und der Löschwasserversorgung;
–, vorbeugender (VB): alle vorbereitenden Maßnahmen, die zur Verhütung, zur schnellen Bekämpfung eines → *Brandes* und zur Rettung von Personen bei Bränden dienen.
Der VB gliedert sich in den
- vorbeugenden baulichen Brandschutz; Beispiele: → *Rettungswege,* → *Brandabschnitte,* den
- vorbeugenden organisatorischen Brandschutz; Beispiele: → *Feuersicherheitswache,* → *Brandsicherheitsschau* und den
- vorbeugenden technischen Brandschutz (Beispiele: → *Löschanlagen,* → *Brandmeldeanlage. (Sr)*

Brandschutzaufklärung, Teil der Öffentlichkeitsarbeit bei den Feuerwehren; sie befasst sich mit der Informierung der Bevölkerung über die Maßnahmen zur → *Brandverhütung,* das Verhalten während eines Brandes, die → *Notrufmeldung* und den gewissenhaften Umgang mit Einrichtungen des → *Vorbeugenden Brandschutzes. (Sr)*

Brandschutzbeauftragter, eine besonders ausgebildete Person, die mit der Wahrnehmung des betrieblichen → *Brandschutzes* beauftragt ist (DIN 14 011 Teil 5); Aufgaben:
– Zusammenarbeit mit den Brandschutzbehörden und der Feuerwehr,
– Feststellung der Brand- und Explosionsgefahren bei Lagerung und Verarbeitung feuergefährlicher Stoffe,
– Unterrichtung und Beratung der Unternehmensleitung über die Erfordernisse des Brandschutzes, auch bei Neuplanungen,
– Aufstellen von Alarm- und Einsatzplänen. *(Oe)*

Brandschutzbeschichtungen ermöglichen die Erhöhung der → *Feuerwiderstandsdauer* für → *Bauteile.* Beispiel: Ein Stahlträger, der keine Feuerwiderstandsdauer aufweist, kann durch Brandschutzbeschichtungen z. Z. bis zu einer Feuerwiderstandsdauer von 60 Minuten aufgerüstet werden.
Brandschutzbeschichtungen müssen eine Zulassung des → *Deutschen Instituts für Bautechnik* (DIBt) haben, das genaue Vorgaben über Anwendungsziel und -grenzen macht. *(Oe)*

Brandschutzdienst, frühere Bezeichnung aus dem erweiterten Katastrophenschutz; Fachdienst des → *Katastrophenschutzes;* er rettet Menschen, schützt Menschen und Sachen vor Feuer und bekämpft Brände.
Zu den Aufgaben des Brandschutzdienstes gehört auch das Herstellen der unabhängigen → *Löschwasserversorgung.*
Bis 1994 hatte der Brandschutzdienst folgende Einheiten:
– Löschzug „Löschen und Retten“ (LZ-R),
– Löschzug „Löschen und Wasserversorgung“ (LZ-W).
Ab 1995 hat der Brandschutzdienst nur noch eine Löschwassereinheit, bestehend aus LF 16-TS und einem SW 2000-Tr. *(Sr)*

Brandschutzerziehung, der Teil der → *Brandschutzaufklärung,* der sich mit den Zielgruppen „Kinder“ und „Jugendliche“ befasst. *(Sr)*

Brandschutzgeschichte, die Geschichtsforschung, die sich mit dem Feuerwehrwesen, den Maßnahmen zur Brandbekämpfung einschließlich der hierzu notwendigen technischen Entwicklungen von Fahrzeugen und Geräten sowie mit den Maßnahmen zur Vermeidung von Bränden beschäftigt. *(Sr)*

Brandschutzgesetz → *Feuerwehrgesetz. (Sr)*

Brandschutzglas → *Brandschutzverglasung. (Oe)*

Brandschutz-Hilfeleistungsgesetz → *Feuerwehrgesetz. (Sr)*

Brandschutzkissen → *Abschottungssysteme. (Oe)*

Brandschutzklappe, eine Absperrvorrichtung gegen Brandübertragung in Lüftungsleitungen nach DIN 4102 Teil 6, um z. B. beim

Durchbrechen von feuerwiderstandsfähigen Bauteilen, z. B. aus Beton, eine Brandübertragung zu verhindern.
Brandschutzklappen bestehen im wesentlichen aus einem Gehäuse aus nichtbrennbarem Baustoff, z. B. Metall, der beweglichen Klappe, dem zugehörigen Auslöseelement und der Rückstellvorrichtung.
Man unterscheidet Brandschutzklappen mit motorischem Antrieb (Öffnen und Schließen durch Motor) und mit manuellem Antrieb (Schließen durch Federkraft, Öffnen manuell) sowie mit oder ohne Fernbedienung. Brandschutzklappen benötigen eine Zulassung des → *DiBt. (Oe)*

Brandschutzklassen, Klassifizierung der Brandschutzanforderungen an → *Brandbekämpfungsabschnitte* in Industriebauten (nach dem Entwurf der Muster-Industriebauverordnung von 1980); Einteilungskriterium für die Brandschutzklassen ist die jeweils rechnerisch ermittelte → *Feuerwiderstandsdauer.* Dabei müssen → *Brandbelastung,* → *Brandverhalten,* Wärmeabzug, Stärke der Werkfeuerwehr und Lage der Abschnittsgeschosse berücksichtigt werden.
Man unterscheidet die Brandschutzklassen I bis V *(Tabelle). (Oe)*

Brandschutzklasse	rechnerisch ermittelte Feuerwiderstandstandsdauer *in min*
I	bis 15
II	15 bis 30
III	30 bis 60
IV	60 bis 90
V	über 90

Brandschutzmanschette → *Abschottungssysteme. (Oe)*

Brandschutzmörtel → *Abschottungssysteme. (Oe)*

Brandschutzordnung, eine, nach DIN 14 096 auf ein bestimmtes Objekt abgestimmte Zusammenfassung von Grundregeln für das Verhalten im Brandfall; geregelt wird das richtige Verhalten bei Brandentdeckung, die → *Alarmierung* der Feuerwehr, die Rettung gefährdeter Personen und die → *Brandbekämpfung.*
Die Brandschutzordnung besteht aus drei Teilen:
- Teil A: richtet sich an alle Personen, einschließlich Besucher, die sich im Gebäude aufhalten (Aushang);
- Teil B: richtet sich an sich ständig im Gebäude aufhaltende Personen, z. B. Beschäftigte und Personen (Aushang);
- Teil C: gilt für Personen mit besonderen Brandschutzaufgaben; das sind → *Brandschutzbeauftragter,* Sicherheitsbeauftragter, Sicherheitsingenieur. *(Sr/Oe)*

Brandschutzstopfen → *Abschottungssysteme. (Oe)*

Brandschutzverglasung, lichtdurchlässige Bauteile nach DIN 4102 Teil 13, die die Anforderungen einer bestimmten → *Feuerwiderstandsklasse* erfüllen. Sie bestehen aus einem oder mehreren lichtdurchlässigen Elementen, einem Rahmen sowie Halterungen, Dichtungen und Befestigungsmitteln. Man unterscheidet → *F-Verglasung* und → *G-Verglasung. (Oe)*

Brandschutzwache → *Brandwache. (Oe)*

Brandschutzzeichen (auch Brandschutzkennzeichen, Brandschutzbeschilderung) nach BGVA8 und

DIN-Normen, z. B. DIN 4844, DIN 4066 und DIN 67510, zeigen den Standort von Brandschutzeinrichtungen an, z. B. von Feuerlöschern *(Tabelle)*. Im Brandfall können somit schnell Maßnahmen ergriffen werden, um Personen- und Sachschäden zu minimieren.
Nach BGVA8 muss auf → *Rettungswegen* die Sicherheitsaussage der dort notwendigen Rettungs- und Brandschutzzeichen durch Verwendung von nachleuchtendem Material auch bei Ausfall der allgemeinen Beleuchtung für etwa 10 Minuten erhalten bleiben, wenn keine Sicherheitsbeleuchtung vorhanden ist.
Brandschutzzeichen haben eine quadratische oder rechteckige Form und sind rot mit weißem Symbol. Zusatzzeichen, z. B. „Rauchabzug", sind rechteckig mit rotem Rand und schwarzer Schrift, Grundfarbe weiß.
Das früher eingesetzte Kennzeichen „F" (für Feuerlöscher) in Rot auf weißem Grund darf nicht mehr verwendet werden. *(Oe)*

Brandsicherheitsschau (auch: Brandschau, Brandverhütungsschau, Feuersicherheitsschau), nach DIN 14011, wird aufgrund landesrechtlicher Vorschriften bei bestimmten Gebäuden in regelmäßigen Zeitabständen durchgeführt, z. B. in landwirtschaftlichen Betriebsstätten grundsätzlich alle fünf Jahre. Bei der Brandsicherheitsschau sollen brandschutztechnische Mängel festgestellt und in der Folge behoben werden. *(Oe)*

Brandsicherheitswache, andere Bezeichnung für → *Feuersicherheitswache. (Oe)*

Brandstelle, Ortsangabe eines von einem → *Brand* betroffenen Objekts. *(Sr)*

Brandstellenwache, → *Brandwache. (Oe)*

Brandstiftung, vorsätzliches oder fahrlässiges Legen von Feuer zur Beschädigung oder Vernichtung von Sachwerten, z. B. von Gebäuden, Fahrzeugen oder Erntevorräten.
Der Gesetzgeber ahndet Brandstiftung strenger als andere Sachbeschädigungen, weil durch Brandstiftung insbesondere auch

Tabelle: **Brandschutzzeichen** nach BGV A8, DIN und ISO 6309 (Auswahl)

	Feuerlöscher F 04		Mittel und Geräte zur Brandbekämpfung F 06
	Löschschlauch F 02		Richtungsangabe* F 01
	Brandmeldetelefon F 05		Richtungsangabe* F 01
	Leiter F 03		Brandmelder, manuell F 07

* Nur in Verbindung mit anderen Brandschutzzeichen

Tabelle: **Brandschutzzeichen** nach DIN und ISO 6309 (Auswahl; Fortsetzung)

Mit Wasser löschen verboten 	Feuerwehr! Ausfahrt freihalten!	Schutzraum / →
Feuerlöscher Platz nicht versperren	Feuerwehr! Einfahrt freihalten!	Feuerwehr-Noteinfahrt / Rauchabzug
Feuerlöscher für elektrische Brände	Feuerschutztür Tür stets schließen!	Sprinklerzentrale / Entrauchungsklappen
Feuerlöscher für alle Brände	Brandschutztür! im Brandfalle und bei Arbeitsschluß schließen!	Hydrant / Anfahrtzone für Feuerwehr
Brandschutztür! im Brandfalle und bei Arbeitsschluß schließen!	Brandschutztür! Offenhalten durch Verkeilen oder Blockieren streng verboten.	Schlauchanschluß / Feuerlöschdecke
Feuerwehrzufahrt Haltverbot nach StVO	Achtung! Zugang zum Gerät immer freihalten. Feuerlöschgeräte nur zur Brandbekämpfung verwenden. Mißbrauch ist strafbar. Gebrauchte Löschgeräte sofort der Betriebsleitung melden.	Löschwasser / Löschwassereinspeisung
Hinweisschild auf eine Brandschutzeinrichtung und für Einsatzhinweise mit Textangabe nach DIN 4066		Feuermeldestelle / Rauchabzugklappe
		Brandschutztür / Saugstelle
		Nur für Feuerwehr / Brandschieber
		Steigleitung trocken / BMZ

Menschenleben gefährdet werden können; er unterscheidet im Strafgesetzbuch (StGB) in fahrlässige Brandstiftung (§ 309 StGB) und vorsätzliche Brandstiftung (einfache, schwere, und besonders schwere Brandstiftung nach §§ 306 bis 308 StGB). *(Fi)*

Brandtemperatur, Temperatur, die durch die beim → *Brennen* freiwerdende Wärme entsteht. Sie ist insbesondere abhängig von der → *Verbrennungswärme,* der → *Abbrandrate* und vom → *Wärmeübergang* an die Umgebung. Deshalb sind nur vergleichende, ungefähre Temperaturangaben möglich *(Tabelle).*

Stoff	**Brandtemperatur*** *in °C*
Papier	800
Tabak	400 bis 900
Holz/Kohle	1000 bis 1300
Koks	1400 bis 1600
Stadtgas	1500
Magnesium	2000 bis 3000

* Brennen bei ausreichender Luftzufuhr

Bei → *Großbränden (→ Brandumfang)* liegt die Brandtemperatur zwischen 1 000 und 1 300 °C. *(Ha)*

Brandtoter, ein infolge eines Brandes ums Leben gekommener Mensch. In Deutschland gibt es pro Jahr sieben Brandtote je 1 Million Einwohner; in England ist diese Zahl ungefähr doppelt so hoch. Etwa 80 Prozent der Brandtoten sterben an den Folgen des Brandrauches *(→ Atemgifte). (Sr)*

Brandumfang, Klassifizierung eines → *Brandes* nach:

1. dem → *Löschmittelstrom* der eingesetzten und genormten Löschgeräte in → *Kleinbrand A* (Klein-Löschgerät, z. B. Kübelspritze), Kleinbrand *B* (ein C-Rohr), → *Mittelbrand* (2 bis 3 C-Rohre) und in → *Großbrand* (mehr als 3 C-Rohre);
2. der → *Brandfläche* in → *Einzelbrand,* z. B. Brand eines Gebäudes oder Teile eines Grundstücks, in → *Reihenbrand,* z. B. Brand mehrerer aneinander gereihter Häuser, in → *Blockbrand,* z. B. Brand eines von Straßen umgebenen, bebauten Gebietes, und in → *Flächenbrand. (Ha)*

Brandunterdrückung, ein der Natur nachempfundenes System der → *Inertisierung;* → *Permanent-Inertisierung;*
Prinzip:
Man schafft eine Atmosphäre mit einem Sauerstoffanteil von weniger als 15 Vol.-%.
In dieser Atmosphäre sind brennbare Stoffe nur schwer entflammbar, schwer brennbar bzw. überhaupt nicht entflammbar. Brände und Explosionen können dadurch unterdrückt bzw. nahezu vollständig vermieden werden. Man erreicht die Verringerung des Sauerstoffanteils der Raumluft auf weniger als 15 Vol.-% durch ständiges Zuführen von Stickstoff. *(Oe)*

Brandursache (auch: Brandentstehungsursache), alle Bedingungen und/oder Umstände des Vorgangs, die einen → *Brand* auslösen (DIN 14 010). Sie führen immer zum Zusammenwirken der stofflichen Komponenten einer Verbrennung mit einer → *Zündquelle.* Der Begriff Brandursache wird beschrieben durch folgende Feststellung:
– Herkunft der → *Zündenergie,*
– Auslösung des → *Zündvorgangs,*
– zuerst in Brand gesetzter Stoff und

– Gegenstand, dessen Bestandteil der zuerst in Brand gesetzte Stoff war.
Häufige Brandursachen sind
– defekte elektrische Geräte oder Installationen; Beispiele: Koch- und Heizgeräte, überlastete Leitungen, gelockerte Verbindungen;
– bauliche Mängel; Beispiele: ungenügender Abstand zwischen Ofenrohr und → *brennbarem Stoff* oder ein in eine Schrankwand eingebautes Fernsehgerät (keine ausreichende Wärmeabfuhr);
– Nachlässigkeit; Beispiele: Rauchen im Bett, Asche im Papierkorb, vergessenes brennendes Kerzengesteck;
– → *Selbstentzündung,* Beispiel: Heu;
– Brandstiftung. *(Ha)*

Brandursachenermittlung, alle Verfahren und Maßnahmen kriminalistischer und technischer Art zur Klärung der → *Brandursachen* und des Brandablaufes. Sie wird i. d. R. von der Polizei durchgeführt; → *Fahrzeug zur Brandursachenermittlung.*
Aufgabe der Brandursachenermittlung ist es auch, zu untersuchen, ob eine strafrechtliche Schuld vorliegt, und sicherzustellen, dass der Schuldbeweis auch geführt werden kann; → *Brandstiftung. (Mt)*

Brandverhalten, physikalisch-chemische Reaktionen und Begleiterscheinungen, die bei der Teilnahme eines → *brennbaren Stoffes* an einem → *Brand* auftreten. Das Brandverhalten wird durch Brandversuche ermittelt. Reaktionen sind z. B. → *Brennbarkeit,* Rauchgastemperatur, Flammenhöhe und Änderung des → *Aggregatzustands.* Begleiterscheinungen sind z. B. → *Rauchdichte (→ Rauch)* oder brennendes Abtropfen des betreffenden Stoffes, beispielsweise bei thermoplastischen Kunststoffen.
Nach dem Brandverhalten werden mit standardisierten Prüfverfahren → *Baustoffe* und → *Bauteile* beurteilt und klassifiziert (DIN 4102 Teil 1 und Teil 2). *(Ha)*

Brandverhütungsschau → *Brandsicherheitsschau. (Oe)*

Brandverlauf, Entwicklung eines → *Brandes* nach Ort, Zeit und Intensität (Stärke); er wird nach DIN 14010 durch folgende Angaben beschrieben:
→ *Brandausbruchstelle,*
→ *Brandausbreitung,*
→ *Rauchausbreitung,*
→ *Brandfläche*
und
→ *Brandumfang. (Ha)*

Brandwache (auch: Brandstellenwache), besteht aus Einsatzkräften, die an einer → *Brandstelle* verbleiben, um wieder aufflammende → *Brandnester* löschen zu können; Beispiel: nach Bränden an ausgedehnten Einsatzstellen, Einsatzstellen mit großen Mengen an Brandschutt oder unübersichtlichen Verbindungen wie Kabelkanäle und Schächte. *(Sr)*

Brandwand, (früher: Brandmauer), senkrechtes, raumabschließendes Bauteil zur Abtrennung von zwei direkt aneinander angrenzenden → *Brandabschnitten.*
An Brandwände werden folgende Anforderungen gestellt: sie müssen
– aus nichtbrennbaren Baustoffen bestehen, z. B. aus Beton,
– mindestens die Anforderungen der → *Feuerwiderstandsklasse* F 90 nach DIN 4102 Teil 2 erfüllen, und

– eine dreimalige Stoßbelastung von 3000 Nm gemäß DIN 4102 Teil 3 nach dem Brandversuch aushalten.
Gemäß der → *Musterbauordnung* sind Brandwände zum Abschluss von Gebäuden anzuordnen, wenn nicht
– mindestens ein Abstand von 2,50 m zur Nachbargrenze besteht bzw. wenn nicht
– gesichert ist, dass in einer Mindestentfernung von 5 m kein Gebäude errichtet wird.
Innerhalb ausgedehnter Gebäude sind innere Brandwände in Abständen von höchstens 40 m anzuordnen. Nach der Musterbauordnung (MBO) müssen die Brandwände mindestens 30 cm über Dach geführt werden. Öffnungen in Brandwänden sind grundsätzlich unzulässig; bei inneren Brandwänden können Öffnungen genehmigt werden, wenn die Nutzung des Gebäudes dies erfordert und wenn Maßnahmen getroffen werden, die den Feuer- und Rauchdurchtritt wirkungsvoll verhindern. *(Ki)*

Brauchwasser, nicht als → *Trinkwasser* geeignetes Wasser, das aber nicht so stark wie → *Abwasser* verschmutzt ist, z. B. Wasser zum Kühlen oder für Produktionsverfahren, z. B. zur Papierherstellung. *(Br)*

Bremsstrahlung, elektromagnetische → *Strahlung,* die entsteht, wenn elektrisch geladene Teilchen abgebremst werden; z. B. werden in der Röntgenröhre Elektronen durch ein elektrisches Feld zunächst beschleunigt und dann auf einer Metallfläche abgebremst. Durch diesen Vorgang wird → *Röntgenstrahlung* erzeugt. *(Kl)*

brennbar (→ *Brennbarkeit*);
– **brennbare Baustoffe:** eine Gruppe von → *Baustoffen,* die ganz oder überwiegend aus organischen Stoffen bestehen, entzündet werden können und daher als Brandlast *(→ Brandbelastung)* am → *Brand* teilnehmen.
Brennbare Baustoffe werden entsprechend ihrem → *Brandverhalten* der → *Baustoffklasse B* nach DIN 4102 Teil 1 zugeordnet. Der Nachweis des Brandverhaltens von Baustoffen wird mit Brandversuchen und zugehörigen Prüfzeugnissen nach DIN 4102 geführt.
– brennbare Stoffe sind feste, flüssige oder gasförmige Stoffe einschließlich → *Dämpfe,* → *Nebel* und Stäube, die im Gemisch oder im Kontakt mit Luft oder mit Sauerstoff und durch eine geeignete → *Zündquelle* zum → *Brennen* angeregt werden können (nach DIN 14 011 Teil 1).
Brennbare Stoffe bestehen aus
– einem oder mehreren brennbaren Elementen, z. B. Kohlenstoff, Wasserstoff, Schwefel, Phosphor, Magnesium, Natrium oder
– einem → *Gemisch* brennbarer und unbrennbarer Elemente, z. B. Stickstoff, Chlor, Brom, Jod oder Edelgase.
Der brennbare Stoff ist die erste Voraussetzung für ein → *Brennen.*
Die Beurteilung und Klassifizierung der brennbaren Stoffe erfolgt insbesondere nach:
– der → *Brennbarkeit* in → *Brennbarkeitsgruppen,*
– dem → *Flammpunkt* und der Mischbarkeit mit Wasser in → *Gefahrklassen,*
– der → *Zündtemperatur* in → *Temperaturklassen,*
– dem gleichen → *Brandverhalten* in → *Brandklassen,*
– der → *Mindestzündenergie* in Zündwilligkeitsgruppen und
– der → *Grenzspaltweite* in Explosionsgruppen.

Beispiele für brennbare Stoffe *(→ Brandklassen):*
- feste: Holz/Holzwerkstoffe, Kunststoffe (PVC), Kohle, Heu, manche Metalle (Natrium, Kalium, Aluminium),
- flüssige: Benzin, Dieselkraftstoff, Öle, Spiritus;
- gasförmige: Propan, Butan, Erdgas (Methan), Acetylen.

– brennbare Flüssigkeit, nach der ehemaligen → *Verordnung über brennbare Flüssigkeiten* (VbF) eine Flüssigkeit mit einem → *Flammpunkt* bis 100 °C.
Brennbare Flüssigkeiten sind darüber hinaus alle Flüssigkeiten, bei denen eine → *exotherme Reaktion* in Verbindung mit einem → *Oxidationsmittel,* z. B. Sauerstoff, in der Form einer Flammenerscheinung möglich ist. *(Ha)*

Brennbarkeit, Eigenschaft eines → *brennbaren Stoffes* mit einem Oxidationsmittel (meist Sauerstoff der Luft) unter Licht und Wärmeentwicklung zu reagieren.
Die Brennbarkeit ist insbesondere abhängig von
- den chemisch-physikalischen Stoffeigenschaften wie Oxidationsfähigkeit, Dichte und Siedepunkt,
- dem → *Aggregatzustand,*
- dem Zerteilungsgrad des betreffenden Stoffes *(→ Aufbereitung eines brennbaren Stoffes*),
- dem Verhältnis von → *Verbrennungswärme* zur benötigten → *Zündenergie,*
- dem Feuchtigkeitsgehalt sowie
- von Druck und
- Temperatur.

Als Maß für die Brennbarkeit kann der → *Sauerstoffindex* herangezogen werden.
Die Brennbarkeit darf nicht mit der → *Entzündbarkeit* verwechselt werden. *(Ha)*

Brennbarkeitsgruppen, Klassifizierung von → *brennbaren Stoffen* nach ihrer → *Brennbarkeit.*
Zur Eingliederung der Stoffe müssen jeweils Stoffeigenschaften (z. B. → *Zündtemperatur,* → *Explosionsgrenzen,* → *Flammpunkt),* stoffliche Zustandsbedingungen *(→ Aggregatzustand,* → *Temperatur und Druck*) und Einflussgrößen (z. B. Sauerstoffkonzentration und Durchmischung) herangezogen werden; Beispiel: die Abhängigkeit des Brennens eines Stoffes von einer Mindestsauerstoffkonzentration *(→ Sauerstoffindex).* Bei Erhöhung der Sauerstoffkonzentration gegenüber Luft können nichtbrennbare Stoffe in brennbare Stoffe übergehen (Beispiele: Eisen, Stahl).
Man unterscheidet schwerbrennbare, normalbrennbare und leichtbrennbare Stoffe.

– schwerbrennbare Stoffe: Stoffe, die nach dem → *Entzünden* nur unter Zufuhr von Fremdenergie weiterbrennen. Sie erlöschen nach Fortnahme der → *Zündquelle;* Beispiele: reine Wolle, mit → *Flammschutzmitteln* behandelte Stoffe, Teflon, mineralisierte Holzwerkstoffe. Die Gruppe der schwerbrennbaren Stoffe ist gleichzusetzen mit den Stoffen der → *Baustoffklasse B 1* (schwerentflammbare Baustoffe nach DIN 4102);

– normalbrennbare Stoffe: Stoffe, die nach dem Entzünden und Fortnahme der Zündquelle selbstständig mit normaler Geschwindigkeit weiterbrennen; Beispiele: Holz, Kohle, Dachpappe, Heu, Stroh. Die Gruppe der normalbrennbaren Stoffe ist gleichzusetzen mit den Stoffen der Baustoffklasse B 2 (normalentflammbare Baustoffe nach DIN 4102);

– leichtbrennbare Stoffe: Stoffe, die nach dem Entzünden mit hoher

→ *Flammenausbreitungsgeschwindigkeit* und schneller Freisetzung ihrer → *Verbrennungswärme* brennen; Beispiele: locker gestapeltes Papier, Holzwolle, Watte, Zelluloid, die meisten brennbaren Flüssigkeiten und Gase (Benzin, Wasserstoff). Die Gruppe der leichtbrennbaren festen Stoffe ist gleichzusetzen mit den Stoffen der Baustoffklasse B 3 leichtentflammbare Baustoffe nach DIN 4102). *(Ha)*

Brennen, eine selbstständig ablaufende → *exotherme Reaktion* zwischen einem → *brennbaren Stoff* und Sauerstoff oder Luft. Das Brennen ist durch → *Flamme* und/oder → *Glut* gekennzeichnet (DIN 14011 Teil 1).
Entscheidende Vorbedingungen für das Brennen sind:

1. der → *brennbare Stoff,*
2. der Sauerstoff *(→ Oxidation),*
3. das richtige Mengenverhältnis von brennbarem Stoff und Sauerstoff bzw. Luft (Stöchiometrie) und
4. die → *Zündenergie (→ Mindestzündenergie, → Zündtemperatur, → Glimmtemperatur).*

Bedeutenden Einfluss auf den Vorgang des Brennens nehmen → *Katalysatoren* (reaktionsbeschleunigend) und → *Inhibitoren* (reaktionshemmend).
Besonders schnell verlaufendes Brennen sind die → *Explosion* und die → *Detonation. (Ha)*

Brennpunkt, niedrigste Temperatur einer brennbaren Flüssigkeit, bei der sich → *Dämpfe* in solchen Mengen entwickeln, dass nach dem → *Entzünden* durch eine → *Zündquelle* ein ständiges → *Brennen* erhalten bleibt. Der Brennpunkt liegt einige Temperaturgrade höher als der → *Flammpunkt.* Je niedriger der Flammpunkt ist, um so geringer ist die Differenz zwischen Brennpunkt und Flammpunkt; Beispiel: Benzol hat einen Brennpunkt von –9 °C und einen Flammpunkt von –11 °C. Die Differenz ist um so größer, je höher der Flammpunkt einer Flüssigkeit ist; Beispiel: Schmieröl hat einen Brennpunkt von 190 °C und einen Flammpunkt von 148 °C. *(Ha)*

Brennwert, die gesamte → *Verbrennungswärme,* die von einem System (brennbarer Stoff und Oxidationsmittel) abgegeben wird;
–, spezifischer (auf die Masse bezogener Brennwert; Formelzeichen: H_0); Bezeichnung für das Verhältnis der bei der vollständigen Verbrennung eines festen, flüssigen oder gasförmigen Brennstoffs freiwerdenden → *Verbrennungswärme,* bei festen Stoffen bezogen auf die Masse, bei Gasen bezogen auf das Normvolumen des verbrannten Stoffes *(Tabelle)*:
Formel: $H_0 = Q/m$; Einheit: MJ/kg bzw. MJ/m³;

Brennstoff	**Brennwert** *in MJ/kg bzw. MJ/m³*
feste Stoffe	
– Holz	12,5 bis 16,0
– Brikett	17 bis 20
– Steinkohle	30 bis 36
flüssige Stoffe	
– Benzin	43,5 bis 46,7
– Diesel	42,0
– Heizöl	40 bis 42
– Spiritus	25 bis 27
gasförmige Stoffe	
– Propan	92 bis 110
– Acetylen	59
– Erdgas (Methan)	37 bis 41,3
– Wasserstoff	11

Bei Minderung des Brennwertes um die → *Verdampfungswärme* des Wassers wird der verbleiben-

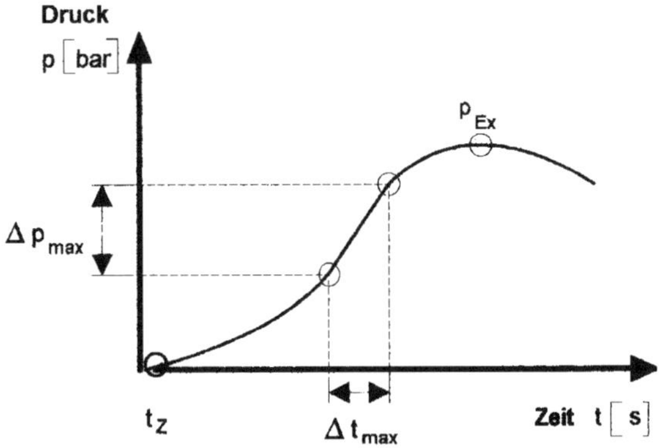

Bild: Zusammenhang zwischen maximalem Explosionsdruck und Brisanz

p_{Ex}: Explosionsdruck
p_{max}: maximaler Explosionsdruck
Δp_{max}: maximale Druckdifferenz
t_z: Zeitpunkt des Entzündens
Δt_{max}: Maximaldauer des steilsten Druckanstieges
$\Delta p_{max} : \Delta t_{max}$ = Brisanz

de Teil des Brennwertes → *Heizwert* genannt. *(Ha)*

Brettschichtträger, ein aus unter Druck verleimter, 6 bis 40 mm dicken Einzelbrettern bestehender Vollwandträger *(→ Träger)*. Da sich mit so ausgeführten Dachbindern Spannweiten von über 100 m überbrücken lassen, werden diese vor allem im Industriebau und zum Bau von Versammlungsstätten verwendet.
Im Unterschied zu → *Fachwerkträgern* ist das Verhältnis der Oberfläche zur Masse von Brettschichtträgern erheblich kleiner, was mit deren glatter Oberfläche über gutes → *Brandverhalten* dieser → *Bauteile* entscheidet.
Brettschichtträger können so dimensioniert werden, dass sie auch ungeschützt als → *feuerhemmend* eingestuft werden. *(Bt)*

Brisanz (Brisanzwert) ist der Maximalwert der → *Druckanstiegsgeschwindigkeit* bei einer → *Explosion (Tabelle)*; sie ist abhängig von der Konzentration des → *brennbaren Stoffes* im → *Gemisch* und beschreibt die größte Druckdifferenz Δp je Zeitdifferenz Δt (Bild); Einheit: bar/s; Anwendung: Berechnung von Druckentlastungsklappen in Rohrleitungen, Berstscheiben, Ventilen und Gehäusen explosionsgeschützter elektrischer Betriebsmittel.
Brisanzwerte bei Gas-, Dampf-Luft-Gemischen *(→ stöchiometrische Gemische* in einem 1,4-Liter-Behälter), siehe *Tabelle*. *(Ha)*

Stoff		**Brisanzwert** in bar/s
Benzol	C_6H_6	490
Ether	$(C_2H_5)_2O$	600
Methan	CH_4	360
Methanol*	CH_3OH	580*
Stadtgas		800
Wasserstoff	H_2	2700

* Bei einer Konzentration von 11 Vol.-%

Brunnen → *Löschwasserbrunnen*. *(Br)*

Brüstung, das vom Fußboden bis zur Unterkante der Fensteröffnung reichende Teil einer → *Außenwand* oder Schutzeinfassung einer Terrasse.
Die Abmessungen von Brüstungen sind genormt (DIN 4102). Die Höhe der Oberkante einer Brüstung von Fenstern (als zweiter → *Rettungsweg* dienend) über der Geländeoberfläche ist meist im Bauordnungsrecht entscheidend für die Definition von Gebäuden geringer Höhe.
Brüstungen sind geeignete Stellen zum Anleitern, um Menschen aus Gebäuden zu retten oder um einen Löschangriff vorzutragen. *(Bt)*

BSB, Abk. für: → *Biochemischer Sauerstoffbedarf. (Rö)*

B-Schlauch → *Feuerwehrschläuche. (Zi)*

Buchstabiertafel, Zusammenstellung von Begriffen, die für die Buchstaben des Alphabets gesprochen werden, um schwer verständliche Wörter und Abkürzungen verbal zu übermitteln. Bei den → *BOS* wird das sog. Inlandalphabet verwendet *(Tabelle)*. Grundsätzlich ist das Inlandalphabet zu verwenden. Im Fernmeldeverkehr mit internationalen Dienststellen und im Warndienst wird das internationale Alphabet angewendet. *(Ge)*

Tabelle: **Buchstabiertafel**

Buchstabe	Inlandalphabet	internat. Alphabet
A	Anton	Alpha
Ä	Ärger	–
B	Berta	Bravo
C	Cäsar	Charlie
CH	Charlotte	–
D	Dora	Delta
E	Emil	Echo
F	Friedrich	Foxtrott
G	Gustav	Golf
H	Heinrich	Hotel
I	Ida	India
J	Julius	Juliett
K	Kaufmann	Kilo
L	Ludwig	Lima
M	Martha	Mike
N	Nordpol	November
O	Otto	Oscar
Ö	Ökonom	–
P	Paula	Papa
Q	Quelle	Quebec
R	Richard	Romeo
S	Samuel	Sierra
SCH	Schule	–
T	Theodor	Tango
U	Ulrich	Uniform
Ü	Übermut	–
V	Viktor	Victor
W	Wilhelm	Whisky
X	Xanthippe	X-Ray
Y	Ypsilon	Yankee
Z	Zacharias	Zulu

Bug (Kopfband), tragender, schräg verlaufender Holzbalken, der ein senkrechtes Bauteil, z. B. einen → *Pfosten,* mit dem von ihm unterstützten waagrechten Bauteil, z. B. einem → *Röhm,* verbindet. Der Bug dient zur Aussteifung einer Baukonstruktion, z. B. eines → *Fachwerkbaus* oder eines Dachstuhls. Als → *Holzverbindung* wird normalerweise ein → *Versatz* verwendet. *(Bt)*

Bühne, ein Raum, der für schauspielerische oder ähnliche künstlerische Vorführungen in der Form gestaltet ist, dass die Decke gegen den Zuschauerraum durch einen → *Sturz* oder Höhenunterschied erhöht ist.
Man unterscheidet → *Vollbühnen,* → *Mittelbühnen* und → *Kleinbühnen;* → *Szenenflächen. (Oe)*

BUK, Abk. für: Bundesverband der Unfallkassen. *(Sr)*

BuK-Zeitpunkt (BuK = Brand unter Kontrolle) ist der Zeitpunkt, von dem ab sich ein → *Brand* infolge der Löschmaßnahmen nicht weiter ausbreiten kann. *(Sr)*

Bündelfunksystem, ein Mobilfunksystem, bei dem die Teilnehmer nicht fest zugeordnete Betriebsfrequenzen oder -kanäle nutzen, sondern bei denen in den einzelnen Funkversorgungsbereichen, den sog. Zellen, ein Bündel von mehreren Frequenzen allen Nutzern zur Verfügung steht.
Die Gesprächsabwicklung erfolgt im → *Wechselverkehr.* Dabei wird aus betrieblichen Gründen die Gesprächsdauer begrenzt. Ein Organisationskanal mit digitaler → *Modulation* steuert das Netz nach den Gesprächswünschen der Teilnehmer, überträgt kurze digitale Meldungen zwischen den Funkteilnehmern und verwaltet die Zuordnung der Gesprächskanäle. Die Funkgespräche werden mit analoger Modulation im 70-cm-Bereich (400 bis 420 MHz) übertragen.
Ab 1999 wurden Bündelfunksysteme im 70-cm-Bereich mit digitaler Modulation auf den Gesprächswegen aufgebaut. Die Bezeichnung dafür lautet „Transeuropean Trunked Radio Access" (TETRA).
Für geplante Systeme der → *BOS* ist der Frequenzbereich 380 bis 400 MHz vorgesehen. Als Übertragungssystem soll das → *TDMA-System* nach dem europäischen Standard des → *ETSI* oder das → *FDMA-System* (firmenspezifischer Produktname → *TETRAPOL)* verwendet werden. *(Ge)*

Bundesamt für Bevölkerungsschutz und Katastrophenhilfe (BBK), zentrales Organisationselement bzw. Amt im Geschäftsbereich des Bundesinnenministeriums für die zivile Sicherheit *(→ Zivilschutz).* Es bündelt alle einschlägigen Aufgaben und Informationen. *(Sr)*

Bundesamt für Post und Telekommunikation (BAPT), frühere Bundesoberbehörde des Bundesministeriums für Post und Telekommunikation (BMPT); seit 1. 1. 1998 ersetzt durch die → *Regulierungsbehörde für Telekommunikation und Post* (RegTP). *(Ge)*

Bundesarbeitsgemeinschaft der Unfallversicherungsträger der öffentlichen Hand → *Bundesverband der Unfallversicherungsträger der öffentlichen Hand,* BAGUV; jetzt → *Bundesverband der Unfallkassen. (Sr)*

Bundesgrenzschutz (BGS) ist eine Polizei des Bundes im Geschäftsbereich des Bundesministerium des Innern. Dem BGS sind durch das BGSG (Bundesgrenzschutzgesetz) von 1994 folgende Aufgaben zugewiesen:
– Bahnpolizei für die Deutsche Bahn AG; Aufgabe: Abwehr von Gefahren für die öffentliche Sicherheit und Ordnung, die den Benutzern, den Anlagen oder dem Betrieb der Bahn drohen oder beim Betrieb der Bahn entstehen oder von den Bahnanlagen ausgehen;
– Luftverkehr: Schutz vor Angriffen auf die Sicherheit des Luftverkehrs auf dem jeweiligen Flugplatzgelände;
– Verfassungsorgane: Schutz der Verfassungsorgane des Bundes, z. B. die Bewachung des Bundestages und des Bundespräsidialamtes;
– Aufgaben auf See (§ 6 BGSG): Gefahrenabwehr im Notstands- und Verteidigungsfall, wobei mit Notstand die Gefahr für den Bestand der freiheitlichen demokra-

tischen Grundordnung gem. Art. 91 GG gemeint ist;
– Auslandseinsätze, z. B. Wahrnehmung polizeilicher Aufgaben unter Verantwortung der UNO und Unterstützung anderer Behörden, z. B. des Bundeskriminalamtes;
– Unterstützung von Polizeikräften eines Landes zur Aufrechterhaltung oder Wiederherstellung der öffentlichen Sicherheit in Fällen von besonderer Bedeutung nach Art. 35 (2) GG zur Hilfe bei einer Naturkatastrophe oder bei einem besonders schweren Unglücksfall nach Art 35 (2,3) GG;
– zur Abwehr einer drohenden Gefahr für den Bestand oder die freiheitliche demokratische Grundordnung des Bundes oder eines Landes nach Art. 91 (1) GG, soweit das Land ohne diese Unterstützung eine Aufgabe nicht oder nur unter erheblichen Schwierigkeiten erfüllen kann;
– Verfolgung von Straftaten und Ordnungswidrigkeiten im Rahmen seiner Zuständigkeit, z. B. Straftaten nach dem Ausländer- oder nach dem Asylverfahrensgesetz.
Die Feuerwehr wird im Regelfall mit dem BGS nur im Bereich seiner „bahnpolizeilichen" Tätigkeit und im Bereich seiner Zuständigkeit bei Naturkatastrophen und besonders schweren Unglücksfällen gem. Art. 35 (2) GG (technische und polizeiliche Katastrophenhilfe) Kontakt haben; Beispiel: der BGS stellt bei einem Waldbrand einen Hubschrauber zur Verfügung. Am 19. Januar 2005 hat das Bundeskabinet der Umbenennung des Bundesgrenzschutzes in Bundespolizei zugestimmt. Damit soll die im Koalitionsvertrag vorgesehene Namensänderung vollzogen werden. *(Fi)*

Bundesverband Betrieblicher Brandschutz – Werkfeuerwehrverband Deutschland, früher: Werkfeuerwehrverband Deutschland. *(Oe)*

Bundesverband der Unfallkassen; (BUK) mit Sitz in München (früher Bundesverband der Unfallversicherungsträger oder früher: Bundesarbeitsgemeinschaft der Unfallversicherungsträger der öffentlichen Hand), die Vereinigung der gemeindlichen und staatlichen Eigenunfall-Versicherungsträger in Deutschland; Aufgaben:
Förderung von Gemeinschaftsaufgaben in den Bereichen Unfallverhütung, Arbeitsmedizin und Sicherheitserziehung. Es gibt hierfür neun Fachgruppen, u. a. die → *Fachgruppe* „Feuerwehren-Hilfeleistung" (FwH).
Dem BUK gehören 13 Unfallkassen im Landes- oder Kommunalbereich, 6 Gemeindeunfallversicherungsverbände, 4 Landesunfallkassen, 7 Feuerwehr-Unfallkassen, eine Eisenbahn-Unfallkasse, 1 Unfallkasse Post und Telekommunikation und 1 Unfallkasse des Bundes an (Stand: 2005). *(Sr)*

bvfa, Bundesverband Technischer Brandschutz e. V. (mit Sitz in Würzburg); früher: Abk. für: Bundesverband Feuerlöschgeräte und -anlagen e. V. Die deutschen Hersteller von Löschgeräten, Löschmitteln, Sprinkleranlagen und chemischen Löschanlagen, sowie die Brandschutzfachhändler, haben sich im bvfa organisiert.
Schutz von Menschenleben, Umwelt und Sachwerten ist die Verpflichtung und Aufgabe aller Mitgliedsfirmen im bvfa; Aufgaben (Beispiele):
– Veröffentlichung zu Brandschutzthemen,
– Koordinierung der Zusammenarbeit mit Behörden, Feuerweh-

ren, Versicherungsträgern sowie weiteren Institutionen und Organisationen, z. B. dem Verband der Schadenversicherer (VdS). *(Oe)*

BZT, Abk. für: Bundesamt für Zulassungen in der Telekommunikation mit Sitz in Saarbrücken; Nachfolgebehörde für das „Fernmeldetechnische Zentralamt" (FTZ). Das BZT war zuständig für die Prüfung von drahtlosen und drahtgebundenen Fernmeldegeräten und für die Erteilung des → *Zulassungszeichens.* Es wurde Anfang 1998 aufgelöst bzw. privatisiert und heißt nun CETECOM ICT Service GmbH. *(Ge)*

CAFS, Abk. für: Compressed Air Foam System (engl.: Anlage zur Erzeugung von → *Druckluftschaum). (Fl)*

CAS-Nummer *(Chemical Abstracts Service Registry-Number),* von der Amerikanischen Chemischen Gesellschaft festgelegte Registriernummer für chemische Substanzen. Die CAS-Nummer wird in Stoffverzeichnissen angegeben; Beispiel: Verzeichnis der → *MAK-Werte.*
Die CAS-Nummer erlaubt weltweit die Identifikation von Chemikalien, ohne deren Namen zu kennen. Sie besteht aus einer Zahl- und Strichfolge; Beispiel: 50-00-0 für Formaldehyd. *(Fl)*

CCIR, Abk. für: *Comité Consultatif International des Radiocommunications* (= Internationaler Beratender Ausschuss für den Funkdienst), u. a. zuständig für die weltweite Vergabe der → *Wellenbereiche* an die verschiedenen Bedarfsträger wie Amateurfunk, Betriebsfunk einschließlich BOS-Funk, Flugfunk, Seefunk. *(Ge)*

CEN, Abk. für: *Comité Européen de Normalisation* (franz.: = Europäisches Komitee für Normung); Sitz: Brüssel. Im CEN sind 28 nationale Mitglieder, 8 assoziierte Normungsinstitutionen, 2 Berater aus der EU-Kommission und EFTA (European Free Trade Association) und das CEN-Management-Center in Brüssel vertreten (Stand: 2005). Die wichtigsten Organe des CEN sind: Generalversammlung, Verwaltungsrat, Technisches Büro und Technisches Komitee *(→ TC). (Fl)*

CENELEC, Abk. für: Comité Européen de Normalisation Electrotechnique (= Europäisches Komitee für elektrotechnische Normung (mit Sitz in Brüssel). *(Fl/Ge)*

CEPT, Abk. für: *Conférence Européenne des Administrations des Postes et de Télécommunication* (= Konferenz der Europäischen Post- und Fernmeldeverwaltungen); Aufgabe: Vereinheitlichung der Fernmeldedienste bezüglich der Leistungsmerkmale und der Güte der Verfahren sowie der technischen Zulassungsbedingungen. *(Ge)*

CETECOM → *BZT. (Ge)*

Charakteristische Klassenmasse → *Klassenmasse. (Fl)*

Chekker (von: *checker* (engl.) = Kontrolleur); Produktname für das ehemalige → *Bündelfunknetz* der Telekom. *(Ge)*

ChemG, Abk. für: → *Chemikaliengesetz. (Fl)*

Chemikalienbinder → *Bindemittel. (Fl)*

Chemikaliengesetz (ChemG; richtig: Gesetz zum Schutz vor gefährlichen Stoffen) vom 16. September 1980, Bundesgesetzblatt Teil 1 Nr. 58 vom 25. 9. 1980. *(Fl)*

Chemikalienschutzanzug, persönliche Schutzausrüstung zum Schutz gegen die Einwirkung von Chemikalien, Typen von Chemikalienschutzanzügen:
– **Typ 1A-ET** umhüllt den Schutzanzugträger mitsamt dem Atemschutzgerät. Der Typ 1A-ET entspricht weitgehend dem in Deutschland bis jetzt verwendeten Chemikalienschutzanzug nach vfdb-Richtlinie 0801.

– **Typ 1B-ET** umhüllt den Schutzanzugträger. Das Atemschutzgerät wird beim Typ 1B-ET außen getragen.
Typ 1A-ET und 1B-ET sind gasdichte Chemikalienschutzanzüge.
– **Typ 3-ET** umhüllt den Schutzanzugträger, ist aber nicht gasdicht, sondern soll den Schutzanzugträger lediglich vor Flüssigkeitsspritzern von Chemikalien schützen.
ET bedeutet *Emergency Team* (= Notfallhilfskräfte). *(Fl)*

Chemikalsauerstoff, in einer Chemikalie, meist Kaliumhyperoxid KO_2, gebundener Sauerstoff.
Bei Beaufschlagung der Chemikalie mit CO_2 kommt es zu einer chemischen Reaktion, die CO_2 bindet und Sauerstoff freisetzt; Anwendung: zur Bereitstellung von Sauerstoff in → *Regenerationsgeräten. (Zi)*

chemische Druckerzeugung (Feuerlöscher mit chemischer Druckerzeugung), ein → *Feuerlöscher* bei dem die Druckerzeugung erst durch eine chemische Reaktion im Löschmittelbehälter nach der Inbetriebsetzung erfolgt. Man unterscheidet Wasserlöscher und Schaumlöscher mit chemischer Druckerzeugung.
Funktion des Wasserlöschers (mit chemischer Druckerzeugung): Im Schraubverschluss des Löschmittelbehälters befindet sich die Schlagarmatur, bestehend aus Schlagknopf, Schlagstift und Abdichtungen. Durch Betätigen des Schlagstifts wird eine Säure (meist Schwefelsäure) enthaltende Glasampulle zerschlagen und die Säure fließt in das Löschwasser. Ein unter dem Schlagstift angebrachter feinmaschiger Drahtkorb fängt die Glassplitter auf. Dem Löschwasser ist Natriumhydrogenkarbonat ($NaHCO_3$) beigemischt, das mit der Säure rasch chemisch reagiert und → *Kohlendioxid* freisetzt. Das Kohlendioxid übt einen Druck aus und bewirkt das Ausstoßen des Löschmittels Wasser.
Funktion des Schaumlöschers (mit chemischer Druckerzeugung): Im Löschmittelbehälter befindet sich ein oben offener Einsatzbehälter (meist aus Blei) zur Aufnahme der Säure (meist Schwefelsäure). Im Löschmittelbehälter befindet sich Löschwasser mit einem Schaummittelzusatz *(→ Schaummittel)* und einer Beimischung aus Natriumhydrogenkarbonat. Der Löscher wird durch Kippen um 90° in Betrieb gesetzt; dabei mischen sich Löschmittel und Säure. Unter heftigem Aufschäumen bildet sich → *Kohlendioxid* als Treibmittel; aber auch im Schaum (Lufteinschlüsse) ist Kohlendioxid enthalten. Feuerlöscher mit chemischer Druckerzeugung haben in Deutschland fast keine Bedeutung mehr. Sie sind durch die Entwicklung und große Verbreitung von → *Aufladelöschern* überholt. Nach EN 3 dürfen Feuerlöscher nicht mehr gekippt werden, was zur Aussonderung von Feuerlöschern mit chemischer Druckerzeugung führt. *(Oe)*

chemische Elemente → *Elemente, chemische. (Ha)*

chemische Verbindung nennt man einen reinen Stoff, dessen kleinste Teilchen, die Moleküle, durch eine chemische Reaktion, die → *Synthese,* aus mindestens zwei Atomen meist verschiedener → *Elemente* entstanden sind; Beispiel: 2 Atome Wasserstoff + 1 Atom Sauerstoff ergeben 1 Molekül Wasser. Die Eigenschaften der an der chemischen Verbindung beteiligten Elemente bleiben nicht erhalten.

Dies ist der grundlegende Unterschied zu einem → *Gemisch.*
Zu den chemischen Verbindungen zählen auch:
– die mehratomigen Moleküle vieler Elemente, z. B. die gasförmigen Elemente H_2, O_2, N_2, F_2, Cl_2;
– die Stoffe, deren kleinste Teilchen Ionen sind, z. B. das Kochsalzkristall (Natriumchlorid) besteht aus Natrium-Ionen Na^+ und Chlorid-Ionen Cl^-.
In einer chemischen Verbindung sind die Elemente stets in bestimmten zahlenmäßigen Massenverhältnissen *(→ Stöchiometrie)* miteinander verbunden; Beispiel: 2 g Wasserstoff können nur mit 16 g Sauerstoff zu 18 g Wasser, d. h. im Verhältnis 1:8, oder 1 g Kohlenstoff nur mit 2,66 g Sauerstoff zu 3,66 g Kohlendioxid vollständig reagieren.
In ihre Bestandteile kann eine chemische Verbindung nur über eine chemische Reaktion *(→ Analyse)* zerlegt werden; Beispiel: 2 Moleküle Quecksilberoxid in 2 Elemente Quecksilber und 1 Element Sauerstoff ($2HgO \rightarrow 2Hg + O_2$).
Einfache chemische Verbindungen können nur in Elemente, Moleküle oder in Molekülbruchstücke, z. B. → *Radikale,* gespalten oder aus diesen aufgebaut werden. Bekannt sind mehrere Millionen chemische Verbindungen; von Bedeutung sind davon jedoch kaum 1 %. *(Ha)*

chemischer Sauerstoffbedarf (CSB), Summenparameter, d. h. die Summe aller oxidierbaren Inhaltsstoffe in einer Wasserprobe. Der CSB ist ein wichtiger Kennwert für die Beurteilung der Qualität einer Wasserprobe, z. B. von Löschwasser. *(Rö)*

Cityruf, Produktname für den regionalen Stadtfunkrufdienst der Telekom im 70-cm-Bereich mit dem → *RPC-System (→ POCSAG)* zur Übertragung von Zahlen und kurzen Textmitteilungen an den Empfänger; geeignet für den nicht eiligen Personenruf. *(Ge)*

CO, chemische Formel für → *Kohlenmonoxid. (Oe)*

CO_2, chemische Formel für → *Kohlendioxid. (Oe)*

Codewort, verschlüsselte Darstellung von Buchstaben, Ziffern oder Zeichen, insbes. in der → *Datenverarbeitung.* Beim digitalen → *Alarmierungssystem* ist das Codewort ein Datenpaket von 32 Bit *(→ RPC-System). (Ge)*

Codieren, Umwandeln eines Klartextes nach einem festgelegten und mit dem Empfänger abgestimmten Codierverfahren, damit der Text für Unbefugte nicht verständlich ist. *(Ge)*

CO_2-Konzentration → *Löschwirksame* CO_2*-Konzentration. (Oe)*

CO_2-Löschanlage → *Kohlendioxid-Löschanlage* (Hochdruck bzw. Niederdruckanlage). *(Oe)*

CO_2-Löscher → *Kohlendioxidlöscher. (Oe)*

CO_2-Stopptaster → *Stopptaster* an CO_2-Löschanlagen. *(Oe)*

CO_2-Treibgasflasche → *Kohlendioxid-Treibgasflasche;* → *Aufladelöscher. (Oe)*

CSB, Abk. für: *chemischer Sauerstoffbedarf. (Rö)*

C-Schlauch → *Feuerwehrschläuche. (Zi)*

CTCSS, Abk. für: *Continuous Tone-coded subaudible Squelch* (= Steuerung der Sprachübertragung durch einen dauernd mitübertragenen unhörbaren Pilotton zwischen 67 und 250 Hz, z. B. als Schutz von Festfunkverbindungen in Gleichwellenfunk-Systemen gegen Aussendung von anderen Systemen mit gleicher Trägerfrequenz. *(Ge)*

CTIF, Abk. für: Comité Technique International de Prevention et d'Extinction du Feu; International Technical Commitee for the Prevention and Extinction of Fire = → *Internationales Technisches Komitee für Vorbeugenden Brandschutz und Feuerlöschwesen. (Sr)*

Curie (Ci), frühere Einheit der → *Aktivität einer radioaktiven Substanz;* jetzt: → *Becquerel;*
1 Ci = $3{,}7 \cdot 10^{10}$) Bq; benannt nach der französischen Physikerin Marie Curie (1867 bis 1934); → *Größen und Einheiten im Strahlenschutz. (Kl)*

Dach, der obere Abschluss eines → *Gebäudes,* der es vor Witterungseinflüssen, z. B. Regen, Schnee oder Kälte schützt. Das Dach besteht aus der tragenden Dachkonstruktion, z. B. einem Dachstuhl, die die auf sie wirkenden → *Lasten,* z. B. Eigengewicht und Wind, übernimmt und auf die Wände überträgt, und aus der → *Dachhaut,* z. B. Dachziegeln einschließlich etwaiger → *Dämmstoffe* und Dampfsperren mit ihren tragenden Unterlagen, z. B. Dachschalung.
Abhängig von der Neigung der Dachfläche unterscheidet man Flachdächer (bis 5° Neigung) und geneigte Dächer, z. B. Sattel-, Walm-, Pult- oder Zeltdach *(→ Dachform).*
Dächer müssen nur dann widerstandsfähig gegen Feuer (Feuerwiderstand) sein, wenn Gründe des Brandschutzes dies erforderlich machen, z. B. bei Brandausbreitungsgefahr über die Dachfläche auf andere, höherliegende → *Aufenthaltsräume. (Bt)*

Dachberieselung, Teil einer → *Berieselungsanlage* zum Schutz vor Sonneneinstrahlung und zur Kühlung freistehender Tanks mit brennbaren Flüssigkeiten.
Die Wasserversorgung der Tankdachdüsen erfolgt getrennt von der → *Mantelberieselung* über eine ortsfest verlegte Rohrleitung. Die Dachberieselung freistehender Tanks ist eine reine Sommerkühlung des Daches, um größere Verdampfungsverluste zu verhindern. Die Tankdachdüse erzeugt einen nach unten gerichteten Wasserkegel mit einem Spritzwinkel von etwa 150 °. Man rechnet mit etwa 50 Liter Wasser je Stunde und Quadratmeter Dachfläche. *(Oe)*

Dachbinder → *Binder. (Bt)*

Dachform die äußere (architektonische) Gestaltung eines → *Daches.*
Die häufigsten Dachformen sind: Sattel-, Walm-, Pult-, Zelt-, Mansarden und Sägedach (Sheddach). *(Bt)*

Dachgaube (auch: Dachgaupe), ein kleiner Aufbau auf einer geneigten Dachfläche, z. B. beim Pfettendach, der ein senkrechtes Fenster aufnimmt.
Eine Dachgaube dient der Sichterweiterung und besseren Beleuchtung von Dachräumen.
Damit Gauben aus brennbaren Stoffen die Schutzwirkung von → *Brandwänden* oder → *feuerbeständigen Wänden* nicht beeinträchtigen, werden sie in entsprechendem Abstand zu diesen errichtet, z. B. 1,25 m (nach der Ausführungs-Verordnung zur LBO Baden-Württemberg, LBOAVO). *(Bt)*

Dachhaut, die das Wasser abführende, äußerste Schicht eines Daches, z. B. Stahlblech.
An die Dachhaut als Bestandteil einer → *Bedachung* können im Bauordnungsrecht Anforderungen hinsichtlich der Widerstandsfähigkeit gegen → *Flugfeuer* und → *Wärmestrahlung* gestellt werden. *(Bt)*

Dachkennzeichnung von Feuerwehrfahrzeugen, nach DIN 14 035 polizeiliches Kennzeichen des Feuerwehrfahrzeugs auf dem Dach des Führerhauses; es dient zum Erkennen des Fahrzeugs aus der Luft. Die Dachkennzeichnung ist z. B. als weiße Schrift auf rotem Grund ausgeführt; Beispiel: KA-6109. *(Ge)*

Dachlinien nennt man die äußeren Ecken und Kanten eines → *Daches,* die sich bei seiner architektonischen Gestaltung zu den Dachflächen verbinden.
Man unterscheidet Abschlusskanten, z. B. Traufe, einspringende Ecken, z. B. → *Kehle,* und ausspringende Ecken, z. B. → *Grat.* *(Bt)*

Dachreiter, ein kleiner, auf dem → *First* eines Satteldaches aufsitzender Turmaufbau. Er nimmt z. B. Glocken und/oder eine Turmuhr auf. Daher muss im Brandfall mit dem Absturz der Glocken oder von Teilen des Uhrwerks gerechnet werden. *(Bt)*

Dachstuhl, die tragende Konstruktion eines geneigten → *Daches* mit der Aufgabe, die Eigenlast *(→ Bedachung)* und die äußeren → *Lasten* (Wind, Regen, Schnee) aufzunehmen und auf die Wände zu übertragen.
Dachstühle werden aus → *Holz,* → *Stahl,* → *Spannbeton* oder Leichtmetall (Aluminium) hergestellt.
Abhängig von der Ausführung des → *Tragwerks* unterscheidet man → *Sparrendach,* → *Kehlbalkendach* und → *Pfettendach.*
Bei Dachstuhlbränden ist besonders auf die → *Knotenpunkte* zu achten, da deren Beschädigung oder Zerstörung einen Einsturz zur Folge haben könnte. *(Bt)*

Dämmstoffe → *Baustoffe* mit guten Schall- und/oder Wärmeeigenschaften *(→ Wärmeleitfähigkeit* 0,02 bis 0,08 W/(m · K) bei Mineralwolle und 0,02 bis 0,035 W/(m · K) bei Polyurethan-Hartschaum zum Schall- und/oder Wärmeschutz von → *Bauteilen.* *(Bt)*

Dampf, gasförmige Zustandsform von Stoffen, die bei Normalbedingungen (20 °C, 1013 mbar) in fester oder flüssiger Form vorliegen. Dämpfe sind meist unsichtbar. Beim → *Siedepunkt* tritt durch Verdampfen ein vollständiger Übergang in die Dampfphase ein. Unterhalb des Siedepunktes erfolgt bereits durch Verdunsten ein Übergang in die Dampfphase. In offenen Räumen kann dabei der Stoff vollständig verdunsten; in geschlossenen Behältern stellt sich ein Gleichgewichtszustand bei Sättigungsdampfdruck ein, der von der Temperatur und dem Druck abhängig ist;
Bei mit Dampf betriebenen, stationären Maschinen verwendetes Löschmittel. Der Dampf verdrängt den Luftsauerstoff und wirkt somit erstickend. In mobilen Geräten findet Dampf keine Anwendung, weil die Anwendung in Anwesenheit von Personen wegen der Gefahr einer Verbrühung zu gefährlich ist. *(Ha)*

Dampfdichte, relative: Verhältnis der → *Dichte* eines Dampfes zur Dichte der Luft (ϱ_L, = 1,2928 kg/m^3; Beispiel: Chlor hat eine relative Dampfdichte von 2,5, ist also 2,5mal so schwer wie Luft. Die Dampfdichte dient zur Beurteilung des Ausbreitungsverhaltens gefährlicher Dämpfe von Flüssigkeiten oder Gasen.
Ist die relative Dampfdichte größer als 1, so sammeln sich die Dämpfe der → *Gefahrstoffe* am Boden von nicht belüfteten Räumen und am Boden von Behältern. Die Dämpfe verdrängen den Sauerstoff und reichern sich zu gefährlichen Konzentrationen an.
Beispiel 1: 0,5 ppm *(→ ppm)* Chlorgas in der Luft bedeutet, dass der → *MAK-Wert,* d. h. der Grenzwert der zulässigen Konzentration

am Arbeitsplatz, erreicht ist. Es tritt Gesundheitsgefährdung ein.
Beispiel 2: Bei einer Konzentration von 0,8 Volumenprozent Propan ist die untere → *Explosionsgrenze* erreicht; es kommt bei einem → *Entzünden* des Gas-Luft-Gemisches zur Explosion. *(Ha)*

Dampfdruck, Partialdruck des Dampfes einer Flüssigkeit in Luft.
Grundlage: Jede Flüssigkeit hat das Bestreben, an seiner Oberfläche zur Luft mehr oder weniger in die Gasphase überzugehen. Je niedriger der absolute Druck über der Flüssigkeit und je höher die Temperatur der Flüssigkeit ist, um so stärker geht die Flüssigkeit in die Gasphase über. Physikalisch wird diese Erscheinung mit dem Begriff Dampfdruck beschrieben. Ist beim Übergang der Flüssigkeit in die Luft eine Sättigung an Dampf erreicht, spricht man vom Sättigungsdampfdruck; Beispiele:

Stoff	Sättigungsdampfdruck in mbar bei 20 °C
Wasser	15
Hexan	160
Oktan	10
Schwefelsäure	0,01

(Ha)

Datenbank (für Gefahrstoffeinsätze der Feuerwehr), ein elektronisches Nachschlagewerk über Eigenschaften von → *Gefahrstoffen* und Maßnahmen zur Gefahrenabwehr.
Diese Datenbanken werden mit Hilfe eines PC (Personalcomputers) oder eines Leitstellenrechners benutzt.
Die bekanntesten Datenbanken dieser Art sind:
– GSA = Gefahrstoff-Schnellauskunft des Umweltbundesamtes (Berlin),
– Chemis = Chemie-Informationssystem des Bundesinstituts für gesundheitlichen Verbraucherschutz und Veterinärmedizin (Berlin),
– IGS-fire = Informationssystem Gefahrstoffe für Feuerwehren des Landes Nordrhein-Westfalen,
– RESY = Rufbereitschaft-Einsatzleitsystem der Freien und Hansestadt Hamburg, das speziell für die Hafenbehörde entwickelt wurde,
– Memplex der Keudel av-Technik (Konstanz),
– PROSIDA/feuer der Firma Logocomp Umweltsysteme (Oldenburg).
– Gefahrgut-CD-ROM (Springer Verlag, Heidelberg), eine Sammlung folgender Datenbanken:
– Hommel: Handbuch der gefährlichen Güter,
– CHEMDATA des britischen National Chemical Emergency Center, Harwell,
– Einsatzakten des Schweizerischen Feuerwehrverbandes,
– BAG Giftlisten des Schweizerischen Bundesamtes für Gesundheitswesen,
– SUVA Sicherheitskennzahlen für Flüssigkeiten und Gase des Schweizerischen Unfallversicherungsverbandes,
– Chemikalienkatalog der Firma Merck (Darmstadt),
– Firmenhandbuch des VCI (Verband der Chemischen Industrie, Frankfurt). *(Fl)*

Dauerdrucklöscher (auch: Permanentlöscher), ein → *Feuerlöscher*, bei dem sich → *Löschmittel* und → *Treibgas* zusammen in einem Löschmittelbehälter befinden; Prinzip: das im Löschmittelbehälter enthaltene Treibgas (Stickstoff) übt einen andauernden (permanenten) Druck auf das Löschmittel aus. Nach Betätigung der Auslösevorrichtung, z. B. eines

Schalthebelventils, strömt das Löschmittel unter Druck über das Steigrohr, den Auswurfschlauch und die Auswurfdüse aus dem Feuerlöscher.
Dauerdrucklöscher gibt es für die Löschmittel Wasser, Schaum und Pulver; Vorteil: preisgünstiger Löscher der Standardklasse mit geringem technischen Aufwand, Nachteil: der Löschmittelbehälter steht ständig unter Druck. Es besteht die Gefahr, dass durch Undichtigkeiten am Löscher das Treibgas entweicht und der Löscher damit funktionsunfähig wird. *(Oe)*

Decke waagrechtes, tragendes → *Bauteil*, das den oberen Raumabschluss bildet. Nach der Form unterscheidet man flache und gekrümmte Decken, z. B. → *Gewölbe*. Nach dem → *Baustoff* unterscheidet man Decken aus → *Holz,* z. B. Holzbalkendecken, aus → *Stahlbeton,* z. B. Stahlbetonmassivdecken, aus → *Stahl,* z. B. Stahlträgerdecken, sowie aus → *Steinen,* z. B. Gewölbe. An Decken werden im Bauordnungsrecht abhängig von der Höhe und der Art eines → *Gebäudes* Anforderungen hinsichtlich des → *Feuerwiderstandes* gestellt. Decken müssen beispielsweise → *feuerhemmend* oder → *feuerbeständig* sein. *(Bt)*

Decke als Löschgerät → *Löschdecke. (Oe)*

Deflagration, gedämmte → *Explosion* mit einer → *Flammengeschwindigkeit* bis zu mehreren hundert Meter je Sekunde (< 330 m/s = Schallgeschwindigkeit in Luft) und einer Druckentwicklung zwischen 1 und 14 bar. Zündmechanismus im → *explosionsfähigen Gemisch:* fortlaufende → *Wärmeübertragung* aus der → *Reaktionszone* auf benachbarte Teilchen; siehe → *Detonation. (Ha)*

Dehnfuge, ein Zwischenraum zwischen zwei zusammenstoßenden → *Bauteilen.* Dehnfugen verhindern unkontrolliertes Reißen von Bauteilen infolge von → *Spannungen,* die bei temperaturbedingten Längenänderungen entstehen.
Die Abdichtung von Dehnfugen erfolgt oft mit brennbaren Baustoffen, z. B. Profilen aus Kunststoff, die im Brandfall wegen der schweren Zugänglichkeit nur schwer zu löschen sind → *Fuge. (Bt)*

Dekontamination; die Dekontamination durch die Feuerwehr (Dekon) ist die Grobreinigung von Einsatzkräften einschließlich ihrer Schutzkleidung, von anderen Personen sowie von Geräten. Im Allgemeinen versteht man darunter die Reduzierung der → *Kontamination* der Oberflächen von Lebewesen, Boden, Gewässern oder Gegenständen. *(Kl)*

Dekontaminationsplatz, vom Einsatzleiter außerhalb des → *Gefahrenbereichs* festgelegter Ort, an dem die → *Dekontamination* durchgeführt wird. *(Kl)*

Detektor, Gerät zum Aufspüren, z. B. von radioaktiver → *Strahlung* oder zum Nachweis chemischer Stoffe, die sich mit den menschlichen Sinnen nicht feststellen oder mengenmäßig nicht bestimmen lassen.
Detektoren sind z. B. in Messgeräten für radioaktive Strahlung *(→ Zählrohr)* eingebaut. Auch elektrochemische Messzellen zur Messung von chemischen Stoffen, z. B. Sauerstoffmessgeräte, werden Detektor genannt. *(Kl)*

Detonation, unkontrollierte, aufs äußerste gesteigerte → *Explosion* mit einer → *Flammengeschwindigkeit* bis zu einigen km/s in Richtung der mit Überschallgeschwindigkeit strömenden Gase.
Bei einer Detonation erfolgt das Durchzünden des explosionsfähigen → *Gemischs* nicht durch → *Wärmeübertragung* von Teilchen zu Teilchen, sondern wird durch die Stoßwellen-Kompression der noch nicht gezündeten Nachbarbereiche und ihre Erwärmung bis zum Entzünden ausgelöst.
Die bei einer Detonation auftretenden Drücke sind größer als 10 bar. Sie können bei festen oder flüssigen Sprengstoffen durch enorme Volumenvergrößerung beim Übergang fest/flüssig zu den heißen Reaktionsprodukten Werte bis zu 250 000 bar erreichen. Eine Detonation tritt meist dann auf, wenn der → *brennbare* Stoff mit reinem Sauerstoff gemischt vorliegt, z. B. bei → *Knallgas* (Wasserstoff-Sauerstoff-Gemisch) und bei Sprengstoffen. *(Ha)*

Deutsche Feuerwehr-Ehrenmedaille, eine Auszeichnung für Personen, die sich um das Feuerwehrwesen verdient gemacht haben und die nicht aktiv der Feuerwehr angehören, sowie für Repräsentanten ausländischer Organisationen, z. B. Angehörige ausländischer Feuerwehren. Die Feuerwehr-Ehrenmedaille wird vom Präsidenten des Deutschen Feuerwehrverbandes als Original am Bande verliehen und am Zivilanzug als Bandsteg getragen. *(Sr)*

Deutsche Jugendfeuerwehr (DJF), Zusammenschluss der Jugendfeuerwehren innerhalb der Mitglieder des → *Deutschen Feuerwehrverbandes* (gegr. am 31. 10. 1964 in Berlin); Aufgaben: Nachwuchsgewinnung für die Freiwilligen Feuerwehren, Erziehung der Jugend zur Nächstenhilfe, Pflege des Gemeinschaftslebens und demokratischer Lebensformen, Beitrag zum gegenseitigen Verstehen und zum Erhalt des Friedens. *(Sr)*

Deutscher Feuerwehrverband e. V. (DFV), Vereinigung der deutschen Feuerwehren mit Sitz in Bonn; Rechtsnachfolger des 1853 gegründeten und 1938 aufgelösten Deutschen Feuerwehrverbandes; Wiedergründung nach dem Zweiten Weltkrieg am 12. Januar 1952 in Fulda.
Dem DFV gehören die → *Landesfeuerwehrverbände* an. Weitere ordentliche Mitglieder sind die auf Bundesebene zur „Berufsgruppe Berufsfeuerwehren" zusammengeschlossenen → *Berufsfeuerwehren* einschließlich der Feuerwehren der Bundeswehr und die zur „Bundesgruppe Werkfeuerwehr" zusammengeschlossenen → *Werkfeuerwehren.* Die Jugendfeuerwehren innerhalb des DFV bilden die → *Deutsche Jugendfeuerwehr.*
Organe des DFV: Delegiertenversammlung, Präsidium, Verbandsausschuss, Vorstand, Beirat. Der DFV wird vom „Präsidenten des Deutschen Feuerwehrverbandes" geführt.
Aufgaben des DFV: Förderung des Brand-, Umwelt- und Katastrophenschutzes, der → *Technischen Hilfeleistung* sowie des → *Rettungsdienstes,* Förderung der nationalen und internationalen Zusammenarbeit zwischen den Feuerwehren und mit anderen Organisationen, Unterstützung der Öffentlichkeitsarbeit sowie Betreuung der Jugendarbeit, der Altersabteilungen und des Musikwesens. *(Sr)*

Deutsches Feuerwehr-Ehrenkreuz, ein Orden für Feuerwehrangehörige, die sich durch hervorragende Leistungen im Feuerlöschwesen, durch besonders mutiges Verhalten im Einsatz oder durch Rettung von Menschen aus Lebensgefahr unter gleichzeitiger Gefährdung des eigenen Lebens verdient gemacht haben.
Es wird vom Präsidenten des Deutschen Feuerwehrverbandes in den Stufen „Deutsches Feuerwehr-Ehrenkreuz in Silber" und „Deutsches Feuerwehr-Ehrenkreuz in Gold" verliehen. Das Feuerwehr-Ehrenkreuz in Gold wird als Steckkreuz, das Feuerwehr-Ehrenkreuz in Silber wird am Bande verliehen. An der Uniform werden die Ehrenkreuze als Bandschnalle und am Zivilanzug als Bandsteg getragen. Grundlage für das Ehrenkreuz ist die „Verkündigung der Stiftung des Deutschen Feuerwehr-Ehrenkreuzes" vom 11. Mai 1974. *(Sr)*

Deutsches Feuerwehr-Museum → *Feuerwehrmuseum. (Sr)*

Deutsches Institut für Bautechnik (DIBt), früher IfBt (= Institut für Bautechnik) mit Sitz in Berlin, ist die Zulassungsstelle für Baustoffe, → *Bauteile* und Bauformen, die für den allgemeinen Gebrauch im Bauwesen als sicher betrachtet werden müssen.
Durch Zulassung eines Bauproduktes durch das DIBt wird der Nachweis der Brauchbarkeit, den die Landesbauordnungen und die Musterbauordnung verlangen, erbracht. Dies ist insbesondere auch für Produkte erforderlich, die von besonderer Bedeutung hinsichtlich der brandschutzmäßig sicheren Auslegung von Gebäuden sind. *(Oe)*

DFV, Abk. für: → *Deutscher Feuerwehrverband. (Sr)*

DIBt, Abk. für: → *Deutsches Institut für Bautechnik. (Oe)*

Dichte volumenbezogene Masse; Verhältnis Masse *m* zu Volumen *V*; $\varrho = m/V$; Einheit: kg/dm³; Beispiele s. *Tabelle. (Ha/Fl)*

Dichteverhältnis,
– zu Luft: → *Dampfdichte;*
– zu Wasser: Verhältnis der → *Dichte* eines Stoffes zur Dichte von Wasser; da die Dichte von Wasser ϱ = 1 ist, ist der Zahlenwert des Dichteverhältnisses gleich dem der Dichte.
Vom Dichteverhältnis hängt ab, ob ein → *Gefahrstoff* auf dem Wasser schwimmt oder absinkt;
Beispiel 1:
Petroleum (Dichte 0,87 g/cm³, Dichteverhältnis 0,87) schwimmt auf der Wasseroberfläche;
Beispiel 2:
Methylenchlorid (Dichte 1,33 g/cm³, Dichteverhältnis 1,33) sinkt im Wasser ab. *(Fl)*

Dichtkissen, speziell für Abdichtmaßnahmen an Behältern hergestellte Druckkissen in Rund-, Platten- oder Keilform. Dichtkissen sind vom so genannten Minidichtkissen (12 cm × 12 cm) bis zur großflächigen Ausführung erhältlich.
Zum Abdichten wird das Dichtkissen entweder auf die abzudichtende Öffnung gelegt und mittels Spannbänder und/oder Vakuumsaugfüßen fixiert oder als Keil in die Leckstelle eingeschoben.
Das Dichtkissen wird über geeignete Armaturen mit Druckluft befüllt. (→ *Kanal-Dichtkissen,* → *Gully-Abdichtblase*). *(Fl)*

Tabelle: **Dichte** ausgewählter Stoffe

Stoff *(Auswahl)*	**Dichte** *in kg/dm³*
Acrylnitril/Polybutylen/ Styrol-Pfropfpolymer (ASB)	1,04...1,20
Acrylglas PMMA	1,17...1,20
Aluminium Al	2,7
Asphalt	1,05...1,38
Baustahl	7,85
Benzin	0,68...0,75
Beton	1,8...2,45
Blei Pb	11,34
CuSn-Legierungen (Bronze)	7,4...8,9
CuZn Legierungen (Messing)	8,4...8,7
Dachpappe	1,1
Dieselkraftstoff	0,86
Dietlhylether $C_4H_{10}O$	0,72
Eis H_2O	0,92
Eisen Fe	7,86
Epoxidharz EP	1,9
Ethanol 96 %	0,81
Glas	2,4...2,7
Gold Au	19,33
Graphit C	2,3...2,6
Granit	2,7
Gußeisen	7,25
Gipsdielen	2,3
Harnstoff-Formaldehyd UF	1,5
Heizöl	0,92
Holz	0,45...0,81
Leichtbauplatten aus Holzwolle	0,36...0,57
Magnesium Mg	1,74
Melamin-Formaldehyd MF	1,5
Paraffin	0,9
Petroleum	0,81
Phenol-Formaldehyd PF	1,4
Polyacetal POM	1,41...1,42
Polyamid PA	1,04...1,14
Polycarbonat PC	1,2
Polyesterharz, ungesät- tigte UP	2,0
Polyethylen hart PE-HD	0,94...0,96

Stoff *(Auswahl)*	**Dichte** *in kg/dm³*
Polyethylen weich PE-LD	0,91...0,9
Polyethylenenterephtalat PET	1,37
Polyisobutylen PIB	0,91...0,92
Polymethylmethadrylat (Acrylglas) PMMA	1,17...1,20
Polyphenylensulfid PPS	1,34
Polypropylen PP	≈ 0,90
Polystyrol PS	1,05
Polytetrafluorethylen PTFE	≈ 2,15
Polyurethan-Elastomere thermoplastisch PUR	1,20
Polyurethan-Gießharz	1,05
Polyvinylchlorid	
hart PVC-U	1,3...1,55
weich PVC-P	1,16...1,35
Quarz SiO_2	2,5...2,8
Quecksilber Hg	13,595
Salpetersäure 65 % HNO_3	1,40
Salzsäure 37 % HCl	1,19
Sand, trocken	1,2...1,6
Schwefel S	1,96...2,07
Schefelkohlenstoff CS_2	1,26
Schwefelsäure 96 % H_2SO_4	1,84
Silber Ag	10,5
Silikonharz- Formmasse SI	1,8...1,9
Spiritus 95 %	0,816
Stahl	≈ 7,86
Steinkohle	1,2...1,3
Styrol/Acrylnitril-Copo- lymer SAN	1,08
Terpentinöl	0,87
Uran U	18,7
Vulkanfiber VF	1,1...1,45
Wachs	0,95...0,98
Wasser destilliert	1,0
bei + 4 °C	1,0
bei + 20 °C	0,9982
bei + 100 °C	0,9583
Ziegel, trocken	1,8
Zink Zn	7,14
Zinn Sn	7,28

Dichtmittel → *pneumatische Dichtmittel. (Fl)*

Dienst, feuerwehrtechnischer → *Feuerwehrtechnischer Dienst. (Sr)*

Dienstgrad, Bezeichnung für die hierarchische Stellung, z. B. bei der Feuerwehr oder der Polizei (*s. Tabelle*).
Die Dienstgrade sind von der Funktion abhängig, die der → *Feuerwehrangehörige* wahrnimmt; innerhalb eines bestimmten Rahmens sind die Dienstgrade leistungsbezogen oder spiegeln auch die Zeitdauer der Ausübung einer Funktion wider.
Die Dienstgrade der Freiwilligen Feuerwehren sind in den einzelnen Ländern verschieden.
Die Dienstgrade der → *Berufsfeuerwehrangehörigen* entsprechen den beamtentypischen Grundamtsbezeichnungen und dürfen nicht mit den Dienstgraden der Angehörigen der Freiwilligen Feuerwehren gleichgesetzt werden. Vom Grundsatz gilt das in der Tabelle dargestellte System bundesweit. Bei Frauen wird der Wortteil „-mann" durch „-assistentin" ersetzt. *(Sr)*
– Dienstgrade bei der Polizei; sind abhängig von der Laufbahngruppe (mittlerer, gehobener und höherer Dienst), in der sich der Beamte/Beamtin befindet.
Im Polizeivollzugsdienst bestehen die Laufbahnen der Schutzpolizei und Kriminalpolizei.
Die Dienstgrade der Polizei sind bundeseinheitlich festgelegt *(Tabelle)*. Bei Frauen wird in der Dienstbezeichnung die Endung „in" angehängt, z. B. Polizeihauptmeisterin. *(Mt)*

Dienstgradabzeichen, ein an der Uniform angebrachtes Abzeichen, welches den → *Dienstgrad* des Trägers anzeigt.
Die Dienstgradabzeichen sind länderspezifisch. In den meisten Ländern werden am linken Unterärmel sogenannte „Balken" getragen. Die Farbe (rot, silber, gold) sowie die Zahl der Balken geben über den Dienstgrad Auskunft. *(Sr)*

Differenzialmelder, → *Melder,* der auf den bei einem Brandausbruch typischen Temperaturanstieg anspricht; Kenngröße ist die Änderungsgeschwindigkeit der Temperatur; Beispiel: Temperaturanstieg 10 K (Kelvin) je Minute. *(Ge)*

Diffusion ist die selbstständig, auch gegen die Schwerkraft verlaufende Durchmischung sich berührender Gase, z. B. bei der Diffusionsflamme *(→ Flamme)*, oder mischbarer Flüssigkeiten, z. B. Alkohol/Wasser, oder Lösungen, z. B. Kupfersulfat-Lösung/Wasser.
Treibende Kraft für die Diffusion ist die Wärmebewegung der Stoffmoleküle, die nach gleichmäßiger und vollständiger Verteilung im gesamten System streben; es tritt keine Strömung durch Druckgefälle (Braunsche Molekularbewegung bei Gasen) ein.
Bei einer Diffusion bewegen sich die Moleküle der Stoffe stets aus einem Raum höherer Konzentration in ein Gebiet niederer Konzentration; → *Diffusionsgeschwindigkeit.*
Beispiel: Entstehung eines explosiblen Benzindampf-Luft-Gemischs durch Diffusion in einem oben offenen Benzintank mit Restflüssigkeit *(→ Explosionsbereich). (Ha)*

Diffusionsflamme → *Flamme. (Ha)*

Tabelle: **Dienstgrade der Feuerwehr**

Funktion	Freiwillige Feuerwehr[a]	Berufsfeuerwehr
		Mittlerer Dienst
Truppmann/ Truppführer	Feuerwehrmann (FM)	Brandmeister (BM)
	Oberfeuerwehrmann (OFM)	Oberbrandmeister (OBM)
	Hauptfeuerwehrmann (HFM)	–
Gruppenführer	Löschmeister (LM)	Hauptbrandmeister (HBM)
	Oberlöschmeister (OLM)	–
	Hauptlöschmeister (HLM)	–
		Gehobener Dienst
Zugführer	Brandmeister (BM)	Brandinspektor (BI)
	Oberbrandmeister (OBM)	Brandoberinspektor z. A.
	–	Brandoberinspektor (BOI)
	–	Brandamtmann (BA)
	–	Brandamtsrat (BAR)
	–	Brandoberamtsrat (BOAR)
		Höherer Dienst
Wehrführer	Hauptbrandmeister (HBM)	Brandrat z. A. (BR z. A.) bzw. Brandassessor (BrAss)
	Erster Hauptbrandmeister (EHBM)	
	–	Brandrat (BR)
	–	Brandoberrat (BOR)
	–	Branddirektor (BD)
	–	Leitender Branddirektor (Ltd. BD)
	–	Oberbranddirektor (OBD)
	–	Landesbranddirektor (LBD)

[a] Hier Beispiele der Dienstgrade des Landes Baden-Württemberg

Tabelle: **Dienstgrade der Polizei**

Schutzpolizei	Kriminalpolizei
Mittlerer Dienst	
Polizeimeister (PM)	Kriminalmeister (KM)
Polizeiobermeister (POM)	Kriminalobermeister (KOM)
Polizeihauptmeister (PHM) (Besoldungsgruppe A 9)	Kriminalhauptmeister (KHM)
Polizeihauptmeister (PHM + Z) (Besoldungsgruppe A 9 m. Amtszulage)	Kriminalhauptmeister (KHM + Z)
Gehobener Dienst	
Polizeikommissar (PK)	Kriminalkommissar (KK)
Polizeioberkommissar (POK)	Kriminaloberkommissar (KOK)
Polizeihauptkommissar (PHK) (Besoldungsgruppe A 11)	Kriminalhauptkommissar (KHK)
Polizeihauptkommissar (PHK) (Besoldungsgruppe A 12)	Kriminalhauptkommissar (KHK)
Erster Polizeihauptkommissar (EPHK)	Erster Kriminalhauptkommissar (EKHK)
Höherer Dienst	
Polizeirat (PR)	Kriminalrat (KR)
Polizeioberrat (POR)	Kriminaloberrat (KOR)
Polizeidirektor (PD)	Kriminaldirektor (KD)
Leitender Polizeidirektor (Ltd. PD)	Leitender Kriminaldirektor (Ltd. KD)
Direktor der Bereitschaftspolizei	Präsident des Landeskriminalamtes
Inspekteur der Polizei	Landeskriminaldirektor

Diffusionsgeschwindigkeit ist die Geschwindigkeit, mit der sich Moleküle in sich berührenden gas- bzw. dampfförmigen oder flüssigen Stoffen von Orten höherer Konzentration zu Bereichen niederer Konzentration bewegen.
Die Diffusionsgeschwindigkeit ist abhängig von
- der Temperatur: eine Temperatursteigerung bewirkt eine erhöhte Wärmebewegung der Moleküle und damit eine Zunahme der Diffusionsgeschwindigkeit;
- der Molekülmasse: Moleküle mit geringerer Masse vermischen sich schneller als Moleküle mit größerer Masse, z. B. Wasserstoff H_2, Molekülmasse etwa 2,016 u, Stickstoff N_2, Molekülmasse etwa 28,013 u; (u = Einheitenzeichen der atomaren Masseneinheit);
- dem Konzentrationsgefälle und einem für den diffundierenden Stoff charakteristischen → *Diffusionskoeffizient* D.

Der Konzentrationsausgleich durch Diffusion verläuft bei Gasen meist schnell (in einigen Minuten), bei Flüssigkeiten langsam (in Tagen oder Wochen).
Anwendung: Beurteilung der Gefahr für Personen in Wohnungen oder anderen Räumen bei der Ausbreitung von Schadstoffwolken, u. a. für Warnhinweise. *(Ha)*

Diffusionskoeffizient (D) ist ein Maß für die Stoffmenge, die pro Sekunde durch eine Fläche von 1 cm^2 bei einem Konzentrationsgefälle von 1, d. h. beim größten Gefälle, diffundiert.
Der Diffusionskoeffizient ist eine temperatur- und druckabhängige Stoffkonstante; er wird als Sicherheitskennzahl zur Abschätzung der Gefahr über die Bildung explosibler Gemische *(→ explosibel)* gebraucht. Bezogen auf Luft gibt er an, mit welcher Geschwindigkeit sich Gase und Dämpfe infolge des Konzentrationsgefälles in Luft ausbreiten *(Tabelle)*. *(Ha)*

Tabelle: **Diffusionskoeffizienten** (D) brennbarer Stoffe in Luft bei 20 °C und 1013 mbar

Stoff		D in cm^2/s
Gase		
Ammoniak	NH_3	0,23
Ethen (Ethylen)	C_2H_4	0,13
Ethin (Acetylen)	C_2H_2	0,22
Methan	CH_4	0,20
Wasserstoff	H_2	0,69
Flüssigkeiten		
Anilin	$C_6H_5NH_2$	0,22
Benzol	C_6H_6	0,089
Butanol-(1)	C_4H_9OH	0,08
Ethanol (Spiritus)	C_2H_5OH	0,12
Ether	$(C_2H_5)_2OH$	0,09
1,2-Dimethylbenzol (Xylol)	$C_6H_4(CH_3)_2$	0,071
Methanol (Holzgeist)	CH_3OH	0,16
Methansäure (Ameisensäure)	HCO OH	0,15
Methylbenzol (Toluol)	$C_6H_5CH_3$	0,082
Octan	C_8H_{18}	0,06
Propanol	C_3H_7OH	0,098
Schwefelkohlenstoff	CS_2	0,103

Digitalfunk, Projektname für das Vorhaben von Bund und Ländern, für den Sprech- und Datenfunk der → *BOS* ein → *Bündelfunknetz* mit digitaler Übertragungstechnik nach dem → *FDMA*- oder → *TDMA-Standard* aufzubauen oder in bestehenden Mobilfunknetzen geschlossene Mitbenutzergruppen zu bilden. *(Ge)*

DIN, Abk. für: Deutsches Institut für Normung e. V. mit Sitz in Berlin. *(Fl)*

DIN EN, Abk. für: DIN-Europa-Norm, eine vom Deutschen Institut für Normung (DIN) veröffentlichte Europäische Norm; Beispiel: DIN EN 3 Teil 1 „Tragbare Feuerlöscher" vom Oktober 1990. *(Fl)*

DIN-Norm, vom Deutschen Institut für Normung (DIN) erarbeitete und herausgegebene Norm. *(Fl)*

Direktbetrieb, unmittelbare Verbindung zwischen Funkstellen im → *Richtungs-,* → *Gegen-* oder → *Wechselverkehr* ohne eine zwischengeschaltete → *Relaisfunkstelle.* *(Ge)*

Dissoziation, Trennung bzw. Zerfall eines Moleküls in zwei oder mehrere einfache Moleküle, Atome, → *Radikale* oder → *Ionen.* Die Aufspaltung erfolgt durch Wärmezufuhr (Fachbegriff: thermische Dissoziation). Dissoziation ist → *endotherm* und abhängig von Temperatur und Druck: Temperatursteigerung bewirkt eine Zunahme, Temperaturabnahme eine Verringerung der Dissoziation.
Die thermische Dissoziation des Wassers ist die Spaltung von Wasserdampf bei extrem hohen Temperaturen in Wasserstoff und Sauerstoff. Der Dissoziationsgrad des Wasserdampfes beträgt unter Normdruck 1013 mbar bei
700 °C etwa $3 \cdot 10^{-5}$ %
1 000 °C etwa $3 \cdot 10^{-3}$ %
2 000 °C etwa 2 %
2 500 °C etwa 9 %
3 000 °C etwa 20 %
Folgerung: Bei den meisten Bränden ist die thermische Dissoziation des Wassers und damit die Gefahr der Bildung von → *Knallgas* gering. Anders bei Metallbränden: Die auftretenden hohen Glüh- bzw. Verbrennungstemperaturen setzen aus Wasser erhebliche Mengen Wasserstoff frei, die zu gefährlichen Reaktionen führen können. *(Ha)*

DJF, Abk. für: → *Deutsche Jugendfeuerwehr.* *(Sr)*

D-Löschpulver, → *Löschpulver* für die → *Brandklasse D* (Metallbrände). Es besteht aus Natriumchlorid NaCl mit Zusätzen und hat einen hohen Schmelzpunkt (≈ 800 °C). Im Kontakt mit dem über 2000 °C heißen brennenden Leichtmetall (Magnesium oder Magnesium-Legierung) versintert das Salz und bildet eine geschlossene Oberfläche. Dadurch wird der brennbare Stoff vom Sauerstoff der Umgebungsluft getrennt und der Brand gelöscht. *(Fl/Oe)*

DMO, Abk. für: *Direct Mode Operation,* Verbindung von Funkgeräten in einem Bündelfunksystem nicht über das Netz, sondern unmittelbar (→ *Direktbetrieb*), z. B. beim Ausfall des Netzes oder beim Einsatzstellenfunk. *(Ge)*

Dochtwirkung nennt man die Weiterleitung einer (insbesondere brennbaren) Flüssigkeit, z. B. Stearin, durch ein feinverteiltes oder faseriges Material; dadurch wird die Flüssigkeit aufbereitet als Voraussetzung für schnelles → *Entzünden* und → *Brennen,* z. B. Kerzenflamme. *(Ha)*

Dokumentation, fernmeldebetriebliche Erfassung und Nachweis des → *Fernmeldeverkehrs* durch technische Mittel, z. B. Gesprächsaufzeichnungsgerät, Protokolldrucker oder manuell durch Eintrag im Betriebstagebuch. *(Ge)*

Dosiereinrichtung (umgangsspr.: Lungenautomat), dient zur Dosierung des Bedarfs an Atemluft bzw. Sauerstoff bei → *Atemschutzgeräten* bzw. Tauchgeräten. Man unterscheidet atemgesteuerte und konstante Dosiereinrichtungen.

– atemgesteuerte Dosiereinrichtung,

– bei Atemschutzgeräten: bei → *Atemschutzgeräten* ist sie Teil eines umluftunabhängigen Atemschutzgerätes, durch das der → *Atemschutzgeräteträger* seinen Bedarf an → *Atemluft* erhält. Man unterscheidet eine Normalausführung und eine Überdruckausführung der atemgesteuerten Dosiereinrichtung. *(Zi)*

– bei Tauchgeräten: dort ist die atemgesteuerte Dosiereinrichtung das Teil der Taucherausrüstung, das dem Taucher in jeder Wassertiefe unabhängig vom Umgebungsdruck des Tauchers selbsttätig seinen Bedarf an Atemluft liefert; → *Lungenautomat. (Mt)*

ACHTUNG! Die atemgesteuerte Dosiereinrichtung des Atemschutzgerätes darf nicht an einem Tauchgerät (oder umgekehrt) benutzt werden.

– konstante Dosiereinrichtung, Teil eines → *Regenerationsgerätes* mit Drucksauerstoff, sie dient zur konstanten Dosierung des Sauerstoffs in den → *Atembeutel* und ist auf eine Dosierung von etwa 1,5 l/min (mit Drucksauerstoff) oder 3,5 l/min (mit Mischgas) eingestellt. *(Zi)*

Dosimeter, Gerät zum Messen der Dosis (Menge) von ionisierender → *Strahlung,* die von einer Person in einer bestimmten Zeit aufgenommen wird; → *Personendosimeter. (Kl)*

Dosis, kleine Menge; im Strahlenschutz: Menge einer ionisierenden Strahlung; → *Äquivatentdosis;* → *Energiedosis;* bei der Feuerwehr: allgemeine Kurzbezeichnung für Äquivalentdosis. *(Kl)*

Dosisleistung → *Äquivalentdosisleistung;* → *Größen und Einheiten im Strahlenschutz. (Kl)*

Dosisleistungsmessgerät (DL-Messgerät), Gerät zum Messen der Dosisleistung *(→ Größen und Einheiten im Strahlenschutz*); es besteht aus einem im Gerät eingebauten → *Zählrohr* und einer analogen oder digitalen Zähleinrichtung. Nach → *Feuerwehr-Dienstvorschrift* soll der kleinste Anzeigebereich bei höchstens 0,1 µSv/h beginnen und bis etwa 50 µSv/h reichen; der größte Messbereich muss sich bis mindestens 9 mSv/h erstrecken. Mit Hilfe einer Zusatzsonde (Zählrohr) kann man auch Impulse (registrierte Ereignisse im Zählrohr) messen. *(Kl)*

Dosisleistungswarngerät, ein → *Dosisleistungsmessgerät (→ Feuerwehr-Dienstvorschrift),* das bei Erreichen einer einstellbaren Dosisleistung, z. B. 25 µSv/h, ein akustisches Signal gibt. Das Dosisleistungswarngerät wird insbesondere zur Festlegung des → *Gefahrenbereiches* eingesetzt. *(Kl)*

Dosisrichtwert, in der → *Feuerwehr-Dienstvorschrift* festgelegter Grenzwert für die während eines Feuerwehreinsatzes bei Anwesenheit von radioaktiven Stoffen aufgenommene → *Dosis (Tabelle). (Kl)*

Einsatz	**Dosisrichtwert** (Personendosis) *in mSv (Millisievert)*
– Ausbildung	1 pro Jahr
– zum Schutz von Sachwerten	15 pro Einsatz
– zur Abwehr einer Gefährdung für Personen oder zur Verhinderung einer wesentlichen Schadenausweitung	100 pro Einsatz und Jahr
– zur Rettung von Menschenleben	250 pro Einsatz und Leben

Dosiswarngerät (auch: Alarmdosimeter, Dosiswarner), Gerät zur Messung des → *Dosisrichtwertes.* Beim Erreichen eines vorgegebenen Wertes ertönt ein Signal. Nach → *Feuerwehr-Dienstvorschrift* müssen die → *Dosisrichtwerte* einstellbar sein. *(Kl)*

Drehleiter
– mit Handantrieb (DL), ein → *Feuerwehrfahrzeug* mit handbetriebenem Leitersatz zum → *Retten* von Menschen aus Notlagen zur → *Technischen Hilfeleistung* und zur Brandbekämpfung; Beispiel: DL 16-4 (Drehleiter mit einer Nennrettungshöhe von 16 m bei einer Nennausladung von 4 m). Die Besatzung besteht aus einem → *Trupp.* Mit der DL 16-4 kann das fünfte Obergeschoss erreicht werden.
– mit maschinell betriebenem Hubrettungssatz: → *Hubrettungsfahrzeug. (Fl)*

Dreibaum, dreibeinige Stütze aus Stahlrohr oder Aluminium mit Anschlagpunkt für eine Hebeeinrichtung, z. B. für einen Flaschenzug oder ein Abseilgerät; → *Rollgliss. (Ma)*

Drempel (Kniestock), das von der Deckenoberkante des obersten → *Geschosses* bis zur Unterkante der → *Bedachung* reichende Teil einer → *Außenwand.* Der dadurch vergrößerte Dachraum erleichtert bei Gebäuden mit Sparren- oder Pfettendach den Ausbau für Wohnzwecke. *(Bt)*

Druck (bei Pumpen; Formelzeichen *p*), Zustandsgröße bei der Wasserförderung; Einheit: N/m^2 = (Newton je Quadratmeter) oder Pa (Pascal);
$1 Pa = 1 N/m^2 = 1 kg/(m \cdot s^2)$;
weitere Einheit: bar; 1 bar = 10^5 Pa;
früher verwendete Einheiten:
kp/cm^2 (Kilopond je Quadratzentimeter), at (technische Atmosphäre), atm (physikalische Atmosphäre), Torr (1 Torr = 133,322 Pa = 1,33322 mbar), mmHg = Millimeter Quecksilbersäule (1 mmHg = 133,322 Pa = 1,33322 mbar).
Der Druck wird mit dem → *Manometer* gemessen.
– im Eintrittsquerschnitt: Eingangsdruck, in Förderrichtung gesehen Druck unmittelbar nach dem Saugeingang der Pumpe;
– im Austrittsquerschnitt: Ausgangsdruck, in Förderrichtung gesehen unmittelbar vor dem Pumpenausgang. *(Fl)*

Druck am Strahlrohr, bewirkt beim → *Vollstrahl* die Wurfweite und die Auftreffkraft des Wasserstrahles, beim → *Sprühstrahl* die Größe der Wassertröpfchen (→ *Strahlrohr). (Fl)*

Druckanstiegsgeschwindigkeit (auch Druckrate), ist bei einer → *Explosion* der Druckanstieg in der Zeiteinheit; sie verläuft auch in einem Behälter zeitlich nicht konstant. Nach dem → *Entzünden* steigt der → *Explosionsdruck* mit maximaler Geschwindigkeit bis zu

einem Maximaldruck an. Im Druckmaximum verringert sich die Druckanstiegsgeschwindigkeit nahezu auf Null (siehe Bild bei → *Brisanz).*
Der Maximalwert der Druckanstiegsgeschwindigkeit, der auch als → *Brisanz* bezeichnet wird, ist vor allem abhängig von der Konzentration des → *brennbaren Stoffes* im → *Gemisch.* Er wird in der Nähe der → *stöchiometrischen Konzentration* des brennbaren Stoffes erreicht. Gemessene Werte sind → *Sicherheitstechnische Kennzahlen* (siehe *Tabelle 1* bei → *Explosionsgrenzen).*
Die Druckanstiegsgeschwindigkeit hat Bedeutung z. B. bei → *Explosionsunterdrückungsanlagen* oder bei Druckentlastungseinrichtungen. *(Ha)*

Druckbegrenzungsventil, eine wasserführende Armatur nach DIN 14380 zur Begrenzung des maximalen Drucks in Förderleitungen.
Am Druckbegrenzungsventil lässt sich der höchstzulässige Druck einstellen. Bei höherem als dem eingestellten Druck in der Förderleitung öffnet das Druckbegrenzungsventil und lässt einen Teil des Wassers seitlich ausfließen, sodass der Druck in der Leitung geringer wird. *(Br)*

Druckbelüftungsanlage (fälschlicherweise Überdruckanlage genannt), eine Lüftungsanlage, die durch Einblasen von Luft verhindert, dass in den zu schützenden Raum Rauch eindringen kann; Funktion: zwangsweise erzeugte Gegenströmung an der Tür zum Brandraum; Anwendung: Gebäude mit innenliegenden → *Sicherheitstreppenräumen,* → *Hochhäuser* mit einer Höhe über 60 m. *(Ki)*

druckfeste Kapselung (Kurzzeichen „d"), spezielle → *Zündschutzart* elektrischer → *Betriebsmittel* mit → *Zündquellen* in druckfesten Gehäusen, z. B. von Leuchten oder elektrischen Verteilerkästen.
Gehäuse mit druckfester Kapselung müssen so ausgeführt sein, dass sie dem Explosionsdruck eines eingedrungenen und entzündeten → *explosiblen Gemischs* standhalten und einen → *Zünddurchschlag* nach außen verhindern; → *Grenzspaltweite* – siehe DIN VDE 0170/0171. *(Ha)*

Druckfestigkeit, die Eigenschaft eines → *Baustoffs,* zwei gegeneinander in Richtung seiner Achse wirkenden Kräfte (Druckkräfte) Widerstand zu leisten. Die ein Bauteil stauchenden Kräfte verursachen in seinem Querschnitt sogenannte Druckspannungen *(→ Spannungen). (Bt)*

Druckkissen → *Luftheber. (Fl)*

Druckleitung, eine aus → *Druckschläuchen* oder Druckrohren oder aus einer Kombination von beiden (unter Umständen mit wasserführenden → *Armaturen* verbundene) bestehende Leitung zur Förderung von Löschmitteln zwischen der Pumpe und der Abgabearmatur, z. B. einem Strahlrohr. Die Länge einer Druckleitung kann mehrere hundert Meter betragen. *(Br)*

Druckluftbehälter → *Atemluftflasche. (Zi)*

Druckluftflasche → *Atemluftflasche. (Zi)*

Druckluftnachspeisung (einer → *Sprinkleranlage);* eine Sprinkleranlage steht immer unter Druck

(Wasserdruck und/oder Luftdruck). Um den Druckverlust, hervorgerufen durch Undichtigkeiten, auszugleichen, ist – auch zur Vermeidung von Fehlalarmen – eine automatisch geregelte Nachspeisung notwendig, z. B. durch eine automatisch tätig werdende Druckerhöhungspumpe; → *Druckluftversorgung. (Oe)*

Druckluftschaum, Spezieller Schaum zum Löschen von Bränden der → *Brandklassen* A und B. Entsprechend dem Ausgangsdruck der → *Feuerlöschkreiselpumpe* wird dem Schaummittel-/Wasser-Gemisch über einen Kompressor Druckluft zugemischt. Dadurch wird der Luftanteil des → *Schaums* erhöht und es entsteht eine hochwertige Fertigschaumblasenstruktur. Druckluftschaum wird mit hoher Energie durch normale Strahlrohre abgegeben. Durch die Blasenstruktur haftet der Schaum besser auf dem Brandgut, die Verbrennung wird verlangsamt. Der Wasserschaden ist geringer. *(Kl)*

Druckluftschaumanlage, DLS, Anlage zur automatischen Schaumerzeugung in Löschfahrzeugen (→ *CAFS*). Die Anlage besteht aus einer Schaummittelpumpe mit automatisch dosierter Schaummittel-Zumischung und einem Kompressor für die Erzeugung von Druckluft, die dem Schaummittel-Wasser-Gemisch zugeleitet wird. So steht ohne weitere Einrichtungen der fertige Schaum zum Löschen zur Verfügung. Der Löschschaum kann durch großvolumige Mehrzweckstrahlrohre oder Hohlstrahlrohre ausgebracht werden. Folgende Druckluftschaumanlagen sind genormt:

Kurzbezeichnung	Gas-Nennförderstrom (l/min)
DLS 1200	1200
DLS 2400	2400
DLS 4800	4800

(Fl)

Druckluft-Schlauchgerät, ein → *Atemschutzgerät,* bei dem dem → *Atemschutzgeräteträger* Druckluft aus einer Druckluftversorgung oder aus Druckluftflaschen über eine Schlauchleitung von maximal 50 m Länge mit einem → *Regelventil* oder einer atemgesteuerten → *Dosiereinrichtung* zugeführt wird (DIN EN 139). *(Zi)*

Druckluftversorgung (einer → *Sprinkleranlage);* eine Sprinkleranlage benötigt Druckluft zum Betrieb des → *Druckluftwasserbehälters* und bei Sprinkler-Trockenanlagen (SK-T; → *Sprinkleranlagen),* auch zum Betrieb des ständig unter Druck stehenden Rohrleitungsnetzes zu den Sprinklern.
Zum Auffüllen des → *Druckluftwasserbehälters* und des Leitungsnetzes bei Trockenanlagen mit Druckluft ist ein eigener Kompressor oder ein gleichwertiges Druckluftnetz mit einer bestimmten Mindestleistung (Kubikmeter je Stunde, s. *Tabelle*) vorzusehen:

	Druckluftwasserbehälter	Rohrnetz von Trockenanlagen
angesaugte *Luftmenge*	25 m^3/h	9 m^3/h
maximale *Gesamtfüllzeit*	8 Std.	1 Std.

Bei zwei Druckluftwasserbehältern als zwei unabhängige Wasserquellen sind zwei Luftkompressoren bzw. Druckluftnetze erforderlich. Das gleiche gilt, wenn drei oder mehr Trockenalarmventile vorhanden sind. *(Oe)*

Druckluftwasserbehälter (DLW, einer → *Sprinkleranlage),* ein Stahlbehälter, der durch Pressluft ständig unter Druck steht. Sein Volumen richtet sich nach der Wasserzuspeisung und der → *Brandgefahr* (BG). Der Wasserinhalt für die Sprinkleranlage muss mindestens 15 m^3 betragen. Sind mehrere Wasserquellen vorhanden, so muss der Wasserinhalt bei BG 1 mindestens 7,5 m^3, bei BG 2, BG 3 und BG 4 mindestens 15 m^3 betragen. Wasser und (Druck-)Luft müssen automatisch nachgespeist werden; → *Druckluftnachspeisung.*
Funktion: Der Druckluftwasserbehälter ist in betriebsbereitem Zustand zu $^2/_3$ mit Wasser und zu $^1/_3$ mit Druckluft gefüllt; er hält die gesamte Sprinkleranlage ständig unter Druck. Öffnet ein Sprinkler und gibt das → *Alarmventil* den Wasserdurchfluss frei, muss genügend Wasser (unter entsprechendem Druck) so lange vorhanden sein, bis die → *Sprinklerpumpe* angelaufen und auf volle Leistung gekommen ist. Der Druckluftwasserbehälter wird in der → *Sprinklerzentrale* installiert. *(Oe)*

Druckmessgerät (Manometer, für → *Atemschutzgeräte),* Teil eines → *Freitragbaren Isoliergerätes.* Es dient dem → *Atemschutzgeräteträger* zur laufenden Überprüfung des → *Atemluftvorrats* bzw. Sauerstoffvorrats in der → *Atemluftflasche* bzw. Sauerstoffflasche. *(Zi)*

Druckminderer, Gerät, das den in einem Behälter *(→ Atemluftflasche)* gespeicherten Druck der Luft von 200 bzw. 300 bar (Hochdruckteil) auf einen → *Mitteldruck* (Arbeitsdruck) von 4,5 bis 12 bar (je nach Gerätetyp) reduziert, ehe die Atemluft vom → *Atemschutzgeräteträger* eingeatmet werden kann. Man unterscheidet nach dem Prinzip Kolbendruck-Minderer und (die älteren) Membran-Druckminderer. *(Zi)*

Drucksauerstoffgerät → *Regenerationsgerät. (Zi)*

Druckschlauch nach DIN 14811 Teil 1, flexibler, in leerem Zustand faltbarer und rollbarer Schlauch *(→ Feuerwehrschlauch)* aus Kunstfaser oder beschichtetem textilen Gewebe zum Fördern der → *Löschmittel* (Wasser, Schaum und Pulver) zur Einsatzstelle; Farbe: rot oder roh-weiß.
Druckschläuche müssen fäulnisbeständig und beständig gegen die verwendeten Löschmittel sein. Ihre Geschmeidigkeit und Festigkeit muss im Temperaturbereich von –30 bis + 40 °C gewährleistet sein.
Man unterscheidet nach dem Durchmesser die Druckschläuche in den Größen A, B, C und D *(Tabelle).* Sie werden je nach dem benötigten Förderstrom eingesetzt.
Nach jedem Gebrauch werden Druckschläuche A und D mit 8 bar, Druckschläuche B und C mit 12 bar geprüft, einer Sichtprüfung unterzogen, gewaschen und getrocknet.

Kurzzeichen	Nennweite *in mm*	Länge *in m*
A	110	5, 20
B	75	5, 20, 35
C 52	52	15
C 42	42	15, 30
D	25	5, 15

Für spezielle Zwecke *(→ Schnellangriffseinrichtungen* und → *Wandhydranten)* werden verwendet:
– **Druckschlauch S** (nach DIN EN 1947): formbeständiger Schlauch (Farbe: schwarz) aus Gummi mit

Textilgewebeeinlage *(s. Tabelle)* für → *Schnellangriffseinrichtungen;* Vorteil: ermöglicht die Löschmittelabgabe, ohne dass der Schlauch vollständig ausgerollt werden muss.
Druckschläuche S müssen mindestens halbjährlich einer Sichtprüfung und Druckprüfung (20 bar) unterzogen werden.

Kurzzeichen	Nennweite *in mm*	Länge *in m*
S 32	32	30
S 28[1]	28	30
S 25	25	30 bis 50

[1] in DIN EN 1947 (Ausgabe 2002-11) nicht mehr vorgesehen, wird aber in Deutschland noch benutzt und verkauft.

– **Druckschlauch W** (nach DIN EN 694): formbeständiger Schlauch (Farbe: schwarz) aus Gummi mit Textilgewebeeinlage bzw. Kunstfasergewebe *(s. Tabelle)* für → *Wandhydranten;* Vorteil: ermöglicht die Löschmittelabgabe, ohne dass der Schlauch vollständig ausgerollt werden muss.
Druckschläuche W müssen mindestens halbjährlich einer Sichtprüfung und Druckprüfung (16 bar) unterzogen werden.

Kurzzeichen Druckschlauch	Nennweite *in mm*	Länge *in m*
WA[2]	25	20, 30, 35
WB[3]	26	20, 30, 35

[2] Schlauch aus Gummi mit Textileinlage
[3] Schlauch aus Kunstfasergewebe mit Innenauskleidung und Stützwendel

– **weitere Sonderausführungen von Druckschläuchen**: Es gibt ferner eine Sonderausführung des Druckschlauchs aus Kunstfaser zur Förderung von Mineralölprodukten und Löschpulver mit eingewobener Kupferlitze und Messingkupplungen mit Erdungsklemmen zur Ableitung elektrostatischer Aufladungen; Farbe: schwarz. *(Zi)*

Druckzumischanlage, DZA, Anlage zur automatisch dosierten Zumischung von Schaummittel zum Wasser in Löschfahrzeugen.
Die Zumischraten liegen zwischen 0,3 % und 1 % für die Brandklasse A und 1 % bis 6 % für die Brandklasse B. Die DZA werden nach ihrem Löschmittel-Nennförderstrom eingeteilt *(Tabelle)*. *(Fl)*

Kurzbezeichnung	Löschmittel-Nennförderstrom (l/min)
DZA 2	200
DZA 4	400
DZA 8	800
DZA 16	1600
DZA 24	2400

D-Schlauch → *Feuerwehrschläuche. (Zi)*

Duplex → *Gegenverkehr. (Ge)*

Duroplaste → *Kunststoffe. (Bt)*

DVGW, Abk. für: Deutscher Verein des Gas- und Wasserfaches e. V.; ein Verein, der auf dem Gebiet der Gas- und Wasserversorgung in umfangreichen Regelwerken (G . . .; W . . .) den Stand der Technik dokumentiert; → *DVGW-Arbeitsblätter. (Br)*

DVGW-Arbeitsblätter,
– **W 345** (Städtehygiene): beschreibt die Gefahren für das Trinkwasser, die durch die Wasserentnahme aus der zentralen Wasserversorgung entstehen, z. B. durch die Feuerwehr. Es beschreibt auch Maßnahmen, die eine Verschmutzung des Trinkwassers bei der Wasserentnahme verhindern.

– **W 405** (Bereitstellung des Trinkwassers durch die öffentliche Trinkwasserversorgung): definiert in Abhängigkeit von Art und Maß der baulichen Nutzung die Menge des erforderlichen und damit zur Verfügung zu stellenden Löschwassers in bebauten Gebieten. *(Br)*

Dynamik-Kernmantelseil, spezielle Leine, die bei der Feuerwehr hauptsächlich im Bereich der → *Höhenrettung* und als → *Absturzsicherung* eingesetzt wird.
Dynamik-Kernmantelseile bestehen aus einem gebündelten Faserkern aus Polyamidfaser zur Kraftaufnahme. Der Kern ist von einem geflochtenen Mantel – ebenfalls aus Polyamid – als Abriebschutz umgeben. Diese Konstruktion ermöglicht eine Dehnung des Seils – daher die Bezeichnung „Dynamik". Die Fangstoßkraft, die auf den menschlichen Körper bei einem Absturz einwirkt, kann auf diese Weise gering gehalten werden.
Die Seile haben einen Durchmesser von etwa 10 bis 12 mm; es gibt sie in verschiedenen Längen, z. B. 80 m, 120 m und 160 m. Die zu erwartende mittlere Lebensdauer liegt bei 100 bis 200 Gebrauchsstunden.
Musste das Seil einen größeren Sturz halten, so muss es ausgesondert/ausgemustert werden. Dasselbe gilt, wenn das Seil bei einem Einsatz über eine Kante lief und bei jeder Beschädigung des Mantels. *(Zi)*

Eichschein (eines Schiffes), Urkunde, aus der das Gewicht des Schiffes und seiner Ladung hervorgeht. Er wird von der Eichbehörde ausgestellt. An der Außenhaut des Schiffes (vorne, hinten und in der Mitte) werden auf beiden Seiten farbige Eichzeichen (sog. → *Tiefgangsanzeiger)* in Abständen von 10 cm angebracht. Der volle (maximale) Tiefgang wird durch einen weißen Strich am oberen Ende gekennzeichnet (sog. → *Einsenkungsmarke). (Mt)*

Eigensicherheit (Kurzzeichen „i"), spezielle → *Zündschutzart* elektrischer → *Betriebsmittel,* z. B. für Messumformer oder Stellglieder, bei denen unter festgelegten Prüfbedingungen die Stromkreise durch elektrische Funken oder unzulässige Erwärmung eine explosionsfähige → *Atmosphäre* nicht entzünden können.
Eigensichere Betriebsmittel werden unterteilt in die sicherheitstechnischen Kategorien „ia" und „ib", wobei Stromkreise der Kategorie ia in den Anforderungen an die Sicherheit höherwertiger sind als eigensichere Stromkreise der Kategorie ib. *(Ha)*

Eigentum (im Sinne des Art 14 GG): Darunter versteht man alle vermögensrechtlichen Rechte. Unter Eigentum fällt auch der Besitz eine Sache. Wer Eigentümer ist, zu dessen Vermögen gehört eine Sache; Beispiel: Der Vermieter ist Eigentümer, der Mieter ist lediglich Besitzer einer Sache, z. B. einer Wohnung oder eines Hauses.
In das Eigentum darf nur aufgrund eines Gesetzes eingegriffen werden.
Im Feuerwehreinsatz kann es aus vielfältigen Gründen erforderlich sein, in das Eigentum einzugreifen; Beispiele: Beseitigung von Gebäudeteilen oder das Heranziehen von Fahrzeugen.
Die Brandschutzgesetze (Feuerwehrgesetze) der Länder ermächtigen die Feuerwehr zu derartigen Eingriffen. Für Schäden, die durch Einsatzmaßnahmen an nicht vom Schadenereignis betroffenen Eigentum entstehen, ist allerdings grundsätzlich Schadensersatz zu leisten. *(Fi)*

Eigenzündung → *Selbstentzündung. (Ha)*

Einatemluft ist die → *Luft,* die der Mensch und somit auch der → *Atemschutzgeräteträger* einatmet. Sie besteht aus 21 % Sauerstoff, 78 % Stickstoff, 0,04 % Kohlendioxid und 0,96 % Edelgasen. *(Zi)*

Einatemventil, Teil einer → *Vollmaske* für Behältergeräte und Schlauchgeräte; ein in einer Richtung öffnendes Ventil, das das Einströmen von → *Einatemluft* in den → *Atemanschluss* ermöglicht und das Abströmen von → *Ausatemluft* in das Gerätesystem verhindert. *(Zi)*

eingeklemmte Person, eine Person, die ganz oder teilweise zwischen Gegenständen eingeklemmt ist und sich nicht selbst befreien kann; Beispiele: Person, deren Beine im Fußraum eines Pkw zwischen Pedalen und Verkleidung eingeklemmt sind; Anlass für eine → *Technische Hilfeleistung* der Feuerwehr (DIN 14 011 Teil 3). *(Sr)*

eingeschlossene Person, eine Person, die in einem Raum oder einem Bereich eingeschlossen ist und sich nicht selbst befreien kann; Beispiele: Person in eingestürztem Raum oder Person in einem von Brandrauch abgeschlossenen Raum (DIN 14011 Teil 3). *(Sr)*

Eingreifzeit, die verflossene Zeit zwischen dem Eingang der Nachricht über einen → *Brand* oder einen anderen Notfall und den ersten wirkungsvollen Einsatzmaßnahmen am Einsatzort; Beispiele: Zeit bis zur ersten Wasserabgabe oder der Durchführung einer Menschenrettung im Brandeinsatz. *(Sr)*

Einheit ist eine festgelegte Formation zur selbstständigen Durchführung von Einsatzaufgaben; eine Einheit besteht aus Mannschaft und Gerät; Beispiele: → *Trupp,* → *Staffel,* → *Gruppe,* → *Zug.*
Bei der Feuerwehr ist die → *Mannschaftsstärke* der Einheiten einheitlich festgelegt und immer gleich; das Gerät kann aber unterschiedlich sein, wodurch sich bei gleicher Bezeichnung einer Einheit ein unterschiedlicher → *Einsatzwert* ergeben kann. *(Sr)*

Einheits-Temperatur-Zeitkurve (ETK), Temperatur-Zeit-Verlauf, nach dem das → *Brandverhalten* von Bauteilen gemäß DIN 4102 Teil 2 untersucht wird.
Zur Untersuchung des Brandverhaltens werden Bauteile möglichst in Originalgröße in Prüföfen eingebaut. Mit Hilfe von Gas- oder Ölbrennern wird die → *Temperatur* in Abhängigkeit von der Zeit erhöht. Der Temperaturanstieg im Prüfofen erfolgt nach dem Temperatur-Zeit-Gesetz der ETK:
$\vartheta - \vartheta_0 = 345 \log (8\,t + 1)$,
mit ϑ = Brandraumtemperatur in K (Kelvin),
ϑ_0 = Temperatur des Probekörpers bei Versuchsbeginn in K,
t = Zeit in Minuten (s. *Tabelle*). *(Ha)*

Zeit *in min*	Temperatur *in Kelvin (K)*
0	0
5	556
10	658
15	719
30	822
60	925
120	1 029
180	1 090
240	1 133

Ein-Helfer-Methode (1-Helfer-Methode), eine Methode der → *Herz-Lungen-Wiederbelebung* (HLW), die von einem (1) Helfer allein durchgeführt wird.
Bei dieser Methode führt der Helfer die → *Herzdruckmassage* und die → *Atemspende* durch; Frequenz: 2 Atemspenden, 15 Herzdruckmassagen; → *Zwei-Helfer-Methode. (Zi)*

Einrichtung, ortsfeste Anlagen einschließlich des zugehörigen Personals zur Führung, Versorgung oder zur Unterbringung der Geräte/Fahrzeuge von Einsatzkräften; Beispiele: Fernmeldezentralen, Lager, Werkstätten. *(Sr)*

Einrichtung für die schnelle Wasserabgabe, ugs. Schnellangriffsverteiler; um das Vornehmen eines Löschangriffs zu beschleunigen.
1. Möglichkeit: Die Einrichtung besteht aus zwei gekuppelten B-Schläuchen mit angekuppeltem Verteiler, die im Löschfahrzeug in der Nähe eines B-Abganges der Feuerlöschkreiselpumpe in Buchten gelegt gelagert sind. Im Einsatzfall wird der Schlauch an den B-Abgang des Löschfahrzeuges angekuppelt, der Verteiler zusammen mit dem B-Schlauch aus dem Fahrzeug herausgenommen und an die befohlene Stelle gebracht,

wobei dabei der B-Schlauch vollständig ausgelegt wird.
Der Vorteil ist die Zeitersparnis bei Wasserentnahme aus dem Löschwasserbehälter bis Wasser am Verteiler ansteht und dass von diesem Verteiler aus der Einsatz weiter entwickelt werden kann.
2. Möglichkeit: Zwei Druckschläuche C oder D in Buchten gelagert, die einfach mit der Feuerlösch-Kreiselpumpe verbunden werden können. *(Fl)*

Einsatz, die Gesamtheit aller Maßnahmen und Tätigkeiten von Einsatzkräften an einer → *Einsatzstelle,* um eine Gefahr abzuwenden oder sonstige Hilfeleistungen durchzuführen.
Der Einsatz beginnt mit der → *Alarmierung* und endet mit der Herstellung der → *Einsatzbereitschaft* im → *Feuerwehrhaus* bzw. der → *Feuerwache.*
Einsatzarten der Feuerwehr sind: → *Brandbekämpfung,* → *Technische Hilfeleistung,* Menschenrettung *(→ Retten)* und → *Bereitstellung. (Sr)*

Einsatzabschnitt (EA), festgelegter Teil einer → *Einsatzstelle;* wird vom → *Einsatzleiter* nach taktischen Erfordernissen festgelegt. Diese können sowohl örtlich (z. B. Vorder- und Rückseite eines Gebäudes), nach der Art der Einsatztätigkeit (z. B. Wasserförderung über lange Schlauchstrecken) als auch aufgrund der Anzahl unterstellter Einheiten bedingt sein (ein Führer kann 3 bis 5 → *Einheiten* führen).
Verantwortlich für den Einsatzabschnitt ist der → *Einsatzabschnittsleiter;* → *Führen. (Sr)*

Einsatzabschnittsleiter (EAL), die für einen → *Einsatzabschnitt* verantwortliche Führungskraft. Der Einsatzabschnittsleiter wird vom → *Einsatzleiter* bestimmt. *(Sr)*

Einsatzabteilung (auch: aktive Abteilung), Gesamtheit der Feuerwehrangehörigen einer Feuerwehr, die am Einsatzdienst teilnehmen (Fw-Angehörige zwischen 18 und 65 Jahren bei Freiwilligen Feuerwehren). *(Sr)*

Einsatzbefehl → *Befehl. (Sr)*

Einsatzbereitschaft, Gesamtzustand von → *Einsatzkräften* und Einsatzmitteln, der die jederzeitige Erfüllung des vorgesehenen → *Einsatzes* ermöglicht. Man unterscheidet:
- **personelle** Einsatzbereitschaft (abhängig vom Ausbildungsstand, Ausrüstung, Belastbarkeit und Anzahl der Einsatzkräfte) und
- **technische** Einsatzbereitschaft (abhängig von Art, Zahl und Funktionsfähigkeit der Einsatzmittel). *(Sr)*

Einsatzdauer, Zeit zwischen der Alarmierung der ersten und der Rückkehr der letzten Einsatzkräfte; Kontrolle einer → *Brandstelle* zählt nicht zur Einsatzdauer (DIN 14 011 Teil 2). *(Sr)*

Einsatzfahrt ist die Fahrt einer alarmierten taktischen → *Einheit* von einer → *Feuerwache* bzw. → *Feuerwehrhaus,* → *Feuerwehrstützpunkt* oder von einem anderen Standort aus zu einer → *Einsatzstelle.*
Ist höchste Eile geboten, um Menschenleben zu retten, eine Gefahr für die öffentliche Sicherheit und Ordnung abzuwenden oder bedeutende Sachwerte zu erhalten, so dürfen bei der Einsatzfahrt Sonderrechte im Straßenverkehr in Anspruch genommen (§ 35 StVO) sowie blaues Rundum-

blinklicht *(→ Rundumkennleuchte)* und Einsatzhorn verwendet werden, um die Inanspruchnahme von Sonderrechten den anderen Verkehrsteilnehmern anzuzeigen. Diese müssen dann freie Bahn schaffen (Wegerecht). Für Rückfahrten von Einsatzstellen und Übungsfahrten ist die Anwendung von Sonderrechten grundsätzlich unzulässig. *(Sr)*

Einsatzform, Gruppierung und Zusammenwirken taktischer → *Einheiten* zur Lösung eines Einsatzauftrages nach FwDV 5.
Die Einheiten können eingesetzt werden:
- *geschlossen,* z. B. beide Gruppen des Löschzuges als Haltemannschaft für Sprungtucheinsatz;
- *getrennt,* z. B. 1. Gruppe: Menschenrettung, 2. Gruppe: Löschangriff;
- *nebeneinander,* z. B. Angriff zweier Gruppen auf verschiedenen Gebäudeseiten mit Wasserentnahme von einem Fahrzeug aus;
- *hintereinander,* z. B. 1. Gruppe: Brandausbreitung abriegeln, 2. Gruppe: Aufbau der Wasserversorgung. *(Sr)*

Einsatzgrundsätze (für → *Atemschutzgeräteträger)* Regelungen, wie sich der Atemschutzgeräteträger vor, während und nach einem Atemschutzeinsatz zu verhalten hat.
Die Einsatzgrundsätze sind in der FwDV 7 und den jeweiligen Ausbildungsunterlagen der einzelnen Bundesländer enthalten.
Nach FwDV 7 unterscheidet man in
- Allgemeine Einsatzgrundsätze z. B. „Jeder → *Atemschutzgeräteträger* ist für seine Sicherheit verantwortlich“, „→ *Atemschutzgeräte* sind außerhalb des → *Gefahrenbereiches* an- und abzulegen“, „Der Flüssigkeitsverlust der Einsatzkräfte ist durch geeignete Getränke auszugleichen. Vor und während der Einnahme von Speisen und Getränken ist die Hygiene zu beachten“.
- Einsatzgrundsätze zum Tragen von → *Isoliergeräten,* z. B. „Unter → *Atemschutz* ist truppweise (mindestens 1 → *Truppführer* und 1 Truppmann) vorzugehen“, „An jeder → *Einsatzstelle* muss mindestens ein → *Sicherheitstrupp* zum → *Einsatz* bereit stehen“, „Für den Rückweg ist in der Regel die doppelte Atemluftmenge wie für den Hinweg einzuplanen“.
- Einsatzgrundsätze beim Tragen von → *Filtergeräten,* z. B. „Filtergeräte dürfen nur eingesetzt werden, wenn Luftsauerstoff in ausreichendem Maß vorhanden ist“, „Die Einsatzgrenzen der Atemfilter sind zu beachten. In Zweifelsfällen sind → *Isoliergeräte* zu verwenden.“ *(Zi)*

Einsatzkräfte, alle im → *Einsatz* tätigen → *Mannschaften* mit den zugehörigen → *Geräten* sowie die → *Hilfskräfte. (Sr)*

Einsatzkurzprüfung, zur Sicherheit des → *Atemschutzgeräteträgers* dienende Prüfung, die vor dem Atemschutzeinsatz durchzuführen ist. Sie beinhaltet die Flaschendruck-Kontrolle, die Funktion der atemgesteuerten → *Dosiereinrichtung* und der akustischen → *Warneinrichtung. (Zi)*

Einsatzleiter, Führungskraft, die den Einsatz an einer Einsatzstelle leitet. Wer Einsatzleiter ist, ist im → *Feuerwehrgesetz* geregelt.

Der Einsatzleiter ist Verantwortlicher für die Durchführung eines → *Einsatzes.* Ihm können Einsatzkräfte anderer Organisationen, z. B. DRK und Einheiten anderer → *Fachdienste* unterstellt sein. *(Sr)*

Einsatzleitfahrzeug → *Einsatzleitwagen,* → *Kommandowagen. (Sr)*

Einsatzleitung, Bezeichnung für die Institution, die einen → *Einsatz* leitet und für die Schadenbekämpfung faktisch und rechtlich die Verantwortung trägt.
Die Einsatzleitung besteht aufgrund gesetzlicher Vorgaben beim Feuerwehreinsatz grundsätzlich aus einer organisatorisch/administrativen Leitung (i. d. R. der Bürgermeister) und einer technisch/taktischen Leitung (i. d. R. der → *Wehrführer).*
Der technisch/taktische Leiter wird als → *Einsatzleiter* bezeichnet. Dieser kann zu seiner Unterstützung, z. B. eine → *Führungsgruppe* bzw. einen Stab bilden. *(Sr)*

Einsatzleitwagen (ELW), ein → *Feuerwehrfahrzeug,* mit dessen Einrichtung der → *Einsatzleiter* bzw. die → *Einsatzleitung* taktische Einheiten führt (DIN 14507). Er ist mit Kommunikationsmitteln ausgestattet.
Der ELW 1 dient der Einsatzleitung zur Anfahrt sowie Erkundung von Einsatzstellen, zur Führung von Taktischen Einheiten und als Hilfsmittel zum Führen von Verbänden ohne stabsmäßige Führung. Bei größeren Schadenslagen wird ein größerer Einsatzleitwagen (ELW 2) benötigt, mit dem stabsmäßig geführt werden kann bzw. der als Führungsmittel für die technische Einsatzleitung im Katastrophenfall dient.
Das maximale Gesamtgewicht beträgt 3500 kg beim ELW 1 und 7500 kg (9500 bei Allradantrieb) beim ELW 2; → *Kommandowagen. (Fl)*

Einsatzmittel, → *Einrichtungen,* → *Geräte* und Materialien, die den → *Mannschaften* und → *Hilfskräften* dazu dienen, ihre Einsatzaufgaben zu erfüllen; Beispiele: Feuerwache; Löschfahrzeuge; Schläuche, Atemschutzgeräte. *(Sr)*

Einsatzplan → *Feuerwehreinsatzplan. (Sr)*

Einsatzraum, Gebiet, das einer taktischen Einheit oder einem Verband zugewiesen ist und in dem diese tätig wird. *(Sr)*

Einsatzschwerpunkt, entscheidende Stelle der Gefahrenabwehr, an der durch Zusammenfassung von Kräften und Mitteln ein nachhaltiger Erfolg erzielt werden soll. Besondere Gefahren an einer → *Einsatzstelle* können zur Bildung von Einsatzschwerpunkten führen; Beispiele: Menschenrettung bei einem Wohnungsbrand. *(Sr)*

Einsatzstab → *Stab. (Sr)*

Einsatzstelle, der Ort oder das Objekt, an dem Einsatzkräfte infolge eines Brandes, Unglücksfalles oder sonstigen Notstandes tätig werden. Die Einsatzstelle kann in → *Einsatzabschnitte* aufgeteilt sein. *(Sr)*

Einsatztaktik → *Taktik. (Sr)*

Einsatztoleranzwert (ETW), Schwellenwert, bei dem davon ausgegangen werden kann, dass Einsatzkräfte unter Gefahrensituationen eine 4stündige Exposition tolerieren, auch wenn dies gesundheitliche Belästigungen (Reizwirkung, Geruch) bedeutet.

Der Einsatztoleranzwert steht nicht direkt mit dem → *MAK-Wert* in Beziehung, da dieser anders definiert ist; Beispiel Chlor Cl_2: Einsatztoleranzwert: 1 ppm *(→ ppm);* MAK-Wert: 0,5 ppm. *(Fl)*

Einsatzwert (auch: taktischer Einsatzwert), gibt qualitativ an, wie gut eine taktische → *Einheit* für die Durchführung einer Einsatzaufgabe geeignet ist.
Der Einsatzwert ergibt sich als Vergleich der durch die → *Mannschaft* und das ihr zur Verfügung stehende → *Gerät* gegebenen Einsatzmöglichkeiten mit den sich aus dem Schadenereignis ergebenden Einsatznotwendigkeiten; Beispiel: Die Drehleiter hat beim Auftrag „Menschenrettung aus dem 5. Obergeschoss" einen sehr hohen Einsatzwert; während die Drehleiter beim Auftrag „Menschenrettung aus dem 2. Untergeschoss der Tiefgarage" einen vernachlässigbar geringen Einsatzwert besitzt. *(Sr)*

Einsenkungsmarke (eines Schiffes), Kennzeichnung am oberen Ende der → *Tiefgangsanzeiger* zur Anzeige der höchstzulässigen Einsenkung eines Schiffes im beladenen Zustand. *(Mt)*

Einspeisearmatur (nach DIN 14461 Teil 4), eine wasserführende → *Armatur* in → *Einspeiseeinrichtungen* (nach DIN 14461 Teil 2) zum Anschluss von zwei B-Druckschläuchen *(→ Druckschlauch)* zur Versorgung der Steigleitung trocken.
Die Schlauchanschlüsse der Einspeisearmatur sind mit Rückschlagventilen (Rückflussverhinderern) versehen, sodass auch nur ein Schlauch angeschlossen und das Wasser aus der Steigleitung nicht wieder zurückfließen kann. Zum Entleeren der Steigleitung besitzt die Einspeisearmatur einen Entleerungshahn. *(Br)*

Einspeiseeinrichtung (nach DIN 14461 Teil 2), eine → *Feuerlösch-Schlauchanschlusseinrichtung* bei → *Steigleitungen trocken.* In der Einspeiseeinrichtung befindet sich eine → *Einspeisearmatur.*
Die Einspeiseeinrichtung ist 800 ± 200 mm über der Fläche für die Feuerwehr gut sichtbar und zugänglich anzuordnen. *(Br)*

Einsturz, das plötzliche, unvorhergesehene Zusammenbrechen einer baulichen oder einer anderen technischen Anlage; Beispiel: Dacheinsturz; Anlass für → *Technische Hilfeleistung* der Feuerwehr (DIN 14011 Teil 3). *(Sr)*

Einsturzgefahr, eine Gefahr, bei der eine bauliche oder andere Anlage zusammenzubrechen droht; → *Einsturz;* Anlass für → *Technische Hilfeleistung* der Feuerwehr (DIN 14011 Teil 3). *(Sr)*

Eintreffmeldung, eine Meldung der alarmierten Kräfte über ihr Eintreffen an einer → *Einsatzstelle.* *(Sr)*

Eintreffzeit, die Zeit, zu der
– alarmierte Einsatzkräfte an einer → *Einsatzstelle* oder
– Mannschaften zur Erledigung eines Dienstgeschäftes, z. B. Ortsbesichtigung, Sport, am Zielort eintreffen.
Die Eintreffzeit ist unmittelbar nach dem Eintreffen an die → *Leitstelle* oder → *Befehlsstelle* zu melden; → *Eintreffmeldung.* *(Ha)*

Einweiser, Person, z. B. Feuerwehrangehöriger, der die Bewegungsrichtung einer Maschine bzw. eines Fahrzeugs, z. B. Lkw,

Kran, Bagger, die nicht in allen Positionen und unter jedem Blickwinkel vom Fahrer überwacht werden können, verständlich anzeigt.
Die grundlegenden Signale sind:
- Maschine stop;
- Maschine vorwärts/rückwärts,
- Maschine rechts/links,
- Hebevorrichtung hoch/herunter,
- Maschine aus und sichern. *(Fl)*

Einzelbrand, → *Brand,* der sich auf ein Gebäude, ein einzelnes Grundstück oder auf Teile davon beschränkt; Beispiel: Wohnhausbrand bei offener Bauweise. *(Ha)*

Eiserner Vorhang → *Schutzvorhang. (Oe)*

Eisunfall, ein Unfall, bei dem ein Mensch oder ein Tier in eine Eisfläche eingebrochen ist und zu ertrinken droht; Anlass für → *Technische Hilfeleistung* der Feuerwehr (DIN 14011 Teil 3). *(Sr)*

Elastizität, die Eigenschaft von → *Baustoffen,* eine durch äußere Kräfte verursachte Verformung, z. B. Dehnung oder Durchbiegung, nach Wegfall der wirkenden Kraft wieder rückgängig zu machen.
Dies ist jedoch nur bis zur Elastizitätsgrenze des betreffenden Stoffes möglich. Überschreiten die in einem Baustoff auftretenden → *Spannungen* die Elastizitätsgrenze, so kommt es zu dauerhaften Formänderungen, z. B. zur Durchbiegung.
Im Brandfall bei Wärmeeinwirkung sinkt mit dem Temperaturanstieg die Elastizitätsgrenze, was zu Verformungen und zum Bruch von Bauteilen führen kann. *(Bt)*

Elastomere → *Kunststoffe. (Bt)*

elektrische Betriebsmittel → *Betriebsmittel, elektrische. (Ge)*

elektrische Verriegelung → *Verriegelung, elektrische. (Ki)*

Elektrofachkraft ist eine Person, die aufgrund ihrer fachlichen Ausbildung, Kenntnisse und Erfahrungen die übertragenen Arbeiten beurteilen und mögliche Gefahren erkennen kann. *(Ge)*

Elektromagnetische Verträglichkeit (EMV), Fähigkeit eines Systems, z. B. einer elektronischen Schaltung, elektromagnetischen Störungen der Umwelt ohne Beeinträchtigung seiner Funktionsfähigkeit zu widerstehen. Störquellen können z. B. sein: Rundfunksender, Blitzentladungen, Zündsysteme in Kraftfahrzeugen, Mikrowelleneinrichtungen, Telekommunikationsgeräte; → *EMVG;* → *EMVU. (Ge)*

Elektron, Elementarteilchen mit einer negativen Ladung und der Ruhemasse $9{,}1094 \cdot 10^{-31}$ kg, das ist $^{1}/_{1836}$ der Protonenmasse. Elektronen umgeben den positiv geladenen Atomkern und bestimmen das chemische Verhalten des Atoms. *(Kl)*

elektrostatische Aufladung → *Aufladung. (Ha)*

elektrostatische Entladung → *Aufladung. (Ha)*

Elemente, chemische: sind chemische Grundstoffe, die sich durch chemische (oder physikalische) Verfahren nicht in andere Stoffe zerlegen lassen. Die kleinsten Teilchen der Elemente sind die Atome. Jedes Element hat eine nur ihm eigene Art von Atomen. Ein Element ist somit ein Stoff,

dessen Atome gleiche Kernladungszahlen besitzen.
Jedes Element hat spezifische physikalische und chemische Eigenschaften, wie z. B. → *Aggregatzustand,* → *Dichte,* → *Schmelzpunkt,* → *Siedepunkt,* Protonenzahl, relative Atommasse und Oxidationszahl; in → *chemischen Verbindungen* bleiben die Eigenschaften der Elemente nicht erhalten.
Es gibt 104 chemische Elemente, davon kommen 90 in der Natur vor; die restlichen werden künstlich hergestellt. *(Ha)*

Elro-Pumpe (auch MASTR-Pumpe), Bezeichnung für eine → *Schlauchpumpe.*
Die Bezeichnung Elro steht für das Konstruktionsprinzip der Pumpe: Elastischer Schlauch, der durch einen Rotor zusammengedrückt wird.
Die Bezeichnung MASTR ist eine Abkürzung für den Namen Manfred Streicher (Heilbronn), der diese Pumpe entwickelt hat. *(Fl)*

Emission nennt man die Freisetzung gasförmiger, flüssiger oder fester Stoffe, aber auch von Geräuschen, Erschütterungen, Licht, Wärme und ionisierender Strahlung durch eine Anlage oder einen technischen Vorgang, die in benachbarten Umweltbereichen zu → *Immissionen* führen.
Der Begriff Emission wird häufig mit → *Immission* verwechselt. *(Rö)*

Empfangszentrale für Brandmeldungen, Zentrale einer → *Übertragungsanlage für Brandmeldungen. (Ge/Oe)*

Empfangszentrale für Notsignale ist eine Einrichtung in Atemschutzüberwachungsstellen, die bei Empfang eines Notsignals von Einsatzkräften einen akustischen und optischen Alarm ausgibt. In Verbindung mit → *Notsignalgeräten* der Feuerwehr erfolgt bei Unterbrechung der Funkverbindung ebenfalls eine Signalisierung („Reichweitenalarm"). *(Ge)*

EMV, Abk. für: → *Elektromagnetische Verträglichkeit. (Ge)*

EMVG, Abk. für: → *Elektromagnetische Verträglichkeit zwischen (elektrischen) Geräten;* Beispiele: Der Sendebetrieb eines Fahrzeug-Funkgerätes (die Störquelle) kann die Elektronik des automatischen Bremssystems (die Störsenke) beeinflussen; oder: die Taktfrequenz des Mikroprozessors der Motorsteuerung einer elektronischen Kraftstoffeinspritzung (Störquelle) kann im Funkempfänger (Störsenke) die Aufnahme schwacher Funksignale durch Überlagerung verhindern. *(Ge)*

EMVU, Abk. für: *Elektromagnetische Verträglichkeit* (einer elektrischen Anlage zu ihrer) Umgebung; Beispiel: Beeinflussung des menschlichen Körpers durch ein elektromagnetisches bzw. elektronisches System.
Die EMVU fordert bestimmte Sicherheitsabstände zwischen dem betreffenden Sender und den Aufenthaltsorten für Menschen. *(Ge)*

EN, Abk. für: *Europäische Norm* (E-Norm); wird im Rahmen des → *CEN* erarbeitet.
Die Europäischen Normen werden in Deutschland als DIN EN vom Deutschen Institut für Normung (→ *DIN)* veröffentlicht; Beispiel: DIN EN 3 Teil 1 „Tragbare Feuerlöscher" vom Oktober 1990. *(Fl)*

endotherm (griech: *endo* = innen, *thermos* = warm), Kennzeichnung der chemischen oder physikalischen Vorgänge, die unter Wärmeaufnahme ablaufen; Gegensatz: → *exotherm;* Beispiele für endotherme Vorgänge: Umsetzung von Wasserstoff mit Graphit zu Acetylen; Schmelzen von Eis zu Wasser. Die zugehörige Reaktionsenthalpie *(→ Enthalpie)* ist positiv;

– **endotherme Reaktion,** chemischer Vorgang, bei dem die Reaktion der Stoffe unter Wärmeaufnahme abläuft. Die Endprodukte sind also stets energiereicher als die Ausgangsstoffe.
Hieraus folgt: die aufgenommene Wärme ergibt sich als Differenz der → *inneren Energien* von Endprodukt (U_2) und Ausgangsstoff (U_1). Die aufgenommene Wärme entspricht der → *Reaktionswärme* (ΔH_R). Somit ergibt sich:
$\Delta H_R = U_2 - U_1$ (wobei $U_2 > U_1$ ist); Kennzeichnung der Reaktionswärme daher mit einem Pluszeichen; Beispiel: Umsetzung von glühendem Koks mit Wasser: $C + 2\,H_2O \rightarrow CO_2 + 2\,H_2 + 90{,}37$ kJ. *(Ha)*

Endotrachealtubus, → *Tubus,* der durch den Mund-Rachenraum über den Kehlkopf bis zur Verzweigung der Bronchialäste geschoben wird.
Der Endotrachealtubus ermöglicht ein Beatmen *(→ Beatmung)* mit dem → *Beatmungsgerät.* Die → *Intubation* mit dem Endotrachealtubus darf nur von dafür ausgebildetem Rettungsdienstpersonal durchgeführt werden. *(Zi)*

Endstelle, → *Fernmeldegerät* am Ende eines Übertragungsweges; Beispiele: Telefon, Faxgerät, Fernschreiber. *(Ge)*

Energiedosis, gesamte, von einem Körper aufgenommene Strahlungsenergie, bezogen auf die Masseneinheit; Einheit: → *Gray* (Gy); 1 Gy = 1 Joule je kg (J/kg); → *Größen und Einheiten im Strahlenschutz. (Kl)*

Energiefreisetzungsrate, real freigesetzte Energie bei einem Brand, bezogen auf den Quadratmeter Grundfläche, gemessen in kW/m^2. Die Energiefreisetzungsrate ist im Rahmen ingenieurtechnischer Methoden zur Beurteilung des Brandverhaltens von Baustoffen, Bauteilen und Gebäuden von Bedeutung; Beispiele siehe *Tabelle. (Kl)*

Entdeckungszeit, die Zeit zwischen dem Entstehen eines Schadenereignisses und seinem Entdecken durch Menschen oder automatische Meldeeinrichtungen. *(Sr)*

entflammbar → *Entflammbarkeit. (Ha)*

Entflammbarkeit, Eigenschaft → *brennbarer Stoffe,* bei Einwirkung einer → *Zündquelle* zu → *Entflammen.*
Maßstab für die Entflammbarkeit ist bei brennbaren Flüssigkeiten der → *Flammpunkt,* bei festen brennbaren Stoffen die → *Entflammungstemperatur. (Ha)*

Entflammbarkeitsdauer → *Entflammungszeit. (Ha)*

Entflammen, Einleiten des → *Brennens* unter Flammenerscheinung; Entflammen tritt bei den meisten brennbaren Stoffen ein; Ausnahme: → *flammenlose Verbrennung* von Gasen oder Dämpfen mit einem Katalysator, z. B. in Katalytöfen. Der Begriff Entflam-

Tabelle: Beispiele für Energiefreisetzung

Brandlast im Gebäude	Raumgröße in m^2	äquivalente Holzbrandlast in kg	verbrannte Brandlast in kg	**Energiefreisetzung** in kW/m^2
Möbel in Kisten	170	140 000	450	100
Fahrzeuge	260	145	36	260
Holzstapel	170	4 500	730	390
Bücher, Möbel	460	44 000	11 000	93
Kartonstapel	90	16 500	5 400	320
Holzspanplatten	300	220 000	18 000	86
Karton mit Elektroartikel	2 200	116 000	28 600	310
Pappkartons	1 300	113 000	113 000	620
Verpackungen	10 200	7 200 000	3 740 000	540

men entspricht dem → *Entzünden.* *(Ha)*

Entflammungstemperatur, niedrigste Temperatur eines brennbaren festen Stoffes, bei der durch thermische → *Aufbereitung* an der Oberfläche des Stoffes ein Gas-Luft-Gemisch entsteht, das durch eine → *Zündquelle* entflammt werden kann.
Entflammungstemperatur und → *Zündtemperatur* liegen meist dicht zusammen *(siehe Tabelle);* für brennbare Flüssigkeiten vgl. → *Brennpunkt.* *(Ha)*

Stoff	**Entflammungstemperatur** *in °C*	Zündtemperatur *in °C*
Celluloid	140	140
Polyethylen	350	370
Plexiglas	290	455
PVC-hart	390	455
Silikonharz	505	560

Entflammungszeit (auch: Entflammungsdauer), Zeit, die erforderlich ist, um mit einer definierten → *Flamme* einen → *brennbaren* Stoff zu entflammen.
Die Entflammungszeit wird bei Brennbarkeits- und Entzündbarkeitsprüfungen von Textilien und Kunststoffen ermittelt. *(Ha)*

Enthalpie (Formelzeichen H), Zustandsgröße, die den Wärmeinhalt eines Stoffes bei konstantem äußeren Druck (p) angibt. Sie setzt sich aus der → *inneren* Energie (U) und der Volumenarbeit ($p \cdot V$) zusammen:
$H = U + p \cdot V$ (p = Druck, V = Volumen). Hieraus folgt: Wird einem Stoff Wärme (bei p = const.) zugeführt, so erhöht sich seine innere Energie; gleichzeitig wird vom System Verdrängungsarbeit geleistet. Dieser Energieumsatz kann nur als die Differenz (ΔH_R) der Enthalpien des Endproduktes (H_2) und der Ausgangsstoffe (H_1) der Reaktion in folgender Form bestimmt werden:
$\Delta H_R = H_2 - H_1$.
Der Energieumsatz chemischer Reaktionen wird (bei p = const.) als Reaktionsenthalpie (ΔH_R) bezeichnet *(→ Reaktionswärme).* Bei gleichen Bedingungen ist die Enthalpieänderung gleich der zugeführten Wärmemenge.
Enthalpieänderungen werden mit dem Kalorimeter (einem Gefäß zur Messung von Wärmemengen) bestimmt; Einheit: J/kg oder J/mol; Beispiele: Schmelz-Enthalpie, Verdampfungs-Enthalpie, Sublimations-Enthalpie, Mischungs-Enthalpie, Lösungs-Enthalpie. *(Ha)*

Entlüftungseinrichtung (an Feuerlöschkreiselpumpen), an eine → *Kreiselpumpe* angebaute Vakuumpumpe; sie ermöglicht den Entlüftungsvorgang: Evakuieren der Saugleitung; der äußere Luftdruck drückt das Wasser über die Saugleitung in die Pumpe.
Konstruktionsarten:
- Handkolben-Entlüftungspumpe,
- Auspuff-Ejektor (Gasstrahler),
- Trockenring-Entlüftungspumpe,
- Doppelkolben-Entlüftungspumpe,
- Doppel-Freikolben-Entlüftungspumpe,
- Freikolben-Membran-Entlüftungspumpe,
- Flüssigkeitsring-Entlüftungspumpe.

Die Entlüftungseinrichtung wird durch den Pumpendruck automatisch gesteuert oder durch Handbedienung betätigt. Der Antrieb der Entlüftungseinrichtung erfolgt über Auspuffgase, die Pumpenwelle oder ein Reibrad. *(Fl)*

Entnahmeeinrichtung (nach DIN 14461 Teil 2), eine → *Feuerlösch-Schlauchanschlusseinrichtung* zum Anschluss bei Steigleitungen trocken.
In der Entnahmeeinrichtung befindet sich eine Schlauchanschlussarmatur mit einem C-Abgang und einer Verschraubung zum Absperren der Leitung. In jedem Stockwerk muss eine Entnahmeeinrichtung vorhanden sein. *(Br)*

Entrauchung → *Rauch- und Wärmeabzugsanlage* (RWA); → *Rauchschürze. (Ki)*

Entrauchungsklappe, Klappe in Entrauchungsleitungen, die im Brandfall zur Ableitung von Rauch geöffnet werden. Sie müssen im wesentlichen aus Baustoffen der → *Baustoffklasse A* bestehen und eine Auslöseeinrichtung haben, die durch → *Rauchmelder* gesteuert wird. *(Ki)*

Entrauchungsventilator, ein fest in eine bauliche Anlage eingebauter Ventilator mit der Aufgabe, im Brandfall heiße Gase zu fördern.
Entrauchungsventilatoren können je nach Ausführung bis zu 1 000 °C heiße Brandgase fördern.
Man unterscheidet nach DIN 18232 Teil 6 Ventilatoren in Abhängigkeit von ihrer Temperaturbeständigkeit in:
- Kategorie I: bis etwa 300 °C,
- Kategorie II: bis etwa 550 °C und
- Kategorie III: bis etwa 800 °C;
- für Sonderanwendungen gibt es Ventilatoren für Temperaturen über 1 000 °C. *(Ki)*

Entschluss (in der Einsatzlehre), Teil des → *Führungsvorganges.* Der Entschluss ist die Entscheidung über Art und Durchführung des → *Einsatzes.* Er ist das folgerichtige Ergebnis aller Erwägungen bei der Lagebeurteilung (FwDV 100). *(Sr)*

Entwicklungszeit, die Zeit zwischen dem Erteilen des ersten Einsatzbefehles und dem Wirksamwerden der befohlenen Maßnahmen; Beispiele: Bei Vornahme des ersten Rohres die Zeit vom Ende des Einsatzbefehls bis zum Auftreffen des Löschwassers auf dem Brandgut. *(Sr)*

Entziehung der Fahrerlaubnis erfolgt am häufigsten durch eine strafrichterliche Entscheidung nach § 69 StGB, wonach die Fahrerlaubnis bei besonders schweren Straftaten, z. B. bei einer Trunkenheitsfahrt, im Regelfall zu entziehen ist.

Anders als beim → *Fahrverbot* erlischt durch die Entziehung die → *Fahrerlaubnis* endgültig und muss nach Ablauf der vom Gericht festgesetzten Sperrfrist (mind. 6 Monate, höchstens 5 Jahre oder auf Lebenszeit) bei der Straßenverkehrsbehörde neu beantragt werden. Diese prüft die Eignung des Bewerbers in eigener Zuständigkeit und kann ggf. auch eine neue Fahrprüfung verlangen.
Die Entziehung der Fahrerlaubnis kann bei einem Eignungsmangel auch durch die Straßenverkehrsbehörde erfolgen, z. B. bei schweren gesundheitlichen Mängeln oder bei zu vielen Punkten im Verkehrszentralregister beim Kraftfahrzeugbundesamt (in Flensburg). Wesentlich häufiger ist jedoch die Entziehung der Fahrerlaubnis durch eine strafrechtliche Entscheidung. *(Fi)*

entzündbar → *Entzündbarkeit. (Ha)*

Entzündbarkeit, Eigenschaft → *brennbarer Stoffe* oder Stoffgemische, mehr oder weniger leicht entzündet werden zu können (DIN 14011 Teil 1).
Die Entzündbarkeit hängt insbesondere ab von
– der chemischen Zusammensetzung des Stoffes,
– dem Zustand des Stoffes, z. B. Temperatur, Druck, Aggregatzustand, Oberflächenbeschaffenheit und Feuchtigkeitsgehalt,
– den Stoffeigenschaften, z. B. → *Explosionsgrenzen,* → *Zündtemperatur,* → *Flammpunkt,* → *Verbrennungswärme,* → *Abbrandrate* sowie der Fähigkeit, bei Erwärmung Gase oder Dämpfe freizusetzen,
– der Sauerstoffzufuhr, → *z. B.* Sauerstoffkonzentration und der Durchmischung der Reaktionspartner,
– der Art (Lichtbogen, Flamme, erwärmte Oberfläche) und der Einwirkdauer *(→ Entflammungszeit)* einer Zündquelle und
– der Wirkung von Katalysatoren.
Über die Entzündbarkeit verschiedener Stoffe sind nur vergleichende Aussagen möglich. *(Ha)*

Entzünden, das Einleiten einer → *Verbrennung;* Entzünden ist eingetreten, wenn – je nach Art des brennbaren Stoffes – ein → *Glimmen,* eine → *Glut* oder eine → *Flamme* erscheint oder wenn in einem abgeschlossenen System eine → *Explosion* mit Druckerhöhung eintritt.
Entzünden findet meist in der Gasphase statt. Sie wird bei festen und flüssigen Stoffen erst nach thermischer → *Aufbereitung* des Stoffes sowie nach Bildung von Gasen bzw. → *Dämpfen* erreicht.
Entzünden setzt die Einwirkung einer bestimmten → *Zündenergie* und das Erreichen der → *Zündtemperatur* voraus. Man unterscheidet → *Fremdentzündung* und → *Selbstentzündung. (Ha)*

Entzündlichkeit (auch: Zündbereitschaft und → *Zündwilligkeit),* Bereitschaft eines → *brennbaren Stoffes,* sich bei Einwirken einer → *Zündquelle* zu entzünden.
Entzündlichkeit hängt insbesondere von dem Energiegehalt der Zündquelle, der Durchmischung des brennbaren Stoffes mit dem → *Oxidationsmittel,* dem → *Aggregatzustand* und dem Grad der → *Aufbereitung* des Stoffes ab. Zur Beurteilung der Entzündlichkeit werden → *Sicherheitstechnische Kennzahlen* herangezogen, wie z. B. → *Mindestzündenergie,* → *Temperaturklassen* → *Flammpunkt* und → *Explosionsgrenze.*

Man unterscheidet:
– **selbstentzündliche Stoffe:** Stoffe, die sich bei normaler Temperatur und normalem Sauerstoffgehalt der Luft ohne äußere oder sonstige Wärmezufuhr erwärmen und entzünden, z. B. weißer Phosphor;
– **leichtentzündliche Stoffe:** Stoffe, die im festen Zustand durch kurzzeitiges Einwirken einer → *Zündquelle* entzündet werden können und nach Entfernen der Zündquelle weiterbrennen. Flüssige leichtentzündliche Stoffe haben einen niedrigen Flammpunkt (< 21 °C) oder entwickeln bei Berührung mit Wasser oder Luftfeuchtigkeit leichtentzündliche Gase und Dämpfe, z. B. Acetylen, Schwefelkohlenstoff, Butan; → *hochentzündliche Stoffe;*
– **normalentzündliche Stoffe:** Stoffe, zu deren Entzünden mindestens eine Streichholzflamme erforderlich ist; hierzu gehören die meisten brennbaren Stoffe;
– **schwerentzündliche Stoffe:** Stoffe, zu deren Entzünden energiereichere Zündquellen, z. B. eine Lötlampe, verwendet werden müssen; Beispiele: Koks, Elektron (eine Aluminium-Magnesium-Legierung), Thermit (ein Gemisch aus Eisenoxid- und Aluminiumpulver). *(Ha)*

Entzündung → *Entzünden. (Ha)*

Entzündungstemperatur → *Zündtemperatur. (Ha)*

Erdanker, etwa 1,5 m langer Anker aus gehärtetem Aluminium oder Stahl; Erdanker werden verwendet, um in gewachsenem Boden Festpunkte zum Anschlagen von Hebevorrichtungen oder zur Sicherung von beweglichen Lasten zu schaffen. Die Kraft, die ein Erdanker aufnehmen kann, ist von der Beschaffenheit des Bodens und der Anzahl der eingeschlagenen Nägel (Erdnägel) abhängig; Anwendungsbeispiel: Befestigen einer Ölsperre über einen breiten Bach. *(Ma)*

Erddruck, der durch das Eigengewicht der Erdmassen verursachte und auf der Rückseite einer Stützkonstruktion, z. B. einer Kellerwand oder einer → *Spundwand,* wirkende Druck. Die aus dem Erddruck resultierende, waagrechte Kraft nennt man Erddrucklast. Sie ist eine der ständig auf ein Bauwerk wirkenden → *Lasten. (Bt)*

Erddrucklast → *Erddruck. (Bt)*

Erdfeuer, eine Waldbrandart *(→ Waldbrand);* es brennen die Bodendecke, die Torf- und Humusschichten, meist bis zur Gesteins- oder Wasserschicht. Mit dem Umstürzen der Bäume ist zu rechnen. Die Ausbreitungsgeschwindigkeit eines Erdfeuers beträgt einige hundert Meter je Tag, seine → *Brandfläche* ist meist kreisförmig. *(Ha)*

Ereigniswahrscheinlichkeit → *Risiko. (Sr)*

Ergänzung, des → *Katastrophenschutzes;* → *Erweiterung des Katastrophenschutzes. (Sr)*

ERI-Card, engl. (= *Emergency Response Intervention Card*); Unfallmerkblatt; Erstinformation für Einsatzkräfte beim Transport gefährlicher Güter auf der Straße. Diese Einsatzmerkblätter wurden unter der Federführung des → *CEFIC* erarbeitet.
Die ERI-Cards sollen Spezialisten der Feuerwehren bei ihrem Eintreffen an der Einsatzstelle schnelle erste Informationen über die erforderlichen Einsatzmaßnahmen

im Hinblick auf das jeweilige Gefahrgut liefern.

In der ERI-Card sind die Gefahrgüter nach ihrer → *Gefahrnummer* und nach dem *UK-Hazchem Emergency Code* eingruppiert.

Die sich in den ERI-Cards befindenden Handlungsanweisungen beziehen sich auf

- Eigenschaften der Gefahrgüter,
- Gefahren,
- Schutzausrüstung,
- Einsatzmaßnahmen bei Leckage und bei Feuer,
- → *Erste Hilfe,*
- Maßnahmen zur Bergung von Gefahrgut und
- → *Dekontamination* von Schutzkleidung und Ausrüstung. *(Fl)*

Erker, durch ein oder mehrere Geschosse hochgeführter, fest umschlossener und überdeckter Vorbau an der → *Außenwand* eines Gebäudes. Der Erker kann der Sichterweiterung, besserer Belichtung von Wohnräumen oder künstlerischer Gestaltung von Fassaden dienen.

Damit Erker aus brennbaren Stoffen die Schutzwirkung von → *Brandwänden* oder → *feuerbeständigen* Wänden nicht beeinträchtigen, werden sie in entsprechendem Abstand zu diesen errichtet, z. B. 1,25 m nach → *LBOAVO* Baden-Württemberg. *(Bt)*

Erkrankter ist eine Person, deren Gesundheit beeinträchtigt ist, ohne verletzt *(→ Verletzter)* zu sein. Der Erkrankte kann sowohl ein → *Notfallpatient* (z. B. nach Herzinfarkt) als auch ein → *Nichtnotfallpatient,* z. B. bei Masern, sein. *(Sr)*

Erkundung (der Lage) → *Lagefeststellung. (Sr)*

Erkundungszeit, die Zeit zwischen dem Eintreffen am → *Einsatzort* und dem Erteilen des ersten Einsatzbefehls. *(Sr)*

Ermittlungsverfahren ist der gesamte Verfahrensteil innerhalb eines Strafverfahrens von der Entdeckung oder Anzeige einer Straftat bis zur Erhebung der Anklage durch die Staatsanwaltschaft. Dabei ist die Staatsanwaltschaft die „Herrin des Verfahrens“. Regelmäßig bedient sich die Staatsanwaltschaft für ihre Ermittlungen der Polizei. Die Feuerwehr ist nicht befugt, eigene Ermittlungen über die Brand- oder Unfallursache anzustellen. Sie unterstützt die Polizei im Ermittlungsverfahren allerdings durch Mitteilung von Beobachtungen und durch ihr Fachwissen. Die Staatsanwaltschaft kann bereits im Ermittlungsverfahren technische oder medizinische Sachverständige mit der Erstellung von Gutachten beauftragen, z. B. Brandursachengutachten oder Obduktionen.

Ausnahmslos haben sich die Ermittlungen auf alle, also auch die entlastenden Umstände, zu beziehen. Vor dem Abschluss der Ermittlungen ist jeder Beschuldigte unter Eröffnung, welcher Straftat er verdächtig ist, zu vernehmen. Er ist nicht verpflichtet, Angaben zur Sache zu machen oder gar sich selber zu belasten. *(Fi)*

Ersatzstromversorgungsanlage, eine Stromversorgungsanlage, die die Versorgung mit elektrischer Energie von Teilen des Netzes oder einzelner Verbraucher nach Ausfall oder Abschaltung der normalen Stromversorgung übernimmt. Sie besteht aus einem durch eine Kraftmaschine (Dieselmotor) angetriebenen Generator, Batterien sowie Schalt- und Hilfseinrichtungen. Feuerwehraufzüge müssen an einer Ersatzstromversorgungsanlage angeschlossen werden. *(Ki)*

Ersatzvornahme ist ein → *Zwangsmittel*; als Ersatzvornahme bezeichnet man die Durchführung der angeordneten Handlung durch die Behörde anstelle des Verpflichteten; Beispiel: jemand weigert sich bei einem Feuerwehreinsatz, sein behindernd abgestelltes Fahrzeug zu entfernen; das Fahrzeug wird von der Feuerwehr weggezogen. Als Zwangsmittel ist die Ersatzvornahme dem Betroffenen vorher anzudrohen. Nur bei Gefahr im Verzug ist die Durchführung der Ersatzvornahme ausnahmsweise auch ohne vorherige Androhung zulässig. *(Fi)*

Erscheinungsbild (von → *Gefahrstoffen);* es wird bestimmt durch ihren → *Aggregatzustand,* Farbe, Geruch, Kristallform und Eigenschaft, Kristalle zu bilden. Aus dem Erscheinungsbild eines unbekannten Stoffes ergeben sich erste Hinweise auf seine Identität; Beispiel: Ein Stoff ist flüssig, farblos und hat einen süßlichen Geruch. Ergebnis: Es kann sich dabei um Benzol handeln. *(Fl)*

Erste Hilfe, die normalerweise von → *Laienhelfern* leistbaren Maßnahmen an → *Erkrankten* und Verletzten. *(Zi)*

Ersthelfer, eine Person, die über die Unterweisung in → *Lebensrettende Sofortmaßnahmen* hinaus nach verbindlichen Richtlinien der Organisationen der Rettungsdienste, z. B. Erste-Hilfe-Leitfaden des DRK, für die → *Erste Hilfe* ausgebildet ist. *(Zi)*

Ersticken, Löschen durch Stören der mengenmäßigen Reaktionsbedingungen *(→ Stickeffekt),*
a) durch Entzug (bzw. ,,Verdünnen") von Sauerstoff,
b) durch Abkühlen der brennbaren Flüssigkeit unter den → *Flammpunkt* oder
c) ,,Trennen der Reaktionspartner", z. B. durch Schaummittel; → *Löschwirkung. (Kl)*

Erstversorgung → *Sofortmaßnahmen,* → *Erste Hilfe. (Zi)*

Erweiterter Zug → *Zug. (Sr)*

Erweiterung des Katastrophenschutzes, früher: gesetzlich festgelegter Begriff für den → *Katastrophenschutz* im Verteidigungsfall. Der Begriff ergibt sich daraus, dass für friedensmäßige Katastrophen aufgestellte → *Einheiten* und → *Einrichtungen* ihre Aufgaben auch im Verteidigungsfall wahrnehmen. Für die im Verteidigungsfall drohenden zusätzlichen Gefahren und Schäden werden diese zusätzlich ausgebildet und ausgestattet (,,Ergänzung"), z. B. durch ABC-Selbstschutzmasken, sowie durch neu aufgestellte Einheiten verstärkt, z. B. der → *Bergungsdienst* (,,Verstärkung").
,,Ergänzung" plus ,,Verstärkung" ergeben die ,,Erweiterung". *(Sr)*

Esmarch-Handgriff, nach dem deutschen Chirurgen Jakob Esmarch benannter Griff, um bei Bewusstlosigkeit eines Patienten den Mund zu öffnen und den Unterkiefer vorzuschieben, damit der Mundraum von Fremdkörpern gereinigt werden kann, um eine Atemspende durchzuführen bzw. dass der → *Tubus* eingeführt werden kann. Dazu legt man die Daumen zwischen Unterlippe und Kinnspitze und die übrigen Finger des Helfers unter das Kinn des Verletzten. Das Kinn wird durch leichten Druck nach oben und vorne geschoben, damit sich der Mund öffnet. *(Zi)*

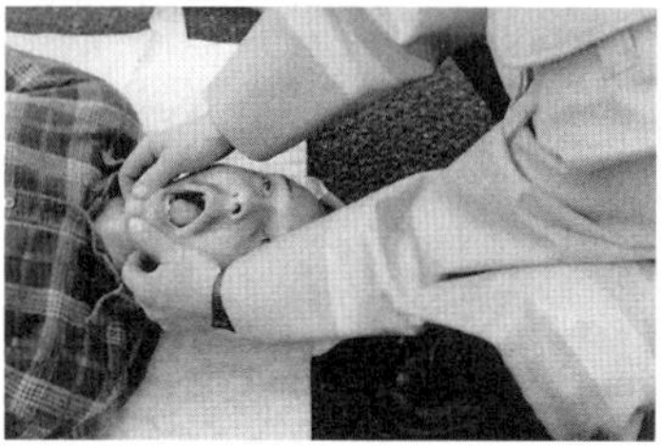

Bild: Esmarch-Handgriff

Etage, andere Bezeichnung für → *Geschoss. (Bt)*

Ethin, → *Acetylen. (Kl)*

ETSI, Abk. für: *European Telecommunications Standard Institute* (= Europäisches Normungsinstitut für Telekommunikation); Institut, von dem europäische Standards für Telekommunikationssysteme (ETS) entwickelt werden. Mitglieder sind europäische Fernmeldeverwaltungen, Hersteller von Geräten und Anlagen der Kommunikationstechnik, Netzbetreiber sowie Forschungsinstitute. *(Ge)*

ETW, Abk. für: → *Einsatztoleranzwert. (Fl)*

Eurosignal, Produktname für den Funkrufdienst der damaligen Deutschen Bundespost bzw. Telekom mit einem Folgerufsystem von sechs Tönen und Betriebsfrequenzen zwischen dem 4-m-Bereich der → *BOS* und dem Ton-Rundfunkbereich. Der Betrieb von Eurosignal wurde Ende März 1998 eingestellt. *(Ge)*

Evakuieren, ist das Verbringen von Personen und Tieren aus einem gefährdeten Gebäude oder Gebiet einschließlich deren Unterbringung und Versorgung.
Die Evakuierung setzt einen verfügbaren Zeitraum (von mehreren Stunden) zur Vorbereitung der Evakuierungsmaßnahmen voraus. Das Evakuieren wird im Gegensatz zum → *Räumen* durchgeführt, wenn die bestehende Gefahr ein länger dauerndes Betreten des Evakuierungsgebietes unmöglich erscheinen lässt, beispielsweise bei Hochwasser. In Gebieten mit hohem → *Risiko,* z. B. in der Nähe eines Kernkraftwerkes, werden von der zuständigen Behörde als Maßnahme der vorbeugenden Gefahrenabwehr → *Evakuierungspläne* erstellt. *(Sr)*

Evakuierungsplan ist eine schriftliche Zusammenstellung aller Maßnahmen, Adressen und Grundsätze, die zur Durchführung einer → *Evakuierung* notwendig und festgelegt sind. Ein Evakuierungsplan enthält beispielsweise die Festlegung des Evakuierungsgebietes, Transportmittel, Unterbringungsmöglichkeiten, Betreuungspersonen, Versorgungsmöglichkeiten *(→ Versorgung)* bis zu den Durchsagetexten. *(Sr)*

exotherm (griech: *exo* = außen, *thermos* = warm), Kennzeichnung der chemischen (oder physikalischen) Vorgänge, die unter Wärmeabgabe an die Umgebung ablaufen; Gegensatz: → *endotherm,* Beispiele: Erstarren von Schmelzen, Verbrennen von Kohle zu CO_2, Knallgas-Reaktionen. Die zugehörige Reaktionsenthalpie *(→ Enthalpie)* ist negativ.
– exotherme Reaktion, chemischer Vorgang, bei dem die Reaktion der Stoffe unter Abgabe von Wärme verläuft. Die Endprodukte sind also stets energieärmer als die Ausgangsstoffe. Hieraus folgt:

Die abgegebene Wärme bestimmt sich als Differenz der → *inneren Energien* von Endprodukt (U_2) und Ausgangsstoff (U_1). Die abgegebene Wärme entspricht der → *Reaktionswärme* (ΔH_R).
Somit ergibt sich:
$\Delta H_R = U_2 - U_1$ (wobei $U_2 < U_1$ ist); Kennzeichnung daher mit einem Minuszeichen; Beispiele: alle Verbrennungsreaktionen;
Löschen von Kalk:
$CaO + H_2O \rightarrow Ca(OH) - 393{,}2$ kJ. *(Ha)*

explosibel, explosionsfähig; Fähigkeit brennbarer Gas-, Dampf- und Staub-Luft-Gemische sowie von Nebeln, im → *Explosionsbereich* nach Zündung mit hoher → *Flammengeschwindigkeit* zu verbrennen;
– explosibles Gemisch → *Gemisch. (Ha)*

Explosion, unkontrolliertes, sehr schnell ablaufendes → *Brennen* in →*explosiblem Gemisch* bzw. explosibler → *Atmosphäre,* bei dem gleichzeitig große Gas- und Wärmemengen freigesetzt werden und eine starke Druckwelle entsteht. Begleiterscheinungen einer Explosion sind meist greller Lichtblitz und lauter Knall.
Die → *Verbrennungsgeschwindigkeit* einer Explosion hängt von der prozentualen Zusammensetzung und Vermischung des brennbaren Stoffes mit dem Oxidationsmittel ab; → *Explosionsbereich.* Beim Zünden einer Explosion entsteht eine → *Flammenfront,* die das Gemisch – ausgehend von der → *Zündquelle* – mit einer bestimmten → *Flammengeschwindigkeit* durchläuft.
Man unterscheidet:
– Explosion mit geringer Flammengeschwindigkeit (< 1 m/s) und Druckwirkung (≤ 1 bar); Bezeichnung: → *Verpuffung,*
– Explosion mit hoher Flammengeschwindigkeit (≤ 330 m/s) und Druckwirkung (≤ 14 bar); Bezeichnung: → *Deflagration;*
– Explosion mit sehr hoher Flammengeschwindigkeit (≥ 330 m/s in Luft) und mit enormer Druckwirkung (> 10 und über 1000 bar); Bezeichnung: → *Detonation. (Ha)*

Explosionsbereich (auch: Zündbereich) ist der Bereich zwischen der unteren und der oberen → *Explosionsgrenze,* in dem die Konzentration eines brennbaren Gases, Dampfes, Nebels oder Staubes im Gemisch mit Sauerstoff, meist Luft, zündbereit und explosibel ist. Der Abstand zwischen den Explosionsgrenzen gibt Auskunft über die Gefährlichkeit eines explosiblen Gemischs: je größer der Abstand, desto gefährlicher ist das Gemisch. Die → *Flammenausbreitungsgeschwindigkeit* kann im Explosionsbereich bis zu einigen Metern pro Sekunde (m/s) ansteigen; Werte siehe *Tabelle 2* bei → *Explosionsgrenzen. (Ha)*

Explosionsdruck ist der → *Druck* (Kraft je Fläche), der bei einer → *Explosion* von den in großen Mengen entstehenden Verbrennungsgasen ausgeübt wird. Maßgebend für den Druck ist das Verhältnis zwischen dem Volumen der Verbrennungsgase und dem des Gemisches vor der Explosion. Abhängigkeiten bestehen insbesondere von der Art und der Konzentration des brennbaren Stoffes im Gemisch, vom Ausgangsdruck, der Zündenergie, der Temperatur in der Reaktionszone und dem räumlichen Explosionsverlauf.
Alle brennbaren Gase, Dämpfe und Stäube erzeugen im → *stö-*

chiometrischen Gemisch mit Luft nach dem Entzünden einen Explosionsdruck. Unter Normbedingungen (20 °C, 1013 mbar) werden Drücke bis zu 10 bar erreicht. Bei Brennstoff-Sauerstoff-Gemischen können Explosionsdrücke bis zu 20 bar auftreten;

–, maximaler: ist der höchste Explosionsdruck, der von einem Gas-/Dampf-Gemisch oder einem Staub-Luft-Gemisch etwas oberhalb der → *stöchiometrischen Konzentration* in einem geschlossenen Gefäß bei einem Ausgangsdruck von 0,1 MPa entsteht *(Tabellen 1* und *2*). Der maximale Druck baut sich innerhalb von 10 bis 100 Millisekunden bzw. weniger Sekunden auf. Er ist eine → *Sicherheitstechnische Kennzahl.*

Tabelle 1: Maximaler **Explosionsdruck** von Gas-, Dampf-Luft-Gemischen unter Normbedingungen (20 °C und 1013 mbar, in einem 5-Liter-Gefäß) und Staub-Luft-Gemischen

Stoff	Druck p in bar
Gase	
Acetylen C_2H_2	10,1
Ammoniak NH_3	5,9
Butan C_4H_{10}	8,6
Ethen C_2H_4	8,9
Kohlenmonoxid CO	7,2
Methan CH_4	7,1
Schwefelwasserstoff H_2S	4,9
Wasserstoff H_2	7,3
Flüssigkeiten	
Aceton CH_3COCH_3	8,7
Benzol C_6H_6	8,8
n-Butanol C_4H_9OH	7,4
Ethanol C_2H_5OH	7,4
Ether $(C_2H_5)_2O$	9,0
Methanol CH_3OH	7,3
Octan C_8H_{18}	7,9
n-Pentan C_5H_{12}	8,5
Propanon CH_3COH_3	8,6
Vinylchlorid C_2H_3Cl	6,7
Stäube	
Buchenholz	4,41
Fichtenholz	4,21
Korkmehl	4,41
Naphthalin $C_{10}H_8$	5,78
Polyester	8,5
Schwefel S	3,63

Tabelle 2: Maximaler **Explosionsdruck** von Gas-, Dampf-Sauerstoff-Gemischen (stöchiometrisches Gemisch bei 15 °C und 1013 mbar)

Stoff		Druck p in bar
Acetylen	C_2H_2	13,1
Ether	$(C_2H_5)_2O$	14,1
(Dimethyl-)ether	$(CH_3)_2O$	17,5
Ethan	C_2H_6	14,0
Ethen	C_2H_4	13,9
Kohlenmonoxid	CO	8,3
Methan	CH_4	14,1
Wasserstoff	H_2	8,0

Die Kennzahlen werden z. B. für den Bau druckfester Behälter, zur Berechnung von Berstscheiben und zur Dimensionierung von Sicherheitsventilen herangezogen. Eine Übersicht über den Einfluss von Temperatur, Druck und Sauerstoffgehalt auf die Kennzahl siehe Tabelle 1 bei → *Explosionsgrenzen. (Ha)*

explosionsfähige Atmosphäre → *Atmosphäre,* explosionsfähige. *(Ha)*

Explosionsgefahr, Sachlage, bei der eine → *Explosion* eintreten kann; Explosionsgefahr besteht immer dann, wenn sich ein explosionsfähiges → *Gemisch* bzw. eine explosionsfähige → *Atmosphäre* gebildet hat, eine → *Zündquelle* vorhanden ist und Menschen und/oder Sachwerte geschädigt werden können. *(Ha)*

Explosionsgrenze (auch: Zündgrenze) ist die niedrigste bzw. höchste Konzentration eines → *brennbaren Stoffes* im → *Gemisch* von Gasen, → *Dämpfen,* → *Nebeln* und/oder Stäuben *(→ Staub),* in der sich nach dem → *Entzünden* ein → *Brennen* nicht mehr selbst-

Tabelle 1: Einfluss von Zustandsbedingungen auf die **Explosionsgrenzen,** den max. Explosionsdruck und die max. Druckanstiegsgeschwindigkeit

	Temperatur-		Druck-		Sauerstoffgehalt	
	Zu-nahme	Ab-nahme	Zu-nahme	Ab-nahme	Zu-nahme	Ab-nahme
untere Explosionsgrenze	sinkt gering	steigt gering	sinkt gering	steigt gering	sinkt gering	steigt gering
obere Explosionsgrenze	steigt	sinkt	steigt	sinkt	steigt	sinkt
max. Explosionsdruck	kaum Wirkung		steigt	sinkt	steigt	sinkt
max. Druckanstiegsgeschwindigkeit	kaum Wirkung		steigt	sinkt	steigt	sinkt

ständig fortpflanzen kann (DIN 14011 Teil 1).
Die Grenzkonzentrationen heißen untere bzw. obere Explosionsgrenze. Sie begrenzen den → *Explosionsbereich* und gelten als → *Sicherheitstechnische Kennzahlen.* Für brennbare Flüssigkeiten können die Explosionsgrenzen bei Bezug auf die Flüssigkeitstemperatur als → *Explosionspunkte* angegeben werden.
Beeinflusst werden die Explosionsgrenzen eines Gemischs von der jeweiligen Temperatur, vom Druck, dem Sauerstoffgehalt und Inertgasanteil *(→ inerte Gase)* sowie von der zugeführten Zündenergie *(Tabelle 1).*
Der Anteil des brennbaren Stoffes im Gemisch wird in Vol.-%, z. B. bei Flüssigkeiten, oder in g/m³, z. B. bei Stäuben, angegeben, meist auf Normbedingungen (20 °C, 1013 mbar) und eine explosionsfähige Atmosphäre bezogen.
–, untere: gibt die Mindestkonzentration eines brennbaren Stoffes in einer explosiblen Atmosphäre bzw. in einem explosiblen Gemisch an, bei der nach dem Entzünden ein selbstständiges Brennen nicht mehr unterhalten wird. Unterhalb der unteren Explosionsgrenze ist die Konzentration des brennbaren Stoffes zu gering; das Gemisch ist zu „mager" und kann nicht mehr entzündet werden.
Zur Beurteilung der → *Explosionsgefahr* hat die untere Explosionsgrenze größere Bedeutung als die obere: Gase und Dämpfe mit geringen unteren Grenzwerten sind sehr zündbereit und bilden bereits in kleinen Konzentrationen → *explosible Gemische.*
–, obere: gibt die Höchstkonzentration eines brennbaren Stoffes in einer explosiblen Atmosphäre bzw. einem explosiblen Gemisch an, bei der nach dem Entzünden ein selbstständiges Brennen nicht mehr unterhalten wird. Oberhalb der oberen Explosionsgrenze herrscht Sauerstoffmangel; das Gemisch ist zu „fett", kann aber bei Sauerstoffzutritt brennen. *(Ha)*

Explosionsgrenzen-Warngerät → *Messgeräte* (für Gefahrstoffe). *(Fl)*

Explosionsgruppe, Einteilung elektrischer Betriebsmittel hinsichtlich Zündwilligkeit brennbarer Gase und Dämpfe explosionsfähiger → *Atmosphären.* Es werden unterschieden:
Gruppe I = elektrische Betriebsmittel für schlagwettergefährdete Grubenbaue; Gruppe II = elektri-

Tabelle 2: **Explosionsgrenzen** und Explosionsbereiche von Gasen und Dämpfen (in Luft bei 20 °C und 1013 mbar)

Stoff		Explosionsgrenzen	
		untere in Vol.-%	obere
Flüssigkeitsdämpfe			
Aceton	CH_3COCH_3	2,5	13
Benzin	–	0,6	8,0
Benzol	C_6H_6	1,2	9,5
Blausäure	HCN	5,6	46,6
Ether	$(C_2H_5)_2O$	1,7	49,0
Ethylalkohol (Spiritus)	C_2H_5OH	3,5	15
Heizöl	–	0,6	6,0
Methanol (Holzgeist)	CH_3OH	5,5	36,5
Octan	C_8H_{18}	0,8	6,5
Schwefelkohlenstoff	CS_2	1,0	60
Toluol	$C_6H_5CH_3$	1,2	7,0
Xylol	$C_6H_4(CH_3)_2$	1,0	7,6
Gase			
Acetylen	C_2H_2	1,5	82
Ammoniak	NH_3	15	28
Butan	C_4H_{10}	1,5	8,5
Ethan	C_2H_6	3,0	12,5
Erdgas	–	4,5	13,5
Ethen (Ethylen)	C_2H_4	2,7	34
Kohlenmonoxid	CO	12,5	74
Methan	CH_4	5,0	15
Propan	C_3H_8	2,1	9,5
Schwefelwasserstoff	H_2S	4,3	45
Wasserstoff	H_2	4,0	75,6

sche Betriebsmittel für alle übrigen explosionsgefährdeten Bereiche.
Bei einigen → *Zündschutzarten* ist für elektrische Betriebsmittel nach der → *Zündwilligkeit* des Gases oder Dampfes eine weitere Unterteilung in II A (z. B. Aceton), II B (z. B. Ethylen) und II C (z. B. Wasserstoff) vorgeschrieben. *(Ge)*

Explosionsgruppe	Grenzspaltweite *in mm*	Mindestzündstrom *in A*
II A	$> 0{,}9$	$> 0{,}8$
II B	$\geq 0{,}5$ bis $\leq 0{,}9$	$\geq 0{,}45$ bis $\leq 0{,}8$
II C	$< 0{,}5$	$< 0{,}45$

Explosionsmelder, Erkennungsgerät, z. B. Druckdetektor mit zugehöriger Steuereinheit.
Funktion: Der Detektor erkennt z. B. eine Zündung oder den Anlauf der Explosionsdruckwellen und meldet dies an die Steuereinheit, die die → *Explosionsunterdrückungsanlage* in Tätigkeit setzt. Optische Detektoren, z. B. → *Flammenmelder,* können nur dort eingesetzt werden, wo nicht mit einer Beeinträchtigung durch Staub gerechnet werden muss. In Behältern und wo mit Staubexplosionen zu rechnen ist, werden anstelle von optischen Detektoren Membran-Detektoren eingesetzt. *(Oe)*

Explosionspunkte nennt man die Temperaturen einer brennbaren Flüssigkeit *(→ brennbar)* in einem geschlossenen Raum, bei denen die Konzentration des gesättigten Dampf-Luft-Gemisches und der Dampfdruck die untere bzw. die obere → *Explosionsgrenze* erreichen.

Die Explosionspunkte können bestimmt werden:

a) experimentell durch Erwärmung der brennbaren Flüssigkeit in einem dicht geschlossenen Gefäß und Messung der Temperatur, bei der sich das entstehende Dampf-Luft-Gemisch durch → *Funken* erstmalig oder gerade noch entzünden lässt;

b) rechnerisch und grafisch durch Berechnung des Dampfdruckes der Flüssigkeit mit Hilfe der Explosionsgrenzen und durch anschließende Ermittlung der zugehörigen Temperaturen aus der Dampfdruckkurve der Flüssigkeit (Beispiel siehe unten). Die unteren Explosionspunkte liegen stets unter dem → *Flammpunkt (Tabelle). (Ha)*

Tabelle: Untere **Explosionspunkte** und Flammpunkte

brennbare Flüssigkeit	unterer Explosionspunkt in °C	Flammpunkt in °C
Ethanol	9	12
Pentanol	37	58
Tetralin	62	70

Ermittlung für Benzol (Beispiel):

a) Berechnung der Dampfdrücke p an den Explosionsgrenzen:

$$p_{UEXG} = \frac{p_L \cdot UEXG}{100\ \text{Vol.-\%} - UEXG}$$

$$= \frac{1013\ \text{mbar} \cdot 1{,}2\ \text{Vol.-\%}}{100\ \text{Vol.-\%} - 1{,}2\ \text{Vol.-\%}} = 12{,}3\ \text{mbar}$$

$$p_{OEXG} = \frac{p_L \cdot OEXG}{100\ \text{Vol.-\%} - OEXG}$$

$$= \frac{1013\ \text{mbar} \cdot 9{,}5\ \text{vol.-\%}}{100\ \text{Vol.-\%} - 9{,}5\ \text{Vol.-\%}} = 106{,}3\text{mbar}$$

b) Ermittlung der zugehörigen Temperatur aus der Dampfdruckkurve für Benzol:

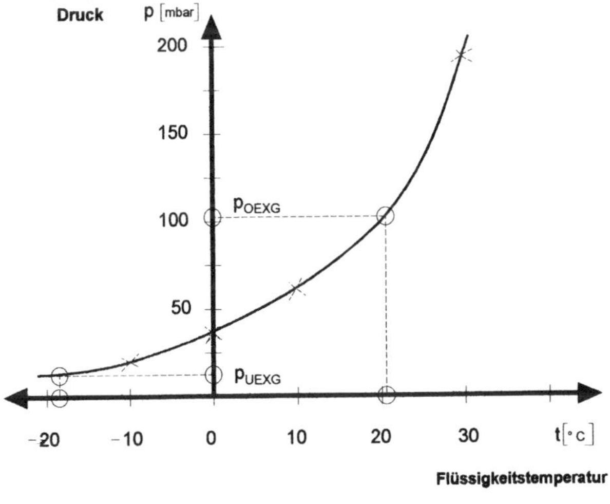

Bild: Ermittlung der zugehörigen Temperatur aus der Dampfdruckkurve für Benzol

Es bedeuten:
p_L = Luftdruck in mbar
UEXG = untere Explosionsgrenze von Benzol in Vol.-%
OEXG = obere Explosionsgrenze in Vol.-%

Explosionsschutz → *Ex-Schutz. (Mt)*

Explosionsschutzanlage, vorbeugende bauliche Schutzmaßnahme, durch die ein Gebäude im Explosionsfall eine ausreichende Standfestigkeit hat und eine ausreichende Sicherheit für die darin befindlichen Personen gewährleistet ist, z. B. durch Druckentlastung (federbelastete Klappen) oder durch Berstflächen, z. B. Dachluke (Explosionsklappe).
Durch bauliche (z. B. explosionsgeschützte Installation) und organisatorische Maßnahmen (z. B. Rauchverbot, Betreten mit offenem Feuer oder Licht verboten) müssen explosionsfähige Gas-, Luft- oder Staub/Luft-Gemische vor produktions-, nutzungs- oder zufallsbedingten Vorgängen (z. B. elektrostatische Aufladung und Entladung) zur Zündung führender Temperatur und Flammeneinwirkung geschützt werden. *(Oe)*

Explosionsunterdrückungsanlage, eine → *Löschanlage* zur Unterdrückung einer → *Explosion* mit Folgebrandlöschung in einem Behälter, z. B. für explosionsgefährliche Stoffe wie Mehl oder für Stoffe in einem Zerstäuberturm.
Aufbau und Funktion: hochsensible Membran-Detektoren, die auf Druck reagieren, lösen über elektrische Impulse die Löschanlagen und zugehörigen Warneinrichtungen aus.
Die erforderliche Löschmittelmenge wird mit Hilfe der explosionstechnischen Kennzahl in Abhängigkeit der Behältergröße und des hoch-explosiblen Mediums bestimmt.
Einsatzgebiete: chemische Industrie, pharmazeutische Industrie, Lebensmittelindustrie, Kunststoffherstellung. *(Oe)*

Ex-Schutz (Explosionsschutz), umfasst Maßnahmen zum Schutz vor Gefahren durch → *Explosionen* in explosionsgefährdeten Bereichen durch Einsatzgeräte, z. B. Funkgeräte, Einsatzfahrzeuge (z. B. Kraftfahrzeuge oder Boote) und elektrische Anlagen.
Explosionsgefährdet sind Bereiche, in denen eine → *explosionsfähige Atmosphäre* auftreten kann, z. B. aufgrund eines Unfalls mit → *Gefahrstoffen* oder in Raffinerien. In zahlreichen Richtlinien und Verordnungen sind für alle infrage kommenden elektrischen Anlagen, Fahrzeuge und Einsatzgeräte die entsprechenden Maßnahmen für einen wirkungsvollen Explosionsschutz – je nach Einsatzgebiet – vorgeschrieben. Baumustergeprüfte explosionssichere elektrische Betriebsmittel sind mit dem Zeichen „Ex im Sechseck" gekennzeichnet. *(Mt)*

Externalarm, lauter Alarm zum Hilferuf der anonymen Öffentlichkeit (Passanten, benachbarte Bewohner) in der Umgebung des Objektes, in dem z. B. eine → *Brandmeldeanlage* ohne Anschluss an eine → *Alarmübertragungsanlage* installiert ist. *(Ge)*

Exzenterschneckenpumpe, → *Verdrängerpumpe* mit einer sich in einem Hartgummistator drehenden, exzentrisch gelagerten Welle. Die Pumpe saugt selbstständig an, da die Welle am Hartgummistator dicht abschließt; Vorteil: schonender Transport der Flüssigkeit ohne starke Verwirbelung; Einsatzgebiet: Förderung von Öl-Wasser-Gemischen zum anschließenden → *Ölabscheider;* Antrieb: über einen Elektromotor und ein stufenlos verstellbares Reibradgetriebe; Förderstrom je nach Drehzahl 33 bis 150 l/min bei einem maximalen Gegendruck von 2 bar. *(Fl)*

Fachaufsicht; Kontrolle, die die vorgesetzte Behörde über eine nachgeordnete Behörde ausübt, wobei geprüft wird, ob die Aufgabenerfüllung sowohl den gesetzlichen Vorgaben entsprechend (Rechtmäßigkeit) als auch fachlich korrekt und zweckmäßig (Zweckmäßigkeit) durchgeführt wird; → *Rechtsaufsicht. (Sr)*

Fachdienste (des Katastrophenschutzes), früherer Begriff der für bestimmte Aufgaben im → *Katastrophenschutz* zusammengefassten → *Einheiten* und → *Einrichtungen.*
Das → *Katastrophenschutzgesetz* (KatSG-E) kannte den: → *Brandschutzdienst,* → *Bergungsdienst,* → *Sanitätsdienst,* → *ABC-Dienst,* → *Betreuungsdienst* sowie Veterinärdienst, Instandsetzungsdienst und Fernmeldedienst (Stand: 1996).
Nach der Neukonzeption des Katastrophenschutzes gibt es künftig nur noch die fünf erstgenannten Fachdienste. *(Sr)*

Fachdokumentation Brandschutzwesen → *Forschungsstelle für Brandschutztechnik. (Sr)*

Fachgruppe „Feuerwehren-Hilfeleistung" (FwH), eine Fachgruppe des → *BUK,* die die Sachgebiete Feuerwehren, Zivilschutz, Rettungswesen und Taucharbeiten behandelt.
Der Fachgruppe FwH gehören an:
– Technische Aufsichtsbeamte der Unfallversicherungsträger,
– Vertreter des → *DFV* des → *FNFW,* des Bundesministers für Arbeit, der Zentralstelle für Unfallverhütung des Hauptverbandes der gewerblichen Berufsgenossenschaften, der Bundesvereinigung der kommunalen Spitzenverbände, der Vereinigung der kommunalen Arbeitgeberverbände und der ÖTV.
Aufgaben: Erstellen und Bearbeiten der → *UVV „Feuerwehren"* und anderer Sicherheitsregeln, Merkblätter und Grundsätze für den sicheren Feuerwehrdienst. *(Sr)*

Fachkommission Bauaufsicht → *ARGEBAU. (Ki)*

Fachwerk, ein tragendes, ebenes oder räumliches → *Bauteil,* das aus geraden, miteinander verbundenen äußeren (Gurt-)Stäben und inneren (Füll-)Stäben zusammengesetzt ist. Die Stäbe laufen in → *Knotenpunkten* zusammen und werden vorwiegend auf Druck oder Zug beansprucht.
Fachwerksysteme sind meist aus Holz, aber auch aus Stahl oder Leichtmetall. Sie sind architektonisch reizvoller und leichter als massive Tragsysteme, z. B. Balken, im Brandfall jedoch anfälliger, weil bereits Tragfähigkeitsverluste einzelner Stäbe oder Knotenpunkte, vor allem beim Untergurt, zum Einsturz führen können. *(Bt)*

Fachwerkbau, eine Skelettbauart *(→ Skelettbau),* bei der das wandbildende tragende Gerippe aus senkrechten Holzbalken (z. B. → *Pfosten* oder Säulen) und waagrechten Holzbalken *(→ Schwellen,* Riegeln) besteht.
Das Skelett wird vorwiegend durch Normalkräfte beansprucht. Die einzelnen Felder („Gefache") sind durch diagonale Balken (sog. → *Streben)* stabilisiert und mit nichttragenden Baustoffen wie Ziegel oder einem Stroh-Lehm-Gemisch mit Holzgeflecht ausgefüllt. Die Balken werden z. B. durch → *Zapfen* miteinander verbunden. Der Abbrand von Fachwerkwänden geht verhältnismäßig langsam vor sich. Beim Löscheinsatz in

Fachwerkhäusern ist besondere Aufmerksamkeit auf die oft ungeschützte Holztreppe zu richten. *(Bt)*

Fachwerkbinder, Binder, → *Fachwerkträger. (Bt)*

Fachwerkträger (Fachwerkbinder), Aneinanderreihung von Fachwerkfeldern *(→ Fachwerk),* mit denen große Stützweiten überspannt werden können. Man unterscheidet Parallelträger, Trapezträger und Dreiecksträger. Fachwerkträger sind im Brandfall anfälliger als Vollwandträger, da bereits Tragfähigkeitsverluste einzelner Stäbe oder Knotenpunkte, vor allem im Untergurt, zum Einsturz führen können. *(Bt)*

Fahndung, ein polizeilicher Begriff mit der Bedeutung „Suche nach Hinweisen"; man unterscheidet
- allgemeine Fahndung: Suche ohne konkrete Hinweise;
- gezielte Fahndung: Suche aufgrund konkreter Hinweise, bzw. besonderer Anlässe;
- Personenfahndung: Ermittlung von Personen, die sich z. B. der Strafverfolgung oder freiheitsentziehenden oder freiheitsbeschränkenden Anordnungen von Justiz- bzw. Verwaltungsbehörden entziehen;
- Sachfahndung: Ermittlung von Sachen, die zur Begehung einer Straftat benutzt oder durch sie hervorgebracht wurden, beispielsweise Kraftfahrzeuge oder Falschgeld.

Hinweis: Es gibt noch die Netzfahndung gemäß § 163 d StPO und die sog. Ringfahndung. *(Mt)*

fahrbarer Feuerlöscher → *Feuerlöscher, fahrbarer. (Oe)*

fahrbarer Pulverlöscher → *Pulverlöscher, fahrbarer. (Oe)*

Fähre, Wasserfahrzeug zum Transport von Personen, Gütern und Fahrzeugen von Ufer zu Ufer. *(Mt)*

Fahrenheit-Celsius-Umrechnung → *Temperatur. (Ha)*

Fahrerlaubnis, wer auf öffentlichen Wegen oder Plätzen ein Kraftfahrzeug führen will, bedarf der Erlaubnis der zuständigen Behörde (Straßenverkehrsamt). Sie ist zu erteilen, wenn der Nachsuchende eine theoretische und praktische Prüfung bestanden hat und wenn nicht Tatsachen vorliegen, die die Annahme rechtfertigen, dass er zum Führen von Kraftfahrzeugen ungeeignet ist. Die Fahrerlaubnis ist in verschiedene → *Fahrerlaubnisklassen* eingeteilt. Als Beleg über die erteilte Fahrerlaubnis wird von der zuständigen Behörde (Straßenverkehrsamt) ein → *Führerschein* ausgefertigt. *(Fi)*

Fahrerlaubnisklassen sind seit dem 1. 1. 1999 europaweit (EG) einheitlich geregelt *(Tabelle).* Der Besitzstand ist garantiert. *(Fi)*

Fahrerlaubnisklassen

Fahrerlaubnisklasse: Mindestalter: Befristung:	Erforderlicher Vorbesitz: Eingeschlossene Klassen: Fahrzeuge:	früher (Klasse):
A 25 keine	Kein Vorbesitz. A 1 und M. Krafträder mit einem Hubraum von mehr als 50 cm^3 oder mit einer durch die Bauart bestimmten Höchstgeschwindigkeit von mehr als 45 km/h	1
A 18 keine	Kein Vorbesitz. A 1 und M. Krafträder mit einem Hubraum von mehr als 50 cm^3 oder mit einer durch die Bauart bestimmten Höchstgeschwindigkeit von mehr als 45 km/h beschränkt auf eine Nennleistung von nicht mehr als 25 kW und nicht mehr als 0,16 kW/kg (die Beschränkung entfällt zwei Jahre nach Erteilung der Fahrerlaubnis).	1 a
A 1 16 keine	Kein Vorbesitz. Einschluss Klasse M. Krafträder mit einem Hubraum von nicht mehr als 125 cm^3 und einer Nennleistung von nicht mehr als 11 kW und einer durch die Bauart beschränkten Höchstgeschwindigkeit von a) 80 km/h für 16 bis 17-jährige b) unbegrenzt ab 18 Jahre.	1 b
M 16 keine	Kleinkrafträder (vom Abdruck wurde abgesehen)	4
S 16 keine	Dreirädrige Kleinkrafträder und vierrädrige Leichtkraftfahrzeuge bis 50 ccm, bis 45 km/h, bis 4 kW, bis 350 kg	4
B 18 keine	Kein Vorbesitz. Einschluss Klasse L und M. Kraftfahrzeuge – ausgenommen Krafträder – mit einer zulässigen Gesamtmasse von nicht mehr als 3 500 kg und mit nicht mehr als 8 Sitzplätzen außer dem Fahrersitz (auch Anhänger mit einer zulässigen Gesamtmasse von 750 kg oder mit einer zulässigen Gesamtmasse bis zur Höhe des Zugfahrzeugs, sofern die zulässige Gesamtmasse der Kombination 3 500 kg nicht übersteigt; bei der Leermasse von Kraftfahrzeugen mit elektrischem Antrieb wird die Masse der Batterien nicht berücksichtigt.	3
BE 18 keine	Vorbesitz Klasse B. Kombinationen, die aus einem Zugfahrzeug der Klasse B und einem Anhänger bestehen und die als Kombination nicht unter B fallen. Bei Lastkraftwagen und bestimmten Geländefahrzeugen darf die Anhängelast höchstens das 1,5-fache der zulässigen Gesamtmasse betragen.	3

Fahrerlaubnisklasse: Mindestalter: Befristung:	Erforderlicher Vorbesitz: Eingeschlossene Klassen: Fahrzeuge:	früher (Klasse):
C 1 18 bis zur Vollendung des 50. Lebensjahres, danach erneute ärztliche Untersuchung	Vorbesitz Klasse B. Einschluss Klasse L und M. Kraftfahrzeuge – ausgenommen Krafträder – mit einer zulässigen Gesamtmasse von mehr als 3 500 kg aber nicht mehr als 7 500 kg und mit nicht mehr als acht Sitzplätzen außer dem Führersitz (auch mit Anhänger mit einer zulässigen Gesamtmasse von nicht mehr als 750 kg). Auch Kraftomnibusse im Inland ohne Fahrgäste bis 7 500 kg zulässiger Gesamtmasse, wenn die Fahrten lediglich zur Überprüfung des technischen Zustandes des Fahrzeugs dienen.	3
C 1E 18 bis zur Vollendung des 50. Lebensjahres, danach erneute ärztliche Untersuchung	Vorbesitz Klasse C 1. Einschluss BE sowie D1E und DE, sofern der Inhaber Klasse D 1 bzw. D besitzt. Kombinationen aus einem Zugfahrzeug der Klasse C 1 und einem Anhänger mit mehr als 750 kg zulässiger Gesamtmasse. Die zulässige Gesamtmasse der Kombination darf 12 000 kg und die zulässige Gesamtmasse des Anhängers die Leermasse des Zugfahrzeugs nicht übersteigen. Einsatz in der gewerblichen Güterbeförderung unter 21 Jahren ist nur bis 7 500 kg zulässiger Gesamtmasse einschließlich des Anhängers zulässig.	3
C 18 befristet auf 5 Jahre, danach erneute ärztliche Untersuchung	Vorbesitz Klasse B. Einschluss Klasse C 1. Kraftfahrzeuge – ausgenommen Krafträder – mit einer zulässigen Gesamtmasse von mehr als 3 500 kg und mit nicht mehr als acht Sitzplätzen außer dem Führersitz (auch mit Anhänger mit einer zulässigen Gesamtmasse von nicht mehr als 750 kg). Auch Kraftomnibusse im Inland ohne Fahrgäste, wenn die Fahrten lediglich zur Überprüfung des technischen Zustandes des Fahrzeugs dienen. Der Einsatz im gewerblichen Güterverkehr unter 21 Jahren ist nur bis 7 500 kg zulässiger Gesamtmasse einschließlich eines Anhängers zulässig.	2
CE 18 befristet auf 5 Jahre, danach erneute ärztliche Untersuchung	Vorbesitz Klasse C. Einschluss Klasse BE, C1E sowie D1E bei Vorbesitz von D. Lastzüge und Sattelkraftfahrzeuge Einsatz in der gewerblichen Güterbeförderung unter 21 Jahren nur bis 7,5 t zulässiger Gesamtmasse einschließlich eines Anhängers zulässig.	2
D 21 befristet auf 5 Jahre, danach erneute medizinisch-psychologische Untersuchung (MPU)	Vorbesitz Klasse B. Einschluss Klasse D 1. Kraftfahrzeuge – ausgenommen Krafträder – zur Personenbeförderung mit mehr als acht Sitzplätzen außer dem Führersitz (auch mit Anhänger bis zu einer zulässigen Gesamtmasse von 750 kg).	2 und Führerschein zur Fahrgastbeförderung in Bussen

Fahrerlaubnisklasse: Mindestalter: Befristung:	Erforderlicher Vorbesitz: Eingeschlossene Klassen: Fahrzeuge:	früher (Klasse):
D E 21 befristet auf 5 Jahre, danach erneute medizinisch-psychologische Untersuchung (MPU)	Vorbesitz Klasse D. Einschluss Klasse BE, D1E sowie C1E, sofern der Inhaber Klasse C1 besitzt. Kombinationen aus einem Zugfahrzeug der Klasse D und einem Anhänger über 750 kg zulässiger Gesamtmasse.	2 und Führerschein zur Fahrgastbeförderung in Bussen
D 1 21 befristet auf 5 Jahre danach erneute medizinisch-psychologische Untersuchung (MPU)	Vorbesitz Klasse B. Einschluss Klasse L und M. Kraftfahrzeuge – ausgenommen Krafträder – zur Personenbeförderung mit mehr als acht und nicht mehr als 16 Sitzplätzen außer dem Führersitz (auch mit Anhänger und einer zulässigen Gesamtmasse von nicht mehr als 750 kg).	3 (bei mehr als 7,5 t) Klasse 2 und F. z. F. für Busse (Führerschein zur Fahrgastbeförderung in Bussen)
D 1E 21 befristet auf 5 Jahre, danach erneute medizinisch-psychologische Untersuchung (MPU)	Vorbesitz Klasse D1. Kombinationen aus einem Zugfahrzeug der Klasse D 1 und einem Anhänger über 750 kg zulässiger Gesamtmasse.	3 (bei mehr als 7,5 t Klasse 2) und F. z. F. für Busse
T 16/18 keine	Landwirtschaftliche Zugmaschinen (vom Abdruck wurde abgesehen)	2
L 16 keine	Landwirtschaftliche Zugmaschinen (vom Abdruck wurde abgesehen)	5

(Fi)

Fahrlässigkeit ist eine Verschuldensform und das Gegenteil von → *Vorsatz.*
Fahrlässig handelt, wer die im Verkehr objektiv erforderliche Sorgfalt außer Acht lässt, obwohl er in der Lage wäre, seinen Sorgfaltspflichten nachzukommen.
Wer fahrlässig handelt, will nicht, dass es zum Schaden kommt, obwohl dieser vorhersehbar ist. Fahrlässig handelt z. B. der Feuerwehrangehörige, der sich unbewusst über Vorschriften hinwegsetzt; Beispiel: der Einsatzleiter versäumt eine rechtzeitige Nachforderung;
–, grobe liegt vor, wenn jemand seine Sorgfaltspflichten in besonders schwerem Maße verletzt. Grob fahrlässig handelt auch, wer zwar die Möglichkeit einer Scha-

denverursachung erkennt, sich aber aus grober Rücksichtslosigkeit über die Gefahr hinwegsetzt; Beispiel: Überholen trotz durchgezogener Linie an einer unübersichtlichen Stelle. *(Fi)*

Fahrverbot, kommt sowohl bei Verkehrsordnungswidrigkeiten nach § 25 StVG, z. B. bei Rotlichtverstößen oder Geschwindigkeitsüberschreitungen als auch nach § 44 StBG bei Straftaten, z. B. fahrlässige Körperverletzung im Straßenverkehr, in Betracht.
Fahrverbot ist von der → *Entziehung* der Fahrerlaubnis zu unterscheiden. Mit dem Fahrverbot wird für eine bestimmte Zeit, z. B. für die Dauer von einem Monat bis drei Monaten (Stand: 1998) dem Betroffenen untersagt, im öffentlichen Verkehrsraum ein Kraftfahrzeug zu führen. Das Fahrverbot beginnt mit der → *Rechtskraft* der das Fahrverbot anordnenden Entscheidung. Folgen: Der Führerschein ist bei der Vollstreckungsbehörde, z. B. Staatsanwaltschaft oder Bußgeldstelle, in amtliche Verwahrung zu geben. Erst damit beginnt zugunsten des Betroffenen die festgesetzte Zeit zu laufen. Wer während des Fahrverbotes ein Kraftfahrzeug im öffentlichen Verkehrsraum führt, macht sich wegen „Fahrens ohne Fahrerlaubnis" gem. § 21 Abs. 1 StVG strafbar. *(Fi)*

Fahrwasser, für die Schifffahrt gekennzeichnete tiefste Rinne im Strom; das Fahrwasser wird – von der Mündung des Flusses aus gesehen – an der rechten Seite durch grüne, an der linken Seite durch rote Tonnen oder andere Kennzeichen gekennzeichnet. Dadurch wird die ausnutzbare Fahrwasserbreite erkennbar. Zu beachten ist, dass die Tonnen immer etwa 5 m außerhalb des Fahrwassers ausgelegt werden. *(Mt)*

Fahrzeug für die Brandursachenermittlung, ein Fahrzeug der Polizei oder des Landeskriminalamtes mit einer speziellen Ausstattung (Geräte, Schutzkleidung) für die Ermittlung von → *Brandursachen.* Die Ausstattung ist von der jeweils nutzenden Einrichtung abhängig. Sie besteht z. B. aus Messgeräten für brennbare Flüssigkeiten mit Flammenionisationsdetektor oder Photoionisationsdetektor.
Die Ermittlung der Brandursache ist in Deutschland Aufgabe der Polizei, in England beispielsweise Aufgabe der Feuerwehr. *(Fl)*

Fahrzeugaufbau, auf das Fahrgestell eines Kraftfahrzeugs aufgesetzter oder aufgebauter Mannschafts- und/oder Geräteraum. Der Fahrzeugaufbau muss verwindungsfähig sein und eine sichere Geräteentnahme gestatten. Dabei ist die zulässige, vom Gewicht abhängige Entnahmehöhe der Geräte zu beachten. Diese sind in Halterungen befestigt oder in ausziehbaren Schubkästen mit gedämpftem Endanschlag gelagert.
Das Gerippe des Fahrzeugaufbaus besteht aus Stahl, Leichtmetall oder Kunststoff.
Für den Fahrzeugaufbau darf als Leergewicht nicht mehr als $^2/_3$ des zulässigen Gesamtgewichts des Fahrzeugs verwendet werden. *(Fl)*

Fahrzeugaufkleber, ein auf Feuerwehrfahrzeuge aufklebbares, selbstklebendes Schild (380 mm Breite, 275 mm Höhe), weiß mit schwarzer Schrift, das auf die telefonische Erreichbarkeit der Feuerwehr hinweist; Inschrift: Feuerwehr oder Feuer-Notfall und die Rufnummer 112. Außerdem ist ein Telefonhörer abgebildet; Anbringung:

auf jeder Fahrzeugseite (nicht jedoch an Front- und Heckseite) eines Feuerwehrfahrzeugs. *(Fl)*

Fahrzeugbreite, Breite des Fahrzeugs über alles gemessen; untergeordnete Teile wie Rückspiegel, Begrenzungsleuchten und elastische Schmutzfänger dürfen die Fahrzeugbreite überragen.
Die zulässige Fahrzeugbreite ist in der Straßenverkehrszulassungsordnung festgelegt und beträgt allgemein 2,55 m. *(Fl)*

Fahrzeugführer, bei der Feuerwehr eine umgangssprachliche Bezeichnung für die auf einem Löschfahrzeug ausrückende verantwortliche Führungskraft; Beispiele: → *Truppführer* (z. B. auf DL), → *Staffelführer* (z. B. auf TLF 16/25) oder → *Gruppenführer* (z. B. auf LF 20/16). *(Sr)*

Fahrzeuggewicht, Masse des Fahrzeugs in Kilogramm (auf einer Waage festgestelltes Gewicht des vollständig beladenen Fahrzeugs); es setzt sich zusammen aus dem Leergewicht und dem Gewicht der → *Beladung* einschließlich der Löschmittel und dem (rechnerischen) Gewicht der Besatzung (90 kg je Mann einschließlich der persönlichen Ausrüstung) und der persönlichen Ausrüstung des Fahrers (15 kg). Der Fahrer selbst ist mit 75 kg Gewicht beim Leergewicht berücksichtigt.
Das zulässige → *Gesamtgewicht,* auch zulässige Gesamtmasse genannt, ist das für das betreffende Fahrzeug festgelegte höchstzulässige Gewicht.
Die Beschränkung auf das Höchstgewicht hat seinen Grund im Einsatzzweck der Feuerwehrfahrzeuge und der Befahrbarkeit von Wegen, Brücken und überbauten Flächen. *(Fl)*

Fahrzeughöhe, Höhe des Fahrzeugs über alles einschließlich der Dachbeladung; die zulässige maximale Fahrzeughöhe ist in der Straßenverkehrszulassungsordnung (StVZO) festgelegt und beträgt 4,0 m. *(Fl)*

Fahrzeugmaße, Abmessungen der Feuerwehrfahrzeuge wie Länge, → *Fahrzeugbreite* und → *Fahrzeughöhe. (Fl)*

Fahrzeugzubehör, zum Fahrzeug gehörende Ausrüstungsgegenstände; dazu gehören Werkzeuge, Ersatzteile, Schaltpläne der elektrischen, pneumatischen und hydraulischen Anlagen für Fahrgestell und Aufbau. Das Zubehör wird mit dem Feuerwehrfahrzeug geliefert. *(Fl)*

Fallmantel, Teil eines → *Überflurhydranten;* er umschließt den Hydranten wie ein Mantel und sichert die Abgänge vor Verschmutzung und unbefugter Benutzung. Beim Öffnen fällt er in eine tiefere Position. Zum Öffnen wird ein Überflurhydrantenschlüssel (Schlüssel C) benötigt. *(Br)*

Fallmantelhydrant (nach DIN 3222), besondere Bauform eines → *Überflurhydranten,* bei dem die Abgänge im nicht benutzten Zustand durch einen so genannten → *Fallmantel* verdeckt sind. Die beiden Abgänge des Fallmantelhydranten sind einzeln und voneinander unabhängig durch Ventile zu öffnen und zu schließen; → *Hydrant. (Br)*

Falschalarm, siehe auch → *Fehlalarm,* bei → *Gefahrenmeldeanlagen* ein → *Alarm,* dem keine Gefahr zugrunde liegt. Ursachen dafür können beispielsweise sein:

– irrtümliche oder bösartige Betätigung eines manuell auslösbaren → *Melders;*
– Aufnahme von → *Brandkenngrößen* durch automatische Melder, die aber nicht von einem → *Brand* (Schadenfeuer) ausgehen (sog. → *Täuschungsalarm),* z. B. Flackerlicht oder Diesel-Abgase. *(Ge)*

Fangleine, früher verwendeter Begriff für → *Feuerwehrleine. (Fl)*

Farbanstrich für Feuerwehrfahrzeuge, man unterscheidet Grund- und Deckanstrich. Folgende Farbanstriche werden üblicherweise verwendet: feuerwehrrot *(→ RAL* 3000, z. B. für die Fahrzeug-Außenhaut), leuchtrot (RAL 3024 ebenfalls für Fahrzeug-Außenhaut), ferner reinweiß (für Stoßfänger), schwefelgelb (für Schmierstellen), fehgrau (Fahrzeuginnenanstrich), tiefschwarz (Fahrgestell), mattschwarz (Fahrgestell) und silberfarben (aluminiumweiß) für Kotflügel. *(Fl)*

Farbkodierungssystem für Gasflaschen; Systematik nach der Gasflaschen farblich gekennzeichnet werden, um die Gefährlichkeit, die vom Inhalt einer Gasflasche ausgeht, kenntlich zu machen.
Die Kennzeichnungsfarben sind auf der Gasflaschenschulter angebracht. Folgende Farben werden verwendet (Auswahl):

gelb	giftige und/oder korrosive Gase,
rot	brennbare Gase,
hellblau	oxidierende Gase,
leuchtendes grün	inerte Gase,
kastanienbraun	Acetylen,
weiß	Sauerstoff,
blau	Lachgas,
schwarz	Stickstoff,
weiß und schwarz	Luft.

(Fl)

FAT, Abk. für: → *Feuerwehr-Anzeige-Tableau (Ge)*

FBF, Abk. für: → *Feuerwehr-Bedienfeld (Ge)*

FDMA, Abk. für: *Frequency Division Multiple Access;* Möglichkeit der Informationsübertragung, z. B. von digitalisierter Sprache, durch Zugriff auf die frequenzmäßig gestaffelten Anteile einer hochfrequenten Trägerwelle, die z. B. im 6,25-Raster liegen. Es handelt sich um ein Modulationsverfahren, wie es bei digitalen → *Bündelfunksystemen,* z. B. TETRAPOL, verwendet wird. *(Ge)*

Feder nennt man dünne Verbindungsstücke aus Holz, die in die → *Nuten* zweier Werkstücke eingesetzt werden. Man verwendet sie vor allem zur Verbindung von Verbretterungen oder von Porenbetonsteinen. *(Bt)*

Fehlalarm, Meldung über einen Notfall, obwohl kein Notfall vorliegt oder vorgelegen hat; → *Falschalarm;*
–, böswilliger: Meldung über einen Notfall durch eine Person, die weiß, dass kein Notfall vorliegt;
–, in gutem Glauben: Meldung über einen Notfall durch eine Person, die irrtümlich davon überzeugt ist, dass ein Brand oder ein anderer Notfall vorliegt oder vorgelegen hat;
–, technischer Defekt: Meldung, die wegen eines technischen Fehlers von einer Brandmeldeanlage ausging. *(Ge)*

Fehleinsatz, das Ausrücken der → *Feuerwehr,* obwohl keine Gefahr vorliegt bzw. vorlag oder keine sonstige Hilfeleistung durchzuführen ist bzw. war; Beispiel: Aus-

rücken infolge eines → *Fehlalarms.*
Ein Fehleinsatz kann aufgrund einer → *Meldung* erfolgen, die in gutem Glauben oder böswillig oder durch einen technischen Defekt einer → *Brandmeldeanlage* abgegeben wurde. *(Ha)*

Feinstaub → *Staub. (Ha)*

Feldkabel, isolierte Leitung zur provisorischen Verlegung von Telefonleitungen an Einsatzstellen; mit zwei, von einem Kunststoffmantel umhüllte Adern. Die Adern bestehen aus vier verzinnten Kupferdrähten und drei verzinkten Stahldrähten. Das Feldkabel ist üblicherweise auf Trommeln in Längen von etwa 850 m gewickelt. *(Ge)*

Feldkabelnetz, leitergebundene Übertragungswege mit → *Feldkabel,* das im Einsatzfall gemäß DV 861 „Feldkabelbau" verlegt wird, zur Verlängerung von → *Endstellen* bzw. → *Abholpunkten* öffentlicher oder privater Festnetze, z. B. in Wähltechnik, oder zur Verbindung von Fernmeldebetriebsstellen mit einer Feldvermittlung in → *Ortsbatterietechnik. (Ge)*

Feldstärke,
–, elektrische: Maß, das für die Kraft F auf Körper in einem elektrischen Feld, d. h. in einem Raum, in dem elektrische Kräfte wirken; Einheit der elektrischen Feldstärke: Volt je Meter (V/m);
–, magnetische: Maß, das ein magnetisches Feld umschreibt (den Raum, in dem magnetische Kräfte wirken, beispielsweise den Raum zwischen Nord- und Südpol eines Dauer- oder Elektromagneten); Einheit: Ampere je Meter (A/m);
–, Nutzfeldstärke: Feldstärke der gewünschten Aussendung am Empfangsort; Beispiel: Empfang der zugehörigen Relaisfunkstelle im Fahrzeug;
–, Störfeldstärke: Feldstärke einer unerwünschten Aussendung („Störer"), der den Empfang der gewünschten Aussendung beeinträchtigt. *(Ge)*

Fernalarm, Meldung aus einer → *Brandmeldeanlage* mit einer → *Übertragungseinrichtung* über eine → *Alarmübertragungsanlage* an eine behördlich benannte, Alarm auslösende Stelle, z. B. → *Leitstelle. (Ge)*

Fernauftrag, Kurzmeldung (als Buchstabe) für einen standardisierten Auftrag, übertragen im → *Funkmeldesystem,* mit folgender Bedeutung für Feuerwehr und Rettungsdienst: *(Ge)*

Fernauftrag	Bedeutung
E	Einrücken – Einsatzauftrag aufgehoben
C	Melden Sie sich für Einsatzübernahme
F	Kommen Sie über Fernsprecher
H	Fahren Sie Wache an
J	Sprechaufforderung
L	Geben Sie Lagemeldung
U	(Reserve)

Fernmeldeabstrahlsicherheit, Teil der → *Fernmeldesicherheit;* technische Maßnahmen, um das Erfassen und Auswerten schutzbedürftiger Informationen durch Unbefugte zu verhindern, z. B. durch wirksame Abschirmung von → *Endstellen* und → *Übertragungswegen. (Ge)*

Fernmeldeanlage (nach DIN VDE 0833 Teil 1), Einrichtung der Informationstechnik zur Übertragung von Nachrichten, Daten und Informationen (Sprache, Töne, Bilder oder Zeichen), deren Verarbeitung (Vermittlungstechnik, Fernwirktechnik, Informationsverarbeitung) und zur Datenausgabe. Zu einer Fernmeldeanlage gehören ferner z. B. eine Sendeeinrichtung, Übertragungsweg und eine Empfangseinrichtung. *(Ge)*

Fernmeldebetriebsdienst → *Fernmeldedienst. (Ge)*

Fernmeldedienst, die im Fernmelde- bzw. Informations- und Kommunikationswesen eingesetzten Kräfte (Fernmeldebetriebspersonal) und die zugehörigen technischen Einrichtungen. Der Fernmeldedienst kann unterteilt werden in
- Fernmeldeführung: Beispiel: Fernmeldesachbearbeiter bei der Einsatzleitung; künftig auch Sachgebiet S 6;
- Fernmeldebetriebsdienst: Beispiel: Sprechfunker im Einsatzleitwagen;
- Fernmeldetechnischer Dienst: Beispiel: Funkwerkstatt;
- Fernmeldeversorgungsdienst.

(Ge)

Fernmeldeeinheit, für den beweglichen → *Fernmeldeeinsatz* unter einheitlicher Führung zusammengefasste Kräfte und technische Einrichtungen des → *Fernmeldedienstes,* z. B. eine → *Fernmeldegruppe. (Ge)*

Fernmeldeeinrichtung, Zusammenfassung mehrerer → *Fernmeldeanlagen. (Ge)*

Fernmeldeeinsatz, der taktischen Lage angepasste Verwendung der Fernmeldemittel, wobei die fernmeldetechnischen Möglichkeiten und sonstige Gegebenheiten berücksichtigt werden und die Nutzung bestimmen. *(Ge)*

Fernmeldeführer → *Fernmeldesachbearbeiter. (Ge)*

Fernmeldeführung → *Fernmeldedienst. (Ge)*

Fernmeldegerät, kleinstes betriebsfähiges technisches Mittel zum Befördern und Aufnehmen von Nachrichten auf → *Fernmeldeverbindungen,* z. B. Telefonapparat oder Sprechfunkgerät. *(Ge)*

Fernmeldegruppe, eine → *Fernmeldeeinheit* in Gruppenstärke, z. B. unter Leitung einer → *Fernmelde-Führungskraft,* beispielsweise eines → *Fernmelde-Sachbearbeiters. (Ge)*

Fernmeldehoheit, das Recht eines Staates, im Rahmen internationaler Regelungen, z. B. Vollzugsordnungen für den Funkdienst (VO Funk), Bedarfsträgern für Frequenzen, z. B. Rundfunk, Seefunk, Flugfunk und Landfunkdienste, innerhalb seines Hoheitsbereiches (Staatsgebiet) unter bestimmten Anfragen Frequenznutzungen zu gestatten. *(Ge)*

Fernmeldelage, die Gesamtheit der Gegebenheiten, die den → *Fernmeldeeinsatz* bestimmen und beeinflussen. *(Ge)*

Fernmeldemittel, Sammelbegriff für alle zur Informationsübertragung geeigneten Fernmeldegeräte, -anlagen und -einrichtungen. Fernmeldemittel sind fernmeldetechnische → *Führungsmittel* und → *Einsatzmittel. (Ge)*

Fernmeldenetze,
–, öffentliche: Kommunikationssystem für allgemeine Anwen-

dung beliebiger Bedarfsträger, z. B. das Telefon- bzw. ISDN-Netz der Telekom und anderer Festnetzbetreiber;
–, private: für den dringenden Fernmeldeverkehr einer besonderen Nutzergruppe, z. B. einer Behörde oder einer Firma, eingerichtetes und optimiertes Kommunikationssystem; Beispiele: das Fernsprechsondernetz der Polizei oder das Landesverwaltungsnetz (LVN) der Behörden innerhalb eines Landes. *(Ge)*

Fernmeldepersonal, im → *Fernmeldedienst* eingesetzte Kräfte mit besonderer Ausbildung. *(Ge)*

Fernmelderaum, ständig mit Personal besetzte Fernmeldestelle einer Feuerwache oder Rettungswache, die sog. Zentrale; ausgestattet z. B. mit Telefon, Telefax, Fernschreiber, Alarmdrucker, ortsfeste Funkanlage. Der Fernmelderaum kann auch eine → *Empfangszentrale für Brandmeldungen* enthalten. *(Ge)*

Fernmelderecht, Gesamtheit aller Gesetze, Verordnungen und Bestimmungen auf dem Gebiet des → *Fernmeldewesens,* z. B. das Telekommunikationsgesetz und die Frequenznutzungsverordnung. *(Ge)*

Fernmeldesachbearbeiter, entsprechend ausgebildeter Angehöriger des → *Fernmeldedienstes* in der → *Einsatzleitung,* der den → *Fernmeldeeinsatz* in enger Zusammenarbeit mit dem Einsatzleiter plant, diesen über die technischen und betrieblichen Möglichkeiten der → *Fernmeldemittel* informiert und berät und nach Beurteilung der → *Fernmeldelage* die Art und Durchführung des → *Fernmeldeeinsatzes* vorschlägt. Er wird in der Funktion als Vorgesetzter einer → *Fernmeldeeinheit* auch als Fernmeldeführer bezeichnet. *(Ge)*

Fernmeldesicherheit, das Ergebnis von Maßnahmen, um das Gewinnen schutzbedürftiger Informationen aus dem Fernmeldeverkehr durch Unbefugte und Störungen des Fernmeldeverkehrs zu verhindern. *(Ge)*

Fernmeldeskizze, zeichnerische Darstellung des Fernmeldeeinsatzes. Sie kann Befehlscharakter haben. *(Ge)*

Fernmeldetaktik, Einsatz der Fernmeldemittel *(→ Fernmeldetechnik)* nach ihren Eigenschaften und ihrer Leistungsfähigkeit zur Aufgabenerfüllung, d. h. der Übertragung von → *Informationen* und → *Nachrichten* für die Kommunikation der Einsatzkräfte, z. B. für Führungszwecke. *(Ge)*

Fernmeldetechnik, Bezeichnung für die Fernmeldemittel *(→ Fernmeldeanlagen)* einschließlich deren Planung, Herstellung, Erprobung und Unterhaltung. *(Ge)*

Fernmeldetechnischer Dienst → *Fernmeldedienst. (Ge)*

Fernmeldeüberwachung, das Erfassen des → *Fernmeldeverkehrs* zum Gewinnen taktischer Informationen, das Sammeln fernmeldetechnischer betrieblicher Erkenntnisse und das Aufrechterhalten der Fernmeldedisziplin. *(Ge)*

Fernmeldeverbindung, durch Einsatz von → *Fernmeldemitteln* über leitergebundene („Draht") und/oder nicht leitergebundene („Funk") Übertragungswege hergestellte Verbindung zur Beförderung von → *Nachrichten. (Ge)*

Fernmeldeverkehr, das Aufnehmen, Befördern, Übermitteln und → *Überleiten* von → *Nachrichten* auf → *Fernmeldeverbindungen. (Ge)*

Fernmeldeversorgungsdienst → *Fernmeldedienst. (Ge)*

Fernmeldewesen (auch: Informations- und Kommunikationswesen), Sammelbegriff für alle Angelegenheiten, die nach den Vorgaben des → *Fernmelderechts* und unter Berücksichtigung der Grundsätze für Führung, Einsatz und Versorgung die Nachrichtenübertragung in technischer und betrieblicher Hinsicht betreffen. *(Ge)*

Fernmeldezentrale, Zusammenfassung mehrerer → *Fernmeldebetriebsstellen* als Knotenpunkt im Fernmeldenetz, bei der → *Nachrichten* oder → *Informationen* vermittelt und/oder übergeleitet werden. *(Ge)*

Fernwirkanlage, fernmeldetechnisches → *Einsatzmittel* zur Kontrolle, Steuerung und Regelung der Betriebsvorgänge abgesetzter technischer Anlagen; Beispiele: Kanalumschaltung einer Relaisfunkstelle oder die Beeinflussung einer Verkehrssignalanlage. *(Ge)*

Festdachtank, stehender ortsfester Tank (Behälter) mit einer festen Dachabdeckung zur Lagerung von brennbaren Flüssigkeiten. *(Oe)*

Festigkeit, die Eigenschaft von → *Baustoffen,* den auf sie einwirkenden, äußeren Kräften (z. B. durch → *Lasten)* Widerstand zu leisten.
Man unterscheidet → *Zugfestigkeit,* → *Druckfestigkeit,* → *Biegefestigkeit,* Schub- und Verdrehungsfestigkeit.
Im Brandfall beim Erwärmen von Bauteilen nimmt die Festigkeit ab, was zu Verformungen und zum Einsturz führen kann. *(Bt)*

Festnahme bedeutet die unmittelbare Freiheitsentziehung, um jemanden der Strafverfolgung oder der Strafvollstreckung zuzuführen.
Zur vorläufigen Festnahme ist jedermann befugt, der einen Straftäter auf frischer Tat antrifft oder verfolgt, wenn dieser der Flucht verdächtig ist oder seine Identität nicht sofort festgestellt werden kann.
Die Staatsanwaltschaft und die Beamten des Polizeidienstes sind bei Gefahr im Verzug auch dann zur vorläufigen Festnahme befugt, wenn die Voraussetzungen eines Haftbefehls oder eines Unterbringungsbefehls vorliegen. *(Fi)*

Feststellanlage, Einrichtung, um Türen offen zu halten (setzen zeitlich befristet den Türschließer außer Kraft), z. B. bei → *Rauchschutztüren* und → *Feuerschutztüren;*
Funktion:
ungehinderter Arbeitsablauf und Durchgangsverkehr bei gleichzeitiger Möglichkeit, dass die Tür im Brandfall automatisch schließt.
Prinzip: mit Ruhestrom arbeitende Haltemagnete (Elektromagnete) halten (bei geschlossenem Stromkreis) die offene Tür fest (Ruhestromprinzip). Im Alarmfall, z. B. ausgelöst durch einen Rauchmelder oder bei Stromausfall, wird die Tür durch Abschalten der Magnetwicklung freigegeben und durch einen automatischen Türschließer geschlossen.
Feststellanlagen werden dort eingesetzt, wo Feuerschutzabschlüsse häufig benützt werden und wo das betriebliche Risiko eines un-

sachgemäßen Offenhaltens, z.B. durch Keile, besteht. *(Oe)*

Festverbindung (auch: Standverbindung), ständig verfügbarer Übertragungsweg, z.B. die „Standard-Festverbindung" der Telekom zur Übertragung von Brandmeldungen oder die 4-Draht-Verbindung zur Fernbesprechung einer Funkanlage, z.B. von der Leitstelle zur Zentralstation in einem Gleichwellenfunk-System; Gegensatz: → *Wählverbindung. (Ge)*

Fettbrandlöscher, ein tragbarer Feuerlöscher (→ *Auflade-* oder → *Dauerdrucklöscher*) mit dem Löschmittel Wasser und Meterin. Die Auswurfdüse muss eine Zerstäuberdüse sein, die keinen festen Strahl zulässt. Meterin ist ein für spezielle Löschzwecke entwickeltes Gemisch aus Wasser und Zusätzen mineralischer Herkunft.
Aufgrund der geringen Verschäumung und imprägnierenden Wirkung deckt Meterin das Brandobjekt ab und kühlt zusätzlich. Ein Wiederaufflammen wird verhindert.
Fettbrandlöscher wurden entwickelt, weil die BGN (Berufsgenossenschaft Nahrungsmittel und Gaststätten) bei Löschversuchen feststellte, dass Löschdecken, Kohlendioxid-, Pulver- und Wasserlöscher ungeeignet sind, um z.B. eine brennende Friteuse zu löschen. *(Oe)*

Fettexplosion, Bezeichnung für eine Variante des → *Auswerfens* brennbarer Flüssigkeiten aus einem Behälter mit nachfolgender → *Verpuffung;* Ablauf:
- Einleiten von Wasser in einen Behälter, in dem Dämpfe einer über den Siedepunkt des Wassers (100 °C) erwärmten Flüssigkeit brennen;
- schlagartige Bildung von Wasserdampf (1 Liter Wasser ergibt 1 600 Liter Dampf);
- Herausschleudern vieler Flüssigkeitströpfchen *(→ Aufbereitung);*
- verstärkte Dampfbildung und explosionsartiger Brand der Dämpfe,
- Erwärmung der Luft über dem Behälter mit Druckaufbau (etwa 0,01 bis 0,1 bar); Folge in Räumen: Zerstörung von Fensterscheiben, Türen und oft auch von Trennwänden;

Beispiel: Löschen von brennendem Fett in Pfannen oder Friteusen mit Wasser. Gefahr der Fettexplosion besteht bei der Erwärmung von tierischen, pflanzlichen und synthetischen Fetten und Ölen sowie Stearin, Paraffin, Teer, Schweröl und Schmierstoffen. *(Ha)*

F.E.U., Abk. für: *Federation of the European Union; Associations of Fire Officers (→ Föderation der Feuerwehrverbände Europas). (Sr)*

Feuer, Oberbegriff für
a) bestimmungsgemäßes → *Brennen (→ Nutzfeuer)* und
b) nicht bestimmungsgemäßes Brennen *(→ Schadenfeuer, → Brand). (Sr)*

Feueralarm, Mitteilung über einen → *Brand,* übermittelt durch eine Person oder durch eine automatische Einrichtung, z.B. Löschanlage oder Brandmeldeanlage. *(Ge)*

Feueralarmsignal, ein → *Sirenensignal,* mit dem die Kräfte der → *Freiwilligen Feuerwehr* zu ihren Fahrzeugen im → *Feuerwehrhaus* gerufen werden, um → *Einsatzbereitschaft* herzustellen; Tonfolge im 12-Sekunden-Rhythmus: Ton – Pause – Ton – Pause – Ton. *(Ge)*

Feuerbeschau → *Brandsicherheitsschau. (Oe)*

feuerbeständig, bauaufsichtlicher Begriff für Bauteile mit einer → *Feuerwiderstandsdauer* von mindestens 90 Minuten (DIN 4102); Beispiel: Brandwände; → *Feuerwiderstandsklassen. (Ha)*

Feuererscheinung, sichtbare Begleiterscheinung bei der Energieabgabe einer → *exothermen* Reaktion; sie tritt bei chemischen Reaktionen mit und ohne Beteiligung von Sauerstoff *(→ Oxidation)* auf. Prinzip: Ein Teil der Wärmeenergie wird bei der Verbrennung als sichtbare (und unsichtbare) elektromagnetische Strahlung freigesetzt und erscheint bei gas- bzw. dampfförmigen Reaktionsprodukten als → *Flamme* und bei festen Stoffen ohne Entwicklung brennbarer Gase oder Dämpfe als → *Glut.* Beispiele s. *Tabelle. (Ha)*

Stoff	**verbrennt mit**
Wasserstoff	Flamme
Benzin	Flamme
Holz	Flamme und Glut
Koks	Glut
Magnesium	Glut

feuerfest (auch: flammenfest), Bezeichnung für Stoffe (Werkstoffe), die insbesondere einen hohen Schmelzpunkt und große Beständigkeit bei Temperaturwechsel aufweisen. Feuerfeste Stoffe halten längere Zeit eine → *Temperatur* von > 1500 °C ohne wesentliche Veränderungen ihrer Eigenschaften aus; Beispiele: Schamottesteine, Sintermagnesia. *(Ha)*

Feuergefährlichkeit, Sammelbegriff zur Kennzeichnung von Stoffen, von denen → *Brandgefahr* oder → *Explosionsgefahr* ausgehen, z. B. von brennbaren Stäuben, Flüssigkeiten und Gasen. Beurteilungskriterien für die Feuergefährlichkeit sind z. B. → *Brennbarkeit,* → *Zündtemperatur,* → *Flammpunkt* und → *Explosionsbereich. (Ha)*

feuerhemmend, bauaufsichtlicher Begriff für Bauteile mit einer → *Feuerwiderstandsdauer* von mindestens 30 Minuten (DIN 4102); → *Feuerwiderstandsklassen. (Ha)*

Feuerlöschanlage, eine ortsfest installierte Einrichtung zum Löschen von Bränden. Dazu zählen
→ *Sprinkleranlagen,*
→ *Sprühwasser-Löschanlagen,*
→ *Wasservernebelungsanlagen,*
→ *Schaumlöschanlagen,*
→ *Pulverlöschanlagen,*
→ *Argon-Löschanlagen,*
→ *Inergen-Löschanlagen,*
→ *Kohlendioxid-Löschanlagen,*
→ *Stickstoff-Löschanlagen.*
Zu den Feuerlöschanlagen zählen auch die → *Kleinlöschanlagen* mit dem Löschmittel Argon oder Kohlendioxid.
Eine Feuerlöschanlage besteht aus der Bevorratung des → *Löschmittels* (Tank oder Stahlflasche), den fest verlegten Rohrleitungen und den Löschdüsen. Die Anlage wird über eine → *Auslöseeinrichtung* aktiviert und gibt das bevorratete Löschmittel frei. *(Oe)*

Feuerlöschboot (auch: Löschboot), motorbetriebenes Wasserfahrzeug mit fest eingebauter Feuerlöscheinrichtung, z. B. Wasserwerfer und Pumpenanlagen, zur Brandbekämpfung und Hilfeleistung auf Schifffahrtsstraßen, in Häfen, im Küstengebiet und auf Hoher See.
Feuerlöschboote sind meist in Hafenstädten oder an Umschlagstellen für → *Gefahrstoffe* stationiert. Sie sind meist mit explosionsgeschützten Geräten und

Einrichtungen *(→ Ex-Schutz)* ausgestattet. *(Mt)*

Feuerlöschbrause, eine stationäre Rettungsanlage zum Löschen von brennenden Personen mit dem → *Löschmittel* Pulver oder Wasser, selten Kohlendioxid.
Aufbau und Funktion: In eine Löschkabine mit einer jederzeit offenen Zutrittsseite wird über Leitungen das Löschmittel an die Löschdüsen geführt. Die Löschdüsen sind seitlich, meist in zwei oder drei Ebenen, und in Kopfhöhe angebracht.
Die Feuerlöschbrause wird von ein oder (meist) zwei → *Dauerdrucklöschern* (Löschmittel Wasser oder Pulver) oder einem → *Gaslöscher* (Löschmittel Kohlendioxid) beaufschlagt.
Beim Betreten der Löschkabine wird die unter Federdruck stehende Fußplatte heruntergedrückt und gleichzeitig über Zugseile die Feuerlöschbrause ausgelöst.
Bei Feuerlöschbrausen mit dem Löschmittel Pulver oder CO_2 befinden sich manchmal in Griffhöhe Frischluftmasken.
Löschbrausen mit Kohlendioxid sollen nur in Räumen mit einer Grundfläche von mindestens 200 m^2 aufgestellt werden, damit es zu keiner CO_2-Konzentration und damit zu Sauerstoffverdrängung kommt. *(Oe)*

Feuerlöschbrunnen → *Löschwasserbrunnen. (Br)*

Feuerlöscher,
– tragbarer (kurz: Löscher); betriebsbereites Feuerlöschgerät (nach EN 3 Teil 1, siehe *Tabelle*); tragbare Feuerlöscher sind Löscher, die
– getragen und von Hand bedient werden können,
– im betriebsbereiten Zustand maximal 20 kg wiegen dürfen,
– bei denen das → *Löschmittel* durch Innendruck ausgestoßen und über einen Auswurfschlauch oder Düse auf den Brandherd gerichtet werden kann. Der Innendruck kann entstehen durch Freigeben eines Treibgases (durch Betätigen der Auslöseeinrichtung), z. B. beim → *Aufladelöscher.* Beim → *Dauerdrucklöscher* sind Treibgas und Löschmittel in einem Behälter gespeichert. Die Auslösung erfolgt (meist) über die Hebelarmatur.
Beim → *Gaslöscher* ist das Löschmittel → *Kohlendioxid* zugleich Treibgas.
Tragbare Feuerlöscher werden entsprechend einer Verwaltungsvereinbarung zwischen den Bundesländern durch die amtliche Prüfstelle beim Institut der Feuerwehr (früher: Landesfeuerwehrschule Nordrhein-Westfalen, Münster) oder durch die amtliche Prüfstelle für Feuerlöschmittel Freiberg (in Sachsen) geprüft, anerkannt und zugelassen. Tragbare Feuerlöscher sind EG-einheitlich in der EURO-Norm EN 3 festgelegt. Zu den tragbaren Feuerlöschern zählen:
→ *Pulverlöscher,*
→ *Kohlendioxidlöscher,*
→ *Fettbrandlöscher,*
→ *Schaumlöscher und*
→ *Wasserlöscher*
(siehe Tabelle).
Man unterscheidet Feuerlöscher nach ihrer:
1 Funktionsart *(→ Aufladelöscher, → Dauerdrucklöscher* und → *Gaslöscher;*
2 Bauart, nämlich nach
2.1 Löschmittel, das sind Pulver (Löschpulver), Wasser, Schaum und Kohlendioxid,

Tabelle: **Feuerlöscher, tragbare** nach DIN EN 3

Bauart Kurzbezeichnung und Löschmittel	Füllmenge in kg bzw. in Liter	geeignet für Brandklasse *A* feste, glutbildende Stoffe	*B* flüssige oder flüssig werdende Stoffe	*C* gasförmige Stoffe	*D* brennbare Metalle	Mindestfunktionsdauer[a] in Sekunden	Mindest-Löschvermögen[b] *(Rating)*	
Pulverlöscher mit *A-B-C-Pulver*								
PG 1	1	•	•	•	–	6	–	–
PG 2	2	•	•	•	–	6	5A	21B
PG 3	3	•	•	•	–	6	–	–
PG 4	4	•	•	•	–	9	8A	55B
PG 6	6	•	•	•	–	9	13A	89B
PG 9	9	•	•	•	–	12	21A	113B
PG 12	12	•	•	•	–	15	34A	144B
Pulverlöscher mit *B-C-Pulver*								
P 2	2	–	•	•	–	6	–	21B
P 3	3	–	•	•	–	6	–	34B
P 4	4	–	•	•	–	9	–	55B
P 6	6	–	•	•	–	9	–	89B
P 9	9	–	•	•	–	12	–	113B
P 12	12	–	•	•	–	15	–	144B
Pulverlöscher mit *Metallbrandpulver*								
PM 6	6	–	–	–	•	***	–	–
PM 9	9	–	–	–	•	***	–	–
PM 12	12	–	–	–	•	***	–	–
Kohlendioxidlöscher								
K 2	2	–	•	–	–	9	–	13B
K 5	5	–	•	–	–	12	–	34B
Wasserlöscher (auch mit Zusätzen)								
W 6	6	•	–	–	–	9	–	5A
W 9	9	•	–	–	–	12	–	8A
Schaumlöscher (auch Kartuscheschaumlöscher)								
S 2	2	•	•	–	–	6	–	–
S 3	3	•	•	–	–	6	5A	21B
S 6	6	•	•	–	–	9	5A	21B
S 9	9	•	•	–	–	12	8A	34B

[a] Die vorgeschriebene Mindestfunktionsdauer wird um mehr als 50 % übertroffen.
[b] Das Mindestlöschvermögen wird, von Firma zu Firma verschieden, generell aber wesentlich übertroffen.
*** Metallbrand-Löschpulver wird drucklos ausgebracht.

Beschriftungsbild eines tragbaren Feuerlöschers
1 Herstellerzeichen
2 Füllmenge und Löschmittel
3 Löschvermögen
4 Bedienungsanleitung
5 Brandklasse
6 Warnhinweise
7 Hersteller (vollständige Anschrift)
8 Allgemeine Hinweise und Sicherheitszeichen

2.2 Füllmenge:
bei Pulver: Löscher mit 1, 2, 3, 4, 6, 9 und 12 kg,
bei Kohlendioxid: Löscher mit 2 und 5 kg,
bei Wasser: Löscher mit 6 und 9 kg,
bei Schaum: Löscher mit 2, 3, 6 und 9 kg;

2.3 Treibgas:
Stickstoff bei → *Dauerdrucklöscher,*
Kohlendioxid bei → *Aufladelöscher;*

3 Zuordnung zur → *Brandklasse:*
Die Eignung für die jeweilige Brandklasse (A, B, C, D oder F) wird durch Buchstaben und Symbole grundsätzlich auf jedem Feuerlöscher angezeigt.

Ebenfalls muss das → *Löschvermögen* in Buchstaben und Zahlenkombinationen auf jedem Löscher angebracht sein. Schläuche und Anschlussteile müssen, ebenso wie der Feuerlöscher, im ganzen Funktionstemperaturbereich (i. d. R. –20 bis +60 °C) funktionssicher sein. Durch ein Abstellventil muss die Freigabe des Löschmittels aus dem Löschmittelbehälter jederzeit unterbrochen werden können.

Die Farbe des Feuerlöschers ist rot (→ *RAL* 3000) mit weißer Beschriftung (Bild). Der Löscher muss so gebaut sein, dass sich Personen

daran nicht verletzen können, d. h. er darf z. B. keine scharfkantigen Teile haben.
Tragbare Feuerlöscher sind geeignet zur Bekämpfung von Entstehungsbränden. Sie werden im privaten Bereich (Haus) und bei der Industrie sowie in Behörden, Schulen, Altenheimen, Krankenhäusern und Hotels eingesetzt.
Tragbare Feuerlöscher werden oft umgangsprachlich „Handfeuerlöscher" genannt.
Die **Wartung** und **Überprüfung** des Löschers sollte spätestens in einem Zeitraum von 2 Jahren und nur von einem → *Sachkundigen* durchgeführt werden. Wartung und Prüfung wird durch einen → *Instandhaltungsnachweis* mit Jahresprüfplakette auf dem Feuerlöscher aufgeklebt und damit die erfolgte Prüfung dokumentiert.
Kübelspritzen und Einstellspritzen sind → *Kleinlöschgeräte,* zählen aber nach EN 3 nicht zu den tragbaren Feuerlöschern:
–, fahrbarer: Feuerlöscher mit einem Gewicht von mehr als 20 kg, der für den manuellen Transport, z. B. in einer Lagerhalle, und die Bedienung durch eine Person ausgelegt ist. Einsatzorte: überall dort, wo der Einsatz einer ausreichenden Anzahl von tragbaren Feuerlöschern Schwierigkeiten bereitet, weil nicht genügend Personal verfügbar ist. Einsatzgebiete: Lagerhallen, Produktionsabteilungen.
Je nach Bauart ist der fahrbare Feuerlöscher auf ein Rahmengestell mit zwei, drei oder vier Rädern und einer Griffstange montiert. Unter Berücksichtigung der Füllgrenze (< 50 kg) ist es zulässig, zwei Feuerlöscher zu einer fahrbaren Einheit zu kombinieren; Beispiel: K 10/6 = fahrbarer Kohlendioxidlöscher mit zwei Kohlendioxid-Flaschen mit je 5 kg Kohlendioxid und einem 6 Meter langen Hochdruckschlauch sowie einem Schneerohr, auf ein Rahmengestell mit zwei Rädern montiert. Bei fahrbaren Feuerlöschern unterscheidet man → *Pulverlöscher,* → *Wasserlöscher,* → *Schaumlöscher* und → *Kohlendioxidlöscher.*
Bezüglich → *Wartung,* → *Prüfung* und → *Instandhaltung* sind die Vorschriften für tragbare Feuerlöscher anzuwenden, zusätzlich § 32 Druckbehälterverordnung mit zugehörigen Technischen Regeln TRB 502. *(Oe)*

Feuerlöschgerät, früher verwendeter Begriff für z. B. → *Feuerlöscher* (auch für fahrbare Feuerlöscher). *(Oe)*

Feuerlöschkreiselpumpe (FP), Strömungsmaschine zur Förderung von Löschwasser. Die Druckerzeugung erfolgt durch ein oder mehrere, hintereinander angeordnete Laufräder.
Feuerlöschkreiselpumpen sind so gestaltet, dass sie – abhängig von der Baugröße – bei allen in der Löschtechnik auftretenden Betriebszuständen funktionieren;
Baugrößen nach der früher gültigen DIN 14 420 siehe folgende *Tabelle* (die Angaben gelten bei Nenndrehzahl und → *geodätischer Nennsaughöhe).*

Pumpe	Förderstrom Q in l/min	Förderdruck p in bar
FP 2/5	200	5
FP 4/5	400	5
FP 8/8	800	8
FP 16/8	1 600	8
FP 24/8	2 400	8
FP 32/8	3 200	8

Baugrößen nach der heute gültigen DIN EN 1028 siehe folgende *Tabelle:*

Pumpe	Förderstrom Q in l/min	Förderdruck p in bar
FPN 6-500	500	6
FPN 10-750	750	10
FPN 10-1000	1000	10
FPN 10-2000	2000	10
FPN 10-3000	3000	10
FPN 10-4000	4000	10
FPN 10-6000	6000	10
FPN 15-1000	1000	15
FPN 15-2000	2000	15
FPN 15-3000	3000	15
FPH 40-250	250	40

Die Angaben der Tabelle gelten für Nenndrehzahl und geodätische Nennsaughöhe. *(Fl)*

Feuerlösch-Schlauchanschlusseinrichtung nach DIN 14461, Oberbegriff für die Einrichtung zur Entnahme von Löschwasser aus → *Steigleitungen nass* und → *Steigleitungen nass/trocken*, → *Wandhydranten* und aus Steigleitung trocken; → *Steigleitung. (Br)*

Feuerlöschtaktik → *Taktik. (Sr)*

Feuerlöschteich → *Löschwasserteich. (Br)*

Feuerschau → *Brandsicherheitsschau. (Oe)*

Feuerschutzabschluss, ein selbstschließendes → *Sonderbauteil* zur Sicherung von Öffnungen in feuerwiderstandsfähigen raumabschließenden Bauteilen, z.B. Wände oder Decken. Sie werden nach DIN 4102 Teil 5 geprüft und klassifiziert. Beispiel: T 30 bedeutet Feuerschutzabschluss, der 30 Minuten der → *Brandbelastung* gemäß der → *Einheits-Temperatur-Zeitkurve* (ETK) standhält.
Feuerschutzabschlüsse können Türen, Klappen, Rollläden oder Tore sein. Sie benötigen eine Zulassung des → *Deutschen Instituts für Bautechnik* (DIBt). *(Oe)*

Feuerschutzhaube, textiler Kopfschutz, der den Träger vor Stichflammen im Kopfbereich schützt, insbesondere auch die durch → *Feuerwehrhelm* und Atemschutzmaske nicht bedeckten, freien Hautpartien des Gesichts und Halsbereichs. Die Feuerschutzhaube besteht aus schwer entflammbarem doppellagigem Material und muss eine Überlappung zur Einsatzjacke hin gewährleisten. *(Fl)*

Feuerschutzklappe, andere Bezeichnung für → *Brandschutzklappe. (Oe)*

Feuerschutzmittel, Anstrich, der bei brennbaren Stoffen das → *Entflammen* erschwert.
Feuerschutzmittel können dazu führen, dass ein Baustoff einer brandschutztechnisch höherwertigen → *Baustoffklasse* zugeordnet werden kann; Beispiel: Durch Imprägnieren mit einem Feuerschutzmittel wird Holz von der Normalentflammbarkeit (Baustoffklasse B 2) in den Bereich Schwerentflammbarkeit (Baustoffklasse B 1) gebracht. *(Oe)*

Feuerschutztür T 30, Stahltür als → *Feuerschutzabschluss* (oder Feuerschutztür) nach DIN 18082 Teil 11.
Stahltüren gemäß dieser Norm erfüllen die Anforderungen der DIN 4102 Teil 5 und 18. Sie müssen durch ein Stahlblechschild der Größe 52 x 105 mm mit folgenden eingeprägten Angaben gekennzeichnet sein: Stahltür DIN 18082 T 30-1-A, Name des Herstellers, einheitliches Überwachungszeichen Ü, Herstellungsjahr. *(Oe)*

Feuersicherheitsdienst → *Feuersicherheitswache. (Sr)*

Feuersicherheitswache (FSW), eine Wache der Feuerwehr, die während Veranstaltungen in → *Versammlungsstätten* als vorbeugende organisatorische Brandschutzmaßnahme bereitsteht.
Die Bereitstellung der FSW wird von der Ortspolizeibehörde, z. B. dem Bürgermeister, im Einzelfall angeordnet, beispielsweise bei Veranstaltungen in Mehrzweckhallen, wenn für die Besucher eine besondere Gefahr besteht; oder die FSW ist aufgrund gesetzlicher Regelungen grundsätzlich zu stellen; Beispiele aufgrund der → *Versammlungsstättenverordnung:* Vorführungen in Versammlungsstätten mit → *Vollbühnen* oder → *Mittelbühnen,* mit Szenenflächen mit mehr als 200 m^2 und Vorführungen mit Fahrzeugen mit Verbrennungsmotoren und bei zirzensischen Vorstellungen.
Die Feuersicherheitswache wird oft auch als Sicherheitswache, Theaterwache oder Feuersicherheitsdienst bezeichnet. Sie ist nicht mit dem Begriff → *Brandwache* identisch. *(Sr)*

Feuersturm, ein heißer Luftstrom von enormer Kraft und Geschwindigkeit, der Orkanstärke (45 m/s) erreichen kann, Bäume entwurzelt und Dächer mit sich reißt. Ein Feuersturm wird durch einen großen → *Flächenbrand* hervorgerufen; Beispiele: Wuppertal, Hamburg 1943 nach Luftangriffen. *(Ha)*

Feuerwache (FW), eine bauliche Anlage (vergleichbar einem → *Feuerwehrhaus),* in der Fahrzeuge, Geräte und sonstige Ausstattung der → *Feuerwehr* sowie Einsatzkräfte rund um die Uhr einsatzbereit zur Verfügung stehen; Beispiel: Feuerwache einer Berufsfeuerwehr. *(Sr)*

Feuerwehr (Fw), eine gemeinnützige, der Nächstenhilfe dienende Einrichtung; Aufgaben: hilft bei → *Schadenfeuer,* öffentlichen Naturereignissen und anderen Unglücksfällen, bei lebensbedrohlichen Lagen für Menschen und Tiere, bei Notlagen für Straßen-, Schienen-, Luft- und Wasserfahrzeuge; sie wirkt bei Maßnahmen der Brandverhütung, z. B. → *Feuersicherheitswachen,* Brandsicherheitsschauen und bei der Erstellung brandschutztechnischer Stellungnahmen mit.
Man unterscheidet Gemeindefeuerwehren, → *Werkfeuerwehren* und → *Betriebsfeuerwehren.*
Gemeindefeuerwehren sind eine Einrichtung der Gemeinde; gemäß → *Feuerwehrgesetz* muss jede Gemeinde eine Fw aufstellen und unterhalten. Die Gemeindefeuerwehr besteht aus der aktiven Abteilung, die als → *Berufsfeuerwehr* oder als → *Freiwillige Feuerwehr* organisiert ist. Sie kann außerdem eine → *Jugendfeuerwehr,* eine Altersabteilung und einen Musikzug besitzen.
Die ersten Feuerwehren wurden in der Mitte des 19. Jahrhunderts gegründet.
Betriebsfeuerwehren und Werkfeuerwehren sind Feuerwehren eines Betriebes zu deren eigenem Schutz. *(Sr)*

Feuerwehrangehöriger, Bezeichnung für die Mitglieder von Feuerwehren; man unterscheidet in Angehörige der → *Freiwilligen Feuerwehr,* der → *Berufsfeuerwehr* und der → *Werkfeuerwehr. (Sr)*

Feuerwehranhänger (FwA), ein nicht selbstfahrendes → *Feuer-*

wehrfahrzeug mit einer → *Feuerwehrtechnischen Beladung* oder mit einem feuerwehrtechnischen Aufbau, das an ein Feuerwehrfahrzeug angehängt und von diesem zur → *Einsatzstelle* gezogen wird; Beispiele:

- FwA-Lichtmast,
- FwA-Ölbeseitigung,
- FwA-Pulverlöschgerät,
- FwA-Rettungsboot,
- FwA-Schaum-Wasserwerfer,
- FwA-Versorgung.

Beim Betrieb eines FwA ist die zulässige → *Anhängelast* des Zugfahrzeugs zu beachten. *(Fl)*

Feuerwehr-Anzeigetableau, Bestandteil einer → *Brandmeldeanlage* für die Erstinformation der Feuerwehr an ihrem Zugangsweg angeordnet, Ausführung nach DIN 14662. *(Ge)*

Feuerwehraufzug, ein Aufzug, der speziell für die Benutzung durch die Feuerwehr im Brandfall eingerichtet wurde.
Er hat einen Schlüsselschalter, mit dem der Feuerwehraufzug durch die Feuerwehr vorrangig gesteuert wird. Durch diesen Schlüsselschalter wird der Normalbetrieb des Aufzugs unterbrochen, und der Aufzug wird zur Einsteigeposition gerufen.
Die Türen des Feuerwehraufzugs dürfen nicht automatisch durch Fotozellen gesteuert werden, die durch Rauch am Schließen der Aufzugstür gehindert werden.
Der Feuerwehraufzug ist in einem eigenen Schacht mit feuerbeständigen Wänden geführt und wird durch Vorräume von den brandbelasteten Bereichen getrennt. Er ist an die Ersatzstromversorgung anzuschließen. Er muss durch eine geeignete Beschriftung als Feuerwehraufzug gekennzeichnet sein; siehe Musterhochhausrichtlinie und Technische Regeln für Aufzugsanlagen (TRA 200). *(Oe)*

Feuerwehr-Bedienfeld, damit verfügt die Feuerwehr über eine von Typ, Fabrikat und Baujahr der → *Brandmeldezentrale* unabhängige Anzeige- und Bedienmöglichkeit, Ausführung nach DIN 14661.
Bei einer → *Brandmeldeanlage* mit Alarmweiterleitung an die Feuerwehr muss ein Feuerwehr-Bedienfeld installiert werden. *(Ge)*

Feuerwehrbeil (FB), ein Beil nach DIN 14924 für den Feuerwehreinsatz. Es wird in einer Schutztasche am → *Feuerwehr-Sicherheitsgurt* getragen.
Die Hebelschneide ist so ausgebildet, dass sie in den Verschlussmechanismus der Pfosten in Zufahrtswegen passt und so der Anfahrtsweg zu Gebäuden freigemacht werden kann.
Das Feuerwehrbeil hat auf der einen Seite die Beilschneide und auf der anderen eine meißelförmige Ausbildung (die so genannte Hebelschneide), um damit Fenster und Türen einschlagen zu können, um so bei Bedarf den Rettungs- bzw. Angriffsweg freizulegen.
Es besteht aus Qualitätsstahl C 45 und ist mit einem Handschutz aus Kunststoff versehen. *(Fl)*

Feuerwehrboot, ein i. d. R. mit Außenbordmotor betriebenes Wasserfahrzeug für allgemeine Feuerwehreinsätze auf Gewässern (Seen, Flüssen). Es handelt sich dabei meist um ein → *Mehrzweckboot* für alle im Bereich der Feuerwehren denkbaren Einsätze auf dem Wasser, z. B. Rettung von Menschen aus Wassernot, Legen einer Ölsperre, Transport von Einsatzkräften und Material, Hochwassereinsätze. *(Mt)*

Feuerwehr-Dienstanzug, nach den Richtlinien des jeweiligen Bundeslandes festgelegte Kleidungsstücke zur Ausrüstung der Feuerwehrangehörigen. Der Feuerwehr-Dienstanzug besteht aus der Diensthose und Dienstjacke.
Er muss den im Einsatz auftretenden Beanspruchungen hinreichend Widerstand leisten, sodass der Feuerwehrangehörige vor der Einwirkung auftretender Gefahren geschützt ist. Dies sind insbesondere Wärme, Nässe und die Gefahr des Übersehenwerdens. Außerdem soll der Feuerwehr-Dienstanzug erkennen lassen, welchen Dienstgrad bzw. welche Funktion der Träger im Einsatz bekleidet (Anbringen von Dienstgrad- und Funktionsabzeichen. *(Fl)*

Feuerwehr-Dienstvorschrift(en) (FwDV), regeln die Ausbildung und Einsatztätigkeit der Feuerwehren. FwDV werden von der Projektgruppe „Feuerwehr-Dienstvorschriften" im Auftrag des AFKzV erarbeitet und von diesem beschlossen und den Ländern zur Einführung empfohlen. Verbindlich werden FwDV, wenn die Bundesländer diese z. B. als → *Verwaltungsvorschrift* eingeführt haben.
Derzeit (Stand Mai 2005) sind folgende Feuerwehr-Dienstvorschriften verabschiedet:
- FwDV 1/1: Grundtätigkeiten – Löscheinsatz und Rettung,
- FwDV 1/2: Grundtätigkeiten – Technische Hilfeleistung und Rettung,
- FwDV 2: Ausbildung der Freiwilligen Feuerwehren,
- FwDV 3: Die Staffel im Löscheinsatz,
- FwDV 4: Die Gruppe im Löscheinsatz,
- FwDV 5: Der Zug im Löscheinsatz,
- FwDV 7: Atemschutz,
- FwDV 8: Tauchen,
- FwDV 10: Die tragbaren Leitern,
- FwDV 13/1: Die Gruppe im technischen Hilfeleistungseinsatz,
- FwDV 100: Führung und Leitung im Einsatz – Führungssystem,
- FwDV 500: Einheiten im ABC-Einsatz,
- PDV/DV 810.3: Sprechfunkdienst.

(Sr)

Feuerwehr-Ehrenkreuz → *Deutsches Feuerwehr-Ehrenkreuz. (Sr)*

Feuerwehr-Ehrenmedaille → *Deutsche Feuerwehr-Ehrenmedaille. (Sr)*

Feuerwehr-Ehrenzeichen, Auszeichnung für Personen, die sich um das Feuerwehrwesen oder im Einsatz besonders verdient gemacht haben; Beispiele: → *Deutsches Feuerwehr-Ehrenkreuz,* → *Deutsche Feuerwehr-Ehrenmedaille. (Sr)*

Feuerwehreinsatzplan (auch: Einsatzplan), schriftlich festgelegte Hinweise über Objekte einschließlich Anordnungen zum Vorgehen bei Einsätzen in bestimmten Objekten. Teil des Feuerwehreinsatzplanes kann ein → *Feuerwehrplan* sein. *(Sr)*

Feuerwehreinspeisung (bei → *Sprinkleranlagen),* eine Installation, die es möglich macht, dass die Feuerwehr über B-Anschlüsse Wasser in die Sprinkleranlage einspeist. Um die Wasserentnahme – auch durch die Feuerwehr – zu verhindern, muss in der Einspeisearmatur ein Rückschlagventil eingebaut sein; Vorteil der Feuerwehreinspeisung: beim Zusammentreffen mehrerer Störfaktoren, z. B. Stromausfall und Ausfall des betreibereigenen Notstromaggregates der Sprinkleranlage oder Verschüttung des Wassernachflusses (z. B. Einsturz einer Mauer und Bruch der Zuleitung) kann es notwendig werden, dass die Feuerwehr über die Einspeisevorrichtung Wasser unter Druck in die Sprinkleranlage pumpt und so die Funktion der Sprinkler auch im Störfall sicherstellt. *(Oe)*

Feuerwehr-Erholungsheim, als soziale Einrichtung konzipierte Ferienheime für Mitglieder der Feuerwehr und deren Angehörige. Träger sind i. d. R. Vereine (z. B. von Landesfeuerwehrverbänden speziell zur Unterhaltung und den Betrieb der Feuerwehr-Erholungsheime gegründet). Der Standard der 13 Heime (Stand: 2004) reicht vom Hüttencharakter bis zum Hotelbetrieb mit Vollpension; Beispiele: Ferienhaus der Feuerwehr Hamburg in Gudow, Baden-Württembergisches Feuerwehrgästehaus „St. Florian" bei Titisee-Neustadt. *(Sr)*

Feuerwehrfahrzeuge, für den Einsatz der Feuerwehr besonders gestaltete Kraftfahrzeuge oder Anhängefahrzeuge für Kraftfahrzeuge, die
- zur Aufnahme einer Besatzung und/oder
- zur Aufnahme einer → *feuerwehrtechnischen Beladung* und
- zur Aufnahme von Lösch- und sonstigen Einsatzmitteln eingerichtet sind; Arten: → *Einsatzleitwagen,* → *Löschfahrzeuge,* → *Hubrettungsfahrzeuge,* → *Drehleitern* mit Handantrieb, → *Rüstwagen,* → *Gerätewagen,* → *Schlauchwagen,* → *Sonderlöschmittelfahrzeuge,* → *Rettungsfahrzeuge,* → *Feuerwehranhänger* und → *Sonstige Fahrzeuge* der Feuerwehr, z. B. Vorausrüstwagen, Vorausgerätewagen, Feuerwehrkrane und Spezialfahrzeuge, z. B. für Tauchereinsatz. Zu den Feuerwehrfahrzeugen zählen auch → *Feuerwehrboote. (Fl)*

Feuerwehrgeschichte → *Brandschutzgeschichte. (Sr)*

Feuerwehrgesetz (FwG), ein Landesgesetz, das die Fragen des Feuerwehr- und Brandschutzwesens gesetzlich regelt; es enthält insbesondere:
- Begriff, Aufgabe, Einsatz und Organisation der → *Feuerwehr;*
- Regelungen für → *Werkfeuerwehren,* → *Landesfeuerwehrverbände* und die → *Aufsicht über das Feuerwehrwesen;*
- Hilfspflichten der Bevölkerung und das Aufbringen der Finanzmittel.

Das FwG wird in den einzelnen Bundesländern unterschiedlich benannt; Beispiele: Brandschutzgesetz (Niedersachsen), Brandschutz- und Hilfeleistungsgesetz (Sachsen-Anhalt), Feuerwehrgesetz (Baden-Württemberg). *(Sr)*

Feuerwehr-Haltegurt, ein Leibgurt mit dessen Hilfe sich die Feuerwehrangehörigen in absturzgefährdeten Bereichen sichern können. In äußerster Notlage können sich Feuerwehrangehörige mit Hilfe des Feuerwehr-Haltegurts und einer → *Feuerwehrleine* auch selbstretten.
Gemäß der zurückgezogenen DIN 14 923 war der Gurt als Klemmschnallengurt ausgeführt. Er ist heute noch bis zur Ausmusterung, die nach 20 Jahren erfolgen muss, in Gebrauch. Heute wird ein Zwei-Dorn-Schnallengurt nach DIN 14 927 verwendet, der ein 0,5 m langes Halteseil mit Karabinerhaken mit Multifunktionsöse besitzt. Der Gurt besteht aus reißfestem Polyestergewebe. Es stehen je nach Körperumfang Gurte in vier Längen zur Verfügung. *(Fl)*

Feuerwehrhaus, eine bauliche Anlage, in der Fahrzeuge, Geräte und sonstige Ausstattung der → *Feuerwehr* einsatzbereit untergebracht sind.
Feuerwehrhäuser haben u. a. Fahrzeughallen, Umkleideräume, Schlauchtürme, Schlauchpflegeanlagen, Lagerräume, Schulungsräume und Sozialräume; → *Feuerwache. (Sr)*

Feuerwehrheim, → *Feuerwehr-Erholungsheim. (Sr)*

Feuerwehrhelm (mit Nackenschutz), ein Schutzhelm, der speziell für den Einsatz der Feuerwehr gestaltet ist. Es gibt drei Helmgrößen.
Der Helm bestand früher aus einer Aluminiumlegierung; heute besteht er i. d. R. aus einem schlagfesten Kunststoff und einer Innenschale zum Einstellen auf die Kopfgröße. Es gibt Halbschalenhelme und Helme, die auch die Ohren und den Nackenbereich abdecken.
Bei neueren Helmkonstruktionen hat der Helm zwei Anschlusspunkte für die Atemschutzmaske (Helm-/Maskenkombination). *(Fl)*

Feuerwehr-Informationszentrum, Raum oder Stelle, an dem das → *Feuerwehr-Anzeigetableau,* das → *Feuerwehr-Bedienfeld* und das Depot mit den → *Feuerwehr-Laufkarten* am Zugangsweg der Feuerwehr in Objekten mit einer → *Brandmeldeanlage* zusammengefasst sind. *(Ge)*

Feuerwehrkran (FwK), ein Kranfahrzeug mit zusätzlicher feuerwehrtechnischer Ausstattung. Er dient zum Bewegen schwerer Lasten, z. B. beim → *Retten* von Menschen und bei → *Technischer Hilfeleistung.* Die Besatzung besteht aus einem → *Trupp. (Fl)*

Feuerwehr-Laufkarte, Informationskarte bei einer → *Brandmeldeanlage,* um einen ausgelösten → *Brandmelder* im Objekt zu finden. Feuerwehr-Laufkarten sind in einem Depot bei der → *Brandmelderzentrale,* geschützt gegen unberechtigten Zugriff, aufzubewahren. *(Ge)*

Feuerwehrleine, Bezeichnung für eine Leine zum eigenen Absichern der Einsatzkraft und Halten von Personen an Einsatzstellen mit der Gefahr des Abrutschens. Sie dient nicht zum Auffangen von frei fallenden Personen.
Die Feuerwehrleine hat eine Länge von 30 Metern und befindet sich in einem Feuerwehrleinenbeutel, der im Einsatz auf dem Rücken getragen wird. Ihre Reißfestigkeit beträgt 14 000 N (Newton). Sie wird auch als Sicherungsleine für den Rückzug aus der Einsatzstelle sowie zum Absichern und Hochziehen von Rettungs- und Angriffsgeräten verwendet. *(Fl/Zi)*

Feuerwehr-Leitstelle → *Leitstelle. (Ge)*

Feuerwehr-Notruf → *Feuerwehr-Notrufanschluss. (Ge)*

Feuerwehr-Notrufanschluss (Feuerwehr-Notruf 112), direkte Verbindung zur → *Leitstelle* der Feuerwehr oder indirekt durch Vermittlung einer Abfragestelle der Polizei nach Wahl des → *Feuerwehrrufs 112. (Ge)*

Feuerwehrplan (auch: Objektplan; in DIN 14 095 beschrieben), ein Plan für die → *Feuerwehr* zur schnellen Orientierung, insbesondere zur besseren Erfassung der

Einsatzlage in einem größeren oder besonders gefährlichen Objekt.
Der Feuerwehrplan enthält u. a. Angaben über die Nutzung, die Gebäudeabmessungen, → *Brandabschnitte,* Treppenräume, Öffnungen in Wänden und Decken, Angriffs- und Rettungswege, Aufzüge, Lagerung gefährlicher Stoffe sowie Hinweise auf Löschmittel und Löschwasserrückhaltung. Enthält der Feuerwehrplan Angaben über taktische Einsatzmaßnahmen (z. B. Anfahrt und Aufstellung von Einsatzkräften), so ist er ein → *Feuerwehreinsatzplan. (Sr)*

Feuerwehrpumpe, Pumpe zur Förderung von Wasser zu Löschzwecken oder sonstiger Flüssigkeiten, z. B. Säuren oder Laugen (Anforderungen nach DIN 14 420).
Feuerwehrpumpen können Kreiselpumpen → *Feuerlöschkreiselpumpen)* oder Verdrängerpumpen *(→ Schlauchpumpen)* sein. Man unterscheidet bei der Feuerwehr nach der Wirkungsweise/Funktion ferner folgende Pumpenarten: → *Lenzpumpen,* → *Exzenterschneckenpumpen,* → *Umfüllpumpen (→ Gefahrgut-Umfüllpumpen,* → *Mineralöl-Umfüllpumpen),* → *Tauchmotorpumpen* und → *Turbinentauchpumpen,* ferner nach dem Druck → *Hochdruckpumpen* und *Normaldruckpumpen. (Fl)*

Feuerwehrruf 112, bundesweite Kurzrufnummer (ähnlich dem Polizei-Notruf 110), um hilfevermittelnde Stellen *(→ Leitstelle*) bei Gefahren für Menschenleben und bedeutende Sachwerte zu informieren. Der Anruf ist gebührenfrei; → *Feuerwehr-Notrufanschluss. (Ge)*

Feuerwehrschläuche; Zweck: Leitung des → *Löschmittels (→ Wasser,* → *Löschpulver* → *Schaummittel)* z. B. von der → *Löschwasserentnahmestelle,* Wassertank oder Schaumtank im Löschfahrzeug oder von Pulverlöschanlagen zu dem Ort, an dem das Löschmittel gebraucht wird.
Schläuche sind aus Kunstfasern oder beschichteten textilen Geweben hergestellt. Sie müssen bei jeder Temperatur gebrauchsfähig bleiben. An beiden Enden eines Schlauches sind Kupplungen angebracht, um Schläuche untereinander und mit Armaturen zu verbinden.
Prüfung: Nach jedem Einsatz müssen Schläuche gewaschen, einer Sichtprüfung und Druckprüfung bzw. Saugprüfung unterzogen und getrocknet werden.
Man teilt Schläuche je nach dem Verwendungszweck ein in → *Saugschläuche* und → *Druckschläuche.* Die Schlauchgröße (Innendurchmesser) wird bei beiden Schlaucharten durch die Buchstaben A, B, C und D gekennzeichnet und ist auf den Innendurchmesser bezogen. *(Zi)*

Feuerwehr-Schlüsseldepot (FSD), früher: Feuerwehr-Schlüsselkasten (FSK), ist ein in eine Brandmelde- und Einbruchmeldeanlage elektrisch einbezogener stabiler Schlüsselkasten (Tresor) für den Schlüssel der Zugangstür am → *Brandobjekt.* Die Außentür des Schlüsseldepots wird bei ausgelöster Brandmeldeanlage elektrisch entriegelt. In seinem Innern befindet sich eine zweite Tür (Innentür), hinter der der Objektschlüssel deponiert ist. Über den Schlüssel der Innentür verfügt nur die Feuerwehr.
Die Außentür des Schlüsseldepots kann nach einer Brandmeldung

erst dann wieder verriegelt werden, wenn sich die Anlage im Ruhezustand befindet und der Objektschlüssel ordnungsgemäß deponiert ist.
Schlüsseldepots werden in drei Klassen eingeteilt: Klasse 3 (FSD 3) für ein hohes Risiko eines Angriffs, geeignet zur Verwahrung von Objektschlüsseln (Generalschlüssel) in einem Schließzylinder mit Kontaktgabe, Überwachung des Gehäuses (Sabotagemeldung an eine ständig besetzte Stelle wie Polizei oder Wach- und Sicherheitsunternehmen). *(Ge)*

Feuerwehr-Schlüsselkasten (FSK), frühere Bezeichnung für → *Feuerwehr-Schlüsseldepot. (Ge)*

Feuerwehrschutzhandschuhe → *Arbeitshandschuhe. (Fl)*

Feuerwehr-Schutzkleidung, Sammelbezeichnung für die persönliche Schutzkleidung einschließlich Persönlicher → *Ausrüstung* und → *Zusätzliche Schutzkleidung. (Fl)*

Feuerwehr-Sicherheitsgurt, → *Feuerwehr-Haltegurt. (Fl)*

Feuerwehr-Signet (sprich: signee), das grafische Zeichen für „Feuerwehr" in Form eines in vier Segmente unterteilten Kreises. In jedem Kreissegment ist eine Tätigkeit der Feuerwehr sinnbildlich dargestellt: ein löschender Feuerwehrmann (Brandbekämpfung), ein Feuerwehrmann mit Kranhaken (Technische Hilfeleistung), ein Feuerwehrmann im Schlauchboot (Katastrophenschutz) und ein Feuerwehrmann mit Krankentrage (Rettungsdienst).
Das Signet wurde 1973 geschaffen und ist unter der Nr. 979 840 für das Versandhaus des Deutschen Feuerwehrverbandes beim Deutschen Patentamt als Warenzeichen eingetragen. *(Sr)*

Feuerwehrstiefel, ein Sicherheitsstiefel für die Feuerwehr nach DIN EN 345-2. Seine besonderen Merkmale sind:
– Riffelung im Fersenbereich der Sohle, um beim Leitersteigen einen besseren Halt zu haben,
– Anziehschlaufe, um den Stiefel schnell und sicher anziehen zu können,
– die Sohle ist auf eine Kontakttemperatur von 250 °C ausgelegt. *(Fl)*

Feuerwehrstützpunkt, eine → *Feuerwache* oder ein → *Feuerwehrhaus,* in dem Fahrzeuge und sonstige Ausstattung für überörtliche Einsätze bzw. Sonderaufgaben, z. B. Umweltschutzwache einer Berufsfeuerwehr, untergebracht sind. *(Sr)*

Feuerwehrtechnische Beladung, Geräte der feuerwehrtechnischen Ausstattung von → *Feuerwehrfahrzeugen,* bestehend aus folgenden Gerätegruppen:
– Schutzkleidung und Schutzgerät,
– Löschgerät,

– Schläuche, Armaturen und Zubehör,
– Rettungsgerät,
– Sanitäts- und Wiederbelebungsgerät,
– Beleuchtungs-, Signal- und Fernmeldegerät,
– Arbeitsgerät,
– Handwerkzeug und Messgerät,
– Sondergerät, z. B. Gerätesatz-Öl.

Aus diesen Gerätegruppen werden Geräte zusammengestellt für die → *Standardbeladung* und die → *Zusatzbeladung. (Fl)*

Feuerwehrtechnischer Aufsichtsbeamter, ein Ehrenbeamter oder hauptberuflicher Feuerwehrbeamter, der in den Aufsichtsbehörden (→ *Aufsicht* über das Feuerwehrwesen) die feuerwehrtechnischen und feuerwehrtaktischen Angelegenheiten bearbeitet.
In den unteren Aufsichtsbehörden, z. B. Landratsämtern, sind dies die Kreisbrandmeister (KBM), wie sie in Baden-Württemberg, Niedersachsen, Nordrhein-Westfalen, Mecklenburg-Vorpommern, Schleswig-Holstein, Sachsen-Anhalt und Thüringen genannt werden, die Kreisbrandinspektoren (KBI) in Rheinland-Pfalz und die Kreisbrandräte (KBR) in Bayern.
In den oberen Aufsichtsbehörden (Regierungspräsidien) werden die feuerwehrtechnischen Aufsichtsbeamten in einigen Ländern als Bezirksbrandmeister bezeichnet, so z. B. in Baden-Württemberg. In den obersten Aufsichtsbehörden (Innenministerium) ist es z. B. in Baden-Württemberg der → *Landesbranddirektor. (Sr)*

Feuerwehrtechnischer Dienst, Laufbahnbezeichnung für Feuerwehrangehörige mit Beamtenstatus; man unterscheidet drei Laufbahngruppen: → *mittlerer,* → *gehobener* und → *höherer feuerwehrtechnischer Dienst.*
Beamte des feuerwehrtechnischen Dienstes gibt es bei → *Berufsfeuerwehren,* bei Landesdienststellen (z. B. Ministerien und → *Landesfeuerwehrschulen)* und teilweise auch bei Freiwilligen Feuerwehren mit hauptamtlichen Kräften. *(Sr)*

Feuerwehr-Übungshaus, eine mit Gas befeuerte stationäre Übungseinrichtung an verschiedenen → *Landesfeuerwehrschulen* zur realitätsnahen Ausbildung von → *Atemschutzgeräteträgern.* In einem Feuerwehr-Übungshaus kann das richtige Vorgehen in Brandräume, die Vorgehensweise bei der Bekämpfung eines → *Flash-Overs,* eines Wohnungs-, Zimmer-, Verkaufsstätten-, Keller-, Garagen-, Gas- und/oder Dachstuhlbrandes trainiert werden. Das Feuerwehr-Übungshaus ist mit computergesteuerten, vollautomatischen, gasbetriebenen Brandstellen und mehreren Sicherheitseinrichtungen ausgestattet. *(Zi)*

Feuerwehr-Verbandkasten (nach DIN 14 142); er ermöglicht mit seiner Ausstattung, fachgerecht → *Erste Hilfe* zu leisten. Es ist bei der Feuerwehr sinnvoll, die Grundausstattung, u. a. bestehend aus Verbandmaterial, Dreiecktücher und einer → *Beatmungshilfe,* um einen → *Beatmungsbeutel* zu ergänzen. *(Zi)*

Feuerwehr-Wechselladerfahrzeug → *Wechselladerfahrzeug. (Fl)*

Feuerwehrzufahrt, eine befestigte Fläche auf einem Grundstück, die mit der öffentlichen Verkehrsfläche direkt in Verbindung steht und zum Erreichen von Aufstell- und

Bewegungsflächen für Feuerwehrfahrzeuge dient (DIN 14011 Teil 5). Feuerwehrzufahrten können nach den Landesbauordnungen und Sonderbauverordnungen der Länder gefordert werden, wenn der Zugang eines Gebäudes mehr als 50 m vom öffentlichen Straßenrand entfernt liegt. Sie müssen mindestens 3 m breit sein, Durchfahrten mindestens 3,50 m hoch. Kurven in Feuerwehrzufahrten müssen einen Außenradius von mindestens 10,50 m haben. Vor und hinter der Kurve ist ein 11 m langer Übergangsbereich anzuordnen; → *Flächen. (Oe)*

Feuerwiderstand, Beurteilungskriterium für das Verhalten von → *Bauteilen* im Brandfall. Als Maß des Feuerwiderstandes wird mit standardisierten Brandprüfungen die Zeit ermittelt, während der das Bauteil die festgelegten Anforderungen erfüllt *(→ Feuerwiderstandsdauer, → Feuerwiderstandsklasse).*
Die Anforderungen an den Feuerwiderstand beziehen sich auf die Standfestigkeit, die Tragfähigkeit, die zulässige Temperaturerhöhung auf der brandabgekehrten Seite und auf die Vermeidung von Rissen und Spalten. *(Ha/Oe)*

Feuerwiderstandsdauer, Mindestdauer in Minuten, während der ein Bauteil unter festgelegten Prüfbedingungen vorgeschriebene Anforderungen erfüllt (DIN 14011 Teil 5). Anforderungen und Prüfbedingungen enthalten z. B. die Normen DIN 4102 Teil 2, Teil 3 und Teil 5.
Bauteile werden entsprechend ihrer Feuerwiderstandsdauer → *Feuerwiderstandsklassen* zugeordnet.
In bauaufsichtlichen Vorschriften werden für die Feuerwiderstandsdauer 30 Minuten der Begriff → *feuerhemmend* und für 90 Minuten der Begriff → *feuerbeständig* verwendet. *(Ha/Oe)*

Feuerwiderstandsfähigkeit (FWF) in Minuten, nach TRbF 22: Anforderung an → *Gefahrschutzschränke* (Sicherheitsschränke, Umweltschutzschränke) zur Lagerung brennbarer Flüssigkeiten unterhalb anzeigepflichtiger Menge in Arbeitsräumen.
Größere Mengen brennbarer Flüssigkeiten (mehr als 300 Liter bzw. mehr als 200 Liter der VbF-Klasse A II) dürfen in einem Arbeitsraum nur in Gefahrschutzschränken (Sicherheitsschränken) mit einer Feuerwiderstandsfähigkeit von mindestens 90 Minuten gelagert werden.
Die Höchstmenge von 450 Liter der Klasse A1 bzw. 3000 Liter der Klasse AII oder B je Arbeitsraum darf nicht überschritten werden. *(Oe)*

Feuerwiderstandsklasse, Ordnungsbegriff aus dem baulichen Brandschutz: Eine Feuerwiderstandsklasse *(Tabelle)* ist eine der Gruppen, in die → *Bauteile* nach ihrer → *Feuerwiderstandsdauer* eingestuft werden (DIN 14011 Teil 5). *(Ha/Oe)*

Feuerwiderstandsklasse	Feuerwiderstandsdauer *in min*
F 30	30
F 60	60
F 90	90
F 120	120
F 180	180

Feuerübersprung → *Flash-over. (Ha)*

FFFP, Abk. für: *Film Forming Foam Protein,* ein wasserfilmbildendes → *Schaummittel. (Kl/Fl/Oe)*

Filmdosimeter → *Peronendosimeter. (Kl)*

Filter, Gerät, um aus der → *Umgebungsatmosphäre* Schadstoffe herauszufiltern. Filter können jedoch den Mangel an Sauerstoff nicht beheben.
Man unterscheidet → *Gasfilter,* → *Partikelfilter* und → *Kombinationsfilter,* Einteilung nach DIN EN 133 *(Tabelle). (Zi)*

Filter *(mit Atemanschluss)*	Schutz vor
Partikelfilter	festen staubförmigen Partikeln, z. B. Ruß
Gasfilter	schädlichen Gasen und Dämpfen
Kombinationsfilter	Partikeln, Gasen und Dämpfen

Filtergerät, ein Atemschutzgerät, das aus der → *Umgebungsatmosphäre* Schadstoffe herausfiltert; es besteht aus dem → *Filter* und dem → *Atemanschluss;* → *Filter,* siehe umluftabhängiges → *Atemschutzgerät. (Zi)*

First (Dachfirst), oberste waagerechte Kante eines geneigten Daches, z. B. Sattel- , Pult- oder Walmdach. Im First kann eine → *Pfette* (Firstpfette) liegen. *(Bt)*

Firsthöhe (FH), die im → *Bebauungsplan* festgesetzte Entfernung in Meter zwischen → *First* und einem Bezugspunkt, z. B. FH 245,5 m über NN (Normalnull). Die Firsthöhe ist ein Maß der baulichen Nutzung und bestimmt die Höhe der baulichen Anlagen. *(Bt)*

FIZ → *Feuerwehr-Informationszentrum. (Ge)*

Flachschirmsprinkler, hängend angeordneter → *Sprinkler* mit einer flachen, paraboloiden Wasserverteilung und einem maximalen → *Schutzbereich* von 21 m^2; Einsatzgebiete: Räume mit Rasterdecken (auch Beton), Regalebenen von Hochregallagern und in Ladenstraßen, z. B. von Kaufhäusern. Etwa 60 bis 80 Prozent des Wasserdurchflusses ist zum Boden gerichtet; der Rest besprüht die Decke.
Flachschirmsprinkler gibt es nur in der Ausführung „hängend". *(Oe)*

Flächen (für die Feuerwehr nach DIN 14090), nicht überbaute, befestigte Flächen auf dem Grundstück, die mit der öffentlichen Verkehrsfläche direkt oder über → *Feuerwehrzufahrten* in Verbindung stehen; Aufgabe: Zufahrt und ausreichende Fläche für die Entwicklung des Löschangriffs. Man unterscheidet Zufahrten *(→ Feuerwehrzufahrt),* Aufstell- und Bewegungsflächen;
– **Aufstellflächen:** Flächen zur Aufstellung von → *Hubrettungsfahrzeugen*; Aufstellflächen müssen so angeordnet sein, dass von dort alle zum Retten von Personen notwendigen Fenster erreicht werden können; Mindestbreite 3,5 m.
– **Bewegungsflächen:** Flächen zum Aufstellen von Feuerwehrfahrzeugen, zur Entnahme und Bereitstellung von Geräten. Neben Überflurhydranten auf privaten Grundstücksflächen müssen Bewegungsflächen angeordnet werden; Bewegungsflächen können gleichzeitig Aufstellflächen sein. *(Oe)*

Flächenbrand, ein großflächiger Brand mit einer sich bewegenden Feuerfront, die eine Anzahl von Gebäuden oder eine große Waldfläche erfasst hat und Brandschutzriegel, z. B. Wege, Straßen, Wasserwege oder künstlich ange-

legte Hindernisse, überspringen kann.
Aus einem Flächenbrand kann unter besonderen Vorbedingungen ein → *Feuersturm* entstehen; Beispiele: Flächenbrand nach einem Luftangriff im 2. Weltkrieg. *(Ha)*

Flächentragwerk → *Tragwerk. (Bt)*

Flamme ist der Bereich brennender oder anderweitig → *exotherm* reagierender Gase oder Dämpfe, von dem sichtbare Strahlung ausgeht (DIN 14011 Teil 1); → *Flammenbrand.*
Flammen unterscheidet man:
1. nach dem Ort, an dem das → *Oxidationsmittel* zutritt in:

– **vorgemischte Flamme** (kinetische Flamme): Oxidationsmittel (meist Luft) und Brennstoffdämpfe werden vor dem → *Entzünden* zu einem homogenen → *Gemisch* zusammengeführt; Temperatur beim Beispiel einer Schweißflamme etwa 3000 °C; (Flammenzonen);
– **Diffusionsflamme**: die Vermischung des Oxidationsmittels mit den zersetzten Brennstoffdämpfen tritt an der Grenzfläche zur Glühzone durch → *Diffusion* ein; → *Flammenzonen;* Temperatur beim Beispiel einer Kerzenflamme etwa 900 °C;

2. nach der Strömungsgeschwindigkeit der Gase in der Flamme in:

– **laminare Flamme** (laminar = gleichmäßig), Gasstrom in der Flamme mit einheitlich gerichteter Bewegung und ohne Turbulenz (Verwirbelung) der Zonen;
– **turbulente Flamme** (turbulent = „unruhig", verwirbelt): der Gasstrom in der Flamme bewegt sich ungerichtet und mit unterschiedlicher Strömungsgeschwindigkeit, unter Druckschwankungen und Verwirbelung der Flammenzonen. *(Ha)*

Flammenausbreitungsgeschwindigkeit ist die bei festen und flüssigen Stoffen auftretende Geschwindigkeit, mit der sich eine → *Flamme* an der Oberfläche dieser Stoffe ausbreitet (DIN 14011 Teil 1); Einheit: m/min. *(Ha)*

Flammenbrand, Brand von Gasen oder → *Dämpfen,* die nur mit → *Flamme* brennen; Beispiele:
– Gase: Propan, Butan, Wasserstoff;
– Flüssigkeiten: Benzin, flüssiges Stearin;
– feste Stoffe: Entgasen von Steinkohle oder Holz. *(Ha)*

Flammenfärbung, charakteristische Farbe bei der Verbrennung bestimmter → *Elemente* in einer nichtleuchtenden Flamme, z. B. eines Bunsenbrenners (Beispiele s. *Tabelle*). Die Flammenfärbung wird als einfaches Mittel zur Erkennung insbesondere von Alkali- und Erdalkali-Metallen in ihren Verbindungen sowie in der Pyrotechnik eingesetzt. *(Ha)*

Stoff	**Farbe**
Alkalimetall	
Lithium	karminrot
Natrium	gelb
Kalium	violett
Erdalkalimetall	
Calcium	ziegelrot
Strontium	zinnoberrot
Barium	grün

Flammenfront, Grenze der → *Flammen* bei ihrer Ausbreitung in einem → *explosionsfähigen Gemisch* oder auf der Oberfläche brennbarer Flüssigkeiten (z. B. Benzinbrand) oder brennbarer fester Stoffe. *(Ha)*

Flammengeschwindigkeit, die bei → *Explosionen* und → *Detonationen* auftretende Geschwindigkeit, mit der sich eine → *Flammenfront* durch das brennbare Gemisch ausbreitet. Sie wird im wesentlichen durch die Strömungsgeschwindigkeit der Verbrennungsprodukte bestimmt.
Bei einer Explosion kann die Flammengeschwindigkeit die → *Schallgeschwindigkeit* in Luft erreichen (etwa 330 m/s); bei einer Detonation liegt sie oberhalb der Schallgeschwindigkeit in Luft. *(Ha)*

flammenlose Verbrennung nennt man ein → *Brennen* von Gasen und Dämpfen in Gegenwart eines → *Katalysators;* Der Katalysator und mindestens ein Ausgangsstoff bilden kurzzeitig eine sehr reaktionsfähige Zwischenverbindung. Die weitere Oxidation benötigt wenig → *Aktivierungsenergie* und läuft ohne Flammenbildung ab; Beispiel: Abgas-Katalysator bei Kraftfahrzeugen (u. a. beschleunigte Verbrennung von CO zu CO_2). *(Ha)*

Flammenmelder, → *Melder,* der auf die bei einem Brand auftretende typische Strahlung (unterschiedliche Wellenlänge einer elektromagnetischen Welle bzw. Frequenz) anspricht. Auch die bei Bränden typische Flackerfrequenz (des Lichts) wird durch Flammenmelder erfasst. *(Ge)*

Flammentemperatur, Temperatur der → *Flammenzone,* in der durch Sauerstoffüberschuss eine vollständige Verbrennung von Gasen oder → *Dämpfen* stattfindet *(Tabelle);* sie ist ein Maß für die Wärmeenergie einer → *Flamme.*

Stoff	reale **Flammentemperatur** *in °C*
feste Stoffe	
Elektron	2 000
Fichtenholz	1 200
Kohle	1 200
Koks	1 600
Magnesium	2 000
Papier	800
Phosphor	800
Plexiglas	1 100
Flüssigkeiten	
Benzin	1 170
Dieselkraftstoff	1 100
Ethanol	1 080
Propan, flüssig	1 500
gasförmige Stoffe	
Wasserstoff	2 000
Acetylen	1 900
mit Luft	
mit O_2	2 100 bis 3 000
Methan	1 880
theor., in Luft	
Ammoniak	1 700
theor., in Luft	
Kohlenmonoxid	2 095
theor., in Luft	

Die Flammentemperatur hängt ab von der Zusammensetzung des brennbaren Stoffes, seinem → *Heizwert,* der stöchiometrischen Konzentration *(→ Stöchiometrie)* und der Sauerstoffzufuhr. Sie erreicht z. B. 800 °C bei Papier und 3 000 °C bei der Flamme eines Schweißbrenners.
Niedrige Flammentemperaturen treten auf bei Stoffen mit geringem Heizwert, hohe bei Verbrennung in reinem Sauerstoff *(siehe Tabelle).* Bei Bränden steigt die Flammentemperatur mit der Branddauer und erreicht häufig 1 000 bis 1 100 °C. *(Ha)*

Flammenzonen, Bereiche einer laminaren → *Flamme* mit unterschiedlicher Verbrennung gasförmiger Brennstoffe und unterschiedlichen Temperaturen.
Man unterscheidet (von innen nach außen) drei sich umhüllende Zonen (Beispiel: Kerze):

– Gaszone: nicht leuchtender, aus den gasförmigen Brennstoffdämpfen bestehender Kern; die Dämpfe entstehen bei der thermischen → *Aufbereitung* des Stearins; Temperatur der Gaszone (Flammenzone) einer Kerze: 300 bis 500 °C (Bild 1);
– Glühzone: leuchtender Bereich, in dem die Brennstoffdämpfe unter dem Einfluss der Verbrennungswärme aus der nachfolgenden Reaktionszone in Kohlenstoff und Wasserstoff zersetzt werden. Das Leuchten der Glühzone beruht auf dem Glühen von Kohlenstoffpartikeln; Temperatur der Glühzone: > 600 °C (Bild 2);
– Verbrennungs- oder Reaktionszone: sehr schmaler, schwach leuchtender Flammensaum, in dem unter Luftzutritt die Verbrennung der in der Glühzone zersetzten → *Dämpfe* zu Kohlendioxid und Wasser stattfindet; Temperatur der Verbrennungszone: bis 1 100 °C. *(Ha)*

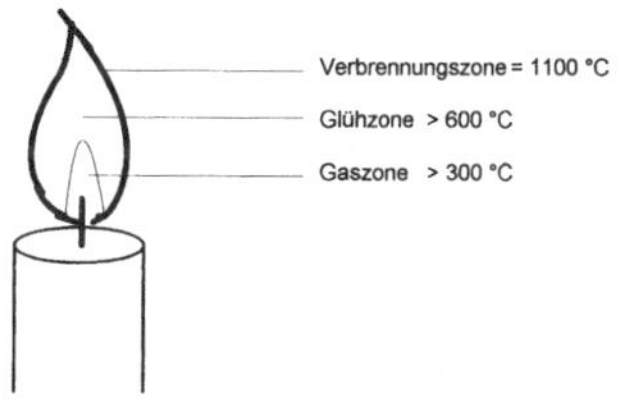

Bild 1: Flammenzonen und Temperaturen einer Kerzenflamme

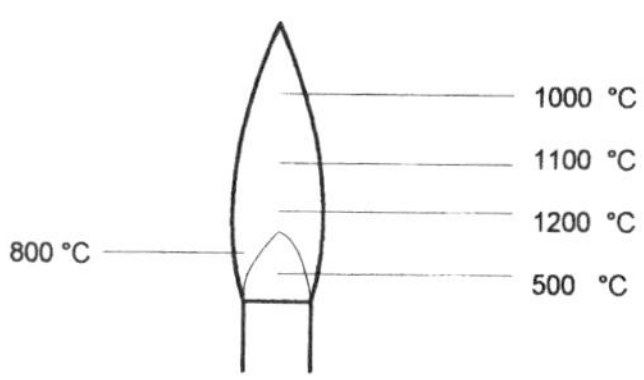

Bild 2: Temperaturverteilung in einer vorgemischten Gas-Luft-Flamme (nach Schreiber/Porst: Löschmittel)

Flammpunkt (einer brennbaren Flüssigkeit) ist die niedrigste Flüssigkeitstemperatur *(s. Tabelle)*, bei der sich unter festgelegten Bedingungen Dämpfe in solcher Menge entwickeln, dass über dem Flüssigkeitsspiegel ein durch → *Fremdentzündung* entzündbares Dampf-Luft-Gemisch entsteht (DIN 14011 Teil 1). Es kommt zu einem kurzen Aufflammen; die → *Flamme* erlischt, weil nicht genug → *Dämpfe* entwickelt wurden; → *Brennpunkt.*
In der ehemaligen → *Verordnung über brennbare Flüssigkeiten* (VbF) wurden die brennbaren Flüssigkeiten nach dem Flammpunkt in → *Gefahrklassen* eingeteilt. *(Ha)*

Stoff	**Flammpunkt** *in ° C*
Gefahrklasse A I	
Vergaserkraftstoff	– 20 bis – 45
Schwefelkohlenstoff	– 30
Ether, Ethylether	– 29
Benzol	– 11
Kerosin	> – 21
Toluol	7
Dimethylbenzol	17
Gefahrklasse A II	
Petroleum	40
Terpentin	35
Xylol	30
Gefahrklasse A III	
Dieselkraftstoff	> 55
Gasöl	> 80
Nitrobenzol	88
Heizöl	> 65
Gefahrklasse B	
Alkohol, Spiritus	≈ 12
Aceton	– 19
Blausäure	– 18
Methanol	11
Brennspiritus	16

Flammschutzhaube → *Feuerschutzhaube. (Fl)*

Flash-over (engl. = Feuerübersprung), besondere Phase im → *Brandverlauf,* in der sich ein Brand

schlagartig auf nahezu alle → *brennbaren Stoffe* eines Raumes ausbreitet.
Ablauf: Durch starke Wärmeentwicklung während der Entstehungsphase des Brandes tritt eine thermische → *Aufbereitung* der → *brennbaren Stoffe* im Raum ein *(→ Pyrolyse)*. Bilden die entstehenden Brandgase ein explosibles → *Gemisch (→ explosibel)* und wird ihre → *Zündtemperatur* erreicht, so folgen ein schlagartiges Durchzünden und eine Brandübertragung. Da die Bedingungen nicht bei jedem Brand erreicht werden, tritt nicht immer ein Flash-over ein. Begünstigt wird dieser Vorgang durch plötzlichen Luftzutritt, z. B. das Öffnen von Türen oder durch Platzen von Fensterscheiben. *(Ha)*

Fliegende Bauten, bauliche Anlagen, die geeignet und bestimmt sind, an verschiedenen Orten wiederholt aufgestellt und zum Transport zerlegt werden zu können.
Dazu zählen insbesondere Fahr-, Schau- und Belustigungsgeschäfte sowie Fest-, Versammlungs-, Zirkus- und Ausstellungszelte.
Das besondere Merkmal von Fliegenden Bauten ist die fehlende dauerhafte Anbindung an ein bestimmtes Grundstück.
An Fliegende Bauten können besondere Anforderungen hinsichtlich des Brandschutzes, z. B. Abstände zu benachbarten Gebäuden oder → *Brandsicherheitswachen,* gestellt werden. *(Oe)*

Fliehkraft (auch: Zentrifugalkraft, Radialkraft oder Trägheitskraft) ist die von einem Drehpunkt fortgerichtete Kraft, die auf einen Körper wirkt, der sich auf einer ebenen Kreisbahn bewegt. Die Fliehkraft sucht die Kreisbewegung des Körpers zu ändern und setzt damit der Kraft, welche die Kreisbewegung bewirkt – die Zentripetalkraft – Widerstand entgegen.
Nach dem Reaktionsprinzip ist die Fliehkraft so groß wie die Zentripetalkraft ihr aber entgegengerichtet; Berechnung: *(Ha)*

$$F = m \cdot a = m \frac{v^2}{r};$$

Es bedeuten:
F Fliehkraft in N,
m Masse des Drehkörpers in kg,
a Beschleunigung in m/s^2,
v Drehgeschwindigkeit in m/s
r Radius des Drehkreises in m

Gesetzmäßigkeiten:
Die Zentrifugalkraft nimmt zu:
– bei gleichem Radius mit der Drehgeschwindigkeit,
– bei gleicher Drehgeschwindigkeit mit der Entfernung vom Drehmittelpunkt,
– bei gleicher Drehgeschwindigkeit und gleichem Radius mit der Masse des Körpers. *(Ha)*

Fliehkraftzerfall ist das plötzliche Zerreißen eines rotierenden Maschinenteils, z. B. der Scheibe eines Trennschleifers, eines Turbinenrades, Schwungrades oder einer Riemenscheibe infolge zu großer → *Fliehkraft. (Ha)*

FLORI, Name der Comic-Figur, die vom Versandhaus des Deutschen Feuerwehrverbandes z. B. bei Veröffentlichungen zur → *Brandschutzerziehung* und → *Brandschutzaufklärung,* verwendet wird. „FLORI“ ist unter der Nummer M 9204806 in die Geschmacksmusterrolle beim Deutschen Patentamt eingetragen und entsprechend geschützt. *(Sr)*

Florian, organisationsbezogenes bundeseinheitliches Kennwort für die Feuerwehren als Bestandteil im → *Funkrufnamen* im 4-Meter-

Wellenbereich *(→ Wellenbereiche); → Sankt Florian. (Sr)*

Fluchtfiltergerät → *Brandfluchthaube. (Zi)*

Fluchtwege sind Wege innerhalb eines Gebäudes, die für das Verlassen des Gebäudes im Notfall besonders vorbereitet sind. Fluchtwege müssen mit Hinweiszeichen bzw. Sicherheitszeichen nach DIN 4844 wie „Richtungspfeil für Rettung" versehen sein, die auch im Notfall jederzeit von allen Nutzern erkannt werden können.
Der Begriff Fluchtweg ist in den gesetzlichen Vorschriften fast nicht mehr zu finden, da er durch den umfassenderen Begriff „Rettungsweg" ersetzt wurde. *(Oe)*

Flugfeuer, durch Auftrieb oder Wind verursachter Flug größerer Teile von brennenden Stoffen, die nach ihrem Auftreffen weiterbrennen. Beispiele: Flugfeuer durch brennendes Papier oder Pappstücke sowie durch Stroh- oder Laubreste; Hinweis: Flugfeuer ist häufige Ursache von Brandausbreitung und Brandübertragung, z. B. bei Waldbränden. Dabei können Entfernungen von mehr als 100 m überwunden werden. *(Ha)*

Flughafenfeuerwehr, eine → *Werkfeuerwehr,* die für den Bereich eines Flughafens zuständig ist. Sie wird nicht nur nach bundesrechtlichen Vorschriften eingerichtet, sondern ist nach internationalen flugsicherheitstechnischen Kriterien aufgrund des Flugbetriebes bereitzustellen. *(Sr)*

Fluor-Protein-Schaummittel (FP) → *Schaummittel. (Fl/Kl)*

Flur, Teil des → *Rettungsweges* gem. LBO. Er verbindet den Aufenthaltsraum mit notwendigem Treppenraum. An Flure werden Anforderungen an die brandschutztechnische Qualität der Umfassungswände und an die Mindestbreite in den Landesbauordnungen und Sonderbauverordnungen gestellt. Verkleidungen, Unterdecken und Dämmstoffe sind in Fluren mit Ausnahme von Gebäuden geringer Höhe nicht zulässig. *(Ki)*

Flutung (auch: Flutungszeit; bei Löschanlagen mit gasförmigem Löschmittel), die Zeit von der Löschmittelfreigabe bis zum Ende der Einströmzeit in den → *Flutungsbereich.*
Die Flutung erfolgt über ortsfest verlegte Rohrleitungen und Löschdüsen oder über mobile Löschanlagen.
Wird ein Raum mit Löschmittel geflutet, sind die Sicherheitsregeln für CO_2-Anlagen sowie die Sicherheitsregeln zum Personenschutz, insbesondere die → *Vorwarnzeit* und die Verzögerungszeit nach Vorschrift der gewerblichen Berufsgenossenschaften BGR 134 zu beachten. *(Oe)*

Flutungsbereich, Raum oder umgrenztes Objekt, das im Brandfall mit dem → *Löschmittel* (i. d. R. CO_2) geflutet wird. Wirkungsweise: Das Feuer wird durch Sauerstoffverdrängung erstickt.
Die Sicherheitsregeln für CO_2-Anlagen der gewerblichen Berufsgenossenschaften zum Personenschutz sind zu beachten, z. B. die → *Vorwarnzeit.*
Flutungsbereiche sollen baulich so beschaffen sein, dass das Löschgas nicht entweichen kann. Öffnungen, z. B. Türen, sind bei Flutungsbeginn automatisch zu

schließen; ein Öffnen von Hand muss jedoch möglich sein. *(Oe)*

Flüssigkeitskavitation → *Kavitation. (Fl)*

FMS, Abk. für: → *Funkmeldesystem. (Ge)*

FMS-Datentelegramm, eine → *Nachricht* in codierter (verschlüsselter) Form, bestehend aus → *BOS-,* Landes-, Orts- und Fahrzeugkennung; Länge: 68 bit; Dauer (einschließlich Sender-Vorlauf) etwa 0,3 s. *(Ge)*

FNFW, Abk. für: → *Normenausschuss Feuerwehrwesen. (Fl)*

Föderation der Feuerwehrverbände Europas (F. E. U.), engl.: *Federation of the European Union Associations of Fire Officers;* ein Zusammenschluss der nationalen Feuerwehrorganisationen in Europa; gegr. 1994 während der → *Interschutz.*
In der F.E.U. sind 15 Länder vertreten (Stand: 2004). In Deutschland sind der → *DFV* und die → *vfdb* die tragenden Verbände. Aufgabe: Schaffung einer einheitlichen europäischen Position in Fragen des vorbeugenden und abwehrenden Brandschutzes, der Technischen Hilfeleistung, des abwehrenden → *Umweltschutzes* und anderer Nothilfen einschließlich der Katastrophenhilfe. *(Sr)*

Folgebrand, ungenauer Begriff, unter dem ein Brand zu verstehen ist, der im Nachgang zu einem anderen Schadenereignis oder einer fahrlässigen Handlung entsteht; Beispiele: Autobrand nach einem Fahrzeug-Zusammenstoß, Hausbrand nach einem Hauseinsturz. *(Ha)*

FORCE-Rettungswerkzeug (von force, engl. = Kraft) ein durch verschiedene Anbauten besonders gestaltetes, axtähnliches Spezialwerkzeug zum Durchdringen von Hindernissen wie z. B. einer Blechtür. Der Griff ist längenverstellbar und enthält ein herausnehmbares Klauenteil.
Bei eingestecktem Klauenteil kann mit dem Werkzeug durch Pumpbewegungen eine hammerschlagähnliche Wirkung erzeugt werden, z. B. zum Lösen von Verschraubungen oder Türbolzen. Mit diesem Rettungswerkzeug können beispielsweise auch Fahrzeugtüren und -dächer geöffnet und Blechverkleidungen entfernt werden.
Das FORCE-Rettungswerkzeug ist ein freiwillig mitgeführtes Spezialwerkzeug, das weder durch eine DIN-Norm noch durch die FwDV abgesichert ist. *(Ma)*

Förderdruck (der → *Feuerwehrpumpen),* Differenz zwischen Ausgangsdruck und Eingangsdruck *(→ Druck);* Beispiele: Ausgangsdruck 8 bar, Eingangsdruck 3 bar; Förderdruck 8 bar – 3 bar = 5 bar; Ausgangsdruck 5 bar, Eingangsdruck –0,3 bar (saugen); Förderdruck 5 bar – (–0,3 bar) = 5,3 bar. *(Fl)*

Förderhöhe, früher verwendeter Begriff für → *Förderdruck* bei → *Feuerlöschkreiselpumpen;* Umrechnung: 10 m WS (Wassersäule) = 1 bar. *(Fl)*

Förderleistung (von Feuerwehrpumpen/Pumpen), Produkt aus Förderstrom Q und → *Förderdruck* p *(→ Feuerlöschkreiselpumpe).*
Formel: $P = Q \times p$; vereinfachte Berechnungsformel nach DIN 14 420 Teil 2 für Q in l/min, p in bar und P in kW: $P = Q \times p/600$; Beispiel: $Q = 800$ l/min, $p = 8$ bar, $P = 10{,}66$ kW. Bei

einem → *Wirkungsgrad* von 50 % beträgt die der Pumpe zugeführte Leistung 21,23 kW. *(Fl)*

Förderstrecke, Länge der Schlauch- oder Rohrleitung zwischen einer → *Löschwasserentnahmestelle* und der → *Löschwasserabgabestelle. (Br)*

Förderstrom Q (von Feuerlöschkreiselpumpen), geförderter Volumenstrom (Löschwasser) einer → *Feuerlöschkreiselpumpe,* gemessen in Liter je Minute (l/min). *(Fl)*

Forschungsstelle für Brandschutztechnik, wissenschaftliche Forschungsstelle für Brandschutztechnik an der Universität Karlsruhe; gegr. 1950.
Die Personal-, Betriebs- und Sachmittel der Forschungsstelle werden aus Zuwendungen staatlicher und industrieller Stellen gedeckt; Forschungsschwerpunkte:
- Brandentstehung und -ausbreitung,
- Löschmittel, Löschvorgänge und Löschverfahren,
- Räumungsabläufe und Rauchfreihaltung von Rettungswegen in Gebäuden,
- Gutachtertätigkeit zu wissenschaftlichen Fragen des Brandschutzes.

Die Forschungsstelle für Brandschutztechnik verfügt über ein 1990 errichtetes Brandversuchsgebäude mit einer Brandversuchshalle von 30 m × 15 m bei 12 m Höhe.
Die Dokumentationsabteilung der Forschungsstelle veröffentlicht seit 1965 die „Fachdokumentation Brandschutzwesen". *(Sr)*

Fortbildung, nennt man Wissensvermittlung mit dem Ziel, das während der → *Ausbildung* erlernte Wissen nach einer gewissen Zeit aufzufrischen und zu aktualisieren. Fortbildung ist nicht → *Weiterbildung;* Beispiel: Seminare zur Fortbildung. *(Sr)*

FP, Abk. für: → *Feuerlöschkreiselpumpe. (Fl)*

FPS, Abk. für: Fluor-Protein-Schaummittel; → *Schaummittel. (Kl/Fl/Oe)*

Fraktur, die Durchtrennung von knöchernen Bestandteilen des menschlichen Körpers durch direkte (z. B. Schlag oder Stoß) oder indirekte (z. B. Hebelwirkung) Gewalteinwirkung (Knochenbruch). Man unterscheidet offene (z. B. Durchspießung der Haut) und geschlossene Frakturen. Bei einer Fraktur besteht die Gefahr eines → *Volumenmangelschocks,* der u. U. nicht sofort erkannt wird, da es zu massiven inneren Blutungen kommen kann.
Durch eine Fraktur kann es ferner zu Nervenverletzungen, Lähmungen und Verletzungen benachbarter Organe kommen, bei offenen Frakturen zur Gefahr einer Infektion oder einer Fettembolie. *(Zi)*

Frame (engl. = Rahmen; hier: Datenübertragungsblock); beim digitalen → *Alarmierungssystem:* → *Radio Paging Code,* mit dem (POCSAG-Verfahren, → *POCSAG)* der Datenrahmen innerhalb eines → *Batches.* Ein Frame enthält zwei → *Codewörter* zu je 32 Bit. *(Ge)*

Freigrenze (bei der Feuerwehr auch Freigrenzwert), in der Anlage III → *Strahlenschutzverordnung* (StrlSchV) festgelegter Grenzwert der → *Aktivität.*
Anlagen und Einrichtungen mit Radionukliden dürfen bei Werten unterhalb dieser Freigrenze ohne besondere Genehmigung betrie-

ben werden. Für Anlagen, die die Freigrenze überschreiten, erfolgt nach → *Feuerwehr-Dienstvorschrift 500* die Einteilung in → *Gefahrengruppen* (ein Vielfaches der Freigrenze); → *Strahlenschutzverordnung. (Kl)*

Freischaltelement, Zusatzeinrichtung einer Brandmeldeanlage, das in der Nähe des → *Feuerwehr-Schlüsseldepots* (FSD 2 oder FSD 3) angebracht wird. Damit kann die anrückende Feuerwehr die Brandmeldeanlage auslösen, um so mit Hilfe des dadurch entriegelten Feuerwehr-Schlüsseldepots an den Objektschlüssel zu gelangen. Es entspricht in der elektrischen Funktion einem → *Handfeuermelder. (Ge)*

Freistandsfeld bei → *Hubrettungsfahrzeugen* ist nach DIN 14701 Teil 1 das → *Benutzungsfeld* im Freistand, d. h. ohne Auflage bei zulässiger Belastung des Hubrettungssatzes.
Der Betriebspunkt des Hubrettungsfahrzeugs muss innerhalb des Freistandsfeldes liegen; → *Nennrettungshöhe;* → *Nennausladung. (Fl)*

Freistandsgrenze bei → *Hubrettungsfahrzeugen* ist die Grenze des → *Freistandsfeldes,* d. h. die Grenze, bis zu der der → *Hubrettungssatz* bei zulässiger Belastung im Freistand bewegt werden darf, ohne seine → *Standsicherheit* zu gefährden. *(Fl)*

freitragbares Isoliergerät, ein → *Atemschutzgerät,* bei dem der → *Atemschutzgeräteträger* seinen Atemluft- bzw. Sauerstoffvorrat mit sich führt. Man unterteilt freitragbare Geräte in → *Behältergeräte* und → *Regenerationsgeräte* (DIN EN 133). *(Zi)*

Freiwerden gefährlicher Stoffe, ein Ereignis, bei dem durch unkontrolliertes Entweichen solcher Stoffe Gefahren für Menschen, Tiere und Sachwerte (einschließlich Umwelt) entstehen können; Beispiele: Austritt von Mineralöl; Anlass für → *Technische Hilfeleistung* der Feuerwehr (DIN 14011 Teil 3). *(Kl)*

Freiwillige Feuerwehr (FF), eine öffentliche → *Feuerwehr;* sie besteht aus ehrenamtlich tätigen Einsatzkräften. In größeren Städten, die jedoch nicht die Größe für die Gründung einer → *Berufsfeuerwehr* haben (< 100 000 Einwohner), können ihr auch hauptamtlich tätige Einsatzkräfte angehören. *(Sr)*

Fremdentzündung (auch: Fremdzündung); → *Entzünden* eines brennbaren Stoffes, bei dem die notwendige → *Zündenergie* von außen zugeführt wird und somit der Stoff auf seine → *Zündtemperatur* erwärmt wird. Die Fremdentzündung ist vom → *brennbaren Stoff* unabhängig; Beispiel: Entzünden durch eine Streichholzflamme; Gegensatz: → *Selbstentzündung. (Ha)*

Frequenz, Anzahl der Schwingungen je Zeiteinheit, z. B. je Sekunde; Schwingungshäufigkeit; Einheit: *Hertz* (Hz); 1 Hz = 1 Schwingung je Sekunde.
Man unterscheidet: Niederfrequenz (NF) 0 Hz bis 10 000 Hz (10 kHz) – mit überwiegend leitergebundener Übertragung – und Hochfrequenz (HF) > 10 kHz – durch freie Strahlung übertragbar. *(Ge)*

Frequenzhub, höchste Abweichung bei der → *Modulation* der hochfrequenten Trägerwelle einer

Funkverbindung von ihrer Ruhelage (Nennfrequenz) bei → *Frequenzmodulation.* Der Hub ist abhängig von der Lautstärke. Er beträgt im 20-kHz-Kanalraster im Mittel 2,8 kHz und wird auf maximal 4 kHz begrenzt. *(Ge)*

Frequenzmodulation, → *Modulation,* bei der die Änderung der Trägerfrequenz durch die zu übertragende → *Information* erfolgt (ein Verfahren beim BOS-Sprechfunk und UKW-Rundfunk). *(Ge)*

Frischluft-Druckschlauchgerät, ein → *Atemschutzgerät,* bei dem dem → *Atemschutzgeräteträger* mit einem motor- oder handbetriebenen Frischluftgebläse oder einem mit Druckluft betriebenen Injektor Frischluft über eine maximal 20 m lange Schlauchleitung mit einem → *Regelventil* oder einem → *Atembeutel* zugeführt wird. *(Zi)*

Frischluft-Saugschlauchgerät, ein → *Atemschutzgerät,* bei dem dem → *Atemschutzgeräteträger* Frischluft über eine maximal 20 m lange Schlauchleitung zugeführt wird (DIN EN 138). Die Zufuhr erfolgt lungenmechanisch (d. h. durch den normalen Atemvorgang des Atemschutzgeräteträgers gesteuerte Funktion der Geräte) durch den Atemschutzgeräteträger selbst. *(Zi)*

Fristen
- im Brandverlauf → *Hilfsfrist.*
- nach G 26 bzw. G 31 → *Arbeitsmedizinischer Grundsatz. (Oe)*

Frontalangriff, im Feuerwehr-Sprachgebrauch: Vorgehen, bei dem alle Mittel zur Brandbekämpfung auf der gesamten Breite einer → *Flammenfront* eines sich nach einer Seite hin ausbreitenden Brandes eingesetzt werden, so z. B. bei einem → *Waldbrand. (Ha)*

FSD, Abk. für: → *Feuerwehr-Schlüsseldepot. (Ge)*

FTZ, Abk. für: *Forschungs- und Technologie-Zentrum* (mit Sitz in Darmstadt); frühere Bedeutung: Fernmeldetechnisches Zentralamt; dessen neue Bezeichnung: → *BZT.* Bedeutung in einigen Bundesländern: Feuerwehrtechnische Zentrale → *Leitstelle. (Ge)*

Fuge, Zwischenraum zwischen zwei zusammenstoßenden → *Bauteilen;* Aufgaben: zwängungsfreier Anschluss der beiden Bauteile mit Auffangen von Bauteilbewegungen (sog. Setzungsfugen) und/oder Bauteillängenänderungen infolge Temperatur, Feuchtigkeit und Belastung (sog. → *Dehnfugen).*
Fugen werden oft mit (brennbaren) Baustoffen ausgefüllt, z. B. mit Bitumen-Kitten, die im Brandfall wegen der schweren Zugänglichkeit nur schwer zu löschen sind. Zur Lokalisierung von Fugenbränden wird ggf. eine → *Wärmebildkamera* eingesetzt. *(Bt)*

Führen, richtungsweisendes und steuerndes Einwirken auf das Verhalten anderer Menschen, um eine Zielvorstellung zu verwirklichen. Die Feuerwehr kennt die „innere Führung" und die „Einsatzführung".
Erfolgreiches Führen setzt voraus:
- zweckmäßiges Führungsverhalten,
- sichere Anwendung des → *Führungsvorgangs,*
- sinnvoller Aufbau der → *Führungsorganisation* und
- effektiver Einsatz der → *Führungsmittel.*

Führen bezieht sich im Vergleich zu „Leitung" immer sowohl auf die sachlich-rationale Aufgabe der Führung als auch auf ihre sozial-emotionale Aufgabe (Motivation, soziale Interaktion). Leitung meint hingegen immer nur den sachlich rationalen Teil des Führens; Beispiel: Die Feuerwehr spricht von Truppführer, Gruppenführer, Zugführer, wenn es → *Führungskräfte* sind, die Personen unmittelbar zur Aufgabenerfüllung anweisen müssen; sie spricht dagegen vom Einsatzleiter, wenn die Leitungsfunktion im Wesentlichen aufgrund hierarchischer Amtsautorität ausgeführt wird. *(Sr)*

Führer, Person, die Führungsaufgaben wahrnimmt; → *Führen.*
–, taktischer: Linienvorgesetzter, der im Rahmen seines Auftrags taktische Maßnahmen plant, anordnet und durchführt; Beispiele: → *Einsatzleiter,* Fernmeldeführer. *(Sr)*

Führerschein, Beleg über die Erteilung einer → *Fahrerlaubnis;* → *Fahrerlaubnisklassen. (Fi)*

Führung bedeutet
1. als Institution die Gesamtheit aller Führer in ihrem Zuständigkeits- und Verantwortungsbereich;
2. als Tätigkeit das → *Führen. (Sr)*

Führungsassistent; eine Führungskraft, die den → *Einsatzleiter* oder eine andere in der Führungsorganisation verantwortliche → *Führungskraft* bei ihrer Führungsaufgabe innerhalb einer Führungseinheit unterstützt; Beispiele: Sachgebietsleiter S 1 bis S 6, Sichter. *(Sr)*

Führungsebene ist ein spezifisches Merkmal der → *Führungsorganisation,* alle Führungskräfte mit vergleichbarem Zuständigkeits- und Verantwortungsbereich und in gleichem Unterstellungsverhältnis bilden eine Führungsebene, z. B. → *Zugführer,* → *Einsatzabschnittsleiter,* → *Einsatzleiter.*
Die Führungsebenen ergeben sich aus der Gliederung der taktischen Einheiten und aus den Erfordernissen der Lage. *(Sr)*

Führungsgruppe → *Stab. (Sr)*

Führungshilfspersonal; eine Einsatzkraft, die den Einsatzleiter oder Führungsassistenten bei ihrer Führungsaufgabe innerhalb einer Führungseinheit oder Führungseinrichtung unterstützt; Beispiele: Lagekartenführung, Botendienst, Einsatztagebuchführung, Sprechfunk. *(Sr)*

Führungskräfte, Personen, die Führungsaufgaben verantwortlich wahrnehmen; Beispiele: → *Gruppenführer,* → *Zugführer,* → *Wehrführer* (Kommandant). *(Sr)*

Führungsmittel sind Mittel, z. B. für die → *Einsatzleitung,* zur
– Informationsgewinnung, wie z. B. Pläne oder Handbücher,
– Informationsverarbeitung, wie z. B. Verzeichnisse, EDV und Bürotechnik,
– Informationsübertragung, wie z. B. Fernmeldemittel (Telefon, Funk, Fernschreiber), Besprechungen, Verbindungsorgane (Melder, Kuriere).
Führungsmittel sind Elemente des → *Führungssystems. (Sr)*

Führungsorganisation (Aufbauorganisation), Element des → *Führungssystems;* sie ordnet die Führungsebenen und die Zuständigkeitsbereiche der Führungskräfte (FwDV 100). *(Sr)*

Führungsstab (der Feuerwehr) → *Stab. (Sr)*

Führungssystem bezeichnet die Gesamtheit aller Regelungen, die zur Erfüllung von Führungsaufgaben notwendig sind. Maßstab für den Wert eines Führungssystems ist es, inwieweit die → *Führung* ihre Absicht verwirklichen und Lageänderungen schnell und sachlich begegnen kann.
Für die Feuerwehr ist das Führungssystem in der FwDV 100 „Führung und Leitung im Einsatz" beschrieben. Das Führungssystem hat demnach folgende drei Bereiche: → *Führungsorganisation,* → *Führungsvorgang* und → *Führungsmittel. (Sr)*

Führungstrupp (in der FwDV 5 „Zugtrupp"), die Führungseinheit eines → *Zuges.* Die Mannschaft eines Führungstrupps besteht aus einem → *Zugführer,* einem → *Gruppenführer,* einem Fahrer (gleichzeitig Maschinist) und einem → *Melder* (gleichzeitig Sprechfunker). *(Sr)*

Führungsvorgang, ein zielgerichteter, immer wiederkehrender, in sich geschlossener Denk- und Handlungsablauf, den der → *Einsatzleiter* ständig gedanklich durchlaufen muss.
Der Führungsvorgang dient dazu, die Einsatzentscheidung unter objektiven und umfassenden Gesichtspunkten zu finden. Dazu gibt es mehrere Modelle. Das Grundmodell des Führungsvorgangs ist in der → *Feuerwehr-Dienstvorschrift* FwDV 100 als Kreismodell vorgegeben. Es beschreibt in allgemeingültiger Form die drei Phasen des Führungsvorgangs, wie sie bei jeder Art des Führens anzutreffen sind:

1. Lagefeststellung,
2. Planung, bestehend aus Beurteilung und Beschluss,
3. Befehlsgebung.

Andere bei der Feuerwehr verwendeten Modelle sind das „Taktikschema" und der „Ablaufplan des Führungsvorgangs".
Das Taktikschema (nach Branddirektor Heinrich Schläfer) stellt als kybernetisches Modell (Regelkreis) dar, wie die einzelnen Phasen des Kreismodells voneinander abhängen bzw. sich beeinflussen.
Der Ablaufplan (nach Branddirektor Hermann Schröder) beschreibt, welche Fragen und Tätigkeiten ein → *Einsatzleiter,* und in welcher logischer und zeitlicher Reihenfolge er diese zu beantworten oder durchzuführen hat. *(Sr)*

Fülleinrichtung zum Befüllen von → *Leckdichtkissen* oder → *Lufthebern* mit Druckluft. Fülleinrichtungen gibt es als Einzel- oder Doppelsteuerorgan in der Ausführung als Fitting oder im Kunststoffgehäuse.
Die Steuerorgane verfügen über Sicherheitsventile und Manometer, die auf den jeweiligen Druckbereich abgestimmt sind und ein versehentliches Überfüllen der Kissen verhindern. Durch unterschiedliche Kupplungssysteme und verschiedenfarbige Schläuche ist eine Verwechslung der Anschlüsse und damit eine Fehlbedienung ausgeschlossen. *(Fl)*

Füllfaktor (Füllgrad), das Verhältnis der Füllmenge in kg zum Behältervolumen in Liter, z. B. bei Kohlendioxid-Flaschen; Einheit: kg/l.
Der Füllfaktor kann auch als das Verhältnis des Raumvolumens des Behälters zur Füllmenge angege-

ben werden; Einheit: l/kg (reziproker Wert). Er beeinflusst stark den bei einer Temperaturerhöhung, also z. B. im Brandfall herrschenden Druck in Behältern, insbesondere bei verflüssigten Gasen, beispielsweise Chlor.
Um gefährliche Drucksteigerungen bei normalen Temperaturschwankungen zu verhindern, die zum Bersten des Behälters führen könnten, sind für die verschiedenen Füllgase maximale Füllfaktoren vorgeschrieben, z. B. für → *Kohlendioxid* 0,75 kg/l (bzw. 1,34 l/kg) oder für Ammoniak 0,53 kg/l und Chlor 1,25 kg/l. *(Fl)*

Fünf-Finger-Handschuhe → *Arbeitshandschuhe. (Fl)*

Funkalarmgeber → *Alarmgeber. (Ge)*

Funkalarmierung, Verfahren zur Alarmierung von Einsatzkräften als stiller → *Alarm* mit Meldeempfängern und als lauter Alarm mit → *Sirenen* über Sprechfunkverbindungen im → *Richtungsverkehr.* Gebräuchliches Übertragungssystem ist das 5-Ton-Folgeruf-Verfahren, künftig auch der (digitale) Radio Paging Code (RPC) der Arbeitsgruppe → *POCSAG. (Ge)*

Funkanlage, Summe aller Geräte und Einrichtungen zum Senden und Empfangen von elektromagnetischen Wellen, bestehend aus Antenneneinrichtung, → *Funkgerät,* Besprechungseinrichtung (z. B. Handapparat), Stromversorgung und ggf. Zusatzeinrichtungen wie z. B. Alarmgeber und FMS-Geber.
Man unterscheidet:
–, ortsfeste: abgesetzte (räumlich getrennte) Antenne und Netz-Stromversorgung;
–, mobile (bewegliche): in Fahrzeugen, mit Außenantenne, Stromversorgung aus dem Bordnetz;
–, tragbare (Handsprechfunkgerät): festangebaute Antenne, eingebaute Stromversorgung durch Akkumulator. *(Ge)*

Funkbestimmung der → *BOS,* durch Neufassung der Ersatz der → *Meterwellenfunk-Richtlinie.* Wesentliche Änderung dabei ist, dass die Genehmigung sich nicht mehr auf die einzelne → *Funkanlage* bezieht, sondern die Frequenznutzung durch ein → *Funknetz* gestattet. *(Ge)*

Funken, kleine, glühende Partikel (Teilchen), die aus festen Stoffen oder aus ionisierten (elektrisch leitenden) heißen Gasen bestehen.
Man unterscheidet:
– mechanisch erzeugte Funken, entstanden durch
– Schlag- oder Stoßvorgänge (Stahl auf Stahl),
– Schleif- oder Reibvorgänge (Trennschleifen, Bremsvorgänge),
– Schweißfunken,
– elektrische Funken als Blitzschlag, Kurzschluss, Schaltfunken,
– Funken bei Verbrennungsvorgängen.
Funkenpartikel erreichen 1 600 bis 1 800 °C und Flugweiten von mehr als 10 m. Die → *Zündfähigkeit* der Funken hängt ab vom Werkstoff und vom Energiegehalt der entstehenden Teilchen. *(Ha)*

Funkenenergie, Energieinhalt (Wärme) von → *Funken;* sie ist bei Funken fester Stoffe meist gering, nimmt aber mit der Masse und Temperatur des Funkens zu.
Die Funkenenergie (Einheit: Joule) ist abhängig von der spezifischen → *Wärmekapazität* und bei eini-

gen Stoffen auch von der Fähigkeit, durch eigene Verbrennung Wärme freizusetzen, so zum Beispiel bei der Energie mechanisch erzeugter Funken. Letztere beträgt bei Stoßfunken 2 bis 10 J, Schleiffunken etwa 10 J, Funkengarben < 100 J. Die Funkenenergie ist ferner ein Maß für die → *Zündfähigkeit* von Funken. Besonders energiereich sind Metallfunken, insbesondere aus Magnesium, Eisen und Titan. *(Ha)*

Funkenflug, Verbreitung von glühenden → *Partikelfunken* durch
- Wind oder Thermik (aufwärtsgerichtete Warmluftbewegung) bei einem Feuer,
- Wegschleudern bei Schlag-, Stoß-, Reib- oder Schweißvorgängen.

Partikelfunken können in freier Bahn bis zu 15 m brennend zurücklegen.
Bei Funkenflug besteht immer die Gefahr der Brandübertragung; Beispiel: Brandentstehung infolge von Schweißarbeiten. *(Ha)*

Funkfeld → *Funkstrecke. (Ge)*

Funkgerät, Fernmeldegerät zum Senden und Empfangen elektromagnetischer Wellen; bestehend aus Sender, Empfänger, Antennenumschalter bzw. Antennenweiche, Bedienteil (ggf. getrennt vom Sende-Empfangs-Gerät).
Nach der Anzahl der schaltbaren → *Kanäle* unterscheidet man:
- Vielkanal-Funkgerät: alle Kanäle eines → *Wellenbereichs* schaltbar; Beispiele: FuG 7 b, FuG 8 b–1, FuG 9 b, FuG 10 a;
- Wenigkanal-Funkgerät: nur einige (z. B. 10) Kanäle schaltbar; Beispiele: FuG 10, FuG 13. *(Ge)*

Funkmeldesystem (FMS), ein Verfahren zur Übermittlung von Kurzmeldungen über den taktisch-betrieblichen Zustand *(→ Status)* des Einsatzfahrzeugs in Verbindung mit dem → *Funkrufnamen* als FMS-Datentelegramm durch Tastendruck vom Fahrzeug an die → *Leitstelle* (Baustufe 1). Bei Anlagen der Baustufe 2 ist zusätzlich die Übertragung eines → *Fernauftrags* in Kurzform (Buchstabe mit festgelegter Bedeutung) von der Leitstelle an das Fahrzeug möglich. *(Ge)*

Funknetz; Bedeutung im Sinne der → *BOS* gemäß DV 800: Gesamtheit aller → *Funkverkehrskreise,* zusammengefasst in Funkbereiche der verschiedenen BOS in einem Land; Bedeutung im Sinne der Regulierungsbehörde für Telekommunikation und Post gemäß „Vorschrift für nichtöffentliche Funkanwendungen": Zusammenfassung aller → *Funkanlagen,* auch auf verschiedenen Kanälen, die von einem anerkannten Bedarfsträger nach der → *BOS-Funkrichtlinie* betrieben werden, um die Infrastruktur zur Funkversorgung in einem bestimmten Gebiet, zum Beispiel innerhalb einer Gemeinde oder eines Landkreises, sicherzustellen. Es kann für die gemeinsame Nutzung aller im Versorgungsgebiet operierenden Einheiten der Feuerwehren, und/oder des Rettungsdienstes sowie andere im Katastrophenschutz mitwirkender BOS genehmigt werden. Es besteht aus einer oder mehreren ortsfesten und/oder mobilen Funkstellen des nichtöffentlichen mobilen Landfunkdienstes. Ein Festfunknetz ist die Zusammenfassung aller Funkanlagen des nichtöffentlichen Festfunks, mit denen die Infrastruktur zur Funkversorgung eines bestimmten Gebietes sichergestellt wird. Es dient der Verbindung zwischen ortsfesten Funkstellen (Relaisfunkstellen) und besteht aus einzelnen oder miteinander verbundenen → *Funkstrecken,* zum Beispiel zur sternförmigen Verbindung von → *Relaisfunkstellen* mit der zentralen Steuereinrichtung in einem → *Gleichwellenfunksystem. (Ge)*

Funkplan, Anordnung (Fernmeldebefehl) in Form einer tabellarischen Übersicht, bei der die Funkverbindungen *(→ Funkverkehrskreise)* nach Kanälen geordnet sind. *(Ge)*

Funkrichtlinie → *BOS-Funkrichtlinie. (Ge)*

Funkruf, einseitige Übermittlung *(→ Richtungsverkehr)* über Funk einer meist kurzen Nachricht (z. B. „Kreisbrandinspektor – Leitstelle anrufen") an einen bestimmten Empfänger, dessen genauer Standort unbekannt ist. Dabei kann die Nachricht als Sprache, Töne oder Ziffernfolge (Telefonnummer für Rückruf) bzw. Text übertragen werden. *(Ge)*

Funkrufname, eindeutige und unverwechselbare Kennzeichnung einer → *Funkstelle,* für die nichtpolizeilichen → *BOS* nach einem bundesweit vereinbarten Schema festgelegt. Der Funkrufnamen besteht aus

– dem Kennwort der Organisation: Beispiele: Florian (für den 4-m-Bereich) und Florentine (für den 2-m-Bereich),

– dem Einsatzbereich: Beispiele: Name der Gemeinde bzw. des Landkreises;

– der Fahrzeug-Kennzahl: hierbei gilt:

1. Teilkennzahl: Standort (Stationierungsort);

2. Teilkennzahl: Art des Fahrzeugs (gemäß bundeseinheitlicher Vereinbarung);

3. Teilkennzahl: laufende Nummer des Fahrzeugs gleicher Art am gleichen Standort;

Beispiel für das erste Tanklöschfahrzeug TLF 16/24 der Feuerwache 3 in Stuttgart:

1. Teilkennzahl: Standort Feuerwache 3 → „3";

2. Teilkennzahl: TLF 16/24 → „23";

3. Teilkennzahl: Erstes Tanklöschfahrzeug TLF 16/24-1;

Funkrufname: „Florian Stuttgart 3/23-1". *(Ge)*

Funkschatten, bildhafte Bezeichnung für ein Gebiet innerhalb eines Funkversorgungsbereiches, in dem wegen natürlicher oder künstlicher Hindernisse der Empfang von Funkwellen nicht möglich ist. *(Ge)*

Funkstelle, mit Personal besetzte betriebsbereite → *Funkanlage,* z. B. in einem Fahrzeug oder in einem Feuerwehrhaus. *(Ge)*

Funkstille, Sendeverbot als taktische Maßnahme, bei der die Empfangsbereitschaft bestehen bleibt; Beispiel: Ankündigung der Leitstelle vor Beginn einer Funkalarmierung auf dem Sprechfunkkanal: „Achtung – hier Leitstelle – Funkstille für Funkalarmierung". *(Ge)*

Funkstrecke (so genannter Zubringer), eine Festfunkverbindung zwischen zwei ortsfesten → *Funkanlagen,* z. B. zwischen → *Leitstelle* und → *Relaisfunkstelle.* Für die Funkstrecke werden → *Kanäle* im 2-m-Bereich und ab 1990 in dem speziell dafür zugewiesenen 70-cm-Bereich (12,5-kHz-Kanalraster) verwendet. *(Ge)*

Funktion, klar umrissene Aufgabe innerhalb eines größeren Zusammenhanges, z. B. eines Einsatzes; Beispiele: Funktion als Gruppenführer. Eine Funktion kann im Laufe eines Einsatzes wechseln, wenn beispielsweise eine Einsatzkraft mit höherer Qualifikation die Einsatzleitung übernimmt oder wenn Kräfte abgelöst werden. Auch kann ein Feuerwehrangehöriger mit Ausbildung zum Gruppenführer eine Tätigkeit im Trupp wahrnehmen.
Kennzeichnungsmittel einer Funktion z. B. durch eine farbige Weste mit Funktionsaufdruck (→ *Kennzeichnung* von Funktions- und Führungskräften). *(Oe)*

Funktionsdauer (auch: Spritzzeit) eines → *Feuerlöschers* ist (nach EN 3 Teil 1 und 4) die Zeit, in der das → *Löschmittel* kontinuierlich bei vollständig geöffneter Unterbrechungseinrichtung, z. B. einer Löschpistole, aus dem Behälter austritt *(Tabelle)*. *(Oe)*

Löschmittel-Füllmenge *in kg bzw. Liter*	**Mindestfunktionsdauer**
bis 3	6 s
über 3 bis 6	9 s
über 6 bis 10	12 s
über 10	15 s

Funktionserhalt von elektrischen Kabelanlagen nach DIN 4102, Teil 12. Die Forderung nach Funktionserhalt wird insbesondere an Kabelanlagen gestellt, die im Brandfall notwendige Anlagen wie Pumpen von Sprinkleranlagen, maschinelle Abzüge oder Druckbelüftungsanlagen mit elektrischer Energie versorgen müssen. Die Einteilung in Funktionserhaltsklassen ist abhängig von der geforderten Dauer des Funktionserhaltes (Abkürzung E 30, E 60 ...). Die Funktionserhaltsklasse sagt aus, wie lange das Kabel unter der in DIN 4102, Teil 12, festgelegten Brandbelastung, seine Aufgabe erfüllt. *(Ki/Oe)*

Funkverbindung, drahtloser Übertragungsweg für → *Informationen.* Er ist äußeren Einflüssen ausgesetzt, die man nach ihrer Auswirkung folgendermaßen bezeichnet:
– Belästigung: Beeinflussung durch Töne und/oder Geräusche ohne Nachrichteninhalt;
– Beeinträchtigung: Verringerung der → *Verfügbarkeit* der Funkverbindung; Beispiel: es ist kurzzeitig kein Funkverkehr möglich;
– Störung: Unterbrechung der Funkverbindung, z. B. infolge einer starken fremden Trägerwelle. *(Ge)*

Funkverkehrskreis, organisatorische Zusammenfassung der → *Funkstellen,* die innerhalb eines bestimmten Gebietes (z. B. Landkreis oder Rettungsdienstbereich) auf einem gemeinsamen Kanal Informationen austauschen können; Prinzip: Jeder hört jeden – jeder spricht mit jedem; → *Querverkehr. (Ge)*

F-Verglasung, eine → *Brandschutzverglasung,* die den Durchgang von Feuer, Rauch und Wärmestrahlung verhindert; → *G-Verglasung.* Sie erfüllt die Forderungen der DIN 4102 für raumabschließende Bauteile und kann sowohl in waagrechter als auch in senkrechter oder geneigter Anordnung den Durchtritt von Feuer und Rauch sowie von Wärmestrahlung entsprechend ihrer → *Feuerwiderstandsklasse* wirkungsvoll verhindern.
F-Verglasungen bestehen aus mehreren aufeinander gepressten Scheiben. Zwischen den Scheiben

befindet sich ein Gel, das im Brandfall aufschäumt und das Durchdringen von Wärmestrahlung verhindert.
Man unterscheidet F-Verglasungen mit Feuerwiderstandsdauer von 30, 60 und 90 Minuten. F-Verglasungen sind gleichzusetzen mit feuerwiderstandsfähigen raumabschließenden Bauteilen der Feuerwiderstandsklassen F 30 bis F 90. *(Oe)*

FwDV, Abk. für: → *Feuerwehr-Dienstvorschrift. (Sr)*

FwG, Abk. für: → *Feuerwehrgesetz. (Sr)*

FwH, Abk. für: → *Fachgruppe „Feuerwehren-Hilfeleistung". (Sr)*

FwK, Abk. für: → *Feuerwehrkran. (Ma)*

G 26 bzw. G 31, Abk. für: → *Arbeitsmedizinischer Grundsatz 26* (bzw. 31). *(Oe)*

Gamma-Strahlung (γ-Strahlung), eine hochenergetische, kurzwellige elektromagnetische (Wellen-)Strahlung *(→ Strahlung);* Gammastrahlen durchdringen alle Materialien und lassen sich auch durch Material hoher Dichte, z. B. Blei, nur schwächen. *(Kl)*

GAMS-Regel, Merkregel für das Ergreifen von Erstmaßnahmen gemäß → *FwDV 500.*
G – Gefahr erkennen
A – Absperrung
M – Menschenrettung durchführen
S – Spezialkräfte alarmieren
Die GAMS-Regel wurde von dem Grazer Branddirektor Otto Widetscheck erstmals publiziert. *(Fl)*

GAN, Abk. für: „Gruppe Anforderungen an das Netz", eine Ad-hoc-Gruppe der → *BOS* in Bund und Ländern, die im Jahr 2002 die Mindestanforderungen für den → *Digitalfunk* festgelegt hat. *(Ge)*

Ganzkörperbestrahlung, Bestrahlung des gesamten menschlichen Körpers durch → *Gamma-* oder → *Röntgenstrahlung.* Im Gegensatz zur → *Teilkörperbestrahlung* wird bei der Ganzkörperbestrahlung die aufgenommene → *Dosis* gleichmäßig über den ganzen Körper verteilt. Man spricht dann von → *Ganzkörperdosis.* Im Feuerwehreinsatz geht man davon aus, dass bei einem Abstand von größer oder gleich einem Meter zu einer Strahlenquelle *(→ Strahler),* die → *Gammastrahlung* aussendet, eine Ganzkörperbestrahlung erfolgt. *(Kl)*

Ganzkörperdosis, Mittelwert der → *Äquivalentdosis* über Kopf, Rumpf, Oberarme und Oberschenkel als Folge einer als homogen angesehenen Bestrahlung des ganzen Körpers mit → *Gamma-* oder → *Röntgenstrahlung. (Kl)*

Garage, bauliche Anlage, die dem Unterstellen von Kraftfahrzeugen dient. Die → *Garagenverordnung* unterscheidet nach Art zwischen offenen, geschlossenen, oberirdischen und automatischen Garagen sowie nach Größe Klein-, Mittel- und Großgaragen. Bei Garagen sind im Verhältnis zu anderen Gebäuden insbesondere Erleichterungen bei → *Rettungswegen* möglich. *(Ki)*

Garagenverordnung (GaVO), Verordnung zur Präzisierung der baurechtlichen (und damit auch brandschutztechnischen) Anforderungen an Garagen. Grundlagen des GaVOs der Länder ist die Mustergaragenverordnung (MGaVO) der → *ARGEBAU.*
Nach der GaVO teilt man Garagen in Abhängigkeit von Ihrer Größe in Groß-, Mittel- und Kleingaragen ein. Bezüglich des Brandschutzes bestehen u. a. Vorschriften für die Zu- und Abfahrten, die Anforderungen an die Bauteile, z. B. Wände und Decken, der Größe der Brandabschnitte und der → *Rettungswege. (Ki)*

Garantiepunkt, nach DIN 14 420 festgelegter Leistungswert einer → *Feuerlöschkreiselpumpe;* Beispiele:
1. Garantiepunkt: Nennförderstrom (z. B. 1 600 l/min) bei Nennförderdruck (z. B. 8 bar), bei Nenndrehzahl (wird vom Pumpenhersteller angegeben) und → *geodätischer* Nennsaughöhe (z. B. 3 m);

2. Garantiepunkt: halber Nennförderstrom (z. B. 800 l/min) beim 1,5fachen Nennförderdruck (z. B. 12 bar) bei maximal 1,2facher Nenndrehzahl;
3. Garantiepunkt: halber Nennförderstrom (z. B. 800 l/min) bei Nennförderdruck (z. B. 8 bar) und 7,5 m → *geodätischer Saughöhe;*
4. Garantiepunkt: Schließdruck zwischen 14 und 16 bar bei maximal 1,4facher Nenndrehzahl. *(Fl)*

Gas-Chromatographie (GC), ein analytisches Verfahren zur Trennung von gasförmig vorliegenden Stoffgemischen.
Luftgetragene Schadstoffe, z. B. bei Bränden in Betrieben, die der Störfallverordnung unterliegen, liegen bei Feuerwehreinsätzen häufig als komplexes Gemisch vor. Ein Nachweis mit Prüfröhrchen *(→ Simultantest)* ist daher sehr schwierig.
Die Anwendung der Gas-Chromatographie ermöglicht es spezialisierten Feuerwehren, Aussagen über den Inhalt von Proben zu machen, die ein Gemisch von gefährlichen Stoffen enthalten. *(Rö)*

Gasfilter, → *Filter* nach DIN EN 141 mit dem Filtermedium Aktivkohle. Je nach chemischer Behandlung der Aktivkohle schützen Gasfilter vor gas- oder dampfförmigen → *Atemgiften (s. Tabelle). (Zi)*

Klasse	Schutzstufe *in Volumen-%*
1	0,1
2	0,5
3	1,0

Gasflaschen → *Farbkodierungssystem für Gasflaschen. (Fl)*

Gaslöscher, ein → *Feuerlöscher,* bestehend aus einem Löschmittelbehälter, der das → *Löschmittel,* das gleichzeitig Treibgas ist, aufnimmt. Nach dem Verbot von Halon (ab 31. 12. 1993) gibt es als tragbare Gaslöscher in Deutschland derzeit nur den → *Kohlendioxidlöscher* (Stand: 4/2005). Einsatz: für Brände der → *Brandklasse B* (Flüssigkeiten oder flüssig werdende Stoffe). *(Oe)*

Gasmelder, → *Melder* (Frühwarnmelder), der auf ein zündfähiges Gas bzw. Gas-Luft-Gemisch anspricht, z. B. aus einer undichten Rohrleitung. *(Oe/Ge)*

Gasspürgerät → *Prüfröhrchen-Messgerät. (Fl)*

Gaszone → *Flammenzonen. (Ha)*

GAU, Abk. für: *„Größter anzunehmender Unfall"* (in einem Kernkraftwerk); für einen GAU sind die Sicherheitsvorkehrungen in einem Kernkraftwerk konstruktiv so ausgelegt, dass dabei die Strahlenbelastung für die in der Umgebung wohnende Bevölkerung nicht höher ist, als sie für beruflich strahlenexponierte Personen vom Gesetzgeber zugelassen ist. Siehe auch → *Super-GAU. (Sr)*

Gaube → *Dachgaube. (Bt)*

GC Abk. für: → *Gas-Chromatographie. (Rö)*

Gebäude, selbstständig benutzbare, überdeckte bauliche Anlage, die von Menschen betreten werden kann und geeignet ist, dem Schutz von Menschen, Tieren und Sachen zu dienen; Beispiel: Wohnhäuser;
– geringer Höhe: → *Gebäude,* bei denen in jeder Nutzungseinheit mindestens eine zum Anleitern geeignete Stelle, z. B. eine → *Brüs-*

Tabelle: **Gebotszeichen** nach DIN 4844 Teil 1 + 3 sowie BGV A8 (Auswahl)

	Atemschutz benutzen M 04		Augen- und Gehörschutz benutzen		Schutzhelm (Kopfschutz) benutzen MO2
	Augenschutz benutzen M 01		Kopf- und Augenschutz tragen	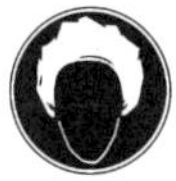	Kopfhaube tragen
	Handschutz benutzen M 06		Kopf-, Gehör- und Augenschutz tragen		Gesichtsschutz benutzen M 08
	Gehörschutz benutzen M 03		Kopf- und Gehörschutz benutzen		Auffanggurt anlegen M 09
	Für Fußgänger M 10		Kopf- und Atemschutz benutzen		Fußschutz benutzen M 05

tung, nicht mehr als 8 m über der Geländeoberfläche liegt. Gebäude ohne Aufenthaltsräume gelten als Gebäude geringer Höhe. Die Menschenrettung in Gebäuden geringer Höhe kann über Tragleitern der Feuerwehr erfolgen.
Gebäude mit einer Höhe zwischen den Gebäuden geringer Höhe und den → *Hochhäusern* nennt man „sonstige Gebäude" (Definition z. B. nach Landesbauordnung Baden-Württemberg). *(Bt)*

Gebäude-Funkanlage, ein vorbereitetes installiertes Funksystem zur Unterstützung des Einsatzstellenfunks, um Wellenhindernisse zwischen den eindringenden Trupps und dem Führungs- und Rettungstrupp außerhalb zu überwinden. Dazu werden innenliegende Antennen und → *Schlitzkabel* (Leckkabel) eingesetzt, die mit einer Funkanlage (auch Relaisfunkstelle), die auf einem speziellen Kanal betrieben wird, verbunden sind (aktives System). *(Ge)*

Gebotszeichen, ein → *Sicherheitszeichen* nach DIN 4844 Teil 1 und Teil 3 sowie BGV A8, das ein bestimmtes Verhalten vorschreibt, z. B. „Kopfschutz tragen".
Zusätzlich zu den Gebotszeichen nach DIN bzw. BGV *(Tabelle)* haben sich aus den Anforderungen der Praxis weitere, nicht genormte Zeichen entwickelt, die für die Sicherheit am Arbeitsplatz von Bedeutung sind; Beispiel: „Parkplatz für Behinderte".
Gebotszeichen haben Kreisform und die Sicherheitsfarbe blau; Kontrastfarbe ist weiß *(Tabelle)*. *(Oe)*

Gebrauchsprüfdruck nennt man bei der Feuerwehr den Druck, mit dem beispielsweise → *Feuerwehr-*

schläuche und wasserführende Armaturen *(→ Armaturen)* auf Dichtheit geprüft werden; Beispiele siehe *Tabelle. (Zi)*

Schlauch	**Gebrauchs-prüfdruck** *in bar*
Druckschläuche B und C	12
Druckschläuche A und D	8
Saugschläuche A, B und C	6
Standrohr	16
Sammelstück	16

Gefahr ist ein subjektiv empfundener Bedrohungszustand; das subjektive Empfinden richtet sich insbesondere danach, was von der Gesellschaft toleriert oder auch als notwendiger Zustand akzeptiert wird; Beispiel: ständige Möglichkeit eines Verkehrsunfalls im Straßenverkehr.
Bei der Feuerwehr werden die Gefahren zur taktischen Beurteilung in neun so genannte Gefahrengruppen eingeteilt:
- Atemgifte,
- Angstreaktion,
- Ausbreitung,
- atomare Strahlung,
- chemische Stoffe,
- Erkrankung bzw. Verletzung,
- Explosion,
- Elektrizität und
- Einsturz.

Gefahren wirken je nach Lage auf Menschen, Tiere, Sachwerte und auf die Umwelt. *(Sr)*

Gefahrenbereich, Zone besonderer Gefährdung für Menschen, Tiere, Umwelt und Sachwerte, z. B. durch → *Brände,* → *Explosionen* oder andere Unfall- bzw. Schadenereignisse wie Hochwasser. *(Sr)*
– im ABC-Einsatz zunächst 50 m. Bei der Festlegung der Grenzen sind die Windverhältnisse zu berücksichtigen. Bereiche mit Verdacht auf Kontamination sind in den Gefahrenbereich mit einzubeziehen.
Ergibt die weitere Erkundung genauere Erkenntnisse über die Gefahrenlage, so sind Gefahrenbereich und Absperrbereich entsprechend anzupassen. Ist weder eine Gefährdung der Umgebung zu erkennen noch eine Gefahr außerhalb des Schadenobjektes gegeben (z. B. Ortsdosisleistung < 25 µSv/h → *Äquivalentdosisleistung*), kann die Grenze des Gefahrenbereichs bis auf 5 m an das Schadenobjekt herangezogen werden.
Ist mit Sicherheit, z. B. durch Ortskenntnis oder weitere Erkundung, davon auszugehen, dass eine Gefährdung nur in einem bestimmten Teilbereich eines Gebäudes oder einer Anlage besteht, so kann die Grenze des Gefahrenbereichs auf Weisung des Einsatzleiters in das Gebäude oder die Anlage verlegt werden. *(Kl)*

Gefahrendiamant, Kennzeichnungssystem im → *Hommel,* um in kürzester Zeit erste Hinweise über Gefahren bzw. Einsatzmaßnahmen von festen, flüssigen und gasförmigen Stoffen zu Gesundheits-, Brand- und Reaktionsgefahren, z. B. gefährliche Reaktion eines Explosivstoffes bei Erwärmung, sowie besondere Anweisungen, wie z. B. Gefahren durch Radioaktivität, zu erhalten.
Der Gefahrendiamant ist ein auf die Spitze gestelltes Quadrat, das aus vier kleineren quadratischen Flächen mit den Farben Blau, Rot, Gelb und Weiß zusammengesetzt ist.
Durch die Zahlen 0 bis 4 im blauen, roten und gelben Feld wird die Größe der Gefahr angegeben (0

geringste Gefahr, 4 größte Gefahr).
Die Farben haben folgende Bedeutung:
– im blauen Feld steht die Zahl für die Gesundheitsgefahr,
– im roten Feld steht die Zahl für die Brandgefahr,
– im gelben Feld steht die Zahl für die Reaktionsgefahr,
– im weißen Feld stehen in Form von Symbolen → *Besonderer Anweisungen* (Gefahren und Hinweise), z. B. Radioaktivität oder Reaktion mit Wasser, jedoch keine Zahlenangaben.
Beispiel: bei Benzin (das nur eine geringe Gesundheitsgefahr, jedoch eine hohe Brandgefahr und im Sinne des Gefahrendiamanten keine Reaktionsgefahr besitzt) erhält der Gefahrendiamant
– im blauen Feld eine 1,
– im roten Feld eine 3,
– im gelben Feld eine 0 und
– im weißen Feld keinen Eintrag. *(Fl)*

Gefahrengruppen, Bereiche mit ABC-Gefahrstoffen werden bei der Einsatzvorbereitung entsprechend den durchzuführenden Maßnahmen nach → *Feuerwehr-Dienstvorschrift 500* in drei Gefahrengruppen eingeteilt:
Gefahrengruppe I:
Bereiche, in denen die Einsatzkräfte ohne → *Sonderausrüstung* tätig werden dürfen. Zur Vermeidung einer Inkorporation soll jedoch Atemschutz getragen werden. Allgemeine Verhaltensregeln für den Einsatz in Industrieanlagen oder Laboratorien sind zu beachten.
Gefahrengruppe II:
Bereiche, in denen die Einsatzkräfte nur mit → *Sonderausrüstung* und unter besonderer Überwachung und Dekontamination/Hygiene tätig werden dürfen.
Gefahrengruppe III:
Bereiche, in denen Einsatzkräfte nur mit → *Sonderausrüstung* und unter besonderer Überwachung und Dekontamination/Hygiene tätig werden dürfen und deren Eigenart die Anwesenheit einer fachkundigen Person (siehe Teil II → *Feuerwehr-Dienstvorschrift 500*) notwendig macht, die während des Einsatzes die entstehende Gefährdung und die anzuwendenden Schutzmaßnahmen beurteilen kann.
Diese drei Gefahrengruppen werden je nach Zugehörigkeit des Gefahrstoffes mit dem Buchstaben A für radioaktive (IA, IIA, IIIA), B für biologische (IB, IIB, IIIB) und C für chemische Gefahrstoffe (IC, IIC, IIIC) unterschieden.
Detaillierte Angaben über die Bedingungen der Zuordnung zu den Gefahrengruppen sind im Teil II der → *Feuerwehr-Dienstvorschrift 500* aufgeführt. Beispiele für die Kennzeichnung: s. unten *(Kl)*

A-Stoffe:	B-Stoffe:	C-Stoffe:
Feuerwehr! Gefahrengruppe I	**BIO I**	**Feuerwehr! Gefahrengruppe I C**
Feuerwehr! Gefahrengruppe II	**BIO II**	**Feuerwehr! Gefahrengruppe II C**
Feuerwehr! Gefahrengruppe III	**BIO III**	**Feuerwehr! Gefahrengruppe IIII C**

Gefahrenmeldeanlage (GMA), eine → *Fernmeldeanlage* zum zuverlässigen Melden von Gefahren für Personen und Sachwerte.
GMA bilden aus automatischen oder von Personen erfassten Informationen Gefahrenmeldungen, geben diese an Alarmierungseinrichtungen weiter und erfassen Störungen.
Die Eigenschaften und Betriebsregeln von GMA sind in DIN VDE 0833 „Gefahrenmeldeanlagen" für Brand, Überfall und Einbruch beschrieben.
Die VDE-Vorschriften unterscheiden hinsichtlich der Sicherheit zwei → *Anlageklassen.* Eine spezielle Art der GMA ist die → *Brandmeldeanlage. (Ge)*

Gefahrensymbole nach → *Gefahrstoffverordnung* (GefStoffV), Symbole (bildliche Darstellung, Erkennungszeichen) für bestimmte Gefahren *(Tabelle);* → *Gefahrstoffkennzeichnung.*
Gefahrensymbole sind orangefarben mit schwarzem Bildzeichen (siehe *Tabelle*) und zusätzlichem Kurztext, z. B. „hochentzündlich" oder „giftig".
Anwendung: als Zusatzetikett zur Kennzeichnung brennbarer, giftiger und ätzender Stoffe sowie für Kennzeichnungen auf Behältern, Rohrleitungen und Betriebsanweisungen. *(Fl/Oe)*

Gefahrgut, nach einer Beförderungsvorschrift der Eisenbahn, Luftfahrt, See- und Binnenschifffahrt oder Straße klassifizierter Stoff mit Gefahreigenschaft *(→ Klasseneinteilung);* Beispiel Benzin: Gefahrgut nach → *GGVSE. (Fl)*

Gefahrgut-Schlüssel, Nachschlagewerk in Form einer Lose-Blatt-Sammlung von Gefahrgut-Transportvorschriften im Format A 6;

Tabelle: **Gefahrensymbole** nach GefStoffV

	giftig		ätzend, z. B. Salzsäure ≥ 25 %
	Brandfördernd		hochentzündlich
	leichtentzündlich		explosionsgefährlich
	sehr giftig		umweltgefählich
	reizend		gesundheitsschädlich

Verfasser: Kühn/Birett; ecomed Verlag, Landsberg/Lech. *(Fl)*

Gefahrgut-Umfüllpumpe (GUP), tragbare Kreiselpumpe oder → *Schlauchpumpe* zur Förderung aggressiver Medien, beispielsweise Schwefelsäure.
Die GUP leistet einen Förderstrom von 300 l/min bei einem → *Förderdruck* von 1,5 bar und 1,5 m → *geodätischer Saughöhe.* Sie muss selbstansaugend oder mit einer → *Entlüftungseinrichtung* versehen sein. Der Motor einer Gefahrgut-Umfüllpumpe hat eine Leistung von 2,5 kW und ist explosionsgeschützt. *(Fl)*

Gefahrgutunfall, Schadenereignis, bei dem → *Gefahrgut* beteiligt ist mit oder ohne Freisetzung.

Für die besonderen Maßnahmen der Feuerwehr beim Gefahrgutunfall gilt die Feuerwehr-Dienstvorschrift (FwDV) 500. *(Fl)*

Gefahrgutverordnung Straße und Eisenbahn, (→ *GGVSE);* vollständig: Verordnung über die innerstaatliche und grenzüberschreitende Beförderung gefährlicher Güter auf der Straße und Eisenbahn: Rechtsgrundlage zur Beförderung von → *Gefahrgut* auf Straßen und mit der Eisenbahn. Die → *GGVSE* stellt die nationale Umsetzung des → *ADR* bzw. → *RID* dar. *(Fl)*

Gefahrkennzeichnung (auch: Warnkennzeichnung) durch schwarz-gelbe Streifen nach BGV A 8, z. B. als → *Kennzeichnungsband;* Kennzeichnung ständiger Gefahrstellen; Beispiele: Stellen, an denen die Gefahr des Anstoßens, Quetschens, Stürzens, Stolpern von Personen oder des Fallens von Lasten besteht, wie Treppenstufen, Fußbodenluken oder geöffnete Schächte, z. B. Fahrstuhlschacht. *(Oe)*

Gefahrklassen (nach der ehemaligen Verordnung über brennbare Flüssigkeiten – VbF), Einteilung *(siehe Tabelle)* der → *brennbaren Flüssigkeiten* in: Gefahrklasse A: Flüssigkeiten, Mischungen oder Lösungen, die sich mit Wasser nicht oder nur teilweise vermischen lassen und einen → *Flammpunkt* von < 100 °C haben; Gefahrklasse B: Flüssigkeiten, Mischungen oder Lösungen, die sich bereits mit Wasser in beliebigem Verhältnis vermischen lassen und einen Flammpunkt < 21 °C haben. *(Fl)*

Gefährliche Güter → *Gefahrgut. (Fl)*

Gefährliche Stoffe → *Gefahrstoffe. (Fl)*

Tabelle: **Gefahrklassen**

Gefahrklasse	**Flammpunkt**	**Beispiele**	**Temperaturbereich** *in °C*
A I	unter 21 °C	Vergaserkraftstoff	–20 bis –45
		Auto-Benzin	–45
		Schwefelkohlenstoff	–30
		Ether, Ethylether	–29
		Benzol	–11
		Kerosin	>–21
		Toluol	7
		Dimethylbenzol	17
A II	von 21 bis 55 °C	Petroleum	40
		Terpentin	35
		Xylol	30
A III	über 55 bis 100 °C	Dieselkraftstoff	> 55
		Gasöl	> 80
		Nitrobenzol	88
		Heizöl	> 130
B	unter 21 °C	Alkohol, Spiritus	≈ 12
		Aceton	–19
		Blausäure	–18
		Methanol	11
		Brennspiritus	16

Gefährlichkeitsmerkmale → *Gefahrstoffe. (Fl)*

Gefahrnummer (richtig: Nummer zur Kennzeichnung der Gefahr; früher auch Kemler-Zahl genannt), Ziffern oder Buchstabe „X" in der oberen Hälfte der (orangefarbigen) → *Warntafel (s. Tabelle). (Fl)*

Gefahrstoffe, Stoffe und Zubereitungen (Gemenge, bestehend aus verschiedenen Stoffen wie Lösung von Salmiak und Zitronensäure; z. B. Reinigungsmittel), die bei der Verwendung am Arbeitsplatz der → *Verordnung zum Schutz vor Gefahrstoffen* (Gefahrstoffverordnung, GefStoffV) unterliegen.
Die den Gefahrstoffen zugeordneten Gefahrenmerkmale lauten:
- explosiv,
- brandfördernd,
- hochentzündlich,
- leichtentzündlich,
- entzündlich,
- sehr giftig, z. B. Quecksilbermonoxid (CAS-Nr. 21903-53-2),
- giftig, z. B. o-Nitroanilin (CAS-Nr. 88-74-4),
- gesundheitsschädlich, z. B. Xylol (CAS-Nr. 1330-20-7),
- ätzend, z. B. Schwefelsäure (CAS-Nr. 7664-93-9),
- reizend, z. B. Isopropylbenzol CAS-Nr. 96-82-8),
- fruchtschädigend,
- erbgutverändernd,
- krebserzeugend,
- sensibilisierend, z. B. allergische Reaktionen auslösend wie beispielsweise Flüssigkeiten für Dauerwellen.

Beispiel:
Methanol (CAS-Nr. 6756-1) hat die Gefahrenmerkmale „leichtentzündlich" und „giftig". *(Fl)*

Gefahrstoffkennzeichnung, Kennzeichnung von → *Gefahrstoffen* mit Stoffnamen, → *Gefahrensymbolen,* Gefahrenhinweisen *(→ R-Sätze)* und Sicherheitsratschlägen *(→ S-Sätze);* Beispiel:
- Stoffname: Methanol;
- zwei Gefahrensymbole: Flamme im orangefarbenen Feld und Totenkopf im orangefarbenen Feld;
- Gefahrenhinweise: leichtentzündlich, giftig beim Einatmen und Verschlucken;
- Sicherheitsratschläge: Darf nicht in die Hände von Kindern gelangen; Behälter dicht geschlossen halten; von Zündquellen fernhalten; nicht Rauchen; Berührung mit der Haut vermeiden. *(Fl)*

Gefahrstoffmessung, Bestimmung der Konzentration eines Stoffes mit gefährlichen Eigenschaften *(→ Gefahrstoffe);* die Gefahrstoffmessung ist eine quantitative Analyse, bei der z. B. mittels Prüfröhrchen an Einsatzstellen die Konzentration eines bekannten Gefahrstoffs, z. B. Chlor, Ammoniak, gemessen wird. *(Rö)*

Gefahrstoff-Schlüssel, Nachschlagewerk (Lose-Blatt-Sammlung) von Gefahrstoff-Kennzeichnungsvorschriften mit ausführlichem Gefahrstoffregister; Format A5; Verfasser: K. Birett/H. Vogler, Verlag ecomed, Landsberg/Lech. *(Fl)*

Gefahrstoffschrank, auch: Sicherheitsschrank, Umweltschutzschrank; ein spezieller Stahlschrank zum Lagern von Kleingebinden (unter 10 Liter) nach TRbF 22 und DIN 12925 Teil 1. Je Arbeitsraum darf bei Klasse A II die Gesamtmenge 450 Liter nicht überschreiten.
Bei einem Gefahrstoffschrank mit einer → *Feuerwiderstandsfähigkeit* von 90 Minuten ist die Eignung durch Prüfzeugnis nachzuweisen.

Gefahrnummer	
X	Stoff reagiert in gefährlicher Weise mit Wasser; die Verwendung von Wasser darf nur auf Anordnung des Einsatzleiters verwendet werden;
2	Entweichen von Gas durch Druck oder durch chemische Reaktion;
3	Entzündbarkeit von flüssigen Stoffen (Dämpfen) und Gasen oder selbsterhitzungsfähiger flüssiger Stoff;
4	Entzündbarkeit von festen Stoffen oder selbsterhitzungsfähigen festen Stoffen;
5	oxidierende und damit brandfördernde Wirkung;
6	Giftigkeit, z. B. Methylenchlorid Gefahrnummer 60, oder Ansteckungsgefahr;
7	Radioaktivität,
8	Ätzwirkung, z. B. Salzsäure Gefahrnummer 80;
9	Gefahr einer spontanen heftigen Reaktion. Spontane heftige Reaktion im Sinne der Ziffer 9 umfaßt eine sich aus dem Stoff ergebende Möglichkeit der Explosionsgefahr, einer gefährlichen Zerfalls- oder Polymerisationsreaktion unter Entwicklung beträchtlicher Wärme oder die Entwicklung von entzündbaren und/oder giftigen Gasen.

Die Verdoppelung einer Ziffer weist auf die Zunahme der entsprechenden Gefahr hin (Beispiele siehe Tabelle unten).
Wenn die Gefahr eines Stoffes ausreichend durch eine einzige Ziffer angegeben werden kann, wird dieser Ziffer eine Null angefügt, z. B. bei 20.
Einige Ziffernkombinationen haben eine besondere Bedeutung, z. B. 22 (= tiefgekühltes Gas; siehe auch Tabelle).
An der Gefahrnummer können die Gefahreigenschaften von Gefahrgut entnommen werden; Beispiele siehe folgende *Tabelle:*

Gefahr-nummer	Gefahreigenschaften
20	inertes Gas, z. B. Argon, verdichtet (UN-Nr. 1006);
22	tiefgekühltes Gas, z. B. Argon, tiefgekühlt (UN-Nr. 1951);
223	tiefgekühltes brennbares Gas, z. B. Methan (UN-Nr. 1972);
225	tiefgekühltes oxidierendes (brandförderndes) Gas, z. B. Sauerstoff, tiefgekühlt (UN-Nr. 1073);
23	brennbares Gas, z. B. Butan (UN-Nr. 1011);
239	brennbares Gas, das spontan zu einer heftigen Reaktion führen kann, z. B, Butadien (UN-Nr. 1010),
25	oxidierendes (brandförderndes) Gas, z. B. Distickstoffoxid; Lachgas (UN-Nr. 1070);
26	giftiges Gas, z. B. Schwefeldioxid (UN-Nr. 1079);
263	giftiges Gas, entzündbar (UN-Nr. 1016);
265	giftiges oxidierendes Gas, z. B. Stickstoffdioxid (UN-Nr. 1067);
268	giftiges Gas, ätzend, z. B. Ammoniak (UN-Nr. 1005);
30	– entzündbarer flüssiger Stoff (→ *Flammpunkt* von 23 °C bis einschließlich 61 °C, z. B. Heizöl (UN-Nr. 1202), oder – entzündbarer flüssiger Stoff oder fester Stoff in geschmolzenem Zustand mit einem Flammpunkt über 61 °C, auf oder über seinen Flammpunkt erwärmt, z. B. Paraffin, geschmolzen (UN-Nr. 3256) oder – selbsterhitzungsfähiger flüssiger Stoff, z. B. Stoffe mit UN-Nr. 3183;
323	entzündbarer flüssiger Stoff, der mit Wasser reagiert und entzündbare Gase bildet, z. B. Stoffe mit der UN-Nr. 3148;
X 323	entzündbarer flüssiger Stoff, der mit Wasser reagiert und entzündbare Gase bildet, z. B. metallorganische Verbindungen (UN-Nr. 3207);

Gefahr-nummer	Gefahreigenschaften
33	leicht entzündbarer flüssiger Stoff mit einem Flammpunkt unter 23 °C, z. B. Benzin (Otto-Kraftstoff, UN-Nr. 1203);
333	pyrophorer (selbstentzündlicher) flüssiger Stoff, z. B. Pentaboran (UN-Nr. 1380);
X 333	pyrophorer flüssiger Stoff, der mit Wasser gefährlich reagiert, z. B. Aluminiumalkyle (UN-Nr. 3051);
336	leicht entzündbarer flüssiger Stoff, giftig, z. B. Allylformiat (UN-Nr. 2336);
338	leicht entzündbarer flüssiger Stoff, ätzend, z. B. n-Butylamin (UN-Nr. 1125);
X 338	leicht entzündbarer flüssiger Stoff, ätzend, der mit Wasser gefährlich reagiert, z. B. Acetylchlorid (UN-Nr. 1717);
339	leicht entzündbarer flüssiger Stoff, der spontan zu einer heftigen Reaktion führen kann, z. B. 1,2-Butylenoxid, stabilisiert (UN-Nr. 3022);
36	entzündbarer flüssiger Stoff (Flammpunkt von 23 °C bis 61 °C), schwach giftig, oder selbstzersetzungsfähiger flüssiger Stoff, giftig, z. B. Medikamente (UN-Nr. 3248);
362	entzündbarer flüssiger Stoff, giftig, der mit Wasser gefährlich reagiert und entzündbare Gase bildet, z. B. Stoffe mit der UN-Nr. 3130;
X 362	entzündbarer flüssiger Stoff, giftig, der mit Wasser gefährlich reagiert und entzündbare Gase bildet, z. B. Stoffe mit der UN-Nr. 3130;
368	entzündbarer flüssiger Stoff, giftig, ätzend, z. B. Stoffe mit der UN-Nr. 3286
38	entzündbarer flüssiger Stoff (Flammpunkt 23 °C bis 61 °C), schwach ätzend oder selbsterhitzungsfähiger flüssiger Stoff, ätzend; z. B. Amylamin (UN-Nr. 1106);
382	entzündbarer flüssiger Stoff, ätzend, der mit Wasser reagiert und entzündbare Gase bildet, z. B. Stoffe mit der UN-Nr. 3129;
X 382	entzündbarer flüssiger Stoff, ätzend, der mit Wasser gefährlich reagiert und entzündbare Gase bildet, z. B. Stoffe mit der UN-Nr. 3129;
39	entzündbarer flüssiger Stoff, der spontan zu einer heftigen Reaktion führen kann.
40	entzündbarer oder selbsterhitzungsfähiger fester Stoff, z. B. Kohle (UN-Nr. 1361);
423	fester Stoff, der mit Wasser reagiert, wobei brennbare Gase entweichen, z. B. Magnesiumpulver (UN-Nr. 1361);
X 423	entzündbarer fester Stoff, der mit Wasser gefährlich reagiert, wobei brennbare Gase entweichen, z. B. Lithium (UN-Nr. 1415);
43	selbstentzündlicher (pyrophorer) fester Stoff
44	entzündbarer fester Stoff, der sich bei erhöhter Temperatur in geschmolzenem Zustand befindet, z. B. Naphtalen (UN-Nr. 2304);
446	entzündbarer fester Stoff, *giftig,* der sich bei erhöhter Temperatur in geschmolzenem Zustand befindet;
46	entzündbarer oder selbsterhitzungsfähiger fester Stoff, giftig, z. B. Phosphor, weiß (UN-Nr. 1381);
462	fester Stoff, giftig, der mit Wasser reagiert, wobei brennbare Gase entweichen, z. B. Ferrosilicium (UN-Nr. 1408);
X 462	fester Stoff, der mit Wasser gefährlich reagiert und giftige Gase bildet
48	entzündbarer oder selbstentzündungsfähiger fester Stoff, ätzend, z. B. Natriummethylat (UN-Nr. 1431);
482	fester Stoff, ätzend, der mit Wasser reagiert, wobei brennbare Gase entweichen, z. B. Stoffe mit der UN-Nr. 3131;
X 482	fester Stoff, der mit Wasser gefährlich reagiert und ätzende Gase bildet
50	oxidierender (brandfördernder) Stoff, z. B. Natriumchlorat (UN-Nr. 1495);

Gefahrnummer	Gefahreigenschaften
539	entzündbares organisches Peroxid, z. B. organisches Peroxid Typ F, flüssig (UN-Nr. 3109);
55	stark oxidierender (brandfördernder) Stoff;
556	stark oxidierender (brandfördernder) Stoff, *giftig;*
558	stark oxidierender (brandfördernder) Stoff, *ätzend,* z. B. Perchlorsäure (UN-Nr. 1873);
559	stark oxidierender (brandfördernder) Stoff, der *spontan* zu einer heftigen Reaktion führen kann, z. B. Tetranitromethan (UN-Nr. 1510);
56	oxidierender (brandfördernder) Stoff, *giftig,* z. B. Bleinitrat (UN-Nr. 1469);
568	oxidierender (brandfördernder) Stoff, *giftig, ätzend,* z. B. Bromtrifluorid (UN-Nr.1746);
58	oxidierender (brandfördernder) Stoff, *ätzend, z. B. Chromiumtrioxid, wasserfrei (UN-Nr. 1463);*
59	oxidierender (brandfördernder) Stoff, der spontan zu einer heftigen Reaktion führen kann;
60	giftiger oder schwach giftiger Stoff, z. B. Methylenchlorid (UN-Nr. 1593);
606	ansteckungsgefährlicher Stoff, z. B. ansteckungsgefährliche Stoffe für Menschen (UN-Nr. 2814)
623	giftiger flüssiger Stoff, der mit Wasser reagiert, wobei brennbare Gase entweichen, z. B. Stoffe mit der UN-Nr. 3123;
63	giftiger Stoff, entzündbar (Flammpunkt 23 °C bis 61 °C), z. B. Ethylbromacetat (UN-Nr. 1603);
638	giftiger Stoff, entzündbar (Flammpunkt 23 °C bis 61 °C), *ätzend,* z. B. Chlorformiate (UN-Nr. 2742);
639	giftiger Stoff, entzündbar (Flammpunkt 23 °C bis 61 °C), der spontan zu einer heftigen Reaktion führen kann, z. B. Vinylpyridine, stabilisiert (UN-Nr. 3073);
64	giftiger fester Stoff, entzündbar oder selbsterhitzungsfähig, z. B. Stoffe mit der UN-Nr. 2930;
642	giftiger fester Stoff, der mit Wasser reagiert, wobei brennbare Gase entweichen, z. B. Stoffe mit der UN-Nr. 3125;
65	giftiger Stoff, oxidierend (brandfördernd), z. B. Thalliumnitrat (UN-Nr. 2727);
66	sehr giftiger Stoff, z. B. Arsensäure, flüssig (UN-Nr. 1553);
663	sehr giftiger Stoff, entzündbar (Flammpunkt nicht über 61 °C), z. B. Cyanwasserstoff, wässrige Lösung (UN-Nr. 1613);
664	sehr giftiger fester Stoff, entzündbar oder selbsterhitzungsfähig, z. B. Stoffe mit der UN-Nr. 3124;
665	sehr giftiger Stoff, oxidierend (brandfördernd), z. B. Stoffe mit der UN-Nr. 3086;
668	sehr giftiger Stoff, ätzend, z. B. Chloracetylchlorid (UN-Nr. 1750);
669	sehr giftiger Stoff, der spontan zu einer heftigen Reaktion führen kann, z. B. Acetoncyanhydrin, stabilisiert (UN-Nr. 1541);
68	giftiger Stoff, ätzend, z. B. Chloressigsäure, Lösung (UN-Nr. 1750);
69	giftiger oder schwach giftiger Stoff, der spontan zu einer heftigen Reaktion führen kann, z. B. Chloraceton, stabilisiert (UN-Nr. 1695);
70	radioaktiver Stoff, z. B. radioaktive Stoffe mit der UN-Nr. 2912 oder 2982;
72	radioaktives Gas, z. B. radioaktive Stoffe mit der UN-Nr. 2912 oder 2982;
723	radioaktives Gas, brennbar, z. B. radioaktive Stoffe mit der UN-Nr. 2912 oder 2982;
73	radioaktiver flüssiger Stoff, entzündbar (Flammpunkt < 61 °C), z. B. radioaktive Stoffe mit der UN-Nr. 2912 oder 2982;
74	radioaktiver fester Stoff, entzündbar, z. B. radioaktive Stoffe mit der UN-Nr. 2912 oder 2982;

Gefahr-nummer	Gefahreigenschaften
75	radioaktiver Stoff, oxidierend (brandfördernd), z. B. radioaktive Stoffe mit der UN-Nr. 2912 oder 2982;
76	radioaktiver Stoff, giftig, z. B. radioaktive Stoffe mit der UN-Nr. 2912 oder 2982;
78	radioaktiver Stoff, ätzend, z. B. Uranylnitrat-hexahydrat-Lösung LSA-I (UN-Nr. 2980);
80	ätzender oder schwach ätzender Stoff, z. B. Salzsäure (UN-Nr. 1789);
X 80	ätzender oder schwach ätzender Stoff, der mit Wasser gefährlich reagiert, z. B. Chlorsilane (UN-Nr. 2987);
823	ätzender flüssiger Stoff, der mit Wasser reagiert, wobei brennbare Gase entweichen, z. B. Stoffe mit der UN-Nr. 3094;
83	ätzender oder schwach ätzender Stoff, entzündbar (Flammpunkt 23 °C bis 61 °C), z. B. Di-n-butylamin (UN-Nr. 2248);
X 83	ätzender oder schwach ätzender Stoff, entzündbar (Flammpunkt 23 °C bis 61 °C), der mit Wasser gefährlich reagiert, z. B. Propyltrichlorsilan (UN-Nr. 1816);
839	ätzender oder schwach ätzender Stoff, entzündbar (Flammpunkt 23 °C bis 61 °C), der spontan zu einer heftigen Reaktion führen kann;
X 839	ätzender oder schwach ätzender Stoff, entzündbar (Flammpunkt 23 °C bis 61 °C), der spontan zu einer heftigen Reaktion führen kann und der mit Wasser gefährlich reagiert, z. B. Allyltrichlorsilan, stabilisiert (UN-Nr. 1724);
84	ätzender fester Stoff, entzündbar oder selbsterhitzungsfähig, z. B. Stoffe mit der UN-Nr. 2921;
842	ätzender Stoff, der mit Wasser reagiert, wobei brennbare Gase entweichen, z. B. Stoffe mit der UN-Nr. 3096;
85	ätzender oder schwach ätzender Stoff, oxidierend (brandfördernd), z. B. Stoffe mit der UN-Nr. 3084;
856	ätzender oder schwach ätzender Stoff, oxidierend (brandfördernd), giftig, z. B. Salpetersäure, rotrauchend (UN-Nr. 2032);
86	ätzender oder schwach ätzender Stoff, giftig;
88	stark ätzender Stoff, z. B, Chromiumschwefelsäure (UN-Nr. 2240);
X 88	stark ätzender Stoff, der mit mit Wasser gefährlich reagiert, z, B. Schwefeltrioxid, stabilisiert (UN-Nr. 1829);
883	stark ätzender Stoff, entzündbar (Flammpunkt 23 °C bis 61 °C), Stoff mit der UN-Nr. 2920;
884	stark ätzender Stoff, entzündbar oder selbsterhitzungsfähig, z. B. Stoff mit der UN-Nr. 2921;
885	stark ätzender Stoff, oxidierend (brandfördernd), z. B. Nitriersäuremischung (UN-Nr. 1796);
886	stark ätzender Stoff, giftig, z. B. Fluorwasserstoffsäure (UN-Nr. 1790);
X 886	stark ätzender Stoff, giftig, der mit Wasser gefährlich reagiert;
89	ätzender oder schwach ätzender Stoff, der spontan zu einer heftigen Reaktion führen kann;
90	umweltgefährdender Stoff, verschiedene gefährliche Stoffe, z. B. Butylbenzylphthalat (UN-Nr. 3082).
99	verschiedene gefährliche Stoffe in erwärmtem Zustand, z. B. Stoffe mit der UN-Nr. 3257 wie z. B. Bitumen

Abschnitt bzw. Anhang	Inhalt der **Gefahrstoffverordnung** (GefStoffV)
1	Anwendungsbereich und Begriffsbestimmungen
2	Gefahrstoffinformation
3	Allgemeine Schutzmaßnahmen
4	Ergänzende Schutzmaßnahmen
5	Verbote und Beschränkungen
6	Vollzugsregelungen und Beschränkungsvorschriften
7	Ordnungswidrigkeiten und Straftaten
I	In Bezug genommene Richtlinien der Europäischen Gemeinschaft
II	Besondere Vorschriften zur Information, Kennzeichnung und Verpackung
III	Besondere Vorschriften für bestimmte Gefahrstoffe und Tätigkeiten
IV	Herstellungs- und Verwendungsverbote
V	Arbeitsmedizinische Vorsorgeuntersuchungen

Eine Lochblendenabdeckung oder Gitterrost als Distanz zur gesammelten Flüssigkeit und ein Wannenboden sind zum Sammeln der austretenden Flüssigkeit vorgeschrieben; Größe der Auffangwanne: mindestens 10 % der eingelagerten Menge.
Ferner ist ein Absaugventilator und eine Tür-Feststellanlage bzw. -einrichtung vorgeschrieben. Die Tür des Gefahrstoffschrankes muss sich im Brandfall selbsttätig schließen. *(Oe)*

Gefahrstoffverordnung (GefStoffV); vollständig: Verordnung zum Schutz vor Gefahrstoffen vom 29. Dezember 2004; veröffentlicht im Bundesgesetzblatt I 2004 S. 3758 ff. Die GefStoffV enthält 7 Abschnitte und 5 Anhänge *(s. Tabelle). (Fl)*

Gefahrzettel, Mittel zur Kennzeichnung von → *Gefahrgut (s. Tabelle).*
Gefahrzettel sind an der Außenseite von Versandstücken, Tanks oder Tankcontainern angebracht. Sie haben die Größe 10 × 10 cm bei Stückgut, mindestens 25 × 25 cm beim Transport von Gefahrgut in Tankfahrzeugen und die Gestalt eines auf die Spitze gestellten Quadrates.
Die Gefahrzettel tragen ein → *Gefahrensymbol* und teilweise die Ziffer der → *Gefahrklasse;* Beispiel Butan: Der Gefahrzettel trägt das Flammensymbol (feuergefährlich) und die Ziffer 2 (Gas). *(Fl)*

gefangener Raum, Raum, der nicht direkt über einen gesicherten Flur verlassen werden kann, z. B. Chefzimmer mit vorgelagertem Sekretariat ohne direkten Flurzugang. Gefangene Räume sind aus brandschutztechnischer Sicht nicht gewünscht, da der → *Rettungsweg* zum Flur nicht von anderen brandbelasteten Bereichen unabhängig ist. *(Ki)*

GefStoffV, Abk. für: → *Gefahrstoffverordnung. (Fl)*

Gegenfeuer, ein kontrolliert angelegtes Zweckfeuer, um die Ausbreitung eines → *Flächenbrandes* zu verhindern; Anwendung bei der → *Waldbrandbekämpfung.*
Ein Gegenfeuer wird 100 bis 200 m vor der Feuerfront entfacht. Die Bewegung des Gegenfeuers in Richtung der Feuerfront ist abhängig von dem durch die Thermik

Farbe des **Gefahrzettels**	Bedeutung
orange	Explosivstoff bzw. explosionsgefährlich,
grün	Nicht brennbares und nicht giftiges Gas,
rot	Feuergefährlich,
senkrechte rote und weiße Streifen	Feuergefährlich (entzündbare feste Stoffe)
obere Hälfte weiß, untere rot	Selbstentzündlich,
blau	Entzündliche Gase bei Berührung mit Wasser,
gelb	Entzündend wirkender Stoff oder organisches Peroxid; Feuergefahr,
weiß	Giftige oder ansteckungsgefährliche Stoffe,
obere Hälfte weiß oder gelb, mit Radioaktivzeichen, untere Hälfte weiß	Radioaktiver Stoff
obere Hälfte weiß, untere Hälfte schwarz	Ätzender Stoff,
obere Hälfte schwarz-weiß, untere Hälfte weiß	Verschiedene Stoffe und Gegenstände.

(aufwärtsgerichtete Warmluftbewegung) des Brandes erzeugten Sog.
Ziel des Gegenfeuers ist der Zusammenbruch des → *Waldbrandes* aus Mangel an brennbaren Stoffen. *(Ha)*

Gegensprechen, frühere Bezeichnung für → *Gegenverkehr. (Ge)*

Gegenverkehr, → *Verkehrsart,* bei der gleichzeitig gesendet und empfangen werden kann; Internationale Bezeichnung: Duplex. *(Ge)*

Gehobener feuerwehrtechnischer Dienst, Laufbahn des → *feuerwehrtechnischen Dienstes* (Besoldungsstufe A 9 bis A 13); Beamte dieser Laufbahn werden als → *Zugführer,* → *Wachabteilungsführer,* Sachbearbeiter oder → *Wachführer* eingesetzt.
Ausbildung: abgeschlossenes Studium an einer Fachhochschule (i. d. R. technischer Richtung), anschließend zweijährige Ausbildung bei meist vier verschiedenen → *Berufsfeuerwehren* sowie einer Verwaltungsbehörde (z. B. Innenministerium) einschließlich der Teilnahme an einem Brandinspektorenlehrgang mit Staatsprüfung für den gehobenen feuerwehrtechnischen Dienst. *(Sr)*

Gehörschützer (auch: Gehörschutz) dienen als Schutz vor Gehörschäden bei Arbeiten mit oder in der Nähe von Maschinen mit hohem Geräuschpegel, z. B. Motorsägen, Tragkraftspritze oder Trennschleifer.
Der Gehörschützer muss so beschaffen sein, dass manche Signale, z. B. Hupen oder Zurufe, nicht überhört werden können.
Gehörschützer unterscheiden sich durch den Tragekomfort und durch die Geräuschdämpfung (Senkung des Schallpegels) in unterschiedlichen Frequenzbereichen. Man unterscheidet:
– **Kapselgehörschützer** bestehen aus zwei Kunststoff-Ohrkapseln mit Schaumstoffeinlage und Dichtkissen, einem Kunststoffbügel und gff. einem Kopfhalteband. Die Ohrkapseln können über Füh-

rungsschlitze im Kunststoffbügel stufenlos angepasst werden. Helmträger können den Bügel um 90° nach hinten klappen.
– **Schaumstoffpfropfen** bestehen aus zwei zylindrischen Stücken aus Schaumstoff, die zusammengedrückt in den Gehörgang geschoben werden. Der Schaumstoff dehnt sich innerhalb des Gehörganges aus und verschließt das Ohr.
– **Plastikstopfen** bestehen aus PVC und verschließen das Ohr wie Schaumstoffpfropfen. Die Abdichtung erfolgt durch eine Dichtlippe. Um den Verlust eines einzelnen Stopfens zu vermeiden und als Erleichterung für fachgerechte Ablage bei Nichtgebrauch sind beide Ohrstopfer durch ein Kunststoffband verbunden. *(Ma)*

Geiger-Müller-Zählrohr → *Zählrohr. (Kl)*

Geländefähigkeit, ein in DIN EN 1846 enthaltener Begriff. Bei geländefähigen Fahrzeugen werden bestimmte Anforderungen an den Rampenwinkel, die Überhangwinkel, die Bodenfreiheit, den statischen Kippwinkel und die Verschränkungsfähigkeit gestellt. → *Kraftfahrzeug-Bezeichnung. (Fl)*

Geldbuße ist die Sanktion zur Ahndung von Ordnungswidrigkeiten, z. B. im Verkehr bei Überschreitung der zulässigen Höchstgeschwindigkeit.
Bei Straftaten kommt eine Geldbuße nur als Bewährungsauflage in Betracht oder wenn das Verfahren wegen geringer Schuld gegen eine → *Geldbuße* eingestellt wird. *(Fi)*

Geldstrafe wird bei Straftaten vom Gericht in Tagessätzen verhängt. Bei einer nicht beitreibbaren Geldstrafe entspricht dann ein Tagessatz einem Tag Freiheitsstrafe.
Das Mindestmaß der Geldstrafe beträgt fünf, das Höchstmaß dreihundertsechzig Tagessätze. Die Höhe der Tagessätze ergibt sich aus dem Nettoeinkommen unter Berücksichtigung bestehender Unterhaltspflichten; Beispiel: Nettoeinkommen € 3.600,–; Unterhaltspflichten € 1 650,–; Höhe des Tagessatzes: € 1 950,–/30 Tage = € 65,–. *(Fi)*

Gelenkmast (GM), → *Hubrettungsfahrzeug* mit hydraulisch zu betätigenden, gelenkartig verbundenen Auslegerelementen, an deren Spitze sich ein Korb oder eine Plattform befindet, und die um 360 Grad gedreht werden können. Ein Gelenkmast hat keine Abstiegmöglichkeit wie bei einer Drehleiter. Deshalb muss der Korb für eine Nennlast von mindestens 360 kg ausgelegt sein. *(Fl)*

Gemisch (auch: Gemenge oder Mehrstoffsystem), loser, aus verschiedenen reinen Stoffen in beliebigem Gewichtsverhältnis zusammengesetzter Stoff. Die charakteristischen Eigenschaften der reinen Stoffe bleiben in einem Gemisch erhalten, z. B. Schmelzpunkt und Siedepunkt.
Man unterscheidet:
– **homogene** (einheitliche) Gemische, z. B. Gasgemische, echte Lösungen (Salzlösungen, Essig) und Legierungen (Kupfer-Zink-Legierungen, z. B. Messing);
– **heterogene** (uneinheitliche) Gemische, z. B. Erze, Suspensionen (Lehm in Wasser), → *Rauch,* → *Nebel,* → *Schaum;*
– **explosionsfähige** Gemische: Gemische aus Gasen und Dämpfen untereinander oder mit Nebeln oder Stäuben, in dem sich nach

ihrer Entzündung eine → *Flamme* selbstständig fortpflanzt, ohne dass hierzu eine weitere Energiezufuhr und Luftzutritt erforderlich sind (DIN 14 011 Teil 1). *(Ha)*

Genehmigungsfreistellungsverfahren, Möglichkeit, bei kleineren Bauvorhaben mit geringem Gefährdungspotential, z. B. Einfamilienhaus, von einem bauaufsichtlichen Verfahren abzusehen. Damit wird die Verantwortung für die gesetzeskonforme Auslegung von Gebäuden in die Hand des Architekten gelegt, der auch die vollständige Verantwortung für die Folgen von unberechtigten Abweichungen vom Bauordnungsrecht trägt. *(Ki)*

genetische Schäden sind Schäden, die am Erbgut von Menschen, Tieren oder Pflanzen auftreten und zu Fehlbildungen bzw. Krankheiten bei den Nachkommen führen. Genetisch bedeutet: „die Entwicklung von Lebewesen betreffend", insbesondere „erblich bedingt"; → *Somatische Schäden.*
Genetische Schäden können bei Feuerwehreinsätzen vor allem beim Umgang mit radioaktiven Stoffen auftreten. *(Sr)*

Generator (nicht: tragbarer Stromerzeuger), fest eingebauter, über den Nebenabtrieb des → *Rüstwagens* angetriebener Stromerzeuger für Dreh- und Wechselstrom. *(Fl)*

Genitalbereich, die (untere) Körperregion des Menschen, in der sich die primären Geschlechtsorgane befinden. *(Zi)*

geodätische Saughöhe (H_{Sgeo}), Höhe zwischen dem saugseitigen Flüssigkeitsspiegel und der Mitte des Pumpeneingangs bei Kreiselpumpen. Sie wird in Meter (m) gemessen; Beispiel: geodätische Saughöhe 4,5 m. *(Fl)*

Gerichte, Organe der richterlichen Gewalt.
Die sog. Gerichtsverfassung teilt die Gerichtsbarkeit ein in die ordentliche Gerichtsbarkeit, z. B. Zivil- und Strafgerichte, und die besonderen Gerichte, z. B. Arbeits-, Finanz- und Verwaltungsgerichte. *(Fi)*

Gerät, Fahrzeuge, Ausrüstung und sonstige Materialien, mit denen Mannschaften zur Herstellung der Einsatzfähigkeit ausgestattet sind. *(Sr)*

Gerätenachweis, Formblatt, in das vom → *Atemschutzgerätewart* die an einem → *Atemschutzgerät* bzw. → *Atemanschluss* durchgeführten Arbeiten dokumentiert werden. Der Gerätenachweis muss mindestens enthalten:
- Gerätenummer und Gerätestandort,
- Herstellungsdatum,
- Instandhaltungsnachweis (Prüfnachweis),
- Verwendungsnachweis,
- Dokumentation von Auffälligkeiten oder Störungen am Atemschutzgerät.

Der Gerätenachweis dient als Wartungs- und Prüfnachweis nach FwDV 7 und vfdb-Richtlinie 0804. Für jedes Atemschutzgerät bzw. jeden Atemanschluss ist ein eigener Gerätenachweis zu führen. Der Gerätenachweis kann auch als EDV-Datei geführt werden. *(Zi)*

Geräteraum, Raum in Feuerwehrfahrzeugen, in dem die Gegenstände der → *feuerwehrtechnischen Beladung* untergebracht sind. Im Geräteraum befinden sich Befestigungen und Einschübe/

Ausschübe zur transportsicheren Lagerung der Geräte. *(Fl)*

Gerätewagen (GW), ein → *Feuerwehrfahrzeug,* das zum Bereitstellen von Geräten für → *Technische Hilfeleistungen* eingesetzt wird. Die Besatzung besteht aus einem → *Trupp;* Beispiele für Gerätewagen:
→ *Gerätewagen-Atemschutz,*
→ *Gerätewagen-Gefahrgut,*
→ *Gerätewagen-Öl,*
→ *Gerätewagen-Rüstmaterial.*
Der Gerätewagen hat im Gegensatz zum → *Rüstwagen* keine fest eingebauten → *Aggregate. (Fl)*

Gerätewagen-Atemschutz (GW-A), ein → *Gerätewagen,* der mit Schutzgeräten, Schutzkleidung, Messgeräten und Zubehör für den → *Atemschutz,* ggf. auch mit einem Kompressor für Atemluft beladen ist; Beispiel: GW-A, beladen mit 20 Pressluftatmern, 4 Kreislauf-Atemschutzgeräten und 4 Chemikalienschutzanzügen.
Der GW-A dient an Schadenstellen größeren Umfangs der Versorgung mit Atemschutzgeräten und als GW-A/S mit Messgeräten für den Strahlenschutz. Bei der Ausgabe der Atemschutzgeräte werden meist auch die → *Atemschutzgeräteträger* erfasst und ihr Einsatz (Ort und Zeitpunkt des Einsatzes) notiert (Einsatzüberwachung). *(Fl)*

Gerätewagen-Gefahrgut (GW-G), ein → *Feuerwehrfahrzeug* mit einer feuerwehrtechnischen Beladung zum Einsatz bei Schadenfällen mit gefährlichen Stoffen und Gütern. Man unterschied früher die Gerätewagen GW-G1, GW-G2 und GW-G3. Der zurzeit genormte GW-G entspricht weitgehend dem ehemals genormten GW-G3.
– GW-G1: wie GW-G3, jedoch mit einer Beladung, die nur für die Menschenrettung und das Verhindern weiterer Ausbreitung des Gefahrstoffs vorgesehen ist; zulässiges → *Gesamtgewicht:* 3,5 t; Besatzung: wie GW-G3;
– GW-G2: wie GW-G3, jedoch mit geringerer Beladung; zulässiges Gesamtgewicht: 7,5 t; Besatzung: wie GW-G3;
– GW-G3: er stellt umfangreiche Geräte wie Schutzkleidung, Pumpen, Schläuche, Behälter und Messgeräte zur Durchführung von Sofortmaßnahmen bei der Bekämpfung von Unfallfolgen mit Gefahrgut bereit; Besatzung: ein → *Trupp* (1/2) oder 1 Führer und 1 Mann; zulässiges Gesamtgewicht: 11 t. Der GW-G3 wird meist zusammen mit einem → *LF* 20/16 und einem → *RW* eingesetzt. *(Fl)*

Gerätewagen-Logistik, Feuerwehrfahrzeuge, die dem Transport von Einsatzmitteln dienen. Es gibt zwei Gerätewagen-Logistik: GW-L1 und GW-L2.
GW-L1, Gerätewagen Logistik zum Transport einer Gefahrgutausrüstung (ehemals GW-G1 → *Gerätewagen-Gefahrgut*). Der GW-L1 hat eine → *charakteristische Masse* von 10 000 kg, Straßenantrieb, Trupp- oder Staffelbesatzung, eine Ladebordwand und eine feuerwehrtechnische Grundbeladung. Die Ladefläche muss mindestens 3,65 m × 2,00 m betragen.
GW-L2, Gerätewagen Logistik zum Transport für Geräte der Wasserversorgung (ehemals → *SW 2000-Tr*) und zum Transport von Gefahrgutausrüstung.
Der GW-L2 hat eine → *charakteristische Masse* von 14 000 kg, Allradantrieb (geländefähig), Staffelbesatzung, eine Ladebordwand und eine feuerwehrtechnische Grundbeladung. Die Ladefläche

muss mindestens 3,25 m × 2,44 m betragen. *(Fl)*

Gerätewagen-Öl (GW-Öl), ein → *Feuerwehrfahrzeug* zur Bereitstellung von Geräten für Sofortmaßnahmen bei der Bekämpfung von Mineralöl-Unfällen sowie in begrenztem Umfang auch für die Beseitigung anderer, das Grundwasser schädigender Stoffe. Die Besatzung besteht aus einem → *Trupp. (Fl)*

Gerätewagen-Rüstmaterial, ein → *Gerätewagen* für den Nachschub von Einsatzmitteln bei Hilfeleistungseinsätzen jeglicher Art, z. B. Einstürze, Hochwasser und Wasserschadenbegrenzung bei Bränden. *(Fl)*

Gesamtgewicht, zulässiges (eines Feuerwehrfahrzeugs); es umfasst das → *Leergewicht* zuzüglich der → *Feuerwehrtechnischen Beladung* einschließlich → *Löschmittel* und Besatzung (75 kg je Mann + 15 kg persönliche Ausrüstung je Mann, abzüglich 75 kg für den Fahrer, der im Leergewicht bereits enthalten ist) sowie einer Gewichtsreserve (max. 3 %) für örtliche Belange; Beispiel (LF 16/12): Gesamtgewicht 12 000 kg, Leergewicht 8 040 kg (67 %), Gewicht der Besatzung 735 kg, des Löschmittels (rechnerisch) 1 220 kg; die Gewichtsreserve beträgt 360 kg. *(Fl)*

Geschäftshausverordnung (GhVO), auch: Warenhausverordnung), Verordnung zur Festlegung der baurechtlichen (also auch brandschutztechnischen) Anforderungen an Warenhäuser und Ladenstraßen ab einer Grundfläche von mehr als 2 000 m^2.
Die GhVO regelt u. a. bezüglich des Brandschutzes und der → *Rettungswege* die zulässige Größe der → *Brandabschnitte,* die erforderlichen → *Feuerwiderstandsklassen* der Bauteile sowie die Forderungen von Brandschutzeinrichtungen wie → *Sprinkleranlagen,* → *Brandmeldeanlagen,* Wandhydranten *(→ Hydrant)* und Rauchabzüge. *(Ki)*

geschlossene Schaltreihe → *Schaltreihe. (Fl)*

Geschoss (auch: Stockwerk, Etage), alle auf einer Ebene liegenden Räumlichkeiten eines Gebäudes, z. B. Wohnungen und Flure; man unterscheidet Untergeschoss (ggf. Untergeschosse), Obergeschosse und Dachgeschoss (ggf. Dachgeschosse). Die einzelnen Geschosse sind durch Decken voneinander getrennt, die einen bestimmten → *Feuerwiderstand* nachweisen müssen. *(Bt)*

Geschossflächenzahl (GFZ), dimensionslose Zahl, die angibt, wie viel Quadratmeter Geschossfläche (A_G) je Quadratmeter Grundstücksfläche (A_B) zulässig sind; Formel: GFZ = $A_G : A_B$; Beispiel: GFZ = 1,2.
Die Geschossflächenzahl ist im → *Bebauungsplan* festgelegt und ist ein Maß der baulichen Nutzung, z. B. eines Wohngebietes. Sie dient u. a. der Ermittlung des Löschwasserbedarfs nach den technischen Regeln des → *DVGW. (Bt)*

gesicherte Meldung; Meldung bei einer → *Alarmübertragungsanlage,* die nicht verloren geht, z. B. bei Ausfall der Energieversorgung, sondern nach dem Fehlerfall wieder abgerufen werden kann. *(Ge)*

Gesims (das), ein vor die → *Außenwand* vortretendes, plattenförmiges Bauteil.

Waagrecht oder schräg liegende Gesimse, z. B. Traufgesimse *(→ Trauf)* oder Giebelgesimse *(→ Giebel)* haben folgende Aufgaben: Sie gliedern das Bauwerk, schmücken eine Fassade und/oder schützen sie vor Regen.
Als untergeordnete Bauteile sind Gesimse aus brennbaren → *Baustoffen* zugelassen, wenn sie von der Nachbargrenze und von den anderen Gebäuden ausreichend entfernt sind, z. B. nach der Ausführungsverordnung zur Landesbauordnung Baden-Württemberg 2 bzw. 4 m. *(Bt)*

Gesundheitsgefahr; hier: Gefahr für den menschlichen Organismus, durch die Einwirkung von Chemikalien geschädigt zu werden *(→ Gefahrstoffe).*
Eine Gesundheitsgefahr kann durch Stoffe (z. B. Verätzung der Atemwege durch Chlorgas oder Vergiftung durch Kohlenmonoxid) oder durch eine Stoffreaktion (z. B. Verbrennung oder Verbrühung der Haut durch heiße Flüssigkeiten, Flammeneinwirkung oder Strahlen) hervorgerufen werden. *(Fl)*

Gewölbe, räumlich gekrümmte Deckenkonstruktion aus → *Steinen* oder → *Stahlbeton,* die so geformt ist, dass sie nur auf Druck beansprucht wird.
Das → *Brandverhalten* von Gewölben lässt sich schlecht einschätzen. *(Bt)*

GGVSE, Abk. für: → *Gefahrgutverordnung Straße und Eisenbahnen. (Fl)*

Giebel, das etwa von der → *Traufhöhe* bis zur → *Firsthöhe* eines Satteldaches reichende Teil der i. d. R. schmaleren → *Außenwand* eines Gebäudes. Die meist von Dachflächen überragte, dreieckigen Giebel bilden die Außenwände von Dachräumen. Oft befinden sich in Giebeln Fenster, die als zweiter → *Rettungsweg* dienen. *(Bt)*

Giebelwand, eine i. d. R. schmalere → *Außenwand* mit einem → *Giebel.* Bei infolge von Dachstuhlbränden freistehenden Giebelwänden ist mit Einsturzgefahr zu rechnen. *(Bt)*

GKF, Abk. für: → *Gleichkanalfunk. (Ge)*

Glas, ein nichtbrennbarer → *Baustoff* der → *Baustoffklasse* A 1, aus dem lichtdurchlässige Elemente wie Fenster, Türen und Wände hergestellt werden.
Normales Bauglas, z. B. Glas für Fensterscheiben (Fensterglas), springt rasch bei Wärmeeinwirkung und schmilzt bereits bei etwa 900 °C, was eine Ausweitung des Brandes zur Folge hat.
Die Ausbreitung von Feuer und Rauch kann man durch den Einsatz einer → *G-Verglasung,* z. B. Drahtspiegelglas, verhindern. G-Verglasungen lassen die → *Wärmestrahlung* durch.
Den Durchgang sowohl von Feuer und Rauch als auch von Wärmestrahlung verhindert die so genannte → *F-Verglasung.* Sie besteht aus mehreren Glasscheiben und Brandschutzzwischenschichten.
Größte Vorsicht ist bei der Bekämpfung von vollentwickelten Bränden in Gebäuden mit Fassaden aus Glas geboten, da diese großflächig abplatzen können. *(Bt)*

Glasfasssprinkler, → *Sprinkler* mit einem thermischen Auslöseelement, bestehend aus einem Glasbehälter, der mit einer wärmeempfindlichen Flüssigkeit gefüllt ist. Prinzip: Die Flüssigkeit dehnt sich unter Wärme aus. Bei Erreichen der → *Auslösetemperatur* platzt das Glasgefäß. Durch den anstehenden Wasserdruck wird der Verschlusskegel fortgeschleudert. Das Löschwasser trifft auf den Sprühteller und wird gleichmäßig auf den Brandherd verteilt. Glasfasssprinkler gibt es für den Temperaturbereich von 57 bis 260 °C. *(Oe)*

Gleichkanalfunk (GKF), Funksystem zur Funkversorgung eines → *Funkverkehrskreises* mit Hilfe mehrerer (2 bis 4) → *Relaisfunkstellen* an verschiedenen Orten auf dem gleichen Funkkanal; Vorteil: geringer technischer Aufwand, auch für Fahrzeug-Geräte; Nachteil: hohe Sprechdisziplin erforderlich; Funkstellen hören sich nur, wenn sie sich im Versorgungsgebiet derselben Relaisfunkstelle befinden. *(Ge)*

Gleichwellenfunksystem (GWF), Funksystem zur Funkversorgung eines → *Funkverkehrskreises* mit Hilfe mehrerer (2 bis 12) → *Relaisfunkstellen* auf demselben Funkkanal; Vorteil: Jeder hört jeden; jeder kann mit jedem sprechen.
Es sind Funkgespräche innerhalb des ganzen Versorgungsgebietes möglich; Nachteil: hoher technischer Aufwand. *(Ge)*

Glimmbrand, unvollständiges → *Brennen* eines festen brennbaren Stoffes mit sichtbarer Wärmestrahlung. Beim Glimmen brennen nicht die flüchtigen Pyrolyseprodukte *(→ Flammenbrand),* sondern die bei der → *Pyrolyse* entstehenden kohlenstoffhaltigen Rückstände *(→ Glut).*
Glimmbrand kann bei Überschreiten des → *Zündpunktes* durch Temperaturerhöhung bzw. der unteren → *Explosionsgrenze* durch Beschleunigung der Pyrolyse zum → *Flammenbrand* übergehen.
Glimmbrände treten insbesondere in Ablagerungen brennbarer Stäube auf. *(Ha)*

Glimmen – zu unterscheiden von → *Glühen* – Verbrennen eines Stoffes im festen Zustand ohne Flammenerscheinung, jedoch mit Ausstrahlung von Licht aus der Verbrennungszone *(→ Flammenzonen;* DIN 50 060).
Die beim Glimmen entstehenden flüchtigen Pyrolyseprodukte *(→ Pyrolyse)* werden nicht bis zu ihrer → *Zündtemperatur* erwärmt oder sie erreichen nicht die untere → *Explosionsgrenze.*
Beim Glimmen entsteht kein zündfähiges Gas- bzw. Dampf-/Luftgemisch und keine → *Flamme.* Es brennen die kohlenstoffhaltigen Rückstände. *(Ha)*

Glimmtemperatur, niedrigste Oberflächentemperatur einer freiliegenden erwärmten Fläche, bei der ein darauf abgelagerter Staub zur Entzündung *(→ Entzünden)* kommt (DIN 14 011 Teil 1). Die Glimmtemperatur liegt unterhalb der → *Zündtemperatur (Tabelle).* Sie hat besondere Bedeutung für die Beurteilung abgelagerter brennbarer Stäube und feinkörniger Schüttgüter.
Die Glimmtemperatur wird experimentell mit einer Staubprobe von 5 mm Schichtdicke auf erwärmten Oberflächen ermittelt. *(Ha)*

Staub	**Glimmtemperatur** *in °C*	Zündtemperatur *in °C*
Birkenholz	330	550
Kiefernholz	310	410
Getreidemehl	300	510
Braunkohle	225	380
Steinkohle	245	590

Glühen, elektromagnetische Strahlung von einem erwärmten festen Stoff, vorwiegend als sichtbare Wärmestrahlung; das Glühen wird erzeugt ohne Brennen oder andere chemische Reaktionen; Beispiel: Glühen der Wolframwendel einer Glühlampe; → *Glut. (Ha)*

Glühzone → *Flammenzonen. (Ha)*

Glut, Energiezustand eines → *exotherm* reagierenden festen Stoffes mit sichtbarer Wärmestrahlung; → *Glutfarbe.*
Die Glut → *nichtbrennbarer Stoffe* entsteht nicht durch eine chemische Reaktion, sondern durch Schwingungen im Atomgitter; es tritt keine Flammenbildung auf. Mit Unterbrechung der Energiezufuhr kühlt die Glut schnell ab; Beispiel: Abschalten des elektrischen Stromes für die Wendel einer Glühlampe.
Die Glut → *brennbarer Stoffe* entsteht durch Verbrennungsreaktion unmittelbar an der glühenden Stoffoberfläche und ohne sichtbare Flammenerscheinung; → *Glutbrand.*
Glut schließt auch das → *Glimmen* von Stoffen ein. Mit Glut verbrennen Koks, Holzkohle und Magnesium. *(Ha)*

Glutbrand, Brand eines brennbaren festen Stoffes ohne sichtbare Flammenerscheinung. Der Verbrennungsvorgang läuft direkt am glühenden Stoff ab *(→ Glut),* wobei der Sauerstoff unmittelbar an dem brennenden Stoff angelagert wird.
Glutbrand tritt häufig auf bei kohlenstoffhaltigen Stoffen, z. B. Kohlenstaub, Ruß, Koks, Holzkohle sowie bei Alkalimetallen (Lithium, Natrium, Kalium), ferner bei Kalzium, Magnesium und (in feiner Verteilung) auch bei Aluminium, Eisen, Titan und anderen Metallen. Bei Bränden fester Stoffe, die bei der → *Pyrolyse* Kohlenstoff bilden, treten Glutbrand und → *Flammenbrand* gleichzeitig auf, z. B. bei Papier, Holz, Stroh. *(Ha)*

Glutbrandpulver → *ABC-Löschpulver. (Fl/Oe)*

Glutfarbe, → *Wärmestrahlung* im sichtbaren Bereich, die je nach dem Temperaturbereich, in dem sich ein fester oder verflüssigter Stoff befindet, eine charakteristische Färbung zeigt. Man kann daher aus der Glutfarbe auf die Oberflächentemperatur des Stoffes schließen *(Tabelle).*

Glutfarbe fester Stoffe	Temperatur *in* °C
Grauglut (Beginn)	400
Dunkelrotglut	600
Hellrotglut	850
Gelbglut	1 100
Weißglut (Beginn)	1 200
blendende Weißglut	1 500

Unter 400 °C senden erwärmte Körper nur infrarote (unsichtbare) Strahlen aus. *(Ha)*

GPS, Abk. für: *Global Positioning System,* (weltweites Navigationssystem); ein amerikanisches Satellitensystem zur Standortbestimmung mit Hilfe besonderer Empfänger, die zur Anzeige der Koordinaten eines Standortes gleichzeitig mindestens drei der insgesamt 24 Satelliten empfangen müssen. Die Ungenauigkeit beträgt etwa 100 m, die durch besondere Hilfssysteme (Differenzial-GPS) auf unter 10 m verringert werden kann.
Das GPS kann zur abfragenden Standort-Darstellung von Fahrzeugen in der Leitstelle genutzt werden, wenn das Folgetelegramm des → *Funkmeldesystems*

jeweils die vom GPS-Empfänger ermittelten Koordinaten vom Fahrzeug zur Leitstelle überträgt. Für eine ständige Standortdarstellung in der Leitstelle muss wegen der begrenzten Leistungsfähigkeit von BOS-Funkkanälen eine separate Funk-Übermittlung, z. B. ein Datenfunksystem, verwendet werden. *(Ge)*

grafische Symbole der Feuerwehr → *Bildzeichen. (Ha)*

Grat, eine, beim Zusammenstoßen zweier geneigter Dachflächen, z. B. bei einem Walmdach, entstehende, ausspringende Kante (Dachlinie). Der unter dem Grat liegende → *Sparren* wird Gratsparren genannt. *(Bt)*

Gray (Gy), Einheit der → *Energiedosis;* 1 Gray (1 Gy) = 1 Joule je Kilogramm (J/kg); benannt nach dem englischen Physiker Louis Harold Gray (1905 bis 1965). *(Kl)*

Greifzug → *Mehrzweckzug. (Zi)*

Grenzdruck p_{lim} einer → *Feuerlöschkreiselpumpe,* der Druck, der bei höchstzulässiger Pumpendrehzahl nicht überschritten werden darf. Dieser Grenzdruck kann, muss aber nicht mit dem Schließdruck der Feuerlöschkreiselpumpe identisch sein. *(Fl)*

Grenzspaltweite, maximale Weite (Breite) eines Sicherheitsspaltes bei druckfesten Kapseln, z. B. Gehäusen von elektrischen → *Betriebsmitteln (s. Tabelle).* Durch die begrenzte Spaltweite wird verhindert, dass ein in der Kapsel reagierendes → *explosibles Gemisch* das auch außerhalb der Kapsel vorhandene Gemisch entzündet; → *Explosionsgruppen.*

Stoff	**Grenzspaltweiten** *in mm* von Gasen und Dämpfen in Luft
Ethen	0,65
Ethin (Acetylen)	0,37
Hexan	0,93
Methan	1,14
Methanol	0,92
Propan	0,92
Wasserstoff	0,29

Zur Bestimmung der Grenzspaltweite zündwilliger explosibler Gemische wird in einem Prüfgerät der → *Zünddurchschlag* durch einen in der Breite variablen, 25 mm langen Spalt festgestellt (Beispiele siehe *Tabelle*). Die ermittelten Grenzspaltweiten sind stoffspezifische Größen und dienen der Zuordnung von brennbaren Gasen und Dämpfen zu Explosionsgruppen. *(Ha)*

Grobe Fahrlässigkeit → *Fahrlässigkeit. (Fi)*

Grobsprühwasser-Löschtechnik → *Wasservernebelungsanlage. (Oe)*

Großbrand, ein → *Brand,* bei dem zum Löschen gleichzeitig mehr als drei C-Rohre eingesetzt werden. *(Sr)*

Größen und Einheiten im Strahlenschutz; siehe *Tabelle. (Kl)*

Großfeuer → *Großbrand. (Sr)*

Großpackmittel → *IBC. (Rö)*

Großschadenfall, im → *Rettungsdienst* ein rettungsdienstlicher → *Notfall* mit einer Vielzahl von Verletzten, → *Erkrankten* oder anderen Betroffenen; Beispiel: Flugzeugabsturz „Ramstein". *(Sr)*

Tabelle: **Größen und Einheiten im Strahlenschutz**
(in Klammern: bis 1985 gültige Einheiten) *(Kl)*

Größe	SI-Einheit *(Name)*	Einheitenzeichen	Beziehungen zwischen den Einheiten	Anwendung *(Beispiele)*
Aktivität	Becquerel (Curie)	Bq (Ci)	1 Bq = 1 Zerfall je Sekunde ($1\ Ci = 3{,}7 \cdot 10^{10}\ Bq$)	Nuklidbestimmung
spezifische Aktivität	Becquerel je Kilogramm	Bq/kg	–	Lebensmittelüberwachung
Aktivitätskonzentration	Becquerel je m^3 oder je Liter	Bq/m^3 Bq/l	–	Raumluft- u. Lebensmittelüberwachung
Energiedosis	Gray (Radiation absorbed dose) (Ionendosis; Röntgen)	Gy (rad) (R)	1 Gy = 1 J/kg (1 rad = 0,01 Gy) (1 R = 0,01 Gy)	Strahlenschutzmesstechnik
Äquivalentdosis bei der Feuerwehr kurz als *Dosis* bezeichnet	Sievert (roentgen equivalent man)	(Sv) (rem)	1 Sv = 1 J/kg 1 Sv ≘ 1 Gy (1 rem = 0,01 Sv)	Personendosis
Äquivalentdosisleistung	Sievert je Stunde	SV/h	1 Sv/h = 1 J/(kg · h)	Bestimmung der Ortsdosisleistung an der Einsatzstelle

Grund-Inertisierung → *Inertisierung. (Oe)*

Grundflächenzahl (GRZ), dimensionslose Zahl, die angibt, wie viel m^2 Grundfläche (A_G) eines Gebäudes je m^2 Grundstücksfläche (A_B) zulässig ist (Formel: $GRZ = A_G : A_B$). Diese im → *Bebauungsplan* festgelegte Zahl, z. B. GRZ = 0,4, ist ein Maß der baulichen Nutzung, z. B. eines Gewerbegebietes. *(Bt)*

Grundrisstableau (Tableau, franz. = Anzeigetafel mit optischer Anzeige), schematisierte Darstellung von Gebäudegrundrissen mit Darstellung der Melder-Standorte innerhalb der einzelnen Meldebereiche; Zweck: schnelles Auffinden der Brandstelle. Das Grundrisstableau wird auf dem Angriffsweg angebracht. *(Ge)*

Grundsatz der Verhältnismäßigkeit → *Verhältnismäßigkeit. (Fi)*

Grundüberholung (der Atemschutzgeräte) → *Prüfgerät. (Zi)*

Grund-/Voll-Inertisierung → *Inertisierung. (Oe)*

Gruppe (Gr) der → *Feuerwehr,* eine → *Einheit* zur selbstständigen Durchführung bestimmter Einsatzaufgaben, z. B. Brandbekämpfung. Die Gruppe besteht aus Mannschaft (1/8) und Gerät (z. B. LF 20/16).
Die Mannschaft einer Gruppe besteht aus einem → *Gruppenführer,* drei → *Trupps* (Angriffs-, Wasser-, Schlauchtrupp), jeweils bestehend aus Truppführer und Truppmann sowie einem → *Maschinisten* und einem → *Melder. (Sr)*

Gruppenführer, verantwortliche Führungskraft für den Einsatz einer → *Gruppe. (Sr)*

Gruppennummer: im Gefahrgutrecht gibt es UN-Nummern, unter denen mehrere Stoffe aufgrund ihrer ähnlichen Eigenschaften zusammengefasst werden können. Das heißt, dass man nicht grundsätzlich davon ausgehen kann, dass eine UN-Nummer immer einem ganz bestimmten Stoff zugeordnet ist. Dieser Umstand erschwert bei einem Gefahrgutunfall die eindeutige Identifizierung der beteiligten Stoffe, wenn nur die Ziffern der → *Gefahrgutwarntafel* als Information vorliegt.
In den Nachschlagewerken findet man dann mehrere Stoffnamen, wenn es sich um eine Gruppennummer handelt. Da sich aber alle Stoffe unter dieser Nummer wegen ihrer Eigenschaften ähnlich verhalten, hat diese Identifizierungsunsicherheit nur wenig Auswirkung auf die Auswahl geeigneter Gefahrenabwehrmaßnahmen. *(Rö)*

Gruppenruf, im → *Alarmierungssystem* die Aussendung einer Nachricht gleichzeitig an mehrere Empfänger eines → *Funkverkehrskreises,* die taktisch eine → *Gruppe* bilden, d. h. nur gemeinsam tätig werden und über eine spezielle gemeinsame Gruppenruf-Adresse erreichbar sind; Beispiel: erste Löschgruppe einer Abteilung, Führungsgruppe des Landkreises. *(Ge)*

GSM, Abk. für: *Global System for mobile Communication,* ein Standard für ein europäisches Mobilfunksystem, das 1986 von der *„Groupe Speciale Mobile"* im Auftrag der Europäischen Telekommunikationsverwaltungen (CEPT) spezifiziert wurde. Mit diesem digitalen Übertragungsverfahren mit acht Kanälen je Träger und einer Geschwindigkeit von 200 kbit/s werden in Deutschland die D-Netze (bei 900 MHz) und die E-Netze (bei 1800 MHz) betrieben. *(Ge)*

Guedel-Tubus *(→ Oropharyngealtubus),* ein der Form des Rachens angepasster, gebogener → *Tubus* nach Arthur E. Guedel zum Freihalten der Atemwege. Er verhindert insbesondere das Zurückfallen der Zunge und wird nur bei bewusstlosen Personen eingesetzt. Durch Anwendung des Guedel-Tubus wird das ständige Überstrecken des Kopfes beim Patienten überflüssig.
Den Guedeltubus gibt es in 8 Größen *(Tabelle).* Die Auswahl der richtigen Größe des Tubus ist Voraussetzung für seine exakte Lage. Tubus zu lang: Würgen und Brechreiz; Tubus zu kurz: Zungengrund schiebt sich zwischen Tubusöffnung und Kehlkopf.

Altersstufe	**Tubusgröße**
Frühgeborene	000
Säuglinge	00
Kleinkinder	0
Kinder	1
Jugendliche	2 oder 3
Erwachsene	4 oder 5

Anwendung:
– Mund des Verletzten öffnen; ggf. Fremdkörper (Zahnprothesen bzw. Erbrochenes) entfernen.
– Tubus mit der Wölbung in Richtung Zunge und der Spitze in Richtung Gaumen bis zur Hälfte der Mundhöhle einführen.
– Tubus um 180° drehen, damit sich die Tubuswölbung an die Gaumenwölbung anlegt; Gefahr eines Würgreizes oder Erbrechens, wenn die Person nur oberflächlich bewusstlos ist.

ACHTUNG: Die Anwendung des Guedel-Tubus bedarf einer speziellen Ausbildung. *(Zi)*

Gully, in die Fahrbahndecke oder Hoffläche eingelassener, abgedeckter kastenförmiger oder runder Schacht, durch den Regen- und Schmutzwasser abfließen kann. Das Wasser wird über die Kanalisation einer Kläranlage zugeführt.
Bei einem Gefahrstoff-Einsatz besteht die Gefahr, dass gefährliche Stoffe (fest, flüssig, gasförmig) in die Kanalisation gelangen und sich dort schnell ausbreiten. Der Ausbreitung dieser Gefahr wird durch Abdichten der Gullys *(→ Dichtkissen)* weitgehend vorgebeugt. *(Ma)*

Gully-Ei → *Dichtkissen;* → *Gully. (Ma)*

Gully-Abdichtblase, sind aufblasbare Gummiartikel, die frei gewordene Gefahrstoffe daran hindern, dass sie in die Kanalisation gelangen. Eine besondere Form der Gully-Abdichtblasen ist das → *Gully-Ei* der Firma WS Umwelt Gerätebau, Aachen.
Es besteht aus einer Gummiblase, worin ein Luftbehälter integriert ist. Mit Hilfe eines Hebelventils kann man Luft aus dem Luftbehälter in die Abdichtblase einströmen lassen. Dabei legt sich die Gummiblase an die Wand des Gullys an und dichtet diese ab. Das Gully-Ei kann auch in Rohre eingesetzt werden und diese abdichten, soweit der Innendruck der Rohre kleiner ist als der Betriebsdruck des Gully-Eis.
Das Gully-Ei kann mittels eines chemikalienbeständigen Foliensacks vor aggressiven Gefahrstoffen oder Schmutz geschützt werden. *(Fl)*

Gully-Einlaufbehälter, textiles, sackartiges Gerät mit Auflagerahmen, das nach Entfernen des Einlauftrichters und des Schmutzfanges eines Gullys in diesen eingehängt wird.
In den Gully einlaufendes kontaminiertes Löschwasser oder Chemikalien können mit diesem Gerät leicht aufgefangen und daraus abgepumpt werden.
Der Vorteil des Gerätes ist, dass der Einlauf des Gully nicht abgesperrt ist, die Flüssigkeit also nicht zum nächsten Gully weiterläuft und der kontaminierte Bereich folglich klein bleibt.
Ein Gully-Einlaufbehälter fasst etwa 80 Liter. *(Fl)*

Gurt → *Feuerwehr-Haltegurt. (Fl)*

Gurt- und Kappmesser, zur Ausrüstung von Feuerwehrfahrzeugen gehörendes Werkzeug, um beispielsweise Verletzte durch das Durchtrennen des Sicherheitsgurtes zu befreien. Normale Messer und Taschenmesser eignen sich dafür nicht und können zu Verletzungen führen.
Das Gurt- und Kappmesser hat an der Spitze eine Kugel aus Kunststoff, um Stichverletzungen zu vermeiden. *(Ma)*

Gütermotorschiff (GMS), Wasserfahrzeug mit eigenem Maschinenantrieb zur Beförderung von Frachten in fester Form, z. B. Container oder Kraftfahrzeuge, oder als Schüttgut, z. B. Kies, Kohle. *(Mt)*

G-Verglasung, eine → *Brandschutzverglasung,* die den Durchgang von Feuer und Rauch verhindert. Im Gegensatz zur → *F-Verglasung* bietet sie der Wärmestrahlung kein Hindernis. G-Verglasung darf daher in einem Flur

höchstens oberhalb der Kopfhöhe von 1,80 m eingesetzt werden.
Man unterscheidet nach DIN 4102 Teil 13 G-Verglasungen mit einer → *Feuerwiderstandsdauer* von 30 bis 90 Minuten.
Aus baurechtlicher Sicht können G-Verglasungen nicht mit → *feuerhemmenden* oder → *feuerbeständigen* Bauteilen gleichgesetzt werden, da sie keine Wärmestrahlung zurückhalten. Ihre Anwendung muss im Einzelfall mit der → *Bauaufsichtsbehörde* abgestimmt werden. *(Oe)*

GW, Abk. für: → *Gerätewagen. (Fl)*

GW-L1 → *Gerätewagen Logistik. (Fl)*

GW-L2 → *Gerätewagen Logistik. (Fl)*

GWF, Abk. für: → *Gleichwellenfunksystem. (Ge)*

Haargefäße (Kapillare, Blutkapillare), feinste Verbindungskanälchen (Durchmesser 5 bis 20 μm) im menschlichen Körper. *(Zi)*

Hakenleiter, Steig- und Rettungsgerät aus Holz oder Leichtmetall nach DIN EN 1147 mit 4,4 m Länge und 12 kg Gewicht.
Aufbau: zwei Holme, zehn Steigsprossen, drei Hakensprossen, eine Decksprosse und ein Haken.
Die Hakenleiter wird am Haken an einer geeigneten Brüstung eingehängt und frei hängend bestiegen. Sie darf nicht als Anstelleiter benutzt werden. *(Zi)*

Halbwertszeit, Zeit, in der eine Größe auf die Hälfte ihres Anfangswertes gesunken ist;
–, physikalische: Zeit, in der die ursprüngliche Menge eines → *Radionuklids* auf den halben Anfangswert gesunken ist. Sie gibt an, wie schnell die Anzahl der Atome des betreffenden Radionuklids abnimmt; Beispiele: Die Halbwertszeit von Cs-137 (Caesium) beträgt etwa 30 Jahre, von I-131 (Jod) etwa 8 Tage;
–, biologische: Zeit, in der ein biologisches System (Mensch, Tier oder Pflanze) auf natürlichem Weg die Hälfte der aufgenommenen Menge eines Stoffes (Medikament, Radionuklid) aus dem Körper bzw. Organ ausscheidet; Beispiel: Jod-131 etwa 120 Tage;
–, effektive: Zeit, in der die → *Aktivität* eines in den Körper aufgenommenen Radionuklids durch radioaktiven Zerfall und Ausscheiden aus dem menschlichen Körper auf die Hälfte der ursprünglichen Aktivität abgeklungen ist; Beispiel: Jod-131 etwa 7,5 Tage. *(Kl)*

Halone (Abk. für *halogenated hydrocarbon,* engl. = Halogenkohlenwasserstoffe), früher als Löschmittel verwendet, ist seit dem Verbot für Fluorkohlenwasserstoffe (FCKW) vom 31.12.1993 verboten (Umweltschutz), auch das Vorhalten dieser Stoffe; Ausnahmen (in Deutschland): Kampfflugzeuge, Hubschrauber, Panzer sowie Verkehrsflugzeuge mit Strahltriebwerken.
Halon ist ein Abkömmling von Methan und Ethan, deren Wasserstoffatome im Molekül durch Fluor, Chlor und Brom ersetzt sind. Halon besitzt eine hohe Löschwirksamkeit, die in erster Linie auf das Vorhandensein von Brom zurückzuführen ist.
Halone werden durch eine mehrstellige Zahl gekennzeichnet. Die Ziffern geben an: Zahl der Kohlenstoffatome, Zahl der Fluoratome, Zahl der Chloratome, Zahl der Bromatome; Beispiele:
– Halon 1211: Brom-chlor-difluormethan (für Feuerlöscher),
– Halon 1301: Brom-trifluor-methan (für Löschanlagen).
Halon greift in den Verbrennungsvorgang aktiv ein. Das Brom bremst die ablaufende Kettenreaktion des Verbrennungsvorgangs und bringt die Verbrennung fast augenblicklich zum Stillstand. Im Gegensatz zu anderen Löschgasen reichen bereits etwa 5 Vol.-% aus, um eine Verbrennung zu stoppen. Ersatzprodukte für Halon gibt es zurzeit keine (Stand 2005). *(Oe)*

Haltemagnet → *Feststellanlage. (Oe)*

Haltezeit, Zeit, während der ein Taucher beim Austauchen auf den einzelnen Austauchstufen anhalten muss. Die Haltezeiten können aus der → *Austauchtabelle* entnommen werden.
Haltezeiten sind zur Dekompression (allmähliche Druckentlastung

für den Organismus nach längerem Aufenthalt (z. B. unter Wasser) erforderlich; Beispiel: Erster Tauchgang: Tauchtiefe 30 m, Tauchzeit: 50 min;
Haltezeiten laut Austauchtabelle
- bei 9 m: 5 min,
- bei 6 m: 5 min,
- bei 3 m: 20 min;

Gesamtzeit für das Austauchen: 30 min. *(Mt)*

Hämatom, Ansammlung von Blut in Geweben; Ursache: stumpfe Verletzung (Trauma) von Blutgefäßen. *(Zi)*

Handauslösung (einer → *Feuerlöschanlage):* Feuerlöschanlagen haben neben der automatischen Auslösung auch eine Vorrichtung zum Auslösen von Hand, z. B. einen Druckknopfmelder oder eine Schlagknopfvorrichtung (z. B. bei Gas- oder Pulverlöschanlagen) oder ein Hebelsystem, um über einen elektrischen Kontakt den Auslösebefehl einzulösen/einzuleiten (z. B. Sprühwasseranlagen) – ausgenommen → *Sprinkler* und die meisten → *Schaumlöschanlagen.*
Die Handauslösevorrichtungen sind zusätzlich zur automatischen Auslösung, beispielsweise durch → *Rauchmelder* und/oder Wärmemelder, außerhalb des Gefahrenbereichs installiert, um die Löschanlage von einer sicheren Stelle aus in Tätigkeit setzen zu können bzw. bei Kohlendioxid-Niederdrucklöschanlagen eine Nachflutung zu bewirken. *(Oe)*

Handfeuerlöscher, andere (oft verwendete, jedoch unrichtige) Bezeichnung für tragbare → *Feuerlöscher* z. B. Pulverlöscher oder Schaumlöscher. *(Oe)*

Handfeuermelder, nichtautomatischer Brandmelder als Bestandteil einer → *Brandmeldeanlage,* mit dem die Alarmierung bei Brandausbruch von Hand ausgelöst werden kann, z. B. Ausführung als Druckknopfmelder. *(Ge)*

Handlauf, Griffhilfe, meist aus Holz oder Kunststoff an der Umfassung des Treppenraumes. *(Bt)*

Hauptalarm, ein → *Alarm,* der nach ergebnislosem Ablauf von → *Info-Alarm* und → *Voralarm* ausgelöst wird, wenn durch eine → *Branderkennung* weiterhin die Brandmerkmale festgestellt werden. Bei Hauptalarm werden die internen Sicherheitskräfte, z. B. die Werkfeuerwehr, alarmiert. Der Hauptalarm kann in einem → *Alarmzwischenspeicher,* verzögert werden, von dem aus erst nach Ablauf einer vorgegebenen Zeit die Feuerwehr alarmiert und/oder aber die → *Feuerlöschanlage* auslöst und damit das → *Löschmittel* freigegeben wird. *(Oe)*

Hauptmelder (auch Hauptfeuermelder), frühere Bezeichnung für das → *Übertragungsgerät für Gefahrmeldungen (ÜG);* jetzt: → *Übertragungseinrichtung/Übertragungseinheit (ÜE)* als Teil einer → *Alarmübertragungsanlage.* (Ge)

Hauptmelderanlage, frühere Bezeichnung für Übertragungsanlage für Brandmeldungen bzw. → *Alarmübertragungsanlage. (Ge)*

Hauptverband der Gewerblichen Berufsgenossenschaften (HVGB), fördert und koordiniert die gemeinsamen Aufgaben seiner Mitglieder zum Wohle der Versicherten und Unternehmer; Hauptaufgabengebiete:
- Arbeitssicherheit,

- Erste Hilfe,
- Rehabilitation,
- Entwicklung des Sozialversicherungsrechts,
- Rationalisierung der Verwaltungsarbeit.

Seine Mitglieder sind die Gewerblichen Berufsgenossenschaften (BG), z. B. BG der chemischen Industrie, BG Nahrungsmittel und Gaststätten, See-BG und die Landesverbände der Gewerblichen Berufsgenossenschaften; *(→ Berufsgenossenschaften).* Der Sitz des HVGB ist Berlin mit Geschäftsstelle in St. Augustin. *(Oe)*

Haushaltrauchmelder, ein optischer → *Rauchmelder* in Kompaktausführung, der Sensor, Stromversorgung (Batterie) und einen akustischen Alarmgeber in einem Gehäuse vereint. Er dient zur Feuer-Frühwarnung in privaten Räumen bzw. Gebäuden. *(Ge)*

Hautgifte, sehr giftige, giftige oder gesundheitsschädliche Stoffe, die insbesondere über die Haut in den Körper eindringen können; nicht zu verwechseln mit ätzenden Stoffen, die hautzerstörend oder hautentzündend (Bildung von Nekrosen) sein können.

Im Bereich der Pestizide (Schädlingsbekämpfungsmittel) werden die Hautgifte auch als Kontaktgifte bezeichnet; Beispiele: Benzol, Toluol, Biphenyl, Chlorbenzol.

Als Sicherheitsratschläge sieht die → *Gefahrstoffverordnung* für den Umgang mit Hautgiften die Sätze S 24 und S 37 vor. *(Fl)*

Havarie, durch einen Unfall verursachter Schaden oder Beschädigung an Schiffen, Kraftfahrzeugen und/oder ihrer Ladung und an Industrieanlagen, z. B. an Krananlagen. *(Mt)*

HDWN, Abk. für: → *Hochdruckwassernebel* (Löschtechnik). *(Oe)*

Hebekissen, ein nicht genormtes, pneumatisch wirkendes Kissen; es arbeitet mit einem Druck von 8 bar; deswegen kann die erforderliche Nennkraft bereits mit einer geringeren Auflagefläche als bei → *Lufthebern* erreicht werden. Es gibt Hebekissen in unterschiedlichen Größen. Sie werden bei Hilfeleistungseinsätzen verwendet. *(Fl/Zi)*

Heiliger „Florian" → *St. Florian. (Sr)*

Heimzusatz, Zubehör zum → *Meldeempfänger* von Einsatzkräften, z. B. der Freiwilligen Feuerwehr; Aufbau: optischer Anrufspeicher, Anschluss für Außenantenne, Ladeeinrichtung, Anschluss für externe → *Signalgeber* z. B. Wecker oder Signallampe. *(Ge)*

Heizwert, spezifischer (Formelzeichen: H_u), ist der bei vollständigem Brennen eines festen, flüssigen oder gasförmigen Brennstoffs enthaltene spezifische Brennwert *(→ Brennwert),* der um den Betrag der spezifischen → *Verdampfungswärme r* des im Brennstoff enthaltenen Wassers verringert ist *(Tabelle).*

Brennstoff	**Heizwert** in *MJ/kg bzw. MJ/m³*
feste Stoffe	
– Holz	15,0
– Steinkohle	28 bis 32,3
– Aluminium	29,3
flüssige Stoffe	
– Spiritus	25,2 bis 28,2
– Heizöl	37,3 bis 42,7
– Diesel	40,8 bis 44,5
– Benzin	42,7 bis 44,4
gasförmige Stoffe	
– Wasserstoff	10,7 bis 12,7
– Stadtgas	17,3 bis 19,2
– Erdgas	34,6 bis 44,1
– Acetylen	36,9 bis 59,0
– Propan	93,6 bis 102

Tabelle: **Helmkennzeichnung** (am Beispiel Baden-Württemberg)

Anzahl der Streifen bzw. Ringe	Funktion	
	Berufsfeuerwehr	Freiwillige Feuerwehr
1 Streifen auf beiden Helmseiten	Fahrzeugführer(in)	Gruppenführer(in)
2 Streifen auf beiden Helmseiten	Zugführer(in)	Zugführer(in)
1 Ring*	Beamter(in) des geh. feuerwehrtechnischen Dienstes, z. B. Wachführer(in)	Kommandant(in)
2 Ringe*	Beamter(in) des höheren feuerwehrtechnischen Dienstes, Direktionsdienst	Kreisbrandmeister(in)

* unterhalb des Reflexstreifen

Bei einer Verbrennung ist nur der spezifische Heizwert H_u technisch verwertbar; Formel:
$H_u = H_o - r \cdot w_{Wasser}$
H_o = spezifischer Brennwert,
r = Verdampfungswärme,
w = Massenanteil H_2O.
Einheit: MJ/kg bzw. MJ/m^3 *(→ Verbrennungswärme). (Ha)*

Helfer, Begriff des → *Katastrophenschutzes;* Männer und Frauen, die in → *Einheiten* und → *Einrichtungen* des Katastrophenschutzes ehrenamtlich mitwirken. In Verbindung mit Funktionsbezeichnungen werden die Mannschaften im Katastrophenschutz als Helfer bezeichnet. Gruppen bzw. Zugführer nennt man dort Unterführer bzw. → *Führer. (Sr)*

Helmkennzeichnung, eine am → *Feuerwehrhelm* angebrachte Kennzeichnung; bundesweit einheitlich festgelegt ist die Helmkennzeichnung der Führungsfunktionen *(Tabelle).* Es werden hierzu 1 cm hohe und 7 cm lange rote Streifen auf beiden Helmseiten oberhalb des umlaufenden Reflexstreifens oder 1 cm hohe umlaufende Ringe verwendet; Farbe: → *RAL* 3019 Leuchtfarbe oder gleichfarbige reflektierende Klebefolie.
Kennzeichnung am Helm für → *Atemschutzgeräteträger:* In der vorderen Mitte des Helmes ein roter Punkt oder der Buchstabe „A" in Rot oder das Symbol einer Atemschutzmaske, ebenfalls in Rot. *(Sr)*

Helm-/Maskenkombination → *Feuerwehrhelm. (Fl)*

Herzdruckmassage, eine notfallmäßige Sofortmaßnahme bei Kreislaufstillstand zur Aufrechterhaltung eines Minimalkreislaufs durch indirekte Kompression des Herzens.
Technik: Rhythmische Kompression des Brustkorbs (beim Erwachsenen etwa 80 bis 100 je Minute) durch Verlagerung des Körpergewichtes über die gestreckten Arme und die übereinandergelegten Handballen; harte Unterlage. Druckphase (Kompression des Herzens) und Entlastungsphase wechseln sich ab. Die Druckschwankungen innerhalb des Brustkorbs führen zu einer Blutzirkulation. *(Zi)*

Herzfrequenz, Anzahl der Herzschläge je Minute; sie ist insbesondere abhängig vom Alter, der Belastung und dem Trainingszustand der betreffenden Person *(Tabelle). (Zi)*

Tabelle: **Herzfrequenz** *(unter normalen Bedingungen)*

	Schläge je Minute
Neugeborene	120 bis 140
Kleinkinder	100 bis 120
Kinder	etwa 100
Jugendliche	80 bis 100
Erwachsene	60 bis 80

Herz-Kreislauf-Stillstand, Ausfall der drei → *Vitalfunktionen (→ Bewusstsein, → Atmung* und Kreislauf); → *Blutkreislauf.* Es ist die sofortige → *Herz-Lungen-Wiederbelebung* einzuleiten, um den Verletzten vor irreparablen Schäden zu bewahren. *(Zi)*

Herz-Lungen-Wiederbelebung (HLW, → *Reanimation*), notfallmäßige Sofortmaßnahme nach Eintritt eines → *Herz-Kreislauf-Stillstandes;* kombinierte → *Atemspende* oder → *Beatmung* mit → *Herzdruckmassage.* Man unterscheidet → *Ein-Helfer-Methode* und → *Zwei-Helfer-Methode. (Zi)*

Herzminutenvolumen (HMV), Blutmenge in ml oder Liter, die während einer Minute durch den Kreislauf gepumpt wird; sie berechnet sich aus dem Schlagvolumen mal Anzahl der Herzschläge je Minute (Herzfrequenz) und beträgt beim (gesunden, ruhenden) Erwachsenen etwa 5 Liter je Minute.
Das Herzminutenvolumen kann unter Belastung um das 5- bis 6-fache zunehmen; Ursache: erhöhter Sauerstoffbedarf des Organismus. *(Zi)*

heterogene Inhibition → *Inhibition. (Ha)*

Hilfsfrist, die Zeit zwischen dem Entdecken eines Schadenereignisses durch Menschen oder automatische Meldeeinrichtungen und dem Wirksamwerden der befohlenen Maßnahmen.
Die Hilfsfrist setzt sich zusammen aus der → *Meldezeit,* → *Alarmierungszeit,* → *Ausrückezeit,* → *Anmarschzeit,* → *Erkundungszeit* und → *Entwicklungszeit. (Sr)*

Hilfskraft, Person, die vorübergehend, ggf. mit Geräten, zur Bewältigung von Einsatzaufgaben eingesetzt wird und dafür nicht besonders ausgebildet sein muss; Beispiel: Passant, der beim Transport von Verletzten hilft. *(Sr)*

Hinweisschild (für → *Unterflurhydranten),* rechteckiges weißes Schild (Maße: 250 mm × 200 mm) mit 20 mm breitem roten Rand nach DIN 4066 in der Nähe von Unterflurhydranten mit Angabe der Lage des Hydranten in Bezug zum Schild und des Durchmessers der Rohrleitung der zentralen Wasserversorgung. *(Br)*

Hinweiszeichen (auch: → *Hinweisschild)* nach BGV A 8, § 2 (9), ist ein → *Sicherheitszeichen,* das andere bzw. zusätzliche Sicherheitsaussagen als → *Verbotszeichen,* → *Warnzeichen,* → *Gebotszeichen* bzw. → *Rettungszeichen* liefert, z. B. für den Brandschutz rechteckig oder quadratisch mit rotem Rahmen und schwarzer Schrift.
Hinweiszeichen können auch der betrieblichen Praxis entsprechen, z. B. „Kundenparkplatz" (Grundfläche blau, Text weiß) oder „Notdienst – bitte läuten" (Grundfläche

rot, Text weiß). Diese Hinweiszeichen sind nicht genormt. *(Oe)*

HLF 20/16: → *Löschgruppenfahrzeug* mit einer vom Fahrzeugmotor angetriebenen → *Feuerlöschkreiselpumpe* FPN 10-2000 und einer feuerwehrtechnischen Beladung für den Lösch- und Hilfeleistungseinsatz. Der Löschwasserbehälter hat mindestens 1600 l nutzbaren Inhalt. Die zulässige Gesamtmasse darf 14 000 kg nicht überschreiten. Das Fahrzeug verfügt über einen Lichtmast mit mindestens zwei Flutlichtstrahlern je 1000 W und kann auch mit einer maschinellen Zugeinrichtung nach DIN 14 584 für 50 kN Zugkraft ausgestattet sein.
Das HLF 20/16 kann über eine Standard-Zusatzbeladung für die → *Technische Hilfeleistung* und über weitere Zusatzbeladungssätze verfügen wie z. B.
A Maschinelle Zugeinrichtung,
B Wasserschaden,
C Gerätesatz Absturzsicherung,
D Tragkraftspritze TS 8/8,
E weitere Geräte für die Technische Hilfeleistung. Siehe auch → *LF 20/16. (Fl)*

HLW, Abk. für: → *Herz-Lungen-Wiederbelebung. (Zi)*

Hobelzahnkette, ein Schneidewerkzeug zum Einsatz mit der Motorsäge. Die Kettenglieder besitzen einen zahnähnlichen Aufsatz mit Schneide. Diese Schneide hobelt Holzspäne aus der Schneidfuge. Vor der Schneide befindet sich ein Dorn, der die Schnitttiefe des Hobelzahns begrenzt.
Arten: Stahlkette (geschmiedet) mit beschichteter Schneide oder Hartmetall-Schneide. Werden klebrige (Erde, Teerpappe) oder harte Stoffe (Stahl) geschnitten, werden die Schneiden der einzelnen Kettenglieder rasch stumpf. Man kann sie von Hand oder maschinell nachschleifen.
Die Hobelzahnkette läuft mit hoher Geschwindigkeit in einem „Schwert". Sie muss während der Arbeit laufend geschmiert werden, da die Kettenglieder sonst zu stark verschleißen. Ehe gesägt wird, muss die Kette ihre normale Geschwindigkeit erreicht haben. *(Ma)*

Hochdruck (im Atemschutz), Druck zwischen der Druckluftquelle/Atemluftflasche) und dem → *Druckminderer.* Hochdruck ist normalerweise ein Druck über 100 bar. *(Zi)*

Hochdruckleitung (bei → *Atemschutzgeräten*), Teil eines → *Freitragbaren Isoliergerätes;* sie stellt die Verbindung zwischen → *Druckminderer* und → *Druckmessgerät* her. *(Zi)*

Hochdruck-Löschtechnik → *Wasservernebelungsanlage. (Oe)*

Hochdrucknebel, ein Löschverfahren, bei dem Wasser unter hohem Druck (etwa 30 bar) durch spezielle Düsen derart versprüht wird, dass das Wasser wie → *Nebel* aus der Düse austritt.
Hochdrucknebel findet nur für spezielle Anwendungen Verwendung, z. B. beim Maschinenschutz (beispielsweise bei Druckmaschinen), weil damit keine ausreichende Wurfweite des Löschstrahls erzielt werden kann. Gelöscht wird, indem der sich bildende Dampf den Sauerstoff verdrängt und damit erstickend wirkt. *(Oe)*

Hochdruckpumpe, → *Feuerwehrpumpe* für Löschzwecke mit hohem → *Ausgangsdruck;* Normbezeichnung nach EN 1028:

FPN 40–250 bedeutet: Nennförderdruck 40 bar, Nennförderstrom 250 l/min.
Das Löschwasser der Hochdruckpumpe wird über eine Hochdruck-Schnellangriffseinrichtung einem Hochdruckstrahlrohr zugeführt. Aus löschtechnischer Sicht werden Hochdruckpumpen dazu verwendet, aufgrund des hohen Drucks am Strahlrohr sehr kleine Wassertröpfchen (mittlerer Durchmesser etwa 300 μm) zu erzeugen. Aus feuerwehrtaktischer Sicht werden Hochdruckpumpen eingesetzt, um die hohen Druckverluste in einem Schnellangriffsschlauch mit einer lichten Weite von 19 mm bei einer Länge von 70 m zu überwinden (Druckverlust etwa 30 bar). *(Fl)*

Hochdruckwassernebel (auch: → *Wasservernebelungsanlage)* → *Hochdrucknebel. (Oe)*

hochentzündliche Stoffe sind nach der → *Gefahrstoffverordnung* Stoffe, die im flüssigen Zustand einen extrem niedrigen → *Flammpunkt* (< 0 °C) und einen niedrigen → *Siedepunkt* (< 35 °C), als Gase bei Normalbedingungen (20 °C, 1013 mbar) in Mischung mit Luft einen → *Explosionsbereich* haben, z. B. Brombenzol, Diethylether, Ethan; → *Entzündlichkeit. (Fl)*

Hochhaus, Gebäude, bei dem der Fußboden des obersten Aufenthaltsraumes höher als 22 m über der festgelegten Geländeoberfläche liegt. Das Höhenmaß ist in Einklang mit der üblichen Rettungshöhe der bei den Feuerwehren vorhandenen Drehleitern.
Das Überschreiten dieser Höhe bedingt – aufgrund des Fehlens von Rettungsmitteln durch die Feuerwehr – eine deutliche Verschärfung der baurechtlichen Anforderungen an diese Art von Gebäuden.
Zu den besonderen Anforderungen an Hochhäuser gehören:
- feuerbeständige Bauweise,
- das Vorhandensein eines zweiten baulichen → *Rettungsweges* oder eines → *Sicherheitstreppenraumes* sowie
- die Begrenzung der → *Rettungsweglänge* auf 25 m.

Bei Überschreiten der Höhe von 60 m ist eine nochmalige Verschärfung der baulichen Anforderungen nach der → *Musterhochhausrichtlinie* vorgesehen. Die tragenden Bauteile müssen mindestens eine Feuerwiderstandsdauer nach DIN 4102 von 120 Minuten erfüllen, alle Treppenräume müssen als Sicherheitstreppenräume ausgebildet sein, ab einer Höhe von 100 m können mehr als ein Feuerwehraufzug verlangt werden. Ab 60 m Höhe müssen Sprinkleranlagen und Einrichtungen zur Alarmierung der Nutzer eingebaut werden, falls das Gebäude nicht ausschließlich Wohneinheiten oder Nutzungseinheiten ähnlicher Größe enthält.
Aus der Sicht des abwehrenden Brandschutzes sind besondere Einsatzvorbereitungen für die Brandbekämpfung zu treffen. *(Ki)*

Hochhausrichtlinien → *Musterhochhausrichtlinien. (Ki)*

Höhenrettung, Verfahren, um Personen und Rettungsmannschaften aus einer lebensbedrohlichen Zwangslage in großer Höhe (bzw. Tiefe) zu Sichern und zu → *Retten;* → *Höhensicherung. (Ma)*

Höhensicherung → *Absturzsicherung. (Ma)*

Höherer feuerwehrtechnischer Dienst, Laufbahn des → *feuerwehr-*

technischen Dienstes (Besoldungsstufe A 13 bis i. d. R. A 16). Beamte dieser Laufbahn werden als Abteilungsleiter oder Leiter einer Berufsfeuerwehr eingesetzt; Ausbildung: abgeschlossenes wissenschaftliches Studium an einer Universität/ Hochschule, anschließend zweijährige Ausbildung bei vier verschiedenen → *Berufsfeuerwehren* sowie einer Landesdienststelle (z. B. Innenministerium) einschließlich erfolgreichem Abschluss der Staatsprüfung für den höheren feuerwehrtechnischen Dienst (Brandassessorenprüfung). *(Sr)*

Hohlstrahlrohr, ein absperrbares → *Strahlrohr* zur Abgabe vornehmlich von → *Löschwasser* in Form von → *Vollstrahl* und winkelveränderlichem → *Sprühstrahl* nach DIN 14367. Der → *Wasserdurchfluss* muss einstellbar sein und über eine mit Zahlenwerten gekennzeichnete Rasterung geführt sein. Bei einem Wasserdurchfluss bis 400 l/min muss das Hohlstrahlrohr mit einer C-Festkupplung, bei über 400 l/min mit einer B-Festkupplung versehen sein. Durch die feinere Tröpfchenbildung beim Austritt des Löschstrahls ist eine größere → *Löschwirkung* als bei üblichen Mehrzweckstrahlrohren zu erzielen. *(Zi)*

Holz ist ein brennbarer → *Baustoff* der → *Baustoffklasse B.* Die → *Zündtemperatur* von Holz liegt, je nach Holzart, zwischen 220 °C (Weichholz) und 320 °C (Hartholz). Holz hat eine geringe → *Wärmeleitfähigkeit* (etwa 0,2 bis 0,5 W/(m · K) und geringe Wärmedehnung; daher verursachen im Brandfall → *Bauteile* aus Holz, z. B. → *Binder,* keine zusätzlichen Schubkräfte in den Auflagern.

Bei ausreichender Luftzufuhr, z. B. im Freien, entsteht bei der Verbrennung von Holz hauptsächlich → *Kohlendioxid* und Wasserdampf. Bei unzureichender Luftzufuhr entsteht vor allem → *Kohlenmonoxid* und Wasserdampf. Dabei bildet sich an der Oberfläche Holzkohle, die in der Funktion als Isolierschicht das Kernholz vor weiterer Verbrennung schützt.
Ein bevorstehender Einsturz von Holzkonstruktionen kündigt sich durch „Ächzen“ und „Knacken“ des Bauwerks an.
Bauteile aus Holz, z. B. → *Stützen,* können so dimensioniert werden, dass sie auch ungeschützt als → *feuerhemmend* eingestuft werden. Zusätzlichen Feuerschutz kann man durch → *Imprägnieren,* Anstrich oder Ummantelung erreichen. *(Bt)*

Holzfaserplatten, ein brennbarer → *Baustoff,* der aus zerfasertem Abfallholz und Holzschliff unter Zugabe von Chemikalien, z. B. einem Leimauflöser, zu Platten gepresst wird. Man unterscheidet poröse Hartfaserplatten sowie harte Holzfaserplatten. Poröse Holzfaserplatten können als → *Dämmstoffe* (auch mit → *Bitumen* getränkt) für Trennwände , als Material zur Trittschalldämpfung und als Schicht gegen Feuchtigkeit verwendet werden. Harte Hartfaserplatten eignen sich für großflächige, nicht selbsttragende Teile und im Möbelbau für Rückwände und Schubkastenböden.
Bei einem Brand von Holzfaserplatten können sich außer → *Kohlendioxid* (CO_2) und → *Kohlenmonoxid* (CO) auch andere → *Atemgifte* bilden, z. B. Nitrose-Gase. *(Bt)*

Holzgas, das sich bei der thermischen Zersetzung (Holzverkohlung, → *Holzkohle)* von Holz bei Temperaturen über 200 °C bildende Gasgemisch. Holzgas besteht aus → *Kohlendioxid* (CO_2), → *Kohlenmonoxid* (CO), Methan (CH_4), Wasserstoff (H_2) und Ethylen. *(Bt)*

Holzkohle, ein infolge thermischer Zersetzung unter Luftabschluss oder Sauerstoffmangel (Holzverkohlung, trockene Destillation) von → *Holz* bei Temperaturen über 300 °C entstehendes Produkt, das zu 90 % aus Kohlenstoff (C) besteht. Die sich im Brandfall auf der Oberfläche von Holzteilen bildende poröse Holzkohleschicht (Brennvolumen etwa 70 %) hat eine sehr geringe → *Wärmeleitfähigkeit* von etwa 0,03 bis 0,05 W/(m · K) und beträgt bei Buchenholz etwa 20 bis 30 % der Wärmeleitfähigkeit von Holz (0,17 W/(m · K). Die thermische Zersetzung des Holzes wird dadurch verzögert; die entstehende Holzkohle schützt den Holzkern vor weiterer Verbrennung. Daher können entsprechend dimensionierte Bauteile → *feuerhemmend* ausgeführt werden. *(Bt)*

Holzspanplatten, ein brennbarer → *Baustoff,* der aus Holzspänen und einem Bindemittel, z. B. Kunstharzleim oder Gips zu Platten gepresst wird. Holzspanplatten können mit Furnieren oder Kunststoffplatten beplankt werden, z. B. für Möbelbau und/oder an den Längsseiten mit → *Nut* und → *Feder* versehen werden, z. B. für Verkleidungen von Wänden und zum Innenausbau. Bei einem Brand von Holzspanplatten können außer → *Kohlendioxid* (CO_2) und → *Kohlenmonoxid* (CO) auch Nitrose-Gase oder Formaldehyd (CH_2O) entstehen. *(Bt)*

Holzverbindungen nennt man die Zusammenfügung einzelner Holzteile zu Tragwerken durch mechanische Verbindungsmittel; Beispiele: Nagelplatten, → *Bauklammern* oder Dübel, entsprechende Ausführung der Berührungsflächen (Kontaktverbindung oder zimmermannsmäßige Verbindung), z. B. → *Zapfen,* → *Versatz,* → *Verblattung* oder durch Verleimung *(→ Brettschichtträger).*
Da es sich bei Holzverbindungen oft um sicherheitstechnische Schwachstellen handelt *(→ Knotenpunkt),* muss im Brandfall auf sie besonders geachtet werden. *(Bt)*

Holzwerkstoffe, Lagenwerkstoffe (Furniersperrholz, Schichtholz, Kunstharzpressholz), Verbundwerkstoffe (Tischlerplatte, Bau-/ Stabsperrholz, Sperrtüren), Holzspanwerkstoffe (Flachpressplatten, Langspanplatten) und Holzfaserwerkstoffe (Holzfaserdämmplatten, Holzfaserplatten und kunststoffbeschichtete KH). *(Bt)*

Holzwolle-Leichtbauplatten (HWL-Platten), ein brennbarer → *Baustoff* der → *Baustoffklasse B1,* der aus Holzwolle und Bindemittel, z. B. Zement, Magnesit oder Gips, zu Platten geformt wird. Wegen ihrer guten Schalldämmungseigenschaften werden HWL-Platten als → *Dämmstoffe,* z. B. in Decken, eingebaut oder als Haftgrund für Putze (Putzträger) verwendet. Bei starker Wärmeeinwirkung, z. B. im Brandfall, kann es dabei zu einem → *Schwelbrand* von HWL-Platten kommen. Dieser ist schwer zu lokalisieren und zu bekämpfen. Zur Lokalisierung des Brandherdes kann eine → *Wärmebildkamera* eingesetzt werden. *(Bt)*

Hommel, ein → *Nachschlagewerk* für → *Gefahrgüter* in mehreren Bänden; genauer Titel: Hommel, Günter (Hrsg.): Handbuch der gefährlichen Güter; Springer-Verlag, Heidelberg. *(Fl)*

Hubarbeitsbühne (HAB), → *Hubrettungsfahrzeug* nach DIN EN 1777:2005 zum Transport von Personen und Ausrüstungen sowie zu Rettungszwecken. Die Sicherheitsanforderungen, die an Hubarbeitsbühnen gestellt werden, sind geringer als die an Hubrettungsfahrzeuge nach DIN 14701. *(Fl)*

Hubrettungsausleger, der ausfahrbare Teil des → *Hubrettungssatzes;* Hubrettungsausleger gibt es in der Ausführung als Leitersatz (auch Leiterpark genannt) und besteht aus mehreren Leiterteilen unterschiedlicher Länge (bei der DLK 23-12 z. B. sind es meist vier Leiterteile), Teleskopausleger oder Gelenkmast. *(Fl)*

Hubrettungsfahrzeug, ein → *Feuerwehrfahrzeug,* das vorrangig zum Retten von Menschen aus größeren Höhen dient, z. B. ab dem 4. Obergeschoss bis zur Hochhausgrenze (22 m). Es kann auch zum Vortragen eines Löschangriffs oder für → *Technische Hilfeleistungen* eingesetzt werden. Die Besatzung besteht aus einem → *Trupp.*
Hubrettungsfahrzeuge haben einen maschinell betriebenen → *Hubrettungssatz;* Typen:
- Drehleiter ohne Korb (DL),
- Drehleiter mit Korb (DLK),
- Gelenkmast (GM) mit Korb,
- Teleskopmast mit Korb (TM).

Bei der Bezeichnung von Hubrettungsfahrzeugen wird die Nennrettungshöhe und die Nennausladung (in Meter) angegeben; Beispiel: DLK 23-12 (23 m Nennrettungshöhe, 12 m Nennausladung). Nicht zu verwechseln ist Hubrettungsfahrzeug mit dem Begriff → *Drehleiter mit Handantrieb,* die einen handbetriebenen Leitersatz hat.
Weitere Hubrettungsfahrzeuge: DL(K) 18–12 und DL(K) 16–4. *(Fl)*

Hubrettungssatz nennt man den beweglichen Teil des → *Hubrettungsfahrzeugs,* der oberhalb des Fahrgestellrahmens liegt.
Zum Hubrettungssatz gehört z. B. der Hubrettungsausleger, bei → *Drehleitern* auch Leitersatz genannt. *(Fl)*

Hund → *Rettungshund. (Sr)*

HVBG, Abk. für: → *Hauptverband der Gewerblichen Berufsgenossenschaften. (Oe)*

Hydrant, Anschlusseinrichtung zur Entnahme von Wasser aus der zentralen Wasserversorgung. Man unterscheidet → *Überflurhydrant* (nach DIN 3222) und → *Unterflurhydrant* (nach DIN 3221). *(Br)*

Hydrophobierung (bei Löschpulver), von hydrophob (in der Chemie) = wasserabstoßend, nicht in Wasser löslich: Wasserabweisungsvermögen (Verhalten gegen Nässe). Zur Hydrophobierung von Löschpulver werden Stearate oder Silikone verwendet. Bei der Prüfung nach DIN EN 615 darf sich ein auf das Löschpulver aufgegebener Wassertropfen (etwa 0,3 ml) innerhalb von 60 Minuten nicht mit dem Pulver verbunden haben. *(Fl)*

Hydroschild, nicht genormte, wasserführende Armatur zum Erzeugen eines sog. Wasservorhangs (Bild); Aufgabe: Abschirmung gegen → *Flammen,* →

Bild: Hydroschild

Rauch, → *Wärmestrahlung,* Staubentwicklung, ohne Löschkräfte zu binden.
Prinzip: Der auf eine Prallplatte treffende Wasserstrahl bildet einen gleichmäßigen → *Sprühstrahl* (Wasserwand, Wasserschleier) und verhindert durch den starken Druck ein Verschieben des Gerätes während des Einsatzes. *(Zi)*

Tabelle: Durchflussmenge in Liter/min., Wurfhöhe und Wurfbreite bei **Hydroschildern**

Typ	bei 5 bar	8 bar
Größe C 52	800 l/min	1100 l/min
Wurfhöhe	6 m	8 m
Wurfbreite	24 m	27 m
Größe B 75	1400 l/min	1800 l/min
Wurfhöhe	7 m	10 m
Wurfbreite	27 m	31 m

IATA-DGR, Abk. für: *International Air Transport Association Dangerous Goods Regulations* = Vorschriften für die Beförderung gefährlicher Güter im Luftverkehr des internationalen Luftverkehrsverbandes (IATA). *(Fl)*

IBC, Abk. für: *Intermediate Bulk Container* (engl. = → *Großpackmittel),* ein- oder doppelwandiger Behälter, aus feuerverzinktem Stahl oder Edelstahl, mit einem Rauminhalt von über 450 Liter, in dem → *Gefahrgut* gesammelt, gelagert und transportiert wird.
Nach TRbF
– darf die Bedienung dieser Behälter nur durch sachkundiges Personal erfolgen,
– muss der Deckel der Einfüllöffnung nach jedem Füllvorgang geschlossen werden,
– muss der Behälter im Wechsel als Transport- und Lagerbehälter eingesetzt werden.
Die Behälter können mit Kran, Gabelstapler und Hubwagen transportiert werden. *(Rö)*

ICAO-TI, Abk. für: *International Civil Aviation Organization – Technical Instructions for the Safe Transport of Dangerous Goods by Air* (= Technische Vorschriften für die Beförderung gefährlicher Güter im Luftverkehr), ergänzt die Vorschriften nach den → *IATA-DGR.* Die ICAO-TI sind seit 1995 für Deutschland verbindlich. *(Fl)*

IdF, Abk. für: → *Institut der Feuerwehr. (Sr)*

IMDG-Code (früher: IMCO-Code), *International Maritime Dangerous Goods Code* (Internationaler Code für die Beförderung gefährlicher Güter mit Seeschiffen); eine von der International Maritime Organization (IMO) durchgeführte Gefahrgutklassifizierung, durch die Gefahrgutverordnung See (GGV-See) in deutsches Recht überführt. Der IMDG-Code ist die Grundlage der Klassifizierung von → *Gefahrgut* für die Gefahrgut-Verordnungen aller Verkehrsträger wie Straße, Eisenbahn, Schifffahrt und Luftfahrt. *(Fl)*

Immission nennt man die Einwirkungen freigesetzter gasförmiger, flüssiger oder fester Stoffe, aber auch von Geräuschen, Erschütterungen, Licht, Wärme und ionisierender Strahlung auf den Menschen und dessen Lebensraum.
Die Immission wird häufig mit → *Emission* verwechselt. Maßnahmen der Feuerwehr an Einsatzstellen dienen immer dem Immissionsschutz. *(Rö)*

Immobilisieren, das Ruhigstellen von Körperteilen oder des ganzen Körpers (Schonhaltung), z. B. durch → *Vakuum-Matraze,* → *Vakuum-Schiene,* → *Luftkammerschiene* oder durch Gipsverband. *(Zi)*

Implosion, plötzliches Zerstören der Wandung eines unter Unterdruck stehenden Behälters, Rohres oder ähnlichen Anlageteiles (DIN 14 011 Teil 1).
Begleiterscheinung einer Implosion ist meist ein heftiger Knall. Bei Implosion, z. B. einer (luftleeren) Fernsehbildröhre, werden die Bruchstücke nach innen geschleudert, treffen dort aufeinander, zerbersten in Splitter und werden durch den Zusammenprall nach außen geschleudert; Gegensatz: → *Explosion. (Ha)*

Imprägnierung, ein Behandlungsverfahren von festen porösen Stoffen wie Holz, Papier oder Textilien, um diese mit einem →

Flammschutzmittel gegen → *Entflammen* oder gegen andere Einflüsse, z. B. gegen Witterung oder Chemikalien, zu schützen.
Das Aufbringen der Schutzmittel erfolgt durch Streichen, Tauchen oder Spritzen. Um die Eindringtiefe zu erhöhen, kann die Imprägnierung im Vakuum oder unter erhöhtem Druck erfolgen. So behandelte Teile lassen sich schwerentflammbar (Baustoffklasse B 1) machen. *(Bt/Oe)*

IMS, → *Ionenmobilitätsspektrometer. (Kl)*

Inergen ist ein technisches Gas, das als → *Löschmittel* für ortsfeste Gaslöschanlagen (sog. Inergen-Löschanlagen) verwendet wird. Es besteht aus 40 % Argon, 50 bis 52 % Stickstoff und 8 bis 10 % Kohlendioxid.
Die Bezeichnung Inergen stammt aus den Wortteilen Inertgas (engl. = Schutzgas), z. B. Argon, und Nitrogen (engl. = Stickstoff). Es ist ein nichtbrennbares, farb-, geruch- und geschmackloses Gas, das den elektrischen Strom nicht leitet. Inergen löscht durch den sog. → *Stickeffekt,* indem es den Luftsauerstoff am Brandort verdrängt (ähnlich wie die Löschmittel → *Argon* und → *Kohlendioxid).* Einsatz: → *Flutung* ohne → *Vorwarnzeit* bzw. einer geringen Vorwarnzeit, z. B. von nur 10 Sekunden. Die Vorwarnzeit wird vorgesehen, um einer Panik vorzubeugen und um das schnelle Verlassen des Raumes von allen Personen zu erreichen.
Für freistehende, räumlich nicht abgegrenzte Objekte, z. B. freistehende Trafostationen oder freistehende Produktionsanlagen, ist Inergen als Löschmittel nicht geeignet, weil in diesen Fällen keine ausreichende Löschgaskonzentration aufgebaut werden kann; → *inerte* Gase. *(Oe)*

Inergen-Löschanlage, eine → *Löschanlage* mit dem → *Löschmittel* → *Inergen.*
Aufbau und Funktion sind ähnlich einer → *Kohlendioxid-Hochdruck-Löschanlage.* Sie besteht aus der Erkennungseinheit und dem Feuerlöschsystem. Sobald ein automatischer → *Melder,* z. B. ein → *Rauchmelder* einen entstehenden Brand registriert hat, löst die → *Löschanlage* optische und akustische Warnsignale aus und gibt etwa 10 Sekunden später ein elektrisches Signal an die pneumatisch auslösenden Schnellöffnungsventile der etwa 22 kg (13 m^3) fassenden Stahlflaschen mit dem Löschmittel → *Inergen* weiter. *(Oe)*

inerte Gase (von inert, lat. = reaktionsträge, reaktionsunfähig) sind nicht brennbare Gase bzw. Gasgemische *(→ Argon, → Inergen, → Stickstoff, → Kohlendioxid),* die eine unerwünschte Reaktion von Materialien mit der Atmosphäre verhindern.
Inerte Gase eignen sich in ausreichender Konzentration als → *Löschmittel (Tabelle).*
Funktion: Das Löschmittel Gas löscht durch den so genannten Stickeffekt, indem es den Luftsauerstoff am Brandort verdrängt. Das Feuer erstickt, wenn durch inerte Gase der Sauerstoff am Brandort unter 15 Vol.-% verdrängt ist. Die Verwendung anderer Gase als Löschmittel scheitert daran, dass sie gesundheitsschädlich und/oder umweltschädigend sind, beispielsweise → *Halone* (halogenierte Kohlenwasserstoffe). *(Oe)*

Tabelle: **Inerte Gase** als Löschmittel – Anwendungskriterien

	Argon Ar	Inergen –	Stickstoff N_2	Kohlendioxid CO_2
umweltbelastend	nein	nein	nein	nein
toxisch	nein	nein	nein	ja
elektrisch leitend	nein	nein	nein	nein
schwerer als Luft	ja	nein	nein	ja
bildet Löschmittelrückstände	nein	nein	nein	nein
Folgeschäden	nein	nein	nein	nein
Sichtbehinderung durch Nebel	nein	nein	nein	ja
Abkühlung im Flutungsbereich	nein	nein	nein	ja
Geeignet für:				
– Schutz freistehender Objekte	nein	nein	nein	ja
– Raumschutz	ja	ja	ja	ja
platzsparende Löschmittelbevorratung	nein	nein	nein	ja
Personengefährdung bei kurzzeitigem Aufenthalt in löschfähiger Luftkonzentration	nein	nein	nein	ja

Inertisierung (von *inert* = reaktionsträge) reaktionsunfähig, unbeteiligt; → *inerte Gase;* Inertisierung bedeutet: in einem Raum, z. B. einer Halle oder einem Gebäude, eine Atmosphäre (Umgebung) schaffen, die reaktionsträge bzw. reaktionsunfähig ist, damit in dieser Atmosphäre erst gar kein Brand entstehen kann.
Erreicht wird dies durch Erhöhung des Luftanteils an inerten Gasen (→ *Argon (Ar),* → *Stickstoff (NH_3),* → *Inergen* oder Kohlendioxid – meist jedoch durch Stickstoff). Der Sauerstoffanteil wird dabei auf 15 Vol.-% oder geringer herabgesetzt.
Man unterscheidet Grund-Inertisierung, ferner Voll-Inertisierung, Grund/Voll-Inertisierung und Permanent-Inertisierung.
– **Permanent-Inertisierung**: Prinzip: Der Sauerstoffgehalt im Raum wird durch ständiges Zuführen von Stickstoff konstant auf einem derart niedrigen Niveau gehalten (etwa 12 Vol.-%), sodass die brennbaren Stoffe – je nach dem verbleibenden Sauerstoffgehalt – nur schwer entflammbar, schwer brennbar oder gar nicht brennbar sind.
Permanent-Inertisierung ist damit die wirtschaftlichste Gesamtlösung für den Vorbeugenden Brandschutz (VB) für abgeschlossene Räume. Brände, aber auch Explosionen, können auf diese Weise nahezu ausgeschlossen werden.
Vorbild dafür sind die Verhältnisse im Hochgebirge (ab etwa 3 000 Meter), wo wegen des verringerten O_2-Anteils der Luft ein Brennen kaum oder nicht mehr möglich ist (s. Bild).
Die Permanent-Inertisierung setzt allerdings voraus, dass der zu schützende Raum nicht begehbar ist.
Die Erzeugung des Stickstoffs erfolgt über Stickstoff-Generatoren, die den Luftsauerstoff der Umgebungsluft in Sauerstoff und Stickstoff zerlegen. Messstellen werden von Sauerstoff-Analysegeräten überwacht und gesteuert. Bei der Permanent-Inertisierung sind drei Betriebsformen möglich:
→ *Grund-Inertisierung,*
→ *Voll-Inertisierung und*

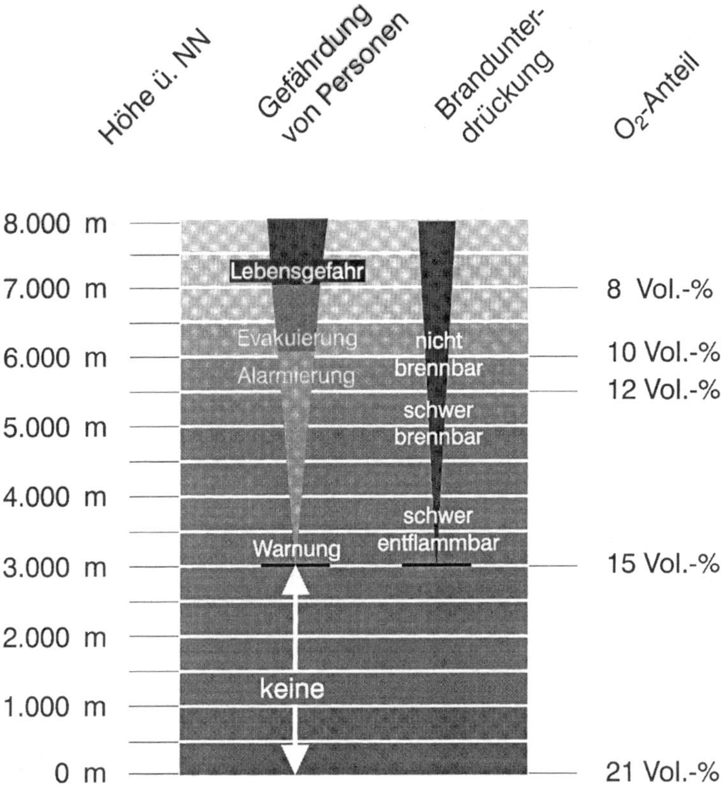

Bild: Sauerstoff-Anteil der Luft in Abhängigkeit von der Höhe über NN (Werkfoto WAGNER, Alarm- und Sicherheitssystem GmbH)

→ *Kombination Grund-/Voll-Inertisierung.*

– **Grund-Inertisierting**: es wird künstlich die Atmosphäre von 3000 m Höhe hergestellt. Das heißt, es sind nur noch 15 Vol.-% Sauerstoff vorhanden (Normalanteil etwa 20 Vol.-%). Personen ist der stundenweise Aufenthalt ab 15 Vol.-% Sauerstoff gestattet. In dieser Atmosphäre sind nahezu alle Stoffe schwer entflammbar; Anwendung: Archive, Bibliotheken, Museen.

– **Voll-Inertisierung**: Bei dieser Art des Brandschutzes wird der Sauerstoffanteil des zu überwachenden Objektes (Raum, Halle Tresor, vollautomatische Produktionsstätte) auf einen Sauerstoffanteil von unter 12 Vol.-% gedrückt. Dies ist auch die Atmosphäre, die → *Gaslöschanlagen* schaffen; Ergebnis: In dieser Atmosphäre kann kein Stoff entflammt werden. Anwendung: Räume mit der Gefahr der Selbstentzündung, z. B. Braunkohlelager, oder Lagerräume, die nur kurzfristig mit Atemschutzmaske oder überhaupt nicht begehbar sein sollen.

– Kombination Grund-/Voll-Inertisierung: Bei diesen Anlagen wird das Niveau der Sauerstoffkonzentration in vorgegebenen Zeitintervallen geändert. So ist z. B. Tag/Nacht-Betrieb möglich. Auf diese Weise können z. B. Arbeitszeiten in Gefahrgutlagern abgestimmt werden. Befinden sich Personen in der Anlage, so muss der Sauerstoffanteil über 15 Vol.-% betragen; ist die Anlage frei von Personen, wird der Sauerstoffanteil unter 12 Vol.-% abgesenkt. *(Oe)*

Info-Alarm, Informationsalarm, ein → *Alarm* der → *Alarmvorstufe.* Bei → *Brandmeldeanlagen* mit → *Brandfrühesterkennung* werden Brände bereits in der Pyrolysephase *(→ Pyrolyse)* erfasst und gemeldet. Durch die hochsensible Rauchdetektion wird bereits feinster, noch unsichtbarer Rauch erfasst und der Störfall je nach Programmierung weitergemeldet. Man unterscheidet 3 Alarmstufen:
→ *Info-Alarm,*
→ *Voralarm und*
→ *Hauptalarm.*
Beim Info-Alarm werden interne Service-Fachkräfte *(→ interne Sicherheitskräfte)* alarmiert, z. B. Sicherheitsfachkräfte, Elektriker und/oder → *Brandschutzbeauftragte.*
Wird der Info-Alarm nicht innerhalb einer vorgegebenen Zeit quittiert und das betreffende Gerät, z. B. computergesteuerte Geräte, abgeschaltet, so erfolgt nach einer, auf die betrieblichen Gegebenheiten eingestellten Zeit, der Voralarm. *(Oe)*

Information, zielorientiert ausgewertete → *Nachricht* für einen bestimmten Empfänger (Adressat); Beispiel: Lagemeldung der Einsatzkräfte an die → *Leitstelle. (Ge)*

Informationsalarm → *Info-Alarm. (Oe)*

Informations- und Kommunikationswesen (IuK-Wesen) siehe auch → *Fernmeldewesen.* Sammelbegriff für alle Angelegenheiten, die sich unter Berücksichtigung des Fernmelderechts und unter Einbeziehung der Grundsätze für Führung, Einsatz und Versorgung mit der Nachrichtenübertragung befassen. *(Ge)*

Infrarot (IR), Bezeichnung für den Wellenlängenbereich zwischen 0,78 mm und 1 mm; Frequenz im Bereich von f = 0,3 THz bis 384 THz (Tera-Hertz, Vorsatz 10^{12}) und einer Wellenlänge λ = 1 mm bis 780 mm. *(Rö)*

Infrarot-Messtechnik: bestimmte Gase, z. B. Kohlenstoffdioxid, lassen sich in der Umgebungsluft nachweisen, wenn man die Gasmoleküle durch Infrarotstrahlung zum Schwingen bringt. Dabei entsteht ein stoffspezifisches Frequenzspektrum, in dem bestimmte Frequenzen fehlen, weil sie vom Gas absorbiert *(→ Absorption)* wurden. *(Rö)*

Infrarot-Strahlung (IR), elektromagnetische (Temperatur-)Strahlung im Wellenlängenbereich zwischen 0,78 mm und 1 mm, d. h. mit einer → *Frequenz* von 0,3 THz bis 384 THz; 1 THz = 1 Tera-Hertz = 10^{12} Hz;
Anwendung z. B. in Brandmeldeanlagen; Prinzip: ein Infrarot-Melder reagiert auf Infrarot-Strahlung; → *Infrarot-Messtechnik. (Rö)*

Infraschall, Schallwellen mit einer Frequenz unterhalb von 16 Hz (Hertz, Schwingungen je Sekunde), die vom Menschen nicht gehört werden können.

Bei der Suche nach verschütteten Personen können die Frequenzen mit Hilfe spezieller Geräte *(→ Suchgeräte für Verschüttete)* hörbar gemacht werden. *(Rö)*

Infusion,
1. Das Einfließenlassen einer Flüssigkeit (Infusionslösung), z. B. Salz-, Eiweiß- oder Elektrolytlösungen, in den Körper (meist in eine Vene; intravenöse Infusion);
2. Behälter, in dem sich die Infusionslösung für die Behandlung von Patienten befindet; → *Infusionsgerät. (Zi)*

Infusionsgerät (Dosierungsgerät), Gerät, um eine Infusionslösung *(→ Infusion)* aus dem Infusionsbehälter genau dosiert in den Körper einzubringen. Es stellt die Verbindung zwischen Infusionsbehälter und → *Kanüle* her. *(Zi)*

Inhibition, hemmende, unterdrückende Wirkung eines Stoffes; man unterscheidet:
–, heterogene (uneinheitliche): Löschwirkung, bei der den besonders energiereichen Radikalen *(→ Katalysator)* der Reaktionsketten einer Verbrennung an kühleren Oberflächen ein Teil ihrer Reaktionsenergie entzogen wird (so genannte Wandwirkung). Heterogene Inhibition ist die Hauptlöschwirkung der → *Löschpulver:* 1 kg Löschpulver mit einer Durchschnittskörnung von 0,02 mm hat eine wirksame Oberfläche von mehreren hundert Quadratmetern.
–, homogene (einheitliche): Löschwirkung, bei der aus den chemischen Reaktionsketten einer Verbrennung Radikale, Moleküle oder Ionen von anderen, durch thermische Zersetzung des → *Löschmittels* entstandene Radikale chemisch gebunden oder entzogen werden. Dies ist bei Halonen der Fall. *(Ha)*

Inhibitor (auch: Antikatalysator), ein Stoff, der eine chemische Reaktion, folglich auch das → *Brennen,* hemmen oder verhindern kann. Inhibitoren werden daher als → *Löschmittel* verwendet, z. B. Löschpulver, früher auch Halone. Als Inhibitor wirken ferner manche Korrosionsschutzmittel, Antiklopfmittel und Flammenschutzmittel. *(Ha/Oe)*

Initialtemperatur (auch: Selbsterwärmungstemperatur), niedrigste → *Temperatur* eines festen oder flüssigen brennbaren Stoffes in Luft, bei der im Stoff oder/bzw. an seiner Oberfläche → *exotherme* Zerfallserscheinungen oder → *Oxidation* beginnt; → *Selbsterwärmung. (Ha)*

Injektorpumpe, andere (physikalische) Bezeichnung für → *Wasserstrahlpumpe. (Fl)*

Inkorporation, Aufnahme von gefährlichen Stoffen in den menschlichen Körper; sie kann über die Atemwege in Form von Schwebstoffen, Dämpfen oder Gasen in der Atemluft, über die Nahrungs- und Trinkwasseraufnahme oder über die Haut bzw. Wunden erfolgen. im Strahlenschutz ist die Inkorporation von α oder β-Strahlern besonders gefährlich, da sie mit Messgeräten nicht festgestellt werden können.
Inkorporation muss durch → *Atemschutz* und geeignete → *Sonderausrüstung* verhindert werden. *(Kl)*

Innenangriff, ein Vorgehen (Angriffsart), bei dem die Einsatzkräfte in das Innere eines Gebäudes oder Raumes eindringen, um die →

Löschmittel gezielt einsetzen zu können (DIN 14011 Teil 2); → *Außenangriff. (Sr)*

Innenmaske, Teil einer → *Vollmaske;* Aufgabe:

1. Verkleinerung des → *Maskentotraums* und
2. um die Atemluft in Verbindung mit den → *Steuerventilen* so zu führen, dass ein Beschlagen der Sichtscheibe verhindert wird (Punkt 2 nur bei Vollmasken für Pressluftatmer). *(Zi)*

innere Energie, Zustandsgröße, die den in einem Stoff bzw. in einem abgeschlossenen stofflichen System enthaltenen Energievorrat angibt. Bei chemischen Reaktionen treten Umsetzungen des Energiegehaltes der reagierenden Stoffe auf, z. B. als Abgabe von Licht oder Aufnahme von Wärmeenergie.
Folge: Wärmeabgabe bewirkt eine Abnahme, Wärmeaufnahme eine Zunahme der inneren Energie der reagierenden Stoffe. Dieser Energieumsatz kann nur als die Differenz der inneren Energien des Endproduktes (U_2) und der Ausgangsstoffe (U_1) in folgender Form bestimmt werden:
$\Delta U_R = U_2 - U_1$.
Läuft die Reaktion bei konstantem Volumen ab (V = const.), so wird der Energieumsatz als Reaktionsenergie oder → *Reaktionswärme* ΔU_R bezeichnet. Die Reaktionsenergie (ΔU_R; bei V = const.) ist größer als die Reaktionsenthalpie (ΔH_R bei p = const.); → *Enthalpie. (Ha)*

In-Sicherheit-bringen, das Herausführen von Menschen oder Tieren aus einem → *Gefahrenbereich* (DIN 14011 Teil 3); Beispiel: Bei einem Kellerbrand die Hausbewohner über den noch nicht verqualmten Treppenraum ins Freie führen; → *Retten. (Sr)*

Inspektion, nach DIN 31051 „Maßnahmen zur Feststellung und Beurteilung des → *Istzustandes* von technischen Mitteln eines Systems"; Beispiele: Inspektion von Kraftfahrzeugen, Brandmeldeanlagen, Relaisfunkstellen.
Vielfach werden Inspektion und → *Wartung* gleichzeitig ausgeführt. *(Ge)*

Installationsanzeige nach Richtlinie des → *VdS,* eine schriftliche Anzeige über den Installationsbeginn einer → *Sprinkleranlage,* ausgestellt vom Hersteller mit Weiterleitung an den VdS.
Die Installationsanzeige muss Angaben enthalten über den Errichter (Hersteller), Auftraggeber (Betreiber) und die höchste → *Brandgefahr* (BG), voraussichtliche Anzahl der Sprinkler, Art der Wasserversorgung, Montagebeginn und voraussichtliche Inbetriebnahme. *(Oe)*

Installationsattest (Sprinkler-Installationsattest) nach Richtlinien des → *VdS,* ein schriftliches Abnahmeprotokoll über die geprüfte Fertigstellung und Funktion einer → *Sprinkleranlage.* Aussteller des Installationsattests ist der Errichter (Hersteller).
Das Installationsattest umfasst die Abpressbescheinigungen des Rohrnetzes jeder einzelnen Sprinklergruppe, eine Bescheinigung über den Pumpen-Probelauf, eine Zeichnung des → *Zwischenbehälters* und des → *Vorratsbehälters* sowie die Hydraulikberechnung, die für die Bemessung der Wasserversorgung der Sprinkleranlage entscheidend ist. *(Oe)*

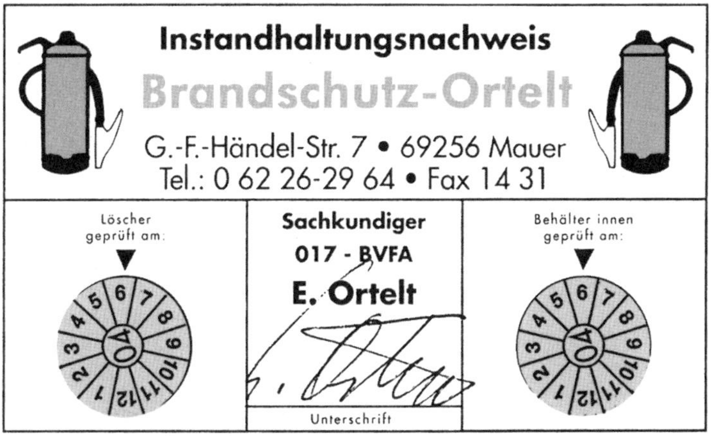

Bild: Instandhaltungsnachweis für einen Feuerlöscher (Beispiel)

Installationskanäle, vorwiegend horizontale Bauteile, in denen Installationsleitungen, z. B. Gas, Wasser, Strom, Belüftung, geführt werden.
Insbesondere wenn sie in Rettungswegen geführt werden, müssen sie brandschutztechnisch gesichert werden. Nach DIN 4102 Teil 11 werden die Installationskanäle in die → *Feuerwiderstandsklassen* I 30, I 60, I 90 und I 120 eingeteilt. *(Ki)*

Installationsschacht, abgeschlossener Raum, der durch mehrere Räume oder Geschosse führt und in dem elektrische Leitungen, Wasser- und Abwasserleitungen sowie Heizungsrohre geführt werden.
Installationsschächte durchbrechen vielfach einen oder mehrere → *Brandabschnitte.* Daher sind besondere Brandschutzmaßnahmen erforderlich. Diese sind abhängig von der Brandlast *(→ Brandbelastung)* sowie von der Höhe und der Nutzung des Gebäudes.
Neben der feuerwiderstandsfähigen Ausführung (meist F 90) der Installationsschächte ist eine brandschutztechnisch sichere Konstruktion der Anschlüsse der Leitungen an den Schacht erforderlich. Hierfür werden zugelassene → *Abschottungssysteme* verwendet. *(Oe)*

Instandhaltung, alle Maßnahmen zur Erhaltung und Wiederherstellung des Sollzustandes sowie zur Feststellung und Beurteilung des Istzustandes von technischen Mitteln eines Systems (nach EN 3), z. B. eines Feuerlöschers. Um die Funktionsbereitschaft eines Löschers sicherzustellen, müssen Prüfung, → *Wartung* und → *Instandsetzung* durchgeführt werden. *(Oe)*

Instandhaltungsnachweis, durch EN 3 und andere Vorschriften wie UVV und BGR 133 sind tragbare und fahrbare Feuerlöscher regelmäßig, mindestens jedoch alle 2 Jahre, auf Funktions- und Einsatzbereitschaft zu prüfen. Der Nachweis kann in Form eines Etiketts mit Jahresprüfplakette auf dem Feuerlöscher angebracht werden.

Zeitpunkt der Prüfung ist auf der Jahresplakette angegeben. Name und Anschrift des Prüfers müssen deutlich zu erkennen sein. Für Objekte mit besonders hohen Brandgefahren gibt es unterschiedliche Landesverordnungen bezüglich der Prüffristen, z. B. bei Versammlungsstätten.
Bei Kraftomnibussen, Camping- und Zeltplätzen sind → *besondere Prüffristen* (jährlich) vorgeschrieben.
Die betroffenen Feuerlöschgeräte sind jährlich mindestens einmal von einem Sachkundigen auf Funktionsbereitschaft zu prüfen. Zusätzlich zum Installationsnachweis ist der Name des Sachkundigen sowie das Datum (Tag, Monat, Jahr) der nächsten Prüfung auf dem Feuerlöschgerät, evtl. mit Zusatzetikett, zu dokumentieren. *(Oe)*

Instandsetzung (bei tragbaren Feuerlöschern), alle Maßnahmen zur Wiederherstellung des Sollzustandes der technischen Mittel eines Systems (EN 3) z. B. eines Feuerlöschers. Die Instandsetzung eines Feuerlöschers umfasst das Füllen, das Beseitigen von Schäden bzw. Mängeln und den Austausch von Bauteilen. *(Oe)*

Institut der Feuerwehr (IdF), eine wissenschaftliche Einrichtung, die Forschung im Bereich des → *Brandschutzes*, → *Zivilschutzes*, → *Katastrophenschutzes* und des → *Umweltschutzes* betreibt; Sitz: Heyrothsberge bei Magdeburg.
Das IdF untersteht dem Innenminister des Landes Sachsen-Anhalt. Es wird hauptsächlich von den Bundesländern durch ein Verwaltungsabkommen über Forschung im Brandschutz und Feuerwehrwesen finanziert; Aufgaben:
- Taktik der Brandbekämpfung und Gefahrenabwehr,
- Anwendung von Löschmitteln,
- Entwicklung neuer Löschverfahren,
- Entwicklung und experimentelle Überprüfung von Computermodellen zur Berechnung der Ausbreitung von Bränden und gefährlichen Stoffen,
- Bereitstellung einsatzrelevanter Daten sowie Fachinformationen auf den Gebieten Feuerwehr, Brand- und Katastrophenschutz unter Einsatz von Daten- und Kommunikationstechnik,
- Optimierung der Einsatzbedingungen,
- Prüfung persönlicher Schutzkleidung.

Institut der Feuerwehr ist auch die offizielle Bezeichnung der bisher als Landesfeuerwehrschule bezeichneten Feuerwehrschule für das Land Nordrhein-Westfalen in Münster. *(Sr)*

Institut für Bautechnik (IfBt), frühere Bezeichnung für das Deutsche Institut für Bautechnik; → *DIBt. (Ki)*

Internalarm, nach den örtlichen Verhältnissen lauter oder stiller Alarm zur Aktivierung hilfeleistender Kräfte oder zur Aufforderung der Gebäudebelegschaft zur Evakuierung. *(Ge)*

Internationales Technisches Komitee für Vorbeugenden Brandschutz und Feuerlöschwesen (CTIF), internationale Organisation zum Erfahrungsaustausch auf dem Gebiet des Brandschutz- und Rettungswesens mit Sitz in Paris (gegr. 1949); Nachfolgeorganisation des 1900 in Paris gegründeten „Großen Rates der Vereinigung von Feuerwehr-Offizieren", der

1939 infolge des 2. Weltkriegs seine Arbeit eingestellt hatte.
Aufgabe: Förderung und Entwicklung der internationalen technisch-wissenschaftlichen Zusammenarbeit auf den Gebieten der Brandverhütung, Brandbekämpfung sowie der Menschenrettung und Technischen Hilfeleistung. Das CTIF fördert ferner die freundschaftlichen Beziehungen zwischen den Feuerwehrangehörigen aller Länder. Derzeit sind 41 Nationen Mitglied im CTIF (Stand: 2005).
Mitglied im CTIF kann jeder Staat werden; Voraussetzung ist die Bildung eines → *Nationalen Komitees* im CTIF. Das Nationale Komitee der Bundesrepublik Deutschland wird von den Vertretern des → *DFV* und der → *vfdb* gebildet. Organe: Generalversammlung, Permanenter Rat und Exekutiver Rat. Die Generalversammlung besteht aus dem Präsidenten und den Delegierten. Die Generalversammlung wählt den Präsidenten, genehmigt die Berichte des Präsidenten, des Exekutiven Rates sowie des Permanenten Rates, beschließt über Anträge und spricht Ernennungen und Ehrungen aus. *(Sr)*

Interschutz – Der Rote Hahn, Internationale Messe für Brand- und Katastrophenschutz; die → *vfdb* ist seit ihrer Gründung (1950) deren ideeller Träger. Bisher durchgeführte Messen: 1953 (Essen), 1961 (Köln), 1972 (Frankfurt/Main), 1980, 1988, 1994 (Hannover), 2000 (Augsburg) und 2005 (Hannover).
Künftig soll die Messe in fünfjährigem Rhythmus durchgeführt werden. *(Sr)*

Intubation, Einführen eines → *Tubus* in den Nasen-Rachenraum bzw. Mund-Rachenraum bis vor den Kehlkopf *(→ Pharyngealtubus)* oder weiter in die Luftröhre bis zur Verzweigung der Bronchialäste *(→ Endotrachealtubus)* zum Zweck der → *Beatmung. (Zi)*

intumeszierend (von lat. intumescere = anschwellen), bezeichnet die Eigenschaft von Abschottungsmaterialien, die bei Temperaturbelastung im Brandfall aufschäumen und bestehende Öffnungen schließen; Fachbegriff für die Eigenschaft des Aufschäumens bei → *Abschottungssystemen. (Oe)*

Inversionstemperatur, eine für ein Gas charakteristische Temperatur, oberhalb der die Umkehrung des → *Joule-Thomson-Effekts* erfolgt; d. h. beim Ausströmen von Gasen unter Druck kühlt dieses ab, wenn die Umgebungstemperatur unterhalb dieser Temperatur liegt. Beim Löschgas → *Kohlendioxid* beträgt die Inversionstemperatur 1 777 °C. Strömt also Kohlendioxid aus, so kühlt es sich ab.
Liegt die Umgebungstemperatur oberhalb der Inversionstemperatur, so erwärmen sich unter Druck austretende Gase, z. B. Wasserstoff, mit einer Inversionstemperatur von – 80 °C. *(Fl)*

Ion, elektrisch geladenes Teilchen, das aus einem neutralen Atom oder Molekül durch Abspaltung oder Anlagerung von → *Elektronen* oder durch elektrolytische Dissoziation (Spaltung) von Molekülen in Lösungen entstehen kann. *(Kl)*

Ionendosis, Dosis, die bei der Erzeugung von → *Ionen* einer Sorte (positiv oder negativ) mit der Ladung 1 C (Coulomb) in Luft der Masse 1 kg durch ionisierende Strahlung räumlich konstanter

Energieflussdichte entsteht; Einheit: C/kg (Coulomb je Kilogramm); frühere Einheit (bis 1985): Röntgen (R); 1 R = 258 μC/kg (Mikrocurie je Kilogramm); → *Dosis. (Kl)*

Ionenmobilitätsspektrometer (IMS), das Messprinzip des Ionenmobilitätsspektrometers, speziell des RAID-1, beruht auf der unterschiedlichen Beweglichkeit von Ionen verschiedener Größe in einem elektrischen Feld. Diese unterschiedliche Mobilität wird messtechnisch als Spektrum erfasst und ist innerhalb gewisser Grenzen zur Charakterisierung und damit Identifizierung geeignet. Das IMS ist Teil der Messausstattung des ABC-Erkundungskraftwagens (ABC-Erkunder). *(Kl)*

Ionisation, Prozess der Bildung von → *Ionen,* z. B. durch natürliche → *Radioaktivität* oder bei Stromleitung in Gasen (Stoss-Ionisation). *(Kl)*

IR, Abk. für: → *Infrarot. (Rö)*

ISDN, Abk. für: *„Integrated Services Digital Network"* (dienstintegrierendes digitales Fernmeldenetz); digitales Wählnetz für Sprache und Datenkommunikation auf der Grundlage internationaler Standards; Weiterentwicklung des Telefon-, Fernschreib- und Datenvermittlungssystems der Telekom. *(Ge)*

ISO, Abk. für: *International Organisation for Standardization* (= Internationale Organisation für Normung) mit Sitz in Genf.
In der ISO sind die meisten nationalen Organisationen für Normung aus allen Erdteilen vertreten, neben Deutschland z. B. USA, England, Japan. ISO-Normen, die in Europa verbindlich werden sollen, werden vom CEN übernommen und als EN ISO veröffentlicht bzw. in Deutschland als DIN EN ISO verbindlich eingeführt. *(Fl)*

Isoliergerät → *Atemschutzgerät. (Zi)*

Istzustand, der zum jeweiligen Zeitpunkt tatsächliche Zustand einer Einrichtung oder eines Gerätes, z. B. einer Relaisfunkstelle; → *Sollzustand. (Ge)*

IuK, Abk. für: *Information und Kommunikation. (Ge)*

IUPAC, Abk. für: *International Union of Pure and Applied Chemistry* (= Internationale Vereinigung der reinen und angewandten Chemie); → *Stoffname. (Fl)*

Joule-Thomson-Effekt, nach den britischen Physikern J. Joule und W. Thomson benannte Eigenschaft von Gasen, sich bei gedrosselter Entspannung unterhalb der → *Inversionstemperatur* abzukühlen. Dieser Abkühlungseffekt wird hervorgerufen durch die Energie, die notwendig ist, um die Moleküle voneinander zu trennen (Überwindung der van-der-Waalsschen Kräfte). Er tritt z. B. in Erscheinung beim Ausströmen von → *Kohlendioxid* aus so genannten Schneedüsen. Das austretende CO_2 kühlt sich dabei unter die Sublimationstemperatur von 78,5 °C ab *(→ Sublimation),* was zur Bildung von → *Kohlendioxidschnee* führt. *(Fl)*

Jugendfeuerwehr → *Deutsche Jugendfeuerwehr. (Sr)*

Kämpfer nennt man ein waagerechtes, fest in die → *Zarge* einer Tür oder in den Blendrahmen eines Fensters eingebautes Teil, das die Öffnung in zwei Felder unterteilt, z. B. zur Trennung der Fensterflügel vom Oberfenster. Als Teil eines Feuerschutzabschlusses wird der Kämpfer Prüfungen (nach DIN EN 1634) unterzogen. *(Bt)*

Kanal (Funk-Kanal), Bezeichnung für einen drahtlosen Übertragungsweg mit festgelegten Eigenschaften (Raster, Bandbreite) innerhalb eines bestimmten → *Wellenbereichs.*
Ein Kanal besteht aus einer Einzelfrequenz oder einem Frequenzpaar (eine → *Frequenz* im Unterband, eine im Oberband). *(Ge)*

Kanalabdichtungen, → *Dichtkissen,* → *Kanal-Dichtkissen,* → *Gully-Abdichtblasen,* → *Gully-Einlaufbehälter. (Fl)*

Kanal-Dichtkissen verhindern das Eindringen von gefährlichen Stoffen in der flüssigen Form, als Schwergase oder in der Staubform in die Kanalisation. Kanaldichtkissen sind wasserdichte Kunststoffsäcke, die zur Abdichtung des Einlaufs auf den Gullyeinlauf gestellt und mit Wasser gefüllt werden. Es gibt auch Magnetplatten mit oder ohne Schaumstoffabdichtung, die auf den Gullyeinlauf gelegt werden. *(Fl)*

Kanüle (Injektionskanüle), metallische Injektionsnadel (Hohlnadel), gibt es in unterschiedlicher Dicke (Innendurchmesser), Länge und unterschiedlich angeschrägter Spitze für → *Infusionen, Injektionen, Blut- und Gewebsabnahmen. (Zi)*

Kappmesser → *Gurt- und Kappmesser. (Mt)*

Kapselung → *Druckfeste Kapselung,* → *Zündschutzart. (Ha)*

Karabinerhaken nennt man einen geschlossenen Haken aus Stahl oder Aluminium nach DIN 5290. Er besitzt einen Verschlusshebel, der mit Hilfe einer Feder geschlossen gehalten wird. Dadurch wird der Haken selbsttätig geschlossen (Bild). Weitere Öffnungssicherungen können in Form von schraubbaren oder federbelasteten Ringen angebracht sein. Das Öffnen des Hakens erfolgt durch Lösen der Öffnungssicherung und Fingerdruck auf den Verschlusshebel. *(Ma)*

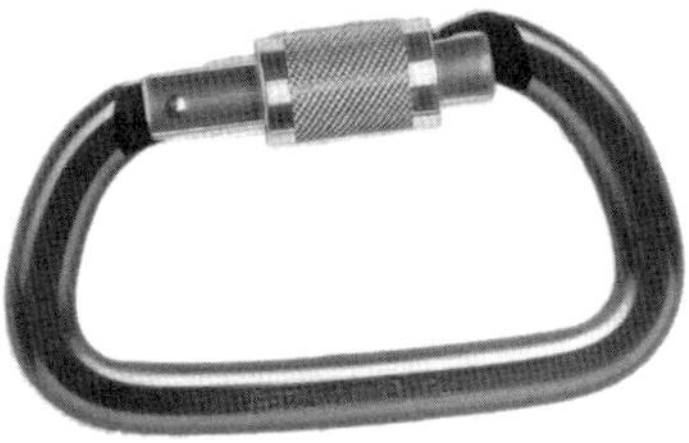

Bild: Karabinerhaken

kardiogener Schock → *Schock. (Zi)*

Kartuschelöscher, ein → *Auflade-löscher* mit Schaummittelzusatz in einer Kartusche (Hülse); Funktion: bei Inbetriebsetzung strömt das freiwerdende Treibgas Kohlendioxid aus der Treibgasflasche *(→ Kohlendioxid-Treibgasflasche)* in die Kunststoff-Kartusche, die das → *Schaummittel,* z. B. → *AFFF,* enthält (s. Bild).
Durch den Überdruck platzt die Kartusche an einer Sollbruchstelle, das → *Schaummittel* strömt in das Löschwasser und vermischt sich mit ihm. Der Auflade- und

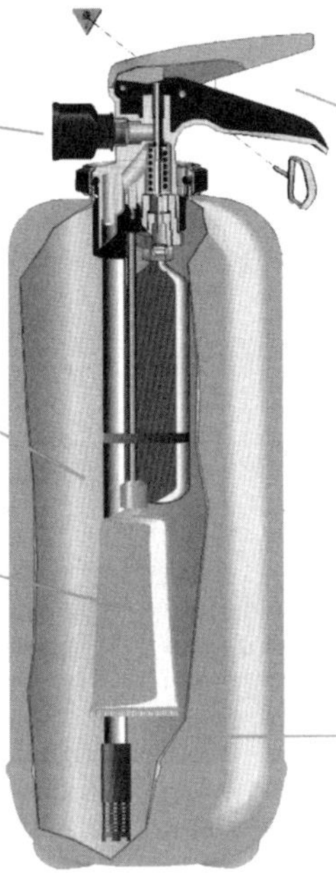

Bild: Schaum-Kartuschelöscher
(Werkbild: Werner GmbH & Co, Feuerlöschspezialfabrik)

Mischvorgang dauert weniger als 2 Sekunden. Der Löscher steht nun unter Druck und kann nach dem Öffnen der Auswurfvorrichtung (Hebelventil) das Löschmittel → *Schaum* ausstoßen. Durch eine Düse mit Zerstäubereffekt wird der Schaumstrahl in eine Vielzahl feiner Schaumtröpfchen zerrissen. Dadurch vergrößert sich das Volumen des Schaummittel-Wasser-Gemischs, wodurch das Löschvermögen sich wesentlich erhöht. Weiterer Vorteil: Durch die Trennung von Löschwasser und Schaummittel bleibt die volle Wirksamkeit des Schaummittels über mindestens 10 Jahre erhalten, während Schaummittel mit Wasser gemischt seine Wirksamkeit nach 2 Jahren verliert.
Verwendung: Brandklasse A und B; insbesondere als Haushaltslöscher. *(Oe)*

Katalysator, ein Stoff, der über die Bildung von reaktionsfähigen Zwischenverbindungen (Radikalen) durch Herabsetzen der → *Aktivierungsenergie* eine chemische Reaktion, z. B. das → *Brennen,* ermöglicht bzw. beschleunigt, ohne sich selbst zu verbrauchen oder zu verändern. Durch geeignete Katalysatoren werden beim Brennen die → *Zündtemperatur* und die → *Mindestverbrennungstemperatur* stark gesenkt.
– Homogener Katalysator: Katalysator und Reaktionspartner im gleichen → *Aggregatzustand,*
– Heterogener Katalysator: fester Katalysator und flüssige bzw. gasförmige Reaktionspartner;
Beispiele für heterogene Katalysatoren: Entzünden von Wasserstoff an Platindraht, Verbrennen von Würfelzucker mit Zigarettenasche, Verbrennen von Kohlenmonoxid

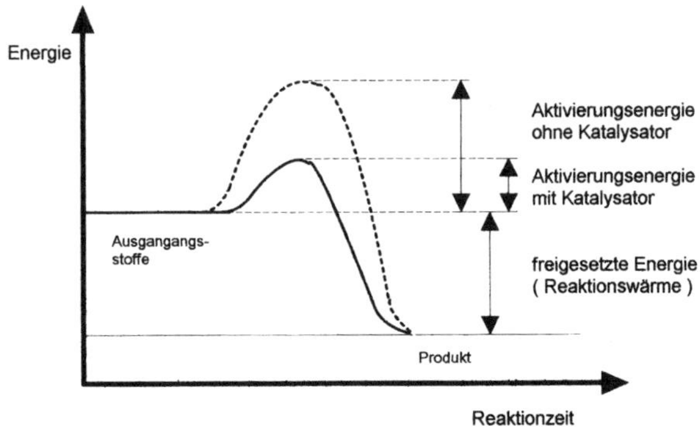

Bild: Benötigte Aktivierungsenergien mit und ohne Katalysator (schematisch)

(CO) in feuchter Luft; Hinweis: Antikatalysatoren *(→ Inhibitor)* werden als Löschmittel eingesetzt. *(Ha)*

Katastrophe (Kat), griech: Unheil, Verhängnis; in der antiken Tragödie die entscheidende Wende der Handlung zum Schlimmen; im Sinne des → *Katastrophenschutzgesetzes* ein Geschehen, das Leben oder Gesundheit vieler Menschen (Beispiel: viele Verletzte nach einem Flugzeugabsturz, wie „Ramstein"), erhebliche Sachwerte (Beispiel: einsturzgefährdete Gebäude nach einem Erdbeben) oder die lebensnotwendige Versorgung der Bevölkerung (Beispiel: verschmutztes, ungenießbares Trinkwasser) in so ungewöhnlichem Maße schädigt oder gefährdet, dass es notwendig erscheint, zur Schadenbekämpfung besondere Maßnahmen einheitlich über Gemeinden- bzw. Kreis- oder Landesgrenzen hinweg zu regeln. *(Sr)*

Katastrophenschutz (KatS), Bezeichnung für alle Maßnahmen, die notwendig sind, um die Auswirkungen von → *Katastrophen* möglichst gering zu halten; Aufgaben: Vorbereitung der Bekämpfung von Katastrophen (Beispiel: Erstellen von Katastrophen-Einsatzplänen), Bekämpfen der Katastrophe, Mitwirken bei der Beseitigung von Schäden.
Zuständig für friedensmäßige Katastrophen: Länder (friedensmäßiger Katastrophenschutz); für Katastrophen infolge Kampfeinwirkungen auf die Bevölkerung: Bund *(→ Katastrophenschutzgesetz). (Sr)*

Katastrophenschutzgesetz (KatSG), regelt den → *Katastrophenschutz* (KatS), dazu gehören: Begriff, Aufgaben, Organisation, → *Träger* und → *Helfer* des KatS, Leitung der Katastrophenbekämpfung, Entschädigung und Kostenregelung.
Für den KatS sind grundsätzlich die Länder zuständig, ausgenommen für den KatS im Verteidigungsfall *(→ Zivilschutz);* hier liegt die Zuständigkeit beim Bund.
Entsprechend gibt es KatSG in den Ländern (KatSG-L) und ein Katastrophenschutzgesetz des Bundes, das „Gesetz über die Erweiterung des Katastrophenschutzes" (KatSG-E). *(Sr)*

KatS, Abk. für: → *Katastrophenschutz. (Sr)*

KatSG, Abk. für: → *Katastrophenschutzgesetz. (Sr)*

Kavitation, eigentlich „Hohlraum", Erscheinung bei der Wasserförderung durch → *Feuerlöschkreiselpumpen* bei örtlichen Dampfdruckunterschreitungen Dampfblasen zu bilden (Flüssigkeitskavitation).
Flüssigkeitskavitation tritt bei großen Saughöhen (z. B. ab 3 Meter) und hohen Fließgeschwindigkeiten des Wassers (z. B. 30 m/s) auf. Die dabei entstehenden Dampfblasen fallen während der Förderungen wieder zusammen, wenn sie in Bereiche höheren statischen Drucks kommen *(→ Implosion).* Dabei wird der umgebende Werkstoff des Pumpen-Laufrads derart versprödet, dass dieser im Laufe der Zeit ausbricht. Es bilden sich im Werkstoff Löcher (Werkstoffkavitation).
Betriebszustände der Feuerlöschkreiselpumpe, bei denen Kavitation auftreten kann, sind daher zu vermeiden; das heißt, der maximal mögliche Förderstrom muss der jeweiligen → *geodätischen* Saughöhe angepasst werden. *(Fl)*

Kehlbalken (Kehlriegel), waagrechtes, tragendes Bauteil bei einem Kehlbalkendach, das der gegenseitigen Abstützung von zwei gegenüberliegenden → *Sparren* dient. Auf die beim Zusammenfügen von Kehlbalken mit Sparren entstehenden → *Knotenpunkte* ist im Brandfall besonders zu achten. *(Bt)*

Kehle (Dachkehle), eine bei Einschneidung zweier sich kreuzender, geneigter Dachflächen entstehende, einspringende Kante. Die unter den Kehlen liegenden → *Sparren* werden Kehlsparren genannt. *(Bt)*

Kemler-Zahl, früher verwendeter (inoffizieller) Begriff für → *Gefahrnummer. (Fl)*

Kennwort, festgelegtes und geheimzuhaltendes Wort zur → *Authentisierung,* das vom Betreiber an die berechtigten Teilnehmer eines → *Funkverkehrskreises,* z. B. Funkstreifenwagen der Polizei, dienstintern ausgegeben wird; auch Hinweis auf Zugehörigkeit einer → *Funkstelle* zu einer Behörde oder Organisation im → *Funkrufnamen. (Ge)*

Kennzahl, → *Sicherheitstechnische Kennzahl. (Ha)*

Kennzeichnung
– brennbarer Baustoffe; Baustoffe, deren → *Brandverhalten* nach Norm geprüft wurde, müssen durch Angabe ihrer → *Baustoffklasse* gekennzeichnet werden, z. B. DIN 4102–A 1, DIN 4102–B 3 (leichtentflammbar).
Die Kennzeichnung ist auf den Baustoffen oder an bzw. auf den Verpackungen deutlich lesbar und dauerhaft anzubringen. In DIN 4102 Teil 4 aufgeführte Baustoffe der Klasse A *(> Baustoffklasse)* sowie Holz und Holzwerkstoffplatten (>400 kg/m³ Dichte und >2 mm Dicke) der Klasse B 2 sind von der Kennzeichnungspflicht ausgenommen. *(Bt)*
– gefährlicher Güter → *Gefahrklasse,* → *Gefahrnummer* → *Gefahrzettel,* → *UN-Nummer. (Fl)*
– von Funktions- und Führungskräften z. B. an Großschadenstellen; Kennzeichnung durch eine farbige, z. B. weiße, gelbe, rote/hellrote, graue oder grüne Weste mit schwarzem oder weißem Funktionsaufdruck auf der Rück-

seite bzw. auf Vorder- (in Abkürzungsform, z. B. EAL) und Rückseite; Aufbewahrung z. B. in Einsatzleitfahrzeugen.
Beispiele für Aufschriften: EINSATZLEITER, ZUGFÜHRER, ARZT, NOTARZT, KREISBRANDINSPEKTOR, NOTFALLSEELSORGER. *(Oe)*

Kennzeichnungsband, Bänder nach DIN 22 403 und EU-Richtlinie 92/58/EWG aus selbstklebender, stark haftender Folie mit einem rückseitigen Abdeckpapier; Bedruckung: z. B. mit Fließrichtungspfeilen oder mit Gefahrenhinweisen, z. B. „leicht entzündbar".
Die Bänder sind resistent gegen Witterung, Säuren und Laugen und temperaturbeständig im Bereich von –40 bis 120 °C.
– zur Gefahrkennzeichnung: → *Gefahrkennzeichnung;*
– zur Rohrleitungskennzeichnung: ein Sicherheitsband, um Rohrleitungen gewickelt, das auf gefährliche Stoffe hinweist, die bei nicht sachgemäßer Handhabung die Gesundheit oder die Umwelt gefährden können (DIN 22 403 und EU-Richtlinie 92/58 EWG sowie → *Gefahrstoffverordnung.*
Sichtbar verlegte Rohrleitungen, in denen gefährliche Stoffe gefördert werden, müssen gekennzeichnet sein. Diese Kennzeichnung muss sichtbar und in ausreichender Häufigkeit in unmittelbarer Nähe der gefahrenträchtigen Stellen, z. B. Anschlussstellen, Ventile, Schieber oder Wanddurchführungen angebracht sein.
Auf dem Kennzeichnungsband muss als Text der Inhaltsstoff im Klartext, die Fließrichtung (als Pfeil) und das Gefahrensymbol mit Zusatztext aufgedruckt sein; Beispiel: bei Erdgas das Gefahrensymbol „Flamme" mit dem Zusatztext „Hoch entzündlich".
Die Bänder sind resistent gegen Witterung sowie gegen Laugen und Säuren. Sie sind temperaturbeständig im Bereich von – 40 bis +120 °C, aus selbstklebender, stark haftender Folie mit einem rückseitigen Abdeckpapier. Die in Rohrleitungen geförderten Durchflussstoffe werden nach ihren Eigenschaften in 10 Gruppen mit entsprechenden Kennfarben eingeteilt *(Tabelle)*. *(Oe)*

KFV, Abk. für: → *Kreisfeuerwehrverband. (Sr)*

Klapphackspaten, eine Spatenkonstruktion, bei der das Blatt des Spatens über ein Gelenk (90°/180°) mit dem Stiel des Spatens verbunden ist. Die zweite Stellung des Gelenks ermöglicht die Nutzung des Spatens als Hacke.
Der Klapphackspaten wird z. B. für Arbeiten in engen Schächten und Gräben eingesetzt. *(Ma)*

Gruppe	Durchflussstoff	**Kennfarbe**		Schrift bzw. Rand
01	Wasser	grün	RAL 6018	weiß
02	Dampf	rot	RAL 3000	weiß
03	Luft	grau	RAL 7001	schwarz
04	brennbare Gase	gelb	RAL 1021	schwarz
05	nichtbrennbare Gase	schwarz	RAL 9005	weiß
06	Säuren	orange	RAL 2003	schwarz
07	Laugen	violett	RAL 4001	weiß
08	brennbare Flüssigkeiten	braun	RAL 8001	weiß
09	nichtbrennbare Flüssigkeiten	schwarz	RAL 9005	weiß
10	Sauerstoff	blau	RAL 5015	weiß

Klappleiter, Steig- und Rettungsgerät aus Holz (nach DIN EN 1147). Sie dient als Anstelleiter zum Überwinden von geringen Höhenunterschieden bis ± 2,7 m; Länge: 3,0 m, Gewicht: 10 kg; Aufbau: zwei Holme und neun Steigsprossen. *(Zi)*

Klasse → *Klasseneinteilung. (Fl)*

Klasseneinteilung für gefährliche Güter, Ordnungssystem für die Einteilung von → *Gefahrgut,* kurz: Gefahrklasse (nicht zu verwechseln mit VbF-Klasse).
Nach dem → *IMDG-Code* unterscheidet man verschiedene Gefahrklassen *(Tabelle). (Fl)*

Klassenmasse, charakteristische; Masse eines Feuerwehrfahrzeugs in seiner Mindestbeladung inklusive 3% Reserve, aber ohne die Massen der Zusatzbeladungsmodule.
Beispiel: Ein LF 10/6 mit einer charakteristischen Klassenmasse von 7 500 kg kann auf einem 12-t-Fahrgestell realisiert werden. Dieses Fahrzeug hat dann eine große Beladungsreserve; würde hingegen ein 7,5-t-Fahrgestell verwendet, wäre keine Beladungsreserve mehr vorhanden. *(Fl)*

Kleinbrand,
– ein → *Brand,* bei dem zum Löschen nicht mehr als ein → *Kleinlöschgerät* eingesetzt wird;
– ein Brand, bei dem zum Löschen nicht mehr als ein C-Rohr eingesetzt wird. *(Sr)*

Kleinbühne, eine → *Bühne* mit einer Grundfläche von maximal 100 m^2 und bei der die Differenz zwischen Bühnenöffnungs-Oberkante und Kleinbühnendecke kleiner ist als 1 m. Die brandschutztechnischen Anforderungen an Versammlungsstätten mit Kleinbühnen sind in der Versammlungsstättenverordnung (VStättVO) geregelt. *(Oe)*

Kleinfahrzeug (bei Wasserfahrzeugen), nach § 1.01 der BinSchStrO ein Wasserfahrzeug mit einer Gesamtlänge von weniger als 20 m; Beispiele: Motor- und Tragflügelboote, ausgenommen Schlepp- und Schubschiffe, Fahrgastschiffe (für mehr als 12 Personen) → *Fähren* und → *Schwimmendes Gerät. (Mt)*

Kleinlöschfahrzeug, Kleinlöschfahrzeug (KLF), Löschfahrzeug mit mindestens einer Tragkraftspritze (EN 14466 – FPN 6-500) und einer feuerwehrtechnischen Beladung, um erste Maßnahmen der Brandbekämpfung einzuleiten. Die Besatzung besteht aus einer → *Staffel.* Die zulässige Gesamtmasse darf 3 500 kg nicht überschreiten. Das Fahrzeug ist entweder als handelsüblicher Kastenwagen gebaut oder es wird ein handelsübliches Fahrgestell mit Doppelkabine verwendet. Das KLF verfügt über einen Löschwasserbehälter mit mindestens 400 l nutzbarer Wassermenge und über eine Standardbeladung mit u. a. vier Atemschutzgeräten, sechs B-Schläuchen und einer vierteiligen Steckleiter. Das Fahrzeug ist als wasserführendes Löschfahrzeug für kleinere Feuerwehren gedacht und stellt keine selbstständige taktische Einheit dar. Das Fahrzeug soll mit dem Führerschein Klasse B gefahren werden dürfen. *(Fl)*

Kleinlöschgeräte, Sammelbezeichnung für die tragbaren Feuerlöscher (→ *Feuerlöscher,* tragbare) und für Geräte, die zum Löschen von Kleinbränden geeignet sind.

Klasseneinteilung für gefährliche Güter

Tabelle: **Klasseneinteilung für gefährliche Güter**

Klasse, Unterklasse	Bedeutung
1	*explosive Stoffe und Gegenstände mit Explosivstoff.*
1.1	Stoffe und Gegenstände, die *massenexplosionsfähig* sind, z. B. Trinitrotoluol TNT;
1.2	Stoffe und Gegenstände, die eine *Sprengwirkung* haben, aber *nicht massenexplosionsgefährlich* sind, z. B. Leuchtmunition;
1.3	Stoffe und Gegenstände, die *feuergefährlich* sind und die *entweder* eine geringe Gefahr durch Luftstoß *oder* eine geringe Gefahr durch Splitter-, Spreng- und Wurfstücke oder durch beides, aber *nicht massenexplosionsfähig* sind, z. B. Dinitrosobenzol;
1.4	Stoffe und Gegenstände, die keine erhebliche Gefahr darstellen, z. B. Anzündlitze;
1.5	sehr *unempfindliche massenexplosionsfähige Stoffe;*
1.6	*extrem unempfindliche, nicht massenexplosionsfähige* Gegenstände;
2	*verdichtete, verflüssigte oder unter Druck gelöste Gase;*
2.1	*Entzündbare* Gase, z. B. Propan C_3H_8;
2.2	*nicht entzündbare,* ungiftige Gase, z. B. Stickstoff N_2;
2.3	*giftige* Gase, z. B. Phosgen $COCl_2$.
3	*entzündbare Flüssigkeiten;*
3.1	Flüssigkeiten mit *niedrigem* Flammpunkt, z. B. Aceton C_3H_6O;
3.2	Flüssigkeiten mit *mittlerem* Flammpunkt, z. B. Bulanol $C_4H_{10}O$;
3.3	Flüssigkeiten mit *hohem* Flammpunkt, z. B. Furfural $C_5H_4O_2$;
4	*Entzündbare feste Stoffe, selbstentzündliche Stoffe und Stoffe, die in Berührung mit Wasser entzündbare Gase entwickeln;*
4.1	*Leichtentzündbare* feste Stoffe, z. B. Naphtalin $C_{10}H_8$, sowie feste Stoffe, die *durch Reibung* einen Brand verursachen können, z. B. angefeuchtetes Ammoniumpikrat $NH_4C_6H_2(NO_2)_3O$; *selbstzersetzliche* Stoffe (feste und flüssige Stoffe, z. B. Hafniumpulver Hf, sowie mit selbstzersetzlichen Stoffen verwandte Stoffe, z. B. Isosorbit-5-Mononitrat $C_6H_6(OH)_3NO_3$ oder Azodicarbonamid $[H_2N(CO)Ni]_2$; explosive Stoffe in nicht explosivem Zustand, z. B. angefeuchtetes Bariumazid $Ba(N_3)_2$
4.2	*Selbstentzündliche* Stoffe, z. B. weißer Phosphor P;
4.3	Stoffe, die in Berührung mit Wasser entzündbare Gase entwickeln, z. B. Aluminiumcarbid Al_4C_3;
5	*Entzündend (oxidierend und damit brandfördernd) wirkende Stoffe und organische Peroxide,*
5.1	*Entzündend* (oxidierend) wirkende Stoffe, z. B. Calciumchlorit Ca(-$ClO_2)_2$;
5.2	Organische Peroxide, z. B. tertiäres Butylcumyl-Peroxid (BCUP) $C_{13}H_{20}O_2$;
6	*Giftige und infektiöse Stoffe,*
6.1	*Giftige* Stoffe, z. B. Nitroanilin $C_6H_4NO_2NH_2$;
6.2	*Infektiöse* Stoffe, z. B. Krankenhausabfälle;
7	*Radioaktive* Stoffe, z. B. Uranylnitrat;
8	*Ätzende* Stoffe, z. B. Phosphorsäure H_3PO_4;
9	*Verschiedene gefährliche Stoffe und Gegenstände,* z. B. Airbag-Gasgeneratoren, Asbest.

Zu den Kleinlöschgeräten kann man auch die → *Kübelspritze* (Einstellspritze), Feuereimer und die Feuerpatsche zählen. *(Oe)*

KLF, Abk. für: → *Kleinlöschfahrzeug. (Fl)*

Knallgas, Gemisch aus Wasserstoff und Sauerstoff bzw. Luft im Volumenverhältnis 2 : 1.
Das Brennen von Knallgas (im Gemisch mit reinem Sauerstoff) erfolgt mit einer → *Flammengeschwindigkeit* von 2 800 m/s *(→ Detonation)* und Temperaturen bis 2 700 °C (2 000 °C in Gemisch mit Luft), begleitet von einem scharfen Knall.
Entstehung: z. B. beim Laden von Blei-Akkumulatoren (Elektrolyse) und beim Löschen brennender Metalle mit Wasser; die → *Zündtemperatur* von Wasserstoff-Luft-Gemischen liegt bei etwa 500 °C.
Die → *Mindestzündenergie* zum Entzünden von Knallgas ist sehr gering (etwa 0,0012 mJ beim Wasserstoff-Sauerstoff-Gemisch, 0,017 mJ beim Wasserstoff-Luft-Gemisch).
Gemische von Wasserstoff mit Luft können bereits bei Zimmertemperatur mit Hilfe eines → *Katalysators* entzündet werden; Beispiel: Gasanzünder mit Platindraht, an dessen Oberfläche sich der vorbeistreichende Wasserstoff entzündet. *(Ha)*

Knautschzone ist der Bereich einer Fahrzeugskonstruktion, der so ausgelegt ist, dass das Fahrzeug bei einem Unfall Energie aufnehmen kann. Diese Energie wird vor allem in die Verformung des Karosserieblechs umgewandelt. *(Ma)*

Kniestock → *Drempel. (Bt)*

Knotenpunkt, Punkt (Stelle) einer Fachwerkkonstruktion, an dem zwei oder mehr Stäbe eines → *Fachwerks* zusammenlaufen. Im Idealfall greifen äußere Lasten nur in den Fachwerkknoten an und verteilen sich auf die Zug- und Druckstäbe. Da bei einer Fachwerkkonstruktion schon die Zerstörung einzelner Knoten einen Einsturz zur Folge haben kann, muss auf diese beim Löscheinsatz besonders geachtet werden. *(Bt)*

Koaxialkabel, elektrische Leitung für Hochfrequenz; Aufbau: konzentrischer Innenleiter aus Kupfer, röhrenförmige Isolation aus Polyethylen, Außenleiter aus Kupfergeflecht oder -folie, Außenmantel aus Kunststoff, meist Polyvinylchlorid.
Dieser Aufbau verhindert weitestgehend Abstrahlverluste und Beeinflussung des Innenleiters durch Fremdfelder. *(Ge)*

Kohlendioxid (auch Kohlenstoffdioxid, CO_2), ein farbloses, geruchloses und unbrennbares Gas, das in der Luft mit einem Anteil von 0,04 Volumenprozent vorkommt; Dichte $\varrho = 1{,}98\ kg/m^3$.
Eine Kohlendioxidkonzentration in der Atemluft bis 4 % ist für den Menschen ungefährlich. 5 bis 6 % CO_2 verursachen Atemnot und kann bei längerem Einatmen zu Bewusstlosigkeit führen; ab 8 % wirkt es „lähmend" auf das Atemzentrum (Atemstillstand).
CO_2 entsteht z. B. bei der Verbrennung kohlenstoffhaltiger Produkte wie Holz oder Kunststoffe. Daher ist bei einem Brand mit diesem → *Atemgift* zu rechnen.
Da seine Dichte 1,5mal so groß ist wie die von Luft, sammelt es sich in tiefer gelegenen Räumen, z. B. Kellern oder Gruben. Es ist ein → *inertes Gas* und wird daher als →

Löschmittel verwendet. Seine Löschwirkung beruht auf dem → *Stickeffekt.*

CO_2 eignet sich als Löschmittel für Brände der → *Brandklassen B* und *C,* insbesondere für Brände in elektrischen und elektronischen Einrichtungen, weil es nichtleitend ist und keine Rückstände hinterlässt.

Ungeeignet ist CO_2 zum Löschen von → *Glutbränden,* weil seine Kühlwirkung sehr gering ist, und zur Brandbekämpfung im Freien, weil die löschwirksame CO_2-Konzentration von über 30% dort kaum zu erreichen ist.

Die Bekämpfung von Bränden der Brandklasse D (Metallbrände) ist verboten, weil sich bei sehr hohen Temperaturen (ab 1500 °C) das CO_2 in → *Kohlenmonoxid* und Sauerstoff zersetzt und damit die Verbrennung fördert.

Die → *kritische* Temperatur von Kohlendioxid beträgt 31,4 °C. Daher ist das in flüssiger Form unter Druck gelagerte CO_2 *(→ Füllfaktor* = 0,75 kg/l) vor einem Temperaturanstieg > 35 °C zu schützen.

Beim Ausströmen von verflüssigtem CO_2 tritt der → *Joule-Thomson-Effekt* in Erscheinung, was zu einer starken Abkühlung der Umgebungsluft und des ausströmenden Gases unter −78,5 °C, der → *Sublimationstemperatur* führt. Der dabei entstehende Kohlendioxidschnee kann zu Schädigungen der Haut führen. *(Bt/Oe)*

Kohlendioxid-Feuerlöscher (kurz: CO_2-Löscher), ein tragbarer → *Gaslöscher (→ Feuerlöscher)* mit unter Druck verflüssigtem Kohlendioxid; Prinzip: Beim Öffnen (Betätigen) der Auslösearmatur geht das flüssige CO_2 in die Gasphase über und tritt als Gas in Form von CO_2-Nebel bzw. CO_2-Schnee aus dem Löscher (Bild).

Es gibt CO_2-Löscher mit einem Inhalt von 2 und 5 kg; Einsatz: für Brände der → *Brandklasse B* (Flüssigkeiten oder flüssig werdender Stoffe).

Da Kohlendioxidlöscher rückstandsfrei löschen und elektrisch nicht leitend sind, sind sie besonders geeignet für Elektronik- und EDV-Anlagen, Schaltschränke, Labors, aber auch für Küchen (brennendes Fett).

– fahrbarer: ein → *Gaslöscher,* zugelassen für die → *Brandklasse B,* bei dem das → *Löschmittel* Kohlendioxid gleichzeitig Treibgas ist; Einsatzgebiete: Chemische Industrie, Petrochemie, Raffinerien, Umschlagplätze für brennbare Flüssigkeiten.

Man unterscheidet:

- K 10 (2 × 5) mit 10 kg Kohlendioxid (in zwei Stahlflaschen je 5 kg), 6 Meter Hochdruckschlauch und → *Schneerohr;*
- K 30 mit 30 kg Kohlendioxid (K), 6 oder 10 Meter Hochdruckschlauch und Schneerohr. Unmittelbar vor dem Schneerohr befindet sich ein Abstellhebel, um den Löschstrahl jederzeit unterbrechen zu können;
- K 60 (2 × 30) mit (30 kg Kohlendioxid, in zwei Stahlflaschen je 30 kg, 6 oder 10 Meter, Hochdruckschlauch mit Schneerohr und Abstellhebel vor dem Schneerohr. *(Oe)*

Kohlendioxid-Löschanlage, eine ortsfeste → *Löschanlage* mit dem → *Löschmittel* → *Kohlendioxid* (CO_2).

Je nach Art der Bevorratung unterscheidet man → *Kohlendioxid-Hochdruck-Anlagen* und → *Kohlendioxid-Niederdruck-Anlagen.*

Der Löscheffekt ist bei beiden Anlagen der gleiche und beruht auf der Verdrängung des zur Brand-

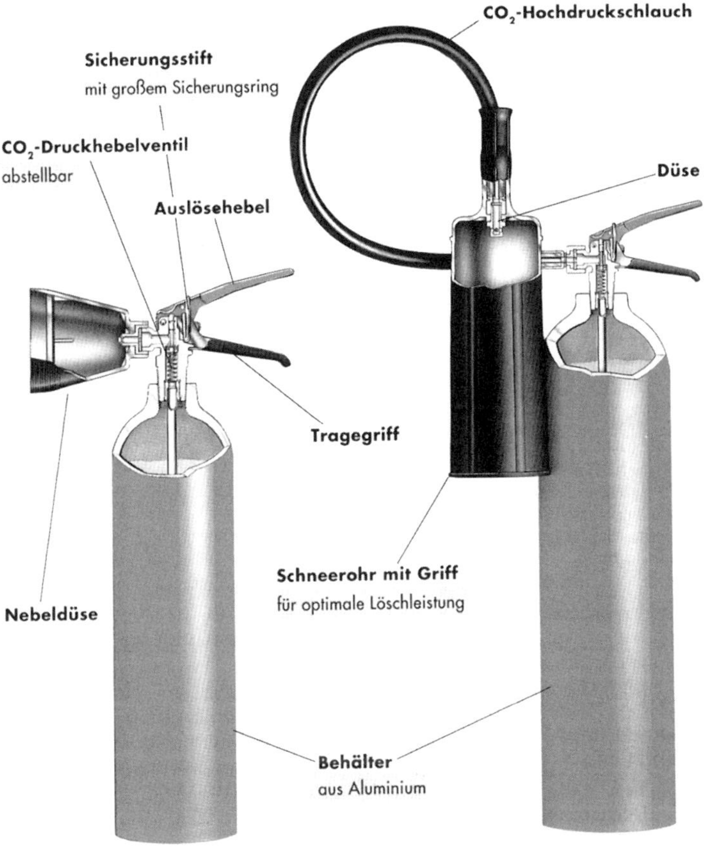

Bild: Kohlendioxid-Feuerlöscher
(Werkfoto: IBS Interbrandschutz GmbH, Ladenburg)

reaktion erforderlichen Luftsauerstoffs. Durch → *Fluten* des betroffenen Raumes sinkt der Sauerstoffanteil unter 15 Vol.-%; damit ist der Brand bei den meisten Brennstoffen gelöscht.
CO_2 wirkt schon bei einer Konzentration, die weit unterhalb der löschwirksamen Konzentration liegt, als tödliches Atemgift mit Wirkung auf das Atemzentrum. Daher müssen bei allen CO_2-Löschanlagen die Personenschutzvorrichtungen nach den Richtlinien des VdS und der Gewerblichen Berufsgenossenschaften (BGR 134) beachtet werden. Personenschutzvorrichtungen sind: → *Vorwarnzeit,* → *Verzögerungseinrichtungen,* akustische und optische Warneinrichtungen (Hupe, Blinklicht), → *Stoptaster* und die → *Odorierung* des Löschgases.
Jede CO_2-Löschanlage hat eine Erkennungseinheit, z.B. Rauch-

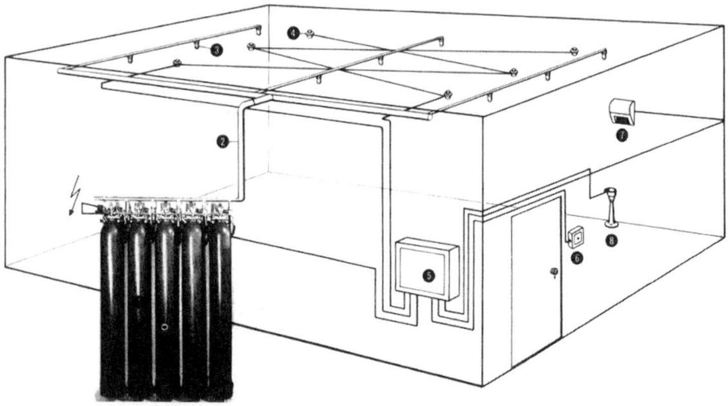

Bild: Kohlendioxid-Hochdruckanlage:
① Flaschenbatterie mit Anschlussschläuchen und Rückflussverhinderer
② gemeinsames Sammelrohr für alle CO_2-Flaschen
③ Rohrsystem mit Düsen
④ Detektionssystem
⑤ Melde- und Steuerzentrale
⑥ Handauslösung
⑦ + ⑧ Alarmmittel
(Werkfoto: TOTAL WALTHER Feuerschutz GmbH)

oder Wärmemelder, eine Steuereinheit (Brandmeldezentrale), die Löschmittelbevorratung und Löschdüsen.
Die Anlage kann einen oder mehrere Bereiche schützen; über Steuerventile wird nur der betroffene Bereich geflutet. Nach Auslösen der Löschanlage muss nach Forderungen des VdS ein Auffüllen des Löschmittelvorrats innerhalb von 36 Stunden gewährleistet sein.
Einsatzgebiete: Rechenzentren, chemische Industrie, elektrische Schaltanlagen, Transformatorenstationen, Druckmaschinen, Lackierereien, Kunststoffverarbeitung.
– **Kohlendioxid-Hochdruck-Anlage:** das Löschmittel CO_2 wird in Hochdruck-Stahlflaschen mit 30 kg Inhalt bevorratet und – je nach örtlichen Gegebenheiten – zu größeren Batterien zusammengefasst. Die Flaschen sind miteinander verbunden (s. Bild).
Hat die Löschanlage ausgelöst und ist die Vorwarnzeit abgelaufen, öffnen sich alle Ventile der Hochdruck-Stahlflaschen gleichzeitig und geben das Löschgas zu den Löschdüsen frei. Der betroffene Bereich wird geflutet.
– **Kohlendioxid-Niederdruck-Anlage:** das Löschmittel CO_2 wird in Behältern (Tanks) mit mehr als 1 500 kg flüssigem CO_2 unter niedriger Temperatur bevorratet. Abgesehen von der Löschmittelbevorratung arbeiten Niederdruckanlagen wie Hochdruckanlagen.
Das Löschmittel wird in einem wärmeisolierten Behälter bei einem konstanten Druck von etwa 20 bar gelagert und von einem Kühlaggregat auf einer Temperatur von etwa –20 °C gehalten. Die

Sicherheitsregeln für Kohlendioxid-Feuerlöschanlagen (CO_2)

Sicherheitsregeln für Kohlendioxid-Feuerlöschanlagen (CO_2) nach BGR 134 Hauptverband der gewerblichen Berufsgenossenschaften und VdS (Verband der Schadenversicherer). Die für eine ausreichende Löschwirkung erforderliche Kohlendioxidkonzentration lässt den Aufenthalt von Personen in dieser Atmosphäre nicht zu. Je nach eingeatmeter Konzentration wirkt CO_2 erregend, betäubend oder erstickend. Ab einer Konzentration von mehr als 8 Vol.-% besteht akute Lebensgefahr. Diese Sicherheitsregeln finden Anwendung auf ortsfesten Feuerlöschanlagen mit dem Löschmittel Kohlendioxid (CO_2), im Folgenden Löschanlagen genannt. Sie finden *keine Anwendung* als Löschanlagen auf Seeschiffen, Wasserfahrzeugen und schwimmenden Geräten der Binnenschifffahrt sowie im Bergbau unter Tage.

1. Das Kohlendioxid muss rein und trocken sein. Es empfiehlt sich, das geruchlose Löschgas durch ungefährliche Zusätze riechbar zu machen (→ *Odorierung).* Solche Zusätze sind erforderlich zum Personenschutz für tiefliegende und schlecht belüftbare Räume.
2. Räume, die Kohlendioxid-Schutz erhalten, müssen so beschaffen sein, dass das Löschmittel nicht entweichen kann. Öffnungen sollen sich selbsttätig und mit dem Einsatz der Löschanlage schließen.
3. Anlagen für die Be- und Entlüftung von Räumen oder Objekten, Klimaanlagen sowie besondere Heizeinrichtungen wie Gasbrenner oder Infrarot müssen mit dem Auslösen der Löschanlage selbsttätig abgeschaltet werden.
4. An Innen- und Außenseiten aller Türen zu kohlendioxidgeschützten Räumen ist mindestens ein Warnschild mit folgendem Wortlaut anzubringen:
   „Bei Feueralarm oder Ausströmen des Löschgases Kohlendioxid
   Raum sofort verlassen!
   Lebensgefahr!
   Mit Kohlendioxid durchsetzte Räume dürfen erst nach gründlicher Durchlüftung wieder betreten werden."
5. Zum Schutz der Beschäftigten müssen während der Zeit, in der Reparaturen oder sonstige außergewöhnliche Arbeiten an der Löschanlage oder in den geschützten Räumen oder Anlagen durchgeführt werden, alle Auslösemöglichkeiten der Löschanlage blockiert sein. Für diese Zeit ist der Feuerschutz in anderer Weise sicherzustellen.
6. Kohlendioxid-Feuerlöschanlagen sind zu erden.
7. In Räumen und Behältern, die explosible Gemische enthalten können, darf die Löschanlage nicht zur Probe ausgelöst werden.
8. Löschanlagen müssen mit Verzögerungseinrichtungen ausgerüstet sein, wenn durch eine Flutung Personen gefährdet werden können.
9. Die Vorwarnzeit muss so bemessen sein, dass der gefährdete Bereich von jeder beliebigen Stelle aus ohne Hast verlassen werden kann. Sie muss mindestens 10 Sekunden betragen. Kann ein Verlassen des gefährdeten Bereichs nicht innerhalb von 30 Sekunden erfolgen, muss ein Stopptaster vorhanden sein.
10. Stopptaster dürfen nur während der Vorwarnzeit und für die Dauer der Betätigung wirksam sein.

Befüllung erfolgt durch Tankwagen.
Der Löschmittelbehälter (Tank) ist auf einer Waage montiert, sodass der Löschmittelvorrat jederzeit festgestellt werden kann. *(Oe)*

Kohlendioxid-Objektschutzlöschanlage, eine ortsfest installierte Löschanlage mit dem → *Löschmittel* Kohlendioxid, die nicht den ganzen Raum, sondern nur ein Objekt schützt, z. B. eine Lackier-Spritzkabine, einen Walzenstuhl, ein Mischwerk oder eine Trockenanlage; Vorteil: In einem Produktionsbetrieb mit mehreren Maschinen in einer Halle wird nur an der Maschine gelöscht, an der die Auslösung erfolgte. Da die Löschmittelmenge (Kohlendioxid) entsprechend der Raumgröße gering, für das Objekt zum Löschen aber ausreichend zur Brandbekämpfung ist, brauchen Personen den Raum während und nach dem Löschvorgang nicht zu verlassen.
Die Kohlendioxid-Objektschutzanlage kann sowohl von Hand als auch von automatischen → *Meldern,* z. B. → *Rauchmelder* oder → *Wärmemelder* über ein Steuergerät ausgelöst werden. Ohne Vorwarnzeit tritt das → *Löschmittel* Kohlendioxid aus.
Je nach Größe und Umfang des zu schützenden Objektes hat die Objektschutzlöschanlage einen Löschmittelvorrat von 2, 5 oder 30 kg Kohlendioxid. Das Steuergerät kann eine Alarmweitermeldung, z. B. an eine ständig besetzte Stelle durchführen. *(Oe)*

Kohlendioxid-Treibgasflasche (für → *Aufladelöscher),* am Löscher außen oder innen angebrachte Stahlflasche mit dem Treibgas Kohlendioxid für das → *Löschmittel,* z. B. Wasser, Schaum oder Löschpulver. Je nach Wandstärke und Material ist die Treibgasflasche ausgelegt für einen Prüfdruck von 190 oder 250 bar. Ihre Größe und Volumen sind abhängig vom benötigten Druck im Aufladelöscher. Die Flasche wird nach Gewicht gefüllt; Beispiel: Die Treibgasflasche für den Aufladelöscher PG 6 (mit 6 kg Löschpulver und innen angebrachter Flasche) ist mit 140 Gramm verflüssigtem Kohlendioxid gefüllt. Auf der Flasche ist (durch Schlagzahlen) angegeben: Hersteller, Leergewicht, Füllmenge, Prüfdruck und TÜV-Jahreszahl.
Am Löschmittelbehälter außen angebrachte Treibgasflaschen haben ein Schraubventil, innen angebrachte einen Metall-Folienverschluss. Letzterer wird zum Öffnen durch einen Metallstift der Auslösearmatur durchstoßen. Treibgasflaschen mit einem Inhalt von mehr als 145 Gramm unterliegen der Druckbehälterverordnung. *(Oe)*

Kohlenmonoxid (auch: Kohlenoxid, Kohlenstoffoxid; CO), ein farb-, geruch- und geschmackloses Gas, das bei unvollständiger Verbrennung kohlenstoffhaltiger Stoffe entsteht, z. B. auch bei Schwelbränden in geschlossenen Räumen. CO kann auch bei der Brandbekämpfung von glühenden Kohlen entstehen, wenn irrtümlicherweise mit → *Kohlendioxid* ($C + CO_2 \rightarrow 2\,CO$) oder mit Wasser ($C + H_2O \rightarrow CO + H_2$) gelöscht wird. CO ist etwas leichter als Luft (Dichte ϱ = 1,25 kg/m^3), brennbar und in Luftkonzentration von 12,5 bis 74 Vol.-% explosibel.
Kohlenmonoxid ist ein besonders gefährliches → *Atemgift,* weil bereits eine Konzentration von 0,01 Vol.-% in Luft Vergiftungen bewirkt. Eine Konzentration ab 0,5 Vol.-% wirkt bereits innerhalb we-

niger Minuten tödlich. Als Atemgift wirkt es auf das Blut, indem es sich an das Hämoglobin bindet und somit den Sauerstofftransport im Blut blockiert.
Anzeichen einer Kohlenmonoxidvergiftung: Kopfschmerzen, Schwindel, Übelkeit, Benommenheit, Bewusstlosigkeit, Tod. *(Bt)*

Kohlensäure (H_2CO_3), ist eine schwache Säure, die durch Lösen von → *Kohlendioxid* in Wasser entsteht: $CO_2 + H_2O \rightarrow H_2CO_3$. Fälschlicherweise wird die Bezeichnung Kohlensäure häufig anstelle von Kohlendioxid (CO_2) verwendet. *(Bt)*

Kohlenwasserstoffe, ausschließlich aus Kohlenstoff und Wasserstoff aufgebaute, umfangreichste Gruppe chemischer Verbindungen; unterteilt in azyklische (aliphatische) Kohlenwasserstoffe mit kettenförmiger Anordnung der Kohlenstoffatome und zyklische Kohlenwasserstoffe mit ringförmiger Struktur; hierzu zählen die aromatischen Kohlenwasserstoffe. Kohlenwasserstoffe sind kaum wasserlöslich, brennbar und können zum Teil mit Luft explosive Gemische bilden. Kohlenwasserstoffe finden sich z. B. in Erdöl, Erdgas, Kohle und Teer. *(Kl)*

Kollisionstheorie → *Aktivierungsenergie. (Ha)*

Kombination Grund-/Voll-Inertisierung → *Inertisierung. (Oe)*

Kombinationsfilter, Kombination aus → *Gasfilter* und → *Partikelfilter;* Filtermedium: Aktivkohle und Filterpapier. Je nach Behandlung der Aktivkohle schützt der Kombinationsfilter gegen ein oder mehrere gas- oder dampfförmige → *Atemgifte* sowie gegen staubförmige → *Atemgifte.* Der Partikelfilter ist stets vor den Gasfilter geschaltet. *(Zi)*

Kombinationszeichen → *Zusatzzeichen. (Oe)*

Kombi-Schaumstrahlrohr, ist ein → *Schaumstrahlrohr* mit dem es möglich ist, sowohl → *Schwerschaum* als auch → *Mittelschaum* zu erzeugen. Beim Kombi-Schaumrohr ist der Düsenkopf mit einem Umschalthebel und zwei zentrisch angebrachten Rohren ausgestattet, wobei mit dem innenliegenden Rohr Schwerschaum und mit dem außenliegenden Mittelschaum erzeugt wird. Ein Umschalten von Schwer- auf Mittelschaum und umgekehrt ist ohne Unterbrechnung des Löschvorganges möglich. *(Zi)*

Kommandant → *Wehrführer. (Sr)*

Kommando, nach FwDV 100 ein Befehl in Kurzform, dessen Wortlaut festgelegt ist und beim Angesprochenen sofort (ein vorher geübtes) bestimmtes Handeln auslöst; die Ausführung erfolgt unwillkürlich (automatisch).
Ein Kommando ist in Ankündigungs- und Ausführungskommandos unterteilt; Beispiele: „zum Einsatz – fertig"; „Wasser – marsch". *(Sr)*

Kommandowagen (KdoW), ein → *Feuerwehrfahrzeug,* mit dem der Einsatzleiter zur Einsatzstelle fährt und die Einsatzstelle erkundet. Das maximale Gesamtgewicht beträgt 3 500 kg. *(Fl)*

Kommunikationsplan, Plan, in dem grundsätzlich festgelegt wird,
- wer,
- von wem,

- womit,
- wozu,
- wie,
- wann und
- welche Informationen erhält. *(Ge)*

Komplextrennwand, Brandwand mit einer erhöhten → *Feuerwiderstandsdauer* von 180 Minuten und erhöhter Standfestigkeit. Der Begriff Komplextrennwand stammt aus dem Versicherungswesen und ist baurechtlich nicht eingeführt. Wände mit den Eigenschaften von Komplextrennwänden werden im VdS-Katalog „Baustoffe-Bauteile" beschrieben. Sie trennen meist Gebäudeteile, die aus mehreren → *Brandabschnitten* bestehen. Versicherungstechnisch trennen Komplextrennwände auch Gebäudeteile verschiedener Tarifstufen hinsichtlich ihres Gefährdungspotentials, z. B. Produktionsbereich vom Hochregallager. *(Ki)*

Kompressionswärme, Wärme, die bei der Kompression (Verdichtung) von Gasen und Dämpfen entsteht und zur Temperatursteigerung bis zum Erreichen der → *Zündtemperatur* führen kann. Bei Kompression verkleinert sich das Volumen mit der Folge, dass z. B. bei Gas-Luft-Gemischen die Gas- bzw. Dampfmoleküle häufiger zusammenstoßen. Damit ist die Wahrscheinlichkeit des Reagierens der Reaktionspartner (Oxidation) miteinander größer, die Temperatur steigt an.
Bei Vorhandensein nur eines einzigen Gases (also keine Mischung mit Luft), erhöht sich nur die innere Energie. *(Ha)*

Konfiguration, im Fernmeldewesen die Darstellung, wie die Einrichtungen, die durch Übertragungswege, z. B. → *Brandmelder,* mit einer Brandmelderzentrale (Übertragungszentrale), untereinander verbunden sind. *(Ge)*

konstante Dosiereinrichtung → *Dosiereinrichtung. (Zi)*

Kontamination, unerwünschte Verunreinigung („Verschmutzung") der Oberflächen von Lebewesen, des Bodens, von Gewässern und Gegenständen mit → *ABC-Gefahrstoffen.* Gefahr einer Kontamination besteht vor allem bei offenen radioaktiven Stoffen, z. B. radioaktiven Chemikalien im Laborbereich; Gegensatz: → *Dekontamination. (Kl)*

Kontaminationsnachweis, Vorgang, bei dem Personen oder Gegenstände mit Hilfe eines → *Kontaminationsnachweisgeräts* auf → *Kontamination* überprüft werden. *(Kl)*

Kontaminationsnachweisgerät, Messgerät mit einem → *Zählrohr* zum Nachweis einer → *Kontamination* mit radioaktiven Stoffen. Personen oder Gegenstände werden als kontaminiert betrachtet, wenn die Anzeige der Impulse des Kontaminationsnachweisgerätes über dem Dreifachen des Nullwertes (Wert der natürlichen Umgebungsstrahlung) liegt. *(Kl)*

Kontaminationsnachweisplatz → *Dekontaminationsplatz. (Kl)*

Kontaminationsschutzkleidung, Teil des Körperschutzes im ABC-Einsatz (nach → *Feuerwehr-Dienstvorschrift 500). (Kl)*

Kontrastfarben bei Bildzeichen, insbes. bei → *Sicherheitszeichen;* eine Farbe, die sich von einer → *Sicherheitsfarbe* abhebt und zusätzliche Hinweise ermöglicht;

Kontrastfarbe	Sicherheitsfarbe	Farbe des Bildzeichens	Anwendung
Weiß	Rot	Weiß	→ *Brandschutzzeichen*
Weiß	Rot	Schwarz	→ *Verbotszeichen*
Schwarz	Gelb	Schwarz	→ *Warnzeichen*
Weiß	Grün	Weiß	→ *Rettungszeichen*
Weiß	Blau	Weiß	→ *Gebotszeichen*

Anwendung der Kontrastfarben nach BGV A 8 *(Tabelle). (Oe)*

Kontrollbereiche, sind Bereiche, in denen Personen im Kalenderjahr eine effektive Dosis (→ *Äquivalentdosis*) von mehr als 6 Millisievert oder höhere Organdosen als 45 Millisievert für die Augenlinse oder 150 Millisievert für die Haut, die Hände, die Unterarme, die Füße und Knöchel erhalten können (→ *Strahlenschutzverordnung*). *(Kl)*

Kontrollzeit ist die Zeit zwischen dem Wirksamwerden befohlener Maßnahmen und dem Zeitpunkt, von dem ab eine Ausbreitung des Schadenereignisses nicht mehr möglich ist (DIN 14 011 Teil 9); Beispiele: Einsatz des 1. C-Rohres bis zum Niederschlagen der Flammen bei einem Zimmerbrand. *(Ha)*

Konvektion (auch: → *Wärmeströmung),* Übertragung von Wärme in Gasen oder Flüssigkeiten durch deren Strömung, die entsteht als
- freie Konvektion: Erwärmung des Mediums an einer Stelle, Bewegungseintritt durch Temperaturdifferenz, Ausdehnung und damit geringere Dichte;
- erzwungene Konvektion: Bewegung, z. B. durch Ventilatoren oder Pumpen (Beispiel: Zentralheizung).

Die freie Konvektion wird zum Auslösen von → *Brandmeldeanlagen* und → *Sprinkleranlagen* genutzt; Wirkungsweise: die aufsteigenden heißen Brandgase lösen die Anlage bei Erreichen einer bestimmten Temperatur aus. Konvektion ist bei einem Brand die häufigste Form der → *Wärmeübertragung. (Ha)*

Kopfband, andere Bezeichnung für → *Bug. (Bt)*

Kopfbebänderung (auch.: Kopfspinne), Teil einer → *Vollmaske,* sie besteht aus Kopfplatte, Nackenbändern, Schläfenbändern und Stirnband.
Die Kopfbebänderung ist einstellbar und dient dazu, die Maske fest und bequem am Kopf des → *Atemschutzgeräteträgers* zu halten. *(Zi)*

Kopfspinne → *Kopfbebänderung. (Zi)*

Korbtrage mit Abseilspinne, wird für den Transport und zur Rettung verletzter Personen eingesetzt. Sie besteht aus einer Kunststoffschale mit Griffaussparungen und Haltegurten. Die am Boden angeformten Gleitkufen erleichtern das Schieben der Trage. In Verbindung mit einer Abseilspinne kann die Korbtrage mit einer Seilwinde eingesetzt werden, um Verletzte auf- oder abzulassen. Je nach Situation und Zustand des Verletzten kann die Trage an der Hebeeinrichtung waagrecht oder senkrecht befestigt werden. *(Ma)*

Kraftfahrdrehleiter → *Drehleiter* → *Hubrettungsfahrzeug. (Fl)*

Kraftfahrzeug-Bezeichnung (nach EN 1846-1), für Fahrzeuge zur Brandbekämpfung und Technischen Hilfeleistung, erfolgt durch eine Folge von Buchstaben und Zahlen, durch Bindestriche verbunden; Angaben:
– *Gewichtsklasse:*

Gewichtsklasse	zulässiges Fahrzeug-Gesamtgewicht
L (leicht)	> 2 bis 7,5 t
M (mittel)	> 7,5 bis 14 t
S (schwer)	> 14 t

– *Kfz-Kategorie:* bezeichnet die Eignung für verschiedene Bodenbeschaffenheiten;

Kategorie 1	straßenfähig
Kategorie 2	geländefähig
Kategorie 3	geländegängig

– *Sitzplatzkapazität* (Anzahl der Sitzplätze): d. h. die Gesamtzahl der Sitzplätze im Fahrzeug;
– *Volumen des nutzbaren Löschwassers* (Löschwasservolumen) des im Fahrzeug fest eingebauten Löschwasserbehälters;
– *Kurzbezeichnung* der im Fahrzeug fest eingebauten Pumpe (nach EN 1028) und
– *besondere Ausrüstung;*
Beispiel: M-1-6-800-10/2000-1 (Generator); es handelt sich um ein Fahrzeug zur Brandbekämpfung und Technischen Hilfeleistung mit:
– mittlerem Gesamtgewicht,
– straßenfähigem Fahrgestell,
– 6 Sitzplätzen,
– 800 Liter nutzbarem Löschwasservolumen,
– einer Feuerlöschkreiselpumpe mit einem Nenndruck von 10 bar und einem Nennförderstrom von 2 000 l/min,
– Zusatzeinrichtung: ein vom Fahrzeugmotor angetriebener Stromerzeuger (Generator). *(Fl)*

Kragarm, das Teil eines → *Trägers,* z. B. bei Decken, das über das Endauflager, z. B. eine → *Außenwand,* hinausläuft.
Da das freie Ende eines Kragarms nicht unterstützt ist, treten bei Belastungen von oben in seinem Oberteil Biegezugspannungen *(→ Spannungen)* und im Unterteil Biegedruckspannungen auf, die zum Kragarmende hin bis Null abnehmen.
Beschädigte Kragarme aus → *Stahlbeton,* z. B. Rampen oder Balkone, dürfen nicht nur am Ende abgestützt werden, weil die dadurch im Unterteil entstehenden Biegezugspannungen zu einer Beschädigung des → *Bauteils* führen können; → *Beton;* → *Bewehrung. (Bt)*

Kran nennt man ein Hebegerät zum Heben, Versetzen oder Senken von Lasten in beliebiger Richtung mit Hilfe eines Tragmittels.
Bei der Feuerwehr verwendet man Krane mit Radfahrwerk (das sind straßenfahrbare Krane, z. B. der → *Autokran)* und Mobilkrane (kleinere Krane bis 60 t mit Radfahrwerk und einer Fahrgeschwindigkeit bis etwa 40 km/h und einem getrennten Fahrwerksantrieb; → *Feuerwehrkran). (Ma)*

Krankentransport, eine Teilaufgabe des → *Rettungsdienstes* mit dem Auftrag, → *Nichtnotfallpatienten* (Kranke, Verletzte oder sonstige Hilfsbedürftige) unter sachgerechter Betreuung zu transportieren und ihnen gegebenenfalls → *Erste Hilfe* zu leisten. *(Zi)*

Krankentransport-Hängematte (nach DIN 13 023), Hängematte aus Leinensegeltuch zum Transport von Verletzten oder Kranken aus schwierigen Lagen, z. B. Baugruben oder bei Baustellen, in denen noch keine Treppen eingebaut sind. Der Verletzte wird durch an das Tuch angenähte Haltegurte fixiert. *(Zi)*

Krankentransportwagen (KTW), Kraftfahrzeug, das grundsätzlich nur zum Transport von Nicht-Notfallpatienten bestimmt ist (nur Krankentransport, z. B. von Krankenhaus zu Krankenhaus oder von der Arztpraxis nach Hause).
Ein KTW hat keine medizinisch-technische Ausrüstung an Bord, wie sie zur Versorgung von → *Notfallpatienten* nötig ist. *(Zi)*

Kranwagen → *Feuerwehrkran. (Fl)*

Kranwinde → *Zugeinrichtung. (Fl)*

Kreisbrandinspektor → *Feuerwehrtechnischer Aufsichtsbeamter. (Sr)*

Kreisbrandmeister → *Feuerwehrtechnischer Aufsichtsbeamter. (Sr)*

Kreisbrandrat → *Feuerwehrtechnischer Aufsichtsbeamter. (Sr)*

Kreiselpumpe → *Feuerlöschkreiselpumpe. (Fl)*

Kreisfeuerwehrverband (KFV), Zusammenschluss der Feuerwehren (→ *Feuerwehr)* innerhalb eines Stadt- bzw. Landkreises; Organe: Hauptversammlung, Kreisfeuerwehrverbandsausschuss. Die Kreisfeuerwehrverbände sind im → *Landesfeuerwehrverband* zusammengeschlossen. *(Sr)*

Kreisfeuerwehrzentrale, eine Einrichtung zur → *Wartung,* → *Instandsetzung* und Lagerung spezieller Ausstattung der → *Feuerwehren* eines Kreises oder mehrerer Kreise sowie zur Wahrnehmung anderer überörtlicher Aufgaben, z. B. die Funktion der zentralen Schlauchwerkstatt eines Kreises. *(Sr)*

Kreislauf → *Blutkreislauf. (Zi)*

Kreislaufstillstand, das Aussetzen der Blutzirkulation infolge eines Herzstillstandes; Ursachen:
- Abnahme des Sauerstoffgehaltes wegen einer Beeinträchtigung der Atmung,
- direkte oder indirekte Quetschung des Herzens,
- Verletzungen im Brustkorbbereich,
- Elektrounfall, Ertrinken, Unterkühlung.

Maßnahmen: → *Herzdruckmassage. (Zi)*

Kreismodell → *Führungsvorgang. (Sr)*

Kreisverkehr, → *Verkehrsform,* bei der mehrere Funkstellen gleichberechtigt Nachrichten austauschen; Beispiele: Verbindung zwischen Fahrzeugen sowie zwischen Handsprechfunkgeräten auf Einsatzstellen. *(Ge)*

Kristallinität bei Schadstoffen → *Erscheinungsbild. (Fl)*

kritische Temperatur (Formelzeichen ϑ_k oder t_k); → *Temperatur,* oberhalb der sich ein Gas auch durch noch so großen Druck nicht mehr verflüssigen lässt. Der zur Verflüssigung eines Gases aufzuwendende Druck heißt → *kritischer Druck* (p_k). Die kritische Temperatur ist eine Stoffkonstante *(s. Tabelle). (Ha)*

Gas	krit. Temperatur ϑ_k in °C	krit. Druck (p_k) in bar
Wasserdampf	374,2	224,8
Ammoniak	132	115,2
Kohlendioxid	31,4	73,6
Luft	−140,7	51,4
Sauerstoff	−118,2	38,4
Wasserstoff	−239,9	13,2
Helium	−267,9	2,3

kritischer Druck (Formelzeichen p_k); Druck, der aufzuwenden ist, um ein Gas bei der → *kritischen Temperatur* zu verflüssigen; er ist eine Stoffkonstante (Werte und Beispiele siehe *Tabelle* bei kritischer Temperatur; → *Temperatur). (Ha)*

Kronenfeuer → *Wipfelfeuer. (Ha)*

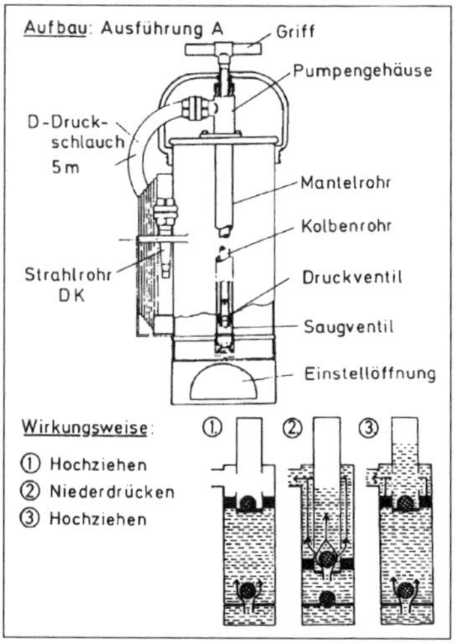

Bild: Kübelspritze, Ausführung A, nach DIN 14 405

Kübelspritze, ein → *Kleinlöschgerät* zum Ablöschen von → *Kleinbränden* und Entstehungsbränden (Bild); sie wird häufig für → *Nachlöscharbeiten* eingesetzt.
Der Löschmittelinhalt (Wasser) wird über das Pumpwerk und einem Schlauch mit Strahlrohr oder Mundstück verspritzt.
Die Kübelspritze wird von zwei Feuerwehrangehörigen bedient.
Man unterscheidet zwei Ausführungsformen:
Ausführung A (s. Bild): Kübelspritze zum Mitführen auf Feuerwehrfahrzeugen; bestehend aus dem Löschbehältertank (Inhalt 10 l), Pumpwerk, → *Druckschlauch* D (Länge 5 m) und einem → *Strahlrohr* (DK oder DM).
Ausführung B: zur ortsgebundenen Aufstellung in Gebäuden; bestehend aus einem Löschmittelbehälter (Inhalt 10 oder 15 Liter), Pumpwerk mit einem handelsüblichen 1-m-Wasserschlauch (12,7 mm lichte Weite) mit Mundstück.
Funktion Pumpwerk:
1. **Hochziehen:** Durch Hochziehen des hohlen Kolbenrohres entsteht im Mantelrohr ein Unterdruck. Das Saugventil wird dadurch angehoben, und das Wasser fließt aus dem Kübel in das Mantelrohr.
2. **Niederdrücken:** Durch das Niederdrücken des Kolbenrohres schließt sich das Saugventil. Das Druckventil im Kolbenrohr öffnet sich, und das Wasser fließt aus dem Mantelrohr in das Kolbenrohr und durch schlitzförmige Öffnungen in das Mantelrohr oberhalb des Kolbenrohres und über den Abgang in den Schlauch.
3. **Hochziehen:** Beim abermaligen Hochziehen schließt das Druckventil im Kolbenrohr, das Saugventil im Mantelrohr öffnet und Wasser fließt in das Mantelrohr. Gleichzeitig wird das im Mantelrohr oberhalb des Kolbenrohres befindliche Wasser hochgedrückt und fließt über den Abgang in den Schlauch. *(Zi)*

Kühn-Birett, ein → *Nachschlagewerk* für Gefahrgut-Schlüssel und

→ *Merkblätter* gefährlicher Arbeitsstoffe; Titel:
– R. Kühn, K. Birett: Gefahrgut-Schlüssel; Loseblattsammlung, Landsberg, wird jährlich aktualisiert;
– R. Kühn, K. Birett: Merkblätter gefährlicher Arbeitsstoffe; Loseblattsammlung; Landsberg; 1995. *(Fl)*

Kunststoffe, durch chemische Synthese entstandene, brennbare → *Baustoffe* der → *Baustoffklasse* B, die aus kohlenstoffhaltigen Molekülketten bestehen.
Im Bauwesen werden Kunststoffe überwiegend für nichttragende Bauteile, z. B. Verkleidungen, eingesetzt, da sie bereits bei niedrigen Temperaturen (etwa 75 bis 150 °C) ihre → *Festigkeit* verlieren.
Im Brandfall können je nach Art des Kunststoffs, Temperatur und Luftzufuhr als Verbrennungsprodukte außer Kohlendioxid (CO_2) und Kohlenmonoxid (CO) auch Chlorwasserstoff (HCl), z. B. bei PVC-Bränden, oder Nitrose-Gase (NO_x) und Blausäure (HCN) entstehen, beispielsweise bei Polyamidbränden und Polyurethanbränden. Die meisten Kunststoffe verbrennen unter starker Qualmbildung und tropfen ab.
Nach ihrem Verhalten unter Wärme teilt man Kunststoffe in drei Gruppen ein:
– **Thermoplaste** erweichen unter Wärmeeinwirkung und lassen sich verformen; bei weiterer Temperaturerhöhung schmelzen und zersetzen sie sich.
Wichtige Thermoplaste sind:
– *Polyethylen* (PE), z. B. für Abflussrohre und Baufolien;
– *Polypropylen* (PP), z. B. für Rohrleitungen;
– *Polyvinylchlorid* (PVC), z. B. für Fassadenplatten;
– *Polystyrol* (PS), z. B. für Dämmplatten und Deckenraster;
– *Polyamide* (PA), z. B. für Draht- und Kabelisolierungen, Gehäuse und Steckverbindungen;
– **Duroplaste** sind hart und spröde, erweichen nicht unter Einwirkung von Wärme und lassen sich unter Wärme auch nicht verformen. Bei Temperaturen über 300 °C zersetzen sie sich, ohne dass es zum Schmelzen kommt.
Wichtige Duroplaste sind:
– *Polyurethan* (PUR), z. B. für Dämmplatten und
– *Phenolharze* (PF), z. B. für Elektro-Isolierteile;
– *Epoxidharz* (EP), z. B. zum Vergießen von Hohlräumen bei elektronischen Bauelementen;
– **Elastomere** sind gummielastisch und quellbar; sie lassen sich bei Raumtemperatur dehnen, aber bei Wegnahme der Dehnungskraft nehmen sie wieder ihre ursprüngliche Form an. Bei Temperaturen über 300 °C zersetzen sie sich, ohne dass es zum Schmelzen kommt.
Wichtige Elastomere sind:
– *Polybutadien* (synthetischer Kautschuk), z. B, für Schläuche oder Fußbodenbeläge;
– *Silikonkautschuk,* z. B. für Kabelumhüllungen;
– *Styrol-Butadien-Kautschuk,* z. B. für Schaumgummi und Reifen. *(Bt)*

Kurztext-Übertragung, zusätzliche Nutzung von Funkkanälen mit Hilfe des → *Funkmeldesystems,* um im Anschluss an den Fernauftrag von der Leitstelle zum Fahrzeug eine kurze Textmeldung mit maximal 100 Zeichen, z. B. einen Einsatzauftrag, zu übermitteln; Vorteil: Entlastung des Funkkanals, Vermeidung von Hörfehlern bei der Aufnahme der Nachricht in Fahrzeugen sowie Abhörschutz gegen fremde Lauscher. *(Ge)*

Lage ist die Beschreibung der bei einem Schadenereignis bestehenden Situation. Hierzu gehört die „Allgemeine Lage" (örtliche Verhältnisse, Wetter, Tages- bzw. Jahreszeit, Verkehrssituation), die „Gefahren-/Schadenlage" (Art, Ursache und Umfang des Schadens sowie der voraussichtlichen Entwicklung), die „Schadenabwehr" (Zahl und Art der Kräfte, Versorgungs- und Fernmeldelage). *(Sr)*

Lagefeststellung, umfasst das Sammeln und Aufbereiten aller erreichbaren Informationen über Art und Umfang der Schadenlage sowie über Notwendigkeit und Möglichkeit einer Abwehr und Beseitigung möglicher Gefahren und Schäden.
Die Lagefeststellung ist die erste Phase des → *Führungsvorganges* und die Grundlage für die Entscheidungsfindung (FwDV 100).
Möglichkeiten der Lagefeststellung sind Erkundung, Befragung beteiligter Personen, → *Feuerwehrpläne,* Informationssysteme (z. B. Handbücher über gefährliche Stoffe), Meldungen nachgeordneter und Aufträge übergeordneter Führer. *(Sr)*

Lagemeldung, Meldung, z. B. der → *Einsatzleitung,* an die → *Leitstelle,* über Art und Umfang des Ereignisses sowie über getroffene Maßnahmen.
Die Lagemeldung soll enthalten:
- Namen des Einsatzleiters,
- Adresse der Einsatzstelle,
- Art und Umfang des Ereignisses,
- eingesetzte Geräte (z. B. B- bzw. C-Rohr, Atemschutzgerät),
- Personenschäden (mit Art der Verletzungen),
- Unfälle von Feuerwehrangehörigen,
- eingesetzte Kräfte,
- Lageeinschätzung, z. B. Brand unter Kontrolle (BuK),
- Anwesenheit anderer Fachdienste,
- ggf. → *Brandwache. (Sr)*

Laibung nennt man die innere Begrenzungsfläche von Wandöffnungen, an der → *Zargen* oder Rahmen von Fenstern befestigt werden. *(Bt)*

Laienhelfer ist eine Person, die über die Unterweisung in Sofortmaßnahmen am Unfallort hinaus nach verbindlichen Richtlinien für die → *Erste Hilfe* ausgebildet ist. *(Zi)*

laminare Flamme → *Flamme. (Ha)*

Landesbauordnung (LBO), das Gesetz, in dem baurechtliche Anforderungen an bauliche Anlagen gestellt werden. Ziel: Beeinflussung der Erstellung baulicher Anlagen insoweit, dass von den Anlagen keine Gefahr für die öffentliche Sicherheit und Ordnung ausgeht.
Die LBO ist ein Ordnungsgesetz, das in die Zuständigkeit der Länder fällt. Sie enthält zahlreiche Regelungen zum → *Vorbeugenden Brandschutz* in Gebäuden.
Als wesentlicher Grundsatz der LBO gilt: „Bauliche Anlagen müssen so beschaffen sein, dass der Entstehung eines Brandes und der Ausbreitung von Feuer und Rauch vorgebeugt wird und bei einem Brand die Rettung von Menschen und Tieren sowie wirksame Löscharbeiten möglich sind". *(Oe)*

Landesbranddirektor, → *feuerwehrtechnischer Aufsichtsbeamte* und in Berlin die Bezeichnung des Leiters der Berliner Feuerwehr. *(Sr)*

Landesbrandschutzbeirat → *Landesfeuerwehrbeirat. (Sr)*

Landesfeuerwehrbeirat, ein aufgrund der → *Feuerwehrgesetze* in den Bundesländern bestehendes Gremium zur Beratung des Innenministers in allen Fragen von allgemeiner Bedeutung für die → *Feuerwehren* und das Brandschutzwesen.
Er setzt sich je nach Landesrecht aus Vertretern der mit Fragen des Brandschutzwesens tangierten Organisationen, Verbänden und Einrichtungen zusammen; Beispiele: → *Landesfeuerwehrverband,* Landkreistag, Städtetag, Gemeindetag, Gebäudebrandversicherungsanstalten, Gewerkschaften, Werkfeuerwehren. *(Sr)*

Landesfeuerwehrschule (LFS), Ausbildungseinrichtung zur Aus- und Fortbildung der Feuerwehrangehörigen. Jedes Bundesland hat i. d. R. eine LFS.
Standorte: Bad Köstritz (Thüringen), Berlin, Bremerhaven (Bremen), Bruchsal (Baden-Württemberg), Celle (Niedersachsen), Eisenhüttenstadt (Brandenburg), Hamburg, Harrislee (Schleswig-Holstein), Heyrothsberge (Sachsen-Anhalt), Kassel (Hessen), Koblenz (Rheinland-Pfalz), Loy (Niedersachsen), Malchow (Mecklenburg-Vorpommern), Münster (Nordrhein-Westfalen, wird als Institut der Feuerwehr bezeichnet), Nardt (Sachsen), Saarbrücken (Saarland) sowie Geretsried, Regensburg und Würzburg (Bayern, als Staatliche Feuerwehrschulen bezeichnet). *(Sr)*

Landesfeuerwehrverband (LFV). Zusammenschluss der → *Feuerwehren* eines Bundeslandes.
In jedem Bundesland gibt es einen eigenen LFV; Organe: Verbandsversammlung, Verbandsausschuss, Vorstand. Der LFV wird vom jeweiligen Verbandsvorsitzenden geführt; Aufgaben: Unterstützung der Feuerwehren, Beratung des Innenministers in wichtigen Fragen des Feuerwehrwesens, Mitwirkung im → *Landesfeuerwehrbeirat,* Förderung der Kameradschaftspflege und des Informationsaustauschs, Betreuung und Förderung der Jugendarbeit, Interessenvertretung der Feuerwehren des Landes, Förderung der sozialen Einrichtungen der Feuerwehren des Landes, z. B. → *Feuerwehr-Erholungsheim. (Sr)*

Landeskriminalamt (LKA), zentrale Einrichtung der Bundesländer zur Koordination der Verbrechensbekämpfung der Polizeien der Bundesländer.
Die LKAs haben insbesondere die Aufgabe, die Zusammenarbeit aller Polizeidienststellen bei der vorbeugenden Bekämpfung von Straftaten zu koordinieren; sie sind die polizeiliche Zentralstelle zur Planung, Einrichtung und den Betrieb von Informationssystemen und haben ferner die Aufgabe, die polizeiliche Kriminalitätsbekämpfung fachlich zu leiten. *(Mt)*

Landessammelstelle (für radioaktive Abfälle), Einrichtung der Länder für Sammlung und Zwischenlagerung der in ihrem Gebiet angefallenen radioaktiven Abfälle; z. B. in Baden-Württemberg die Landesanstalt für Umweltschutz (LfU) in Karlsruhe. *(Kl)*

Längsneigungswinkel (γ), bei Einsätzen von → *Hubrettungsfahrzeugen* in geneigtem Gelände der Winkel in Längsrichtung zum Fahrzeug zwischen der Waagrechten und der Standfläche.

Längsneigungswinkel bis 7° können mit einer Geländeausgleichseinrichtung ausgeglichen werden, damit der Hubrettungssatz waagrecht steht. *(Fl)*

Lärmgefährdung; die Einwirkung von Lärm auf Personen führt zur Beeinträchtigung der Gesundheit und kann die Unfallgefahr erhöhen (UVV Lärm beachten). Zum Schutz vor unerwünschtem Lärm werden → *Gehörschützer* getragen. *(Ma)*

Last, durch äußere und/oder innere Belastung, z. B. durch Erddruck oder Lagerstoffe verursachte Kräfte, die auf ein Bauwerk wirken.
Lastannahmen sind maßgeblich für die Berechnung (Statik) und Dimensionierung von → *Bauteilen.*
Man unterscheidet Hauptlasten und Zusatzlasten. Hauptlasten wirken ständig (ständige Lasten, z. B. das Eigengewicht von Bauteilen) oder über längere Zeit, z. B. Schneelast. Zusatzlasten treten gelegentlich auf, z. B. Windlast, oder kommen außergewöhnlich selten vor, z. B. durch Erdbeben oder Unfälle.
Lasten verursachen in Bauteilen Spannungen, z. B. Druckspannungen in Wänden. Da im Brandfall zusätzliche, bei Lastannahme nicht vorhersehbare Lasten auftreten, z. B. Ausdehnungen durch Temperatur oder Zunahme der Masse durch Löschwasser, können die zulässigen → *Spannungen* im Brandfall für den gegebenen → *Baustoff* überschritten und Bauteile zum Einsturz gebracht werden. *(Bt)*

Laubengang, ein auf einer Langseite offener, seitlich von der Gebäudewand und einer → *Brüstung* begrenzter Gang. Er wird als Zugang zu einem Treppenraum genutzt.
Der Laubengang hat seinen Ursprung in der südeuropäischen Baukunst und hat den Vorteil, dass auch die Wohnungseingangstür einer im Obergeschoss liegenden Wohnung eine direkte Verbindung zum freien Luftstrom hat. Im Brandfall hat eine Wohnung an einem Laubengang den Vorteil, dass der Rauch ins Freie abströmt und nicht in den Treppenraum eindringen kann. Damit wird der Rettungsweg für die Bewohner der darüberliegenden Geschosse nicht beeinträchtigt. *(Bt)*

Lauffeuer → *Bodenfeuer. (Ha)*

Laufrad, Kreiselrad einer → *Feuerlöschkreiselpumpe;* im Laufrad wird die Antriebsenergie auf das Löschwasser übertragen. Es ist mit rückwärts gekrümmten Schaufeln versehen, die zusätzlich räumlich gekrümmt sind.
Um die Kavitationsanfälligkeit *(→ Kavitation)* zu verringern, sind die Schaufeln in den Saugmund des Laufrads vorgezogen. Laufräder erzeugen bei relativ geringem Förderstrom einen hohen Druck. Sie sind aus Aluminium und haben zum Ausgleich des Axialschubs Bohrungen. *(Fl)*

LBOAVO, Abk. für: *Ausführungsverordnung zur Landesbauordnung. (Oe)*

lebensrettende Sofortmaßnahmen → *Sofortmaßnahmen. (Zi)*

Leckage (im Atemschutz), Undichtigkeit am → *Atemanschluss* durch schlechten Sitz, Verrutschen oder leichten Bartwuchs.
Beim → *Atemschutzgerät* können Leckagen u. a. durch defekte Dichtungen hervorgerufen werden. *(Fl)*

Leckdichtkissen, pneumatische Einrichtung zum Abdichten von Lecks; ein flacher Hohlkörper aus Gummi mit Textil- und Stahleinlage zur Verstärkung. Sie werden mit Spanngurten am abzudichtenden Behälter bzw. Rohr angebracht. Die Befestigung der Spannbänder am Leckdichtkissen kann über Wirbelhaken oder mit Hilfe von Gurtdurchführungsschlitzen erfolgen. Die Befüllung erfolgt mit Luft aus einer Druckluftflasche, z. B. einer → *Atemluftflasche* über Druckminderer, eine → *Fülleinrichtung* und den Füllschlauch zur Anschlusskupplung des Leckdichtkissens.
Die Größe des Leckdichtkissens beträgt 50 × 50 cm^2; der Betriebsdruck ist 1,5 oder 6 bar.
Als Zubehör dienen Dichtplatten aus Moosgummi und eine Dichtpaste zur besseren Abdichtung sowie eine Säureschutzhülle (zur Aufnahme des Kissens) zur Erhöhung der Werkstoffbeständigkeit gegen Chemikalien. *(Fl)*

Leckkabel (auch: Schlitzkabel), ist ein → *Koaxialkabel,* ähnlich einem Antennenkabel, jedoch mit teilweise unterbrochenem Außenleiter (Abschirmung). An diesen Stellen („Leck") können (beabsichtigt) hochfrequente Trägerwellen aus- und eintreten.
Das Leckkabel ist ein wesentlicher Bestandteil im inneren Teil einer → *Gebäude-Funkanlage,* vergleichbar mit der Funktion einer → *Antenne,* zum Übergang der Wellen von der leitergebundenen Führung zur freien Strahlung zwecks Verbindung mit den Fahrzeugen oder Handsprechfunkgeräten. *(Ge)*

Leck-STOP, Gerät zum Abdichten von Leckstellen, das alternativ zu → *Dichtkissen* eingesetzt werden kann. Das Leck-STOP-Gerät besteht aus einem Abdichtstopfen, der mittels eines Spiralhakens, der über einen Handhebel Spezial-Schaumstoff fest auf die Leckage drückt und dadurch weiteres Austreten von Gefahrstoffen verhindert. *(Fl)*

Lee, die, seemannsprachlicher Begriff für: dem Wind abgewandte Seite eines Schiffes; Ggs.: → *Luv.* Der Begriff wird auch bei der Feuerwehr, z. B. im Strahlenschutz oder im Gefahrstoffeinsatz, als dem Wind abgewandte Seite einer Einsatzstelle angewendet. *(Sr)*

Leergewicht (eines Feuerwehrfahrzeugs), ist des Gewicht des betriebsfertigen Fahrzeugs einschließlich Fahrer (75 kg) und des Gewichts aller am Fahrzeug fest angebrachten Teile; → *Gesamtgewicht, zulässiges. (Fl)*

Lehrrettungsassistent, Person, die über eine entsprechende Qualifikation als Ausbilder für das nichtärztliche Personal im Rettungsdienst verfügt und diese Funktion an einer anerkannten → *Lehrrettungswache* oder an einer anderen anerkannten Ausbildungseinrichtung ausübt (DIN 13 050). *(Zi)*

Lehrrettungswache, eine für die praktische Ausbildung von → *Rettungsassistenten* anerkannte → *Rettungswache* (DIN 13 050). *(Zi)*

leichtbrennbare Stoffe → *Brennbarkeitsgruppen. (Ha/Oe)*

leichtentflammbar, → *Entflammbarkeit;* → *leichtentflammbare Baustoffe. (Ha/Oe)*

leichtentflammbare Baustoffe sind → *brennbare Baustoffe,* die nach der Beurteilung ihres →

Brandverhaltens die Anforderungen der → *Baustoffklasse B 2* nicht erfüllen, d. h. sie sind nicht mehr „normalentflammbar". Sie werden der Baustoffklasse B 3 zugeordnet (DIN 4102 Teil 1).
Leichtentflammbare Baustoffe lassen sich mit schwacher Zündquelle, z. B. Streichholzflamme, entzünden und brennen nach Entfernen der Zündquelle mit hoher → *Flammenausbreitungsgeschwindigkeit* weiter. Ihre Verwendung bei baulichen Anlagen ist nach § 17 Musterbauordnung grundsätzlich untersagt; Beispiele: Holzwolle, Baumwolle, Holz und Holzwerkstoffe bis 2 mm Dicke. *(Ha/Oe)*

leichtentzündliche Stoffe → *Entzündlichkeit. (Ha/Oe)*

Leichtschaum, Schaum mit einer → *Verschäumungszahl* VZ über 200. *(Kl)*

Leichtschaum-Löschfahrzeug, ein → *Sonstiges Löschfahrzeug* zur Herstellung/Erzeugung von → *Leichtschaum.* Es wird zur Flugzeugbrandbekämpfung benutzt und führt mehrere hundert Liter Schaummittel und mehrere tausend Liter Wasser mit. *(Fl)*

Leichttauchgerät, autonomes (von einer stationären Luftversorgung unabhängiges) Gerät zum Tauchen mit Druckluft.
Zur Mindestausstattung eines Leichttauchgerätes gehört nach DIN 58 640 Teil 1:
- Druckluftflasche mit Ventil,
- Atemregler (Druckminderer und atemgesteuerte → *Dosiereinrichtung*); → *Lungenautomat,*
- Tragevorrichtung mit Begurtung,
- Manometer mit Manometerleitung,
- Warneinrichtung für Reserveluft,
- Gebrauchsanleitung.

Die maximal zulässige Tauchtiefe für Leichttauchgeräte ist auf 50 m begrenzt. *(Mt)*

Leinen dienen hauptsächlich zum Anbinden und Sichern von Personen und Geräten sowie zum Absperren von Gefahrenstellen.
Man unterscheidet → *Arbeitsleinen,* → *Feuerwehrleinen* und → *Dynamik-Kernmantelseile. (Zi)*

Leinensicherungssystem; System aus unterschiedlichen und besonders gestalteten Leinen. Sie dienen Atemschutztrupps, die ohne Schlauchleitung bei eingeschränkter Sicht, insbesondere in großflächigen Räumen vorgehen, zur besseren Orientierung und zum Wiederauffinden des Rückweges sowie zum Auffinden vermisster Atemschutztrupps. *(Sr)*

Leinöl, organischer Stoff, der in Luft bei Normaltemperatur zur → *Selbstentzündung* neigt.
Zusammensetzung: Fettsäuren (50 % Linolensäure, Linolsäure, Ölsäure, Stearinsäure) sowie ungesättigte Verbindungen, die gern → *exotherme* chemische Verbindungen eingehen, u. a. mit Sauerstoff. In Verbindung mit einer Dochtwirkung, z. B. durch leinölgetränkte Textilstoffe, kann es zu einer → *Wärmestauung* und letztlich zum Brand kommen, wenn beispielsweise in holzverarbeitenden Betrieben leinölgetränkte Lappen in brennbaren Abfall geworfen werden. Leinöle werden zur Oberflächenbehandlung von Holzflächen verwendet.
Dasselbe gilt übrigens auch für Firnisse, die mit einem Lappen kalt aufgetragen werden. Mit Firnis

getränkte Lappen können sich von selbst entzünden. *(Sr)*

Leistung (einer Feuerlöschkreiselpumpe) → *Förderleistung. (Fl)*

Leistungsklasse bei Feuerlöschern → *Löschvermögen. (Oe)*

Leitapparat → *Leitrad. (Fl)*

Leitender Notarzt (LNA) → *Notarzt;* → *Ärztlicher Leiter Rettungsdienst. (Sr)*

Leitern Rettungs- und Angriffsgerät; Arten:
→ *tragbare Leitern,*
→ *Anstellleitern,*
→ *Anhängeleitern,*
→ *Drehleitern mit und ohne Korb,*
→ *Hubrettungssatz. (Zi)*

Leitersatz → *Hubrettungssatz. (Fl)*

Leitrad, in der Feuerwehrliteratur auch Leitapparat genannt, nennt man eine Leiteinrichtung, um das Strömungsmedium, z. B. Wasser, aus dem ersten → *Laufrad* dem zweiten Laufrad zuzuführen und dabei durch Verminderung der Strömungsgeschwindigkeit den statischen Druck in der Flüssigkeit zu erhöhen *(→ Bernoullisches Gesetz). (Fl)*

Leitstelle, eine ständig besetzte Einrichtung zur Annahme von Meldungen sowie zum Alarmieren *(→ Alarmierung),* Koordinieren (Abstimmen mehrerer Vorgänge) und Lenken von Einsatzkräften. Die Leitstelle unterstützt die → *Einsatzleitung.* Wenn eine Leitstelle nur für Einsatzkräfte der → *Feuerwehr* zuständig ist, wird sie → *Feuerwehr-Leitstelle* genannt.
Bei räumlicher Zusammenfassung einer Feuerwehr-Leitstelle und einer Rettungsleitstelle mit unterschiedlicher Trägerschaft wird sie als „Gemeinsame Leitstelle" bezeichnet.
Als „Integrierte Leitstelle" bezeichnet man kombinierte Leitstellen für Feuerwehr und Rettungsdienst mit technischer, personeller und organisatorischer Durchdringung. *(Ge)*

Leitstellendisponent, nimmt in einer → *Leitstelle* → *Meldungen* entgegen; er alarmiert und unterstützt die → *Einsatzleitung. (Ge)*

Leitsubstanz, Stoff in einem Gemisch, z. B. Brandrauch, der zum Spüren (Aufspüren) nach dem Gemisch oder zur groben Abschätzung der Gefährdung an Feuerwehr-Einsatzstellen herangezogen werden kann.
Als Leitsubstanz kommen Stoffe mit der größten Konzentration im Gemisch, z. B. Kohlenstoffmonoxid (CO), Blausäure (HCN), Salzsäure (HCl), Nitrose Gase (NO_x) oder Formaldehyd (CH_2O) und/oder mit dem größten Gefährdungspotenzial, z. B. Chlor, in Frage; → *Simultantest;* → *Gefahrstoffmessung. (Rö)*

Leitung → *Führen. (Sr)*

Lenzpumpe, LP 24/3 nach DIN 14420 (alte Norm), eine → *Feuerwehrpumpe* zur Förderung von Wasser; sie leistet einen Förderstrom von 2400 l/min bei einem → *Förderdruck* von 3 bar bei Nenndrehzahl. Die Lenzpumpe wird insbesondere zum Umpumpen bei Hochwasser eingesetzt.
Lenzen ist der seemannssprachliche Begriff für „leer pumpen". *(Fl)*

Lewis, ein → *Nachschlagewerk* für → *Gefahrgüter;* Titel: Lewis, Richard J., Sr: Hazardous Chemicals Desk Reference; Verlag Van Nostrand Reinhold, New York, 1993. *(Fl)*

LF, Abk. für: → *Löschgruppenfahrzeug.* *(Fl)*

LF 8: → *Löschgruppenfahrzeug* mit einer vom Fahrzeugmotor angetriebenen → *Feuerlöschkreiselpumpe* und einer → *feuerwehrtechnischen Beladung; Ausstattung:* → *Feuerlöschkreiselpumpe* FP 8/8, eine → *Tragkraftspritze* TS 8/8 und feuerwehrtechnische Beladung; zulässiges Gesamtgewicht je nach Ausführung 6 000, 7 500 oder 9 000 kg. (Das Fahrzeug ist nicht mehr genormt.) *(Fl)*

LF 8/6: → *Löschgruppenfahrzeug* mit einer vom Fahrzeugmotor angetriebenen → *Feuerlöschkreiselpumpe* und einer feuerwehrtechnischen Beladung; Ausstattung: Feuerlöschkreiselpumpe FP 8/8, Löschwasserbehälter mit 600 l nutzbarem Inhalt und feuerwehrtechnischer Beladung; zulässiges Gesamtgewicht je nach Ausführung 7 500 oder 9 500 kg. (Das Fahrzeug ist nicht mehr genormt.) *(Fl)*

LF 10/6: → *Löschgruppenfahrzeug* mit einer vom Fahrzeugmotor angetriebenen Feuerlöschkreiselpumpe FPN 10-1000, einer feuerwehrtechnischen Beladung für den Löscheinsatz und einer feuerwehrtechnischen Beladung für den Hilfeleistungseinsatz kleineren Umfangs. Der Löschwasserbehälter hat mindestens 600 l nutzbaren Inhalt. Die zulässige Gesamtmasse darf bei Straßenantrieb 7 500 kg und bei Allradantrieb 10 500 kg nicht überschreiten. *(Fl)*

LF 16: → *Löschgruppenfahrzeug* wie → *LF 16/12,* jedoch ältere Bauweise mit weniger Beladung und Begrenzung des zulässigen → *Gesamtgewichts* auf 12 000 kg. *(Fl)*

LF 16-TS: → *Löschgruppenfahrzeug* mit einer vom Fahrzeugmotor angetriebenen → *Feuerlöschkreiselpumpe* und einer feuerwehrtechnischen Beladung; Ausstattung: Feuerlöschkreiselpumpe FP 16/8, anstelle eines Löschwasserbehälters eine → *Tragkraftspritze* TS 8/8 und feuerwehrtechnische Beladung; zulässiges Gesamtgewicht 9 000 kg. *(Fl)*

LF 16/12: → *Löschgruppenfahrzeug* mit einer vom Fahrzeugmotor angetriebenen → *Feuerlöschkreiselpumpe* und einer feuerwehrtechnischen Beladung; Ausstattung: Feuerlöschkreiselpumpe FP 16/8, Löschwasserbehälter mit 1 200 oder 1 600 l nutzbarem Inhalt, feuerwehrtechnische Beladung; zulässiges Gesamtgewicht 12 000 kg oder 13 500 kg je nach Größe des Löschwasserbehälters. (Nachfolgemodell → *LF 20/16). (Fl)*

LF 20/16: → *Löschgruppenfahrzeug* mit einer vom Fahrzeugmotor angetriebenen → *Feuerlöschkreiselpumpe* FPN 10-2000 und einer feuerwehrtechnischen Beladung für den Löscheinsatz. Der Löschwasserbehälter hat mindestens 1 600 l nutzbaren Inhalt. Die zulässige Gesamtmasse darf 14 000 kg nicht überschreiten. Siehe auch → *HLF 20/16. (Fl)*

LF 24: → *Löschgruppenfahrzeug* mit einer vom Fahrzeugmotor angetriebenen → *Feuerlöschkreiselpumpe* und einer feuerwehrtechnischen Beladung; Ausstattung: Feuerlöschkreiselpumpe FP 24/8, Löschwasserbehälter von mindestens 1 600 l nutzbarem Inhalt, Schaummittelbehälter mit 200 l nutzbarem Inhalt, fest eingebaute maschinelle → *Zugeinrichtung,* → *Generator,* Lichtmast und feuerwehrtechnische Beladung; zulässiges Gesamtgewicht 16 000 kg. (Das Fahrzeug ist nicht mehr genormt.) *(Fl)*

LFS, Abk. für: → *Landesfeuerwehrschule. (Sr)*

LFV, Abk. für: → *Landesfeuerwehrverband. (Sr)*

lichtes Maß die innen gemessene Entfernung zwischen zwei voneinander entfernten → *Bauteilen,* z. B. zwischen der Oberkante (OK) → *Brüstung* und der Unterkante (UK) → *Sturz.*
Im lichten Maß sind in den Bauvorschriften z. B. die notwendigen Breiten oder Höhen von → *Rettungswegen* sowie Zu- und Durchfahrten für die Feuerwehr angegeben. Nach der Ausführungsverordnung zur Landesbauordnung für Baden-Württemberg (AVOLBO) muss z. B. die lichte Höhe von Zufahrten- oder Durchfahrten mindestens 3, 5 m betragen. *(Bt)*

Lichtmastfahrzeug, ein → *Feuerwehrfahrzeug* mit einem ausfahrbaren Lichtmast und einem → *Generator* zum Ausleuchten von Einsatzstellen; Besatzung: ein → *Trupp. (Fl)*

Life-Detektor → *Suchgerät für Verschüttete. (Rö)*

Light Water AFFF (engl.), ein synthetisches, wasserfilmbildendes Schaumlöschmittel auf der Basis verschiedener Fluor-Tenside.
AFFF steht für *Aqueous Film Forming Foam* (= wasserfilmbildender Schaum).
Prinzip: Auf brennbaren Flüssigkeiten entwickelt dieses Schaummittel über der Oberfläche einen Film. Die Feuchtigkeit, die den Film bildet, tritt aus dem Löschschaum aus und verbreitet sich wegen der Fluor-Tenside (Tensid = Zusatz zu Flüssigkeiten, der die Oberflächenspannung herabsetzt) sehr schnell über die Oberfläche aus. Der Film verhindert ein weiteres Verdampfen der brennenden Flüssigkeit, und die Flammen ersticken in kürzester Zeit. Wegen der niedrigen Oberflächenspannung schließt sich der Film, wenn er aufreißt, sofort wieder.
Man unterscheidet ferner Light Water AFFF Typ ATC und Typ ATC Plus:
– **Typ ATC:** ATC für *Alcohol Type Concentrate* (= alkoholbeständiges Konzentrat) ist ein Löschschaummittel für brennbare Flüssigkeiten, die mit Wasser mischbar sind, z. B. Alkohol, Aceton oder Toluol; Löschwirkung: Auf der Flüssigkeitsoberfläche bildet sich zunächst eine Polymerschicht als Schutzschicht. Darauf bildet sich der wässrige AFFF-Film. Die Polymerschicht hat die Aufgabe, den wässrigen Film gegen Zerstörung durch das mit Wasser mischbare Lösungsmittel zu schützen.
Beim Einsatz von ATC-Löschschaum empfiehlt sich die indirekte Beschäumung, z. B. über eine „Prallwand". Der Löschschaum fließt dabei an der Wand ab und schiebt sich über das Brandgut.
– **Typ ATC Plus:** „Plus" steht für Frostschutz. *(Fl/Oe)*

Linienverkehr, eine → *Verkehrsform,* bei der am Nachrichtenaustausch nur zwei Funkstellen beteiligt sind; Beispiel: Funkverbindung zwischen Angriffstrupp und Gruppenführer. *(Ge)*

LNG *(liquid natural gas),* Erdgas, tiefgekühlt, verflüssigt mit hohem Methangehalt, tiefkalt verflüssigtes brennbares Gas, z. B. Erdgas. *(Fl)*

Löschanlage, Oberbegriff für ortsfeste, stationäre, halbstationäre oder teilbewegliche Löschanlagen mit dem → *Löschmittel* Wasser, Schaum, Löschgas oder Pulver.
–, ortsfeste: fest installierte Löschanlage, die einen Brand unmittelbar nach seinem Ausbruch selbsttätig durch eine Erkennungseinheit erkennt, mit dem bevorrateten Löschmittel wirksam bekämpft bzw. mindestens die Ausweitung des Brandes begrenzt, z. B. eine Sprinkler- oder eine Schaumlöschanlage. Gleichzeitig meldet sie den Brand an eine ständig besetzte Stelle;
–, stationäre: gebräuchliche Bezeichnung für → *ortsfeste Löschanlage.*
–, halbstationäre: Anlage, bei der ein Teil ortsfest verlegt ist, z. B. halbstationäre Schaumlöschanlage in einer Lagerhalle, bei der die Schaumrohre und Schaumdüsen ortsfest verlegt sind, ebenso die Erkennungseinheit, z. B. Rauchmelder. Nicht ortsfest vorhanden, d. h. beweglich, ist in diesem Fall die Löschmittelbevorratung. Meldet die Brandmeldeanlage einen Entstehungsbrand, so rückt die Feuerwehr aus und schließt die Löschmittelversorgung (Wasser und Schaummittel) an vorbereitete Anschlüsse an. Durch Pumpen im Fahrzeug wird das Löschmittel über ortsfeste Leitungen an den Brandherd gebracht.
–, teilbewegliche: gebräuchliche Bezeichnung für → *halbstationäre Löschanlage. (Oe)*

Löschcontainer, eine Löscheinheit (auch Feuerlöschkombination), die in einem fahrbaren, witterungsbeständigen Container (Behälter) untergebracht ist, fahrbar als Kfz-Anhänger oder transportabel mit Stapler, Kran oder Hubschrauber.
Einsatzgebiete: wegen der günstigen Transportmöglichkeit einer großen Menge an Löschmittel überall dort, wo ein Brand sich rasch ausweiten kann, z. B. Flughafen, Hafenanlagen, Bohrinseln, Mineralstoff-Vorratslager, Raffinerien, Gaswerke, Pumpstationen im Gas-Fernleitungsbau.
Die Ausstattung des Löschcontainers richtet sich nach dem jeweiligen Verwendungszweck; Beispiele:
– P 250 mit 250 kg Löschpulver, einem oder zwei Löschpulverausgängen mit 20 oder 30 m Hochdruckschlauch und Löschpistole je Löschmittelausgang;
– P 50 mit 50 kg Löschpulver + 50 kg Wasser + 50 kg Schaumgemisch (Wasser + Light Water AFFF filmbildendes Schaumkonzentrat) mit je einer Auswurfvorrichtung (Löschpistole oder Schaumrohr mit 20, 25 oder 30 m Hochdruckschlauch). *(Oe)*

Löschdecke (auch: Brandschutzdecke, Branddecke), ein flexibles, textiles Löschgerät zum Ersticken von Flammen; Prinzip: Absperren der Sauerstoffzufuhr.
Man unterscheidet Löschdecken
– nach DIN 14 155 mit den Maßen 1 600 mm × 2 000 mm; diese Löschdecke ist von der Größe her besonders geeignet zum Einhüllen brennender Personen; sie hat an beiden Ecken einer Schmalseite nichtbrennbare Grifftaschen zur leichten und sicheren Handhabung. Sie wird gefaltet in einem Löschdeckenbehälter aufbewahrt;
– nach DIN EN 1869 – auch „Haushaltsdecke“ genannt – rechteckig

oder quadratisch, z. B. 900 mm × 900 mm; keine Kante darf kürzer als 900 mm oder länger als 1 000 mm sein. Sie ist zur Benutzung von nur einer Person bestimmt; Einsatz: für Kleinbrände, speziell im Küchenbereich, z. B. um überhitztes und in Brand geratenes Speiseöl zu ersticken. Sie wird gefaltet in einem Bereitschaftsbehälter aufbewahrt.
Es gibt Löschdecken aus folgenden Stoffarten:
- *Glasgewebe* (Glasfasergewebe), nicht brennbar, Farbe: weiß;
- *Baumwollgewebe,* nicht entflammbar imprägniert; Farbe: hellbeige;
- *Wollgewebe,* nicht entflammbar imprägniert; Farbe: grau-meliert;
- *Aramidfaser,* nicht brennbar; ein Produkt aus der Raumfahrt; das Material schmilzt und tropft unter Hitzeinwirkung nicht.

Es gibt ferner noch Löschdecken aus Asbest; das Vorhalten und die Verwendung von Asbestprodukten ist jedoch verboten (Krebsgefahr). *(Oe)*

Löscheffekt → *Löschwirkung. (Kl)*

Löschen (bei Brandeinsätzen), wirksames Eingreifen in den Verbrennungsvorgang mit dem Ziel, das Feuer zum Erliegen zu bringen. Dabei werden → *Löschmittel* in den Brandraum eingebracht, wo sie ihre → *Löschwirkung* entfalten. *(Fl)*

Löschfahrzeug, → *Feuerwehrfahrzeug,* das insbesondere zur Brandbekämpfung sowie zur Durchführung einfacher → *Technischer Hilfeleistungen* eingesetzt wird (DIN 14 530 Teil 1).
Zu den Löschfahrzeugen gehören (teilweise veraltet) die:
→ *Löschgruppenfahrzeuge,*
→ *Tanklöschfahrzeuge,*
→ *Tragkraftspritzenfahrzeuge,*
→ *Trocken-Tanklöschfahrzeuge,*
→ *Trockenlöschfahrzeuge* und
→ *Sonstige Löschfahrzeuge. (Fl)*

Löschgas, umgangsprachliche Bezeichnung für gasförmige → *Löschmittel.* Dazu gehören → *Kohlendioxid* (CO_2), → *Argon* und → *Inergen* (früher auch Halon). *(Oe)*

Löschgruppe → *Gruppe. (Sr)*

Löschgruppenfahrzeug (LF), → *Löschfahrzeug* mit einer vom Fahrzeugmotor angetriebenen → *Feuerlöschkreiselpumpe* und einer feuerwehrtechnischen Beladung, bestehend aus Standard- und Zusatzbeladung; Besatzung: eine → *Gruppe.*
Man unterscheidet folgende Typen: → *LF 10/6,* → *LF 20/16,* → *HLF 20/16 und in älterer Bauweise* → *LF 8/6,* → *LF 16-TS,* → *LF 16/12, LF 8,* → *LF 16 und* → *LF 24. (Fl)*

Löschmittel, Stoffe, die geeignet sind, durch bestimmte → *Löschwirkung* den Vorgang der → *Verbrennung* zu unterbinden. Beim Einsatz der Löschmittel muss auf die Eignung des Löschmittels für die entsprechende → *Brandklasse* geachtet werden.
Die bei der Feuerwehr am häufigsten vertretenen Löschmittel sind:
→ *Wasser sowie Wasser mit Zusätzen,*
→ *Schaummittel,*
→ *Löschpulver (Pulver) und*
→ *Kohlendioxid (CO_2). (Fl)*

Löschmitteleinheit (LE) ist nach EN 3 eine Hilfsgröße, die einen Vergleich der Leistungsfähigkeit *(→ Löschvermögen)* unterschiedlicher Typen von → *Feuerlöschern* zulässt. Die erforderlichen Löschmitteleinheiten richten sich nach der ermittelten Brandgefährdung der Betriebs- bzw. Raumgröße *(Tabelle). (Oe)*

Löschmittel-einheit (LE)	Lösch-vermögen für Brandklasse A	B
1	5A	21B
2	8A	34B
3	–	55B
4	13A	70B
5	–	89B
6	21A	113B
9	27A	114B
10	34A	–
12	43A	183B
15	55A	223B

Löschmittelrate → *Löschmittelstrom. (Fl)*

Löschmittelstrom (auch Löschmittelrate), Volumenstrom in Liter je Sekunde (l/s) (bei Löschschaum oder Löschstrom) oder Massestrom in kg/s (bei Löschpulver). Insbesondere in der Anfangsphase einer Brandbekämpfung hängt bei einem vollentwickelten Brand der schnelle Löscherfolg wesentlich von der Größe des Löschmittelstroms ab. *(Fl)*

Benötigte Löschmitteleinheit (LE) in Abhängigkeit von der Grundfläche bei geringer, mittlerer und großer Brandgefährdung

Grund-fläche bis m^2	**notwendige Löschmittel-einheit** (LE) Brandgefährdung geringe	mittlere	große
50	6	12	18
100	9	18	27
200	12	24	36
300	15	30	45
400	18	36	54
500	21	42	63
600	24	48	72
700	27	54	81
800	30	60	90
900	33	66	99
1000	36	72	108
je weitere 250 m^2	6	12	18

Löschpulver, chemisches → *Löschmittel,* das durch → *Feuerlöscher* oder → *Pulverlöschanlagen* beim Brand ausgebracht wird.
Je nach Art des Brandes *(→ Brandklassen)* wird
- ABC-Löschpulver,
- BC-Löschpulver oder
- D-Löschpulver verwendet;

– der Brandklasse A: → *ABC-Löschpulver;*
– der Brandklasse B: → *BC-Löschpulver* oder → *ABC-Löschpulver;*
– der Brandklasse C: → *ABC-Löschpulver* oder → *BC-Löschpulver;*
– der Brandklasse D: → *D-Löschpulver.*

Die Buchstaben A, B, C und D kennzeichnen die Eignung für die jeweilige Brandklasse nach DIN EN 2.
Die Löschpulver für die Brandklassen B und C (Flammenbrände) löschen durch heterogene → *Inhibition,* d. h. sie greifen in den Verbrennungsmechanismus der Radikalketten durch den Wandeffekt der festen Pulverteilchen ein. Aus diesem Grund dürfen die Löschpulverteilchen nicht zu groß sein *(→ Siebanalyse);* Faustwert: 1 Gramm des löschwirksamen Pulvers hat eine Oberfläche von 0,5 m^2.
Löschpulver für die Brandklasse A löschen durch Aufschmelzen und Trennen des Sauerstoffs der Luft vom brennenden Stoff *(→ Stickeffekt);* → *ABC-Löschpulver.*
Löschpulver für die Brandklasse D sind ebenfalls infolge des Stickeffekts löschwirksam; → *D-Löschpulver.*
Da die Löschpulver Chemikalien sind, müssen sie als Sonderabfall entsorgt werden. Die Abfall-

schlüsselnummer für Löschpulver lautet 160502.
Übungen mit Löschpulver sind nur unter folgenden Bedingungen zulässig:
- wasserrechtliche Genehmigung der Übung,
- Löschen auf befestigter Fläche,
- Verhindern des Einlaufens von Löschpulver in die Kanalisation oder ein Gewässer,
- Aufnehmen und Entsorgen des überschüssigen Löschpulvers,
- keine Übung zu Schauzwecken. *(Fl/Oe)*

Löschpulverrate, Pulverausstoß (Einheit: kg/s) aus der Löschpulverdüse des → *Pulverlöschers* oder der → *Pulverlöschanlage;* → *Feuerlöscher. (Fl/Oe)*

Löschschaum, Luftschaum in Form von
→ *Schwerschaum,*
→ *Mittelschaum* oder
→ *Leichtschaum*
ist ein Gemisch aus Wasser, → *Schaummittel* und Luft.
Zur Erzeugung von Löschschaum wird dem Wasserstrom über einen → *Zumischer* Schaummittel zugemischt und bei stationären Anlagen im → *Schaumerzeuger* bzw. bei Löschgeräten im → *Schaumstrahlrohr* bzw. Schaumgenerator die Luft zum Wasser-Schaummittelgemisch gegeben. *(Fl)*

Löschsysteme (bei stationären Löschanlagen); man unterscheidet
- → *Gaslöschanlagen (→ Kohlendioxid, → Argon, → Argonit, → Inergen, → Stickstoff),*
- → *Wasserlöschanlagen, (→ Sprinkleranlagen, → Sprühwasseranlagen* (teilweise mit Schaumzusätzen), → *Schaumlöschanlagen)* und → *Pulverlöschanlagen. (Oe)*

Löschvermögen auch: Leistungsklasse (bei Feuerlöschern), nach DIN EN 3 Teil 4, ist die Fähigkeit eines Feuerlöschers, ein genormtes Prüfobjekt mit einer Mindestlöschmittelmenge zu löschen.
Das Löschvermögen dient zur Klassifizierung von Feuerlöschern.
Nach DIN EN 3 ist nicht mehr die Löschmittelmenge, sondern das Löschvermögen das Kriterium zur Klassifizierung von Feuerlöschern. Es wird als Leistungsklasse ausgedrückt und durch eine Zahlen-Buchstaben-Kombination angegeben. Die Leistungsklasse ist auf dem Feuerlöscher aufgedruckt; Beispiel: Ein Pulverlöscher mit 6 kg ABC-Löschpulver, Bauart PG 6, hat nach DIN EN 3 ein Mindestlöschvermögen (Leistungsklasse) nach EN 3 von 13 A/89 B C. Der Buchstabe A gibt die Brandklasse, die Zahl 13 die Größe des Prüfobjekts an (ein Holzstoß von 1,3 m Länge, 0,50 m Breite und 0,56 m Höhe);
89 B bedeutet: 89 Liter Brennstoff/ 1/3 Wasser, 2/3 Brennstoff); C ist geeignet für Brände der Brandklasse C. *(Oe)*

Löschwasser, gebräuchlichstes → *Löschmittel* überhaupt, da meist immer genügend vorhanden, gute Löschwirkung, gut förderbar und preiswert.
Das Löschwasser hat ein hohes Wärmebindungsvermögen infolge seiner hohen spezifischen → *Wärmekapazität* von c = 4,18 kJ/(kg · K) und seiner hohen spezifischen → *Verdampfungswärme* von L_V = 2 265 kJ/kg.
Etwa 70 % der Löschwirkung von Wasser (Kühleffekt) entfaltet sich beim Verdampfen. Hat sich das Löschwasser während des Löschvorgangs mit anderen Stoffen verbunden, darf man es nicht

ohne vorhergehende Untersuchung wegfließen lassen (Umweltschutz!). In besonderen Fällen, wenn das Löschwasser z. B. Giftstoffe oder ätzende Stoffe aufgenommen hat, muss es zurückgehalten *(→ Löschwasserrückhaltung)* und entsorgt werden.
Das Löschwasser kommt entweder aus der zentralen Wasserversorgung (Hydrantennetz) oder aus einer unabhängigen Wasserversorgung (Löschwasserbrunnen oder Löschwasserteich), wird über → *Feuerlöschkreiselpumpen* gefördert und durch → *Strahlrohre* aufgebracht. *(Fl)*

Löschwasserabgabestelle, Einrichtung, bis zu der das Löschwasser bei einer Löschwasserförderung zu fördern ist; Beispiele: stationärer Löschwasserbehälter oder Löschfahrzeug in der Nähe der Brandstelle bzw. Brandstellenpumpe. *(Br)*

Löschwasserbehälter, unterirdischer (nach DIN 14230): künstlich geschaffener Behälter zur Bevorratung von Löschwasser. Er wird angelegt, wo keine ausreichende zentrale oder unabhängige Löschwasserversorgung besteht; Nutzbares Fassungsvermögen: 75 bis 150 m^3 (kleiner Behälter), mehr als 150 bis 300 m^3 (mittlerer), mehr als 300 m^3 Löschwasser (großer Behälter); erforderliche Mindest-Wassertiefe: 2 m. Die Wasserentnahme erfolgt über einen → *Löschwasser-Sauganschluss* mit – je nach Größe – 1 bis 3 → *Saugrohren. (Br)*

Löschwasserbrunnen (auch: Feuerlöschbrunnen), nach DIN 14220 eine künstlich angelegte → *Löschwasserentnahmestelle,* aus der zur Brandbekämpfung für eine Dauer von mindestens 3 Stunden Löschwasser aus dem Grundwasser entnommen werden kann.
Das Löschwasser kann durch Saugbetrieb (Löschwasserbrunnen S) oder mit Hilfe einer Tiefpumpe (Löschwasserbrunnen T) entnommen werden. Nach ihrer Ergiebigkeit unterscheidet man *(Tabelle)*: *(Br)*

Löschwasserbrunnen	Kennzahl	Ergiebigkeit *in l/min*
klein	400	400 bis 800
mittel	800	800 bis 1600
groß	1600	über 1600

Löschwasserentnahmestelle, Sammelbegriff für den Ort oder die technischen Einrichtungen, aus denen die Feuerwehr das Löschwasser entnimmt; Beispiele: → *Hydranten,* → *Löschwasserbrunnen,* → *Löschwasserteich,* → *Löschwasser-Sauganschluss,* → *Löschwasserbehälter. (Br)*

Löschwasserförderung, Maßnahme der Feuerwehr, bei der das Löschwasser von der → *Löschwasserentnahmestelle* bis zur → *Löschwasserabgabestelle* durch Schlauchleitungen mittels Pumpen gefördert wird. *(Br)*

Löschwasserleitungen, (nach DIN 14462) in baulichen Anlagen festverlegte Leitungen mit → *Feuerlösch-Schlauchanschlusseinrichtungen* an den Löschwasser-Entnahmestellen; Beispiele: → *Steigleitungen nass,* → *Steigleitungen trocken* und → *Steigleitungen nass/trocken. (Br)*

Löschwasserrückhaltung, Einrichtungen, die das Abfließen von Löschwasser verhindern. Dies sind z. B. Barrieren, die in Türschwellen eingebaut werden und damit in einer Lagerhalle einen

Auffangraum bilden oder Kanaldichtkissen, die einen Rückstau im Kanalsystem bewirken.
Die Größe des notwendigen Löschwasserrückhaltevermögens ist in folgenden Technischen Regeln festgelegt:
– TRGS 514 (Technische Regeln für Gefahrstoffe); Bundesarbeitsblatt 9/1987 (für das Lagern sehr giftiger und giftiger Stoffe in Verpackungen und ortsbeweglichen Behältern);
– Anlage 1 zu TRbF 100 (Technische Regeln für brennbare Flüssigkeiten), Bek. des Bundesministers für Arbeit vom 27. Juli 1987.
Es gibt 11 Stufen zur Dimensionierung von Löschwasser-Rückhalteeinrichtungen. *(Br)*

Löschwasser-Sauganschluss (nach DIN 14 244), in Löschwasserbehältern, Löschwasserteichen oder offenen Gewässern fest eingebaute Anschlussvorrichtung zur Löschwasserentnahme.
An den Löschwasser-Sauganschluss werden Saugschläuche angekuppelt. Ein Löschwasser-Sauganschluss erspart der Feuerwehr das zeitraubende Verlegen von Saugleitungen, z. B. an Böschungen offener Gewässer. Durch entsprechende Eintauchtiefe der Leitung und Einbau in einen Schacht kann Frostsicherheit erreicht werden. An künstlich geschaffenen Löschwasserbevorratungen werden Löschwasser-Saugleitungen grundsätzlich gefordert. Der Löschwasser-Sauganschluss ist durch ein Hinweisschild gekennzeichnet. *(Br)*

Löschwasserteich (nach DIN 14 210), künstlich geschaffener, offener → *Löschwasserbehälter* mit → *Löschwasserentnahmestelle* mit einem Fassungsvermögen von mindestens 1 000 m^3 Löschwasser bei einer Wassertiefe von mindestens 2 m. *(Br)*

Löschwasserversorgung, Sammelbegriff für alle technischen und organisatorischen Maßnahmen, die dazu dienen, der Feuerwehr das zur Brandbekämpfung notwendige Löschwasser an der Einsatzstelle bereitzustellen. *(Br)*

Löschwasserzusätze, Zusatzmittel, die die Eigenschaften des → *Löschwassers* hinsichtlich einer besonderen Anwendung verbessern; Beispiele:
Verdickungsmittel zum Löschen von Waldbränden, um das schnelle Eindringen des Löschwassers in den Waldboden bzw. das schnelle Ablaufen von den zu schützenden Bäumen zu verhindern;
Salze, die im Löschwasser gelöst werden, um nach dem Ablaufen des Wassers die Rückzündungsgefahr fester brennbarer Stoffe zu verringern (Imprägniereffekt);
Tenside, um die Oberflächenspannung des Wassers zu verringern, damit das Löschwasser besser in Ritzen oder Fugen eindringen kann. *(Fl)*

löschwirksame CO_2-Konzentration, die für erfolgreiche Brandbekämpfung eines bestimmten Stoffes notwendige Konzentration an → *Kohlendioxid.*
Da CO_2 praktisch nur durch den → *Stickeffekt* löscht, muss die Sauerstoffkonzentration auf einen bestimmten Wert, bei den meisten Stoffen auf mindestens 15 %, herabgesetzt werden. Dazu ist eine bestimmte (löschwirksame) CO_2-Konzentration erforderlich. Diese liegt bei 30 %. Bei einigen Brennstoffen, z. B. bei Kohlenmonoxid (CO) und Wasserstoff (H_2), liegt sie bei 70 %. Da eine derart hohe Konzentration über längere Zeit nur in

geschlossenen Räumen erreichbar ist, verspricht ein Löscheinsatz von CO_2 im Freien kaum Erfolg. *(Bt/Oe)*

Löschwirkung, Eigenschaft der → *Löschmittel,* den Vorgang der → *Verbrennung* zu beenden. Man unterscheidet Ersticken, Abkühlen und Inhibition (antikatalytischer Effekt).
– Ersticken: Löschen durch Stören der mengenmäßigen Reaktionsbedingungen,
a) durch Entzug (bzw. Verdünnungseffekt, „Verdünnen") von Sauerstoff,
b) durch Abkühlen der brennbaren Flüssigkeit unter den → *Flammpunkt* oder
c) Trenneffekt („Trennen" der Reaktionspartner), z. B. durch Schaummittel;
– Abkühlen: Es wird dem Verbrennungsvorgang durch Erwärmen bzw. Verdampfen des → *Löschmittels* soviel Energie (Wärme) entzogen, dass dieser zum Erliegen kommt (Beispiel: Löschmittel Wasser);
– Inhibition (engl.: Hemmung, Verhinderung; → *antikatalytischer Effekt):* Durch Reaktion des Löschmittels mit den für den Verbrennungsvorgang notwendigen Ausgangsstoffen wird dem System Energie entzogen. Dadurch kommt der Verbrennungsvorgang zum Erliegen.
Bei der homogenen Inhibition liegt das Löschmittel im gleichen Aggregatzustand vor wie die Ausgangsstoffe der Verbrennung (Beispiel: Halon-Löschmittel). Der Löscheffekt bei homogener Inhibition beruht meist auf der chemischen Reaktion zwischen Löschmittel und brennbarem Stoff.
Bei der inhomogenen (heterogenen) Inhibition sind die Aggregatzustände unterschiedlich (Beispiel: Löschpulver). Der Löscheffekt beruht meist auf physikalischen Vorgängen, z. B. dem so genannten Wandeffekt. *(Kl)*

Löschzug → *Zug. (Sr)*

lose Schüttung, Begriff aus dem Gefahrgutrecht (Gefahrgut): fester Stoff, der ohne Verpackung befördert wird, beispielsweise Bariumoxid BaO. Auch der Transport von ausgedienten Kraftfahrzeug-Batterien, die in einem zugelassenen Batteriecontainer gestapelt transportiert werden, gilt als „lose Schüttung" (Klasse 8, UN 2794). Gefahrgut mit loser Schüttung muss aufgrund der Transportvorschriften ausdrücklich für diese Beförderungsart zugelassen sein. Transportfahrzeuge werden durch eine orangefarbene Warntafel mit Ziffern gekennzeichnet. *(Rö)*

LPG *(liquefied petroleum gas),* unter Druck verflüssigtes brennbares Gas, z. B. Propangas. *(Fl)*

Lüfter, strömungstechnische Arbeitsmaschine zur Belüftung von Einsatzstellen. Mit Hilfe von Lüftern werden Rettungs- und Angriffswege von Rauch weitgehend freigehalten. Man unterscheidet zum einen Saug- und Druckbetrieb, zum anderen zwischen Turbinenlüftern und Überdrucklüftern. Eine Aussage über die Leistungsfähigkeit eines Lüfters gibt die Lüfterkennlinie, bei der der erzeugte Überdruck in hPa über den Luftvolumenstrom in m^3 je Minute abgetragen wird.
Der Arbeitsbereich herkömmlicher Lüfter liegt zwischen 0 und 6 hPa Überdruck und reicht bei freiem Ausblasen bis zu 30 000 m^3/min Luftvolumenstrom.
Überdrucklüfter überwinden einen höheren Gegendruck als Turbinen-

lüfter. Deshalb werden Überdrucklüfter hauptsächlich zum Belüften von Treppenräumen mehrgeschossiger Wohnhäuser verwendet, während Turbinenlüfter zum Belüften ebenerdiger Hallen Anwendung finden. Durch ein geeignetes Aufstellen des Lüfters vor den Eingang des zu belüftenden Objekts erreicht man zusätzlich zum Primärluftvolumenstrom noch einen Sekundärluftvolumenstrom. Als Antrieb wird ein Verbrennungsmotor, ein Elektromotor oder eine Wasserturbine verwendet. *(Fl)*

Lüftungsanlage, Anlage, die Räume mit der erforderlichen Frischluft versorgt bzw. die anfallende Abluft abzieht. Lüftungsanlagen können zur Brandübertragung beitragen, wenn sie nicht brandschutztechnisch sicher ausgeführt wurden. Zur brandschutztechnisch sicheren Ausführung von Lüftungsanlagen dienen vor allem nichtbrennbare → *Lüftungsleitungen* und → *Brandschutzklappen.* Baurechtliche Anforderungen sind in der „Musterrichtlinie für brandschutztechnische Anforderungen an Lüftungsanlagen", die als eingeführte technische Regeln gelten, aufgeführt. In ihnen wird z. B. festgelegt, welche brandschutztechnische Qualität die Lüftungsleitungen oder die Brandschutzklappen in Abhängigkeit von der Geschosshöhe haben müssen. Weiterhin wird das brandschutztechnisch sichere Konstruktionsprinzip zur Verhinderung der Brandausbreitung über die Lüftungsanlage beschrieben. *(Ki)*

Lüftungsleitungen, Bauteile von Lüftungsanlagen, die zum Transport von Zu- oder Abluft dienen. Lüftungsleitungen können bei nicht brandschutzgerechter Ausführung im Brandfall zur Brandausbreitung beitragen. Zur Verhinderung dieses Negativeffektes werden sie z. B. mit Kalziumsilikatplatten ummantelt. Die brandschutztechnische Klassifizierung und die zugehörigen Prüfvorschriften sind in DIN 4102,T6 aufgeführt. *(Ki)*

Luft, Zusammensetzung natürlicher oder synthetischer Luft, z. B. Atemluft, für → *Atemschutzgerät* nach DIN EN 12 021 *(Tabelle). (Zi)*

Luftheber (LH), pneumatisch betriebenes Rettungsgerät nach DIN 14 152 aus einem flexiblen, mit Gewebe verstärktem Werkstoff, z. B. Gummi, der gegen Öl, Kraftstoff und verdünnte Säuren beständig ist. Der LH dient zum Befreien eingeklemmter Personen, zum Schaffen von Rettungswegen sowie als Arbeitsgerät zum Heben und Bewegen von Lasten (bis 60 t). Luftheber sind nach DIN 14 152 genormt. Es gibt sie als Druckkissen mit (S) und ohne Seitenwand *(Tabelle).*

Typ	Nenn-kraft in kN	Nenn-hub in mm	Nenn-arbeits-fläche in cm^2
LH 10	10	100	4 500
LH 10 S	10	400	3 000
LH 20 S	20	500	5 000
LH 30	30	200	12 000
LH 30 S	30	550	7 000
LH 50 S	50	600	12 000

Das Einschubmaß, d. h. die Arbeitsdicke ohne Luftfüllung (= minimale Spaltbreite, in die der Luftheber eingeschoben werden kann) darf bei Druckkissen mit Seitenwand maximal 40 mm betragen, ohne Seitenwand 20 mm. Der Betriebsdruck beträgt 0,5 oder 1,0 bar. Zum Betrieb des LH benötigt man eine Pressluftflasche, Druckminde-

Tabelle: **Luft**

Bestandteile	chem. Zeichen	Gewichts-%[a]	Volumen-%[a]
Sauerstoff	O_2	23,14	20,947
Stickstoff	N_2	75,52	78,084
Argon	Ar	1,228	0,934
Kohlendioxid	CO_2	0,048	0,0314
Wasserstoff	H_2	0,000003	0,00005
Neon	Ne	0,00127	0,001818
Helium	He	0,000073	0,000524
Krypton	Kr	0,00033	0,000144
Xenon	Xe	0,000039	0,0000087

[a] *(bezogen auf trockene Luft)*

rer mit Luftschlauch, Steuerteil mit Kupplungen, Füllschlauch und Druckkissen mit Füllanschluss und Befestigungsvorrichtungen.
Der Luftheber wird über das Steuerorgan befüllt und entleert. Daher darf das verwendete Druckkissen kein Absperr- oder Rückschlagorgan besitzen. Das Abkuppeln des Füllschlauchs während des Betriebs darf nicht möglich sein; es könnte für eine zu rettende Person lebensgefährlich sein.
Der Luftheber besteht aus → *Druckluftflasche* (200/300 bar), Druckminderer (200/300 bar), Luftschläuchen, Steuerteil (z. B. Doppelsteuerorgan 0,5 bzw. 8 bar) mit Kupplungen für Luft- und Füllschlauch, dem Druckkissen mit Füllschlauch und Vorrichtungen zur Befestigung.
Je nach Volumen und Verwendungszweck ist für den Luftheber ein Betriebsdruck von 0,5 oder 0,8 bar erforderlich. Insbesondere dürfen die für einen großen Hubweg konzipierten Niederdruckkissen nur mit 0,5 bar betrieben werden. Um mit kleinen Druckkissen größere Kräfte zu erreichen, müssen höhere Überdrücke angewendet werden. Deshalb sind Druckkissen auch mit einem zugelassenen maximalen Betriebsüberdruck bis 8 bar erhältlich. *(Fl)*

Luftkammerschiene, hohle, anatomisch geformte Fixierungsschiene unterschiedlicher Länge (55 bis 95 cm) aus strapazierfähigem Kunststoffmaterial, die über ein Ventil aufgeblasen werden kann. Die Luftkammerschiene wird bei → *Frakturen* der Unterarme und Unterschenkel eingesetzt. Oberarm- und Oberschenkel-Frakturen können mit der Luftkammerschiene nicht stabilisiert werden, weil eine Ruhigstellung immer über zwei Gelenke durchgeführt werden muss. *(Zi)*

Luftschaumanhänger → *Anhänger* mit Schaum-Wasserwerfer. *(Fl)*

Lungenautomat (bei Tauchgeräten), atemgesteuerte → *Dosiereinrichtung,* die dem Taucher in jeder Wassertiefe – unabhängig vom Umgebungsdruck des Tauchers – selbstständig die Luftmenge liefert, die er benötigt. *(Mt)*

Luv, die, seemannssprachlicher Begriff für: dem Wind zugewandte Seite eines Schiffes; Ggs.: → *Lee.* Der Begriff wird auch bei der Feuerwehr, z. B. im Strahlenschutz oder bei Gefahrstoffeinsätzen als dem Wind zugewandte Seite einer Einsatzstelle angewendet. *(Sr)*

LZ-R, Abk. für: „Löschzug Retten", eine früher im → *Katastrophenschutz* tätige Einheit des Brandschutzdienstes. Ein LZ-R bestand aus zwei → *LF 16-TS* und einem → *RW 1. (Sr)*

LZ-W, Abk. für: „Löschzug Wasserversorgung", eine früher im Katastrophenschutz tätige Einheit des Brandschutzdienstes. Ein LZ-W bestand aus zwei → *LF 16-TS und einem* → *SW 2000. (Sr)*

Maak'sche Schadenelemente, nach Dr. Maak (1935 bis 1994), während des II. Weltkriegs entwickelte und benannte systematische Einteilung von Schadenelementen bei Gebäudeeinstürzen.
Die Schadenelemente ergeben sich aus typischen Anordnungen von Bau- bzw. Trümmerteilen und lassen Hinweise zu auf die vermutete Position von Verschütteten, deren Überlebenschance und die beste Möglichkeit des Eindringens in das Objekt zu.
Man unterscheidet 12 Schadenelemente:

1. die Rutschfläche,
2. die Schichtung,
3. der halbe Raum,
4. der ausgegossene Raum,
5. der eingeschlämmte Raum,
6. der mit Schichtung ausgepresste Raum,
7. der nur angeschlagene Raum,
8. der nur versperrte Raum,
9. das „Schwalbennest",
10. die Randtrümmer „A",
11. die Randtrümmer „B",
12. der Trümmerkegel. *(Sr)*

MAK-Wert, (s. auch → *Arbeitsplatzgrenzwert)* Wert der Maximalen Arbeitsplatz Konzentration (MAK); höchstzulässige Konzentration in ml/m^3 *(→ ppm)* bzw. mg/m^3 eines schädlichen Stoffs in der Luft am Arbeitsplatz, bei der im allgemeinen die Gesundheit der Arbeitnehmer nicht beeinträchtigt wird.
Luftgrenzwerte sind Schichtmittelwerte bei in der Regel achtstündiger Exposition und bei Einhaltung einer durchschnittlichen Wochenarbeitszeit von 40 Stunden, bei Schichtbetrieb von 42 Stunden; Beispiele für MAK-Werte siehe *Tabelle*. (Wegen der Aktualität der Liste siehe Internetadresse der Bundesanstalt für Arbeitsschutz und Arbeitsmedizin: www.baua.de). *(Fl).*

Tabelle: **MAK-Werte-Tabelle** (Auswahl)

Schadstoff	chemische Formel	MAK-Wert *in ml/m^3*	*und mg/m^3*	CAS-Nr.
Acetaldehyd	C_2H_4O	50	91	75-07-0
Aceton	C_3H_6O	500	1 200	67-64-1
Acetonitril	C_2H_3N	20	34	75-05-8
Acrylaldehyd	C_3H_4O	0,1	0,25	107-02-8
Aldrin	$C_{12}H_8CL_6$	–	0,25	309-00-2
Allylalkohol	C_3H_6O	2	5	107-18-6
Allylpropyldisulfid	$C_6H_{12}S_2$	2	12	2179-59-1
2-Aminipropan	C_3H_9N	5	12	75-31-0
Ammoniak	NH_3	50	35	7664-41-7
Anilin	C_6H_7N	2	8	62-53-3
Antu	$C_{11}H_{10}N_2S$	–	0,5	86-88-4
Biphenyl	$C_{12}H_{10}$	0,2	1	92-52-4
Blei	Pb	–	0,1	7439-92-1
Brom	Br_2	0,1	2	7726-95-6
Bromtrifluormethan	$CBrF_3$	1 000	6 200	75-63-8
Bromwasserstoff	Br	2	6,7	10035-10-6
Butan	C_4H_{10}	1 000	2 400	106-97-8
1-Butanol	$C_4H_{10}O$	100	310	71-36-3
n-Butylacrylat	$C_7H_{12}O_2$	2	11	141-32-2
Carbonylchlorid	$COCl_2$	0,02	0,6	75-44-5
Chlor	Cl_2	0,5	1,5	7782-50-5
Chlorbenzol	C_6H_5Cl	10	47	108-90-7
chlorierte Biphenyle (54 % Chlor)	–	0,05	0,7	11097-69-1

MAK-Werte-Tabelle (Auswahl; Fortsetzung)

Schadstoff	chemische Formel	MAK-Wert in ml/m³	und mg/m³	CAS-Nr.
Chlorwasserstoff	HCl		8	7647-01-0
Cyanwasserstoff	HCN	10	11	74-90-8
1,2-Dichlorbenzol	$C_6H_4Cl_2$	10	61	95-50-1
Dichlormethan (Methylenchlorid)	CH_2Cl_2	100	410	75-09-2
Diethylether	$C_4H_{10}O$	400	1 200	60-29-7
Dimethylamin	C_2H_7N	2	4	124-40-3
Ethanol	C_2H_6O	500	960	64-17-5
Ethylacrylat	$C_5H_8O_2$	5	21	140-88-5
Fluorwasserstoff	HF	3	2,5	7664-39-3
Formaldehyd	CH_2O	0,5	0,6	50-00-0
n-Hexan	C_6H_{14}	50	180	110-54-3
Kohlendioxid	CO_2	5 000	9 100	124-38-9
Kohlendisulfid	CS_2	10	30	75-15-0
Kohlenmonoxid	CO	30	33	630-08-0
Lindan	$C_6H_6Cl_6$	–	0,5	58-89-9
Methanol	CH_4O	200	260	76-56-1
Methylacrylat	$C_4H_6O_2$	5	18	96-33-3
Methylamin	CH_5N	10	12	74-89-5
Morpholin	C_4H_9NO	12	36	110-91-8
Octan	C_8H_{18}	500	2 350	111-65-9
Ozon	O_3	0,1	0,2	10028-15-6
Phenol	C_6H_6O	5	19	108-95-2
Phosphortrichlorid	PCl_3	0,5	3	7719-12-2
Propan	C_3H_8	1 000	1 800	74-98-6
Pyridin	C_5H_5N	5	15	110-86-1
Quecksilber	Hg	0,001	0,1	7439-97-6
Salpetersäure	HNO_3	2	5	7697-37-2
Schwefeldioxid	SO_2	0,5	1,3	7446-09-4
Schwefelsäure	H_2SO_4	–	0,1	7664-93-9
Schwefelwasserstoff	H_2S	10	15	7783-06-4
Stickstoffdioxid	NO_2	5	9	10102-44-0
Stickstoffmonoxid	NO	25	30	10102-43-9
Strychnin	$C_{21}H_{22}N_2O_2$	–	0,15	57-24-9
Styrol	C_8H_8	20	85	100-42-5
Tetrachlorethylen	C_2Cl_4	50	345	127-18-4
Tetrahydrofuran	C_4H_8O	50	150	109-99-9
Toluol	C_7H_8	50	190	108-88-3
1,1,2-Trichlorethan	$C_2H_3Cl_3$	10	55	79-00-5
Trichlormethan	$CHCl_3$	10	50	67-66-3
Triethylamin	$C_6H_{15}N$	1	4,2	121-44-8
Uranverbindungen	–	–	0,25	–
Wasserstoffperoxid	H_2O_2	1	1,4	7722-84-1
Xylol	C_8H_{10}	100	440	1330-20-7
Zirkonverbindungen	–	–	1	–

Mannschaft, das für Einsatzaufgaben ausgebildete Personal einschließlich ihrer Führer (FwDV 100) innerhalb der Feuerwehr oder einer anderen Organisationen; Ggs.: → *Hilfskräfte.* In Verbindung mit Funktionsbezeichnungen werden unter Mannschaft die nicht als → *Führungskräfte* eingesetzten Personen bezeichnet. *(Sr)*

Mannschaftsraum, der zur Beförderung der Einsatzkräfte zur Verfügung stehende Raum des Fahrerhauses eines → *Feuerwehrfahrzeugs.* Im Mannschaftsraum befinden sich die notwendigen Sitzplätze. Im Mannschaftsraum können nach Vorgabe der entsprechenden Norm für das Feuerwehrfahrzeug auch Atemschutzgeräte in speziellen Halterungen angebracht sein.
Man unterscheidet zwischen Truppfahrerhaus *(→ Trupp),* Staffelfahrerhaus *(→ Staffel)* und Gruppenfahrerhaus *(→ Gruppe).* *(Fl)*

Mannschaftsstärke gibt an, aus wie viel Einsatzkräften eine → *Einheit* besteht; sie wird der Einheitsbezeichnung oft in (runden) Klammern angefügt; Beispiel: Trupp (1/2).
Bei der Feuerwehr wird die Mannschaftsstärke durch zwei bzw. drei, jeweils durch Schrägstriche getrennte Zahlen, angegeben. Die letzte Zahl gibt die Anzahl der Einsatzkräfte (im KatS: → *Helfer)* ohne Führungsaufgaben an, die vorletzte Zahl (bei zweiziffriger Angabe die erste) die Anzahl der Gruppenführer (im KatS: Unterführer); bei dreiziffriger Angabe gibt die erste Zahl die Anzahl der Zugführer (im KatS: Führer) an; Beispiele:
- Gruppe 1/8 = ein Gruppenführer, acht Mann;
- Zug (1/3/18) = ein Zugführer, drei Gruppenführer, 18 Mann.

Im → *Katastrophenschutz* wird eine vierte Zahl angefügt; diese wird unterstrichen und gibt die Gesamtstärke der Einheit an; Beispiel Zug (1/3/18/22). *(Sr)*

Mannschaftstransportfahrzeug (MTF), ein → *Feuerwehrfahrzeug* zur Beförderung von Feuerwehrpersonal und der persönlichen Ausrüstung.
Das MTF ist ein Kleinbus oder ein Kombifahrzeug mit maximal neun Sitzplätzen (einschließlich Fahrer). *(Fl)*

Mannschaftstransportwagen → *Mannschaftstransportfahrzeug.* *(Fl)*

Manometer, Messgerät zur Messung des → *Drucks,* z.B. bei → *Feuerlöschkreiselpumpen;*
- **im Eintrittsquerschnitt** der Pumpe: Eingangsmanometer, Messbereich von –1 bar bis + 25 bar;
- **im Austrittsquerschnitt** der Pumpe: Ausgangsmanometer, Messbereich von 0 bis 25 bar.

Bei der Feuerwehr werden wegen der geforderten Robustheit keine Spiralmanometer, sondern nur Plattenfedermanometer verwendet; → *Druckmessgerät.* *(Fl)*

manometrische Förderhöhe, früher üblicher Begriff für → *Förderdruck.* *(Fl)*

Mantelberieselung, Teil einer → *Berieselungsanlage* für große freistehende Tanks, z.B. mit 20 m Durchmesser bei einer Höhe von 12 m.
Aufgabe: Wird der Tankinhalt infolge eines Brandes erwärmt, besteht die Gefahr, dass sich der Tankmantel verformt.
Die Wasserzufuhr erfolgt über ortsfest verlegte Leitungen. Bei stehenden Tanks ist die Wasserzuführung ringförmig. Die Tankmanteldüsen sind etwa 45° gegen den Tankmantel geneigt; der Spritzwinkel der Düse beträgt etwa 160°.
Man rechnet für die Mantelberieselung mit etwa 0,8 Kubikmeter Wasser je Meter Tankumfang. Bei

stehenden Behältern mit einer Höhe über 12 m sind zwei oder mehr Düsenringe in gleichem Abstand vorzusehen; → *Dachberieselung.* *(Oe)*

Martinhorn, → *Warneinrichtung.* *(Fl)*

maschinelle Zugeinrichtung → *Zugeinrichtung.* *(Fl)*

Maschinist, Verantwortlicher für ein Fahrzeug und dessen Beladung; der Maschinist ist zugleich Fahrer und bedient die im Fahrzeug eingebauten oder mitgeführten Aggregate. Er unterstützt bei der Entnahme der Geräte. *(Sr)*

Maskenbrille, eine Korrekturbrille für fehlsichtige → *Atemschutzgeräteträger* (Brillenträger), die unter der Maske getragen wird.
Maskenbrillen dürfen den Dichtrahmen der → *Vollmaske* nicht unterbrechen, da es sonst zu nicht tolerierbaren Undichtigkeiten kommt. *(Zi)*

Maskendichtprobe, zur Sicherheit des → *Atemschutzgeräteträgers* dienende Prüfung, die vor dem Atemschutzeinsatz durchzuführen ist. Durch Auflegen des Handballens an das → *Atemschlussstück* der → *Vollmaske* und tiefes Einatmen wird überprüft, ob die Vollmaske richtig angelegt wurde und dicht ist. *(Zi)*

Maskentotraum → *Totraum.* *(Zi)*

Maß, lichtes → *lichtes* Maß. *(Bt)*

Masse eines Feuerwehrfahrzeugs, → *charakteristische Klassenmasse.* *(Fl)*

Massivbau, eine → *Bauart,* bei der die auftretenden → *Lasten* durch die gesamte Baukonstruktion aufgenommen und auf den Baugrund übertragen werden.
Die tragenden Bauteile, z. B. Wände, Decken oder → *Stützen,* werden i. d. R. an Ort und Stelle aus → *Beton,* → *Mauerwerk* oder → *Stahlbeton* hergestellt.
Das → *Brandverhalten* von im Massivbau errichteten Bauwerken ist sehr gut, sodass mit Einsturz erst nach längerer Branddauer zu rechnen ist. *(Bt)*

Maßnahmen (bei → *Gefahrgutunfällen),*
– **bei Leckage:** Sicherheitsabstand einhalten, Menschenrettung, Beseitigung der Gefahr (Abdichten, Auffangen, Umpumpen), Beseitigung der Unfallfolgen (Reinigung kontaminierter Flächen), Schutz der Umwelt (Ausbreitung verhindern);
– **bei Feuer** (zusätzlich zu den Maßnahmen bei Leckage): geeignetes Löschmittel wählen, Umgebung vor Brandeinwirkung schützen, Löschwasser auffangen. *(Fl)*

Materialprüfanstalt (MPA) nennt man wissenschaftliche Einrichtungen (Institute), die z. B. Prüfungen der → *Feuerwiderstandsdauer* von → *Bauteilen* und der → *Baustoffklasse* von → *Baustoffen* gemäß den in Normen festgelegten Prüfvorschriften durchführen. Auf der Grundlage dieser Prüfungen (Zeugnisse) können Bauteile und Werkstoffe entsprechend ihrer Feuerwiderstandsdauer zugelassen werden; Beispiele:
– Bundesanstalt für Materialprüfung (BAM) Berlin;
– Institut für Baustoffkunde und Stahlbetonbau der TU Braunschweig;
– Forschungs- und Materialprüfungsanstalt für das Bauwesen

Baden-Württemberg Otto-Graf-Institut, Stuttgart. *(Oe)*

Mauerwerk nennt man → *Bauteile,* die örtlich aus Natursteinen oder künstlichen → *Steinen* hergestellt werden, z. B. Wände oder → *Pfeiler.*
Den Zusammenhalt des Mauerwerks ermöglicht die entsprechende Anordnung der einzelnen Steine zueinander, der so genannte Verband. Die Hohlräume zwischen den aneinandergereihten Steinen, die → *Fugen,* werden in der Regel mit → *Mörtel* ausgefüllt, der die Steine bindet und eine gleichmäßige Kraftübertragung gewährleistet.
Im Brandfall verhält sich Mauerwerk aus künstlichen Steinen sehr gut. Erst bei hohen Temperaturen (etwa 1 000 °C) können sich Risse bilden, vor allem im Mörtel, und das Gefüge lockern.
Mit Einsturzgefahr muss infolge eines Brandes, z. B. Dachstuhlbrand, bei freistehenden → *Giebeln* oder → *Schornsteinen* gerechnet werden.
Das → *Brandverhalten* des Mauerwerks aus natürlichen Steinen ist schlechter als das aus künstlichen Steinen. Bereits bei Temperaturen ab 500 °C kann es zum Abplatzen und Springen der Steine sowie zur Lockerung des Gefüges kommen. Daher ist bei solchem Mauerwerk mit erhöhter Einsturzgefahr zu rechnen. *(Bt)*

Maximalmelder, automatischer Brandmelder *(→ Melder),* der anspricht, wenn die gemessene Kenngröße, z. B. die Temperatur, einen festgelegten Wert (Grenzwert) überschreitet. *(Ge)*

MBS, Abk. für: Mehrbereichschaummittel; → *Schaummittel. (Fl/Kl)*

Mehrbereichschaummittel (MBS) → *Schaummittel. (Fl/Kl)*

Mehrzweckboot, mit Außenbordmotor betriebenes, meist offenes Wasserfahrzeug, das z. B. auf einem Anhänger (Trailer) an den Einsatzort gebracht werden kann. Mehrzweckboote werden bei allen Hilfsorganisationen, z. B. Feuerwehr, DLRG, Polizei, THW, für die unterschiedlichsten Aufgaben auf dem Wasser eingesetzt, z. B. für Rettungs-, Tauch- und Sucheinsätze; → *Feuerwehrboot. (Mt)*

Mehrzweckstrahlrohr → *Strahlrohr. (Zi)*

Mehrzweckzug (auch: Greifzug) nennt man eine von Hand betriebene Zugeinrichtung (Bild). Bei der Feuerwehr sind folgende Größen gebräuchlich: Z 16 (Zugkraft 16 kN) und Z 32 (Zugkraft 32 kN).

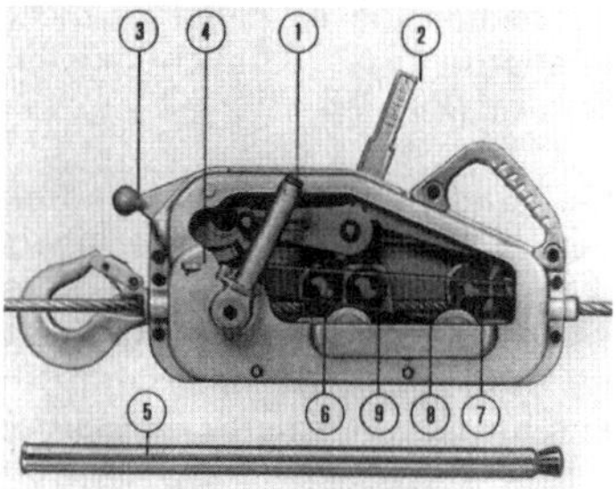

Bild: Mehrzweckzug

1 Vorschubhebel
2 Rückzughebel
3 Schalthebel
4 Drucktaste
5 Hebelrohr
6+7 Klemmbackenpaare
8 Seil
9 Klemmachse

Funktion:
Mit dem Schalthebel (3) werden die beiden Klemmbackenpaare (6+7) geöffnet. Dann wird das Zugseil (8) durch den Mehrzweckzug geführt. Dann wird der Schalthebel umgelegt, sodass die Klemmbackenpaa-

re im Eingriff sind. Durch Vor- und Zurückbewegen des Vorschubhebels (1) mit Verlängerung durch das Hebelrohr (5) transportieren die Klemmbackenpaare das Seil abwechselnd durch den Zug.
Um das Seil zu entlasten, wird das Hebelrohr auf den Rückzughebel (2) gesteckt. Durch Vor- und Zurückbewegen des Hebelrohres wird das Seil nun in umgekehrter Richtung transportiert.
Um eine Überlastung des Zugseils zu verhindern, befindet sich im Vorschubhebel ein Scherstift, der bei einer Belastung von 16 bzw. 32 kN bricht. Dadurch wird verhindert, dass eine zu große Kraft auf die Klemmbackenpaare und das Zugseil einwirkt. Die zu ziehende Last bleibt dabei gesichert. Wartung: Der Mehrzweckzug ist nach Gebrauch zu reinigen, und alle beweglichen Teile sind mit einem Pflegeöl zu schmieren. Das Zugseil ist auf Beschädigung zu prüfen und ebenfalls mit Pflegeöl einzuölen. *(Zi)*

Meldebereich, Unterteilung des Gesamtüberwachungsbereiches zur Kennzeichnung der einzelnen Meldeorte, z. B. um den Brandherd bzw. die Gefahrenstelle rasch und eindeutig feststellen zu können. Der Meldebereich einer → *Brandmeldeanlage* darf sich nur auf ein Geschoss erstrecken, einen → *Brandabschnitt* nicht überschreiten und nicht größer sein als 1 600 m^2 (Ausnahmen: zu einem Meldebereich zusammengefasste Treppenräume und Aufzugschächte). *(Ge)*

Meldeempfänger, tragbarer Funkempfänger, meist im 4-m-Bereich, zur Alarmierung von Einsatzkräften. *(Ge)*

Meldekopf, eine auffällig gekennzeichnete und damit leicht auffindbare Einrichtung des → *Fernmeldedienstes,* z. B. eine Fernsprechzelle mit Telefon in → *OB-Technik* in der Nähe mehrerer meldender Stellen, zum Beispiel Einsatzgruppen, um so die Wege der Melder abzukürzen, Meldungen zu sammeln und ohne Auswertung an den Empfänger, z. B. eine Abschnittsleitung, weiterzugeben. *(Ge)*

Melder,
– **Führungsassistent** des → *Gruppenführers* oder eines anderen Führers; er übermittelt insbesondere → *Befehle* und → *Meldungen.* Er kann im Verlauf eines Einsatzes besondere Aufgaben übernehmen; Beispiele: Versorgung von Verletzten, Unterstützung eines Trupps. *(Sr)*
– **Fernmeldegerät,** das eine zugeführte physikalische Größe mechanisch (z. B. durch Tastenbetätigung) oder durch eine → *Brandkenngröße* in eine übertragbare elektrische Zustandsänderung, z. B. Kontaktschluss, umwandelt.
Man unterscheidet Melder nach dem Grundprinzip:
– **aktiver Melder**: Melder, der ein von ihm ausgesandtes und wieder empfangenes Signal laufend auswertet und diese Änderung als Meldung weitergibt; Beispiel: Rauchmelder;
– **passiver Melder**: Melder, der z. B. → *Brandkenngrößen* empfängt; Beispiele: Wärmemelder, Flammenmelder.
Man unterscheidet ferner nach der Funktion:
– **automatischer Melder**: Melder, der eine Größe, z. B. die Temperatur, automatisch (selbsttätig) überwacht und eine Änderung der Größe an die Zentrale gibt;

– nichtautomatischer Melder: Melder, der direkt durch Personen ausgelöst wird; Beispiel: Druckknopfmelder.
Man unterscheidet auch nach der Brandkenngröße:
– Wärmemelder; Beispiele: Maximalmelder, → *Differenzialmelder;*
– Flammenmelder; Melder, der auf flackerndes Licht oder IR-Strahlung anspricht;
– → *Rauchmelder. (Ge)*

Meldergruppe, Zusammenfassung von → *Meldern* mit gemeinsamer Anzeige für Meldungen und Störungen. *(Ge)*

Meldezeit, die Zeit zwischen dem Entdecken eines Schadenereignisses und dem Ende der Abgabe einer entsprechenden → *Meldung* an die Stelle, die → *Einsatzkräfte* alarmiert. *(Ha)*

Meldung ist an eine Form gebundene Übermittlung bestimmter → *Informationen.*
Form und Inhalt einer Meldung:
– Bezeichnung der → *Einheit,*
– Kennzeichnung der → *Einsatzstelle,*
– Sachverhalt,
– Ereigniszeit, z. B. Uhrzeit der Meldungsabgabe.
Anforderungen an Meldungen:
– unverzügliche, rechtzeitige, häufige Meldungsabgabe,
– aktuelle Sachstandsangabe,
– klare, sachliche, unmissverständliche Darstellung,
– kurzgefasste, vollständige Inhaltsangabe,
– keine Über- oder Untertreibungen,
– Angabe der Dringlichkeit.
Art der Übermittlung einer Meldung: meist mündlich oder schriftlich unter Verwendung drahtloser (Funk) oder drahtgebundener (Fernsprecher, Fernschreiber) Fernmeldemittel; in der Seefahrt auch optische Meldung.
Besondere Meldungen im Fernmelde-Einsatzdienst der Feuerwehr:
→ *Abmeldung,*
→ *Eintreffmeldung,*
→ *Bereitmeldung,*
→ *Zurückmeldung,*
→ *Schlussmeldung,*
→ *Notrufmeldung,*
→ *Lagemeldung. (Ha)*

Mengenverhältnis, richtiges: Vorbedingung des → *Brennens;* gibt das Mischungsverhältnis von → *brennbarem Stoff* mit Sauerstoff bzw. Luft an, in dem ein → *Entzünden* und ein → *Brennen* optimal möglich sind. Nach dem Gesetz der konstanten Proportionen vollziehen sich chemische Reaktionen immer in ganz bestimmten Mengenverhältnissen, die sich aus der Reaktionsgleichung ergeben; Beispiel: Wasserstoff und Sauerstoff reagieren im Verhältnis 2 : 1. Der erforderliche Anteil an brennbarem Stoff wird durch den → *Explosionsbereich* bzw. die → *Explosionsgrenzen* angegeben.
Die zur Verbrennung notwendige Mindestkonzentration an Sauerstoff beträgt:
– im Allgemeinen 15 bis 17 Vol.-%,
– für Propan, Butan 10 Vol.-%,
– für Wasserstoff 5 Vol.-%. *(Ha)*

Menschenrettung → *Rettung. (Sr)*

Menschenwürde, oberster Wert des Grundgesetzes und ein unabänderliches Prinzip. Eine Verletzung der Menschenwürde liegt vor, wenn der Mensch zum reinen Objekt wird und in nicht mehr vertretbarer Weise unter Missachtung seines Menschseins behandelt wird; Beispiel: Folter.
Die Menschenwürde ist vom Staat, also auch von der Feuerwehr, aktiv zu schützen; Beispiel:

Abschirmung einer schwerverletzten Person vor Gaffern und Sensationsfotografen. *(Fi)*

Merkblätter für → *Gefahrgut* enthalten Stoffdaten, Gefahrenhinweise und Hinweise zur Bekämpfung von Unfallfolgen. Man unterscheidet:
– Unfallmerkblatt: Begleitpapier bei der Beförderung gefährlicher Güter auf der Straße; das Unfallmerkblatt befindet sich im Führerhaus von Kraftfahrzeugen; auch als Begleitpapier im Seeverkehr nach → *IMDG-Code* auf Schiffen;
– Unfallmerkblätter der Eisenbahn (Konzernrichtlinie 123), auf der Lokomotive von Güterzügen und beim Fahrdienstleiter;
– MFAG-Tafeln: Medical First Aid Guide (= Leitfaden für Medizinische Erste-Hilfe-Maßnahmen): herausgegeben von der Weltgesundheitsorganisation (WHO) nach IMDG-Code für den Gefahrguttransport auf Schiffen;
– Sicherheitsdatenblatt: für Stoffe und Zubereitungen, befindet sich nach dem → *Chemikaliengesetz* (ChemG) in den Betrieben, in denen mit → *Gefahrstoffen* umgegangen wird.
Merkblattsammlungen können zu Nachschlagewerken, auch auf elektronischen Datenträgern, zusammengefasst sein. *(Fl)*

Merkschema für Gefahrguteinsätze → *GAMS-Regel. (Fl)*

Messer → *Gurt- und Klappmesser. (Mt)*

Messgeräte,
– für den Strahlenschutzeinsatz sind das → *Dosisleistungsmessgerät,* das → *Dosisleistungswarngerät,* das → *Dosiswarngerät,* das → *Personendosimeter* das → *Kontaminationsnachweisgerät* und die → *Teleskopsonde; (Kl)*
– für Gefahrstoffe: messtechnische Hilfsmittel zur Erkundung von Gefahren.
Man unterscheidet:
– Messgeräte zur Warnung vor Explosionsgefahr (Explosionsgrenzen-Warngerät),
– Messgeräte zur Warnung vor Sauerstoffmangel (Sauerstoff-Messgerät),
– Messgeräte zur Messung von Giftgasen *(→ Prüfröhrchen-Messgerät,* Sensor-Messgerät, Infrarot-Gasmessgerät, Photo-Ionisationsdetektor oder gaschromatisches Massenspektroskop),
– Messgeräte für Wasserschadstoffe (pH-Messgerät, UV-Spektroskop).
– Messgeräte für ionisierende → *Strahlung* (Dosismeter, → *Dosisleistungsmessgerät);* → *Dosiswarner,* → *Dosisleistungswarngerät;*
– Messgeräte für Temperaturfelder zum Erkennen von → *Brandnestern* (Thermokamera, Fernthermometer). *(Fl)*

MET, Abk. für: *Modell für Effekte mit toxischen Gasen.*
MET ist ein einfaches, in der Schweiz entwickeltes Denkmodell zur Abschätzung der Gefährdung von Personen in Häusern oder im Freien bei der Freisetzung luftgetragener Schadstoffe.
Mit Hilfe von Flussdiagrammen und Tabellen kann der Feuerwehr-Einsatzleiter anhand einfacher Abfragen und Zusatzinformationen sehr schnell ein grobes Ergebnis über einzuhaltende Sicherheitsabstände zu einer gefährlichen Emissionsquelle erhalten.
MET gibt es als Tabellenwerk in gedruckter Form oder als Software. *(Rö)*

Metallbrand besondere Erscheinungsform eines Brandes bei der Verbrennung von Metallen.
Obwohl grundsätzlich alle Metalle unter bestimmten Voraussetzungen oxidierbar sind, neigen jedoch nur wenige zu der stark exothermen Reaktion einer → *Verbrennung.* Es sind dies insbesondere die Alkali- und Erdalkalimetalle und ihre Legierungen.
Die Alkalimetalle Kalium und Natrium werden infolge der hohen Verbrennungstemperaturen flüssig und verbrennen dabei mit Flamme. Die Erdalkalimetalle Beryllium und Magnesium sowie ihre Legierungen verbrennen hauptsächlich in fester Form als → *Glut.* Daher muss ein geeignetes Löschmittel und eine angepasste Löschtaktik gewählt werden. *(Fl)*

Metallbrandpulver → *D-Löschpulver. (Fl/Oe)*

Metallbrand-Pulverlöscher, eine Sonderform des → *Pulverlöschers* für → *Brandklasse D;* Aufbau: Aufladelöscher, Auswurfvorrichtung (Ausführung wie ein Duschkopf). Die Pulverbrause kann das Pulver ohne Druck über die Metallbrandstelle streuen. *(Oe)*

Meterwellenfunk-Richtlinie, Kurzbezeichnung für Richtlinie für den nichtöffentlichen beweglichen Landfunkdienst der Behörden und Organisationen mit Sicherheitsaufgaben. Die Meterwellenfunk-Richtlinie war über Jahrzehnte die fernmelderechtliche Grundlage für den Sprechfunk der → *BOS.* Sie wurde im Juni 2000 abgelöst durch die „Bestimmungen über Frequenzzuteilungen zur Nutzung für das Betreiben von Funkanlagen der BOS", kurz: „Bestimmungen über den BOS-Funk", noch kürzer: „BOS-Funkbestimmung". *(Ge)*

MFAG-Tafeln, Abk. für: *Medical First Aid Guide* (= Leitfaden für Medizinische Erste-Hilfe-Maßnahmen). *(Fl)*

Mindestbetriebszeit (einer → *Sprinkleranlage),* gibt an, wie lange die Wasserabgabe gewährleistet sein muss, wenn alle Sprinkler innerhalb der → *Wirkfläche* gleichzeitig Wasser abgeben. Sie beträgt zwischen 30 und 90 Minuten. *(Oe)*

Mindestdruck im Trinkwassernetz: um ein einwandfreies Funktionieren der Trinkwasserversorgung zu gewährleisten, ist ein Mindestdruck im Rohrnetz von 1,5 bar erforderlich. Die Feuerwehr hat darauf zu achten, dass bei der Wasserentnahme dieser Druck nicht unterschritten wird. *(Br)*

Mindestverbrennungstemperatur, niedrigste → *Temperatur* (in °C) eines Gemisches aus brennbarem Stoff und Sauerstoff, bei der das → *Brennen* ohne äußere Energiezufuhr selbstständig weiterläuft. Sie liegt allgemein einige hundert Grad Celsius höher als die → *Zündtemperatur (s. Tabelle).*
Zum Erreichen der Mindestverbrennungstemperatur muss die Zufuhr von → *Zündenergie* fortgesetzt und zunehmend Verbrennungswärme freigesetzt werden, um den Stoff aufzubereiten, die Reaktionsgeschwindigkeit zu steigern und den Wärmeverlust auszugleichen. *(Ha)*

Mindestzündenergie, kleinstmögliche Energie, durch die ein → *brennbarer Stoff* (im richtigen → *Mengenverhältnis*) gerade noch entzündet werden kann. Sie ist eine kennzeichnende Größe für

Tabelle: **Mindestverbrennungstemperatur**

Stoff	Zündtemperatur *in °C*	Mindestverbrennungstemperatur *in °C*	Brandtemperatur *in °C* Luft	O_2
Propan	460	1200	1925	2850
Benzin, Acetylen	300	950	2320	3100
Wasserstoff	560	630	2045	2660
Schwefelkohlenstoff	102	345	–	–

die → *Entzündbarkeit* des Stoffes, ist Maßstab bei der Einteilung der → *Explosionsgruppen (→ Mindestzündstrom)* und lässt Vergleiche nach der → *Zündwilligkeit* zu; Einheit: mJ (Beispiele s. *Tabelle*); Die Mindestzündenergie ist bei festen Stoffen wegen ihrer → *Aufbereitung* höher als bei Gasen und Dämpfen (Ausnahme: Sprengstoff).
Die Mindestzündenergie wird beeinflusst durch das richtige → *Mengenverhältnis,* durch die Sauerstoffkonzentration und durch → *Katalysatoren. (Ha)*

brennbarer Stoff	**Mindestzündenergie** *in mJ (Millijoule)*
Schwefelkohlenstoff	0,009
Wasserstoff	0,019
Aceton	0,019
Benzol	0,20
Methan	0,28
Aluminium (staubförmig)	50 ... 120
Holzmehl	20 ... 60
Kohle	40
Maismehl	40
Phosphor, rot	0,2
Ethan	0,25
Butan	0,25
Propan	0,26

Mindestzündstrom, kleinster Strom in einem elektrischen Stromkreis, bei dem unter festgelegten Bedingungen ein → *explosionsfähiges Gemisch* entzündet wird.
Das Verhältnis des Mindestzündstromes eines brennbaren Gases oder Dampfes zum Mindestzündstrom von weitestgehend beimengungsfreiem Methan nennt man Mindestzündstromverhältnis. Es wird zur Unterteilung brennbarer Gase und Dämpfe angewendet; → *Zündschutzart;* → *Explosionsgruppen. (Ha)*

Mindestzündstromverhältnis → *Mindestzündstrom. (Ha)*

Mindestzündtemperatur → *Mindestzündenergie. (Ha)*

Mineralöl-Umfüllpumpe, Umfüllpumpe ähnlich der → *Gefahrgutumfüllpumpe,* jedoch werkstoffmäßig (Aluminiumlegierung) nur für Mineralöl ausgelegt.
Nach Auffüllen des Pumpenkörpers mit 10 Liter Förderflüssigkeit muss ein Ansaugen der Pumpe selbsttätig möglich sein. Dies wird möglich, da sich im Pumpengehäuse bei der Drehbewegung des Laufrades ein Flüssigkeitsring bildet, der die Druckseite von der Saugseite trennt. In dieser Phase arbeitet die Mineralöl-Umfüllpumpe ähnlich einer Flüssigkeitsring-Entlüftungspumpe. *(Fl)*

minimaler explosionsfähiger Sauerstoffgehalt → *Sauerstoffgrenze. (Ha)*

Minimierungsgebot im Strahlenschutz: Die → *Strahlenschutzgrundsätze* sind in § 6 → *Strah-*

lenschutzverordnung (StrlSchV) aufgeführt; sie lauten:
1. ... Jede unnötige Strahlenexposition oder → *Kontamination* von Mensch und Umwelt ist zu vermeiden.
2. ... Jede Strahlenexposition oder → *Kontamination* von Mensch und Umwelt ist unter Beachtung von Wissenschaft und Technik und unter Berücksichtigung aller Umstände des Einzelfalles auch unterhalb der in dieser Verordnung festgesetzten Grenzwerte so gering wie möglich zu halten. *(Kl)*

Mischgas, ein Atemgas, das in einigen → *Regenerationsgeräten* mit Druckluft eingesetzt wird. Mischgas besteht aus 40 bis 60 % Sauerstoff, Rest Stickstoff. *(Zi)*

Mitbenutzung, Inanspruchnahme von Fernmeldenetzen und -einrichtungen anderer Dienste zur Nutzung durch → *BOS,* z. B. Leitungen und Telefonanschlüsse von Firmen oder Verwaltungen im Einsatzfall. *(Ge)*

Mittelbrand, ein → *Brand,* bei dem zum Löschen gleichzeitig zwei oder drei C-Rohre eingesetzt werden. *(Sr)*

Mittelbühne, eine → *Bühne* mit einer Grundfläche bis maximal 150 m^2 und seitlichen Bühnenerweiterungen bis maximal 100 m^2. Die Vorbühne (Fläche vor dem Vorhang) darf nicht größer sein als 250 m^2.
Die Höhe der Mittelbühne bis zum Rollenboden darf maximal doppelt so hoch sein wie die Bühnenöffnung. Die Anforderungen an Versammlungsstätten mit Mittelbühnen sind in der → *Versammlungsstättenverordnung* geregelt. *(Oe)*

Mitteldruck (Arbeitsdruck), Ergebnis der Druckminderung im → *Druckminderer* eines → *Pressluftatmers. (Zi)*

Mitteldruckleitung (im Atemschutz), Teil eines → *Behältergerätes;* sie stellt die Verbindungsleitung zwischen Druckminderer (Mitteldruckteil) und der atemgesteuerten → *Dosiereinrichtung* (Lungenautomat) her. *(Zi)*

Mitteldruck-Löschtechnik, → *Wasservernebelungsanlage. (Oe)*

Mittelschaum, Schaum mit einer → *Verschäumungszahl* VZ 20 bis 200. *(Kl)*

Mittelzone → *Zonen um kerntechnische Anlagen. (Kl)*

Mittlerer feuerwehrtechnischer Dienst, Laufbahn des → *feuerwehrtechnischen Dienstes* (Besoldungsstufe in den meisten Bundesländern A 7 bis A 9).
Beamte des mittleren feuerwehrtechnischen Dienstes werden im Mannschaftsbereich bis zur Funktion des → *Gruppenführers* eingesetzt; Ausbildung: abgeschlossene Lehre in einem handwerklichen Beruf, anschließend i. d. R. eine zweijährige Ausbildung bei einer → *Berufsfeuerwehr* mit abschließender Laufbahnprüfung für den mittleren feuerwehrtechnischen Dienst. *(Sr)*

mittschiffs, in der Mitte des Schiffes, zwischen vorn und hinten; → *achtern. (Mt)*

Mobile Übungseinrichtung Brandbekämpfung (MÜB), eine mit Gas befeuerte mobile Übungseinrichtung zur realitätsnahen Ausbildung von → *Atemschutzgeräteträgern.* In der MÜB kann das richtige Vorgehen in Brandräume, die Vorgehensweise bei der Bekämpfung eines → *Flash-Overs,* eines Wohnungs- oder Zimmerbrandes oder eines Gasbrandes trainiert werden. Die MÜB ist mit computergesteuerten, gasbetriebenen Brandstellen und mehreren Sicherheitseinrichtungen ausgestattet. *(Zi)*

MODACOM, ein Produktname; Kunstwort aus *„Mobile Data Communications",* ehemaliges mobiles Datenfunknetz der Telekom mit Zellenstruktur, ähnlich wie beim → *Bündelfunk.*
MODACOM wurde bei einigen Feuerwehren verwendet zur kontinuierlichen Übertragung von Standort-Daten an die → *Leitstelle (→ GPS)* oder zur Übermittlung von Gefahrstoff-Informationen zwischen Leitstelle und Feuerwehrfahrzeug. *(Ge)*

Modem, Kunstwort bzw. Abkürzung aus *„Modulator"* und *„Demodulator";* Einrichtung am Ende eines → *Übertragungsweges* beim Übergang zu Verbindungen der jeweiligen Fernmeldeanlagen. *(Ge)*

Modulation, Verfahren der Nachrichtentechnik zur Übertragung von Informationen durch Veränderung einer der folgenden Kenngrößen der hochfrequenten Trägerwelle: Amplitude *(→ Amplitudenmodulation),* → *Frequenz* (Frequenzmodulation) oder Phasenwinkel (Phasenmodulation). *(Ge)*

Molotowcocktail (sog. „Wurfzündmittel"), ein Behälter (Flasche oder Kanister) zum Transport flüssiger Brandbeschleunigungsmittel (brennbare Flüssigkeit), wie z. B. Benzin, zur Brandstiftung.
Prinzip: in einer Flasche befindet sich die brennbare Flüssigkeit; im Flaschenhals ist eine Lunte angebracht, die vor dem Wurf gezündet wird. Schlägt die Flasche nach dem Wurf auf dem Boden auf, zersplittert sie, und es entsteht im Umkreis von etwa 5 Meter durch die brennende, spritzende Flüssigkeit ein Feuer. Das Zerbrechen der Brandflasche führt außerdem zur Gefährdung durch Glassplitter. Molowcocktails werden vor allem von radikalen politischen Gruppierungen, insbesondere bei Demonstrationen benutzt. *(Fl)*

Mönch, Begriff aus dem Wasserbau; Vorrichtung zur Wasserstandsregulierung (Aufstauvorrichtung) und zum Ablassen von stehenden Gewässern, z. B. Fischteichen. *(Br)*

Monitor (englischsprachiger Ausdruck mit der allgemeinen Bedeutung von „Überwachungsgerät"; bei der Feuerwehr: Ausdruck für „Strahldüse"), Auswurfeinrichtung (Werfer) für → *Löschmittel.* Man spricht von Wasser-, Schaum- und Pulver-Monitoren (Wasser-, Schaum- und Pulver-Werfern); Löschgerät (Löschkanone) zur Abgabe einer großen Menge Löschmittel unter hohem Druck *(s. Tabelle).*
Monitore können fahrbar (auf Feuerwehrfahrzeugen) oder tragbar (in Feuerwehrfahrzeugen) mitgeführt werden. Einsatz: Stationär in der Nähe von besonderen Gefahrenschwerpunkten wie Lager- und Umschlagplätzen großer Mengen brennbarer oder entzündlicher flüssiger oder fester Stoffe. *(Fl)*

max. Leistung (Durchflussrate) *in Liter je Minute bei 10 bar*	**max. Wurfweite** Wasser/Schaum *in Meter*
1 000	45/35
1 200	45/40
1 600	50/45
2 400	58/58
3 000	65/60
4 000	75/70
5 000	85/80
6 000	95/90

Mörtel, ein nichtbrennbarer Baustoff der → *Baustoffklasse* A 1. Mörtel besteht aus dem Bindemittel, z. B. Zement oder Kalk, den → *Zuschlagstoffen,* z. B. Sand, und Wasser.
Mörtel wird hauptsächlich als Bindemittel von Einzelsteinen bei → *Mauerwerk* (Mauerwerkmörtel), zur Verkleidung von → *Bauteilen* (Putzmörtel) verwendet, um diese insbesondere vor Feuchtigkeit oder Wärme zu schützen, oder als Bodenbelag (Estrichmörtel).
Das → *Brandverhalten* von Mörtel ist von dem verwendeten Bindemittel und den Zuschlagstoffen abhängig. Gips-, Kalkgips- und Kalkzementmörtel haften besser an den zu schützenden Bauteilen und sind widerstandsfähiger gegen Brandwärme als Kalk- und Zementmörtel, die bei Brandeinwirkung sehr schnell abfallen können. Die Haftfähigkeit von Mörtel lässt sich durch Verwendung von Putzträgern, z. B. Drahtgewebe, und das Brandverhalten durch Einsatz von Naturstein, der als Zuschlagstoff verwendet wird, z. B. Perlite, oder entsprechender Zuschlagstoffe, verbessern. *(Bt)*

Mörtelschott → *Abschottungssysteme. (Oe)*

Motor-Tauchpumpe → *Tauchpumpe. (Fl)*

Motorsäge, eine für die Waldarbeit entwickelte motorbetriebene Säge zum Schneiden starker Hölzer, zum Fällen und Entästen sowie zum Ablängen von Bäumen. Sie arbeitet mit einer → *Hobelzahnkette,* die von einem Verbrennungs- oder Elektromotor angetrieben wird (Bild).
Beim Arbeiten mit Motorsägen muss spezielle Schutzkleidung getragen werden.
Die Motorsäge wird von der Feuerwehr im Rahmen der → *Technischen Hilfe* Wald, zum Trennen von Holzkonstruktionen und zum Sägen von Eis verwendet, z. B. für eine Löschwasserentnahmestelle. *(Ma)*

Bild: Motorsäge

MÜB → *Mobile Übungseinrichtung Brandbekämpfung. (Zi)*

Multifunktionsleiter (MFL), Steig- und Rettungsgerät aus Leichtmetall nach DIN EN 1147 Beiblatt 1. Sie dient als Stehleiter, Anlegeleiter, Einhängeleiter und als Dachleiter.
Aufbau: Sie besteht aus drei Teilen, wobei zwei Teile gelenkig miteinander verbunden sind und das dritte Teil als Aufsteckteil ausgeführt ist. Der Einhängehaken soll klappbar sein. Sie soll mindestens als 2-Personen-Leiter ausgeführt sein. Gesamtgewicht: maximal 25 kg. *(Zi)*

Mund-zu-Mund-Beatmung, eine Form der → *Atemspende,* die nur dann zur Anwendung kommen soll, wenn eine → *Mund-zu-Nase-Beatmung,* z. B. wegen einer Nasenverletzung nicht möglich ist; Technik:

1. Der Helfer kniet seitlich neben dem Patienten;
2. Die eine Hand fasst den Kopf des Patienten an der Stirn-Haar-Grenze, die andere unter dem Kinn;
3. Der Kopf des Patienten wird überstreckt, der Unterkiefer vorgezogen und der Mund des Patienten etwa fingerbreit geöffnet. Daumen und Zeigefinger der an der Stirn-Haar-Grenze liegenden Hand verschließen die Nasenöffnungen;
4. Der Helfer atmet ein, öffnet seinen Mund und setzt ihn über den Mund des Patienten; Einblasen der Luft siehe → *Mund-Nase-Beatmung.*

WICHTIG! Der Helfer muss grundsätzlich überprüfen, ob Fremdkörper (Erbrochenes, Gebiss o. Ä.) sich im Mund des Patienten befinden. Falls ja, vor der Beatmung entfernen. *(Zi)*

Mund-zu-Nase-Beatmung, eine Form der → *Atemspende;* Technik:

1. Der Helfer kniet seitlich neben dem Patienten;
2. Die eine Hand fasst den Kopf des Patienten an der Stirn-Haar-Grenze, die andere unter dem Kinn;
3. Der Kopf des Patienten wird überstreckt, und mit dem Daumen der am Kinn liegenden Hand wird die Unterlippe gegen die Oberlippe gepresst, um so den Mund zu verschließen;
4. Der Helfer atmet ein, öffnet seinen Mund, setzt ihn über die Nase des Patienten und bläst seine Ausatemluft mit geringem Druck in beide Nasenlöcher des Patienten;
5. Während der Ausatemphase blickt der Helfer zur Brust des Patienten und „sieht" das Heben und Senken des Brustkorbes, während er gleichzeitig das Strömen der Ausatemluft an seiner Wange „fühlt" und „hört".

WICHTIG! Der Helfer muss grundsätzlich überprüfen, ob Fremdkörper (Erbrochenes, Gebiss o. Ä.) sich im Mund des Patienten befinden. Falls ja, vor der Beatmung entfernen. *(Zi)*

Musterbauordnung (MBO), Grundlage der Landesbauordnungen der Bundesländer, erstellt von der Arbeitsgemeinschaft der für das Bau- und Siedlungswesen zuständigen Minister der Länder *(→ ARGEBAU).* Die MBO ist selbst kein Gesetz, sondern ist lediglich Basis für das Bauordnungsrecht der Länder. Auf ihrer Grundlage werden die Landesbauordnungen erstellt; sie ist ferner Verhandlungsgrundlage für die europäische Harmonisierung. *(Oe)*

Musterhochhausrichtlinie, von der Fachkommission Bauaufsicht der → *ARGEBAU* herausgegebene Musterrichtlinie über die bauaufsichtliche Behandlung von → *Hochhäusern.* Sie dient als Grundlage für die Hochhausverordnungen der Bundesländer.

In den Bundesländern ohne eigene Hochhausverordnung ist die Musterhochhausrichtlinie Grundlage für die baulichen Anforderungen, insbesondere auch des Brandschutzes. Die Musterhochhausrichtlinie unterscheidet Hochhäuser bis 30 m, zwischen 30 und 60 m und höher als 60 m.

Sie regelt neben den Anforderungen an die → *Baustoffe* und → *Bauteile* bei Hochhäusern insbesondere detailliert die Frage der →

Rettungswege, die Anforderungen an → *Feuerwehraufzüge* sowie die Ausführung von → *Druckbelüftungsanlagen* für Treppenräume und Vorräume für Feuerwehraufzüge. *(Oe)*

Muster-Industriebaurichtlinie (MIndBauRi), von der Fachkommission Bauaufsicht der → *ARGEBAU* herausgegebene Richtlinie für grundlegende Anforderungen an Industriebauten. Sie wird in Verbindung mit der DIN V 18 230 (Baulicher Brandschutz im Industriebau) angewendet.
Die Industriebaurichtlinie regelt u. a. die → *Feuerwiderstandsdauer* der verwendeten Bauteile, die Größe des → *Brandabschnitts* in Abhängigkeit von der erforderlichen Feuerwiderstandsdauer der tragenden Bauteile, Feuerwehrzufahrten, → *Löschwasserversorgung,* → *Rettungswege. (Oe)*

Nachalarmierung ist die Ausgabe eines Befehles, z. B. der → *Leitstelle* oder einer → *Einsatzleitung,* mit dem bestimmte weitere Einsatzkräfte zu einem sofortigen → *Einsatz* oder zu einem → *Bereitstellungsraum* aufgefordert werden. Die Fahrt dorthin ist meist eine → *Einsatzfahrt;* Gegensatz → *Nachforderung.*
Jede Nachalarmierung ist unter Benennung der benötigten Einheiten und einem Alarmierungsstichwort abzusetzen. Beispiel: „Alarm für NAW und RW 2, Person eingeklemmt – Adresse der Einsatzstelle – Absender". *(Sr)*

Nachbarschaftsschutz, ein Vorgehen, bei dem → *Löschmittel* zum Schutz der Nachbarschaft eines Brandobjektes eingesetzt werden; Beispiel: Abriegeln eines Wohngebäudes durch Abspritzen mit Löschwasser, um das Übergreifen des Brandes von einer brennenden Scheune zu verhindern. *(Ha)*

Nachbarschaftshilfe (auch: Überlandhilfe, nachbarliche Löschhilfe), die Unterstützung einer öffentlichen → *Feuerwehr* bei einem Einsatz durch die Feuerwehr(en) benachbarter Gemeinden oder durch eine → *Werkfeuerwehr;* Beispiele: Bei Anforderung von Spezialausrüstung oder zur Verstärkung bei Großeinsätzen. Nachbarschaftshilfe ist im Sinne des Verwaltungsverfahrensrechts eine → *Amtshilfe. (Sr)*

Nachforderung, eine Meldung, z. B. an die → *Leitstelle,* mit der weitere → *Einsatzkräfte,* → *Fachdienste* und/oder → *Einsatzmittel* zur Einsatzstelle angefordert werden.
Jede Nachforderung ist unter Benennung der benötigten Einheiten und mit einem begründeten Alarmierungsstichwort abzusetzen; Beispiel „Nachforderung: 1 DL, Fenster öffnen – Adresse der Einsatzstelle – Absender". *(Sr)*

Nachlöscharbeiten, Löschen von → *Brandnestern* nach der akuten Brandbekämpfungsphase, um eine erneute → *Brandausbreitung* zu verhindern. Nachlöscharbeiten werden insbesondere erforderlich bei der Bekämpfung von → *Mittel-* und → *Großbränden. (Ha)*

Nachricht (im → *Informations- und Kommunikationswesen)* Mitteilung über Personen, Gegenstände oder Sachverhalte, die auf Fernmeldeverbindungen (drahtgebunden oder drahtlos) übertragen wird, formlos als Gespräch, Durchsage, Fernkopie (Fax) oder formgebunden als Spruch oder Fernschreiben. *(Ge)*

Nachrichtengeräteanhänger, → *Feuerwehranhänger* mit Geräten zur fernmeldetechnischen Unterstützung der → *Einsatzleitung. (Fl)*

Nachschlagewerke (für → *Gefahrstoffe),* Zusammenfassung von → *Merkblättern* über Gefahrstoffe und Gefahrgut, Beispiele:
- → *BIA-Report:* Gefahrstoffliste;
- → *Birett/Vogler:* Gefahrstoff-Schlüssel;
- → *Hommel:* Handbuch der Gefährlichen Güter;
- → *Kühn-Birett:* Gefahrgut-Schlüssel;
- → *Kühn-Birett:* Merkblätter gefährlicher Arbeitsstoffe;
- → *Lewis:* Hazardous Chemicals Desk Reference;
- → *Quigley:* Handbook of Emergency Chemical Management;
- → *SIX-Handbuch:* Schnellinformation Gefahrgut. *(Fl)*

n. a. g., Abk. für: „nicht anderweitig genannt"; Begriff aus dem Gefahrgutrecht; Beispiel:
In der Tabelle A des Kapitels 3.2 des → *ADR* findet man unter UN 1993 in der Spalte 2 folgende Benennung:
„entzündbarer flüssiger Stoff, n. a. g."
Das heißt, unter der UN-Nr. 1993 können alle brennbaren Stoffe, die nicht giftig und nicht ätzend sind und einen Flammpunkt unter 23 °C haben, eingeordnet und gekennzeichnet werden, wenn diese Stoffe sonst in der Tabelle A des ARD an keiner anderen Stelle (nicht anderweitig) genannt sind. *(Rö)*

Nagelplatte, ein mechanisches Verbindungsmittel im Holzbau in Form einer Platte aus Stahlblech mit nagelförmigen Ausstanzungen. Durch beidseitiges Einpressen von Nagelplatten in die zu verbindenden Holzteile, z. B. → *Kehlbalken* und → *Sparren,* werden diese zu Tragwerken zusammengefügt.
Im Brandfall kann die gute → *Wärmeleitfähigkeit* von → *Stahl* Verkohlungen innerhalb der verbundenen Teile verursachen, was zur Lockerung der Verbindung führt. Daher muss beim Löscheinsatz auf mit Nagelplatten verbundene → *Knotenpunkte* besonders geachtet werden. *(Bt)*

Nasopharyngealtubus (Wendl-Tubus, Nasentubus), gekrümmter flexibler → *Tubus,* der über die Nase bis kurz vor den Kehlkopf geschoben wird; Zweck: Freihalten der Atemwege; Gefahr bei unsachgemäßer Handhabung: Auslösung von Brechreiz oder Verletzung der oberen → *Atemwege;* → *Beatmung. (Zi)*

Nassanlage (Sprinkler-Nassanlage, SK-N) → *Sprinkleranlage. (Oe)*

Nationales Komitee (der Bundesrepublik Deutschland im → *CTIF),* Komitee, das die Interessen der Bundesrepublik Deutschland in Fragen des Brandschutzes innerhalb des CTIF vertritt. Es wird von den Vertretern des → *DFV* und der → *vfdb* gebildet. *(Sr)*

Nebel, ein flüssiges → *Aerosol* (DIN EN 132). *(Ha)*

Nebenmelder, → *Melder* einer (nichtöffentlichen) → *Brandmeldeanlage. (Ge/Oe)*

Nebenmelder-Anlage, frühere Bezeichnung für eine (nichtöffentliche) → *Brandmeldeanlage,* deren Meldungsgeber, Leitungsnetz und → *Brandmelderzentrale* sich auf demselben Grundstück (Industriebetrieb, Geschäftshaus) befinden. *(Ge/Oe)*

Nennausladung von → *Hubrettungsfahrzeugen;* → *Ausladung* bei → *Nennrettungshöhe* ohne Belastung des Rettungskorbes *(Tabelle)* , nach DIN 14701 Teil 2). *(Fl)*

Hubrettungsfahrzeug	(Nenn-) Rettungshöhe in m	(Nenn-) **Ausladung** in m
DLK 23-12	23	12
DLK 18-12	18	12
DLK 12-9	12	9

Nennrettungshöhe ist die → *Rettungshöhe* bei → *Nennausladung* ohne Belastung des → *Hubrettungsauslegers* (siehe *Tabelle* bei → *„Nennausladung").*
Besondere Bedeutung hat die DLK 23-12 mit einer Nennrettungshöhe von 23 m, da die Grenze, ab der die

Bauvorschriften für → *Hochhäuser* gelten bei 22 m liegt und der zweite → *Rettungsweg* bei → *Gebäuden* niedriger als 22 m durch Geräte der Feuerwehr sichergestellt werden muss; Hinweis: erster Rettungsweg ist die im Gebäude vorhandene Treppe. *(Fl)*

Netzabschluss, technische Einrichtung an einer ISDN-Telefonleitung am Ende eines Telefonnetzes, an die ein Telefon oder eine Telefonanlage angeschlossen wird. *(Ge)*

Netzebene, durch die jeweilige Organisationsform bestimmte vertikale Gliederung eines Fernmeldenetzes; Beispiele:
– obere Netzebene = Verbindungen zwischen dem Bundesinnenministerium und den Innenministerien der Länder,
– mittlere Netzebene = Verbindungen zwischen dem Innenministerium des Landes und den Regierungspräsidien bzw. Bezirksregierungen,
– untere Netzebene = Verbindungen zwischen dem Regierungspräsidium bzw. der Bezirksregierung und den zugeordneten Stadt- und Landkreisen. *(Ge)*

Netzkennung bei digitalen → *Alarmierungssystemen* der systemspezifische Teil der Steuerinformation, der zwischen den digitalen Alarmumsetzern übertragen wird, die zu einem Alarmierungssystem gehören. *(Ge)*

Netzmittel, Zusätze zum → *Löschwasser* (meist Mehrbereich-Schaummittel *(→ Schaummittel),* die die Oberflächenspannung des Löschwassers herabsetzen, damit das Löschwasser besser in die Zwischenräume der brennbaren Stoffe eindringen kann; Beispiel: Löschen von Kohle- oder Braunkohlebränden. *(Kl)*

Neunerregel, Regel, um die Flächenausdehnung (in % der Körperoberfläche) einer Verbrennung abzuschätzen. Dazu wird die Körperoberfläche in Regionen zu je 9 % aufgeteilt:
– Kopf 9 %,
– Oberkörper vorne 9 %,
– Oberkörper hinten 9 %,
– Arme je 9 %,
– Unterkörper vorne 9 %,
– Unterkörper hinten 9 %,
– Oberschenkel je 9 %,
– Unterschenkel je 9 % und
– Genitalbereich 1 %.
Bei Klein- und Schulkindern stellt sich die prozentuale Aufteilung des Körpers wie folgt dar:
Kleinkinder nach dem 1. Lebensjahr:
– Kopf 19 %,
– Arme je 9,5 %,
– Körper vorn 16 %,
– Körper hinten 16 %,
– Beine je 15 %;
Schulkinder nach dem 6. Lebensjahr:
– Kopf 15 %,
– Arme je 9,5 %,
– Körper vorn 16 %,
– Körper hinten 16 %,
– Beine je 17 %.
Bei einer Ausdehnung der Verbrennung bei einem Erwachsenen von etwa 15 % besteht die Gefahr eines → *Schocks,* bei Kindern bereits bei 10 %. *(Zi)*

Neutralisationsmittel, Stoffe wie z. B. Kalk, Soda oder Zitronensäure, die eine Säure oder Lauge in den Bereich des neutralen → *pH-Wertes* von pH = 7 bringen. Zum Neutralisieren von Säuren werden Stoffe mit alkalischen (Laugencharakter) und zum Neutralisieren von Laugen Stoffe mit sauren Eigenschaften (Säurecharakter) verwendet. Neutralisation mit Hilfe von starken Laugen oder Säuren kann in der Regel an Einsatzstellen nicht durchgeführt werden. Beim Einsatz befinden sich diese Stoffe nicht in einem geschlossenen Gefäß, in dem der ganze Inhalt gleichmäßig unter Kontrolle des pH-Werts durchmischt werden kann. *(Kl)*

Neutron, ungeladenes Elementarteilchen mit einer Masse von 1,67483 · 10^{-27} kg und damit geringfügig größer als die Protonenmasse *(→ Proton).* Das freie Neutron ist instabil und zerfällt mit einer → *Halbwertszeit* von 11,5 Minuten. *(Kl)*

NFPA, Abk. für *„National Fire Protection Association"*, eine amerikanische non-profit-Organisation, die sich zur Aufgabe gemacht hat, die Minderung der Lebensqualität durch Brände zu bekämpfen. Dies geschieht durch wissenschaftlich basierte Arbeiten und die Herausgabe von Richtlinien zum Vorbeugenden Brandschutz sowie durch Förderung der Brandschutzerziehung, z. B. Programm *„Learn not to burn"*. Der Hauptsitz ist Boston (USA). Die Richtlinien sind in vielen Ländern der Erde verbreitet und anerkannt. *(Ki)*

nichtärztliches Personal, alle am → *Rettungsdienst* beteiligten Personen (insbesondere → *Rettungsassistent,* → *Rettungssanitäter* → *Rettungshelfer,* die nicht über eine ärztliche Ausbildung verfügen. *(Zi)*

nichtbrennbar;
– nicht brennbare Stoffe sind Stoffe, die in Luft und unter Normalbedingungen (20 °C und 1 013 mbar) weder → *brennen* noch → *entflammen;* Beispiele: Wasser, Phosphate, Stickstoff, Sulfate, Schwermetalle (Kupfer, Blei, Nickel, Quecksilber, Edelgase). Zur Eingliederung in → *Brennbarkeitsgruppen* sind jeweils Angaben über die Stoffeigenschaften, die Stoff-Zustandsbedingungen und weitere Einflussgrößen erforderlich; Begründung: alle Stoffe sind nur innerhalb bestimmter Temperaturbereiche stabil. Eine Änderung der Zustandsbedingung Temperatur kann zur Bildung brennbarer Zerfallsprodukte führen; Beispiel: Wasser ist unter Normalbedingungen nicht brennbar; bei 2 000 °C zerfällt Wasser zu 2 %, bei 2 500 °C zu 9 %, bei 3 500 °C zu 60 % in (brennbaren) Wasserstoff und Sauerstoff-/Wasserstoff-Teile;
– nichtbrennbare Baustoffe, eine Gruppe von → *Baustoffen,* die nach der Beurteilung ihres → *Brandverhaltens* die Anforderungen der → *Baustoffklasse A,* unterteilt in die Klassen A 1 und A 2, erfüllen. Die Prüfung der Klassifizierungsanforderungen werden mit Brandversuchen im Ofen bei 750 °C und im Brandschacht (siehe DIN 4102 Teil 1) durchgeführt.
Nichtbrennbare Baustoffe der
– Klasse A 1 bestehen aus mineralischen Stoffen oder aus Stoffen, bei denen während der Ofenversuche keine Flammenerscheinung und Wärmeabgabe auftreten; Beispiele: Sand, Kies, Mörtel, Beton, Ziegel, Glas, Metalle;
– Klasse A 2 dürfen brennbare Bestandteile enthalten, müssen aber bei den Brandversuchen besondere Anforderungen hinsichtlich Entflammung *(→ Entflammen),* Rauchdichte, Toxizität (Giftigkeit), Abtropfen und → *Heizwert* erfüllen; Beispiele: Gipskartonplatten, Mineralfaserplatten und Asbestplatten, Klebemörtel, Wandbeläge und Leisten. *(Ha)*

nicht freitragbares Isoliergerät → *Schlauchgerät. (Zi)*

Nicht-Notfallpatient, kranke, verletzte oder sonstige hilfsbedürftige Person, die mit einem Krankentransportwagen transportiert und während des Transports überwacht, aber nicht ärztlich behandelt werden muss. *(Sr/Zi)*

Niederdruck-Kohlendioxid-Löschanlage: richtig: → *Kohlendioxid-Niederdruck-Löschanlage. (Oe)*

Niederdruck-Löschtechnik → *Wasservernebelungsanlage. (Oe)*

NIF Abk. für: Nautischer Informationsfunk; → *Wahrschau. (Mt)*

Nitrose Gase, Trivialname für das Gemisch stickstoffoxidhaltiger, im Wesentlichen aus Stickstoffmonoxid (NO) und Stickstoffdioxid (NO_2) bestehender Gase; allgemein werden sie auch als NO_x bezeichnet. Sie entstehen z. B. beim Betrieb von Verbrennungsmotoren oder durch Reaktion von Nitriersäure (Mischung aus Schwefel- und Salpetersäure) mit Metallen. Die nitrosen Gase bilden mit Wasser z. B. salpetrige Säure. Es handelt sich um → *Atemgifte* mit Ätzwirkung. *(Kl)*

normalbrennbare Stoffe → *Brennbarkeitsgruppen. (Ha/Oe)*

Normaldruck-Pressluftatmer, ein → *Behältergerät,* das durch den konstruktiven Aufbau der atemgesteuerten → *Dosiereinrichtung* im Innern der → *Vollmaske* nur einen Druck, der dem atmosphärischen Druck (Umgebungsdruck) entspricht, halten kann.
Funktion: Der → *Hochdruck* (200 bzw. 300 bar) wird über einen → *Druckminderer* auf einen → *Mitteldruck* (Arbeitsdruck) von (je nach Geräteart) 4,5 bar bis 12 bar reduziert und über die → *Mitteldruckleitung,* die atemgesteuerte → *Dosiereinrichtung* und die → *Vollmaske* für Normaldruck dem Atemschutzgeräteträger bedarfsgerecht zugeführt. Die Ausatemluft entweicht über ein → *Ausatemventil* in der Vollmaske. *(Zi)*

normalentflammbare Baustoffe sind → *brennbare* Baustoffe, die nach der Beurteilung ihres → *Brandverhaltens* die Anforderungen der → *Baustoffklasse* B 2 erfüllen. Die Prüfung der Klassifizierungsanforderungen wird mit Kleinbrandversuchen nach DIN 4102 Teil 1 durchgeführt. Anforderungskriterien sind:
– Die Baustoffe lassen sich mit schwacher → *Zündquelle* (Gasbrenner, vergleichbar einer Streichholzflamme) entzünden.
– Nach Entfernen der Zündquelle dürfen sie nur mit geringer → *Flammenausbreitungsgeschwindigkeit* (in 20 s < 150 mm) weiterbrennen.
Zusatzbeobachtungen: Brennendes Abfallen/Abtropfen von Probeteilen, Rauchentwicklung; Beispiel: Holz/Holzwerkstoffe bestimmter Dichte und Dicke, Dachpappen (Nachweis durch DIN 4102 Teil 4) mit Prüfzeugnis, Leichtbauplatten aus Schaumkunststoffen und Holzwolle. *(Ha/Oe)*

normalentzündliche Stoffe → *Entzündlichkeit. (Ha/Oe)*

Normalsprinkler, stehend oder hängend angeordneter → *Sprinkler* mit kugelförmiger Wasserverteilung (Sprühbild) für einen → *Schutzbereich* von 9 m^2. Etwa 60 Prozent des Wasserdurchflusses ist nach unten gerichtet. Der Rest sprüht nach oben; Einsatz: in Gebäuden mit Metalldecken, Deckenkassetten und in Hochregallagern. *(Oe)*

Normenausschuss Feuerwehrwesen (FNFW), koordiniert das Normenwesen für den Feuerwehrbereich im → *DIN.*
Im FNFW arbeiten u. a. Vertreter des → *DFV,* der Feuerwehrgeräteindustrie, des → *AFKzV* und der → *AGBF* mit. Der FNFW hat einen Vorstand, einen Lenkungsausschuss, die Geschäftsstelle und folgende Fachbereiche (FB):
FB 70: Handbetätigte Geräte für die Brandbekämpfung;
FB 72: Brandmelde- und Feueralarmanlagen und elektrische Betriebsmittel;
FB 191: Ortsfeste Brandbekämpfungsanlagen;
FB 192: Ausrüstung für die Feuerwehr.
Der Fachbereich 192 ist folgendermaßen untergliedert:
192.01 Begriffe und Bildzeichen;
192.02 Bauliche Anlagen und Einrichtungen;
192.03 Persönliche Schutzausrüstung für die Feuerwehr;
192.1 Schläuche und Armaturen;
192.2 Feuerlöschpumpen;
192.3 A Allgemeine Anforderungen an Feuerwehrfahrzeuge: Löschfahrzeuge;
192.3 B Sonstige Fahrzeuge;
192.4 Hubrettungsfahrzeuge;
192.5 Sonstige Ausrüstung;
192.7 Rettungsgeräte. *(Fl)*

Notarzt, ein Arzt, der besondere Kenntnisse und Fertigkeiten in der Notfallmedizin besitzt und im → *Rettungsdienst* tätig wird. Ein Leitender Notarzt hat darüber hinaus Kenntnis in der Führung des Rettungsdienstes bei → *Großschadenfällen* und Katastrophen. Er leitet die rettungsdienstlichen Maßnahmen an der Einsatzstelle und steht dem → *Einsatzleiter* als Fachberater zur Verfügung. *(Sr)*

Notarzt-Einsatzfahrzeug (NEF), ein Spezialfahrzeug (nach DIN 75 079) für den Rettungsdienst, das sich zum Transport des → *Notarztes* und der erforderlichen medizinisch-technischen Ausrüstung für die Wiederherstellung und Aufrechterhaltung der → *Vitalfunktionen* von → *Notfallpatienten* besonders eignet. *(Fl)*

Notarztwagen (NAW), → *Rettungsfahrzeug* der Feuerwehr oder des → *Rettungsdienstes,* mit dem der → *Notarzt* zur Einsatzstelle gefahren wird, → *Notfallpatienten* behandelt und transportiert werden. *(Fl)*

Notfall (im → *Rettungsdienst),* Zustand, bei dem Störungen der → *Vitalfunktionen* auftreten; Beispiele: Atemstillstand (Apnoe), Erstickungsgefahr durch Sauerstoffmangel (Asphyxie); → *Reanimations-ABC* anwenden! *(Zi)*

Notfalleinsatz, rettungsdienstlicher Einsatz mit einem → *Notfallpatienten,* der vom → *Rettungsdienst* abgewickelt wird. *(Sr/Zi)*

Notfallort, Ort des Unfallgeschehens bzw. der Ort, an dem der → *Notfallpatient* vorgefunden wird (DIN 13 050). *(Zi)*

Notfallpatient, ein Verletzter oder Erkrankter, der sich in einem lebensbedrohlichen Zustand befindet oder bei dem schwere gesundheitliche Schäden zu erwarten sind, wenn er nicht unverzüglich medizinische Hilfe erhält; Beispiel: Brandverletzter, Infarktpatient. *(Sr/Zi)*

Notruf, die Information über einen → *Brand* oder einen anderen Notfall, die bei der → *Feuerwehr* meist von Privatpersonen, aber auch über Meldeeinrichtungen einläuft.
– **110**: bundeseinheitliche Kurzrufnummer der Polizei (für den Anrufer unentgeltlich benutzbar);
– **112**: → *Feuerwehrruf 112. (Ge)*

Notruf-Abfrageeinrichtung (für Feuerwehrruf), Einrichtung, um ankommende → *Notrufe* abzufragen.
Die Abfrageeinrichtung ist ausgestattet mit Anzeige der Herkunftskennung, z. B. aus Mobilfunknetzen, Ortsnetzen, Notrufmeldern bzw. Kennungsgebern von Münz- und Kartentelefonen. Der Notruf kann an andere hilfeleistende Stellen weitergeleitet werden, z. B. zur Polizei und/oder Rettungsdienst. *(Ge)*

Notrufmelder, ein Zusatzgerät für münzfreien Anruf (ohne Geldeinwurf) zur Sprechverbindung von öffentlichen Münzfernsprechern aus zur Leitstelle der Polizei oder der Feuerwehr mit Standortkennung. *(Ge)*

Notrufmeldung ist eine Meldung über einen → *Brand,* einen → *Unfall* oder ein ähnliches Ereignis, die das Alarmieren *(→ Alarmierung)* von bestimmten → *Einsatzkräften* zur Folge hat (DIN 14 011 Teil 8).
Eine Notrufmeldung muss enthalten:
– Art und Umfang des Schadenereignisses,
– Name und Adresse (Fernsprechnummer) des Meldenden (für Rückfragen),
– Meldezeit. *(Ha)*

Notrufnummer, spezielle Telefonnummer, um eine Verbindung zu einer ständig besetzten Einrichtung (z. B. Feuerwehr-Leitstelle, → *Leitstelle)* für die Hilfe bei Notfällen herstellen zu können.
Die Notrufnummer für die Polizei ist 110, für die Feuerwehr 112. In den meisten Bundesländern gibt es für den Rettungsdienst die zusätzliche Rufnummer 19 222. *(Ge)*

Notrufsystem 73, Bezeichnung der damaligen Deutschen Bundespost für ein 1973 beschriebenes bundeseinheitliches Vermittlungs- und Abfragesystem für den Notruf 110 und den Feuerwehrruf 112 mit festgelegten Leistungsmerkmalen:
– Dauerüberwachung der Leitung zwischen Vermittlungs- und Abfragestelle,
– Rückverfolgen (Fangen) des Anrufers,
– Freischalten der Abfrageleitung, wenn der Anrufer nicht auflegt,
– Anzeige der Standortkennung von Notrufmeldern in Telefonzellen,
– Weiterleitung (Vermittlung) des Notgesprächs an eine andere Abfragestelle, z. B. von der Polizei zur Feuerwehr. Durch Einführung des → *ISDN* ist es technisch überholt und durch neue Festlegungen ersetzt worden. *(Ge)*

Notsignalanlage der Feuerwehr ist eine Einrichtung zur Übertragung von → *Notsignalen* von Einsatzkräften zur Atemschutzüberwachungsstelle, bestehend aus → *Notsignalgeräten* oder → *Notsignalgebern,* die über Funk mit einer → *Empfangszentrale* für Notsignale in Verbindung stehen. *(Ge)*

Notsignale sind Signale, die von Feuerwehrangehörigen abgegeben werden, wenn sie in Not sind oder z. B. wenn Gefahren erkannt werden, die einen sofortigen

Rückzug erforderlich machen. *(Ge)*

Notsignalgeber; Gerät, das das Auffinden von Hilfe benötigenden oder in Not geratenen Atemschutzgeräteträgern durch optische und/oder akustische Signale erleichtert. Es kann als Zusatzeinrichtung für Handsprechfunkgeräte eingebaut oder adaptiert sein, um im Notfall über die bestehende Sprechfunkverbindung des Einsatzstellenfunks, üblicherweise im 2-m-Bereich, ein → *Notsignal* zur Empfangszentrale, z. B. bei der Atemschutzüberwachungsstelle, übertragen zu können. *(Ge)*

Notsignalgeräte der Feuerwehr sind von Atemschutzgeräteträgern mitzuführende Einrichtungen, die im Notfall über eine besondere Funkverbindung ein → *Notsignal* zu einer Empfangszentrale übertragen. Sie verfügen unabhängig vom Sprechfunkgerät über ein eigenes Sende- und Empfangsgerät auf speziellen Frequenzen und überwachen automatisch die Funkverbindung zur Empfangszentrale. Sie können zusätzlich biomedizinische und technische Kenngrößen, zum Beispiel den Atemluft-Flaschendruck, übertragen. Sie gleichen den „Personen-Notsignal-Anlagen" für Arbeitskräfte bei gefährlichen Tätigkeiten. *(Ge)*

Notstand kann ein ansonsten unerlaubtes Handeln rechtfertigen und ist für Feuerwehrangehörige in straf- und zivilrechtlicher Hinsicht von Bedeutung. Durch Notstand ist gerechtfertigt, wer in einer gegenwärtigen, nicht anders abwendbaren Gefahr für Leben, Leib, Freiheit, Ehre, Eigentum oder für ein anderes Rechtsgut eine Tat begeht, um die Gefahr von sich oder einem anderen abzuwenden, wenn bei Abwägung der widerstreitenden Interessen, namentlich der betroffenen Rechtsgüter und des Grades der ihnen drohenden Gefahren, das geschützte Interesse das beeinträchtigte wesentlich überwiegt. Dies gilt jedoch nur, soweit die Tat ein angemessenes Mittel ist, die Gefahr abzuwenden.
Unter einer gegenwärtigen Gefahr ist ein Zustand zu verstehen, dessen voraussichtliche Weiterentwicklung den Eintritt oder die Intensivierung eines Schadens ernstlich befürchten lässt, sofern nicht alsbald Abwehrmaßnahen ergriffen werden. Die Abwehrhandlung muss als einzige Möglichkeit der Gefahrenabwehr objektiv erforderlich sein.
Erforderlich ist, was zur Abwehr der Gefahr objektiv geeignet ist und als der sicherste Weg zur Rettung des gefährdeten Rechtsgutes erscheint. Unter mehreren gleich geeigneten Maßnahmen ist die mildeste zu wählen, die den Einzelnen und die Allgemeinheit am wenigsten beeinträchtigen.
Aber auch wenn diese Voraussetzungen gegeben sind, ist die Handlung nur gerechtfertigt, wenn das geschützte Rechtsgut das beeinträchtigte wesentlich überwiegt. Dabei ist auch der Grad der drohenden Gefahren abzuwägen.
Beispiel: Ein Löschzug der Freiwilligen Feuerwehr wird zu einem Brandeinsatz in ein Altenheim alarmiert. Beim Ausrücken stellt sich heraus, dass nicht genügend Fahrer mit der Fahrerlaubnisklasse CE zur Verfügung stehen. Ein am → *Feuerwehrhaus* eingetroffener Feuerwehrangehöriger hat wegen eines Verkehrsdelikts die Fahrerlaubnis vorläufig entzogen bekommen. Dieser entschließt

sich, das Fahrzeug dennoch zu führen. Er hat damit den Straftatbestand des Fahrens ohne Fahrerlaubnis gem. § 21 Abs. 1 Nr. 1 StVG erfüllt. Er hat jedoch nicht rechtswidrig gehandelt, denn sein Handeln ist nach § 34 StGB gerechtfertigt. Bei dem Brand in einem Altenheim handelt es sich nämlich um eine gegenwärtige Gefahr für Leib und Leben der Bewohner. Um diese abzuwenden, ist es erforderlich, so schnell wie möglich mit allen verfügbaren Fahrzeugen des Löschzuges anzurücken. Das gefährdete Rechtsgut (Leib und Leben) genießt absoluten Vorrang gegenüber der Beachtung der Vorschriften über die Fahrerlaubnis. Das Fahren ohne Fahrerlaubnis durch diesen Feuerwehrangehörigen ist auch das mildeste Mittel, um die Gefahr abzuwenden. *(Fi)*

Notzeichen → *Notsignale. (Ge)*

Nuklid, eine durch seine Protonenzahl, Neutronenzahl und seinen Energiezustand charakteristische Atomart; → *Radionuklid. (Kl)*

Nuklidkarte, Übersichtskarte über alle bekannten → *Nuklide.* Sie gibt Auskunft über die Art der → *Strahlung,* die → *Halbwertszeit* und andere Eigenschaften der Nuklide. *(Kl)*

Nullzeit, Tauchzeit eines einzigen Tauchganges, bzw. Summe der Tauchzeit mehrerer Tauchgänge eines Tauchers innerhalb von 12 Stunden, für die keine → *Haltezeiten* während des Aufstiegs beim letzten Tauchgang erforderlich sind. *(Mt)*

Nummer zur Kennzeichnung des Stoffes → *UN-Nummer (Fl)*

Nut ein durchgehender Einschnitt an der Verbindungsseite eines Teils, z. B. eines Brettes oder Porenbausteins, der ein passendes Gegenstück, die so genannte → *Feder,* aufnimmt. Nut und Feder sind → *Holzverbindungen* und werden zum Zusammenfügen flacher Holzteile, z. B. bei Wandverkleidungen mit → *Holzspanplatten* eingesetzt. *(Bt)*

Nutzfeuer, bestimmungsgemäßes (absichtliches und kontrolliertes) → *Brennen;* Beispiele: Ofenheizung, offener Kamin; Gegensatz: → *Schadenfeuer. (Sr)*

Nutzungsart, im Flächennutzungsplan festgesetzte, allgemeine Art der baulichen Nutzung von Flächen, z. B. Wohnflächen (W) oder im → *Bebauungsplan* festgelegte, besondere Art der Nutzung von Baugebieten, z. B. reine Wohngebiete (WR). *(Bt)*

Obergeschoss ein nicht zu ebener Erde liegendes → *Geschoss* (oberhalb des Erdgeschosses).
Bei Obergeschossen muss der Erste Rettungsweg *(→ Rettungsweg)* über mindestens eine Treppe (notwendige Treppe) führen. Der zweite Rettungsweg kann eine mit → *Rettungsgeräten* der Feuerwehr erreichbare Stelle, z. B. eine → *Brüstung* oder eine weitere notwendige Treppe sein. *(Bt)*

Oberwasser, Wasserfläche oberhalb einer Staustufe oder einer → *Schleuse;* Gegensatz: → *Unterwasser. (Mt)*

Objektplan, andere, nicht genormte Bezeichnung für → *Feuerwehrplan. (Sr)*

Objektschutz,
– im Vorbeugenden Brandschutz: Schutz einer einzelnen Einrichtung, z. B. Maschine, innerhalb eines Raumes oder im Freien durch eine automatisch wirkende Löschanlage; *(Oe)*
– bei der Polizei: Maßnahmen der Polizei oder anderer Sicherheitskräfte, z. B. (privater) Wach- und Schutzdienste, Werkschutz, zur Abwehr von Gefahren für Wohnungen, Gebäude, Industrieanlagen oder bewegliche Objekte wie Kraftfahrzeuge; → *Personenschutz. (Mt)*

Objektschutzlöschanlage, → *Kohlendioxid-Objektschutzlöschanlage. (Oe)*

Observation, planmäßige und meist unauffällige Beobachtung von Personen oder Objekten, um Erkenntnisse zur Durchführung → *präventiver* (vorbeugender) oder → *repressiver* (strafverfolgender) polizeilicher Aufgaben zu erhalten, z. B. über Beweismittel oder Gefährdungsgrad einer Person. *(Mt)*

OB-Technik → *Abk.* für: → *Ortsbatterie-Technik. (Ge)*

Odorierung, Anlage zur Beimengung von Duftstoffen in ein geruchloses Gas (z. B. Kohlendioxid, Argon, selten Inergen). Das Gas wird dadurch „riechbar".
Gefahr: Tritt z. B. infolge einer Undichtheit das Gas (farblos, geruchlos) aus der Löschanlage aus und sammelt sich z. B. in dem Raum, in dem die Anlage installiert ist oder in tiefer gelegenen Räumen, so wird es zu einer Gefahr (Erstickungsgefahr!) für das Bedienungspersonal. Durch Beimengung eines Duftstoffes zum Gas erhält dieses einen auffälligen Warngeruch, z. B. nach faulen Eiern.
Durch die Odorierung werden bereits geringste Mengen Gas wahrgenommen, lange bevor das Gas (auch bei Erdgas) die untere Zündgrenze *(→ Explosionsgrenze)* erreicht.
Auch Erdgas wird odoriert (Knoblauchgeruch). *(Oe)*

öffentliche Brandmeldeanlage, frühere Bezeichnung für → *Alarmübertragungsanlage. (Ge)*

öffentliche Fernmeldenetze → *Fernmeldenetze. (Ge)*

Öffnungsfläche, aerodynamisch wirksame → *Aerodynamische Öffnungsfläche. (Oe)*

OEG, Abk. für: obere → *Explosionsgrenze. (Rö)*

offene Schaltreihe → *Schaltreihe. (Fl)*

OG Abk. für: → *Obergeschoss;* Beispiel: „Angriffstrupp zur Menschenrettung mit erstem Rohr ins 2. OG über Treppenraum vor!" *(Bt)*

Ölabscheider, Gerät zur Trennung von Wasser-Öl-Gemischen: Die bei der Feuerwehr verwendeten Ölabscheider sind tragbar oder fahrbar, funktionieren nach dem Schwerkraftprinzip und werden z. T. durch das Prinzip der Koalisierplatten ergänzt:
Das im Ölabscheider gesammelte Wasser-Öl-Gemisch trennt sich aufgrund der Dichteunterschiede von Wasser und Öl. Das Öl schwimmt oben und wird in einen Ölauffangbehälter abgeleitet. Bei der Verwendung von Koalisierplatten fließt das Wasser-Öl-Gemisch durch ein wellenförmiges Koalisierplattenpaket. Infolge unterschiedlicher Strömungsgeschwindigkeiten in den wellenförmigen Strömungskanälen sammelt sich das Öl in den Wellenbergen und steigt durch sich dort befindliche Löcher nach oben. Wird das gereinigte Wasser in das Gewässer zurückgeleitet, so soll die Abscheidewirkung so sein, dass weniger als 20 mg/l Öl im rückfließenden Wasser enthalten ist.
Der Volumenstrom des Wasser-Öl-Gemisches hängt von der verwendeten Pumpe ab und liegt zwischen 30 und 150 l/min. *(Fl)*

Ölbindemittel, Absorptionsmittel für Mineralöl; unterliegt in Kennzeichnung und der zu garantierenden Eigenschaften der Ölbinder-Richtlinie (genauer Titel: Anforderungen an Ölbinder; Ministerialblatt 1990 Nr. 18 S. 335 ff. und Ministerialblatt 1998 Nr. 15). Danach unterscheidet man folgende Typen:
- **Typ I:** Ölbinder mit besonderer Eignung für den Einsatz auf Gewässern; Kennzeichnung blau;
- **Typ II:** Ölbinder für den allgemeinen Einsatz auf dem Land und kleineren Gewässern; Kennzeichnung rot;
- **Typ III:** Ölbinder für besondere Bedarfsfälle, insbesondere in Gewerbe und Industrie. Diese Ölbinder müssen nicht wasserabweisend sein;
- **Typ IV:** Ölbinder mit besonderer Eignung für den Einsatz auf Gewässern; dadurch gekennzeichnet, dass ein Volumen von mindestens 25 Litern durch eine durchlässige Umhüllung gebunden ist. Ölbinder, die nach dem Einsatz auf ölverunreinigten Verkehrsflächen und Nachreinigung gemäß Gebrauchsanleitung wieder eine ausreichende Griffigkeit der Fahrbahn – insbesondere bei Nässe – gewährleisten, erhalten zur Typbezeichnung die Zusatzbezeichnung R; Beispiel: Ölbinder Typ II-R. Ölbinder der Sonderformen z. B. Ölbindewürfel, Vliese, Tücher oder Kissen erhalten die Zusatzbezeichnung SF. *(Fl)*

Ölskimmer (von *skimmer,* engl. = Ölaufsauger), Gerät zum Absaugen von Mineralöl von der Wasseroberfläche.
Der Auftrieb des Ölskimmers ist so eingestellt, dass nur das Öl, jedoch kein Wasser in den Skimmer einfließen kann. *(Fl)*

Ölsperre, Gerät zum Eingrenzen von Öl auf Gewässern; es werden Seesperren für ruhige Gewässer und Bachsperren für fließendes Gewässer verwendet. Bei Fließgewässern muss ein Unterspülen der Sperren verhindert werden. *(Fl)*

Ölunfall, Freiwerden von Mineralöl nach einer → *Havarie* oder durch eine → *Leckage,* z. B. einer Pipeline (→ *Gefahrgutunfall). (Fl)*

Ordnungswidrigkeit ist eine rechtswidrige, schuldhafte Tat, die durch ein Gesetz mit einer → *Geldbuße* bedroht ist.
Der Unrechtsgehalt einer Ordnungswidrigkeit liegt deutlich unter dem einer Straftat. Das materielle Ordnungswidrigkeitenrecht ist über zahlreiche Bundes- und Landesgesetze verteilt. Am bekanntesten und auch für Feuerwehrangehörige im Einsatz am bedeutendsten sind die Verkehrsordnungswidrigkeiten gem. § 24 StVG (Straßenverkehrsgesetz) in Verbindung mit der StVO (Straßenverkehrsordnung) und der StVZO (Straßenverkehrszulassungsordnung).
Die → *Feuerwehrgesetze* der Länder enthalten ebenfalls Bußgeldvorschriften, z. B. für Zuwiderhandlung gegen Anordnungen des Einsatzleiters, beispielsweise einen → *Platzverweis.*
Ordnungswidrigkeiten werden durch die Verwaltungsbehörden und nicht durch die Staatsanwaltschaft verfolgt. Erst wenn gegen einen Bußgeldbescheid Einspruch eingelegt wird, werden die Akten von der Verwaltungsbehörde der Staatsanwaltschaft vorgelegt. *(Fi)*

Organdosis, Mittelwert der → *Äquivalentdosis* über ein Organ. *(Kl)*

Oropharyngealtubus, anatomisch geformter → *Tubus,* der über den Mund-Rachenraum bis kurz vor den Kehlkopf geschoben wird; Zweck: Freihaltung der → *Atemwege;* Gefahr: Auslösung von Brechreiz oder Verletzung der oberen Atemwege bei unsachgemäßer Handhabung; Arten: → *Guedel-Tubus,* → *Safar-Tubus. (Zi)*

Ortgang, eine beim Zusammenstoßen der → *Giebelwand* mit einer geneigten Dachfläche entstehende schräge Kante, z. B. bei einem Satteldach. *(Bt)*

Ortsbatterie-Technik (OB), Art der Stromversorgung für den Sprechstrom einer Telefonverbindung durch Batterien, meist zwei Monozellen, die jeweils im Telefonapparat eingebaut sind: Ausführung als „Feldfernsprecher" der „Streckenfernsprecher" der Deutschen Bahn AG.
Die Rufstromerzeugung erfolgt mit einem handbetriebenen Kurbelinduktor (Dynamo-Prinzip) oder elektronisch mit Wechselrichter aus der OB-Batterie; Gegensatz: → *Zentralbatterie-Technik. (Ge)*

Ortsdosisleistung, die an einem bestimmten Ort, z. B. Stelle innerhalb eines Raumes, festgestellte → *Dosisleistung.* Sie wird im Strahlenschutzeinsatz nach → *Feuerwehr-Dienstvorschrift 500* durch den Angriffstrupp gemessen. *(Kl)*

Oxidation, chemische Reaktion eines Stoffes mit Sauerstoff zu einem Oxid; Sauerstoff ist das am meisten verwendete → *Oxidationsmittel,* Beispiel: das → *Brennen* (Oxidation eines brennbaren Stoffes). Nach dem Prinzip der Oxidation verbinden sich z. B. auch Halogene mit vielen anorganischen und organischen Stoffen.
Der Oxidation liegen Veränderungen in den Elektronenhüllen der Atome zugrunde; jeder Stoff, der oxidiert wird, gibt Elektronen ab:
- Oxidation ist eine Abgabe von Elektronen.
- Eine Oxidation ist meist mit einer → *Reduktion* des Reaktionspartners verbunden.

Beispiel:
$2 Mg + O_2 \rightarrow 2 MgO$
[$2 Mg \rightarrow 2 Mg^{++} + 4^{-}e$ (Elektronenabgabe)
$O_2 + 4 e \rightarrow 2 O^{-}$].
Oxidation ist stets mit einer → *exothermen Reaktion* gekoppelt; Beispiel: $C + O_2 \rightarrow CO_2$ – Wärme (Minuszeichen: siehe → *exotherm).*
Je nach der Oxidationsgeschwindigkeit unterscheidet man Oxidationen ohne → *Feuererscheinung* und geringer Wärmeabgabe (Rosten, Gären, Verwesen) und Oxidationen mit Feuererscheinung und starker Wärmeabgabe (Brennen, Explodieren); → *Explosion. (Ha)*

Oxidationsgeschwindigkeit, die zeitliche Änderung der Konzentrationen des Elementes und des Sauerstoffs bei → *Redoxreaktionen;* → *Reaktionsgeschwindigkeit;* Beispiele: geringe Oxidationsgeschwindigkeit beim Rosten, Faulen, Verwesen; große Oxidationsgeschwindigkeit beim → *Brennen;* → *Verbrennungsgeschwindigkeit;* → *Abbrandrate. (Ha)*

Oxidationsmittel sind Stoffe, die bei einer chemischen Reaktion vom Reaktionspartner Elektronen aufnehmen. Das Oxidationsmittel wird dabei reduziert *(→ Reduktion),* der andere Stoff oxidiert *(→ Oxidation).* Folge: Oxidationsmittel sind nur wirksam, wenn ein geeigneter oxidierbarer Stoff vorhanden ist. Ein Oxidationsmittel geht durch Reduktion in ein → *Reduktionsmittel* über.
Die Wirksamkeit eines Oxidationsmittels ist um so größer, je mehr Elektronen es anziehen kann, d. h. je größer seine Elektronegativität ist.
Sauerstoff ist das am meisten verwendete Oxidationsmittel, so z. B. beim → *Brennen.*
Starke Oxidationsmittel sind auch die Halogene (Fluor, Chlor, Brom). Sauerstoff abgebende Oxidationsmittel: Kaliumchlorat ($KCl0_3$ – für Zündhölzer, Explosivstoffe), Kaliumpermanganat ($KMnO_4$, ein Desinfektionsmittel) und Wasserstoffperoxid (H_2O_2, ein Bleichmittel), Salpetersäure (HNO u. a. ein Grundstoff für Explosivstoffe). *(Ha)*

Pager (engl. für Hotel-Page, der jemanden bei Bedarf zum Telefon ruft), übertragene Bezeichnung für einen (Melde- bzw.) Funkrufempfänger; umgangssprachlich: „Piepser". *(Ge)*

Paging (engl.) = das Übertragen großer Informationsmengen von einem Speicher zum andern; → *Funkruf;* → *Alarmierungssystem. (Ge)*

Panikverschluss, eine Schließvorrichtung, die ohne Schlüssel oder sonstige Hilfsmittel das Öffnen einer Tür vom Gebäudeinnern aus ermöglicht.
Panikverschlüsse werden hauptsächlich bei Notausgängen installiert. Sie werden so angeordnet, dass sie auch von Personen betätigt werden können, die sich in einer Paniksituation befinden. Panikverschlüsse können auch mit elektrischen Signalgebern ausgerüstet sein, die die Benutzung des Notausganges anzeigen, z. B. der Notausgang in einem Hotel. *(Oe)*

Partikelfilter, ein → *Filter* nach DIN EN 143 mit dem Filtermedium Filterpapier.
Partikelfilter schützen gegen staubförmige Atemgifte; Einteilung siehe *Tabelle. (Zi)*

Partikelfilterklasse	Abscheidevermögen	Vielfaches vom Grenzwert *(z. B. MAK- bzw. TRK-Wert)*
P 1	gering	4
P 2	mittel	15
P 3	hoch	400

Partikelfunken *(→ Funken),* glühende Teilchen, die bei Schweiß- oder Trennarbeiten, durch Schlag oder Stoß (Schlagfunken) oder durch Reibung (Reibungsfunken), aber auch bei einer Verbrennung entstehen. Ist die Energie der Partikelfunken groß genug, werden sie zur Zündquelle. *(Ha)*

Patient, eine Person, deren Zustand den Einsatz ausreichend rettungsdienstlich geschulten Personals für medizinische Versorgung und/oder einen geeigneten Transport erfordert (DIN 13 050). *(Sr)*

PEEP-Ventil, Abk. für: *Positive Endexpiratory Pressure* (positiver Ausatmungsdruck); Teil eines → *Beatmungsbeutels* oder → *Beatmungsgerätes.*
Das PEEP-Ventil ermöglicht es, einen positiven Druck in den Alveolen während der Ausatemphase aufrecht zu halten. Dadurch wird ein Zusammenfallen der Alveolen während der Ausatmung vermindert. *(Zi)*

Pendelatmung bei → *Atemschutzgeräten* nennt man das Ein- und Ausatmen in ein Regenerationsgerät über nur einen → *Atemschlauch.* D. h. die → *Ausatemluft* wird über denselben Atemschlauch geführt wie die → *Einatemluft. (Zi)*

Periodensystem der Elemente, Anordnung der → *chemischen Elemente* nach ihrer Ordnungs-(Kernladungs-)zahl. Sie entspricht mit einigen Abweichungen einer Anordnung nach steigender Atommasse. In den waagerechten Perioden und in den senkrechten Gruppen werden die Elektronenschalen der chemischen Elemente nach energetischen Gesetzmäßigkeiten aufgebaut. Durch die Anordnung werden die chemischen und physikalischen Eigenschaften der Elemente bestimmt. So nimmt z. B. der metallische Charakter der Elemente in den Gruppen von oben nach unten zu. *(Kl)*

Person, eingeschlossene → *Eingeschlossene Person. (Sr)*

Personendosimeter, es gibt folgende Dosimeter im Strahlenschutz, mit denen die Personendosis (→ *Äquivalentdosis*) ermittelt werden kann:

nicht amtliche Dosimeter:
nicht amtliche Dosimeter erlauben eine Auswertung der aufgenommenen Personendosis direkt nach dem Einsatz.

- **Stabdosimeter**: unter Einwirkung von Strahlung wird ein geladener Kondensator entladen. Die Entladung ist ein Maß für die während eines Einsatzes aufgenommene Dosis;
  Nachteil: das Gerät ist schlagempfindlich. Das Stabdosimeter gehört in einigen Bundesländern noch zur → *persönlichen Sonderausrüstung,* obwohl die → *Feuerwehr-Dienstvorschrift 500* das Stabdosimeter nicht mehr vorschreibt; durch den Einsatz digitaler Personendosimeter kann der Einsatz von Stabdosimetern entfallen.
- **Digitale Personendosimeter**: neue Generation der Dosimeter, die mit einem → *Zählrohr* ausgestattet sind und die aufgenommene Dosis auf einem Display (optische Anzeige) anzeigen.

Amtliche Dosimeter, man unterscheidet:
Filmdosimeter und Flachglasdosimeter;

- **Filmdosimeter**: das Gerät enthält einen von mehreren Metallfiltern abgedeckten Film. Man kann damit die Dosis und die Strahlungsart bestimmen; → *Strahlung.*
- **Flachglasdosimeter** (Photolumineszenz-(Glas)-Dosimeter); das Gerät enthält einen Phosphatglaskörper, dessen Struktur sich unter Einwirkung von Strahlung verändert. *(Kl)*

Personendosis → *Dosis. (Kl)*

Personenrettung → *Rettung. (Sr)*

Personenschutz, Maßnahme der Polizei oder anderer Sicherheitskräfte, um Angriffe gegen Leben, körperliche Unversehrtheit oder gegen die Willens- und Handlungsfreiheit von Einzelpersonen oder Personengruppen zu verhindern bzw. abzuwehren; → *Objektschutz. (Mt)*

Personenschutzvorrichtungen an Gas-Löschanlagen. Strömt Löschgas, z. B. Kohlendioxid, in einen Raum, so wird der im Raum vorhandene Sauerstoff verdrängt.
Eine löschfähige Konzentration von Löschgas reduziert also den Sauerstoffanteil der Luft auf einen Wert unter 17 Vol.-%. Das bedeutet für Menschen und Tiere Lebensgefahr.
Zum Schutz von Personen, die sich z. B. in einem von einer → *Gaslöschanlage* geschütztem Rechenzentrum aufhalten, wurden vom → *VdS* und dem Hauptverband der Gewerblichen Berufsgenossenschaften Richtlinien zum Personenschutz aufgestellt.
Eine Gaslöschanlage muss zum Personenschutz akustische und ggf. zusätzlich optische Alarmeinrichtungen, ferner Verzögerungseinrichtungen zum Einhalten der Vorwarnzeiten, Stopptaster, ggf. auch Blockiereinrichtungen aufweisen. An den Innen- und Außenseiten aller Türen zu den Gefahrenbereichen muss das Warnzeichen „Warnung vor einer Gefahrenstelle" (gelbes Dreieck mit schwarzem Rand und schwarzem Ausrufezeichen) und ein Zusatzzeichen mit der Aufschrift, z. B.

„Kohlendioxid-Löschanlage! Bei Feueralarm oder Ausströmen von Kohlendioxid, Raum sofort verlassen. Lebensgefahr!" angebracht werden (ebenfalls gelb mit schwarzem Rand und schwarzer Aufschrift).
Besteht die Gefahr, dass Personen durch ausströmendes Kohlendioxid in tiefer gelegenen Räumen gefährdet werden, ist das (an sich geruchlose) Löschgas zur Geruchswahrnehmung durch Zusätze zu odorieren *(→ Odorierung).* Diese Zusätze dürfen weder brennbar noch gesundheitsgefährlich sein. *(Oe)*

Persönliche Sonderausrüstung → *Sonderausrüstung. (Kl)*

Pfeiler nennt man ein freistehendes oder mit einer Wand verbundenes, vertikales Bauteil aus Steinen *(→ Steine),* → *Mauerwerk* oder → *Beton.*
Sie haben die Aufgabe, Lasten von Wänden, Decken oder Gewölben aufzunehmen. Bei Beschädigung von Pfeilern ist mit Einsturzgefahr zu rechnen. *(Bt)*

Pfette, ein parallel zum → *First* verlaufendes Teil (i. d. R. aus Holz) einer Dachkonstruktion. Auf Giebelwänden aufgelagerte oder durch Stiele aufgeständerte Pfetten werden überwiegend auf Biegung beansprucht und nehmen entweder direkt oder über → *Sparren* die → *Dachhaut* auf. *(Bt)*

Pflichtfeuerwehr (PF), eine öffentliche → *Feuerwehr;* sie besteht aus Einsatzkräften, die aufgrund gesetzlicher Bestimmungen verpflichtet sind, ehrenamtlich Feuerwehrdienst zu leisten. Eine PF kann von einer Gemeinde eingerichtet werden, wenn sich keine Bürger finden, die zum ehrenamtlichen Feuerwehrdienst bereit sind. In Deutschland gibt es (Stand: 2005) keine Pflichtfeuerwehr. *(Sr)*

Pfosten nennt man ein tragendes senkrechtes Teil einer Baukonstruktion, z. B. eines Dachstuhls oder → *Fachwerkbaus.*
Auf Druck beanspruchte, i. d. R. hölzerne Pfosten haben die Aufgabe, Belastungen z. B. vom Dach oder von den Wänden weiterzuleiten. Bei Beschädigung von Pfosten ist mit Einsturzgefahr zu rechnen. *(Bt)*

PG, Abk. für: *Project Group* (engl. = Projektgruppe); andere Bezeichnung für Task Group; → *TG. (Fl)*

Pharyngealtubus, ein → *Tubus,* der über den Nasen-Rachenraum *(→ Nasopharyngealtubus)* bzw. Mund-Rachenraum *(→ Oropharyngealtubus)* bis vor den Kehlkopf geschoben wird; Ziel: Freihaltung der Atemwege. *(Zi)*

phlegmatisierende Mindestkonzentration (von *phlegma,* griech./lat. = Trägheit) ist die Grenzkonzentration eines → *inerten* Gases in einem Gemisch mit Luft, bei deren Überschreitung das Gemisch in jeder beliebigen Konzentration des brennbaren Stoffes nicht mehr → *explosibel* ist.
Durch den Zusatz des Inertgases wird die Sauerstoffkonzentration des Gemisches verringert; → *Sauerstoffgrenze.*
Die phlegmatisierende Mindestkonzentration gilt stets nur für eine bestimmte Sauerstoff-Inertgas-Kombination; sie hat die Einheit Vol.-% *(Tabelle).*
Anwendung: Inertisierung von Gas-, Dampf-, Staub-Luft-Gemischen mit → *Phlegmatisierungsmitteln. (Ha)*

Tabelle: Theoretische **CO_2-Mindestkonzentration** zum Löschen brennbarer Gase und Dämpfe

Stoff	phlegmatisierende Mindestkonzentration von CO_2 in Vol.-%	
Methan	CH_4	25
Propan	C_3H_6	30
Aceton	CH_3COCH_3	26
Kohlenmonoxid	CO	53
Wasserstoff	H_2	55

Phlegmatisierungsmittel sind reaktionsträge Gase, die sich nicht am Vorgang des → *Brennens* beteiligen. Sie bewirken eine Verdünnung der Reaktionspartner, d. h. des brennbaren Stoffes und des → *Oxidationsmittels.* Wird hierdurch die → *phlegmatisierende Mindestkonzentration* überschritten *(→ Sauerstoffgrenze),* so findet kein Brennen statt.
Phlegmatisierungsmittel sind insbesondere Stickstoff, Wasserdampf, Kohlendioxid und einige Edelgase, z. B. → *Argon* und Helium. Sie werden für den Explosionsschutz *(→ Ex-Schutz)* und als Schutzgase zum Lichtbogenschweißen und Schneiden verwendet;
Beispiele:
– In Tanklagern für brennbare Flüssigkeiten, Gaswerken, Silobetrieben und Mühlen mit brennbaren Stäuben werden Schweiß- und Schneidarbeiten an Rohren, Tanks und anderen Behältnissen, die explosible Gas-, Dampf-, oder Staub-Luft-Gemische enthalten, nur nach Auffüllen oder Spülen der Behältnisse mit einem Schutzgas, meist Stickstoff, durchgeführt.
– Die Gehäuse von elektrischen Betriebsmitteln für explosionsgefährdete Bereiche, bei denen Funken oder Lichtbögen entstehen, sind mit einem unter Druck stehenden Schutzgas gefüllt; → *Zündschutzart;*
– Stationäre Löschanlagen mit dem Löschmittel Argon. *(Ha)*

pH-Messgerät → *Messgeräte. (Fl)*

Phosphatglasdosimeter → *Personendosimeter. (Kl)*

Photoionisationsdetektor (PID), Messgerät zum Messen chemischer Stoffe, die als Gas, Dampf oder Schwebstoff in der Luft vorliegen. Einsatzgebiet ist der Gefahrguteinsatz. Das Messprinzip beruht auf der → *Ionisation* von Molekülen durch UV-Licht mit anschließender Detektion der Ionen. Liegen mehrere Stoffe, die mit UV-Licht ionisiert werden können, nebeneinander vor, so kann mit diesem Messgerät keine Aussage über die Menge der einzelnen Stoffe getroffen werden. Ist der Stoff nicht durch UV-Licht ionisierbar, so kann er mit diesem Gerät nicht gemessen werden. *(Kl)*

pH-Wert, Maßzahl für die Wasserstoffionen-Konzentration und damit für die Stärke einer Säure oder Lauge (d. h. für die Stärke der sauren oder alkalischen Reaktion) einer Lösung. Der pH-Wert ist gleich dem negativen dekadischen Logarithmus der Wasserstoffionen-Konzentration. Ein pH-Wert von größer 7 bedeutet alkalische, einer von 7 neutrale und einer von kleiner 7 saure Reaktion der Lösung. *(Kl)*

PID, Abk. für: → *Photoionisationsdetektor. (Kl)*

Planung → *Führungsvorgang. (Sr)*

Platzverweis; durch einen Platzverweis wird eine Person von der Einsatzstelle verwiesen oder ihr

das Betreten der Einsatzstelle verboten.
Leider enthalten noch nicht alle → *Feuerwehrgesetze* eine eindeutige Ermächtigungsgrundlage für die Feuerwehr. Ggf. muss dann die Polizei entsprechend dem Polizeigesetz einen Platzverweis erteilen. *(Fi)*

p_{lim}, → *Grenzdruck. (Fl)*

pneumatische Dichtmittel, Oberbegriff für → *Leckdichtkissen;* bei den pneumatischen Dichtmitteln unterscheidet man
→ *Vakuum-Leckdichtkissen,*
- Dichtmanschette,
- Leckbandagen,
- Rohrdichtkissen,
- Gullydichtkissen,
- Keilkissen,
- Kegelkissen und
- Leckdichtlanze.

Pneumatische Dichtmittel werden bei der Gefahrenabwehr beim Einsatz mit gefährlichen Stoffen verwendet. Es handelt sich dabei um aufblasbare Hohlkörper aus Gummi, die in ein Leck eingebracht werden, sich beim Aufblasen mit Druckluft an der Leckwandung anlegen und das Leck abdichten oder die Leckrate verringern.
Der Betriebsdruck dieser Geräte liegt zwischen 1,5 und 6 bar. Pneumatische Dichtmittel werden auf → *Gerätewagen Gefahrgut* mitgeführt. *(Fl)*

pneumatische Rettungsgeräte → *Luftheber. (Fl)*

POCSAG, Abk. für: *Post Office Code Standardization Advisory Group,* eine Arbeitsgruppe der Europäischen Fernmeldeverwaltungen.
POCSAG erarbeitete den Radio Paging Code (RPC), den so genannten POCSAG-Code, den bedeutendsten Funkruf-Standard in Europa. Der POCSAG-Code wird auch beim digitalen Alarmierungssystem der → *BOS* verwendet. *(Ge)*

Podest (Treppenpodest, Treppenabsatz), ein waagrechtes Bauteil aus Stahlbeton, Holz oder Stahl in Form einer Platte, an dem die Treppenläufe einer Treppe beginnen bzw. enden. *(Bt)*

Polizeiboot, Wasserfahrzeug zu Erledigung der polizeilichen Aufgaben auf dem Wasser, z. B. Schiffskontrollen, Unfallaufnahmen; Bauart und Größe sind abhängig vom Einsatzgebiet (Binnenschifffahrtsstraßen, kleinere Oberflächengewässer, Häfen, Küste, auf hoher See). *(Mt)*

Polizeidirektion (PD), Organisationseinheit der Polizei – in der Regel auf der Ebene von Kreisverwaltungen – denen die Polizeireviere und Polizeiposten der Schutzpolizei und die Dezernate und Außenstellen der Kriminalpolizei nachgeordnet sind. Bei der Polizeidirektion wird vorrangig Stabsarbeit verrichtet, bzw. werden zentrale Einrichtungen auf Kreisebene vorgehalten, z. B. Verkehrsdienst, Einsatzzug, Wirtschaftskontrolldienst. *(Mt)*

Polizeiposten → *Polizeirevier. (Mt)*

Polizeirevier, Organisationseinheit der Polizei, die durchgehend besetzt und mit den Kräften des → *Streifendienstes* im jeweiligen Zuständigkeitsbereich alle polizeilichen Aufgaben – zumindest im „Ersten Angriff" – wahrnimmt. Der „Rund-um-die-Uhr-Dienst" bei den Polizeirevieren ist in der Regel in vier bzw. fünf Dienstgruppen organisiert. Den Polizeirevieren sind, je nach regionalen Erfordernissen, kleinere Polizeiposten in einzelnen Gemeinden unterstellt; diese sind jedoch meist nur tagsüber besetzt. *(Mt)*

Poller (auf einem Schiff), Hohlzylinder aus Stahlblech zum Befestigen des Schiffes am Ufer, in Schleusen oder längsseits anderer Wasserfahrzeuge mit Tauwerk oder Drähten. *(Mt)*

Polytrauma (Mehrfachverletzung), gleichzeitig entstandene Verletzungen, bei denen mindestens eine (z. B. schwere Schädel-Hirn-Verletzung) oder eine Kombination (z. B. Leber- und Lungenriss) von Verletzungen lebensbedrohlich ist. Etwa 40 % aller Polytraumen verlaufen tödlich; häufigste Ursache: Verkehrsunfall. *(Zi)*

ppm, Abk. für: *Parts per million* (engl.) = Teile je Million; Beispiel: 1 cm^3/m^3 = 1 ppm, zur Angabe der Konzentration von Gefahrstoffen. *(Rö)*

Präambel (beim digitalen → *Alarmierungssystem),* nach dem → *Radio-Paging-Code-System* der 576 Bit lange Vorlauf zu Beginn des Alarmrufs. Diese „Präambel" dient der Synchronisation der folgenden Datenübertragung. *(Ge)*

präventive polizeiliche Aufgaben, vorbeugende Aufgaben, z. B. die Gefahrenabwehr, Verbrechensverhütung, → *Observation* und → *Personenschutz. (Mt)*

prEN, Abk. für: *Project de Norme Européen* (franz.: = Entwurf Europäische Norm).
Normentwürfe werden in den Arbeitsgruppen *(→ WG)* der Technischen Komitees *(→ TC)* erarbeitet und dem zuständigen TC zur Stellungnahme und weiteren formellen Bearbeitung zugeleitet. *(Fl)*

Pressluftatmer, → *Behältergerät,* bei dem der → *Atemluftvorrat* vom → *Atemschutzgeräteträger* in → *Atemluftflaschen* mitgeführt wird. Man unterscheidet → *Überdruck-Pressluftatmer* und → *Normaldruck-Pressluftatmer*
Der → *Hochdruck* (200 bar bzw. 300 bar) wird über einen → *Druckminderer* auf → *Mitteldruck* (Arbeitsdruck) reduziert und über die → *Mitteldruckleitung* der atemgesteuerten → *Dosiereinrichtung* und der → *Vollmaske* dem Atemschutzgeräteträger bedarfsgerecht zugeführt. Die Ausatemluft entweicht beim Pressluftatmer über ein → *Ausatemventil* in der Vollmaske. *(Zi)*

Primäreinsatz, Einsatz zur Versorgung von → *Notfallpatienten* am → *Notfallort;* er schließt ggf. den Transport ein und beginnt mit der → *Alarmierung* und endet mit der Rückkehr des Rettungsfahrzeugs zum Standort oder mit neuerlicher Alarmierung (DIN 13 050). *(Zi)*

Primärleitung, überwachter → *Übertragungsweg* zwischen → *Meldern* und → *Brandmeldezentrale* sowie bestimmten Steuereinrichtungen und Signalgebern einer → *Brandmeldeanlage. (Ge)*

private Fernmeldenetze → *Fernmeldenetze. (Ge)*

Probierleitung, eine Testeinrichtung bei → *Sprinkleranlagen,* um einen Probelauf der → *Sprinklerpumpen* unter Volllast durchführen zu können. Dazu ist die Probierleitung in der → *Sprinklerzentrale* an die Hauptwasserleitung der Sprinklerversorgung angeschlossen und endet im → *Zwischenbehälter.* In die Rohrleitung sind zur Leistungsmessung der Pumpe Strömungsmesser eingebaut. *(Oe)*

Proportionalzählrohr → *Zählrohr. (Kl)*

Proteinschaummittel (PS), → *Schaummittel. (Kl/Fl/Oe)*

Proton, Elementarteilchen mit einer positiven Elementarladung und einer Masse von $1{,}67252 \cdot 10^{-27}$ kg, das entspricht dem 1 836fachen der Elektronenmasse; → *Elektron.* Protonen und → *Neutronen* bilden zusammen den Atomkern. Die Zahl der Protonen im Atomkern gibt die Ordnungszahl des → *chemischen Elementes* an. *(Kl)*

Prüfgerät (für → *Atemschutzgeräte)* mit unterschiedlichem Aufbau, je nachdem, welche Prüfungen durchgeführt werden sollen. Man unterscheidet:
- Tischgeräte für einfache Prüfungen nach jedem Gebrauch eines Atemschutzgerätes (nach FwDV 7); geprüft werden Mitteldruck, Dichtheit der Vollmaske und des Lungenautomaten sowie Ansprechdruck der atemgesteuerten → *Dosiereinrichtung;*
- Prüfstand (z. B. computergesteuert) für umfangreichere Prüftätigkeiten, z. B. bei der alle sechs Jahre zu wiederholenden Grundüberholung des Atemschutzgerätes; geprüft werden u. a. auch die Ein- und Ausatemwiderstände bei Beatmung über eine künstliche Lunge. *(Zi)*

Prüfröhrchen → *Prüfröhrchen-Messgerät. (Fl)*

Prüfröhrchen-Messgerät (kurz: Prüfröhrchen; auch: Gasspürgerät), eine Einrichtung zur Messung von schädlichen Gasen und Dämpfen in der Luft.
Prüfröhrchen sind an den beiden Enden zugeschmolzene Glasröhrchen, gefüllt mit Chemikalien. Beim Einsatz werden die beiden Glasspitzen der Röhrchen abgebrochen, die Röhrchen in eine Dosierpumpe (Prüfröhrchen-Pumpe) eingeführt und das vorgeschriebene Gasvolumen in die Röhrchen gepumpt.
Bei Anwesenheit eines zu messenden Gases verfärbt sich die Anzeigeschicht des Röhrchens. An der Länge des Farbumschlags kann bei Skalenröhrchen die Konzentration des Schadstoffs abgelesen werden.
Mit Prüfröhrchen können über 200 verschiedene Gase oder Dämpfe gemessen werden, z. B. Kohlenmonoxid, Nitrose-Gase, Schwefeldioxid, Vinylchlorid, Cyanwasserstoff.
Die Problematik der Prüfröhrchen-Messmethode liegt darin, dass auch andere Gase oder Dämpfe als die, die man messen wollte, eine Anzeige bringen können (sog. Querempfindlichkeit). *(Fl)*

Prüfstrahler, Gefäß, das → *radioaktive Stoffe* enthält. Im Katastrophenschutz werden Prüfstrahler zum Überprüfen der → *Messgeräte* für den Strahlenschutzeinsatz vorgehalten. *(Kl)*

Prüfung (z. B. von tragbaren Feuerlöschern), Maßnahmen zur Feststellung des → *Istzustandes* von technischen Mitteln eines Systems (DIN 31 051 Teil 1), z. B. eines Feuerlöschers. Bei tragbaren Löschern werden (nach DIN 14 40 Teil 4) geprüft:
1. Beschriftung,

2. Zustand von Armatur, Schlauch und Sicherung,
3. Zustand auf Korrosion und Verformung,
4. Gesamtgewicht,
5. Gewindeanschlüsse, Auslöse und Unterbrechungseinrichtung,
6. Innenraum des Löschmittelbehälters auf Zustand und Löschmittel,
7. Gewichtskontrolle Treibgas,
8. Sicherheitseinrichtungen und Dichtungen.

Die Prüfung muss in bestimmten Zeitabständen erfolgen, beispielsweise für Feuerlöscher mindestens alle 2 Jahre. In Sonderfällen sind die Prüfintervalle kürzer, in Omnibussen oder auf Campingplätzen z. B. jährlich. *(Oe)*

Prüfzeugnisse werden für bestimmte Bauprodukte verlangt, für die in Normen Prüfanforderungen aufgestellt werden, z. B. → *Rauchabzugsgeräte* nach DIN 18232. Das Prüfzeugnis dokumentiert die Ergebnisse der Bauproduktenprüfung und ist Grundlage für eine Zulassung durch das → *Deutsche Institut für Bautechnik. (Oe)*

PS, Abk. für: Proteinschaummittel; → *Schaummittel. (Kl/Fl/Oe)*

Pulsfrequenz → *Herzfrequenz. (Zi)*

Pulsmeldetechnik (auch: Impulsmeldetechnik), elektronische Meldetechnik, bei der ein → *Melder* seinen aktuellen Messwert (Impuls) in kurzen Zeitabständen, z. B. jede Sekunde, an die Zentrale meldet, wo der Messwert ausgewertet wird (Soll-Istwert-Vergleich) und ggf. Alarm ausgelöst wird. *(Ge)*

Pulver (Löschmittel) → *Löschpulver;*
- **Pulver P** → *BC-Löschpulver;*
- **Pulver PG** → *ABC-Löschpulver;*
- **Pulver PM** → *D-Löschpulver.*

(Fl/Oe)

Pulverlöschanhänger (PLA), ein → *Feuerwehranhänger* mit einer → *Pulverlöschanlage* P 250 oder PG 250. *(Fl)*

Pulver-Löschanlage, eine ortsfeste Löschanlage mit dem → *Löschmittel* Pulver (Löschpulver) nach dem System eines → *Aufladelöschers.*
Aufbau: In druckfesten Stahlbehältern mit 50 bis 3000 kg Inhalt wird Löschpulver gelagert. Als Treibgas wird Stickstoff verwendet und in Stahlflaschen bevorratet. Die Anlage wird von Hand oder über einen → *Brandmelder* ausgelöst. Nach der Auslösung erfolgt das Aufladen des Löschmittelbehälters. Der Betriebsdruck ist nach wenigen Sekunden erreicht, und die Steuerungsautomatik öffnet pneumatisch den Hauptpulverhahn. Das Pulver-Treibgas-Gemisch strömt über Rohrleitungen zu den Löschdüsen in den zu schützenden Raum oder an das zu schützende Objekt. Es tritt aus den Düsen in einem dichten und schlagartig löschenden Pulverstrahl aus; Einsatzgebiete: Wo es auf schnelles Löschen ankommt oder wo andere Löschmittel mit den zu schützenden Produkten reagieren könnten und wo nicht mit Wasser gelöscht werden darf, wie beispielsweise chemische Industrie, Füllstationen für brennbare Flüssigkeiten und Gase, Gas- und Chemikalientanker (Funktionsschema, Bild). Die Sicherheitsregeln zum Personenschutz BGR 134 sind zu beachten.
Eine Sonderform der Pulverlöschanlage arbeitet nach dem Prinzip des → *Dauerdrucklöschers:* das

Funktionsschema einer Pulver-Löschanlage

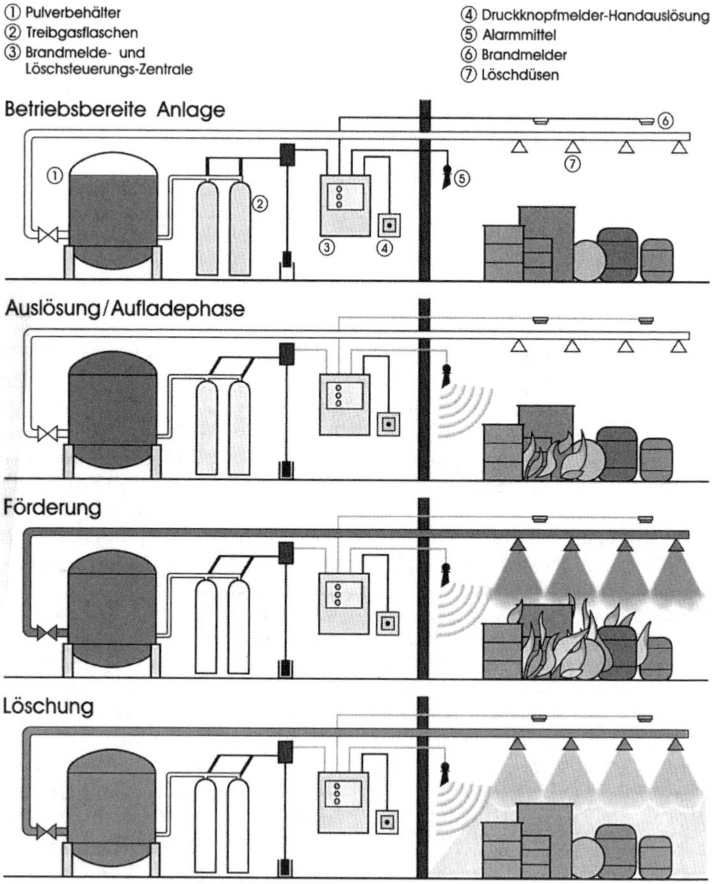

Bild: Pulver-Löschanlage (Werkunterlage TOTAL)

Löschpulver steht ständig unter Druck. Das Treibgas ist Stickstoff. Über pyrotechnisch auslösbare Schnellöffnungsventile, die innerhalb weniger Millisekunden den Ventilquerschnitt freigeben, strömt das Löschpulver über Löschdüsen zum Brandherd.
Dieses Verfahren führt die Bezeichnung HRD (*High Rate Discharge* = mit hoher Geschwindigkeit, d. h. schlagartig) und wird beispielsweise bei Funkenlöschanlagen eingesetzt. Pulverlöschanlagen gibt es auch in Feuerwehrfahrzeugen. *(Oe)*

Pulverlöscher, ein → *Feuerlöscher* (→ *Aufladelöscher* oder → *Dauerdrucklöscher)* mit dem Löschmittel Pulver. Durch Betätigen der Auslösearmatur wird das Lösch-

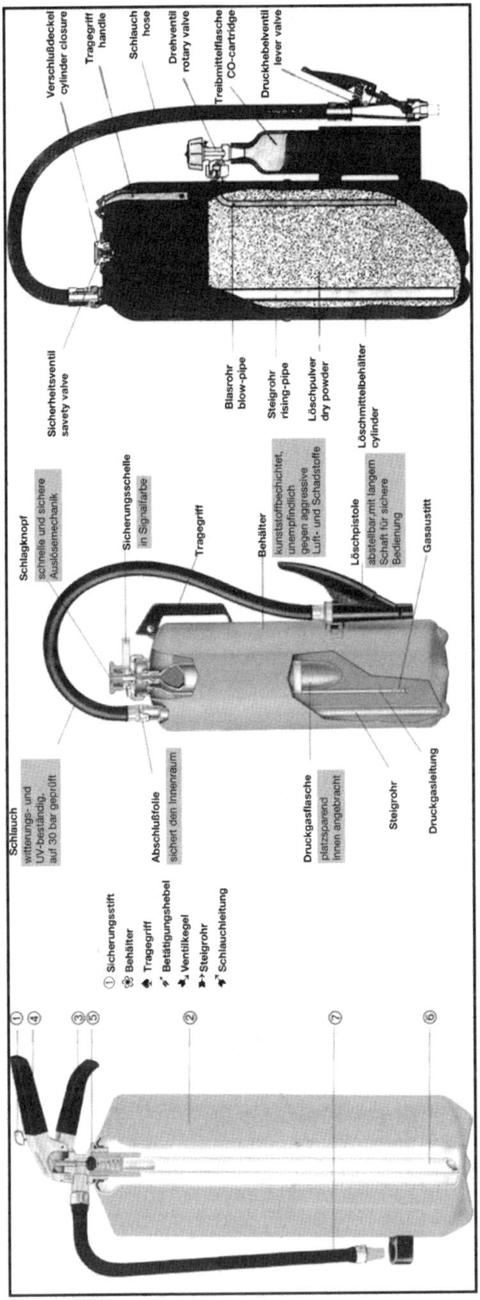

Pulverlöscher (Werkfoto IBS – Interbrandschutz GmbH, Ladenburg)

pulver durch Druck über ein Steigrohr zur Auswurfvorrichtung (Schlauch mit Unterbrechungsvorrichtung) in Form einer Pulverwolke ausgestoßen (s. Bild);
–, fahrbarer: ein → *Aufladelöscher* mit dem → *Löschmittel* Pulver zum Transport und Bedienung durch eine Person; Füllmenge 50 kg (P 50) und außen angebrachter Treibgasflasche. Als Treibgas wird bei fahrbaren Feuerlöschern Stickstoff (bei tragbaren Feuerlöschern → *Kohlendioxid)* eingesetzt. Farbe der Treibgasflasche: grün (Stickstoff). Der P 50 hat einen 5 oder 10 m langen Auswurfschlauch mit einer Löschpistole.
Fahrbare Feuerlöscher gibt es ferner als Kfz-Anhänger *(→ Feuerwehranhänger)* mit 250 kg Löschpulver, außen angebrachter Treibgasflasche (Stickstoff) und zwei Löschpulverausgängen mit je einem 25 m langen Hochdruckschlauch mit Löschpistole. Je Löschpistole können je Minute etwa 125 kg Löschmittel auf den Brandherd gebracht werden; Wartung, Prüfung und Instandsetzung wie bei den tragbaren → *Feuerlöschern,* zusätzlich § 32 Druckbehälterverordnung mitzugehörigen Technischen Regeln TRB 502. *(Oe)*

Pulver-Löschfahrzeug → *Trockenlöschfahrzeug. (Fl)*

Pumpe → *Feuerwehrpumpe. (Fl)*

Pumpenabdichtung, Abdichtung der Pumpenwelle gegenüber den Lagern; Arten: Gleitringdichtung, Radialdichtring; früher: Stopfbuchsenpackung. Die Abdichtung des Gehäuses gegenüber dem Pumpeninnern erfolgt durch O-Ringe. *(Fl)*

Pumpendruckregelung, automatische, vom Druck abhängige Drehzahlregelung einer → *Feuerlöschkreiselpumpe.*
Der vorgewählte Druck wird durch eine elektronische Schaltung überwacht und ggf. ein Ist-Sollwert-Abgleich so durchgeführt, dass die notwendige Drehzahl den Solldruck erzielt *(→ Tourmat). (Fl)*

Pumpenkasten (auf Frachtschiffen), Rohre aus Eisenblech in den Ecken der Schiffsräume, durch die Pumpen oder Saugschläuche – auch bei beladenen Schiffen – bis unten ins Schiff eingeführt werden können. *(Mt)*

Pumpenkennlinie, Kennlinie zur Charakterisierung der Leistungsfähigkeit einer → *Feuerlöschkreiselpumpe.*
Bei der Ermittlung der Pumpenkennlinie wird der → *Förderdruck* über dem zugehörigen → *Förderstrom* abgetragen (Q-p-Kennlinie). Unterhalb der Kennlinie liegt das Betriebsfeld der Pumpe.
Pumpenkennlinien können bei konstanter Drehzahl oder bei Vollgas (Vollast) ermittelt werden und haben bei Kreiselpumpen einen für diese Art Pumpen typischen Verlauf. Bei Feuerlöschkreiselpumpen ist der maximal zulässige Pumpendruck begrenzt. Dieser Grenzdruck kann, muss aber nicht mit dem Schließdruck der Feuerlöschkreiselpumpe identisch sein. Mit zunehmendem Förderstrom nimmt der Förderdruck in einem parabelförmigen Verlauf ab. *(Fl)*

Pumpenlager, Lagerung der → *Pumpenwelle* einer → *Feuerlöschkreiselpumpe;* Arten:
– Stützlager im Saugmund der Pumpe: Buchse aus einer Kupferlegierung (Bronze), nimmt keine Kräfte auf, sondern dient zur

Schwingungsstabilisierung der Pumpenwelle;
– Hauptlager zur Aufnahme der durch die Wasserförderung bedingten Reaktionskräfte (Radiallager): ein Rillenkugellager oder Kegelrollenlager dient zur Aufnahme der Radial- und Axialkräfte. *(Fl)*

Pumpenwelle, Zweck: Übertragung der Antriebsleistung auf ein oder mehrere → *Laufräder.* Sie besteht aus nichtrostendem hochfestem Stahl. *(Fl)*

Pyrolyse, Zersetzung von festen, flüssigen oder gasförmigen Stoffen, meist bei hohen Temperaturen, wobei aus komplizierten Verbindungen kleinere und eventuell einfacher gebaute Moleküle entstehen. Beim → *Brennen* organischer Stoffe unter Sauerstoffmangel werden z. T. Pyrolyseprodukte mit gefährlichen Eigenschaften entwickelt, z. B. Atemgifte in Dämpfen brennbarer Flüssigkeiten, in Auspuffgasen und im Tabakrauch.
Bei der Pyrolyse von Kunststoffen entstehen z. T. giftige Stoffe, bei der Pyrolyse von PVC beispielsweise Salzsäure (HCl) und in geringen Mengen Chlor (Cl). *(Ha)*

Pyrolyse-Phase *(→ Pyrolyse),* Beginn der Zersetzung von festen, flüssigen oder gasförmigen Stoffen bei hohen Temperaturen. Das für das menschliche Auge nicht sichtbare, entstehende Pyrolysegas wird über eine → *Brandfrühesterkennungsanlage* erfasst, ausgewertet und ein entstehender Brand gemeldet. *(Oe)*

Q-p-Kennlinie → *Pumpenkennlinie. (Fl)*

Qualitätsfaktor, bei der Feuerwehr → *Bewertungsfaktor* genannt. *(Kl)*

Querempfindlichkeit → *Prüfröhrchenmessgerät. (Fl)*

Querneigungswinkel (β), bei Einsätzen von → *Hubrettungsfahrzeugen* in geneigtem Gelände der Winkel in Querrichtung zum Fahrzeug zwischen der Waagrechten und der Standfläche.
Querneigungswinkel bis 7° können mit einer Geländeausgleichseinrichtung ausgeglichen werden; Ergebnis: der Hubrettungssatz steht waagrecht. *(Fl)*

Querverkehr, → *Verkehrsform,* bei der der Nachrichtenaustausch zwischen Funkstellen verschiedener → *Funkverkehrskreise* stattfindet, z. B. zwischen Polizei und Feuerwehr. *(Ge)*

Quigley, ein → *Nachschlagewerk* für → *Gefahrgüter,* Titel: Quigley, David: Handbook of Emergency Chemical Management, CRC Press, Boca Raton; Florida, 1994. *(Fl)*

Rabitzwand, eine Wand aus Putzmörtel mit einem Drahtgeflecht als Putzträger; Verwendung: früher als leichte nichttragende Trennwände. Die Einsturzgefahr der Rabitzwand ist gering. *(Bt)*

Radartonne, Fahrwassertonne aus Metall mit aufgesetztem Radar-Reflektor. Die vom Schiff ausgesandten Radarstrahlen werden reflektiert und die Tonne als Punkt auf dem Bildschirm angezeigt. *(Mt)*

Radikale sind instabile Atome, Moleküle oder Molekülbruchstücke mit unpaarigen → *Elektronen.* Radikale sind bestrebt, mit anderen Radikalen unter Bildung von Elektronenpaarbindungen zu reagieren. Kennzeichen der Radikale sind daher: sehr reaktionsfreudig, energiereich und kurzlebig. Den Stoffen mit Radikalen verleihen Radikale typische Eigenschaften und geben ihnen den fachlichen Namen;
Beispiele: OH-Hydroxide, CO_2*-Karbonate, CHO-Aldehyde. Der Stern (*) steht für energiereiche Radikale.
Radikale entstehen durch
– symmetrische Spaltung der Atom- bzw. Elektronenpaarbindung infolge Energiezufuhr (Bindungsspaltungsenergie). Die Bindungsspaltung unterscheidet man je nach der aufzuwendenden Energie in:
– Spaltung durch Wärmezufuhr *(→ Pyrolyse,* thermische → *Dissoziation),*
– Spaltung durch mechanische Energie (Reibung),
– Spaltung durch chemische Energie *(→ Redoxreaktionen).*
Bei Verbrennungsreaktionen entstehen die meisten Radikale durch hohe Temperaturen.
– die Fähigkeit der Radikale, Moleküle unter Bildung neuer Radikale zu spalten.
Radikalreaktionen laufen als Kettenreaktionen in drei Schritten ab:

1. Startreaktion: meist Molekülbindungsspaltung durch Wärmezufuhr, z.B. Wärme einer Zündquelle;
2. Reaktionskette: Fortsetzung der Reaktion in verzweigte und unverzweigte Ketten;
3. Kettenabbruchreaktion: Bildung von abgesättigten, stabilen Molekülen;

Beispiele:
– Knallgasexplosionen (Explosion eines Wasserstoff-Sauerstoff-Gemischs unter Bildung von Wasser:
$2H_2 + O_2 \rightarrow 2H_2O$;
– Zerfall von Phosgen in Kohlendioxid und Chlor:
$COCl_2 \rightarrow CO + Cl_2$;
– Löschmittel, z.B. Halone 1211 und 1301, wirken durch die Bildung von Radikalen, die wiederum mit den Radikalen des brennbaren Stoffes reagieren; → *Inhibition,* → *Löschwirkung. (Ha)*

radioaktive Stoffe sind Stoffe, in denen ein oder mehrere → *Radionuklide* enthalten sind oder die daraus bestehen. *(Kl)*

Radioaktivität, Freiwerden von → *Strahlung* (ohne äußere Einwirkung wie z. B. Temperatur) infolge des Zerfalls von Atomkernen. Man unterscheidet natürliche Radioaktivität, z.B. bei in der Natur vorkommenden → *Radionukliden,* und künstliche, z. B. im Reaktor erzeugte Radioaktivität. *(Kl)*

Radionuklid, → *Nuklid,* das spontan, d. h. ohne äußere Einwirkung, unter Emission von Strahlung zerfällt. Es gibt über 2000 natürliche und künstliche Radionuklide, z. B. Pu-238 (Plutonium). *(Kl)*

Radio Paging Code (RPC), ein spezielles Rufsystem für den → *Cityruf;* übernommen für das digitale → *Alarmierungssystem* der Feuerwehr. Der Standard wurde beschrieben durch die Arbeitsgruppe → *POCSAG). (Ge)*

Radstand, Abstand zwischen den Radmitten der Vorderräder und der Hinterräder eines Kraftfahrzeugs; bei drei- und mehrachsigen Fahrzeugen werden die einzelnen Radstände von vorn nach hinten angegeben. Bei Sattelanhängern tritt an die Stelle der Radmitte Vorderräder die Achse des Zugsattelzapfens. *(Fl)*

Rahmenempfehlungen für den Katastrophenschutz in der Umgebung kerntechnischer Anlagen, regeln die Verbindung zwischen der behördlichen Planung und den Maßnahmen des Betreibers der kerntechnischen Anlagen. Sie legen Grundsätze zum Aufstellen besonderer Katastrophenschutzpläne für die Umgebung kerntechnischer Anlagen fest und erläutern die Alarmmaßnahmen, wie z. B. die Messorganisation, die in einigen Bundesländern teilweise von der Feuerwehr wahrgenommen wird. Die Feuerwehr stellt hier die → *Strahlenspürtrupps. (Kl)*

Rahmentragwerke → *Tragwerk. (Bt)*

RAL, Verbandszeichen des Deutsches Instituts für Gütesicherung und Kennzeichnung e. V. (früher: Reichsausschuss für Lieferbedingungen). RAL gibt Güte- und Prüfbestimmungen für Werkstoffe und technische Artikel heraus, z. B. auch eine Farbmustertabelle; Beispiel: RAL 3024 = Leuchtrot. *(Fl)*

Rauch, ein → *Aerosol,* das hauptsächlich aus → *Rauchgasen* und festen Teilchen besteht (DIN 14 011 Teil 1).
Die festen Teilchen im Rauch können sein: Ruß, Holzkohle oder Flugasche. Die Teilchengröße (Durchmesser) liegt im Bereich von 10^{-2} bis 10^{-6} mm. Die Farbe des Rauches ergibt sich aus dem Ruß (schwarz), dem Wasserdampf (weiß) und durch Schwelgase (gelblich, grünlich). Der Rauch wird als → *Brandkenngröße* bei automatischen → *Brandmeldern* (Rauchmelder) genutzt. *(Ha)*

Rauchabschnitt, Raumteil einer baulichen Anlage, bei dem durch besondere Maßnahmen wie → *Rauchschürzen,* → *Rauchschutztüren* und → *Rauchabzüge* verhindert wird, dass sich Rauch im Brandfall über den Rauchabschnitt hinaus ausbreitet. Rauchabschnitte sollten in Fluren die Länge von 20 m nicht überschreiten und in hallenartigen Bauteilen möglichst kleiner als 2 500 m² sein. Rauchabschnitte in hallenartigen Bauten müssen mit Rauchabzügen gem. DIN 18 232 versehen werden. *(Ki)*

Rauchabzug → *Rauchabzugsgerät;* → *Rauchabzugsöffnung,* → *Rauch- und Wärmeabzugsanlage* (RWA). *(Ki)*

Rauchabzugsgerät (nach VDS-Richtlinie Form 2098-1990; nach DIN 18 232 Teil 1 Rauchabzug genannt): einzelner natürlicher Rauchabzug mit allen notwendigen Komponenten (Betätigungs- und Steuerelemente, Energieversorgung, Auslöseeinrichtung); →

Rauch- und Wärmeabzugsanlage (RWA). *(Ki)*

Rauchabzugsöffnung, Öffnung in einer Decke, auf die ein → *Rauchabzugsgerät* gesetzt werden kann. Die Größe der Rauchabzugsöffnung ist ein Maß für die Menge des Rauches, der abgeführt werden kann. *(Ki)*

Rauchausbreitung, räumliche Ausbreitung des bei einem → *Brand* entstehenden Rauches (DIN 14011 Teil 2); Beispiel: Verrauchung des Treppenraumes bei Brand in angeschlossener Wohnung; → *Brandausbreitung. (Ha)*

Rauchdichte, die Menge der Feststoffteilchen, die in der Volumeneinheit des Rauches enthalten sind; Einheit: g/m^3. Sie ist Kenngröße für die Beurteilung der Sichtbehinderung durch → *Rauch.* Der Grad der Sichtbehinderung durch Rauch wird ermittelt
- anhand unterschiedlicher Erkennbarkeit kontrastreicher Markierungen bzw. beleuchteter Zeichen oder
- messtechnisch über die Feststellung der Intensitätsschwächung eines Lichtstrahls, d.h. als Lichtabsorption in speziellen Rauchdichtekammern. *(Ha)*

Rauchgase, Produkte, die beim → *Brennen* von Brennstoffen entstehen; Beispiele: Kohlendioxid, Wasserdampf, Schwefeldioxid; bei Sauerstoffmangel gehören auch Methan (CH_4), Kohlenmonoxid (CO) und Wasserstoff (H_2) dazu.
Rauchgase können trocken oder feucht sein. Trockene Rauchgase enthalten keinen Wasserdampf. *(Ha)*

Rauchgasventilator → *Entrauchungsventilator. (Ki)*

Rauchmelder, → *Melder,* der einen Brand frühzeitig an einer → *Brandkenngröße* erkennt; Arten:
–, optischer: auf sichtbare Verbrennungsprodukte (Rauch) ansprechend; Wirkungsweise: Durchlichtprinzip oder Auflichtprinzip;
–, Ionisations-Rauchmelder: auf unsichtbare Brandgase ansprechend; Wirkungsweise: Ionisierte (elektrisch leitend gemachte) Luft wird durch nichtleitende Brandgase verdrängt. *(Ge)*

Rauchschutztür (RS), selbstschließende rauchdichte Tür nach DIN 18095, die im geschlossenen Zustand den Durchtritt von → *Rauch* behindert.
Rauchschutztüren werden insbesondere zur Abtrennung von Fluren von Treppenräumen, als Treppenraumabschluss oder zur Unterteilung langer Flure in Rauchabschnitte eingesetzt.
Rauchschutztüren bestehen aus → *Zarge,* Türblatt mit Schloss und Beschlag, Türschließmittel und Dichtung. Bei zweiflügeligen Rauchschutztüren sind → *Schließfolgeregler* erforderlich, die gewährleisten, dass die beiden Türflügel in der richtigen Reihenfolge schließen. Sie können mit → *Feststellanlagen* ausgerüstet sein, die zeitlich befristet den Türschließer außer Kraft setzen. Rauchschutztüren sind jedoch keine Feuerabschlüsse. *(Ki)*

Rauchschürze, ein von der Decke oder vom Dach abgehängtes schürzenartiges Bauteil, das die Ausbreitung von Wärme und Rauch über den ganzen Deckenbereich verhindern soll.
Prinzip: In dem → *Rauchabschnitt* zwischen zwei Rauchschürzen wird

der aufsteigende Rauch gehalten und kann infolge des ansteigenden Druckes über Rauchabzugsgeräte in diesem Rauchabschnitt abgeführt werden.
Durch Rauchschürzen soll auch verhindert werden, dass sich Rauch bei der weiteren Ausbreitung entlang des Daches zu stark abkühlt und damit das Prinzip des natürlichen Rauchabzuges nicht mehr funktioniert. Rauchschürzen gibt es sowohl in starrer (Blech) als auch beweglicher Form (nichtbrennbares Gewebe). *(Oe)*

Rauch- und Wärmeabzugsanlage (RWA), Anlage, die im Brandfall → *Rauch* und Wärme aus einem Gebäude abführt; Vorteil:
– der Rauch kann sich nicht horizontal ausbreiten;
– Angriffs- und Rettungswege sind rauchfrei;
– es entstehen geringere Schäden durch Rauch, Ruß und aggressive Brandgase.
Man unterscheidet natürliche Rauchabzüge (wirken aufgrund des natürlichen Auftriebs von Rauch) und maschinell angetriebene Anlagen (DIN 18 232).
– **natürlicher Rauchabzug** ist immer dann möglich, wenn eine natürliche Öffnung, möglichst an der Decke, vorhanden ist; Wirkungsweise: heißer Rauch steigt nach oben (Auftrieb, Thermik); der Druck nimmt im oberen Bereich das Brandraumes zu. Ist eine Druckentlastung ins Freie durch eine Öffnung möglich, kann der Rauch abströmen, und es erfolgt eine Entrauchung; → *Rauchschürze;*
– **maschinelle Entrauchung** ist dann erforderlich, wenn eine direkte Ableitung des Rauches ins Freie über → *Rauchabzugsgeräte* nicht möglich ist oder wenn der Auftrieb für einen natürlichen Rauchabzug nicht ausreicht. Beim maschinellen Rauchabzug wird durch einen temperaturbeständigen → *Entrauchungsventilator* Rauch aus dem Brandraum abgesaugt und über ein Leitungssystem ins Freie transportiert.
Zu einer RWA gehören neben den Rauchabzugsgeräten Zuluftöffnungen, Betätigungs- und Steuerelemente.
Rauch- und Wärmeabzugsanlagen sind nicht zu verwechseln mit den so genannten → *Wärmeabzügen;* → *Rauchabzugsgerät. (Ki)*

Räumen ist das Beseitigen von Trümmern und Hindernissen (DIN 14 011 Teil 3);
– eines Gebäudes ist das angeordnete Verlassen eines gefährdeten Gebäudes, z. B. eines Wohngebäudes, oder eines Gebietes, z. B. Stadtteil, wenn die Gefahr nur kurzzeitig das Betreten des Räumungsbereiches unmöglich macht. Beim Räumen wird – im Unterschied zur → *Evakuierung* – angenommen, dass die gefährdeten Menschen und/oder Tiere das geräumte Gebiet nach so kurzer Zeit wieder betreten können, dass eine zwischenzeitliche Unterbringung und Versorgung nicht notwendig ist.
Je nach Entwicklung der Lage kann die Räumung in eine Evakuierung übergehen.
– horizontales: das Verbringen von gefährdeten Menschen innerhalb eines Gebäudes aus einem gefährdeten in einen sicheren Bereich innerhalb eines Geschosses, z. B. in einem Krankenhaus.
Horizontales Räumen wird durchgeführt, wenn das Verlassen des Gebäudes für die Gefährdeten unverhältnismäßig schwierig oder zeitaufwendig ist; Beispiel: Verschieben von Patienten in Krankenhausbetten aus einem verrauchten

Bereich eines Krankenhauses in einen anderen → *Rauchabschnitt* auf demselben Geschoss.
– **selektives:** Vorgang, bei dem meist aufgrund eines besonderen Gesundheitszustandes nur bestimmte Personengruppen einen gefährdeten Bereich verlassen, z. B. Schwangere, Kinder, ältere Menschen oder Asthmakranke. *(Sr)*

Reaktion, exotherme: → *exotherme Reaktion. (Ha)*

Reaktionsgefahr, Gefahr eines chemisch instabilen Stoffs, z. B. Explosivstoff, sich spontan umzuwandeln. Dies geschieht meist unter Aufbau eines hohen Druckes und unter Erhöhung der Temperatur.
Geschieht die Reaktion in Behältern, so können diese platzen und Einsatzkräfte gefährden.
Die Reaktionsgefahr wird im → *Gefahrendiamant* im gelben Feld angegeben. *(Fl)*

Reaktionsgeschwindigkeit, zeitliche Änderung der Stoffkonzentrationen bei chemischen Reaktionen (Stoffumsatz in der Zeiteinheit); → *Oxidationsgeschwindigkeit;* → *Abbrandrate.*
Die Reaktionsgeschwindigkeit hängt ab von
– der Art und den Eigenschaften der Reaktionsteilnehmer (Stoffpaar),
– der Temperatur (Beispiel: eine Temperaturerhöhung um 10 °C lässt die Reaktionsgeschwindigkeit um das Doppelte bis Dreifache steigen),
– der Konzentration der Reaktionsteilnehmer (Beispiel: in reinem Sauerstoff verläuft ein Brennen schneller als in Luft),
– dem Verteilungsgrad (Verhältnis der Oberfläche zur Masse bzw. zum Volumen, z. B. Stäube, Dämpfe oder Nebel in Luft),
– Katalysatoren (Beispiele beim Brennen: Spuren von Wasserdampf, Rauch, Staub). *(Ha)*

Reaktionswärme (auch: Bildungswärme), ist die bei chemischen Reaktionen von den Elementen abgegebene *(→ exotherme)* oder aufgenommene *(→ endotherme)* Wärmemenge; Einheit: kJ/Mol. Sie ist ein Maß für die Beständigkeit einer chemischen Verbindung (siehe *Tabelle*).
Man unterscheidet:
– Reaktionswärme, die bei konstantem Druck (p) entsteht; Bezeichnung: Reaktionsenthalpie (ΔH_R); → *Enthalpie.* Bei exothermer Reaktion ist $\Delta H_R < 0$; Kennzeichnung daher in Reaktionsgleichungen mit einem Minuszeichen; bei endothermer Reaktion ist $\Delta H_R > 0$; Kennzeichnung daher mit einem Pluszeichen *(Tabelle).*

Stoff	**Reaktionswärme** *in kJ/mol*	Zersetzungstemperatur *in °C*
Quecksilberoxid HgO	–90,4	420
Bleioxid PbO	–52,1	1800
Wasser	–584	3000
auf Verbrennungen bezogene Reaktionsenthalpien *in kJ/mol*		
Aluminium	– 838	
Phosphor, weiß	– 746	
Methan	– 889	
Propan	–2217	
Benzol	–3265	

– Reaktionswärme, die bei konstantem Volumen (V) entsteht; Bezeichnung: Reaktionsenergie (ΔU_R); → *innere Energie;* Reaktionsenthalpie ist gegenüber Reaktionsenergie um den Betrag der zu leistenden Volumenarbeit
$A = -p \cdot V$ kleiner.
Der Betrag der Reaktionsenthalpie ist abhängig von Druck und Tem-

peratur. Für Vergleichsaussagen wird sie daher auf Standardbedingungen (20 °C und 1013 mbar) bezogen. Da Reaktionen nur bei konstantem Luftdruck gemessen werden, gibt man ΔH_R und nicht ΔU_R an. *(Ha)*

Reaktionszone → *Flammenzonen. (Ha)*

Reaktorfilter, ist ein Kombinationsfilter *(→ Filter),* der speziell für radioaktive Stoffe ausgelegt ist, die bei einem Reaktorunfall austreten können. Im Vergleich zum normalen Feuerwehrfilter (ABEK-Filter) kann dieser Filter das → *Nuklid* Jod–131 zurückhalten. *(Kl)*

Reanimation (Wiederbelebung), die Wiederherstellung der → *Vitalfunktionen.* Man unterscheidet Reanimation
– **durch den Ersthelfer**: → *Herz-Lungen-Wiederbelebung* mit manueller → *Atemspende;* → *Ersthelfer,*
– **durch den Rettungsdienst**: → *Herz-Lungen-Wiederbelebung* unter Einsatz medizin-technischer Geräte: der Patient wird intubiert (Einführen eines → *Tubus).*
Die manuelle Atemspende kann durch Beatmungsgeräte ersetzt werden. Ferner wird ein venöser Zugang an eine der Armvenen gelegt, um Medikamente applizieren zu können. Die Verabreichung von Medikamenten ist dem → *Notarzt* vorbehalten. *(Zi)*

Reanimations-ABC, Reihenfolge der Wiederbelebungsmaßnahmen bei → *Herz-Kreislauf-Stillstand:*
A = Atemwege freimachen; Fremdkörper oder Erbrochenes entfernen;
B = Beatmen; Beispiele: → *Mund-zu-Mund-Beatmung* bzw. → *Mund-zu-Nase-Beatmung;*
C = Circulation (Blutzirkulation); Wiederherstellung und Erhaltung des Blutkreislaufs; Beispiel: Blutdruck- und Pulskontrolle; Infusion anlegen (nur durch → *Rettungsdienst). (Zi)*

Receiver Identity Code, die Rufadresse (auch mehrere) eines digitalen → *Meldeempfängers. (Ge)*

Rechtsaufsicht, Kontrolle, die eine vorgesetzte Behörde über eine nachgeordnete ausübt, wobei geprüft wird, ob die Aufgabenerfüllung den gesetzlichen Vorgaben entspricht (Rechtmäßigkeit); nicht geprüft wird, ob die Aufgabe fachlich zweckmäßig (Zweckmäßigkeit) durchgeführt wird.
Im Feuerwehrwesen besteht meist nur Rechtsaufsicht; → *Fachaufsicht. (Sr)*

Rechtskraft bedeutet, dass die Entscheidung, z. B. ein Verwaltungsakt oder ein Urteil, unanfechtbar ist, dass also kein Rechtsmittel, z. B. Berufung, mehr zulässig ist. *(Fi)*

Redoxreaktion, Abk. für: Reduktions-Oxidations-Reaktion; chemische Reaktionen mit gleichzeitiger → *Reduktion* des → *Oxidationsmittels* und → *Oxidation* des → *Reduktionsmittels;* Beispiel: Thermitverfahren; Aluminium (Al) reduziert Eisenoxid (Fe_2O_3) zu elementarem Eisen (Fe); dabei wird das Aluminium zu Al_2O_3 oxidiert). *(Ha)*

Reduktion, chemische Reaktion, bei der einem sauerstoffhaltigen Stoff (Oxid) durch einen anderen Stoff *(→ Reduktionsmittel)* der Sauerstoff entzogen wird; Ergebnis: Aus dem Oxid wird z. B. das

enthaltene Metall auf seinen elementaren Zustand reduziert ($Fe_2O_3 + 3\ CO \rightarrow Fe + 3\ CO_2$, Vorgang im Hochofen). Nach dem gleichen Prinzip kann z. B. auch Wasserstoff aus einer Verbindung gelöst werden.
Den Reduktionen liegen Veränderungen in den Elektronenhüllen der Atome zugrunde: Stoffe, die → *Elektronen* aufnehmen *(→ Reduktionsmittel)* werden elektrisch negativ und selbst reduziert – Reduktion ist eine Aufnahme von Elektronen. Fast jede Reduktion ist mit einer → *Oxidation* gekoppelt *(→ Redoxreaktion). (Ha)*

Reduktionsmittel sind Stoffe, die bei einer chemischen Reaktion an den Reaktionspartner Elektronen abgeben; das Reduktionsmittel wird dabei oxidiert *(→ Oxidation),* der andere Stoff reduziert *(→ Reduktion);* Folge: Reduktionsmittel sind nur wirksam, wenn ein geeigneter reduzierbarer Stoff vorhanden ist. Ein Reduktionsmittel geht durch Oxidation in ein → *Oxidationsmittel* über.
Die Wirksamkeit eines Reduktionsmittels ist um so größer, je geringer sein Anziehungsvermögen auf Elektronen ist, d. h. je geringer seine Elektronegativität ist. Geringes Anziehungsvermögen besitzen die Elemente (Grundstoffe) der → *brennbaren Stoffe;* sie werden bei einer Verbrennung oxidiert. Starke Reduktionsmittel sind: Alkalimetalle (Natrium, Kalium), Wasserstoff (für Metalloxide), Kohlenstoff, Aluminium (Thermit-Verfahren) und Magnesium.
Beispiel: Thermit-Verfahren (aluminothermisches Schweißen, z. B. von Eisenbahnschienen);
$Fe_2O_3 + 2\ Al \rightarrow Al_2O_3 + 2\ Fe$
[$2\ Fe^{+++} + 6\ e \rightarrow 2\ Fe$
(Reduktion)
$2\ Al \rightarrow 2\ Al^{+++} + 6\ e$ (Oxidation)].
(Ha)

Redundanz, funktionsbereites → *Vorhalten* von mehr als für die vorgesehene Funktion notwendigen technischen Mittel aus Sicherheitsgründen (Doppel-Ausstattung, aktive Reserve); Beispiel: zwei Funkgeräte in einer Relaisfunkstelle. *(Ge)*

Regeln für Sicherheit und Gesundheitsschutz beim Einsatz von CO_2-Anlagen nach BGV 134 → *Kohlendioxid-Feuerlöschanlagen. (Oe)*

Regelventil (bei Atemschutzgeräten), ein Ventil, das dem Benutzer eines umluftunabhängigen → *Atemschutzgerätes* erlaubt, den konstanten Luftstrom zu regulieren. *(Zi)*

Regenerationsgerät, → *Freitragbares Isoliergerät,* bei dem der Sauerstoff- oder Mischgasvorrat *(→ Mischgas)* in Sauerstoff- bzw. Mischgasflaschen mitgeführt wird oder in einer Chemikalie gebunden ist.
Je nach Art der Bereitstellung des Sauerstoffs unterscheidet man Regenerationsgeräte mit Drucksauerstoff, mit Flüssigsauerstoff oder mit → *Chemikalsauerstoff* (DIN EN 133):
– mit Drucksauerstoff: das im Feuerwehrdienst gebräuchlichste Regenerationsgerät; Wirkungsweise: unter Hochdruck (200 bzw. 300 bar) stehender Sauerstoff oder Mischgas wird über einen → *Druckminderer* auf Arbeitsdruck *(→ Mitteldruck)* reduziert und über eine → *Dosiereinrichtung* in den → *Atembeutel* geleitet. Von dort gelangt die Luft in den → *Ventilkasten,* dann über das → *Einatemventil* und den Einatem-

schlauch zur → *Vollmaske* für Regenerationsgeräte. Die Ausatemluft wird über den Ausatemschlauch und das → *Ausatemventil* zur → *Regenerationspatrone* geleitet. Dort wird die Ausatemluft auf chemischem Wege von CO_2 gereinigt. Die CO_2-freie Luft strömt in den Atembeutel, wo sie über die Dosiereinrichtung mit Sauerstoff angereichert wird.
Bei hohem → *Atemluftbedarf* tritt automatisch die atemgesteuerte Dosiereinrichtung in Kraft, die dem → *Atemschutzgeräteträger* über den Einatemschlauch reinen Sauerstoff zuführt. Die Einsatzzeit des Gerätes ist abhängig vom Sauerstoffvorrat;
– **mit Flüssigsauerstoff:** ein im deutschen Feuerwehrdienst selten verwendetes Gerät; Funktionsprinzip wie beim Regenerationsgerät mit Drucksauerstoff; Unterschied: der Sauerstoff wird als Flüssigsauerstoff bereit gehalten;
– **mit Chemikalsauerstoff:** ein im deutschen Feuerwehrdienst selten verwendetes Gerät; Wirkungsweise: Im Gegensatz zum Regenerationsgerät mit Drucksauerstoff ist der Sauerstoff in einer Chemikalie (Kaliumhyperoxid KO_2) gebunden. Durch Beaufschlagung mit CO_2 kommt es zu einer chemischen Reaktion, die das CO_2 bindet und Sauerstoff freisetzt. *(Zi)*

Regenerationspatrone, Teil eines → *Regenerationsgeräts;* ein Behälter, in dem das in der Ausatemluft enthaltene Kohlendioxid und Wasserdampf chemisch gebunden wird; Inhalt: je nach Gerät Kalk oder Natriumhydroxid 2 NaOH. *(Zi)*

Regenvorhang, Feuerschutzanlage mit ortsfest verlegten Wasserzuführungen und offenen → *Schleierdüsen.*

Durch einen Wasservorhang (Regenvorhang) werden Fenster, Türöffnungen oder Durchbrüche durch Wände, die aus betrieblichen Gründen notwendig sind, geschützt. Der künstliche „Regen" soll den Durchbruch des Feuers verhindern; Anforderungen:

1. Der Wasserverbrauch einer derartigen Anlage darf im Brandfall nicht zu Lasten des Löschwasserverbrauchs gehen.
2. Das ausfließende Wasser muss so abgeleitet oder aufgefangen werden, dass kein Wasserschaden entsteht.
3. Der Regenvorhang muss die zu schützende Öffnung vollkommen abschließen.
4. Soll der Regenvorhang eine nicht vernachlässigbare Öffnung in einem Brandabschnitt-Durchbruch, z. B. Förderband, schützen, so ist der Regenvorhang beidseitig der Öffnung vorzusehen.
5. Innerhalb eines Abstandes von 5 m von dem zu schützenden Durchbruch dürfen keine brennbaren Stoffe gelagert werden.

Ferner darf die Wirksamkeit der Anlage nicht durch beispielsweise abgestellte Fahrzeuge beeinträchtigt werden. *(Oe)*

RegTP, Abk. für: → *Regulierungsbehörde für Telekommunikation und Post. (Ge)*

Regulierungsbehörde für Telekommunikation und Post (RegTP), Nachfolger des Bundesamtes für Post und Telekommunikation, eine Einrichtung des Bundeswirtschaftsministeriums, das seit 1998 die Nutzung von Kommunikationswegen (per Funk oder drahtgebunden) durch Zulassungsvorschriften im Rahmen des Telekommunikationsgesetzes (TKG) regelt und mit Hilfe von Außenstellen (ASt) überwacht. *(Ge)*

Reibungsverlust (in einer Schlauchleitung), Druckverlust durch Reibung zwischen der Flüssigkeit und der Innenwandung des Schlauches; im Wesentlichen abhängig von der Rauhigkeit der Schlauchwandung und der Geschwindigkeit des Wassers; Beispiel: Bei 100 m B-Schlauchlänge (innengummiert), einem Wasserstrom von 800 l/min und einer Wassergeschwindigkeit von etwa 3 m/s beträgt der Druckverlust 1,1 bis 1,3 bar. *(Br)*

Reichweite, durch Funkwellen überbrückbare Entfernung; Arten: Nutzreichweite: Entfernung, über die ausreichend sicher Nachrichtenübertragung durch Funkwellen möglich ist; Störreichweite: Entfernung, über die Aussendung einer Funkstelle wahrgenommen werden kann; Beispiel: Reichweite einer Nachrichtenanlage. *(Ge)*

Reihenbrand, Kennzeichnung für einen Brand nach der → *Brandfläche;* → *Brandumfang.* Ein Reihenbrand erstreckt sich auf eine Gebäudereihe in geschlossener Bauweise. *(Ha)*

Relaisbetrieb, Funkverkehr über eine zwischengeschaltete → *Relaisfunkstelle* zur Vergrößerung der → *Reichweite* durch Unterteilung der Gesamtstrecke oder Verbindung von Funkstellen verschiedener → *Funkverkehrskreise.* *(Ge)*

Relaisfunkstelle, eine → *Funkanlage,* die gleichzeitig senden und empfangen kann und deren Empfängerausgang mit dem Sendereingang verbunden ist (sog. Wiederaussende-Betrieb). *(Ge)*

rem (Abk. für: *roentgen equivalent man,* engl. (= „biologisches Röntgenäquivalent"), frühere Einheit der → *Äquivalentdosis.* *(Kl)*

repressive polizeiliche Aufgaben, (repressiv = hemmend, unterdrückend); hier: strafverfolgende polizeiliche Aufgaben, z. B. Beweissicherung, Vernehmungen, Fahndungsmaßnahmen, Festnahmen und erkennungsdienstliche Behandlung. *(Mt)*

Reserven; Einsatzkräfte und -mittel, die zur Abwehr unerwarteter Gefahren oder zur Ablösung vorsorglich herangeführt und bereitgehalten werden. *(Sr)*

Reservetaucher, hat sich als Mitglied der → *Tauchergruppe* an der Tauchstelle so bereit zu halten, dass er dem eingesetzten Taucher jederzeit schnelle Hilfe leisten kann. Er muss über die erforderliche Ausstattung und insbesondere über eine ausreichende Tauchzeitreserve verfügen; er darf während dieser Zeit zu keiner anderen Arbeit, z. B. als Leinenführer, Bootsführer oder Signalmann eingesetzt werden. *(Mt)*

Resistenz, Widerstandsfähigkeit von Stoffen gegenüber Chemikalien, beispielsweise von Polyethylen gegenüber Salzsäure. Die Resistenz hängt häufig von der Kontaktzeit mit der betreffenden Chemikalie ab, Anwendungsbeispiel: → *Chemikalienschutzanzüge* müssen mindestens 30 Minuten gegenüber Chemikalien resistent sein. *(Fl)*

Retentionsfläche, Fläche zum Zurückhalten eines Fließgewässers

bei Hochwasser; Beispiel: Flächen parallel zum Rhein zwischen Basel und Mannheim. Man erreicht dadurch, dass der Wasserabfluss langsamer vonstatten geht. Damit wird die Hochwasserwelle reduziert.
Retentionsflächen können natürliche Flussauen oder künstlich angelegte Speicher sein. *(Br)*

Retten, Durchführung von Maßnahmen zur Befreiung von Personen aus Gefahrenlagen während der Brandbekämpfung und bei anderen Notfalleinsätzen oder Durchführung lebensrettender → *Sofortmaßnahmen;*
– im Sinne von → *Technischer Hilfeleistung:* das Abwenden eines lebensbedrohlichen Zustandes von Menschen oder Tieren durch Befreien aus einer lebensbedrohlichen Zwangslage (DIN 14011 Teil 3); Beispiele: Retten von Personen aus verunfallten Kraftfahrzeugen, aus Trümmern, aus Schächten, aus dem Eis, Selbst-Retten;
– im Sinne von → *Rettungsdienst:* Das Abwenden eines lebensbedrohlichen Zustandes von Menschen oder Tieren durch lebensrettende Maßnahmen und/oder durch Befreien aus einer lebensbedrohlichen Zwangslage (DIN 14011 Teil 4); Beispiel: Sicherung der Vitalfunktionen bei einer → *eingeklemmten Person* durch Rettungskräfte. *(Sr)*

Rettungsassistent, eine Person, welche die gesetzlich geregelte Berechtigung (Gesetz über den Beruf der Rettungsassistentin und des Rettungsassistenten „Rettungsassistentengesetz – RettAssG") zum Führen der Berufsbezeichnung Rettungsassistent besitzt.
Die Ausbildung zum Rettungsassistenten/in gliedert sich in eine mindestens 1200 Stunden dauernde theoretische und praktische Ausbildung an einer anerkannten staatlichen Schule für Rettungsassistenten und schließt mit einer staatlichen Prüfung ab. Nach der staatlichen Prüfung ist ein 1600 Stunden dauerndes Praktikum an einer zur Ausbildung von Praktikanten ermächtigten Einrichtung des Rettungsdienstes abzuleisten (§ 4 und 7 RettAssG). Nach Abschluss dieser Ausbildungsabschnitte wird die Erlaubnis zum Tragen der Berufsbezeichnung „Rettungsassistent/in" erteilt.
Nach § 9 kann die zuständige Behörde auf Antrag eine Ausbildung, die bei der Feuerwehr erworben wurde, im Umfang ihrer Gleichwertigkeit auf den Lehrgang und auf die praktische Tätigkeit (§ 4 und 7 RettAssG) entsprechend anrechnen. Die Absolvierung der staatlichen Prüfung ist aber auch hier die Voraussetzung für die Erteilung der Erlaubnis, die Berufsbezeichnung Rettungsassistent/in zu führen. *(Zi)*

Rettungsbrett, ein aus Kunststoff oder Holz gefertigtes flaches Brett, um möglichst schonend → *Verletzte* aus engen → *Einsatzstellen,* z. B. Gruben, Röhren, Pkw's zu retten. Um den Verletzten auf dem Brett zu fixieren, sind Haltegurte nötig. *(Zi)*

Rettungsdienst, organisierte Hilfe mit der Aufgabe, bei → *Notfallpatienten* noch am Notfallort lebensrettende Maßnahmen durchzuführen, ihre Transportfähigkeit herzustellen und sie unter Aufrechterhaltung der Transportfähigkeit und unter Vermeidung weiterer Schäden in ein geeignetes Krankenhaus zu befördern. Der Rettungsdienst hat ferner die Aufgabe, → *Nicht-Notfallpatienten* zu transportieren und während dieses Transports die notwendige medizinische Versorgung zu sichern (Krankentransport). *(Zi)*

Rettungsdienstfahrzeug → *Rettungsfahrzeug. (Fl)*

Rettungsfahrzeug, Kraftfahrzeug mit bestimmter medizinischer und technischer Ausstattung, in dem → *Notfallpatienten* und Nicht-Notfallpatienten versorgt und befördert werden können.
Die Besatzung besteht aus dem Personal im → *Rettungsdienst* und gegebenenfalls einem → *Notarzt.* Beispiele: Rettungswagen (RTW), Krankentransportwagen (KTW), Notarztwagen (NAW), → *Notarzt-Einsatzfahrzeug (NEF),* Großraum-Krankentransportwagen (G-KTW). *(Fl)*

Rettungsgeräte, spezielle Geräte, die zur Durchführung der technischen → *Rettung* von Menschen und Tieren aus einer lebensbedrohlichen Zwangslage dienen; Beispiele: → *tragbare Leitern,* Rettungsschere (Spreizer). *(Zi)*

Rettungshelfer, eine Person, die an einer über den Sanitätsdienst hinausgehenden rettungsdienstlichen Ausbildung teilgenommen hat.
Die Ausbildung zum Rettungshelfer gliedert sich in eine 160 Stunden dauernde theoretische Ausbildung, an die sich zwei Praktika zu je 80 Stunden in einem Krankenhaus und einer → *Rettungswache* anschließen; Abschluss: schriftliche und mündliche Prüfung. *(Zi)*

Rettungshöhe, bei → *Hubrettungsfahrzeugen* die ausgefahrene Höhe des Hubrettungsauslegers, gemessen in Meter; Rettungshöhe ist der senkrechte Abstand zwischen der Ebene des der Aufstellfläche des Hubrettungsfahrzeugs und dem Boden des Rettungskorbs bzw. der obersten Sprosse des → *Leitersatzes.* Sie hängt von der → *Ausladung* ab, da die maximale Länge des Leitersatzes durch die Konstruktion des Hubrettungsfahrzeugs vorgegeben ist.
Es gibt Hubrettungsfahrzeuge bis zu Rettungshöhen von über 60 m; das entspricht Gebäuden mit 25 Stockwerken. Die in Deutschland genormten Drehleitern haben eine maximale Rettungshöhe von 30 m. *(Fl)*

Rettungshubschrauber (RTH), ein speziell für das Rettungswesen ausgestatteter Hubschrauber, der zur Herstellung und Aufrechterhaltung der Transportfähigkeit von → *Notfallpatienten* sowie zum schonenden Lufttransport von Patienten bestimmt ist; Besatzung: Flugbesatzung (Pilot) und medizinisches Personal (Rettungsassistent und Notarzt). *(Fl)*

Rettungshund, ein (ausgebildeter) Hund, der durch seinen Geruchssinn Menschen unter Trümmern, unter Schneemassen (Lawinenhund), unter Wasser (Wasserrettungshund) oder im Gelände aufspüren und dem Hundeführer das Vorhandensein von Personen anzeigen kann. *(Sr)*

Rettungskette, bildhafter Begriff für das medizinische Rettungssystem in Deutschland, das aus folgenden fünf, sich ergänzenden Gliedern besteht: → *Notruf,* → *Sofortmaßnahmen,* → *Erste* Hilfe, → *Rettungsdienst* und Krankenhaus. *(Zi)*

Rettungskorb, Teil des → *Hubrettungssatzes,* in dem Personen befördert werden. Der Rettungskorb kann mindestens zwei bis vier Personen aufnehmen. Mit einer Halterung für eine Krankentrage am Rettungskorb können Personen auch liegend transportiert werden. *(Fl)*

Rettungsleine → *Feuerwehrleine. (Fl)*

Rettungsleitstelle, eine ständig besetzte Einrichtung zur Annahme von Meldungen sowie zum Alarmieren *(→ Alarmierung),* Koordinieren und Lenken von Einsatzkräften des → *Rettungsdienstes* oder in besonderen Fällen auch anderer Einrichtungen, z. B. Einheiten des → *Sanitätsdienstes. (Sr)*

Rettungsmaterial, Gesamtheit aller Gebrauchs- (z. B. Beatmungsgeräte, Tragen) und Verbrauchsmaterialien (z. B. Verbandsmaterial, Medikamente), die für die → *Rettung,* → *Erste Hilfe,* ärztliche Hilfe und Herstellung der Transportfähigkeit erforderlich sind (DIN 13 050). *(Zi)*

Rettungsmittel, Fahrzeuge und Geräte des Rettungsdienstes, ausgenommen → *Rettungsmaterial. (Zi)*

Rettungssanitäter, eine Person, die nach den Richtlinien für die Ausbildung von Personal im Rettungsdienst ausgebildet und im Rahmen des → *Rettungsdienstes* tätig ist.
Die Ausbildung gliedert sich in eine 160 Stunden dauernde theoretische Ausbildung, an die sich zwei Praktika zu je 160 Stunden in einem Krankenhaus und einer → *Rettungswache* anschließen. Als Abschluss muss der Rettungssanitäter an einem 40stündigen Lehrgang teilnehmen, der mit einer schriftlichen, praktischen und mündlichen Prüfung abschließt. *(Zi)*

Rettungstuch (Bergetuch), besonders gestaltetes textiles Tuch mit Tragegriffen zum → *Retten* und zum behelfsmäßigen Transport von sitzenden oder liegenden Patienten. Vorteile: leicht, handlich, kann z. B. in engen Treppenräumen eingesetzt werden. *(Zi)*

Rettungstunnel, besondere Form eines horizontalen Rettungsweges, der meist nur einen Ausgang und einen Eingang hat. Rettungstunnel haben keine Fenster und führen oftmals durch Untergeschosse. Ihre Ausgänge müssen direkt ins Freie führen. Die Anforderungen an die Wände entsprechen mindestens denen von Fluren (feuerhemmend oder feuerbeständig, abhängig von der Gebäudeart). Meist werden sie in feuerbeständiger Bauweise hergestellt. Die Türen müssen die gleiche Qualität wie Türen aus einen brandbelasteten Bereich in einen Treppenraum haben (mindestens T30). *(Ki)*

Rettungswache, Einrichtung des organisierten → *Rettungsdienstes,* in der Einsatzkräfte, → *Rettungsmittel* und sonstige Ausstattung einsatzbereit gehalten werden (DIN 13 050). *(Sr)*

Rettungswagen (RTW), Kraftfahrzeug insbesondere zum Transport von → *Notfallpatienten.*
RTWs führen eine umfangreiche medizinisch-technische Ausrüstung mit. Die Anforderungen an die Besatzung sind höher als beim Krankentransportwagen: Besatzung: Zwei Rettungsassistenten. *(Fl)*

Rettungsweg, Flächen in baulichen Anlagen, die besonders geschützt sind, um im Brandfall oder ähnlichen Notfällen die schnelle Flucht von Personen und die Rettung durch Hilfskräfte zu ermöglichen.
Er setzt sich zusammen aus dem Rettungsweg in
- Raum,
- Flur,
- Treppenraum und
- dem Ausgang ins Freie.

Die Anforderungen in den Bauordnungen der Länder an die Schutzqualität des Rettungsweges nehmen mit der Entfernung vom Aufenthaltsraum und mit der Zahl der auf den Rettungsweg angewiesenen Personen zu.
Bei großen Räumen wird höchstens die Freihaltung eines Ganges von Möbeln und Einrichtungsgegenständen gefordert. Flure enthalten bereits Anforderungen an die Qualität der Umfassungswände, die notwendige Breite und den stufenlosen Verlauf. Treppenräume stellen als Rettungsweg infolge ihrer Wandkonstruktionen und Entrauchungsmöglichkeiten die sichersten Bereiche eines Gebäudes dar. Ausgänge sollen direkt ins Freie führen und für die zu erwartende Personenzahl ausreichend breit sein; → *Rettungsweglänge;* → *Hochhäuser.*
Der 2. Rettungsweg kann bei Räumen, in denen sich eine, einer Wohnung vergleichbare Anzahl von Menschen aufhält, bis zur Hochhausgrenze über Leitern der Feuerwehr gewährleistet werden.
Jede Nutzungseinheit muss über zwei voneinander unabhängige Rettungswege verlassen werden können. Der 1. Rettungsweg muss immer baulich hergestellt werden. *(Oe)*

Rettungsweglänge, Länge des → *Rettungsweges* von den Obergeschossen bis zum nächstliegenden Treppenraum *(Tabelle).*
Die übliche Rettungsweglänge beträgt maximal 35 m. Bei Sonderbauten mit vielen Nutzern kann sie auf 25 m reduziert werden; → *Hochhäuser. (Ki)*

Rettungszeichen, Zeichen für Fluchtweg und Notausgang; ein → *Sicherheitszeichen* nach DIN 4844 Teil 1 und Teil 3 sowie nach BGV A 8, das den → *Rettungsweg,* den Weg zu einer Stelle für Hilfeleistung oder eine Rettungseinrichtung kennzeichnet.
Form: quadratisch oder rechteckig;
Farbe: Grün;
Farbe der Symbole: Weiß;
Beispiele siehe *Tabelle.*
Im Gefahrenfall muss auch von ortsfremden Personen, z. B. Besuchern, der Rettungsweg oder der Weg zu einer Rettungseinrichtung, z. B. „Erste Hilfe" unverzüglich gefunden werden. Nach BGV A 8 muss auf Rettungswegen die Sicherheitsaussage der dort notwendigen Rettungs- und Brandschutzzeichen durch Verwendung von nachleuchtendem Material auch bei Ausfall der allgemeinen Beleuchtung für etwa 10 Minuten erhalten bleiben, wenn keine Sicherheitsbeleuchtung vorhanden ist. *(Oe)*

Rettungszylinder (RZ) nach DIN 14 751 sind hydraulische Zylinder mit einem großen Hub (Bild). Sie werden eingesetzt, wenn der Öffnungsweg des → *Spreizers* nicht ausreicht, also beispielsweise zum Hochdrücken von Lenksäulen, Fahrzeugdächern und anderen Hindernissen. Mit dem Rettungszylinder wird der vom Spreizer be-

Tabelle: **Rettungsweglängen** in Übersicht

Musterbauordnung: Von jeder Stelle eines Aufenthaltsraumes bis zum Treppenraum oder ins Freie	35 m
Hochhäuser: Von jeder Stelle eines Aufenthaltsraumes bis zum Treppenraum oder ins Freie	25 m
Krankenhäuser: Von jeder Stelle eines Aufenthaltsraumes bis zum Treppenraum oder ins Freie	30 m
Versammlungsräume: Von jedem Besucherplatz bis zum Ausgang des Versammlungsraumes je nach Höhe des Raumes	30–60 m
Von jedem Punkt eines Flures bis zum Treppenraum	30 m
Verkaufsstätten: Von jedem Punkt eines Verkaufsraumes bis zum nächsten Hauptgang	10 m
Von jedem Punkt eines Verkaufsraumes bis zum nächsten Ausgang, notwendigen Flur oder Treppenraum, gemessen in Luftlinie (die effektive Weglänge darf nicht länger als 35 m sein)	25 m
Gaststätten: Von jedem Gastplatz bis zum nächsten Hauptgang	10 m
Bei mehr als 200 Gastplätzen von jedem Gastplatz bis zum nächsten Ausgang in Abhängigkeit von der Höhe des Raumes	30–60 m
Garagen: In geschlossenen und unterirdischen Garagengeschossen von jeder Stelle bis zum nächsten Ausgang oder Treppenraum	30 m
In oberirdischen offenen Garagen von jeder Stelle bis zum nächsten Treppenraum oder Ausgang	50 m
Schulen: Von jeder Stelle eines Unterrichtsraumes bis zum nächsten Treppenraum oder Ausgang (Luftlinie)	35 m

reits freigemachte Rettungsweg noch erweitert.
Man unterscheidet einzelne Rettungszylinder (RZ) und den Satz Rettungszylinder (SRZ). Der SRZ besteht maximal aus drei Rettungszylindern (Bild). Anforderungen an RZ siehe *Tabelle. (Ma)*

Rheinschifffahrtspolizeiverordnung (RheinSchPVO), internationale Verkehrsvorschrift für den Rhein; die RheinSPVO gilt in allen Rhein-Anliegerstaaten. *(Mt)*

RIC, Abk. für: → *Receiver Identity Code. (Ge)*

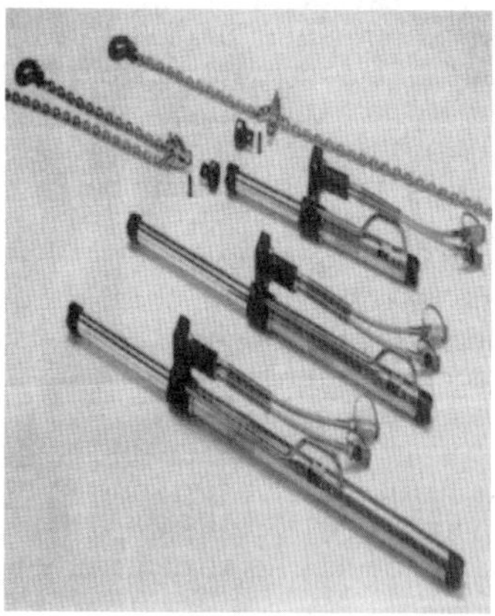

Bild: Satz Rettungszylinder SRZ 320/1600 (Weber Hydraulik)

Tabelle: **Rettungszeichen** im Verlauf von Rettungswegen nach BGV A 8 und DIN (Auswahl)

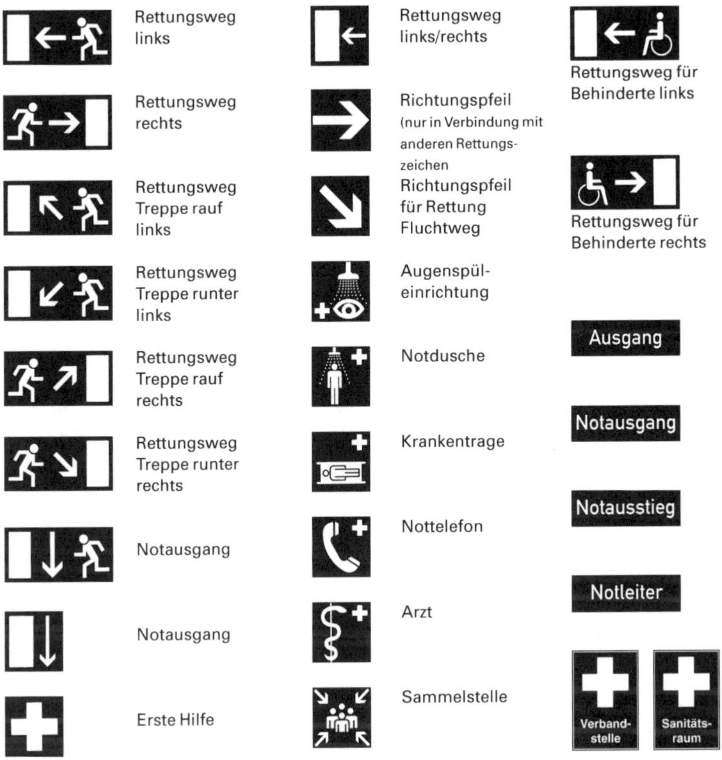

Tabelle: **Rettungszylinder**

Anforderung	SRZ-E[a]	SRZ-V[b]	Motorpumpe im Rahmen
Länge in mm	1100	1100	500
Breite in mm	720	440	440
Höhe in mm	150	480	480
Gewicht in kg	≈ 53	≈ 50	≈ 50
Zubehör in kg	max. 25	max. 25 + 6	–
Gesamtgewicht in kg	max. 128	max. 134	–

[a] Elektromotor
[b] Verbrennungsmotor

Richtfunk, zwischen zwei ortsfesten Funkstellen eingerichtete Festverbindung, auch als Punkt-zu-Punkt-Verbindung bezeichnet.
Richtfunk wird meist auf höheren Frequenzen mit Antennen großer Richtwirkung, z. B. Parabolantennen, und mehreren Übertragungskanälen betrieben.
Ähnliche Festverbindungen, aber

einkanalig und auf niedrigeren Frequenzen (2-m- oder 70-cm-Bereich), nennt man bei den → *BOS* „Zubringer". *(Ge)*

Richtungsverkehr, eine → *Verkehrsart,* bei der (gerätebedingt) auf der einen Seite des Übertragungsweges nur gesendet und auf der anderen nur empfangen wird; Beispiel: Funkalarmierung. *(Ge)*

RID, Abk. für: *Reglement international comcernant le transport des marchandises dangereuses par chemins de fer* (Internationale Ordnung für die Beförderung gefährlicher Güter vom 9. September 1977); gültig für den grenzüberschreitenden Verkehr. *(Fl)*

Riegelstellung → *Abriegeln. (Sr)*

Risiko ist das Produkt aus Schadenausmaß mal Ereigniswahrscheinlichkeit. Der Begriff Risiko bringt zum Ausdruck, mit welcher Wahrscheinlichkeit ein bestimmtes Ereignis und in welchem Ausmaß es auftritt.
Der Begriff Schadenausmaß kann nicht immer eindeutig quantifiziert werden. Ein → *GAU* bzw. ein → *Super-GAU* z. B. hat diesbezüglich fließende Übergänge, die nicht nur von der Aktivitätsfreisetzung, sondern auch von der Topographie und der Wetterlage abhängig sind. Der Begriff Ereigniswahrscheinlichkeit lässt sich hingegen mit wissenschaftlichen Methoden ermitteln; Beispiel: Die Ereigniswahrscheinlichkeit, dass bei einem Störfall in einem Kernkraftwerk die zulässige radiologische Belastung der Umgebung (Äquivalentdosis) über 0,05 Sv liegen wird, ist mit 10^{-6} je Jahr ermittelt, das ist einmal in einer Million Jahren. *(Sr)*

Risiko-Einschätzung → *Risk Assessment. (Sr)*

Risk Assessment (= Risiko-Einschätzung), bezeichneten gesamten Prozess der Risiko-Analyse.
Das Risk Assessment besteht aus der Risiko-Bestimmung (Risiko-Identifizierung und Risiko-Abschätzung; → *Risiko)* und der Risiko-Bewertung.
Die Risiko-Bewertung beschäftigt sich mit der Risiko-Akzeptanz, d. h. mit dem annehmbaren Ausmaß gesellschaftlicher Risiken und die Methoden zur Risiko-Vermeidung bzw. Risiko-Minderung. *(Sr)*

Röhm (das), ein waagrechter, tragender Holzbalken, auf dem die Deckenbalken eines → *Fachwerkbaus* oder die → *Kehlbalken* eines Dachstuhls aufliegen. Das Röhm wird durch → *Pfosten* (Stiele) unterstützt, die mit ihm üblicherweise durch Zapfen verbunden sind. *(Bt)*

Rohrmanschetten → *Abschottungssysteme. (Oe)*

Rollgliss (eine Firmenbezeichnung), nicht genormtes Rettungsgerät zur Rettung von Menschen aus Höhen und Tiefen bis maximal 50 m und als Arbeitsgerät bzw. Sicherungsgerät beim Arbeiten mit Absturzgefahr; Aufbau: Abseilapparat, Polyamid-Kernmantelseil von 60 m Länge, einem Durchmesser von 9 mm und einer Reißfestigkeit von 1 700 kg (16,67 kN).
Funktion: Das Seil gleitet (Reibung) um eine, durch eine Rücklaufsperre gesicherte Rolle. Die Bedienung des Gerätes kann sowohl von unten als von oben und auch von der zu sichernden Person selbst bedient werden. Um eine Person mit einem Gewicht von 100 kg zu heben, benötigt man nur

eine (von einer Hand aufzubringende) Gegenkraft von etwa 5 kg. *(Zi)*

Röntgen (R), frühere Einheit der → *Ionendosis* einer Röntgen- oder Gammastrahlung; 1 R = 2,58 · 10^{-4} C/kg = 258 C/kg; benannt nach dem deutschen Physiker Wilhelm Conrad Röntgen (1845 bis 1923); gültige Einheit: → *Gray. (Kl)*

Röntgenstrahlung (in USA und England: X-rays), elektromagnetische Strahlung mit kürzerer Wellenlänge als der des Lichts (3 · 10^{-9} mm bis 3 · 10^{-13} mm).
Die Erzeugung von Röntgenstrahlung geschieht in der Röntgenröhre durch Abbremsen von Elektronen. Nach dem Abschalten der Spannungsquelle werden in der Röntgenröhre keine weiteren Röntgenstrahlen erzeugt. *(Kl)*

RPC-System → *Radio Paging Code. (Ge)*

RR, Abk. für: Riva-Rocci; ein Maß für die Höhe des arteriellen → *Blutdrucks,* benannt nach dem italienischen Arzt Scipione Riva-Rocci (1863 bis 1937); Beispiel: RR 120/80 mmHg. *(Zi)*

R-Satz, Begriff aus der → *Gefahrstoffverordnung* zum Hinweis auf besondere Gefahren, die von → *Gefahrstoffen* ausgehen *(→ Gefahrstoffkennzeichnung).*
Der Gesetzgeber hat eindeutig festgelegt, bei welchen Gefahrstoffen welche R-Sätze verwendet werden müssen; → *S-Sätze.*
R-Sätze müssen in ausgeschriebener Form auf dem Etikett zusätzlich zum → *Gefahrensymbol* angebracht sein.
Es gibt 68 R-Sätze *(s. Tabelle),* die auch als Kombination verwendet werden. Beispiel für Kombination R36/38: „Reizt die Augen und die Haut".
Beispiel für Anwendung der folgenden Tabelle:
Zur Beschreibung der besonderen Gefahren bei Salzsäure mit einer Konzentration größer als 25 % werden die R-Sätze 34 und 37 verwendet: „Verursacht Verätzungen". „Reizt die Atmungsorgane". *(Fl)*

Rückkraft bei Strahlrohren → *Strahlrohr-Rückkraft. (Ha)*

Rundsteueranlage, drahtgebundene Einrichtung in einem öffentlichen Stromversorgungsnetz. Die Signale des Rundsteuersenders (Tonfrequenzen im Bereich von etwa 175 Hz bis 2 000 Hz) werden dem technischen Wechselstrom überlagert und vom Rundsteuerempfänger ausgewertet.
Rundsteueranlagen dienen zur Steuerung der Straßenbeleuchtung, für Nachtspeichergeräte und Doppeltarif-Zähler. Sie können auch zur Alarmierung von Einsatzkräften benutzt werden. *(Ge)*

Rundumkennleuchte, Einrichtung für blaues Blinklicht auf dem Dach von → *Feuerwehrfahrzeugen.* Damit kann auf Einsatzfahrten → *Sonderrecht* kenntlich gemacht und Einsatzstellen abgesichert werden; → *Kennleuchte.* Man unterscheidet Halogenleuchten und Blitzleuchten. *(Fl)*

Rüst- und Gerätewagen → *Rüstwagen;* → *Gerätewagen. (Fl)*

Rüstwagen (RW), ein → *Feuerwehrfahrzeug* mit Allradantrieb, das zur → *Technischen Hilfeleistung* eingesetzt wird. Fest eingebaut und vom Fahrzeugmotor

Tabelle: **R-Sätze**

R 1	In trockenem Zustand explosionsgefährlich.
R 2	Durch Schlag, Reibung, Feuer oder andere Zündquellen feuergefährlich.
R 3	Durch Schlag, Reibung, Feuer oder andere Zündquellen explosionsgefährlich.
R 4	Bildet hochempfindliche explosionsgefährliche Metallverbindungen.
R 5	Beim Erwärmen explosionsgefährlich.
R 6	Mit und ohne Luft explosionsfähig.
R 7	Kann Brand verursachen.
R 8	Feuergefahr bei Berührung mit brennbaren Stoffen.
R 9	Explosionsgefahr bei Mischung mit brennbaren Stoffen.
R 10	Entzündlich.
R 11	Leichtentzündlich.
R 12	Hochentzündlich.
R 13	–
R 14	Reagiert heftig mit Wasser.
R 15	Reagiert mit Wasser unter Bildung hochentzündlicher Gase.
R 16	Explosionsgefährlich in Mischung mit brandfördernden Stoffen.
R 17	Selbstentzündlich an der Luft.
R 18	Bei Gebrauch Bildung explosionsfähiger/leichtentzündlicher Dampf-Luft-Gemische möglich.
R 19	Kann explosionsfähige Peroxide bilden.
R 20	Gesundheitsschädlich beim Einatmen.
R 21	Gesundheitsschädlich bei Berührung mit der Haut.
R 22	Gesundheitsschädlich beim Verschlucken.
R 23	Giftig beim Einatmen.
R 24	Giftig bei Berührung mit der Haut.
R 25	Giftig beim Verschlucken.
R 26	Sehr giftig beim Einatmen.
R 27	Sehr giftig bei Berührung mit der Haut.
R 28	Sehr giftig beim Verschlucken.
R 29	Entwickelt bei Berührung mit Wasser giftige Gase.
R 30	Kann bei Gebrauch leicht entzündlich werden.
R 31	Entwickelt bei Berührung mit Säure giftige Gase.
R 32	Entwickelt bei Berührung mit Säure sehr giftige Gase.
R 33	Gefahr kumulativer Wirkungen.
R 34	Verursacht Verätzungen.
R 35	Verursacht schwere Verätzungen.
R 36	Reizt die Augen.
R 37	Reizt die Atmungsorgane.
R 38	Reizt die Haut.
R 39	Ernste Gefahr irreversiblen Schadens.
R 40	Irreversibler Schaden möglich.
R 41	Gefahr ernster Augenschäden.
R 42	Sensibilisierung durch Einatmen möglich.
R 43	Sensibilisierung durch Hautkontakt möglich.
R 44	Explosionsgefahr bei Erhitzen unter Einschluss.
R 45	Kann Krebs erzeugen.
R 46	Kann vererbbare Schäden verursachen.
R 47	–
R 48	Gefahr ernster Gesundheitsschäden bei längerer Exposition.
R 49	Kann Krebs erzeugen beim Einatmen.
R 50	Sehr giftig für Wasserorganismen.
R 51	Giftig für Wasserorganismen.
R 52	Schädlich für Wasserorganismen.

R-Sätze (Fortsetzung)

R 53	Kann in Gewässern längerfristig schädliche Wirkungen auf die Umwelt haben.
R 54	Giftig für Pflanzen.
R 55	Giftig für Tiere.
R 56	Giftig für Bodenorganismen.
R 57	Giftig für Bienen.
R 58	Kann längerfristig schädliche Wirkungen auf die Umwelt haben.
R 59	Gefährlich für die Ozonschicht.
R 60	Kann die Fortpflanzungsfähigkeit beeinträchtigen.
R 61	Kann das Kind im Mutterleib möglicherweise schädigen.
R 62	Kann möglicherweise die Fortpflanzungsfähigkeit beeinträchtigen.
R 63	Kann das Kind im Mutterleib möglicherweise schädigen.
R 64	Kann Säuglinge über die Muttermilch schädigen.
R 65	Gesundheitsschädlich, kann beim Verschlucken Lungenschäden verursachen.
R 66	Wiederholter Kontakt kann zu spröder oder rissiger Haut führen.
R 67	Dämpfe können Schläfrigkeit und Benommenheit verursachen.
R 68	irreversibler Schaden möglich. Gesundheitsschädlich, kann beim Verschlucken Lungenschäden verursachen.

angetrieben ist eine → *Zugeinrichtung* mit maschinellem Antrieb. Der Rüstwagen hat eine → *feuerwehrtechnische Beladung* und kann einen eingebauten oder angebauten Lichtmast und einen eingebauten → *Generator* haben. Die Besatzung des RW besteht aus einem → *Trupp* oder einer → *Staffel.*
Man unterscheidet heute gemäß aktueller Normung nicht mehr zwischen verschiedenen Typen von Rüstwagen. Die Rüstwagen können sich aber durch Beladungsmodule unterscheiden. Früher unterschied man → *RW 1,* → *RW 2,* → *RW 3* und *RW 3-St. (Fl)*

Rutschstange, in → *Feuerwachen* fest angebrachte Stange, die von den Feuerwehrangehörigen benützt wird, um schnell von den oberen Geschossen der → *Feuerwache* in die Fahrzeughalle zu kommen. *(Sr)*

RW, Abk. für: → *Rüstwagen. (Fl)*

RW 1, nicht mehr genormter → *Rüstwagen* zur Ausführung einfacher → *Technischer Hilfeleistungen* – auch größeren Umfangs.
Der RW 1 hat eine fest eingebaute → *Zugeinrichtung* (Zugkraft 50 kN) und einen eingebauten, vom Fahrzeugmotor angetriebenen → *Generator* oder einen tragbaren → *Stromerzeuger* und einen ein- oder angebauten Lichtmast; Besatzung: ein → *Trupp* (1/2). *(Fl)*

RW 2, nicht mehr genormter → *Rüstwagen* zur Ausführung nahezu aller → *Technischen Hilfeleistungen* – auch größeren Umfangs.
Der RW 2 hat eine fest eingebaute → *Zugeinrichtung* (Zugkraft 50 kN), einen → *Generator* und einen angebauten Lichtmast; Besatzung: ein → *Trupp* (1/2). *(Fl)*

RW 3, nicht mehr genormter → *Rüstwagen* zur Ausführung nahezu aller → *Technischen Hilfeleistungen* – auch größeren Umfangs. Die Zugeinrichtung des RW 3 hat im Vergleich zum → *RW 2* eine Zugkraft von 150 kN; Besatzung: ein → *Trupp* (1/2). *(Fl)*

RW 3-St, nicht genormter → *Rüstwagen* wie → *RW 3,* aber mit der Besatzung → *Staffel. (Fl)*

RWA, Abk. für: → *Rauch- und Wärmeabzugsanlage. (Ki)*

Sachkundiger für tragbare → *Feuerlöscher* im Sinne von DIN 14406, Teil 4, EN 3 und BGR 133 (BGR 133 ist eine Regel der Berufsgenossenschaften für die Ausrüstung von Arbeitsstätten mit Feuerlöschern) übernimmt die ordnungsgemäße Gewähr in sicherheitstechnischer und brandschutztechnischer Hinsicht für die ordnungsgemäße → *Prüfung,* → *Wartung* und → *Instandsetzung* der ihm anvertrauten Feuerlöscher.
Ein Sachkundiger muss mit den Arbeitsschutzvorschriften, Unfallverhütungsvorschriften, DIN-Normen und VDE-Vorschriften sowie den technischen Regeln auch anderer EU-Mitgliedsstaaten soweit vertraut sein, dass er den funktionssicheren Zustand von Feuerlöschern beurteilen kann; Ausbildung: mindestens drei Monate dauernde betriebliche Ausbildung einschließlich Fachlehrgänge mit anschließender praktischer Tätigkeit. Er muss ferner die erforderliche persönliche Zuverlässigkeit besitzen, nachgewiesen durch ein polizeiliches Führungszeugnis. Um z. B. Missbrauch bei der Durchführung der Instandhaltung vorzubeugen, muss der Sachkundige nach DIN 14406 Teil 4 und EN 3 schriftlich legitimiert sein (Ausweis, z. B. des → *bvfa,* mit Lichtbild und Prüfnummer). *(Oe)*

Safar-Tubus (Oropharyngealtubus, auch: Doppelmundtubus), ein → *Tubus* nach Peter S. Safar, der sich vom → *Guedel-Tubus* durch ein Ansatzstück auf der Helferseite unterscheidet, das eine Mund-zu-Tubus-Beatmung ohne direkten Mundkontakt zum Patienten möglich macht.
Der Safar-Tubus wird mit derselben Technik eingeführt wie beim Guedel-Tubus. Er wird teilweise im → *Feuerwehr-Verbandkasten* mitgeführt. *(Zi)*

Sammelruf, das Ansprechen vieler oder aller Teilnehmer eines → *Funkverkehrskreises* oder das Aussenden mehrerer → *Adressen,* z. B. von Meldeempfängern, um die folgende Durchsage bzw. Textinformationen für alle Empfänger gleichlautend und gleichzeitig zu übermitteln. *(Ge)*

Sammelstelle; Ort in der Nähe einer Einsatzstelle, außerhalb des Gefahrenbereiches, an der gerettete, in Sicherheit gebrachte und geborgene Personen, Tiere und Sachen versorgt und/oder registriert werden (zum Beispiel: Verletztensammelstelle, Sammelstelle für Tote, Sammelstelle für Sachen). *(Sr)*

Sammelstück nennt man eine wasserführende → *Armatur,* in der zwei → *Feuerwehrschläuche* (B) in einen größeren Querschnitt (A) zusammengeführt werden. Sie dienen als Einspeisung an/in → *Feuerlöschkreiselpumpen. (Zi)*

Sanitätsdienst, ein → *Fachdienst* des → *Katastrophenschutzes,* der Sanitätshilfe leistet, die erste ärztliche Versorgung und den Transport Verletzter übernimmt. Einheit des Sanitätsdienstes ist der Sanitätszug. *(Sr)*

Sankt Florian, Schutzpatron der Feuerwehr und gegen Feuersbrunst; Heiliger (Tag: 4. Mai); Märtyrer; Vorstand der Kanzlei des römischen Statthalters von Norikum (heute: St. Pölten), gestorben 304 n. Chr.
Zur Geschichte: im 3. Jahrhundert n. Chr. soll der römische Statthalter Aquilinius im Heer des Kaisers Diokletian in Lauriacum (heute:

Lorch, in Oberösterreich) den sich geheim versammelten Christen nachgestellt und 40 von ihnen verhaftet und gefoltert haben. Florian, der im Stadtgebiet des heutigen St. Pölten amtierte, begab sich daraufhin nach Lorch und bekannte sich ebenfalls zum Christentum. Als er sich auch nach schwerster Folter nicht von seinem Glauben abwandte, wurde er zum Tode verurteilt. Man stieß ihn, mit einem Mühlstein beschwert, von der Ennsbrücke in den Fluss. *(Sr)*

Sauerstoff, (chemisches Symbol: O) ein → *chemisches Element;* kommt in freiem Zustand als Bestandteil der Luft (20,8 Vol.-%), in gebundenem Zustand im Wasser und in zahlreichen Mineralien vor. Insgesamt ist er zu 49,5 Gewichts-% auf der Erdoberfläche vertreten und damit das am häufigsten vorkommende Element. Sauerstoff verbindet sich mit den meisten Elementen zu Oxiden (Oxidation). Wenn dieser Vorgang unter Abgabe von Wärme und Licht verläuft, spricht man von → *Verbrennung. (Kl)*

Sauerstoffäquivalent (Formelzeichen $\nu_{\text{Sauerstoff}}$) bezeichnet die Anzahl der Mole Sauerstoff, die zu einem vollständigen Brennen von einem Mol eines brennbaren Stoffes notwendig ist *(Tabelle)*. Das Sauerstoffäquivalent ist somit eine Kennzahl für den Umsatz des → *Oxidationsmittels.*

Die Sauerstoffäquivalente von Stoffen können bestimmt werden

– aus den Reaktionsgleichungen des Brennens: Beispiel:
$CH_4 + 2\ O_2 \rightarrow CO_2 + 2\ H_2O$, d. h. 2 Mol Sauerstoff werden für das vollständige Brennen von 1 Mol Methan gebraucht;

– mit Hilfe der Elemente, aus denen der brennbare Stoff zusammengesetzt ist, nach der Formel
$\nu_{\text{Sauerstoff}} = C + S + 0{,}25(H - Cl - 2 \cdot O^*) + 1{,}25\ P$,
wobei C, S, H, Cl und P die Anzahl der Atome im Molekül und O* die Anzahl der Sauerstoffatome im Molekül ist – ausgenommen O_2 in NO_2-Gruppen.

Beispiel: Für $(CH_3)_2O$ ist $\nu = 2 + 0{,}25\ (6 - 2 \cdot 1) + 1{,}25 = 3{,}25$.

Die Werte der Sauerstoffäquivalente werden für die Berechnung der → *stöchiometrischen Konzentrationen* von brennbaren Stoffen in Gemischen herangezogen. *(Ha)*

Tabelle: **Sauerstoffäquivalente** von brennbaren Stoffen

Stoff		Sauerstoffäquivalent $\nu_{\text{Sauerstoff}}$
Gase		
Clormethan	CH_3CL	1,5
Ethen	C_2H_4	3,0
Ethin (Acetylen)	C_2H_2	2,5
Kohlenmonoxid	CO	0,5
Methan	CH_4	2,0
Methanal	HCHO	1,0
Propan	C_3H_8	5,0
Schwefelwasserstoff	H_2S	1,5
Wasserstoff	H_2	0,5
Flüssigkeiten		
Benzol	C_6H_6	7,5
Blausäure	CHN	1,25
Blutanol	C_4H_9OH	6,0
Ether	$(C_2H_5)_2O$	6,0
Methanol	CH_3OH	1,5
Methansäure	HCOOH	0,5
Octan	C_8H_{18}	12,5
Propanon	CH_3COCH_3	4,0
Schwefelkohlenstoff	CS_2	0,3
Feste Stoffe		
Aluminium	Al	0,75
Kohlenstoff	C	1,0
Magnesium	Mg	0,5
Naphtalin	$C_{10}H_8$	12,0
Natrium	Na	0,25
Schwefel	S	1,0

Sauerstoffgrenze ist die geringste Sauerstoffkonzentration in einem → *Gemisch* aus Luft und einem → *inerten Gas,* in dem nach

dem Zutritt eines brennbaren Gases, Dampfes oder Staubes und dem → *Entzünden* gerade noch ein → *Brennen* im gesamten Gemisch eintritt. Die Sauerstoffgrenze wird in Vol.-% angegeben *(Tabelle).*
Ein zunehmender Inertgas-Anteil in der Verbrennungsluft verringert die Sauerstoffkonzentration *(→ Sauerstoffindex)* und führt zur Sauerstoffgrenze. Bei Unterschreitung des jeweiligen Grenzwertes sind Gemische mit beliebiger Konzentration brennbarer Stoffe nicht mehr zu entzünden.
Für die meisten brennbaren Stoffe gilt ein Sauerstoffgehalt von <5 Vol.-% bei Verwendung von Inertgas CO_2 oder N_2 als explosionssicher.

Tabelle: **Sauerstoffgrenzen** von Stoffen bei den Inertgasen Stickstoff und Kohlendioxid (20 °C, 1013 mbar)

Stoff	Sauerstoffgrenze in Vol.-%	
	in N_2	in CO_2
Methan CH_4	12	14,5
Ethan C_2H_6	10	11,5
Methanol CH_3OH	10	13,0
Kohlenmonoxid CO	5,5	6,0
Propan C_3H_8	11,5	14,0
Benzol C_6H_6	11,0	14,0
Ethanol C_2H_5OH	10,5	13,0
Wasserstoff H_2	5,0	6,0
Aluminiumstaub Al	5,0	–
Buchenholzstaub	14,0	15,9
Braunkohlenstaub	12,8	14,4

Sauerstoffgrenzen sind stoffabhängig, d. h. sie beziehen sich nur auf den betreffenden brennbaren Stoff und das jeweilige Inertgas. Der bei der Sauerstoffgrenze erforderliche Inertgasanteil heißt → *phlegmatisierende Mindestkonzentration.* Steigende Gemischtemperatur (Folge: erhöhte → *Reaktionsgeschwindigkeit),* wechselnde Zündenergie (heiße Oberfläche, Lichtbogen) und die Korngrößen von Stäuben verringern die Sauerstoffgrenzen.
Anwendung:
- Löschen von Bränden der Brandklassen B und C mit Kohlendioxid (CO_2), auch Stickstoff (N_2) durch → *Ersticken.*
- Fluten oder Spülen, z. B. von Rohren, Tanks, Schiffsladeräumen und Silos, in denen explosible Gemische vorhanden sein können, mit einem Phlegmatisierungsmittel zum Ausführen von Schweiß-, Löt- oder Schneidarbeiten.
- Löschwirkung bei → *Explosionsunterdrückungsanlagen.*

(Ha)

Sauerstoffindex (Kurzzeichen: OI), Verhältnis des minimalen Sauerstoffanteils, der das Brennen einer Probe in einer Mischung aus Sauerstoff und Stickstoff gerade noch erlaubt.
Anhand des Sauerstoffindexes werden vier Gruppen der → *Brennbarkeit* unterschieden *(Tabelle 1).*

Tabelle 1

Sauerstoffindex	Brennbarkeit
< 0,21	gut
0,21 bis 0,3	normal
0,3 bis 0,5	nur bei Einwirken der Zündquelle
> 0,5	selbstverlöschend

Der Sauerstoffindex ist ein quantitatives, reproduzierbares Maß für die → *Brennbarkeit* fester Stoffe und kann somit als Kennzahl zur Beurteilung und Klassifizierung der → *brennbaren Stoffe* herangezogen werden *(Tabelle 2).* Zu beachten ist: Temperaturerhöhung senkt den Sauerstoffindex und führt damit zur Erhöhung der → *Brennbarkeit. (Ha)*

Tabelle 2

Stoff	Sauerstoffindex
feste Stoffe	
Papier	0,20
Kiefernholz	0,21
Gummi	0,19
Hart-PVC	0,41
Wolle	0,26
flüssige Stoffe	
Methanol	0,11
Benzin	0,13
gasförmige Stoffe	
Methan	0,14
Ammoniak	0,27
Kohlenmonoxid	0,07
Wasserstoff	0,05

Sauerstoff-Messgerät → *Messgeräte. (Fl)*

Sauerstoffselbstretter, ein → *Regenerationsgerät* für Selbstrettung, bei dem der erforderliche Sauerstoff als Drucksauerstoff oder chemisch gebunden mitgeführt wird; Wirkungsweise wie → *Regenerationsgerät* mit → *Chemikalsauerstoff* bzw. Drucksauerstoff. *(Zi)*

Sauerstoffträger, sauerstoffhaltige Verbindungen, die als → *Oxidationsmittel* wirken und bei Erwärmung den Sauerstoff abspalten. Je nach Vermischungsgrad von Sauerstoffträger und brennbarem festen oder flüssigen Stoff tritt eine Reaktion mit großer → *Verbrennungsgeschwindigkeit* und Erzeugung sehr warmer Verbrennungsgase oder eine → *Explosion* auf; Beispiele für Sauerstoffträger: Peroxide, Nitrate, Chlorate, Perchlorate, Permanganate. *(Ha)*

Saugkorb (nach DIN 14362), eine wasserführende → *Armatur* zur Wasserentnahme aus offenen Gewässern. Sie verhindert das Eindringen von Verunreinigungen, z. B. Schmutz oder Fremdkörpern, in den Förderstrom der → *Saugleitung* bzw. der Feuerlöschkreiselpumpe.
Ein Rückschlagventil im Saugkorb verhindert das Abreißen der Wassersäule bei Unterbrechung des Saugvorgangs.
Man unterscheidet A-, B- und C-Saugkörbe. Für Sonderaufgaben, z. B. bei geringer Wassertiefe bzw. Durchflussmengen, gibt es den sog. Kellersaugkorb. *(Br)*

Saugleitung, eine aus Saugschläuchen oder → *Saugrohren* oder aus einer Kombination von beiden bestehende Leitung zwischen einem Löschmittel und einer Pumpe zum Saugen von Löschmitteln. Die Länge einer Saugleitung ist auf einige Meter begrenzt.
Es gilt die Faustregel: Die Länge der Saugleitung mal → *geodätische Saughöhe* (in Meter) soll nicht größer als 70 m sein. *(Br)*

Saugrohr, im → *Löschwasserbehälter* fest eingebaute, in das Wasser eingetauchte Leitung zur Entnahme von Löschwasser. *(Br)*

Saugschlauch (nach EN ISO 14557), formstabiler und flexibler Schlauch zum Saugen von Löschmitteln aus stehenden Gewässern (→ *Löschwasserbehälter* oder Löschteich) oder fließenden Gewässern, z. B. Flüssen, über eine → *Feuerlöschkreiselpumpe;* Farbe: roh-weiß oder schwarz.
Seine Formstabilität wird durch eine Stahlspirale erreicht. Man unterscheidet den Saugschlauch A (zur Löschwasserentnahme) und Saugschlauch B und C (für kleinere Durchflussmengen), z. B. in Verbindung mit anderen → *Feuerwehrpumpen* wie Umfüllpumpen und Mineralölpumpen; siehe *Tabelle.*

Kurzzeichen	Nennweite *in mm*	Länge *in m*
A	110	2,5 und 1,6
B	75	1,6
C	52	1,6

Mindestens einmal jährlich müssen Saugschläuche einer Sichtprüfung, einer Druckprüfung (6 bar) und einer Saugprüfung (–0,8 bar) unterzogen werden. Ferner muss die Betriebsfähigkeit der Kupplungen überprüft werden.
Es gibt ferner Sonderausführungen des Saugschlauchs zur Förderung von Mineralölprodukten mit eingewobenen Kupferlitzen und Messingkupplungen mit Erdungsklemmen zur Ableitung elektrostatischer Aufladungen; Farbe: schwarz;
– **Saugschlauch D (nach DIN 14 819) für** → *Löschmittelzusätze:* formstabiler Kunststoffschlauch zum Ansaugen von Löschmittelzusätzen, z. B. Schaummittel, einseitig mit einer D-Kupplung versehen. *(Zi)*

Säule A, B, C; als Säule (Bild) bezeichnet man im Kraftfahrzeugbau die oberen Fahrzeugrahmenteile, in die die Fahrzeugtüren eingepasst sind und die das Fahrzeugdach tragen.
Um Personen aus Fahrzeugen zu befreien, ist es oft nötig, diese Säulen mit einem hydraulischen → *Schneidgerät* zu durchtrennen. *(Zi)*

Säurecocktail, ein → *Brandsatz* zur Brandstiftung; Prinzip: Initialzündung durch die chemische Reaktion einer Säure mit einer anderen Chemikalie.
Der Wirkungsradius des Säurecocktails beträgt etwa 10 Meter. Neben der Gefahr durch Verbrennungen infolge der spritzenden brennbaren Flüssigkeit ist auch die Splitterwirkung und die Verätzungsgefahr von Bedeutung.
Säurecocktails werden, ebenso wie → *Molotowcocktails* vorwiegend von radikalen politischen Gruppierungen benutzt. *(Fl)*

Bild: Säule A, B, C

Schadenausmaß → *Risiko. (Sr)*

Schadenelemente → *Maak'sche Schadenelemente. (Sr)*

Schadenfeuer, nicht bestimmungsgemäßes (nicht beabsichtigtes, nicht kontrolliertes) → *Brennen,* das sich unkontrolliert ausbreiten kann und das vorsätzlich, fahrlässig oder durch andere nicht vorhersehbare Umstände verursacht wird; Beispiel: Zimmerbrand; → *Feuer;* Gegensatz: → *Nutzfeuer. (Sr)*

Schadengebiet, ein Gebiet, in dem durch ein plötzliches und unvorhergesehenes Ereignis Personenschäden, Schäden an Tieren, der Umwelt und/oder Sachwerten aufgetreten sind; Beispiel: bei Hochwasser oder nach Erdbeben. In einem Schadengebiet können sich auch mehrere Einsatz- bzw. Schadenstellen befinden. *(Sr)*

Schäkel (Bild) sind u-förmig gebogene Rundstähle, die mit einem verschraubbaren Querbolzen verschlossen werden können. Sie dienen als Verbindung zwischen → *Anschlagmittel* und → *Anschlagpunkten* bzw. als Verbindung zwischen Anschlagmitteln untereinander.

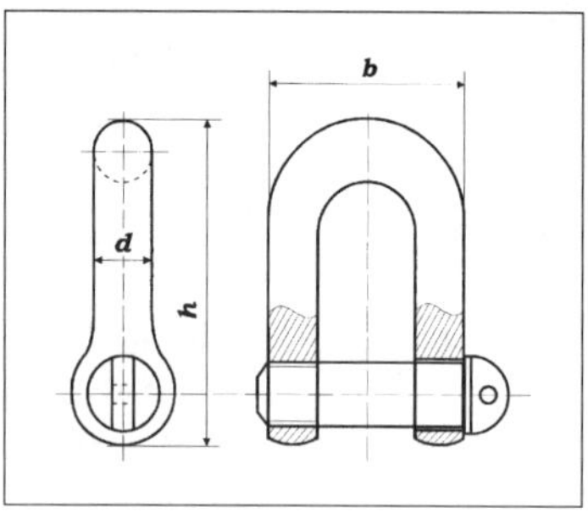

Bild: Schäkel der Form A nach DIN 82 101

Bezeichnung eines Schäkels der Form A, Nenngröße 3: Schäkel A3 DIN 82 101.
Wichtig:
- Schäkel dürfen nur am Bolzen bzw. am Bogen des Bügels belastet werden (keine seitliche Belastung);
- Die zulässige Belastung *(Tabelle)* der Schäkel darf nicht überschritten werden (ist auf dem Bügel angegeben).
- Nach dem Eindrehen des Querbolzens ist dieser um eine Vierteluumdrehung zu lösen, damit er nach Belastung wieder von Hand zu öffnen ist.

Wartung: Schäkel sind nach Gebrauch zu reinigen und auf Verformung zu prüfen. *(Zi)*

Schallgeschwindigkeit, Ausbreitungsgeschwindigkeit von Schall (Einheit: m/s; Formelzeichen: c); sie hängt von der Art (gasförmig, fest, flüssig) und der Temperatur des Ausbreitungsmediums ab, nicht jedoch von der Frequenz und der Amplitude der Schallwelle; *(s. Tabelle). (Ha)*

Medium	**Schallgeschwindigkeit** *c* in m/s bei + 20 °C und 1013 mbar
gasförmige Stoffe	
Kohlendioxid	258 (bei 0 °C)
Sauerstoff	316 (bei 0 °C)
Luft	343,8
Luft	319,5 (bei –20 °C)
flüssige Stoffe	
Benzin	1170
Wasser	1400 (bei 4 °C)
Wasser	1457 (bei 25 °C)
feste Stoffe	
Kupfer	3550
Holz (Eiche)	3380
Mauerwerk	3500
Stahl	4900
Aluminium	5100
Glas	5500

Tabelle: Zulässige Belastung von **Schäkeln** der Form A nach DIN 82 101

Nenngröße	zulässige Belastung in kN	Maße d	b	h	Gewicht in kg
1,6	16	17	61	90	0,75
3	31,5	24	86	123	1,8
6	63	34	121	176	5,3
10	100	42	150	216	10

Schallpegel (richtig: Schalldruckpegel), das in dB (Dezibel) ausgedrückte logarithmische Verhältnis des jeweiligen Schalldruckes p zum festgelegten Bezugsschalldruck p_0; Formelzeichen: *L. (Ha)*

Beispiele für **Schalldruckpegel:**	
0 dB(A)	Hörschwelle
30 dB(A)	Flüstern
60 dB(A)	normales Gespräch
70 dB(A)	Elektromotor
80 dB(A)	Motorsäge
100 dB(A)	Presslufthammer
110 dB(A)	Diskothek/Rockkonzert
120 dB(A)	Strahltriebwerk
140 dB(A)	Schmerzgrenze

dB(A) bedeutet: Bewertung des jeweiligen Schallpegels unter Einbeziehung des „Filters A".

Schaltreihe, Anordnung von → *Verstärkerpumpen* bei der Wasserförderung im Gelände, wenn der Förderdruck einer Feuerlöschkreiselpumpe nicht ausreicht;
–, geschlossene: über eine Schlauchleitung besteht eine geschlossene Verbindung zwischen allen Pumpen von der Wasserentnahmestelle bis zur Pumpe an der Brandstelle;
–, offene: jede Zwischenpumpe fördert Wasser in einen offenen Behälter. Aus diesem saugt die nächste Verstärkerpumpe an und fördert das Wasser weiter. Die offene Schaltreihe wird selten aufgebaut, da für den Aufbau von Zwischenbehältern ein großer Materialeinsatz und Zeitaufwand notwendig ist. *(Fl)*

Schaufeltrage, eine Transporteinrichtung insbesondere zum Transport von Wirbelsäulenverletzten. Sie besteht aus zwei miteinander verbundenen Hälften aus Metall, die sich leicht öffnen lassen; Vorteile:
- „Aufschaufeln" des Patienten, ohne ihn groß zu bewegen;
- guter Ruhigstellungseffekt des gesamten Körpers. *(Zi)*

Schaum → *Löschschaum, chemischer:* in der Entstehungszeit (etwa 1877) der → *Schaummittel* zunächst entwickeltes Schaumlöschverfahren durch Reaktion von Chemikalien in wässriger Lösung.
Der erste chemische Schaum wurde durch Natriumcarbonat, Saponin und sauer wirkendes Aluminiumsulfat in Wasser erzeugt. Chemischer Schaum findet bei der Feuerwehr heute keine Verwendung mehr. *(Kl/Oe)*

Schaumdüsen sind die Endpunkte einer ortsfesten Schaumlöschanlage, um → *Schwerschaum* oder → *Mittelschaum* über eine Fläche gleichmäßig zu verteilen. *(Oe)*

Schaumerzeuger, Gerät zur Schaumerzeugung und Schaumaufbringung in einer Schaumlöschanlage. Man unterscheidet Erzeuger von → *Schwerschaum,* → *Mittelschaum* und → *Leichtschaum.*

– bei Einsatz von Schwerschaum: ortsfest verlegtes Schaumrohr, das vor dem Schaumtopf in die Leitung eingeflanscht ist, mit einer freien Zentraldüse für freien Durchgang. Die Anlage ist damit weitgehend unempfindlich gegen Wasserverunreinigungen; Arbeitsdruck 5 bar am Schaumrohrausgang, dadurch gleichmäßige Schaumerzeugung. Bei → *Protein-Schaummitteln* erreicht man eine → *Verschäumungszahl* von 6,5, bei synthetischen Schaummitteln von 13. Der Schaum kann in Rohrleitungen etwa 40 m horizontal und 12 m vertikal gefördert werden;

– bei Einsatz von Mittelschaum: ortsfest verlegtes Schaumrohr für Mittelschaum, das vor dem Schaumtopf in die Leitung eingeflanscht ist; durch einen Arbeitsdruck von etwa 5 bar erreicht man eine Verschäumungszahl von 75 bzw. 50; Einsatz: Abdeckung von Gruben oder Lagerräumen sowie Auffangräumen mit stehenden oder liegenden Tanks mit Beschäumung von oben;

– bei Einsatz von Leichtschaum: ortsfeste Leichtschaumgenerator mit Leichtschaumdüsen und Gebläsemotoren, um die notwendige Luftmenge in das Wasser-Schaummittel-Gemisch zur Erzeugung von Leichtschaum einzublasen. Je nach Leistung des Ventilators erreicht man eine Verschäumungszahl bis 1 000; Einsatz: zur → *Flutung* von Lagerräumen, Flugzeughangars oder Räumen von Schiffsmaschinen. *(Oe)*

Schaumlöschanlage, ortsfeste Löschanlage mit dem Löschmittel → *Schwerschaum,* → *Mittelschaum* oder → *Leichtschaum;* mit Hilfe von → *Schaumerzeugern* wird die entsprechende Mischung aus Wasser und Schaummittel hergestellt und der Schaum von Schaumdüsen auf das zu löschende Objekt aufgebracht bzw. geflutet.

Eine Erkennungseinheit, z. B. ein Rauchmelder, aktiviert über eine Brandmeldezentrale die Auslöseeinheit, welche veranlasst, dass die Löschanlage den Schaum herstellt und ausbringt. *(Oe)*

Schaumlöscher, ein → *Feuerlöscher (→ Aufladelöscher* oder → *Dauerdrucklöscher)* mit dem → *Löschmittel* → *Schaum;* Funktion:

Im Löschmittelbehälter befindet sich Wasser mit einem Zusatz von → *Schaummittel,* z. B. → *AFFF.* Durch Betätigen der Auslösearmatur wird das Wasser-Schaummittel-Gemisch durch Druck über ein Steigrohr zur Auswurfvorrichtung (Schlauch mit Unterbrechungseinrichtung, z. B. Löschpistole mit Schaumrohr) in Form eines Schaumstrahls ausgestoßen. Schaumlöscher gibt es auch als → *Kartuschelöscher.* → *Durch* Zusatz von Frostschutzmitteln wird der Schaumlöscher im Temperaturbereich von + 60 bis –30 °C einsetzbar;

–, fahrbarer (S 50): ein → *Aufladelöscher* mit dem → *Löschmittel* → *Light Water* AFFF, einem filmbildenden Schaumkonzentrat (46,5 Liter Wasser und 3,5 Liter Light Water AFFF) zum Transport und Bedienung durch eine Person; Füllmenge: 50 Liter und außen angebrachter → *Treibgasflasche* mit Stickstoff als Treibgas; Einsatzgebiete: Industrie, Lagerhallen, Petrochemie, Umschlagplätze für brennbare Flüssigkeiten.

Der S 50 hat einen 5 oder 10 m langen Auswurfschlauch mit einem Schaumrohr. *(Oe)*

Schaumlöschmittel → *Schaummittel. (Kl/Oe)*

Schaummittel ist ein flüssiger Zusatz zum Löschwasser zur Erzeugung von Löschschaum. Die zum Erzeugen des Löschschaums erforderliche Luft wird durch Schaumstrahlrohre zugeführt. Schaummittel werden nach Ihrer chemischen Zusammensetzung oder nach ihren → *Verschäumungsbereichen* und Anwendungsbereichen eingeteilt.
– nach chem. Zusammensetzung:
– *Proteinschaummittel* (PS) ist ein Schaummittel, das aus wasserlöslichen Eiweiß-Abbauprodukten aufgebaut ist.
– *Fluorproteinschaummittel* (FPS) ist ein Schaummittel, das wie PS aus wasserlöslichen Eiweiß-Abbauprodukten aufgebaut ist und zusätzlich fluorierte Wirkstoffe enthält.
– *Wasserfilmbildendes Schaummittel* (AFFF = **A**queous **F**ilm **F**orming **F**oam, wasserfilmbildender Schaum), auch als → *Light Water* bezeichnet, ist aus grenzflächenaktiven Substanzen, z. B. aus unterschiedlichen Tensiden (ähnliche Stoffe wie in Spülmitteln) aufgebaut. Sie bewirken, dass zwischen der brennbaren Flüssigkeit und dem Schaum ein wässriger Film entsteht, der auch nach der Zerstörung des Schaumes bestehen bleibt.
– *Wasserfilmbildendes Proteinschaummittel* (FFFP = **F**ilm **F**orming **F**oam **P**rotein, wasserfilmbildender Schaum aus Proteinen), ist aus grenzflächenaktiven Substanzen, z. B. Fluortensiden, hergestellt. Sie bewirken, dass zwischen der brennbaren Flüssigkeit und dem Schaum ein wässriger Film entsteht.
– *Alkoholbeständiges Schaummittel* ist aus unterschiedlichen Tensiden und zusätzlichen Stoffen, z. B. Harnstoff, aufgebaut. Beim Löschen von Alkohol und brennbaren alkoholähnlichen Stoffen, z. B. Aceton, wird der Schaum – im Gegensatz zu den nicht alkoholbeständigen Schaummitteln –, durch den brennenden Stoff nicht zerstört.
– nach Verschäumungs- und Anwendungsbereichen:
– *Schwerschaummittel* können aus folgenden Stoffen bestehen: Proteinschaummittel, Fluorproteinschaummittel oder synthetische Schaummittel mit Fluorkomponenten.
– *Mehrbereichschaummittel* (MBS) können aus folgenden Stoffen bestehen: hydrolisierte Fettalkohole oder Tenside. MBS haben die Eigenschaft, dass aus ihnen sowohl → *Schwerschaum* als auch → *Mittelschaum* hergestellt werden kann.
– *Spezialschaummittel,* z. B. alkoholbeständige Schaummittel. *(Kl/Oe)*

Schaummittelfahrzeug, ein → *Feuerwehrfahrzeug,* das ganz oder teilweise zum Transport von → *Schaummitteln* und Geräten zur Schaumerzeugung ausgerüstet ist und diese an die Einsatzstelle transportiert. Das mitgeführte Schaummittel wird vor Ort dem Löschwasser zugemischt. Dadurch ist es möglich, Flugzeuglandebahnen oder Tanktassen in Raffinerien zu beschäumen. *(Fl)*

Schaumstrahlrohr, ein Strahlrohr, in dem ein Wasser-Schaummittel-Gemisch unter Ansaugen von Luft verschäumt und in freiem Strahl ausgebracht wird.
Schaumstrahlrohre werden auf den Feuerwehrfahrzeugen als Schwerschaumstrahlrohre (S 2, S 4, S 8) und als Mittelschaumstrahlrohre (M 2, M 4, M 8) mitge-

führt. Schaumstrahlrohre können ebenfalls in Schaumwerfern oder in stationären Schaumlöschanlagen in unterschiedlichen Ausführungen installiert sein. *(Kl/Oe)*

Schaumverträglichkeit (bei → *Löschpulver);* unter Umständen kann eine Unverträglichkeit von Löschpulver und Löschschaum bestehen, da Löschpulver Salze sind und diese dem Schaum beim Kontakt Wasser entziehen, worauf der Schaum zusammenfällt.
Man beugt dieser Unverträglichkeit vor, indem man bei kombiniertem Einsatz (Schaum und Pulver) spezielle, mit Silikon hydrophobierte Pulver verwendet *(→ Hydrophobierung). (Fl)*

Schiebleiter (dreiteilige Schiebleiter), Steig- und Rettungsgerät aus Holz oder Leichtmetall nach DIN EN 1147.
Sie dient als Anstelleiter zum Überwinden von Höhenunterschieden zwischen 5 und 12 m.
Aufbau: Jedes Teil besteht aus zwei Holmen und 17 Steigsprossen, die über ein Zugseil aus Polyestergarn und Umlenkrollen nahezu stufenlos ausgezogen werden können; Länge eines jeden Teiles: 5,60 m; Gesamtgewicht: 100 kg (Holz) bzw. 75 kg (Leichtmetall). *(Zi)*

Schifffahrtszeichen, die in einer Wasserstraße zur Kennzeichnung des Fahrwassers ausgelegten Tonnen, Stangen *(→ Bake)* und → *Boje,* ferner die am Ufer aufgestellten Tafeln und Schilder (Verkehrszeichen). *(Mt)*

Schiffsattest, ein von der Schiffs-Untersuchungs-Kommission (SUK) für ein Schiff ausgestelltes Dokument. Es gibt u. a. Auskunft über Bau, Ausrüstung, Besatzung, höchstzulässige Eintauchtiefe und Sicherheitseinrichtungen an Bord. Es muss ständig mitgeführt und Behörden bei Kontrollen vorgelegt werden. *(Mt)*

Schiffseigner ist der Eigentümer eines zur Schifffahrt auf Flüssen oder sonstigen Binnengewässern bestimmten und hierzu verwendeten Schiffes. Er ist für den Schaden verantwortlich, den eine Person der Schiffsbesatzung oder ein an Bord tätiger Lotse in Ausführung von Dienstverrichtungen schuldhaft verursacht. Wer ein ihm nicht gehörendes Schiff zur Binnenschifffahrt verwendet und es entweder selbst führt oder die Führung einem angestellten → *Schiffsführer* überlässt, ist dem Schiffseigner gleichgestellt (Ausrüster). *(Mt)*

Schiffsführer ist derjenige, dem die Leitung des Schiffes (die sog. Befehlsgewalt) übertragen ist. Zu Führung eines Schiffes braucht man einen Befähigungsnachweis, das sog. Patent. Sind mehrere Inhaber des betreffenden Patentes an Bord, so muss vor Antritt der Fahrt der verantwortliche Schiffsführer festgelegt werden. In der Seefahrt nennt man diese Position Kapitän. *(Mt)*

Schirmsprinkler, stehend oder hängend angeordneter → *Sprinkler* mit paraboloidförmiger Wasserverteilung, zum Boden gerichtetem Sprühbild und einem → *Schutzbereich* von maximal 12 m^2; Ausnahme: bei BG 1 (Brandgefahr 1): 21 m^2. Im Gegensatz zum → *Flachschirmsprinkler* sind etwa 80 bis 100 % des Wasserdurchflusses zum Boden gerichtet. *(Oe)*

Schlagvolumen, Blutmenge, gemessen in ml (Milliliter), die während einer Herzaktion weitergepumpt wird. Sie beträgt etwa 80 ml bei Ruhe. *(Zi)*

Schlauch → *Feuerwehrschläuche;* → *Druckschlauch;* → *Saugschlauch. (Zi)*

Schlauchanschlusseinrichtungen → *Feuerlösch-Schlauchanschlusseinrichtung. (Br)*

Schlauchboot, Wasserfahrzeug, bei dem der Bootskörper überwiegend aus aufblasbaren Kunststoff- oder Gummischläuchen besteht; Vorteil: geringes Gewicht und damit die Möglichkeit, es schnell und überall zu Wasser bringen zu können, z. B. bei Rettungseinsätzen der Feuerwehr. *(Mt)*

Schlauchgerät, ein → *Atemschutzgerät,* bei dem dem → *Atemschutzgeräteträger* Frischluft *(→ Frischluft-Saugschlauchgerät),* über einen mit Druckluft betriebenen Injektor *(→ Frischluft-Druckschlauchgerät)* oder Druckluft *(→ Druckluft-Schlauchgerät)* über eine Schlauchleitung zugeführt wird. *(Zi)*

Schlauchpumpe, eine Verdrängerpumpe *(→ Feuerwehrpumpe)* mit sternförmigem dreiarmigem Rotor, der bei seiner Drehung über einen Schlauch gleitet und das darin befindliche Medium verdrängt; Vorteile (gegenüber der Kreiselpumpe): Das Fördermedium kommt mit dem Pumpenkörper (Metall) nicht in Berührung. Es sind auch zähflüssige Medien, z. B. Leim, förderbar; Nachteil: die Förderung ist pulsierend.
Die bei der Feuerwehr am meisten verwendete Schlauchpumpe ist die → *Elro-Pumpe.* Sie erzeugt im Pumpenkörper um den Förderschlauch ein Vakuum, sodass der Schlauch keine Eigenelastizität benötigt und bei der Leistung (nach DIN 14427) kleine Baugrößen erreicht werden.
Die Schlauchpumpe wird als → *Gefahrgut-Umfüllpumpe* eingesetzt. Auf die Chemikalienbeständigkeit des Schlauchs ist zu achten.
Beim Wechseln des Schlauchs ist darauf zu achten, dass der Schlauch gemäß Kennzeichnung mit der Oberseite richtig eingelegt wird. *(Fl)*

Schlauchwagen (SW), ein nicht mehr genormtes → *Feuerwehrfahrzeug,* das zum schnellen Verlegen von Druckschläuchen eingesetzt wird. Der Schlauchwagen führt je nach Typ 1000 oder 2000 m Druckschläuche und Armaturen zur Wasserförderung mit. Er kann auch eine → *Tragkraftspitze* TS 8/8 in der Beladung enthalten; Typen: → *SW 1000,* → *SW 2000* und → *SW 2000-Tr.* Die Besatzung besteht aus einem → *Trupp* oder einer → *Staffel. Der* → *SW 2000-Tr* wurde in der Normung vom → *GW-L2* abgelöst. *(Fl)*

Schleifkorbtrage, wannenförmig gestaltete Krankentrage aus bruchsicherem Kunststoff zur Rettung und Transport von Verletzten in steilem Gelände oder in Schächten. Der Verletzte wird mit Anschnallgurten gegen Herausfallen gesichert; Zusatzausrüstung: Anschlaggeschirr, um die Schleifkorbtrage auch z. B. mit Hilfe von Seilzügen, Kranwagen oder Drehleitern sicher zu transportieren. *(Zi)*

Schleuse,
– **im vorbeugenden Brandschutz:** Raum vor einem Treppenraum zur

Trennung von Flur und Treppenraum. Die Schleuse verhindert, dass der Treppenraum im Brandfall durch Offenstehen einer Treppenraumtür in stärkerem Umfang verraucht.
Türen zwischen Fluren und Schleusen müssen mindestens rauchdicht und selbstschließend sein. Zwischen den Türen vom Treppenraum und allgemein zugänglichen Fluren muss ein Mindestabstand von 3 m bestehen; → *Sicherheitsschleuse. (Oe)*
– **in der Schifffahrt:** Einrichtungen in Kanälen und Flüssen, die durch Heben oder Senken des Wasserspiegels in einer Kammer (Kammerschleuse) Schiffe von einer → *Stauhaltung* zur anderen befördern. Die Kammern sind an ihren beiden Enden durch Tore verschlossen (Obertor bzw. Untertor). Oberhalb und unterhalb einer Schleuse sind sog. Vorhäfen, in denen die Schiffe an Leitwerken anlegen und auf das Durchschleusen warten. *(Mt)*

Schließdruck, Nullförderdruck (geschlossene Pumpenabgänge) einer → *Feuerlöschkreiselpumpe;* er darf nach DIN 14420 bei maximal 1,4facher Nenndrehzahl zwischen 14 und 16 bar betragen. *(Fl)*

Schließfolgeregler, eine Vorrichtung an zweiflügeligen Feuerschutz- oder Rauchschutztüren, die mit einer → *Feststellanlage* ausgerüstet sind.
Durch den Schließfolgeregler wird die richtige Schließfolge der beiden Türflügel (erst Standflügel, dann Gangflügel) gesichert, sodass ein dichtes Schließen des Abschlusses gewährleistet ist. Bei Funktionsuntüchtigkeit des Schließfolgereglers kann ein sicheres Schließen des Feuerschutz- bzw. Rauchschutzabschlusses nicht mehr gewährleistet werden. *(Ki)*

Schlitzkabel, andere Bezeichnung für → *Leckkabel. (Ge)*

Schlüsseldepot → *Feuerwehr-Schlüsseldepot. (Ge)*

Schlussmeldung, Meldung der letzten zum Standort zurückkehrenden Einheit über den Abschluss eines → *Einsatzes;* Beispiele: *„Hier Florian X, zurück, Einsatzstelle nachgesehen, Schluss". (Ha)*

Schmelzlotsprinkler → *Sprinkler* mit einem thermischen Auslöseelement, bestehend aus einem Verschluss (aus zwei, durch ein Schmelzlot verbundene Metallteile), der zwischen Düse und Sprühteller installiert ist. Bei Erreichen der zulässigen → *Auslösetemperatur* erweicht bzw. schmilzt das Lot; damit wird der Verschluss freigegeben.
Durch den anstehenden Wasserdruck werden die Verschlussteile weggeschleudert. Das Löschwasser trifft auf den Sprühteller und wird gleichmäßig auf den Brandherd verteilt. Schmelzlotsprinkler decken einen Temperaturbereich von 57 °C bis 260 °C ab. *(Oe)*

Schmelzpunkt (richtig: Schmelztemperatur), Temperatur, bei der ein Stoff unter Normaldruck (1 013 hPa = 1,013 bar) vom festen in den flüssigen Zustand übergeht *(s. Tabelle).*
Die Schmelzpunkte von Legierungen liegen meist niedriger als die ihrer Bestandteile; Beispiel: Eine Legierung (Lötzinn) aus 60 % Blei und 40 % Zinn beginnt bereits bei 183 °C zu schmelzen; ganz flüssig ist sie erst bei etwa 260 °C (Schmelzpunkt von Blei = 327 °C, von Zinn = 232 °C).

Der Schmelzpunkt dient bei Feuerwehr/Umweltschutz-Einsätzen zur Beurteilung, ob ein → *Gefahrstoff* in fester oder flüssiger Form vorliegt. *(Fl)*

Schmelztemperatur, richtige Bezeichnung für → *Schmelzpunkt;* bei Bränden ist die Schmelztemperatur von niedrig schmelzenden Stoffen (siehe *Tabelle)* zu beachten, da diese durch Verflüssigung zur Brandausbreitung beitragen können. *(Ha)*

Schneckenpumpe → *Exzenterschneckenpumpe. (Fl)*

Schneerohr (auch: Schneedüse), bei → *Kohlendioxidlöschern* und

Stoff	**Schmelztemperatur** *in °C*
feste Stoffe	
Aluminium	658
Asphalt	80/100
Blei	327
Bronze	900
Chrom, rein	1 890
Diamant	3 450
Eisen	1 539
Fette	> 30
Gips	1 200
Glas	700
Gold	1 063
Graphit	3 540
Gusseisen	>2 500
Kalium	63
Kochsalz	802
Kupfer	1 083
Magnesium	650
Marmor	1 290
Natrium	97,5
Paraffin	52
Phosphor	44
Porzellan	1 600
Sand, trocken	1 480
Schamotte	2 000
Schiefer	2 000
Schwefel	112,8
Stahl	> 1 450
Talg	40. . .50
Ton	> 1 500
Wachs	60
Zinn	232
Zink	420
flüssige Stoffe	
Aceton	–95
Ameisensäure	8
n-Amylalkohol	–78
Anilin	–6
Benzin	–30
Benzol, rein	5
n-Butylamin	–50
2-Chlorphenol	7

Stoff	**Schmelztemperatur** *in °C*
3-Chlorphenol	33,5
4-Chlorphenol	43,5
Cyclohexan	7
Cyclohexanaol	24
Dieselkraftstoff	–30
Dietylether	–116
Dioxan	10
Ethanol	–114
Ethylbenzol	–95
Heizöl	–5
Kochsalzlösung	–18
Leinöl	–15
Methanol	–98
Morpholin	–5
Nitrobenzol	6
Petroleum	150
p-Nitrophenol	114
Petroleum	–70
Quecksilber	–39
Teer	–15
Terpentinöl	–10
Tetrachlorethylen	–22
Tetrahydrofuran	–108
Trichlorethylen	–86
gas-/dampfförmige Stoffe	
Ammoniak	–77
Acetylen	–190
Butan	–135
Chlor	–102
Ethylen	–169
Generatorgas	–210
Kohlenmonoxid	–205
Luft	–220
Methan	–184
Propan	–190
Sauerstoff	–218,5
Schwefelkohlenstoff	–112
Schwefeldioxid	–73
Stickstoff	–210
Wasserstoff	–257

Kohlendioxid-Löschanlagen benutzte Löschmittel-Auswurfvorrichtung. Seine Aufgabe ist, den Wärmeübergang von der Raumluft an das Löschmittelgemisch zu verzögern und den Löschstrahl auf den Brandherd zu richten.
Das Schneerohr besteht aus einem Kunststoffrohr (Durchmesser etwa 100 mm) mit einem Verbindungsstück, z. B. Hochdruckschlauch, zum tragbaren oder fahrbaren Kohlendioxidlöscher bzw. zum Leitungsanschluss an die Kohlendioxid-Löschanlage.
Funktion: Flüssiges Kohlendioxid tritt aus dem Löschmittelbehälter (Stahlflasche) aus. Infolge der im Schneerohr eintretenden Entspannung verwandelt sich ein Teil des CO_2 in → *Kohlendioxid-Schnee;* der Hauptteil tritt jedoch in Gasform aus.
Die Form des Schneerohrs (zylindrisch bzw. konisch) ist für die Erzeugung des Schnees ohne Bedeutung. *(Oe)*

Schneidgerät (S) nennt man ein hydraulisch betätigtes Rettungsgerät, insbesondere zum Durchtrennen von Türpfosten, Dachholmen, Scharnieren, Dachleisten und Lenkradspeichen von verunfallten Kraftfahrzeugen.
Funktion: Der Hydraulikzylinder überträgt die Kraft auf zwei Druck- bzw. Zugstäbe (Bild 1). Die Stäbe greifen in die Bohrungen des Schneidblattes. Durch Vorschieben des Kolbens werden die Hebel auseinandergeschoben, und die Schneidmesserspitzen fahren zusammen.
Die Schneidkraft *(Tabelle)* ist wegen der Krümmung der Schneiden und der sich ständig verändernden Hebelposition an jedem Punkt verschieden. Die Kraft nimmt mit zunehmender Schnitttiefe zu.

Man unterscheidet Pumpenantrieb für Hand- oder Fußpumpe (H), Elektromotor (E) oder Verbrennungsmotor (V).

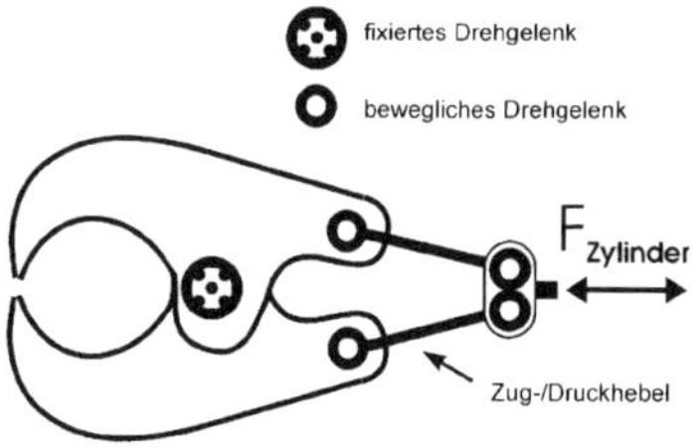

Bild 1: Schneidgerät

Tabelle: **Schneidgeräte** nach DIN 14751 Teil 1

Typ	S 90	S 150
Maulweite (mind.)	90 mm	150 mm
Zugkraft	30 kN	36 kN
Gewicht	≈ 16 kg	≈ 25 kg
Länge	700 mm	720 mm
Breite	500 mm	400 mm
Höhe	220 mm	250 mm

Beim Schneidgerät ist darauf zu achten, dass die Schneidmesser möglichst senkrecht zum schneidenden Teil stehen (Bild 2) und dass sie nicht ineinander geschoben werden, da sonst die Schneidmesser beschädigt werden.

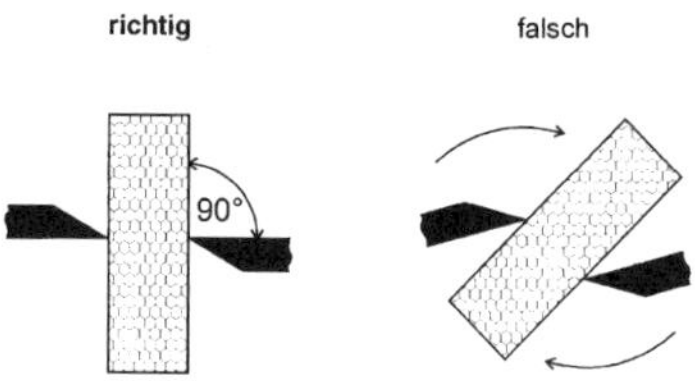

Bild 2: Richtiges und falsches Ansetzen des Schneidmessers

Achtung: Beim Einsatz des Schneidgerätes ist, wie beim Spreizer, mit weggeschleuderten Teile zu rechnen. Schutz davor kann für die zu rettende Person das Überwerfen einer Decke bieten.

Der Feuerwehrmann/frau trägt Gesichtsschutz. *(Ma)*

Schnellangriffseinrichtung, eine in das Feuerwehrfahrzeug eingebaute Schlauchleitung mit → *Strahlrohr.* Man unterscheidet Schnellangriffseinrichtung Wasser und Schnellangriffseinrichtung Pulver. Die Schnellangriffseinrichtung Wasser besteht aus einem fest an die Druckleitung der → *Feuerlöschkreiselpumpe* angeschlossenen Druckschlauch S 28 mit 30 m Länge oder einem Druckschlauch DN 25 mit 50 m Länge. Die Schnellangriffseinrichtung Pulver ist mit der Pulverlöschanlage fest verbunden und besteht aus einem Druckschlauch S 32 mit Pulverrohr *(→ Trocken-Tanklöschfahrzeug). (Ha)*

Schnellangriffsverteiler → *Einrichtung für die schnelle Wasserabgabe. (Fl)*

Schock (auch: Kollaps), lebensbedrohlicher Zustand mit krankhafter Veränderung der Blutzirkulation und/oder der Körperflüssigkeiten (Gewebewasser, Hirnwasser, Lymphflüssigkeit) und dadurch bedingte Mangeldurchblutung oder Funktionsstörungen der Organe, u. a. des Gehirns.
Man unterscheidet:
–, anaphylaktischer: mögliche Ursachen: allergische Reaktionen auf Medikamente, z. B. Antibiotika, Lokalanästhetika, Fremdeiweiß, Insekten- und Schlangengifte; Maßnahmen: → *Volumenmangelschock;*
–, kardiogener: hervorgerufen durch eine bedrohliche Abnahme der Förderleistung des Herzens infolge einer Herzerkrankung (Herzrhythmusstörung, Herzinfarkt); dadurch Stauung des Blutes vor dem Herzen und nachfolgender Minderdurchblutung des Organsystems (Sauerstoffmangel); Erkennungszeichen: siehe → *Volumenmangelschock.*
Maßnahmen: ACHTUNG! Lagerung des Patienten mit erhöhtem Oberkörper in einem Winkel von etwa 15 bis 20° erforderlich. Ziel dieser Lagerung ist die Verminderung des venösen Rückflusses, um eine Reduzierung der Blutstauung herbeizuführen;
–, neurogener: seltener auftretendes Krankheitsbild, das hauptsächlich bei Verletzungen im Bereich des oberen Rückenmarks, aber auch bei der Spinalanästhesie (Teilnarkose durch Einspritzen eines Medikaments in das Rückenmark) vorkommen kann.
Durch eine Verletzung oder durch das Einspritzen eines Medikaments in das Rückenmark kann es zu einer Blockade des Nervensystems kommen. Dies bewirkt eine Erweiterung der → *Arterien* und → *Venen.* Dadurch kommt es zum Absacken des Blutes und zu einem Blutdruckabfall;
Erkennungszeichen des neurogenen Schocks:
– niedriger Blutdruck bei fast normaler Pulsfrequenz;
– sonst wie beim → *Volumenmangelschock;*
Maßnahmen: wie beim Volumenmangelschock.
–, septisch-toxischer: ist ebenfalls ein im außerklinischen Bereich sehr seltenes Krankheitsbild, das durch eine Infektion mit Bakterien hervorgerufen wird. Die Bakterien und deren Giftstoffe bewirken eine Blutvergiftung.
Erkennungszeichen:
– Blauverfärbung der Haut an Armen und Beinen, die sich aber trotzdem warm anfühlen,
– gerötetes Gesicht (manchmal violette Färbung),
– Schüttelfrost und Fieberschübe.

Im fortgeschrittenen Stadium kommt es zu zunehmender Verwirrtheit des Patienten.
Maßnahmen: wie beim → *Volumenmangelschock.*
–, spinaler: Schock als Folge einer Verletzung der Wirbelsäule mit der Gefahr der Unterbrechung von Nervenbahnen.
Beim spinalen Schock ist die normale Engstellung der Gefäße nicht mehr gewährleistet, und es kommt durch Versacken des Blutes zu einem bedrohlichen Blutdruckabfall; Erkennungszeichen und Maßnahmen weitgehend identisch mit denen des → *Volumenmangelschocks.* ACHTUNG! Vorsichtige Lagerung, um weitere Schädigungen zu verhindern.
–, vasovagaler: zwar bedrohlich aussehend, jedoch in der Regel harmlose kurzfristige Störung des Herz-Kreislauf-Systems; Ursachen: langes Stehen, Aufenthalt in Hitze und Schwüle, Kreislaufschwäche nach längerer Krankheit, Schmerzen oder Schrecken; Anzeichen: Weitstellung der Gefäße, dadurch Minderdurchblutung des Gehirns, ggf. kurzzeitiger Bewusstseinsverlust.
–, Volumenmangel: → *Volumenmangelschock.*
Maßnahmen: siehe → *Volumenmangelschock. (Zi)*

Schocklagerung, Lagerung des Verletzten mit erhöhten Beinen (Winkel etwa 15°). Ziel der Schocklagerung ist der verstärkte Rückfluss von Blut aus den Beinen und aus dem Bauchraum zum Herzen. Dadurch kommt es zu einer besseren Durchblutung der lebenswichtigen Organe. *(Zi)*

Schockzeichen, Anzeichen eines → *Schocks* sind Unruhe, Übelkeit, beschleunigte Atmung, Blässe, kalter und klebriger Schweiß, schneller und schwacher Puls, sinkender Blutdruck. *(Zi)*

Schornstein (Kamin), ein senkrecht verlaufender Schacht, durch den Verbrennungsprodukte von Feuerstätten ins Freie abgeführt werden.
Schornsteinbrände dürfen nicht mit Wasser gelöscht werden, da bei Kontakt des Wassers mit den über 1000 °C heißen → *Schornsteinwangen* oder → *Schornsteinzungen* der Schornstein zerrissen werden kann.
Mit Einsturzgefahr ist bei freistehenden Schornsteinen infolge von Dachstuhlbränden zu rechnen. *(Bt)*

Schornsteingruppe, ein aus mehreren Schächten (von Einzelschornsteinen) bestehendes Bauteil. Eine Schornsteingruppe kann außer Schornsteinen auch Lüftungsschächte für Aufstellräume von Feuerstätten enthalten. *(Bt)*

Schornsteinkopf nennt man den die → *Dachhaut* überragenden Teil eines Hausschornsteins. *(Bt)*

Schornsteinwangen nennt man die äußeren Wände von → *Schornsteinen* oder → *Schornsteingruppen;* → *Schornsteinzungen. (Bt)*

Schornsteinzungen nennt man die inneren Wände einer → *Schornsteingruppe. (Bt)*

Schüttdichte (bei Löschpulver), Verhältnis der Masse des Löschpulvers in Gramm und dem vom Löschpulver eingenommenen Volumen in Milliliter; Beispiel: Die Schüttdichte liegt zwischen 0,920 und 1,050 g/ml. *(Oe)*

Schütz, Begriff aus dem Wasserbau; meist plattenartige Vorrichtung, z. B. innerhalb eines → *Wehrs* oder einer Schleuse. Das Schütz kann vertikal bewegt werden. Dadurch wird der Wasserauslass vergrößert bzw. verkleinert. *(Br)*

Schutzausrüstung, persönliche: umfasst nach → *FwDV 4* folgende Ausrüstungsteile:
→ *Feuerwehrhelm mit Nackenschutz,* → *Feuerwehr-Dienstanzug,* → *Feuerwehrleine,* → *Signalpfeife,* → *Feuerwehr-Haltegurt,* → *Atemschutzmaske,* → *Arbeitshandschuhe,* → *Feuerwehrbeil* und → *Feuerwehrstiefel. (Fl)*

Schutzbereich (auch: Schutzfläche) eines → *Sprinklers* ist die Fläche, die von einem Sprinkler infolge seines Sprühbildes geschützt wird; Beispiel: Schutzbereich 9 m^2 bei einem Normalsprinkler. *(Oe)*

Schutzfläche (bei → *Sprinklern)* → *Schutzbereich. (Oe)*

Schutzkleidung für den Strahlenschutz, Teil des → *Körperschutzes* im ABC-Einsatz nach → *Feuerwehr-Dienstvorschrift 500. (Kl)*

Schutzkorb für → *Saugkorb,* feinmaschiges Drahtnetz, das um den Saugkorb gelegt wird, um feine Verunreinigungen (Blätter, Wasserpflanzen) abzuhalten und um die Filterfläche zu vergrößern. *(Br)*

Schutzvorhang (auch: Eiserner Vorhang), Vorhang aus Stahl zum Schutz der Zuschauer bei einem Brand vor der Öffnung einer → *Vollbühne,* der sich innerhalb von maximal 30 Sekunden selbsttätig durch Eigengewicht schließen lässt. Er muss so gestaltet sein, dass er unten direkt an feuerbeständige Bauteile anschließt. Der Bühnenboden darf unter dem Schutzvorhang durchgeführt sein. *(Ki/Oe)*

Schwarz-gelbe Streifen → *Gefahrkennzeichnung. (Oe)*

Schwelbrand ist ein unvollständiges → *Brennen* fester → *brennbarer Stoffe* ohne Flammenbildung; Ursache: Sauerstoffmangel und eine Wärmeproduktion, die gerade noch zur Aufrechterhaltung des → *Schwelens* ausreicht.
Bei einem Schwelbrand entstehen meist große Mengen flüchtiger, unverbrannter und teilweise hochgiftiger Zersetzungsprodukte.
Mit steigender Stofftemperatur nimmt die Entstehungsgeschwindigkeit und damit die Konzentration der Zersetzungsprodukte zu. Bei plötzlicher Luftzufuhr bilden sich Schwelgas-Luft-Gemische, die nach dem → *Entzünden* zu einer → *Stichflamme,* → *Verpuffung* oder → *Explosion* führen können. Langsame Steigerung der Sauerstoffkonzentration durch Luftzufuhr lässt einen Schwelbrand in einen Brand mit → *Flamme* übergehen.
Schwelbrände treten meist in Verbindung mit Flammenbränden auf. Können die Schwelgase nicht entweichen, wird durch den zunehmenden Sauerstoffmangel die Verbrennungsgeschwindigkeit herabgesetzt und ein Druck aufgebaut; Ergebnis: der Brand geht in einen Schwelbrand über; → *Flashover.*
Schwelbrände werden durch → *Abkühlen* oder → *Ersticken* gelöscht. *(Ha)*

Schwelen ist eine langsame thermische Zersetzung eines festen oder flüssigen → *brennbaren*

Stoffes, z. B. Holz, Torf, Wolle, Schweröle, bei der meist große Mengen leichtflüchtiger Zersetzungsprodukte, die Schwelgase, entstehen. Je nach Stoff enthalten die Schwelgase oft sehr giftige Produkte, wie z. B. Kohlenmonoxid, Ammoniak und/oder Blausäure.
Das Schwelen beginnt beim Überschreiten der Zersetzungstemperatur der Stoffe und verläuft allgemein im Temperaturbereich zwischen 200 und 600 °C. Mit steigender Temperatur nimmt die Zersetzungsgeschwindigkeit des Stoffes und damit die Schwelgaskonzentration an der Stoffoberfläche zu. Erhöht sich die Stofftemperatur bis zum → *Schwelpunkt,* werden so viele Schwelgase entwickelt, dass ein Schwelgas-Luft-Gemisch die untere → *Explosionsgrenze* erreicht. *(Ha)*

Schwelle,
1. der untere Abschluss einer Türöffnung.
2. ein waagrechter, tragender Holzbalken, auf dem die → *Pfosten* (Ständer, Stiele) eines → *Fachwerkbaus* stehen. Die Verbindung der Pfosten mit der Schwelle erfolgt durch einen → *Zapfen. (Bt)*

Schwelpunkt ist die niedrigste → *Temperatur* eines festen oder flüssigen → *brennbaren Stoffes,* bei der so viele Schwelgase *(→ Schwelen)* entwickelt werden, dass ein entstehendes Schwelgas-Luft-Gemisch die untere → *Explosionsgrenze* erreicht und bei Annäherung einer → *Zündquelle,* z. B. einer Flamme oder eines Funkens, kurzzeitig entflammt.
Der Schwelpunkt liegt oberhalb der Temperatur, bei der eine merkliche thermische Stoffzersetzung (Zersetzungstemperatur) beginnt, und unterhalb der → *Zündtemperatur* des Stoffes *(Tabelle). (Ha)*

Stoff	**Schwelpunkt** in °C
Kiefer	230
Buche	250
Eiche	245
Fichte	260
Epoxidharz	235
Phenolharz	270
Polyamid 6	360
Silikonharz	440

schwerbrennbare Stoffe → *Brennbarkeitsgruppen. (Ha)*

schwerentflammbar → *Entflammbarkeit;* → *schwerentflammbare Baustoffe. (Ha/Oe)*

schwerentflammbare Baustoffe sind → *brennbare Baustoffe,* die nach der Beurteilung ihres → *Brandverhaltens* die Anforderungen der → *Baustoffklasse B 1* erfüllen.
Die Prüfung der Klassifizierungsanforderungen wird mit Brandversuchen im Brandschacht nach DIN 4102 durchgeführt. Anforderungskriterien sind:
– Die Baustoffe dürfen nur mit starker → *Zündquelle* (Gasbrenner) entzündet werden können.
– Nach Entfernen der Zündquelle muss der Brand wieder erlöschen.
– Die mittlere Rauchgastemperatur darf 200 °C nicht überschreiten.
Zusatzbeobachtungen: Brennendes Abtropfen/Abfallen von Probeteilen, Rauchentwicklung; Beispiele: Holzwolle-Leichtbauplatten, Formstücke aus Hart-PVC (Nachweis durch DIN 4102 Teil 4) mit Prüfbescheid und Prüfzeichen; Spanplatten mit Ausrüstung. *(Ha/Oe)*

Schwerschaum, Schaum mit einer → *Verschäumungszahl* VZ bis 20; Schwerschaum wird bei Bränden in Verbindung mit brennenden

Flüssigkeiten eingesetzt; → *Schaummittel. (Kl/Oe)*

Schwerschaummittel → *Schaummittel. (Kl/Oe)*

Schwimmdachtank, stehender ortsfester Tank (Behälter) mit einer in der Höhe variablen Tankabdeckung.
Je nach Füllhöhe des Lagergutes, z. B. brennbare Flüssigkeiten der Klasse A 1, z. B. Benzin, hebt oder senkt sich die Dachabdeckung; sie „schwimmt" mit Hilfe von Schwimmkörpern, z. B. einer Reihe von Hohlkugeln oder Ringen auf dem Lagergut; Vorteil (gegenüber → *Festdachtank):* die Verdunstung der Flüssigkeit wird weitgehend verhindert. Es entsteht kein explosionsfähiges Gemisch. *(Oe)*

Schwimmendes Gerät nennt man eine schwimmende Konstruktion auf Wasserstraßen oder in Häfen; Beispiele: Schwimmbagger oder Schwimmkrane. *(Mt)*

Schwimmsperre → *Ölsperre. (Fl)*

Seilwinde → *Zugeinrichtung. (Fl)*

Seitenwandsprinkler, stehend oder hängend angeordneter → *Sprinkler* mit einseitigem, halbparaboloidem, zum Boden gerichtetem Sprühbild für einen → *Schutzbereich* von max. 9 m^2; Einsatz: wo bauliche Gegebenheiten wie schmale Flure, Unterzüge, Pfeiler oder andere Hindernisse den Einbau anderer Sprinkler in optimalem Abstand nicht zulassen. Seitenwandsprinkler sind nach → *VdS* in Bereichen mit → *Brandgefahr BG 4* nicht zulässig. *(Oe)*

Sekundäreinsatz, Einsatz des Rettungsdienstes zur Beförderung des → *Notfallpatienten* von einem allgemeinen Krankenhaus unter sachgerechter Betreuung einschließlich Erhaltung und Überwachung der lebenswichtigen Körperfunktionen zur Weiterversorgung in Spezialeinrichtungen, z. B. Verbrennungsklinik oder Herzklinik. Der Sekundäreinsatz endet mit der Rückkehr des Rettungsfahrzeugs zum Standort oder mit neuerlicher Alarmierung (DIN 13 050). *(Zi)*

Sekundärleitung, im Gegensatz zu einer → *Primärleitung* nicht überwachte Leitung zwischen → *Brandmelderzentrale* und Steuereinrichtungen. *(Ge)*

selbstentzündliche Stoffe → *Entzündlichkeit. (Ha)*

Selbstentzündung, Entzünden eines selbstentzündlichen Stoffes nach vorausgehender → *Selbsterwärmung* und Überschreiten einer → *Selbstentzündungstemperatur* (teilweise niedriger als die Zündtemperatur des betreffenden Stoffes *(s. Tabelle).*
Die notwendige Wärmeenergie entsteht durch
– eine Oxidation des brennbaren Stoffes, z. B. bei weißem Phosphor sowie bei ungesättigten tierischen oder pflanzlichen Ölen und Fetten. Bei feucht eingelagertem Heu wird die Selbsterwärmung durch Mikroorganismen (thermophile Bakterien) eingeleitet,
– eine Zerfallsreaktion, z. B. Nitrocellulose nach Erwärmung,
– Polymerisation, z. B. beim Aushärten von Kunststoffen.
Voraussetzung einer Selbstentzündung sind → *Wärmestauung* und deutliche Wärmeerzeugung *(→ van't Hoffsche Regel).*

Eintritt von Selbstentzündung nach
- wenigen Minuten, z. B. bei weißem Phosphor;
- einigen Stunden oder Tagen, z. B. mit besonderen Ölen und Fetten getränkter Wolle und den daraus gefertigten Textilien;
- einigen Wochen, z. B. bei feuchtem Heu;
- einigen Monaten, z. B. bei Braunkohle. *(Ha)*

Stoff	Zündtemperatur in °C	**Selbstentzündungstemperatur** in °C
Phosphor	300	30
Steinkohle	250	100
Rohbraunkohle	230	80
Hartholz	300	150
Weichholz	220	125

Selbstentzündungstemperatur ist die niedrigste Temperatur eines selbstentzündlichen Stoffes, oberhalb der durch → *Selbsterwärmung* in Verbindung mit einer ausreichenden → *Wärmestauung* die → *Selbstentzündung* eintritt. Die Temperaturwerte liegen zwischen der Selbsterwärmungstemperatur *(→ Initialtemperatur)* und der → *Zündtemperatur;* Beispiele siehe → *Selbstentzündung. (Ha)*

Selbsterhitzung → *Selbsterwärmung. (Ha)*

Selbsterwärmung, Temperaturerhöhung in oder an einem → *brennbaren Stoff* durch exotherme Oxidation, Zerfallsreaktion oder Polymerisation an Luft. Selbsterwärmung tritt z. B. auf bei ungesättigten Ölen und Fetten, wie → *Leinöl,* Lebertran, Rapsöl, Sojaöl, ferner bei geschmälzten (vor dem Spinnen gefetteter) Schaf- oder Reißwolle. Bei dieser Wolle sind katalytisch wirkende Verunreinigungen (Rost, Metallabrieb), Pressungen (Pressballen), Vorwärmung und Licht besonders stark reaktionsfördernd. Die erzeugte Wärme wird nicht oder nur teilweise durch → *Wärmeübertragung* an die Umgebung abgeführt; Folge: Ansteigen der Temperatur des Stoffes. Mit Erreichen der Selbstentzündungstemperatur, die je nach Bedingungen niedriger als die → *Zündtemperatur* ist, wird der Vorgang der → *Selbstentzündung* eingeleitet. *(Ha)*

Selbsterwärmungstemperatur → *Initialtemperatur. (Ha)*

Selbstschutz, Maßnahmen, die getroffen werden, damit sich Privatpersonen im Verteidigungsfall vor den Gefahren durch Kampfhandlungen und den daraus entstehenden Folgen selbst schützen können.
Der Selbstschutz umfasst insbesondere die Information und Ausbildung der Bevölkerung über Maßnahmen der → *Ersten Hilfe,* der einfachen Brandbekämpfung und des richtigen Verhaltens bei → *ABC-Einwirkungen* sowie in zerstörten Gebäuden; → *Zivilschutz. (Sr)*

Selbstständiger Trupp; taktische Einheit, deren Mannschaft aus einem Truppführer und zwei weiteren Einsatzkräften besteht (1/2/3). Die Mannschaft eines Selbstständigen Trupps gliedert sich in Truppführer, Truppmann und Maschinist. Im Unterschied zu dem Angriffs-, Wasser- oder Schlauchtrupp innerhalb einer taktischen Einheit handelt es sich beim Selbstständigen Trupp um eine taktische Einheit, die eigenständig Einsatzaufgaben bewältigen kann. *(Sr)*

Tabelle: Bedeutung der **Sicherheitsfarben** nach BGV A 8

Sicherheitsfarbe	Bedeutung, Aufgabe	Anwendungsbeispiele
Rot[a]	Verbot Halt!	→ *Verbotszeichen* Notbefehlseinrichtungen, z. B. Not-Aus
	Die Farbe Rot wird auch zur Kennzeichnung von Einrichtungen zur Brandbekämpfung verwendet.	
Gelb[b]	Warnung, mögliche Gefahr Vorsicht!	Hinweis auf Gefahren, z. B. Feuer, Explosion, Strahlen, chemische Einwirkungen; Kennzeichnung von Bodenschwellen, Hindernissen, gefährlichen Durchlässen
Grün[c]	Rettung Erste Hilfe	→ *Rettungswege*, Notausgänge, Einrichtungen und Material für die → *Erste Hilfe*
Blau[d]	Gebot, Hinweis	Verpflichtung zum Tragen persönlicher Schutzausrüstungen

[a] Sicherheitsfarbe Signalrot nach DIN 5381, RAL 3001
[b] Sicherheitsfarbe Signalgelb nach DIN 5381, RAL 1003
[c] Sicherheitsfarbe Signalgrün nach DIN 5381, RAL 6032
[d] Sicherheitsfarbe Signalblau nach DIN 5381, RAL 5005

selektives Räumen → *Räumen. (Sr)*

Sendeart, bestimmende Merkmale der → *Aussendung* des Senders einer → *Funkanlage:* Art der → *Modulation,* z. B. Frequenzmodulation, und des modulierenden Signals, z. B. Sprache. *(Ge)*

SGV, Abk. für: → *Suchgerät für Verschüttete. (Rö)*

Sicherheitsbestimmungen (beim Tauchen), ergeben sich aus den Berufsgenossenschaftlichen Grundsätzen für Taucher und aus den Besonderheiten des jeweiligen Taucheinsatzes; Ausnahmen sind nur in begründeten Fällen, z. B. Notsituationen, möglich. So muss bei allen Taucheinsätzen sichergestellt sein, dass eine Gefährdung der Taucher, beispielsweise durch Schiffsschrauben oder Ansaugstutzen, ausgeschlossen ist. Bei bestimmten Witterungsverhältnissen, z. B. Sturm oder Gewitter, oder örtlichen Verhältnissen, z. B. Strömung mehr als 2 m/s, besteht Tauchverbot. *(Mt)*

Sicherheitsfarbe ist eine Farbe, der eine bestimmte auf die Sicherheit bezogene Bedeutung zugeordnet ist (BGV A 8, Sicherheitskennzeichnung am Arbeitsplatz); → *Kontrastfarbe.* Beispiele *(s. Tabelle). (Oe)*

Sicherheitsgurt → *Feuerwehr-Haltegurt. (Fl)*

Sicherheitskennzeichnung, Maßnahmen nach BGV A 8 mit dem Zweck, schnell und leichtverständlich die Aufmerksamkeit auf Gegenstände und Sachverhalte zu lenken, die für die Sicherheit erforderlich sind oder die bestimmte Gefahren verursachen können.
Wichtig: Die Sicherheitskennzeichnung entbindet nicht von den erforderlichen Schutzmaßnahmen.
Die Sicherheitskennzeichnung erfolgt durch → *Sicherheitsfarben,* → *Kontrastfarben,* durch die geometrische Form von Sicherheits-

zeichen (auch in Kombination mit Texthinweisen). *(Oe)*

Sicherheitskennzeichnung von Feuerwehrfahrzeugen, dient zur Warnung anderer Verkehrsteilnehmer im Straßenverkehr und besteht aus dem auffallenden → *Farbanstrich. (Fl)*

Sicherheitsratschläge → *S-Sätze. (Fl)*

Sicherheitsregeln für CO_2-Feuerlöschanlagen → *Kohlendioxid-Feuerlöschanlage. (Oe)*

Sicherheitsschilder, andere Bezeichnung für → *Sicherheitszeichen,* z.B. Brandschutzzeichen. *(Oe)*

Sicherheitsschleuse, eine → *Schleuse,* an die erhöhte Anforderungen gestellt werden.
Der Begriff wird heute nicht mehr einheitlich in den Bauordnungen der Länder angewandt. Gemäß früherer Definition darf eine Sicherheitsschleuse nur Zugang zu einem Treppenraum und zu einem notwendigen Flur haben. Sie muss mit feuerhemmenden, selbstschließenden Türen ausgerüstet sein und an eine Lüftungsanlage angeschlossen sein, die auch im Brandfall funktionsfähig bleiben muss. Eine Mindestbreite von 1,5 m und ein Mindestabstand von 3 m zwischen den beiden Türen ist erforderlich. *(Oe)*

Sicherheitstechnische Kennzahl, zahlenmäßige Kennwerte → *brennbarer Stoffe,* die eine Beurteilung und einen Vergleich der Stoffe hinsichtlich ihrer Brand- und Explosionsgefährlichkeit, ihrer Klassifizierung und die Zuordnung von Schutzmaßnahmen zulassen. Sicherheitstechnische Kennzahlen siehe *Tabelle.*
Auf der Grundlage der sicherheitstechnischen Kennzahlen lassen sich die brennbaren Stoffe in verschiedenartige Gruppen und Klassen einteilen, z.B. → *Brennbarkeitsgruppen,* → *Explosionsgruppen,* → *Gefahrklassen,* → *Temperaturklassen. (Ha)*

Sicherheitstreppenraum, ein Treppenraum, in den Feuer und Rauch infolge seiner Bauart nicht eindringen können; Arten:
–, außenliegender S.: er wird von den Nutzungseinheiten (Wohnungen, Büros, Werkstätten) nur über einen Gang im freien Luftstrom erschlossen. Dadurch wird verhindert, dass Rauch aus den Nutzungseinheiten in den Treppenraum eindringen kann; Variante: ein vom Gebäude im Abstand von etwa 3 m abgesetzter Treppenraum, der nur durch offene Gänge mit den Fluren der Geschosse verbunden wird.
–, innenliegender S.: liegt im Gebäudeinnern, vom allgemein zugänglichen Flur durch eine → *Sicherheitsschleuse* getrennt, Dabei muss gewährleistet sein, dass in den Treppenraum kein Feuer und Rauch eindringt. Dies kann durch eine entsprechende Auslegung der Lüftungsanlage als Druckbelüftungsanlage geschehen.
–, Variante des innenliegenden Sicherheitstreppenraumes: der Treppenraum wird in jedem Geschoss über einen durchgehenden Schacht mit natürlicher Lüftung erreicht. Der durchgehende Schacht ist oben und unten offen und ermöglicht das Durchströmen von Luft mit hoher Geschwindigkeit.
Wenn aus dem allgemein zugänglichen Flur Rauch in den Schacht einströmt, wird dieser Rauch so-

Tabelle: **Sicherheitstechnische Kennzahlen**

Stoffkennzahl	feste Stoffe	brennbare Flüssigkeiten	Gase und Dämpfe	Stäube
Abbrandrate	×			
Brandausbreitungsgeschwindigkeit	×	×	×	
Brennpunkt		×		
Explosionsgrenze		×	×	×
Flammenausbreitungs-geschwindigkeit	×	×		
Glimmtemperatur	×			×
Grenzspaltweite			×	
Flammpunkt		×		
Selbsterwärmungstemperatur	×	×		×
Heizwert	×	×	×	
Mindestsauerstoffgehalt			×	×
Mindestzündenergie	×		×	×
Selbstentzündungstemperatur	×			
bei festen Stoffen				
bei flüssigen Stoffen		×		
Sauerstoffindex	×			
Temperaturklassen		×	×	
Zündtemperatur	×	×	×	×
Verdunstungszahl		×		

fort verdünnt und nach oben zur Öffnung transportiert. Dadurch wird verhindert, dass Rauch in den innenliegenden, vom Schacht durch eine rauchdichte Tür getrennten Treppenraum eindringt. *(Ki)*

Sicherheitstrupp; ein mit Atemschutzgeräten ausgerüsteter Trupp, dessen Aufgabe es ist, bereits eingesetzten Atemschutztrupps im Notfall unverzüglich Hilfe zu leisten. Sicherheitstrupps können auch mit zusätzlichen Aufgaben betraut werden, solange sie in der Lage sind, jederzeit ihrer eigentlichen Aufgabe gerecht zu werden und der Einsatzerfolg dadurch nicht gefährdet ist. *(Sr)*

Sicherheitsventil, Teil eines → *Behältergerätes;* es dient dazu, einen gefährlichen Überdruck an einem Gerät, z. B. bedingt durch einen Defekt am → *Druckminderer,* in die → *Umgebungsatmosphäre* abströmen zu lassen. Der Ansprechdruck des Sicherheitsventils liegt bei maximal doppeltem → *Mitteldruck. (Zi)*

Sicherheitswache → *Feuersicherheitswache. (Sr)*

Sicherheitszeichen, nach DIN 4844 Teil 1 und BGV A 8 ein Zeichen, das durch Kombination von geometrischer Form *(s. Tabelle),* Farbe *(→ Sicherheitsfarbe, → Kontrastfarbe)* und Bildzeichen eine Sicherheitsaussage ermöglicht.
Sicherheitszeichen sind:
→ *Brandschutzzeichen,*
→ *Gebotszeichen,*
→ *Hinweiszeichen,*
→ *Rettungszeichen,*
→ *Verbotszeichen,*
→ *Warnzeichen,*
Sicherheitszeichen werden aus einer selbstklebenden Folie (PVC), Kunststoff oder beschichtetem Aluminium hergestellt. *(Oe)*

Tabelle: Geometrische Form von **Sicherheitszeichen** und ihre Bedeutung

Geometrische Form		Sicherheitsfarbe	Bedeutung
Kreis	○	Rot	→ *Verbotszeichen*
		Blau	→ *Gebotszeichen*
Dreieck	△	Gelb	→ *Warnzeichen* Mögliche Gefahr, Vorsicht
Quadrat	□	Grün (Erste Hilfe)	Rettung (→ *Rettungszeichen)*, Fluchtwege
Rechteck	▭	Rot	Einrichtungen zur Brandbekämpfung, z. B. „Feuerlöscher" (→ *Brandschutzzeichen)*

Sichtung nennt man die ärztliche Beurteilung und Entscheidung über die Priorität der Versorgung von → *Patienten* bezüglich Art und Umfang der Behandlung sowie Art und Ziel des Transportes (DIN 13050); siehe *Tabelle.* Die Sichtung hat den Sinn, die nächsten notwendigen Schritte einzuleiten, damit eine geregelte und optimale Versorgung und der Abtransport mit den zur Verfügung stehenden Kräften durchführbar ist. *(Zi)*

Siebanalyse (bei → *Löschpulver),* Kornverteilung gemäß Kornkennlinie des Löschpulvers; Beispiele siehe *Tabelle.*

Maschenweite *in* µm	**Siebdurchgang** *in %*
ABC-Löschpulver	
20	31 ... 36
40	50 ... 55
100	85 ... 90
BC-Löschpulver	
20	62 ... 67
40	82 ... 86
100	97 ... 100
D-Löschpulver	
20	28 ... 33
40	48 ... 53
100	85 ... 90

Die Löschpulverteilchen mit den kleinsten Durchmessern sind für den Löscheffekt (heterogene → *Inhibition)* erforderlich. Die größeren Löschpulverteilchen werden benötigt, um nach dem Ausstoßen aus der Löschpulverdüse die erforderliche Wurfweite zu erhalten. *(Oe)*

Siedepunkt von Gefahrstoffen (richtig: Siedetemperatur), Temperatur, bei der ein Stoff bei Normaldruck (1 013 hPa = 1,013 bar) vom flüssigen in den gasförmigen Zustand übergeht; die dazu erforderliche Wärmeenergie heißt → *Verdampfungswärme* (Verdampfungsenthalpie). Eine Umkehrung des Vorganges (Kondensation) setzt bei gleicher Temperatur die Verdampfungswärme wieder frei; Ausnahmen: Stoffe, die direkt vom festen in den gasförmigen Zustand übergehen (Sublimation), z. B. Trockeneis, in gasförmiges Kohlendioxid. Der Siedepunkt ist stark druckabhängig: Anstieg bei Druckerhöhung, Absinken bei Druckerniedrigung;
Beispiel: Siedepunkt des Wassers bei
$p = 1$ bar $\rightarrow \vartheta = 100\,°C$;
$p = 3$ bar $\rightarrow \vartheta = 132\,°C$;
$p = 0{,}3$ bar $\rightarrow \vartheta = 69\,°C$.
($p = 0{,}3$ bar in etwa 8 000 m Höhe, z. B. Nanga Parbat im Himalaya); weitere Beispiele siehe *Tabelle.*

Tabelle: **Sichtung**

Kategorie	Dringlichkeit	Symptome	Priorität der Versorgung und des Transportes
I	Sofortige Behandlung (oberste Dringlichkeit)	Störung vitaler Funktionen (Atmung, Kreislauf)	Sofortige Einleitung lebensrettender → *Sofortmaßnahmen.* Nach Herstellung der → *Transportfähigkeit* sofortiger Transport mit NAW oder RTH.
II	Aufgeschobene Behandlung (mittlere Dringlichkeit)	z. B. offene Frakturen, innere Verletzungen	Ärztliche Hilfeleistung, nach Notwendigkeit, danach Transport mit NAW, RTH oder RTW
III	Spätbehandlung (geringe Dringlichkeit)	Leichtverletzte, z. B. Schürfwunden, kleinere Schnittwunden	Ambulante Behandlung an der Einsatzstelle oder evtl. nach Transport ins Krankenhaus; Transport mit RTW, KTW oder Entlassung nach Hause
IV	Abwartende Behandlung (keine Dringlichkeit)	z. B. Hoffnungslose, Sterbende	Schmerzbehandlung, wiederholte Untersuchung, Seelsorge; Spättransport, evtl. kein Transport mehr nötig

Der Siedepunkt dient bei Feuerwehr-Gefahrgut-Einsätzen zur Beurteilung, ob ein → *Gefahrstoff* in flüssiger oder gasförmiger Form vorliegt. Dies bestimmt wesentlich, wie er sich ausbreitet. *(Ha)*

Siedetemperatur → *Siedepunkt. (Ha)*

Sievert (Sv), Einheit der → *Äquivalentdosis;* 1 Sv = 1 J/kg; benannt nach dem schwedischen Wissenschaftler Rolf M. Sievert (1896 bis 1966); frühere Einheit: rem; 1 Sv = 100 rem; → *Größen und Einheiten im Strahlenschutz. (Kl)*

Signal, die Darstellung einer Nachricht durch eine physikalische Größe; Beispiele: Ton einer Sirene (Schall), Aufleuchten einer Blinklampe (Licht). *(Ge)*

Signalgeber (Signalwandler), Gerät zur optischen oder akustischen Anzeige von Zuständen; Beispiele: Rundumkennleuchte, Lautsprecher, → *Sirene. (Ge)*

Signalmann (beim Tauchen), ist als Mitglied der → *Tauchergruppe* Leinenführer für den Taucher. Er ist verantwortlich für
- das richtige Anlegen der Taucherausrüstung,
- die Sicherheit des Tauchers während des Tauchgangs,
- die ständige Verbindung und Führung des Tauchers über die Taucher-Fernsprechanlage oder Signalleine,
- die Überwachung der Tauchtiefen und Einhaltung der → *Austauchzeiten. (Mt)*

Signalpfeife, doppeltönige Pfeife, um im Einsatz eindeutig gut hörbare Hinweise bzw. Notsignale geben zu können; Beispiel: Hoch-tief-hoch-tief ... = „Gefahr! Alles sofort zurück!" *(Fl)*

Simplex → *Wechselverkehr. (Ge)*

Simultantest, Test zum Nachweis bestimmter Brandgase und organischer Dämpfe mit Hilfe von → *Leitsubstanzen (Tabelle).*
Das Testmaterial besteht aus vier Sets, mit denen je Set fünf verschiedene Brand- und Zersetzungsgase sowie → *Leitsubstanzen* (gemäß vfdb-Richtlinie

Tabelle: **Siedepunkt** ausgewählter Stoffe

Stoff	**Siedepunkt** (Siedetemperatur) bei Normaldruck 1013 mbar in °C
feste Stoffe	
Aluminium	2075
Asphalt	300
Blei	1717
Bronze	2300
Chrom, rein	2400
Diamant	4000
Eisen	3000
Fette	300
Gold	2677
Graphit	4350
Gusseisen	2500
Kalium	760
Kochsalz	1440
Kupfer	2300
Magnesium	402
Natrium	889
Paraffin	300
Phosphor	200
Sand, trocken	2230
Schwefel	445
Talg	350
Zinn	2362
Zink	907
flüssige Stoffe	
Aceton	56
Ameisensäure	101
Anilin	184
Benzin	40 ... 200
Benzol, rein	80
n-Butylamin	–78
Chlor Cl	–34,5
2-Chlorphenol	174
Cyclohexanol	81
Cyclohexan	161
Dieselkraftstoff	210 ... 380
Dietylether	35
Dioxan	101
Ethanol	78
Ethylbenzol	136
Freon 114	4,1
Heizöl	175 ... 350
Kochsalzlösung	108
Leinöl	316
Methanol	65
Morpholin	129
Nitrobenzol	211
Petroleum	150
p-Nitrophenol	214
Quecksilber	357
Teer	300
Terpentinöl	160
Tetrachlorethylen	121
Tetrahydrofuran	64
Trichlorethylen	87
Trimethylamin	3
gasförmige Stoffe	
Ammoniak	–33
Acetylen	–81
Butan	1
Chlor	–34
Ethylen	–102
Generatorgas	–170
Kohlenmonoxid	–191
Kohlendioxid	–78,5
Luft	–192
Methan	–162
Propan	–42
Sauerstoff	–182,9
Schwefelkohlenstoff	46
Schwefeldioxid	–10
Stickstoff	–19,5
Wasserstoff	–252
Vinylchlorid	–14

10/1) gleichzeitig (simultan) gemessen werden können.
Der Simultantest ist halbquantitativ; das bedeutet, dass die Prüfröhrchen nur zwei Markierungen besitzen, an denen aufgrund der Verfärbung ein Vielfaches des → *Arbeitsplatzgrenzwertes* abgelesen werden kann. Eine weitere Quantifizierung ist nicht möglich.
Die fünf Prüfröhrchen, die sich in jedem Set befinden, werden mit speziellem Zubehör beidseitig geöffnet und durch einen speziellen Adapter mit einer Gasspürpumpe verbunden. *(Rö)*

Tabelle: Mit dem **Simultantest** zu prüfende Gase/Dämpfe

Set Nr.	Verwendung für	Beispiele
I	anorganische Brandgase	– saure Gase, z. B. Salzsäure HCl – Blausäure HCN – Kohlenstoffmonoxid CO – basische Gase, z. B. Ammoniak NH_3 – nitrose Gase, z. B. Stickstoffdioxid NO_2
II	anorganische Brandgase	– Schwefeldioxid SO_2 – Chlor Cl_2 – Schwefelwasserstoff H_2S – Kohlenstoffdioxid CO_2 – Phosgen $COCl_2$
III	organische Dämpfe	– Ketone , z. B. Aceton C_3H_6O – Aromaten, z. B. Toluol $C_6H_5-CH_3$ – Alkohole, z. B. Methanol CH_3OH – aliphatische Kohlenwasserstoffe, z. B. n-Hexan $CH_3-(CH_2)_4-CH_3$ – chlorierte Kohlenwasserstoffe, z. B. Perchlorethylen $Cl_2C=CCl_2$

Leitsubstanzen gemäß vfdb-Richtlinie 10/1:
- Kohlenstoffmonoxid (CO),
- Blausäure (HCN),
- Salzsäure (HCl),
- Nitrose Gase (NO_x) und
- Formaldehyd (CH_2O).

Sirene, Signalgerät zum Erzeugen eines lauten Tones; → *Sirenensignal;* Aufbau:
- Lochsirene: Drehstrommotor, der eine Lochscheibe antreibt;
- Elektronische Sirene: Lautsprecher, dem Töne von einem leistungsstarken Niederfrequenzverstärker mit Tongeber zugeführt werden. *(Ge)*

Sirenensignal, akustisches Zeichen mit vereinbarter Bedeutung:
- zur Alarmierung der Feuerwehr: „Feueralarm!" = Tonfolge im 12-Sekunden-Rhythmus: Ton – Pause – Ton – Pause – Ton (Dauer des Signals: 1 Minute);
- zur Warnung der Bevölkerung: „Rundfunkgerät einschalten – auf Durchsage achten!" = Heulton von einer Minute Dauer. *(Ge)*

Sitzbereitschaft ist die → *Alarmierung* von → *Einsatzkräften,* ausgerüstet in den Fahrzeugen auf weitere Einsatzbefehle zu warten; Beispiel: Sitzbereitschaft bei einer angekündigten Flugzeug-Notlandung. Grundsätzlich dürfen diese Kräfte bis zur Aufhebung der Sitzbereitschaft nicht für andere Tätigkeiten eingesetzt werden. *(Ha)*

SIX-Handbuch; SIX-Schnellinformation Gefahrgut, Handbuch umweltgefährdender Stoffe; Karlsruhe, 1988; SIX steht für Schnellinformation X; → *Nachschlagewerke. (Fl)*

Skelettbau, eine → *Bauart,* bei der die auftretenden Lasten durch ein tragendes Gerippe aufgenommen und über die Fundamente in den Baugrund übertragen werden. Die das Gerippe bildenden, tragenden Bauteile, z. B. → *Stützen* oder → *Unterzüge,* werden aus → *Stahl,* → *Stahlbeton* oder → *Spannbeton* hergestellt und die Zwischenräume mit nichtragenden Bauteilen, z. B. Montagewänden, ausgefüllt. Das → *Brandverhalten* der in Skelettbauart errichteten Bauwerke ist schlechter als der im → *Massivbau.* Im Brandfall können die Ausfachungen und Zwischenwände schnell zerstört werden und herausfallen. *(Bt)*

Sofortmaßnahmen, lebensrettende: alle Maßnahmen, die der Ersthelfer sofort einleiten muss, um eine drohende oder bestehende akute Lebensgefahr abzuwenden. Neben der Absicherung der Unfallstelle und dem Retten aus der Gefahrenzone sind dies vor allem → *Reanimation,* Blutstillung, Beatmung, Schockbekämpfung und Herstellen der stabilen Seitenlage. *(Zi)*

Sofortvollzug/vornahme, ein Verwaltungsakt, der auf die Herausgabe einer Sache oder die Vornahme einer Handlung oder auf Duldung oder Unterlassung gerichtet ist, kann mit den → *Zwangsmitteln* durchgesetzt werden, wenn er unanfechtbar ist oder wenn sein sofortiger Vollzug angeordnet oder wenn dem Rechtsmittel keine aufschiebende Wirkung beigelegt ist. Gerade im Einsatzgeschehen ist aber oft keine Zeit einen Verwaltungsakt zu erlassen. Häufig ist der Betroffene gar nicht anwesend. Dann kann der Verwaltungszwang ohne vorausgehenden Verwaltungsakt angewendet werden, wenn der sofortige Vollzug zur Abwendung einer drohenden Gefahr notwendig ist und die Behörde hierbei innerhalb ihrer gesetzlichen Befugnisse handelt.
Beispiel: Ein Fahrzeug parkt auf einem Unterflurhydranten. Der Fahrer ist nicht anwesend. Auch ohne die Aufforderung das Fahrzeug zu entfernen, ist die sofortige Ersatzvornahme, als Wegziehen des Fahrzeuges durch die Feuerwehr, zulässig. *(Fi)*

Sollzustand bezeichnet den für eine Einrichtung oder ein Gerät festgelegten Zustand, zum Beispiel eines Funkgerätes, wie er als typischer Wert in der Beschreibung oder gerätespezifisch auf dem Abnahme-Messprotokoll beschrieben ist. *(Ge)*

somatische Schäden (von *soma,* griech. = der Körper) sind Schäden, die bei den betroffenen Personen zu körperlichen Schäden führen.
Bei → *Strahlenschäden* unterscheidet man genetische und somatische Schäden. *(Sr)*

Sonderausrüstung im ABC-Einsatz, man unterscheidet nach → *Feuerwehr-Dienstvorschrift 500* zwischen **persönlicher** und **sonstiger Schutzausrüstung.** Der Einsatz von Schutzausrüstung richtet sich nach der Einsatzart (A-, B- oder C-Einsatz) und der vorliegenden Gefahr, die z. B. durch die gegebene Gefahrengruppe eines Objekts abgeschätzt werden kann. *(Kl)*

Sonderbauteile sind Bauteile mit brandschutztechnischen Sonderanforderungen nach DIN 4102 (Brandverhalten von Bauteilen und Baustoffen), wie beispielsweise → *Brandwände,* → *Feuerschutzabschlüsse,* Verglasungen (→ *Brandschutzverglasung;* → *F-Verglasung;* → *G-Verglasung),* Lüftungsleitungen und → *Bedachungen. (Ki)*

Sonderbauten, Sammelbegriff für Bauten, die nicht der Wohnnutzung dienen, z. B. Hotels, Krankenhäuser, Industriebetriebe, Schulen und Theater. (Detaillierte Definition unter § 2 Abs. 4 MBO.) An diese Bauten können gemäß Bauordnung besondere Anforderungen gestellt werden, z. B. erhöhte → *Feuerwiderstandsdauer* von Bauteilen, zusätzliche → *Rettungswege* oder Löschanlagen. Die Art der Anforderungen sind in § 51 MBO bzw. analogen §§ der LBOs festgelegt. Zur Konkretisierung der Anforderungen werden Verordnungen erlassen, z. B. → *Garagenverordnung,* → *Hochhausverordnung,* und → *Versammlungsstättenverordnung. (Ki)*

Sonderfahrzeuge (der Feuerwehr), Fahrzeuge, an die aufgrund ihres besonderen Verwendungszweckes besondere Anforderungen gestellt werden; Beispiele: Feuerwehr-Schienenfahrzeuge (zur Tunnelbrandbekämpfung) und Raupenfahrzeuge (besondere Geländegängigkeit). Nicht zu verwechseln mit → *Sonstigen Fahrzeugen (der Feuerwehr). (Fl)*

Sonderlöscher, Feuerlöscher, die für Sonderzwecke gebaut sind, besonderen Anforderungen unterliegen und von der Norm abweichen, z. B. bezüglich ihrer Größe (für Einbauten).
Sonderlöscher dürfen nur in dem unbedingt notwendigen Umfang von der Norm DIN EN 3 abweichen und sind nur für einen bestimmten Anwendungsbereich zugelassen (sog. bestimmungsgemäßer Gebrauch); Beispiel: Autofeuerlöscher mit 1,3 kg Löschpulver (für Einbau unter dem Fahrersitz); Zulassungsgruppe für Sonderlöscher ist P 2.
Die Sicherheitsbestimmungen für Feuerlöscher dürfen bei Sonderlöschern nicht eingeschränkt werden. Sonderlöscher dürfen nicht das DIN-Zeichen tragen. *(Oe)*

Sonderlöschmittelfahrzeug, ein Feuerwehrfahrzeug, mit dem verschiedene → *Löschmittel* (Wasser, Schaummittel, Löschpulver, Kohlendioxid) zur Einsatzstelle transportiert werden können. Es kann mit einer vom Fahrzeugmotor angetriebenen → *Feuerlöschkreiselpumpe* und einem Zumischer für → *Schaummittel* ausgerüstet sein. Die Besatzung besteht aus einem Trupp. *(Fl)*

Sonderlöschpulver, → *Löschpulver* für besondere Anwendungsbereiche; Beispiel: Graphitsulfat zum Löschen von Natrium-Bränden, z. B. bei mit Natrium gekühlten Kernreaktoren. Das Graphitsulfat bläht sich beim Kontakt mit dem heißen Natrium auf und verhindert so den weiteren Sauerstoffzutritt zum Natrium; → *Stickeffekt. (Oe)*

Sonderrechte → *Einsatzfahrt. (Sr)*

sonstige Fahrzeuge (der Feuerwehr) → *Feuerwehrfahrzeuge;* dazu zählen insbesondere → *Vorausrüstwagen,* → *Vorausgerätewagen,* → *Feuerwehrkräne,* → *Lichtmastfahrzeuge,* → *Wechselladerfahrzeuge,* → *Mannschaftstransportfahrzeuge,* → *Speziallastkraftwagen* und → *Feuerwehrboote. (Fl)*

Sp, Abk. für: → *Spreizer. (Ma)*

Spaltkeil, ein Keil, z. B. aus Aluminium, der zum Spalten von Holz bei der → *Technischen Hilfe* Wald eingesetzt wird.
Aus Sicherheitsgründen wird nach Anlage des Fällschnitts der Baum nicht umgesägt, sondern durch Einschlagen des Spaltkeils aus dem Gleichgewicht, in Richtung Fallkerb gebracht. *(Ma)*

Spaltring, Abdichtung des → *Laufrads* einer → *Feuerlöschkreiselpumpe* gegenüber dem Pumpengehäuse. Er besteht aus nichtrostendem Stahl, bei älteren Konstruktionen auch aus verstärktem Kunststoff.
Da der Spaltring die Bewegung des Laufrads nicht behindern darf, ist zwischen Laufrad und Spaltring je nach Konstruktion ein Luftspalt von 0,1 bis 0,5 mm. In diesem Spalt kann durch im Löschwasser mitgeführtem Sand ein Abrieb stattfinden. Aus diesem Grund muss der Spaltring auswechselbar sein. *(Fl)*

Spannbeton, ein nichtbrennbarer → *Verbundbaustoff* der → *Baustoffklasse* A 1, bestehend aus → *Beton* und vorgespannten Einlagen aus → *Stahl.*
In den beanspruchten Zonen tragender Bauteile aus Spannbeton, z. B. bei Unterzügen im unteren Bereich, erzeugt ein Teil der → *Bewehrung* Druckspannungen, die bei voller Belastung teilweise oder ganz abgebaut werden. So können Querschnitte besser ausgenutzt und Bauteile schlanker ausgeführt werden als solche aus → *Stahlbeton.* Der geringere Querschnitt hat jedoch eine raschere Durchwärmung der Spannbetonteile und Dehnung der Stahleinlagen zur Folge. Dadurch sinkt deren Festigkeit, und die Vorspannung geht verloren. Dies kann bereits bei Erwärmung der Spannglieder auf 350 °C zum nicht angekündigten Einsturz führen. *(Bt)*

Spannungen (mechanische), die im Innern eines → *Bauteils* auftretenden, auf seine Querschnittsfläche bezogenen Kräfte; Einheit: N/mm^2.
Spannungen, z. B. Zug-, Druck- oder Biegespannungen, werden durch äußere Lasten verursacht und beanspruchen die Tragfähigkeit eines Baustoffs. Im Brandfall können die durch zusätzliche Lasten, z. B. Ausdehnungen durch Temperaturanstieg, verursachter Spannungen die zulässigen Spannungen überschritten werden, was zur Verformung von Bauteilen und zum Einsturz führen kann. *(Bt)*

Sparren, ein parallel zur Dachfall-Linie verlaufendes Teil einer Dachkonstruktion.
Auf Deckenbalken, einer Geschossdecke oder auf → *Pfetten* aufgelagerte Sparren werden überwiegend auf Biegung beansprucht und nehmen über die Dachlatten oder die Dachschalung die → *Dachhaut* auf.
Um die Tragbeanspruchung von langen Sparren zu verringern, werden gegenüberliegende Sparren (das sog. Gespärre) mit einem → *Kehlbalken* verbunden. *(Bt)*

Sperrbereich, Teil des → *Kontrollbereiches,* in dem die Ortsdosisleistung höher als 3 mSv pro Stunde sein kann. *(Kl)*

Sperrholz ein brennbarer → *Baustoff,* der aus mehreren, dünnen Holzschichten unter Druck verleimt wird.
Sperrholzplatten werden vor allem in Innenausbau, z. B. zur Verkleidung von Wänden und im Möbelbau verwendet. *(Bt)*

Speziallastkraftwagen, ein → *Feuerwehrfahrzeug,* das für besondere feuerwehrspezifische Einsätze bestimmt ist, z. B. als Versorgungsfahrzeug oder Küchenkraftwagen. *(Fl)*

Spezialschaummittel → *Schaummittel. (Kl/Oe)*

Stoffe mit spontaner heftiger Reaktion	UN-Nr.	Gefahr-Nr.
Acetoncyanhydrin, stabilisiert	1541	669
Acetylen, gelöst	1001	239
Acrolein dimer, stabilisiert	2607	39
Acrylsäure, stabilisiert	2218	839
Allylisothiocyanat,stabilisiert	1545	639
Allyltrichlorsolan, stabilisiert	1724	X839
Ammoniumnitrat, flüssig	2426	59
Buta-1,2-dien, stabilisiert	1010	239
1,2-Butylenoxid, stabilisiert	3022	339
n-Butylmethacrylat	2227	39
Butylvinylether, stabilisiert	2352	339
Chloral, wasserfrei, stabilisiert	2075	69
Crotonylen	1144	339
1,1-Dichlorethylen, stabilisiert	1303	339
2-Dimethylaminoethylmethacrylat	2522	69
Divinylether, stabilisiert	1167	339
Ethylacrylat, stabilisiert	1917	339
Ethylmethacrylat	2277	339
Isopren, stabilisiert	1218	339
Methacrylsäure, stabilisiert	2531	89
Methylacrylat, stabilisiert	1919	339
Methylmethacrylat, monomer stabilis.	1247	339
Methylvinylketon, stabilisiert	1251	639
Propadien, stabilisiert	2200	239
Propylenoxid	1280	33
Tetranitromethan	1510	559
Vinylacetat, stabilisiert	1301	339
Vinylbromid, stabilisiert	1085	239
Vinylchlorid, stabilisiert	1086	239
Vinylmethylether, stabilisiert	1087	239
Vinylpyridine, stabilisiert	3073	638
Wasserstoffperoxid (wässrige Lösung, stabilisiert)	2015	559

Stabilisiert bedeutet, dass durch Zusatzstoffe die Reaktionsphase verringert wird.

spezifische Sublimationswärme → *Sublimationswärme. (Ha)*

spezifische Verdampfungswärme → *Verdampfungswärme. (Ha)*

spezifischer Brennwert → *Brennwert. (Ha)*

Spill (das; engl.), eine Winde *(→ Zugeinrichtung)* mit senkrechter oder waagrechter Achse, bei der die Zugkraft durch die Reibung zwischen rotierendem Spillkopf und darum umschlungenes Seil erzeugt wird. Die Höhe der Zugkraft ist vom Umschlingungswinkel abhängig. *(Fl)*

spinaler Schock → *Schock. (Zi)*

Spiralgehäuse, Teil des Gehäuses aus Aluminiumlegierung einer → *Feuerlöschkreiselpumpe,* das konstruktiv um das letzte → *Laufrad* angeordnet ist. In ihm sammelt sich das Wasser vor den Ausgangsventilen. *(Fl)*

spontane heftige Reaktion im Sinne der Ziffer 9 des ADR bedeutet, dass der Stoff sich chemisch unter Einwirkung von Wärme umwandelt und dabei durch zusätzliche Wärmeentwicklung und Druckaufbau in geschlossenen Behältern reagiert; Beispiele siehe *Tabelle. (Fl)*

Sportboot, ein Wasserfahrzeug, das für Sport- und Erholungszwecke verwendet wird. Gemäß Sportbootführerscheinverordnung ist für diese Fahrzeuge ab einer Motorleistung von 5 PS (3,68 kW) ein Sportbootführerschein erforderlich. *(Mt)*

Sprechfunkbetriebstelle, eine mit ausgebildetem Personal besetzte → *Funkanlage. (Ge)*

Sprechmembran, Teil einer → *Vollmaske;* sie ermöglicht eine ausreichende Verständigung des → *Atemschutzgeräteträgers* mit seiner Umwelt über eine Entfernung von rund 3 m. *(Zi)*

Spreizer (Sp), ein hydraulisch betätigtes Rettungsgerät nach DIN 14751 Teil 1 (Bild), insbesondere zur Rettung eingeschlossener Personen oder eingeklemmter Unfallopfer, beispielsweise zum
- Aufspreizen von verklemmten Türen,
- Hochdrücken von Fahrzeugdächern,
- Wegbiegen sperriger Wrackteile, z. B. von Sitzgestellen,
- Schaffen von Rettungsöffnungen.

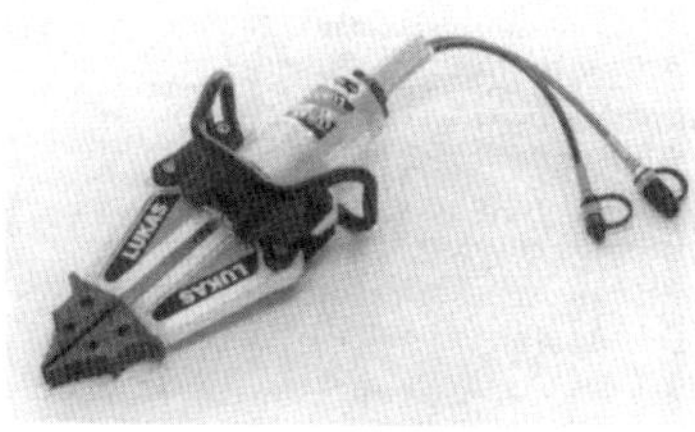

Bild: Spreizer (LUKAS)

Prinzip: Die beiden Hebelarme werden durch die Kraft des Hydraulikzylinders gespreizt bzw. zusammengeführt. Auf die Hebelarme werden Spreizspitzen oder Bauteile zur Aufnahme von Zugketten aufgesteckt. Mit den Spitzen kann man beispielsweise Türspalte an verunfallten Fahrzeugen weiten. Wird der Spreizer zum Heben von Lasten eingesetzt, muss unterbaut werden.
Beim Einsatz des Spreizers ist der Zustand „Metall auf Metall" zu vermeiden, weil der Spreizer vom Metall abrutschen kann; Abhilfe: Dazwischenlegen eines Stück Leder oder eines Holzklotzes.

Tabelle: Technische Daten von **Spreizern** nach DIN 14 751

Anforderung	Sp 30	Sp 45
Spreizkraft	40 bis 44 kN	ab 45 kN
Zugkraft	24 bis 35 kN	36 kN
Spreizweite	600 mm	800 mm
Länge (Spreizer/Motorpumpe im Rahmen)	930/500 mm	930/500 mm
Breite (Spreizer/Motorpumpe im Rahmen)	300/440 mm	380/440 mm
Höhe (Spreizer/Motorpumpe im Rahmen	200/480 mm	260/480 mm
Gewicht Spreizer	≈ 25 kg	≈ 30 kg
Gewicht Zubehör E/V	≈ 24/30 kg	≈ 30/32 kg
Gesamtgewicht	≈ 102 kg	≈ 110 kg
Öffnen, unbelastet	20 s	25 s
Öffnen, belastet	33 s	50 s
Schließen, unbelastet	20 s	20 s
Bezeichnung (Beispiel): Spreizer DIN 17 751		

Achtung: Beim Einsatz des Spreizgerätes ist, wie beim → *Schneidgerät,* mit weggeschleuderten Teile zu rechnen. Schutz davor kann für die zu rettende Person das Überwerfen einer Decke bieten. Der Feuerwehrmann/frau trägt Gesichtsschutz. Zusatzgeräte für Spreizer sind neben Arbeitshandschuhen, Gesichtsschutz und Kappmesser beispielsweise Zughaken, Zugketten und Reißer-Vorsätze.
Spreizer sind Bestandteil des „Hilfeeinsatzes Straße", den die meisten Löschfahrzeuge sowie Vorausfahrzeuge mitführen. *(Ma)*

Sprinkler, Sprühdüse (Löschwasserdüse) einer automatischen Löschanlage *(→ Sprinkleranlage)* mit einem thermischen Auslöseelement *(→ Glasfass-* oder → *Schmelzlotsprinkler).*
Im Brandfall gibt das vom Brand erwärmte Auslöseelement den Löschwasserdurchfluss frei. Das austretende Wasser prallt auf den Sprühteller des Sprinklers und wird gleichmäßig auf den Brandherd gesprüht (s. Bild).
Die Auslöseelemente (Flüssigkeit bzw. Schmelzlot) sind farblich nach Temperaturempfindlichkeit gekennzeichnet; Beispiel: die Flüssigkeit eines Glasfasssprinklers für eine → *Auslösetemperatur* von 79 °C ist gelb. Man unterscheidet hängend oder stehend montierte Sprinkler. Die Örtlichkeit entscheidet, welche Sprinkler (stehend oder hängend) den besten Schutz bieten.
–, hängend: Sprinkler, dessen Wasserstrahl abwärts gegen den Sprühteller gerichtet ist.
Hängende Sprinkler werden vorwiegend dort eingesetzt, wo die Rohrleitungen verdeckt in Zwischendecken verlegt werden und nur der Sprinkler aus der Decke ragt, z. B. in Büros, Krankenhäusern und Kaufhäusern.
Hängende Sprinkler gibt es als → *Normalsprinkler,* → *Schirmsprinkler* und → *Seitenwandsprinkler.* → *Flachschirmsprinkler* gibt es nur in der Ausführung „hängend".
–,stehend: Sprinkler, dessen Wasserstrahl aufwärts gegen den Sprühteller gerichtet ist.
Stehende Sprinkler werden vorwiegend in Gebäuden eingebaut, in denen mit Frostgefahr gerechnet werden muss und in Gebäuden, in denen die Rohrleitungen sichtbar verlegt werden, z. B. in Lagerräumen, Fabrikationshallen und Hochregallagern.
Stehende Sprinkler gibt es als → *Normalsprinkler,* → *Schirmsprinkler* und → *Seitenwandsprinkler.* *(Oe)*

Sprinkler-Alarmglocke, mechanische Alarmierungseinrichtung jeder → *Sprinkleranlage;* Aufbau: In einem Glockengehäuse aus Stahl befinden sich zwei Klöppel, die bei Ausströmen des Wassers durch Wasserdruck (ab 0,5 bar) angetrieben werden (Rotation). Das → *Alarmventil* gibt den Wasserfluss zur Sprinkler-Alarmglocke über eine Bypass-Leitung (Nebenleitung) frei.
Die Sprinkler-Alarmglocke muss an einer Stelle montiert sein, an der ein → *Alarm* jederzeit von Personen wahrgenommen werden kann. *(Oe)*

Sprinkleranlage (SK-Anlage), nach DIN 14 489 ständig betriebsbereite Löschanlage zur selbstständigen Brandbekämpfung in baulichen Anlagen, bei der aus einem ortsfest verlegten Rohrleitungsnetz Löschwasser über → *Sprinkler* abgegeben wird; Funktion:

Bild: Funktion eines Glasfasssprinklers:
(Werkfoto TOTAL WALTHER GmbH, Feuerschutz + Sicherheit, Köln)

1 Flachschirm-Sprinkler in Bereitschaft

2 + 3 Durch die thermische Belastung dehnt sich die Flüssigkeit im Glasfasssprinkler aus und bringt das Gefäß zum Platzen

4 Das Löschwasser strömt auf den Brandherd; gleichzeitig wird über das Alarmventil der Sprinkleranlage die Sprinkler-Alarmglocke aktiviert und die Brandmeldung ggf. über einen elektrischen Kontakt an eine dauernd besetzte Stelle, z. B. Leitstelle einer Feuerwehr, weitergegeben.

Ist der Brand gelöscht und die Wasserzufuhr der Sprinkleranlage abgestellt, kann der geplatzte Sprinkler durch einen neuen ersetzt und die Anlage wieder „scharf" geschaltet werden.

Beim Öffnen eines Sprinklers gibt das → *Alarmventil* den Löschwasserfluss frei.

Sprinkleranlagen werden automatisch über wärmeempfindliche Einrichtungen (Prinzip: Schmelzen eines Lotes, → *Schmelzlotsprinkler)* bzw. über eine wärmeempfindliche Flüssigkeit (Prinzip: Ausdehnung; → *Glasfasssprinkler)* ausgelöst.

Sprinkleranlagen erkennen, bekämpfen und melden Brände selbsttätig; Funktion: Beim Erreichen einer bestimmten Temperatur *(→ Auslösetemperatur)* im

Funktionsschema einer Sprinkleranlage

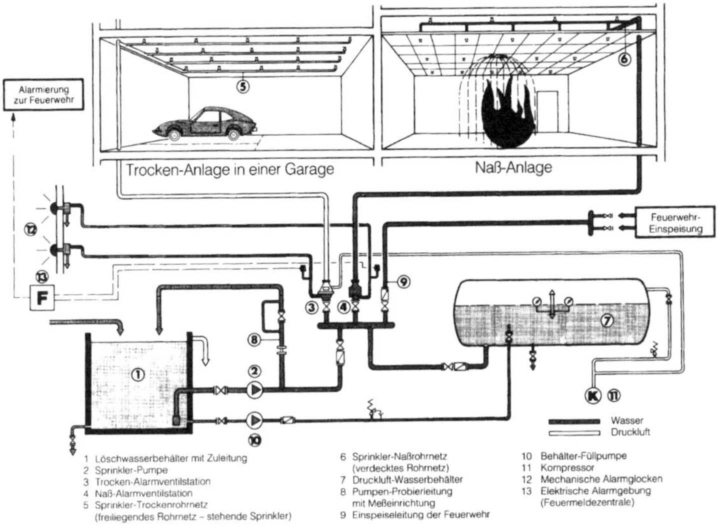

Bild: Sprinkleranlage
(Werkfoto: TOTAL WALTHER GmbH, Feuerschutz + Sicherheit, Köln)

Brandbereich öffnen sich die (im Bereitschaftszustand geschlossenen) → *Sprinkler.* Im Rohrsystem entsteht folglich ein Druckabfall, der das → *Alarmventil* aktiviert; Alarmweitergabe z. B. zur → *Sprinklerglocke.* Zugleich wird die Wasserversorgung freigegeben.
Zur Wasserversorgung einer Sprinkleranlage gehören ein → *Druckluftwasserbehälter* und ein → *Zwischenbehälter.*
Sprinkleranlagen müssen immer einsatzbereit sein und werden daher in periodischen Abständen (wöchentlich) überprüft; → *Überprüfung einer Sprinkleranlage.*
Man unterscheidet folgende fünf Arten von Sprinkleranlagen:
– **Nassanlage** (N): SK-N-Sprinkleranlage, deren Rohrnetz bis zu den Sprinklern ständig mit Wasser gefüllt ist. Nassanlagen werden dort installiert, wo während des ganzen Jahres weder Frost noch Überhitzungsgefahr (z. B. in einem Kesselhaus) besteht; Verwendung: Kaufhäuser, Produktionsräume, Lagerräume, Hochregallager, Großgaragen;
– **Trockenanlage** (T): SK-T-Sprinkleranlage, deren Rohrnetz zwischen Alarmventil und den Sprinklern ständig mit Druckluft gefüllt ist. Trockenanlagen werden in frostgefährdeten und in hochtemperierten Räumen (Räumen, in denen das Löschwasser verdunsten könnte) installiert; Verwendung: Kühlhäuser, Trockenkammern, Kesselhäuser, Produktionsräume mit hohen Temperaturen (Bäckereien);
– **Trockenschnellanlage** (TS): schnell ansprechende Trockenanlage (SK-TS), bei der das Öffnen des Alarmventils und damit das Füllen des Rohrnetzes mit Wasser bereits vor dem Öffnen eines Sprinklers durch Rauch oder Flammenmelder ausgelöst wird.

Trockenschnellanlagen werden installiert, wo eine Trockenanlage erforderlich ist (s. oben), wo aber gleichzeitig mit einer schnellen Brandausbreitung gerechnet werden muss; Verwendung: unbeheizte Hochregallager;
– **Tandemanlage** (SK-TD), eine Trockenanlage (s. oben), die an das Rohrnetz einer Nassanlage (s. oben) angeschlossen ist. Die Absperrung der Nassanlage zur Trockenanlage erfolgt über ein zusätzliches Alarmventil; Verwendung: Kaufhaus (mit Nassanlage) mit eigenem Kühlhaus (mit Trockenanlage) und unbeheizten Lagerräumen (mit Trockenanlage).
– **vorgesteuerte Anlage** (V; SK-V), Trockenschnellanlage (s. oben), die durch eine → *Brandmeldeanlage* mit automatischen Meldern in Verbindung mit dem Ansprechen eines → *Sprinklers* ausgelöst wird. Das Öffnen eines Sprinklers allein bewirkt noch kein Öffnen des → *Alarmventils;* Verwendung: wo mit hohen Sachschäden infolge des ausströmenden Wassers (auch aufgrund von Undichtigkeiten im Rohrnetz) gerechnet werden muss, z. B. EDV-Anlagen, Labors, Anlagen zur Herstellung von Mikroprozessoren.
Die Planung und Fertigstellung einer Sprinkleranlage ist dem VdS mitzuteilen; → *Installationsanzeige;* → *Installationsattest. (Oe)*

Sprinkler-Installationsattest, → *Installationsattest. (Oe)*

Sprinklerpumpe, → *Kreiselpumpe* einer → *Sprinkleranlage* zum Fördern des Wassers aus dem Zwischenbehälter, um Wasser in den → *Druckluftwasserkessel* zu fördern. Die Pumpe schaltet selbsttätig ein und muss innerhalb von 30 Sekunden ihre volle Leistung erbringen. Bei Elektroantrieb der Sprinklerpumpe muss eine netzunabhängige Energieversorgung vorhanden sein, z. B. ein dieselbetriebenes Ersatzstromaggregat. *(Oe)*

Sprinklerzentrale, eigener, baulich abgetrennter Raum zur Aufnahme aller Anlagenteile zur Inbetriebnahme und zum Außerbetriebsetzen einer → *Sprinkleranlage.* Sie enthält die → *Sprinklerpumpe* mit Schaltschrank, die → *Probierleitung,* die → *Druckluftwasserbehälter* mit Armaturen, ferner → *Alarmventile,* Hilfsaggregate und Hauptabsperrschieber.
In der Sprinklerzentrale muss eine Bedienungsanweisung mit Fließschema für die wichtigsten Funktionsgruppen angebracht sein. Auch Reservesprinkler – je Ansprechtemperatur und Typ 1 Prozent, mindestens jedoch 5 Stück, werden in der Sprinklerzentrale aufbewahrt. *(Oe)*

Sprühflutanlage → *Sprühwasser-Löschanlage. (Oe)*

Sprühflut-Wasserschleieranlage → *Sprühwasser-Löschanlage. (Oe)*

Sprühstrahl, Strahlform bei → *Strahlrohren,* wobei der Wasserstrahl nach Verlassen des Strahlrohres in Tröpfchen zerlegt wird.
Der Sprühstrahl hat eine höhere Wärmebindung, jedoch eine geringere Wurfweite als der → *Vollstrahl;* Beispiel: Wurfweite des Vollstrahls eines C-Rohres 30 m, des Sprühstrahls etwa 10 m. *(Kl)*

Sprühwasser-Löschanlage (auch: Sprühflutanlage oder Sprühflut-Wasserschleieranlage), ortsfeste Löschanlage, ähnlich einer → *Sprinkleranlage* mit fest verlegten → *Rohrleitungen,* offenen Löschdüsen, Ventilstationen, → *Auslö-*

seeinrichtung und Wasserversorgung (→ *Druckluftwasserbehälter,* → *Kreiselpumpe* und Vorratsbehälter) sowie → *Druckluftversorgung* und Notstromversorgung.
Sprühwasser-Löschanlagen schützen Räume und Objekte (beispielsweise eine Transformatorstation), bei denen mit einer schnellen Brandausbreitung zu rechnen und bei denen Wasser als Löschmittel verwendbar ist. Sprühwasser-Löschanlagen werden nicht nur zum Löschen, sondern auch zum Kühlen eingesetzt, z. B. in Chemieanlagen (Schutz vor Aufheizung). Sie unterscheiden sich von Sprinkleranlagen durch ihre offenen Löschdüsen. Da im Brandfall jeweils die ganze Anlage oder Anlagengruppe in Betrieb genommen wird, tritt aus allen Löschdüsen eines Löschbereichs gleichzeitig Wasser aus.
Bei Anschluss der Sprühwasser-Löschanlage an Trinkwasserleitungen sind die Arbeitsblätter des → *DVGW* zu beachten. Die → *Kreiselpumpen* der Anlage starten automatisch; ggf. ist eine Notstromversorgung erforderlich. *(Oe)*

Sprühwasser-Löschtechnik → *Wasservernebelungsanlage. (Oe)*

Sprungpolster, ein → *Sprungrettungsgerät* nach DIN 14 151 Teil 3 aus Polyamidgewebe mit einer Aufsprungfläche von mindestens 3 × 3 m; Gewicht: maximal 50 kg. Aufbau: allseitig von schwer entflammbaren Planen umgebenes, quadratisches Schlauchgerüst. Eine waagrechte Plane teilt den Innenraum des Sprungpolsters in eine obere und untere Kammer. Das Sprungpolster wird mit einer → *Atemluftflasche* (6 l/300 bar) befüllt. Der Fülldruck beträgt 0,3 bar. Um das Sprungpolster in Stellung zu bringen, wird eine Bedienmannschaft von 2 Mann benötigt. Die maximale Rettungshöhe beträgt 16 m. *(Zi)*

Sprungrettungsgerät, ein Rettungsgerät zum möglichst schonenden Auffangen von frei fallenden Personen. Ein zu harter Aufprall, ein Durchschlagen auf den Boden oder ein Herausschleudern der zu rettenden Person, muss ausgeschlossen sein.
Man unterscheidet → *Sprungtuch* (maximale Rettungshöhe 8 m) und → *Sprungpolster* (16 m).
Sprungrettungsgeräte müssen nach jedem Gebrauch, mindestens jedoch einmal jährlich, einer Sichtprüfung unterzogen werden. *(Zi)*

Sprungtuch, ein → *Sprungrettungsgerät* nach DIN 14 151 Teil 2 aus Polyester oder imprägniertem Segeltuch mit einer Aufsprungfläche von mindestens 3 × 3 m; Gewicht: 20 bzw. 30 kg.
Um das Sprungtuch in Stellung zu bringen und zu halten, wird eine Haltemannschaft von 16 Mann benötigt. Die maximale Rettungshöhe beträgt 8 m. *(Zi)*

Spundwand, eine Stützkonstruktion zur Sicherung von z. B. Baugruben oder Ufern; bei diesem → *Verbau* werden einzelne Bohlen aus Stahl, Stahlbeton oder Holz senkrecht, eng beieinander in den Boden gerammt und durch spezielle Ausführung der Längsseiten, z. B. bei Holzbohlen als Feder und Nut, miteinander verbunden. *(Bt)*

Spüren nennt man bei der → *Gefahrstoffmessung* die Suche nach einem freigesetzten und bekannten Gefahrstoff ohne Bestimmung der Konzentration; letztere erfolgt durch eine → *Gefahrstoffmessung. (Rö)*

SRZ, Abk. für: „Satz Rettungszylinder"; → *Rettungszylinder. (Ma)*

S-Satz, Begriff aus der → *Gefahrstoffverordnung* als Sicherheitsratschlag beim Umgang mit gefährlichen Stoffen *(→ Gefahrstoffen); → R-Sätze; → Gefahrstoffkennzeichnung.*
Der Gesetzgeber hat eindeutig festgelegt, bei welchen Gefahrstoffen welche S-Sätze verwendet werden müssen.
S-Sätze müssen in ausgeschriebener Form auf dem Etikett zusätzlich zum Gefahrensymbol angebracht sein.
Es gibt 64 S-Sätze *(Tabelle),* die auch als Kombination verwendet werden. Beispiel für Kombination S 20/21: „Bei der Arbeit nicht essen, trinken, rauchen."
Beispiel für Anwendung der folgenden Tabelle:
Als Sicherheitsratschläge bei Salzsäure mit einer Konzentration größer als 25 % werden die S-Sätze 2 und 26 verwendet: „Darf nicht in die Hände von Kindern gelangen." „Bei Berührung mit den Augen sofort gründlich mit Wasser abspülen und Arzt konsultieren." *(Fl)*

St. Florian → *Sankt Florian. (Sr)*

Stab,
–, allgemein: ein Gremium, das Fachinstanzen, Führungsverantwortliche oder politische Entscheidungsträger berät, insbesondere in Situationen, in denen aufgrund von Zeitknappheit oder einer anderen besonderen Randbedingung das Wissen verschiedener Fachbereiche in kurzer Zeit zusammengefasst werden soll. Die Organisationsform Stab ist im Gegensatz zu einem → *Führungsstab* nicht festgelegt. *(Sr)*
–, im Feuerwehreinsatz: die Gesamtheit aller Führungsassistenten (z. B. Sachgebietsleiter) und Hilfskräfte (z. B. Melder, Lagekartenzeichner oder Bote), die den Leiter des Gesamteinsatzes oder eines Einsatzabschnittes bei seiner Führungsaufgabe unterstützen.
Die Stabsmitglieder haben den Einsatzleiter zu beraten, zu informieren, zu unterstützen und an der Führungsentscheidung mitzuwirken.
Der Stab setzt sich prinzipiell zusammen aus:
- dem Leiter des Stabes,
- den vier Sachgebietsleitern S 1 (Personal/Innerer Dienst), S 2 (Lage), S 3 (Einsatz) und S 4 (Versorgung), S 5 (Presse- und Medienarbeit), S 6 (Informations- und Kommunikationswesen,
- den Fachberatern und Verbindungspersonen und
- dem Führungshilfspersonal.

Ein so geformter Stab wird als Führungsstab bezeichnet. *(Sr)*

Stabdosimeter → *Personendosimeter. (Kl)*

Stabsmitglieder → *Stab. (Sr)*

Stabwerk, ein aus Stäben zusammengesetztes statisches System. Stäbe können durch Druck, Zug oder Biegung beansprucht werden und sind statische Grundlage von → *Fachwerken. (Bt)*

Staffel (St), eine → *Einheit* zur selbstständigen Durchführung von Einsatzaufgaben. Die Staffel besteht aus Mannschaft und Gerät. Die Mannschaft besteht aus → *Staffelführer* und fünf weiteren

Tabelle: Sicherheitsratschläge nach **S-Sätze**

S 1	Unter Verschluss aufbewahren.
S 2	Darf nicht in die Hände von Kindern gelangen.
S 3	Kühl aufbewahren.
S 4	Von Wohnplätzen fernhalten.
S 5	Unter ... aufbewahren (geeignete Flüssigkeit vom Hersteller anzugeben).
S 6	Unter ... aufbewahren (inertes Gas vom Hersteller anzugeben.
S 7	Behälter dicht geschlossen halten.
S 8	Behälter trocken halten.
S 9	Behälter an einem gut gelüfteten Ort aufbewahren.
S 10	–
S 11	–
S 12	Behälter nicht gasdicht verschließen.
S 13	Von Nahrungsmitteln, Getränken und Futtermitteln fernhalten.
S 14	Von ... fernhalten (inkompatible Substanzen sind vom Hersteller anzugeben).
S 15	Vor Hitze schützen.
S 16	Von Zündquellen fernhalten – Nicht rauchen.
S 17	Von brennbaren Stoffen fernhalten.
S 18	Behälter mit Vorsicht öffnen und handhaben.
S 19	–
S 20	Bei der Arbeit nicht essen und trinken.
S 21	Bei der Arbeit nicht rauchen.
S 22	Staub nicht einatmen.
S 23	Gas/Rauch/Dampf/Aerosol nicht einatmen (geeignete Bezeichnung(en) vom Hersteller anzugeben).
S 24	Berührung mit der Haut vermeiden.
S 25	Berührung mit den Augen vermeiden.
S 26	Bei Berührung mit den Augen sofort gründlich mit Wasser abspülen und Arzt konsultieren.
S 27	Beschmutzte, getränkte Kleidung sofort ausziehen.
S 28	Bei Berührung mit der Haut sofort abwaschen mit viel ... (vom Hersteller anzugeben).
S 29	Nicht in die Kanalisation gelangen lassen.
S 30	Niemals Wasser hinzugießen.
S 31	–
S 32	–
S 33	Maßnahmen gegen elektrostatische Aufladung treffen.
S 34	–
S 35	Abfälle und Behälter müssen in gesicherter Weise beseitigt werden.
S 36	Bei der Arbeit geeignete Schutzkleidung tragen.
S 37	Geeignete Schutzhandschuhe tragen.
S 38	Bei unzureichender Belüftung Atemschutzgerät anlegen.
S 39	Schutzbrille/Gesichtsschutz tragen.
S 40	Fußboden und verunreinigte Gegenstände mit ... reinigen (Material vom Hersteller anzugeben).
S 41	Explosions- und Brandgase nicht einatmen.
S 42	Bei Räuchern/Versprühen geeignetes Atemschutzgerät anlegen und (geeignete Bezeichnung(en) vom Hersteller anzugeben).
S 43	Zum Löschen von ... (vom Hersteller anzugeben) verwenden (wenn Wasser die Gefahr erhöht, anfügen: „Kein Wasser verwenden").
S 44	–
S 45	Bei Unfall oder Unwohlsein sofort Arzt hinzuziehen (wenn möglich dieses Etikett vorzeigen).
S 46	Bei Verschlucken sofort ärztlichen Rat einholen und Verpackung oder Etikett vorzeigen.

Tabelle: Sicherheitsratschläge nach **S-Sätzen** (Fortsetzung)

S 47	Nicht bei Temperaturen über ... °C aufbewahren (vom Hersteller anzugeben).
S 48	Feucht halten mit ... (geeignetes Mittel vom Hersteller anzugeben).
S 49	Nur im Originalbehälter aufbewahren.
S 50	Nicht mischen mit ... (vom Hersteller anzugeben.
S 51	Nur in gut belüfteten Bereichen verwenden.
S 52	Nicht großflächig für Wohn- und Aufenthaltsräume zu verwenden.
S 53	Explosion vermeiden – vor Gebrauch besondere Anweisungen einholen.
S 54	–
S 55	–
S 56	Diesen Stoff und seinen Behälter der Problemabfallentsorgung zuzuführen.
S 57	Zur Vermeidung einer Kontamination der Umwelt geeignete Behälter verwenden.
S 58	–
S 59	Information zur Wiederverwendung/Wiederverwertung beim Hersteller/Lieferanten erfragen.
S 60	Dieser Stoff und seine Behälter sind als gefährlicher Abfall zu entsorgen.
S 61	Freisetzung in die Umwelt vermeiden. Besondere Anweisungen einholen/Sicherheitsdatenblatt zu Rate ziehen.
S 62	Bei Verschlucken kein Erbrechen herbeiführen. Sofort ärztlichen Rat einholen und Verpackung oder dieses Etikett vorzeigen.
S 63	Bei Unfall durch Einatmen: Verunfallten an die frische Luft bringen und ruhig stellen.
S 64	Bei Verschlucken Mund mit Wasser ausspülen (nur wenn Verunfallter bei Bewusstsein ist).

Einsatzkräften (→ *Mannschaftsstärke* 1/5) mit zugehörigem Staffelfahrzeug, z. B. TLF 16/25; Gliederung: Staffelführer, → *Maschinist,* sowie jeweils aus Truppführer und Truppmann bestehendem Angriffs- und Wassertrupp. *(Sr)*

Staffelführer, verantwortliche Führungskraft für den Einsatz einer → *Staffel. (Sr)*

Stahl, ein nichtbrennbarer → *Baustoff* der → *Baustoffklasse A 1,* bestehend aus Eisen und bis 1,7 % Kohlenstoff.
Wegen seiner hohen Elastizität, Druck- und Zugfestigkeit wird Stahl in der Bautechnik zur Herstellung von tragenden → *Bauteilen,* z. B. → *Stützen,* → *Trägern* oder → *Unterzügen* verwendet.
Stahl hat eine hohe → *Wärmeleitfähigkeit* von 50 bis 60 W/(m × K) (etwa das 120fache von Vollziegel) und eine geringe spezifische → *Wärmekapazität.* Daher durchwärmen sich Stahlbauteile sehr rasch und verlieren bereits bei Erwärmung auf 500 °C die Hälfte ihrer ursprünglichen → *Festigkeit.*
Ungeschützte Stahlkonstruktionen können sich bereits nach 10 Minuten Branddauer verformen und einstürzen. Durch starke Wärmedehnung von Bauteilen aus Stahl, z. B. → *Trägern,* entstehen zusätzliche Schubkräfte in den Auflagern, was zum Einsturz anderer Bauteile, z. B. von Wänden, führen kann. Das schlechte → *Brandverhalten* von Stahlbauteilen kann durch Ummantelung, Anstrich oder Bekleidung verbessert werden. *(Bt)*

Stahlbeton, ein nichtbrennbarer → *Verbundbaustoff* der → *Baustoffklasse A 1,* bestehend aus → *Beton* und → *Stahl.*

Bei tragenden → *Bauteilen* aus Stahlbeton, z. B. Decken oder → *Unterzügen,* nimmt der Beton die Druckspannungen, die → *Bewehrung* aus Stahl die Zugspannungen auf. Da Beton eine geringe spezifische → *Wärmeleitfähigkeit* von nur 1 bis 2 W/(m × K) hat, sind die mit Beton überdeckten Stahleinlagen vor rascher Erwärmung geschützt. Im Brandfall kann jedoch bei Temperaturen um 1 000 °C die wärmeisolierende Betonschicht abplatzen und somit die Bewehrung freigelegt werden. Derart ungeschützte Stahleinlagen verlieren sehr rasch ihre Festigkeit, sodass mit einem Einsturz zu rechnen ist. Bedingt durch die aus statischen Gründen erforderliche Dimensionierung von Stahlbetonbauteilen verhalten sich diese im Brandfall sehr gut, sodass mit Einsturz erst nach längerer Zeit (> 30 min) zu rechnen ist. *(Bt)*

Stahlbeton-Massivbau, eine → *Bauart,* bei der – im Gegensatz zum → *Skelettbau* – auftretende → *Lasten* durch die gesamte Baukonstruktion aufgenommen und auf den Baugrund übertragen werden. Die tragenden → *Bauteile,* z. B. Wände oder → *Stützen,* werden örtlich aus → *Beton* oder → *Stahlbeton* hergestellt.
Bedingt durch die schon aus statischen Gründen erforderlichen Abmessungen sind Stahlbetonbauteile meist → *feuerbeständig.* Daher ist das → *Brandverhalten* der in Stahlbeton-Massivbauart erstellten Gebäude sehr gut. *(Bt)*

Stahl-Skelettbau, eine → *Bauart,* bei der die auftretenden Lasten durch ein tragendes Gerippe aufgenommen und über Fundamente auf den Baugrund übertragen werden.
Das Gerippe des Stahl-Skelettbaus bilden miteinander verbundene, tragende → *Bauteile* aus → *Stahl,* z. B. → *Stützen* und → *Träger.* Die Raumbegrenzungen werden entweder an das Tragskelett gehängt oder in das Skelett hineingestellt. Bei ungeschütztem Stahlgerippe muss schon nach kurzer Branddauer mit langsamem Zusammensacken der ganzen Baukonstruktion und mit dem Herausfallen der nichttragenden Wände gerechnet werden. *(Bt)*

Stahltür T 30 → *Feuerschutztür T 30. (Oe)*

Standardbeladung, die in der Norm für das jeweilige → *Feuerwehrfahrzeug* festgelegte Geräteausstattung, die mindestens vorhanden sein muss, damit mit dem Fahrzeug ein sicherer und taktisch richtiger Einsatz erfolgen kann; Beispiel: ein Löschgruppenfahrzeug ist in Standardbeladung u. a. mit vier Pressluftatmern ausgestattet. Ein Hilfeleistungssatz ist als → *Zusatzbeladung* auf dem Fahrzeug untergebracht. *(Fl)*

Ständer, andere Bezeichnung für → *Pfosten* im → *Fachwerkbau. (Bt)*

Standrohr, nach DIN 14 375 eine wasserführende, mit zwei Absperrventilen und zwei B-Abgängen ausgerüstete → *Armatur* zur Entnahme von Wasser aus einem → *Unterflurhydranten.*
Sonderform für den → *Württembergischen Schachthydranten:* längeres Standrohrunterteil mit zusätzlichem Standrohrhalter, um ein Umknicken des Standrohres zu verhindern. *(Br)*

Standsicherheit eines → *Hubrettungsfahrzeugs* ist die Sicherheit, dass das Fahrzeug bei der Rettung von Menschen oder im Brand- bzw. Hilfeleistungseinsatz, bevor ein gefährlicher Betriebszustand (Kippen) eintritt, die Leiterbewegungen abschaltet. *(Fl)*

Standverbindung, andere Bezeichnung für → *Festverbindung. (Ge)*

Statik, Lehre vom Gleichgewicht der auf ein → *Bauteil* oder ein → *Tragwerk* wirkenden Kräfte. Mit Hilfe der Baustatik wird die Belastung *(→ Spannungen)* und die Belastbarkeit von baulichen Anlagen unter Berücksichtigung der geplanten und voraussichtlichen Nutzung und Belastung bestimmt. *(Bt)*

Status, Kurzmeldung (als Ziffer, s. *Tabelle*) über den taktisch-betrieblichen Fahrzeugzustand; wird übertragen mit dem → *Funkmeldesystem;* Bedeutung (nach abnehmender Verfügbarkeit). *(Ge)*

Status	Bedeutung
1	einsatzbereit über Funk
2	einsatzbereit auf Wache/am Standort
3	Einsatzauftrag übernommen/auf dem Weg zum Einsatzort
4	am Einsatzort eingetroffen/ eingeschränkte Verfügbarkeit
5	Sprechwunsch, einsatzbezogen
6	nicht einsatzbereit
7	auf dem Weg ins Krankenhaus (mit Patient)
8	im Krankenhaus eingetroffen
9	Handquittung/Anmeldung in einem fremden Funkverkehrskreis
0	Notruf

Staub ist die Bezeichnung für alle Feststoffteilchen, deren mittlerer Korndurchmesser unter 0,5 mm liegt *(Tabellen).*

Staub	< 0,5 mm	= 500 µm
Feinstaub	< 0,005 mm	= 5 µm
Feinststaub	< 0,00075 mm	= 0,75 µm

Arbeitshygienisch ist bereits Feinstaub von 10 µm von Bedeutung; er ist nicht mehr sichtbar und dringt in die Alveolen (Lungenbläschen) ein.
Staub tritt insbesondere in der Industrie, bei Transporten, in der Landwirtschaft und im Handel (Lagerung von Stoffen) auf und entsteht meist durch Bearbeitung, Zerkleinerung und beim Abrieb von kompakten Stoffen.
Stäube bestehen aus Elementen und deren Verbindungen und Stoffgemengen, z. B. Schwefelpulver, Erzstaub, Gesteinsstaub, aus organischen Stoffen, z. B. Holz, Kohle, Papier, sowie aus Nahrungsmitteln, z. B. Mehl, Zucker, und weiter aus Arzneimitteln, Kunststoffen und Farbstoffen.
Die geringe Teilchengröße bringt mit sich:
- große Schwebe- und Flugfähigkeit;
- leichte Aufwirbelbarkeit; Folgen: Stäube können bereits bei geringen Gas- bzw. Luftgeschwindigkeiten (0,3 bis 0,5 m/s) aufwirbeln, z. B. beim Aufsteigen von Rauchgasen;
- Oberflächenvergrößerung der Ausgangsstoffe; Folgen: gesteigerte → *Reaktionsgeschwindigkeit* mit umgebenden Gasen, Dämpfen oder der Luft *(→ Aufbereitung);*
- Bildung von → *Staub-Luft-Gemischen,* die mit brennbaren Stäuben → *explosibel* sein können;
- geringe → *Wärmeleitfähigkeit* durch Lufteinschlüsse zwischen den Körnern.

Tabelle: **Kennwerte brennbarer Stäube**

Staubart	Durchschnittl. Korngröße in μm	Schüttdichte in kg/Liter	Glimmtemperatur in °C	Zündtemperatur in °C	untere Zündgrenze in g/m³	Stöchiometrisches Gemisch in g/m³	maximaler Explosionsdruck in kp/cm²
Aluminium	10 ... 15	0,42	320	590	37 ... 50	340	–
Anthrazit	100 ... 150	0,71	> 430	> 600	–	–	–
Braunkohle	2 ... 3	0,39	260	–	49 ... 68	175	–
Eisen, grob	7 ... 8	4,2	270	420	153 ... 204	695	–
Fichtenholz	70 ... 150	0,22	325	440	–	200	4,2
Flammkohle	5 ... 10	0,42	235	595	41 ... 57	155	–
Graphit	15 ... 20	0,24	keine Zündg.	> 750	36 ... 45	110	keine Expl.
Hartgummi	20 ... 30	0,30	verschmort	360	36 ... 49	115	2,6
Hartholz (Buche)	70 ... 100	0,22	315	420	–	≈200	4,5
Holzkohle, hart	1 ... 2	0,36	340	595	39 ... 52	140	–
Klee, abgelagert	200 ... 500	0,24	280	480	–	–	4,4
Kokskohle	5 ... 10	0,42	280	610	33 ... 45	115	–
Magnesium	5 ... 10	0,62	340	470	44 ... 59	455	–
Mehlstaub	–	0,43	285	470	–	–	–
Naphthalin	80 ... 100	0,53	schmilzt	575	28 ... 38	100	5,78
Phenolharz	10 ... 20	0,51	schmilzt	520	36 ... 49	130	3,2
Papier	–	–	0,07	360	schlecht verwirbelbar		
Phosphor, rot	30 ... 50	0,99	305	360	48 ... 64	230	–
Polyakrylnitril	5 ... 7	0,12	schmilzt	505	35 ... 55	130	3,2
Polyethylen	30 ... 50	0,29	schmilzt	410	26 ... 35	85	2,7
Polysterol	40 ... 60	0,23	schmilzt	475	27 ... 37	95	3,9
Polyvinylchlorid	4 ... 5	0,55	schmilzt	595	63 ... 86	230	keine Expl.
Polyurethan	50 ... 100	0,11	schmilzt	425	46 ... 63	155	3,9
Ruß	10 ... 20	–	535	> 690	36 ... 45	110	keine Expl.
Schwefel	30 ... 50	0,67	schmilzt	235	120 ... 160	300	3,6
Steinkohlenkoks	4 ... 5	0,75	430	> 750	37 ... 50	125	–
Titan	–	1,85	290	375	–	–	2,7
Torf, abgelagert	60 ... 90	0,09	260	450	–	–	–
Zink	10 ... 15	4,90	430	530	212...284	1 110	–

Die meisten Stäube, auch Metallstaub, sind brennbar; mögliche Folge: → *Staubbrände* und → *Staubexplosionen.* Bei Erwärmung bilden Stäube häufig Schwelgase *(→ Schwelen).*

Die Brennbarkeit von Stäuben wird durch den → *Sauerstoffindex* gekennzeichnet; er liegt etwa um 2 bis 5 % niedriger als beim entsprechenden Kompaktstoff.

Wichtigstes Kriterium für die Beurteilung der Brennbarkeit von Stäuben sind ihre mittleren Korndurchmesser. Sie beeinflussen folgende Größen:

– Zündbereitschaft (Entzündlichkeit) des Gemisches,

- Mindestzündenergie,
- Explosionsgrenzen,
- maximalen Explosionsdruck,
- Feuchtigkeit,
- Schmelztemperatur,
- Glimmtemperatur,
- Zündtemperatur,
- Sauerstoffgrenze. *(Ha)*

Staubbrand ist der Brand eines abgelagerten brennbaren → *Staubes.*
Die Oxidationsreaktion vollzieht sich an bzw. in der Nähe der Grenzfläche zwischen dem → *Sauerstoffträger* und dem Feststoff(Staub-Teilchen); sie verläuft um so heftiger, je größer die Oberfläche des Feststoffs ist, d. h. je feiner der Staub ist.
Bei abgelagerten Stäuben treten Brände meist in Form eines → *Glimmbrandes,* → *Glutbrandes* oder → *Schwelbrandes* auf.
Unmittelbare Entflammung und damit schnelles Überschreiten der Zündtemperatur erfolgt nur bei wenigen, sehr leichtentzündbaren Stäuben wie Magnesium- oder Aluminiumstaub. Bei den meisten anderen Stäuben wird erst nach intensiver thermischer → *Aufbereitung* die Glimm- bzw. Selbsterwärmungstemperatur überschritten. Die schlechte Wärmeleitfähigkeit der Stäube führt zu weiterer Temperatursteigerung und Selbsterwärmung.
Folge: Die Zündtemperaturen der Stäube (Werte siehe *Tabelle* bei „Staub") liegen meist deutlich unter denen der zugehörigen Kompaktstoffe.
Bei der Bekämpfung von Staubbränden und bei Bränden, bei denen große Staubmengen angetroffen werden, z. B. in Mühlen, Tischlereien oder Textilverarbeitungsbetrieben, müssen insbesondere Staubaufwirbelungen vermieden werden, da sonst die Gefahr einer → *Staubexplosion* besteht. Das Löschmittel Wasser darf bei Staubablagerungen nur mit Sprühstrahl und möglichst unter Netzmittelzusatz aufgebracht werden. *(Ha)*

Staubexplosion nennt man ein unkontrolliertes, schnell ablaufendes → *Brennen* brennbarer Feststoffteilchen in einem → *Staub-Luft-Gemisch* unter hohem Druckanstieg.
Ablauf und Wirkung von Staubexplosionen sind Explosionen von Gas-/Dampf-Luft-Gemischen ähnlich.
Allgemein gilt:
Je feiner die Staubteilchen sind, je intensiver ihre Vermischung mit Luft ist und je weiter die untere Explosionsgrenze überschritten wird, desto höher sind → *Verbrennungsgeschwindigkeit* und → *Explosionsdruck,* z. B. bei einer Kohlenstaubfeuerung.
Wird das Staub-Luft-Gemisch verwirbelt, so ist die Druckanstiegsgeschwindigkeit z. T. größer als bei Gas-/Dampf-Explosionen (Werte maximaler Explosionsdrücke siehe *Tabelle* bei → *Staub).*
Bei den meisten kohlenstoffhaltigen Staub-Luft-Gemischen liegen die unteren Explosionsgrenzen bei 20 bis 60 g/m^3, die oberen Explosionsgrenzen bei 2 bis 6 kg/m^3 und die → *stöchiometrische Konzentration* bei 100 bis 300 g/m^3. Die stetigen Konzentrationsänderungen der Stäube im Schwebezustand lassen genauere Bestimmungen der Explosionsgrenzen nicht zu.
Stäube mit einer Korngröße unter 100 μm sind bereits mit einer schwachen → *Zündquelle,* z. B. Reib- oder Schlagfunken, Stäube mit einer Korngröße unter 400 μm nur mit starker Zündquelle, z. B.

der Zündflamme einer Feuerungsanlage, zur Explosion zu bringen. Staubexplosionen treten oft als Folgeexplosionen auf, z. B. nach Staubaufwirbelungen durch die Druckwelle einer Schwelgasverpuffung. *(Ha)*

Staub-Luft-Gemisch, Schwebezustand kleinster Feststoffteilchen in → *Luft;* ein Staub-Luft-Gemisch entsteht durch Aufwirbelung abgelagerter Stäube *(→ Aerosol);*
Die Staub-Konzentration in Luft wird in g/m^3 angegeben; Werte für → *stöchiometrische Gemische siehe Tabelle* bei → *Staub.*
Gemische mit brennbaren Stäuben verhalten sich annähernd wie Gas-/Dampf-Luft-Gemische: nach dem Entzünden kommt es zu einer → *Verpuffung* und/oder zu einer Staubexplosion mit zerstörender Wirkung. Staub-Luft-Gemische können nur innerhalb der Explosionsgrenzen entzündet werden. Die Grenzkonzentrationen werden vom mittleren Korndurchmesser des Staubes beeinflusst.
Allgemein gilt: je feiner der Staub, desto niedriger ist die untere Explosionsgrenze; es steigt die Druckanstiegsgeschwindigkeit.
Werte für Staubkonzentrationen an der unteren Explosionsgrenze siehe *Tabelle* bei Staub.
Die → *Mindestzündenergie* der meisten Staub-Luft-Gemische beträgt 10 bis 50 mJ und ist damit höher als bei Gas-/Dampf-Luft-Gemischen. *(Ha)*

Stauhaltung, Wasserfläche zwischen zwei Stauwehren oder → *Schleusen. (Mt)*

Stay put (von engl. *to stay* = bleiben; *put* = an Ort und Stelle) nennt man das bewusste Belassen von gefährdeten Personen und Tieren in Gebäuden, wenn die Gefahr von im Freien vorhandenen → *Atemgiften* oder → *radioaktiven Stoffen* ausgeht und die Belastung der Personen während der Räumung größer wäre als die zu erwartende Belastung bei ihrem Verbleib im Gebäude. Dabei wird die Schutzwirkung von Gebäuden ausgenutzt. Man achtet dabei auf den

- leeseitigen *(→ Lee)* Aufenthalt,
- Aufenthalt in den oberen Geschossen,
- Abdichten von Fenstern und Türen sowie
- Abschalten raumlufttechnischer Anlagen.

Ein Stay put kann im Vergleich zum → *Räumen* oder zum → *Evakuieren* die bessere Maßnahme sein. Ein zwingender Fall, in dem unbedingt geräumt werden muss, liegt vor, wenn im Gebäudeinnern mit → *Explosionsgefahr* gerechnet werden muss. *(Sr)*

Steckleiter, Steig- und Rettungsgerät aus Holz oder Leichtmetall nach DIN EN 1147.
Sie dient als Anstelleiter zum Überwinden von Höhenunterschieden von ±2,5 bis 8,4 m und besteht aus maximal vier Teilen, die ineinander gesteckt werden.
Aufbau: Jedes Teil besteht aus zwei Holmen und sieben Steigsprossen (Ausnahme: das unterste Teil hat neun Steigsprossen; Länge eines jeden Teiles: 2,70 m; Gewicht: 12,5 kg (Holz) bzw. 10 kg (Leichtmetall). *(Zi)*

Steigklemme ist ein zur → *Höhenrettung* und Sicherung eingesetztes System zum Aufsteigen am Seil. Prinzip: Die Steigklemme wird auf das Seil gesetzt und von einer federbelasteten Klemme dort so gehalten, dass die Steigklemme auf dem Seil nicht verrutscht (Bild). Für den Aufstieg

werden zwei Klemmen benötigt. *(Ma)*

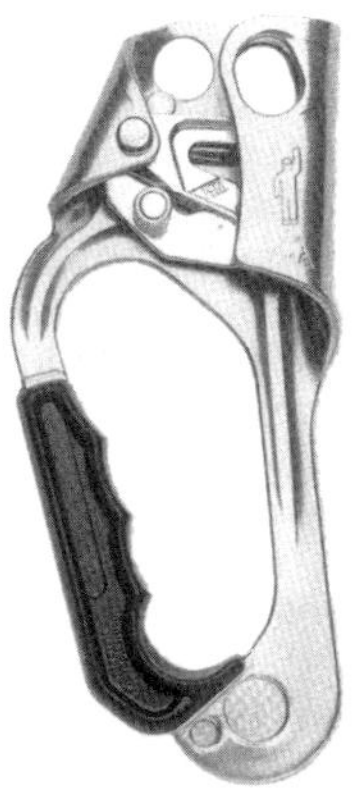

Bild: Steigklemme

Steigleitung, in Gebäuden fest installierte Löschwasserleitung; Arten:

– **trocken:** (nach DIN 14462 Teil 2): eine in Gebäuden fest installierte Löschwasserleitung, in die die Feuerwehr im Brandfall über eine → *Einspeiseeinrichtung* Wasser einspeist und es in der Nähe des Brandherdes über eine → *Feuerlösch-Schlauchanschlusseinrichtung* wieder entnimmt; Vorteil: man erspart das zeitraubende Verlegen von Schlauchleitungen, z. B. in Treppenräumen;

– **nass** (nach DIN 14462 Teil 1): eine ständig an die Wasserversorgung angeschlossene, dauernd unter Druck stehende Löschwasserleitung mit einer → *Feuerlösch-Schlauchanschlusseinrichtung;* → *Hydrant* (→ *Wandhydrant);* Vorteil: Die Löscheinrichtung ist dauernd betriebsbereit, es muss nicht auf die Feuerwehr gewartet werden;

– **nass/trocken** (nach DIN 14462 Teil 1): Löschwasserleitung, die im Bedarfsfall durch das Öffnen einer Löschwasser-Schlauchanschlusseinrichtung automatisch mit der Wasserversorgung verbunden und gefüllt wird. Als Löschwasserentnahmeeinrichtung dient eine → *Feuerlösch-Schlauchanschlusseinrichtung* (→ *Wandhydrant);* Vorteile: Die Löscheinrichtung ist dauernd betriebsbereit, es muss nicht auf die Feuerwehr gewartet werden, zusätzlich gibt es keine Frostgefahr und kein abgestandenes Wasser. *(Br)*

Steine, nichtbrennbare → *Baustoffe* der → *Baustoffklasse A 1,* die zur Fertigung von überwiegend druckbeanspruchten → *Bauteilen,* z. B. Wänden, als → *Mauerwerk,* insbesondere im → *Massivbau,* verwendet werden.
Man unterscheidet:

– **natürliche Steine:** Steine, die im Laufe der geologischen und geophysikalischen Entwicklung der Erde entstanden und aus einer oder mehreren Mineralarten anorganischen oder organischen Ursprungs bestehen.
Man unterscheidet Erstarrungssteine, z. B. Granit oder Basalt, Ablagerungssteine, z. B. Sandstein oder Kalk, und Umwandlungssteine, z. B. Marmor oder Schiefer. Bedingt durch ihre Entstehung sind Natursteine ungleichmäßig im Gefüge, was bei Erwärmung zu schneller Zunahme der schon vorhandenen, natürlichen Spannungen führt. Diese können bereits bei Temperaturen ab 500 °C ein Abplatzen oder Springen der Steine verursachen. Plötzliche Abkühlung mit Wasserstrahl und damit verbundene zusätzliche Spannungen können den Zerstörungsprozess noch beschleunigen und einen Einsturz herbeiführen. Daher ist im Brandfall bei Vorhandensein von Bauteilen aus Natursteinen, z. B. → *Pfeilern,* größte Vorsicht geboten;

– künstliche Steine: Steine, die künstlich aus Rohstoffen wie Lehm, Sand, Ton, Kies, gegebenenfalls unter Zugabe von Bindemitteln, geformt und durch entsprechende Behandlung gefertigt werden. Man unterscheidet
– gebrannte Steine, z. B. Mauerziegel oder Klinker aus Lehm oder Ton; sie werden während des Herstellungsverfahrens bei Temperaturen über 900 °C gebrannt, und
– ungebrannte Steine, z. B. Kalksandsteine oder Gasbetonsteine; sie werden aus Zuschlagstoffen wie Sand oder Kies und Bindemittel, z. B. Kalk oder Zement, hergestellt.
Da das Gefüge der künstlichen Steine gleichmäßig ist, treten im Innern der Steine unter Einwirkung von Wärme geringere Spannungen auf als bei Natursteinen. Im Brandfall kann zwar bei ungeschützten Bauteilen aus künstlichen Steinen, aus nicht verputztem → *Mauerwerk,* die äußere Schicht abbröckeln, aber dies hat kaum Einfluss auf die Standfestigkeit des Bauteils. *(Bt)*

Sternverkehr, eine → *Verkehrsform,* bei der mehrere Funkstellen über eine gemeinsame Gegenstelle mit Leitfunktion (Leitstelle als „Sternkopf") → *Informationen* austauschen; Beispiel: Funkbetrieb in einem → *Funkverkehrskreis* mit einer → *Leitstelle. (Ge)*

Steuerventil, Teil einer → *Vollmaske* für Pressluftatmer; zwei Steuerventile sind an der → *Innenmaske* angebracht und schließen sie gegen den Maskenraum ab. Die Ventilwirkung ist so ausgelegt, dass die Einatemluft an der Sichtscheibe der Vollmaske vorbeiströmt und dann über die Steuerventile in die Innenmaske gelangt. Damit wird ein Beschlagen der Sichtscheibe verhindert. *(Zi)*

StGB, Abk. für: *Strafgesetzbuch. (Fi)*

Stichflamme, kurzzeitig auftretender, sehr heißer Flammenstrahl *(→ Flamme),* der 10 bis 15 m weit reichen kann. Eine Stichflamme tritt auf, wenn
– Gase oder Dämpfe unter hohem Druck ausströmen und sich entzünden oder entzündet werden; Beispiel: abblasende Spraydose;
– in einem brennenden Raum sich ein Überschuss brennbarer Gase oder Dämpfe gebildet hat und plötzlich von außen Luft zutritt; Beispiel: Tür- oder Fensteröffnung bei der Bekämpfung eines Zimmerbrandes. *(Ha)*

Stickeffekt, Eigenschaft von → *Löschmitteln,* den Verbrennungsvorgang durch Entzug von Sauerstoff (Löschen durch Stören der mengenmäßigen Reaktionsbedingungen) zu beenden. *(Kl/Oe)*

Stickstoff, ein nicht brennbares, farb-, geruch- und geschmackloses Gas; chemisches Zeichen: N_2 (lat. = *nitrogenium*); ein → *inertes Gas.* Stickstoff wird z. B. als Schutzgas bei chemischen Prozessen eingesetzt (Schutz vor Entzündung). So werden z. B. Rohrleitungen und Behälter vor Schweißarbeiten mit Stickstoff gefüllt, um eine Entzündung von Rückständen zu verhindern.
Als → *Löschmittel* wird Stickstoff in ortsfesten → *Löschanlagen* zum Objektschutz in geschlossenen Räumen eingesetzt. Zum Löschen wird durch → *Flutung* von Stickstoff die Stickstoffkonzentration im Raum erhöht und dadurch der Sauerstoffanteil verringert. Eine Löschwirkung wird erreicht, wenn

der Sauerstoffanteil unter 15% absinkt.
Für Personen, die sich bei Löschbeginn noch im → *Flutungsbereich* aufhalten, besteht keine akute Gesundheits- bzw. Lebensgefahr, da die → *Luft* etwa 78% Stickstoff enthält.
Grundsätzlich müssen Personen den Löschbereich bei Feueralarm auf dem schnellsten Weg verlassen. Beim Löschen mit Stickstoff sind jedoch Sicherheitsreserven vorhanden die eine Flutung ohne bzw. mit verkürzter Vorwarnzeit möglich machen.
Für freistehende, räumlich nicht abgegrenzte Objekte, z. B. freistehende Produktionsanlagen der chemischen Industrie, ist Stickstoff als Löschmittel nicht geeignet, weil (im Freien) keine ausreichende Löschmittelkonzentration aufgebaut werden kann.
Stickstoff wird auch als Treibgas (→ *Kohlendioxid* Treibgasflasche) für Feuerlöscher (→ *Dauerdrucklöscher* bis 12 kg Löschmittel oder für → *Aufladelöscher* mit mehr als 50 kg Löschmittel mit separater Treibgasflasche) benützt.
Kennfarbe: Stickstoff-Gasflaschen (wie Treibgasflaschen für Feuerlöscher) grün. Grün ist ebenfalls die Kennfarbe für Stickstoff-Rohrleitungen. *(Oe)*

Stickstoff-Löschanlage, eine ortsfeste Löschanlage mit dem → *Löschmittel* → *Stickstoff.* Aufbau und Funktion der Löschanlage ist ähnlich einer → *Inergen-Löschanlage;* sie besteht aus der Erkennungseinheit und dem Feuerlöschsystem mit der Löschmittelbevorratung.
Sobald ein automatischer → *Melder,* z. B. ein Rauchmelder, einen entstehenden Brand registriert hat, wird die Löschanlage über die → *Brandmeldezentrale* aktiviert. Bei einer verkürzten Vorwarnzeit werden optische und akustische Warnsignale abgegeben. Das heißt, alle Personen haben den Flutungsbereich sofort zu verlassen. Nach der verkürzten Vorwarnzeit von etwa 10 Sekunden, in besonderen Fällen auch ohne Vorwarnzeit, erfolgt die Freigabe des Löschmittels Stickstoff aus Stahlflaschen oder einem Tank. Das Löschmittel wird durch Rohrleitungen zu den → *Löschdüsen* geführt und in den Flutungsbereich eingeleitet. Nach Absenkung der Sauerstoffkonzentration unter 15 Vol.% setzt die Löschwirkung ein.
Haupteinsatzgebiete: alle Bereiche, in denen eine Personengefährdung ausgeschlossen werden muss, z. B. EDV-Bereiche, elektronische Schaltverteilerräume oder medizinische Untersuchungsräume mit elektrischen Geräten wie Ultraschall- oder Röntgengeräten. *(Oe)*

Stöchiometrie (chemisches Rechnen), Lehre von der mengenmäßigen Zusammensetzung chemischer Verbindungen und der mathematischen Berechnung der Mengenverhältnisse bei chemischen Reaktionen. Grundlagen der stöchiometrischen Berechnungen sind insbesondere das Gesetz von der Erhaltung der Massen und das Gesetz von den konstanten und multiplen Proportionen; Beispiel: $C + O_2 \rightarrow CO_2$, d. h. 12 g Kohlenstoff reagieren mit 32 g Sauerstoff zu 44 g Kohlendioxid. *(Ha)*

stöchiometrische Konzentration von brennbaren Stoffen ist die Menge bzw. das Volumen eines brennbaren Stoffes in einem → *stöchiometrischen Gemisch,* bei denen mit dem zugehörigen Anteil des → *Oxidationsmittels* ein vollständiges Brennen unter stärks-

Tabelle: **Stöchiometrische Konzentrationen** brennbarer Stoffe in Luft

Stoff	Konzentration c_i in Vol.-%	
Gase und Dämpfe		
Butan	C_4H_{10}	3,1
Ethan	C_2H_6	5,7
Kohlenmonoxid	CO	29,6
Methanal	$HCHO$	17,4
Propan	C_3H_8	4,0
Schwefelwasserstoff	H_2S	12,3
Wasserstoff	H_2	29,6
Flüssigkeiten		
Aceton	$CH_3CO\,CH_3$	5,0
Benzol	C_6H_6	2,7
Butanol	C_4H_9OH	3,4
Chlorbenzol	C_6H_5Cl	2,9
Dichlorbenzol	$C_6H_4Cl_2$	3,1
Ethanal	CH_3CHO	7,8
Methanol	CH_3OH	12,3
Methansäure	$HCOOH$	29,6
Octan	C_8H_{18}	1,7
Schwefelkohlenstoff	CS_2	6,5
Stäube	c_i in g/m^3	
Aluminium	Al	337
Benzoesäure	C_6H_5COOH	153
Eisen	Fe	699
Magnesium	Mg	456
Polyethylen	$[CH_2-CH_2]_n$	88
Schwefel	S	301

tem Druckaufbau und maximaler Temperatur eintritt; Einheit: Vol.-% oder g/m^3; Werte siehe *Tabelle.* Die stöchiometrische Konzentration liegt in der Mitte zwischen der unteren und der oberen Explosionsgrenze, meist jedoch etwas näher zur unteren Grenze. Sie kann mit folgender Formel errechnet werden:

Für **Stoff-Luft-Gemische**:

$$c_i = \frac{100}{1 + 4{,}76\, \nu_{\text{Sauerstoff}}}$$

Für **Stoff-Sauerstoff-Gemische**:

$$c_i = \frac{100}{1 + \nu_{\text{Sauerstoff}}}$$

Es bedeuten:

c_i stöchiometrische Konzentration des Stoffes in Vol.-%

$\nu_{\text{Sauerstoff}}$ = → *Sauerstoffäquivalent. (Ha)*

stöchiometrisches Gemisch von brennbaren Stoffen ist ein Gemisch aus brennbaren Gasen, Dämpfen, Nebeln oder Stäuben in Luft, in dem der Brennstoff und das Oxidationsmittel in dem für ein vollständiges Brennen genauen Verhältnis, d. h. ohne Überschuss oder Mangel, vorhanden sind. Die benötigten Stoffmengen können mit Hilfe der Festlegungen für Mol bzw. Molvolumen aus den Reaktionsgleichungen errechnet werden; Beispiel: Ermittlung des stöchiometrischen Methan-Luft-Gemisches (bei 0 °C und 1013 mbar).

1. Verbrennungsgleichung:
   $CH_4 + 2\,(O_2 + 3{,}76\,N_2) \rightarrow CO_2 + 2\,H_2O + 2 \cdot 3{,}76\,N_2$
2. Gemischzusammensetzung:
   $n_1 = 1$ mol $+ 2 \cdot 4{,}76$ mol $= 10{,}52$ mol
3. Proportion:
   $10{,}52$ mol $: 100\,\% = 1$ mol $: x$
   $x = 9{,}5$ Vol.-%

Das stöchiometrische Gemisch besteht also aus 9,5 Vol.-% Methan und 90,5 Vol.-% Luft. Stöchiometrische Gemische sind gefährliche Gemische, da bei der → *stöchiometrischen Konzentration* für das jeweilige Gemisch die geringste → *Zündenergie* und die niedrigste → *Zündtemperatur* benötigt werden; es steigen dagegen → *Flammenfortpflanzungsgeschwindigkeit,* → *Explosionsdruck* und → *Druckanstiegsgeschwindigkeit* bis zu einem Maximum an. Bei den meisten Stoffen liegt das stöchiometrische Gemisch beim 2- bis 3fachen der unteren Explosionsgrenze. *(Ha)*

Stockwerk, andere Bezeichnung für → *Geschoss. (Bt)*

Stoff, chemischer: allgemein: Bezeichnung für jede Art von Materie; in der Chemie wird unter Stoff

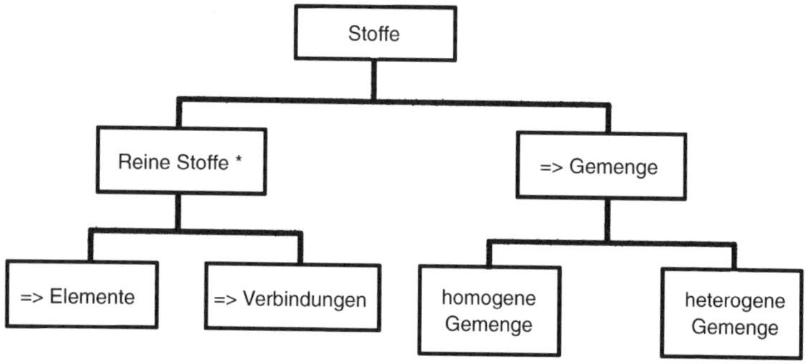

* Reine Stoffe sind Stoffe, die nur aus der gleichen Sorte kleinster Teilchen bestehen.

Bild: Stoffe

eine bestimmte Art von Materie verstanden, die durch ihre gleichbleibenden charakteristischen Eigenschaften gekennzeichnet ist. Stoff ist unabhängig von der Form. Jeder Stoff ist aus für ihn charakteristischen kleinsten Teilchen, den Atomen (Elementen) und Molekülen (Verbindungen) aufgebaut.
Einteilung der Stoffe nach der Art der enthaltenen kleinsten Teilchen (Bild)
Beispiele:
– Elemente: Wasserstoff, Sauerstoff, Kohlenstoff;
– Verbindungen: Wasser, Kohlendioxid, Ammoniak;
– homogene Gemenge: Lösungen, Gasgemische, Legierungen;
– heterogene Gemenge: Rauch, Staub, Nebel, Schaum, Suspensionen, z. B. Ölfarben. *(Ha)*

Stoffe, brennbare → *brennbare Stoffe. (Ha/Oe)*

Stoffname, Bezeichnung einer chemischen Substanz, z. B. 1,1,2-Trichlorpropan.
Der weltweit gültige Stoffname einer chemischen Substanz richtet sich nach der IUPAC-Nomenklatur *(= International Union of Pure and Applied Chemistry,* Internationale Vereinigung der reinen und angewandten Chemie).
Ein und derselbe Stoff kann auch unter anderen Stoffnamen transportiert werden (zulässiger Transportname, z. B. alkoholische Getränke – UN-Nr. 3065).
Für Stoffe gibt es ferner auch abgewandelte Bezeichnungen, z. B. Chlorwasserstoffsäure für Salzsäure oder Trivialnamen, z. B. Kochsalz statt Natriumchlorid oder Natronlauge statt Natriumhydroxid in wässriger Lösung.
Weitere Namen, die einem Stoff eindeutig zugeordnet werden können, nennt man → *Synonyme. (Fl)*

Stoffnummer → *UN-Nummer. (Fl)*

Stopptaster (an Kohlendioxid-Löschanlagen), von Personen betätigte Vorrichtung, um das Ausströmen des Löschmittels Kohlendioxid zu verhindern; Aufgaben:
– bei Fehlalarm wird das Ausströmen des Löschmittels verhindert;
– bei Gefahr, dass nicht alle Personen innerhalb der Vorwarnzeit den Raum verlassen haben, kann die Vorwarnzeit verlängert wer-

den. Der Stopptaster ist nur während der Vorwarnzeit wirksam. Stopptaster sind nach BGR 134 bei Kohlendioxid-, Argon-, Inergen und Stickstoffanlagen empfohlen; sie müssen vorhanden sein, wenn es zu einer Personengefährdung kommen kann. *(Oe)*

Störreichweite → *Reichweite. (Ge)*

Störung in der Kommunikationstechnik: Einfluss mit unterbrechender Wirkung oder Ausfall eines Übertragungsweges, zum Beispiel bei einer Funk- oder Telefonverbindung. *(Ge)*

Storz-Kupplung, in Deutschland übliches Kupplungssystem; verwendet z. B. bei Druckkupplungen, bestehend aus Knaggenteil, Einbindestutzen, Sperring und Dichtring. Sie dienen zur Verbindung von Schläuchen oder Armaturen. Der freie Durchmesser des Strömungsquerschnitts beträgt bei folgenden genormten Kupplungen:
D: 18 mm
C: 44,5 bis 45 mm
B: 64,5 bis 65 mm
A: 100 mm. *(Fl)*

Stoß die beim Zusammentreffen zweier → *Bauteile,* z. B. Balken ohne → *Fuge* entstehende Stelle. *(Bt)*

Strahlen → *Strahlung. (Kl)*

Strahlenschäden, Schädigungen am Menschen, die durch radioaktive → *Strahlung* verursacht sind. Man unterscheidet genetische Strahlenschäden (Schäden, die durch Fortpflanzung die künftigen Generationen betreffen) und somatische Strahlenschäden (Schäden an der bestrahlten Person selbst). Somatische Strahlenschäden unterteilt man in akute Schäden (Schäden an Organen oder Gewebe, die sofort nach der Bestrahlung auftreten), chronische Schäden (bleibende Schäden mit schleichendem Verlauf, die unter Umständen erst viel später als Krankheit erkannt werden) und Strahlenspätschäden. *(Kl)*

Strahlenschutzausrüstung → *Sonderausrüstung. (Kl)*

Strahlenschutzbeauftragter, nach § 31 StrlSchV vom Betrieb beauftragte Person, die für Organisation und Einhaltung gesetzlicher Vorschriften beim Umgang mit → *radioaktiven Stoffen* zuständig ist und die entsprechende Fachkenntnisse besitzt. *(Kl)*

Strahlenschutzerfassungsblatt, Formblatt nach Anlage 4 der → *Feuerwehr-Dienstvorschrift 500,* das zum Nachweis der aufgenommenen Personendosis *(→ Dosis)* dient. *(Kl)*

Strahlenschutzfilter → *Reaktorfilter. (Kl)*

Strahlenschutzgrundsätze:
1. **Zeit begrenzen!** Grund: Je länger die Aufenthaltszeit ist, desto mehr Strahlungsenergie nimmt der Körper auf;
2. **Abschirmung ausnutzen!** Grund: Je dicker das abschirmende Material und je höher dessen Dichte ist, desto größer ist die abschirmende Wirkung; → *Abschirmung;*
3. **Abstand halten!** → *Abstandsgesetz;*
4. → **Kontamination vermeiden!**
5. → **Inkorporation verhindern!**

(Kl)

Strahlenschutzkennzeichnung, in der → *Strahlenschutzverordnung* festgelegte Kennzeichnung für Bereiche, in denen mit → *radioak-*

tiven Stoffen umgegangen wird. Solche Bereiche werden mit einem → *Warnschild* gekennzeichnet.

Speziell für die Feuerwehr werden die → *Gefahrengruppen* gekennzeichnet.
Im Bereich des Transports sind die Verpackungen radioaktiver Stoffe nach → *ADR* zusätzlich zur Kennzeichnung des Fahrzeugs (orangefarbene → *Warntafel* und → *Großzettel)* mit Gefahrzettel nach Transportkategorien zu kennzeichnen. Im Gegensatz zu den → *Gefahrengruppen* (Einteilung nach → *Aktivität)* richtet sich die Einteilung bei den Transportkategorien nach der → *Dosisleistung* an der Verpackungsoberfläche.
Am Fahrzeug ist an beiden Fahrzeugseiten und am Heck des Fahrzeugs der Großzettel Nr. 7D anzutreffen. Die Verpackungen innerhalb des Fahrzeugs sind bei Transportkategorie I mit dem Gefahrzettel Nr. 7A, bei Transportkategorie II mit dem Gefahrzettel Nr. 7B, bei Transportkategorie III mit dem Gefahrzettel Nr. 7C und bei Transport von spaltbarem Material mit dem Gefahrzettel Nr. 7E gekennzeichnet. Beim Transport geht die Feuerwehr wie bei → *Gefahrengruppe* IIA vor. Eine Ausnahme stellt die Menschenrettung dar, bei der beim Verkehrsunfall nach → *Feuerwehr-Dienstvorschrift 500* außer einem umluftunabhängigen → *Atemschutzgerät* keine spezielle Sonderausrüstung vorgeschrieben ist. Handelt es sich bei dem Einsatz um einen Einsatz im Bereich der Gefahrengruppe IIA oder IIIA, ist auch zur Menschenrettung zusätzliche Sonderausrüstung erforderlich. *(Kl)*

Strahlenschutz-Sonderausrüstung, → *Sonderausrüstung. (Kl)*

Strahlenschutztrupp, in einigen Bundesländern vorhandene Ersteinsatztrupps, die bei besonderen Lagen zur Menschenrettung vorgesehen sind. Die → *Sonderausrüstung* dieser Trupps besteht mindestens aus → *Atemschutzgeräten,* → *Personendosimetern,* Körperschutz Form 1 und → *Dosiswarngeräten. (Kl)*

Strahlenschutzverantwortlicher, Inhaber einer Genehmigung für eine Anlage beim Umgang mit radioaktiven Stoffen nach der → *Strahlenschutzverordnung. (Kl)*

Strahlenschutzverordnung (StrlSchV), richtig: Verordnung über den Schutz vor Schäden durch ionisierende Strahlen; Rechtsgrundlage für den Umgang mit radioaktiven Stoffen.
Zweck der StrlSchV ist es, zum Schutz des Menschen und der Umwelt vor der schädlichen Wirkung ionisierender Strahlung Grundsätze und Anforderungen für Vorsorge und Schutzmaßnahmen zu regeln, die bei der Nutzung und Einwirkung radioaktiver Stoffe und ionisierender Strahlung zivilisatorischen und natürlichen Ursprungs Anwendung finden.
Die StrlSchV gilt nicht für Röntgeneinrichtungen.
§ 52 regelt die Vorbereitung der Brandbekämpfung und gibt die drei → *Gefahrengruppen* vor. Die Anlage III der StrlSchV enthält die → *Freigrenzen. (Kl)*

Strahlenschutzzug, → *Zug im ABC-Einsatz nach → Feuerwehr-Dienstvorschrift 500. (Kl)*

Strahlenspürtrupp, in den → *Rahmenempfehlungen* für den Katastrophenschutz in der Umgebung kerntechnischer Anlagen festgelegte Messtrupps des Katastrophenschutzes. Sie haben die Aufgabe, bei einem kerntechnischen Unfall nach Anweisung der zuständigen Katastrophenschutzbehörde entsprechend Messungen und Probenahmen durchzuführen. *(Kl)*

Strahlenunfall, ein Ereignis, bei dem durch unkontrolliertes Freiwerden ionisierender → *Strahlung* Gefahren für Menschen und Tiere entstehen können; Beispiele: Unfall in einem Kernkraftwerk oder in einer Wiederaufbereitungsanlage für Kernbrennstäbe, Unfall in einem Radioisotopen-Labor, Transportunfälle. *(Kl)*

Strahler, Stoff, der Strahlung aussendet. Im Strahlenschutz handelt es sich um → *Alpha-*, → *Beta-* und → *Gammastrahlung. (Kl)*

Strahlrohr, eine Armatur zur Wasserabgabe, in der für die Feuerwehr genormten Ausführung als Mehrzweckstrahlrohr für → *Vollstrahl* und → *Sprühstrahl* geeignet.
Das Mehrzweckstrahlrohr wird nach der Anschlusskupplung bezeichnet und hat im Bereich von 4 bis 6 bar Strahlrohrdruck folgenden → *Wasserdurchfluss (Tabelle).*
Das Mehrzweckstrahlrohr nach DIN 14 365 ist aus Aluminium und hat zum Handschutz eine Kälte-Isolation. Es ist absperrbar. Ferner gibt es Strahlrohre, die bezüglich des Sprühstrahls optimiert sind und deren mittlerer Tröpfchendurchmesser bei 300 mm liegt – im Gegensatz zum CM-Strahlrohr mit einem mittleren Tröpfchendurchmesser von 700 μm. *(Zi)*

Bezeichnung	Mundstück- bzw. Düsendurchmesser *in mm*	**Wasserdurchfluss** *in l/min*
DM	4	25
DM	6	50
CM	9	100
CM	12	200
BM	16	400
BM	22	800

Es bedeuten:
M Mehrzweckstrahlrohr,
DM Mehrzweckstrahlrohr mit D-Kupplung,
CM Mehrzweckstrahlrohr mit C-Kupplung,
BM Mehrzweckstrahlrohr mit B-Kupplung,

Strahlrohrabstand ist die Entfernung zwischen Austrittsöffnung am Strahlrohrmundstück und der Auftreffstelle des Strahls auf einem angespritzten Objekt. Der Strahlrohrabstand ist beim Anspritzen stromführender Teile aus Sicherheitsgründen von besonderer Bedeutung und in der DIN VDE 0132 festgelegt (siehe *Tabellen).*
Nach DIN VDE 0132 müssen folgende Strahlrohrabstände eingehalten werden:

Strahlrohrabstand (Richtwerte)

Spannung	Sprühstrahl	Vollstrahl
Niederspannung	1 m	5 m
Hochspannung	10 m	20 m

Der Sicherheitsabstand gegenüber herabfallenden Hochspannungsleitungen beträgt 20 m. Die Abstände für Sprüh- und Vollstrahl gelten bei Verwendung von CM-Strahlrohren. *(Kl)*

Strahlrohrführer, Feuerwehrangehörige(r), der bei Vornahme eines Rohres das → *Strahlrohr* bedient;

Tabelle: **Strahlrohrabstand**

Strahl	Wurfweite in m	Brandklasse	für **Mindestabstände** in Meter bei Niederspannung (bis 1 000 V)	Hochspannung 30 kV	110 kV	220 kV	380 kV
Sprühstrahl	5[a]	A	1	3[b]	3	4	5
Vollstrahl	10[a]	A	5	5	6	7	8
tragbare Feuerlöscher:							
Sprühstrahl	4	A	1	–	–	–	–
Vollstrahl	8	A	3	–	–	–	–

[a] Bei 5 bar Fließdruck.
[b] Bei Aufsicht durch elektrotechnisch unterwiesene Personen oder Elektrofachkräfte ist ein Mindestabstand von 2 m zulässig.

Tabelle: **Strahlrohr-Rückkraft**

Mundstücksdurchmesser in mm	**Rückkraft** in Newton (N) bei einem Strahlrohrdruck von 3 bar	5 bar	7 bar	10 bar
D 4	7	12	17	25
D 6	16	28	38	54
C 9	36	60	82	120
C 12	65	110	150	220
B 16	120	199	270	390
B 22	220	360	500	730

innerhalb eines → *Trupps* ist es der Truppmann; Beispiele: Angriffstruppmann, Wassertruppmann, Schlauchtruppmann. *(Kl)*

Strahlrohr-Rückkraft, Kraft, die am Mundstück des → *Strahlrohrs* entgegen der Fließrichtung des Wassers wirkt *(Tabelle)*; Rückstoßprinzip: Berechnung (in der Praxis):
$R = 1{,}56 \times d^2 \times p$;
wobei $1{,}56 = 2 \times \pi/4$,
R Rückkraft in Newton,
d Mundstückweite in mm,
p Druck am Strahlrohreingang in bar;
Beispiel: bei einen Strahlrohr mit dem Durchmesser 16 mm und einem Druck von p = 5 bar (entspricht 0,5 N/mm^2) beträgt die Strahlrohr-Rückkraft 200 N. *(Ha)*

Strahlung, Energieausbreitung durch Materie oder durch Vakuum; beim Feuerwehreinsatz unterscheidet man insbesondere → *Alpha-Strahlung,* → *Beta-Strahlung* und → *Gamma-Strahlung. (Kl)*

Strahlungsarten; im Feuerwehreinsatz wird zwischen Teilchenstrahlung *(→ Alpha-Strahlung, → Beta-Strahlung)* und elektromagnetischer Strahlung *(→ Gamma-Strahlung)* unterschieden. *(Kl)*

Strahlungsleistung, Produkt aus der Sendeleistung des Funkgerätes, die der Antenne zugeführt wird, und ihrem Gewinn in der Bezugsrichtung (Strahlungsrichtung); äquivalente isotrope Strahlungsleistung (engl.: *Equivalent Isotropically Radiated Power* = EIRP) wird sie genannt, wenn sie auf den Gewinn einer isotropen Antenne (ein nur theoretisch existierender Kugelstrahler mit idealer Rundumstrahlung) bezogen ist; äquivalente Strahlungsleistung (engl.: *Effective Radiated Power* = ERP) wird sie genannt, wenn sie auf den Gewinn eines realen Halbwellen-Dipols bezogen ist. *(Ge)*

Straßenkappe, sichtbare Abdeckung aus Gusseisen in ovaler Form des → *Unterflurhydranten.* Sie wird mit dem Unterflurhydrantenschlüssel geöffnet und gibt dann den Hydranten frei. *(Br)*

Strategie ist die Lehre aller Maßnahmen, die zur zielgerichteten und umfassenden Erfüllung des Auftrages notwendig sind. Bei der Feuerwehr sind dies alle Maßnahmen, die notwendig sind, um die in den Feuerwehr- und Brandschutzgesetzen zugewiesenen Aufgaben zu erfüllen. Hierzu gehören beispielsweise: Ausrüstung, Ausbildung, Standort der Feuerwachen oder Feuerwehrhäuser, Öffentlichkeitsarbeit, Brandschutzerziehung; → *Taktik.* *(Sr)*

Strebe, ein tragendes, schräg verlaufendes Teil einer Baukonstruktion, z. B. eines Dachstuhles oder → *Fachwerkbaus.* Überwiegend auf Druck beanspruchte Streben aus Holz, Stahl, → *Stahlbeton* oder Leichtmetall dienen der Aussteifung einer Baukonstruktion, z. B. eines Daches. Die Zerstörung mehrerer Streben kann zum Einsturz führen. *(Bt)*

Streifendienst, Dienstzweig bei der Polizei, der rund um die Uhr bei allen Polizeirevieren für alle polizeilichen Aufgaben zuständig ist. Man spricht in diesem Zusammenhang auch von der „Feuerwehr" innerhalb der Polizei. *(Mt)*

Streulichtprinzip (auch: Auflichtprinzip), das Ausnutzen der Reflektion von Rauchpartikeln in einem optischen → *Rauchmelder.* *(Ge)*

Strickleiter, Steig- und Rettungsgerät aus Leinen- oder Polyesterseilen. Sie dient als Leiter zum Erreichen tiefergelegener Objekte, die nicht mit Anstelleitern erreicht werden können, z. B. Brunnenschächte.
Übliche Strickleitern gibt es in Längen zwischen 6 und 10 m.
Aufbau: Die Leiter hat Steigsprossen aus Holz, die im Abständen von 25 cm angeordnet sind. *(Zi)*

StrlSchV, Abk. für: → *Strahlenschutzverordnung.* *(Kl)*

Stromweg → *Festverbindung.* *(Ge)*

Sturz nennt man ein tragendes waagrechtes → *Bauteil* über einer Wandöffnung, z. B. über einem Fenster oder einer Tür.
Stürze bestehen aus Stahlbeton, Stahl oder Mauerwerk und werden auf Biegung beansprucht. Sie haben die Aufgabe, Lasten von Wänden über den Wandöffnungen aufzunehmen. Bei Zerstörung von Stürzen kann die Standfestigkeit von Wänden gefährdet werden. *(Bt)*

Stütze nennt man ein tragendes, vertikales → *Bauteil,* das einen geringen Querschnitt im Vergleich zu seiner Höhe (Länge) hat.
Stützen werden aus → *Holz,* Beton oder → *Stahl* hergestellt; sie werden meist auf Druck, Biegung oder Knickung beansprucht. Stützen haben die Aufgabe, Belastungen – z. B. von Wänden oder Decken – weiterzuleiten. Im Schadenfall bei Beschädigung von Stützen ist mit Einsturzgefahr zu rechnen. *(Bt)*

StVO, Abk. für: *Straßenverkehrsordnung.* *(Fi)*

StVZO, Abk. für: *Straßenverkehrs-Zulassungs-Ordnung;* → *Fahrerlaubnis. (Fi)*

Sublimation, der unmittelbare Übergang eines Stoffes vom festen in den gasförmigen Zustand; Beispiel: → *Kohlendioxidschnee* geht unter Normaldruck bei einer Temperatur von – 78,5 °C *(→ Sublimationstemperatur)* in Kohlendioxidgas über. Beim Sublimieren nimmt der Stoff Wärmeenergie auf (spezifische → *Sublimationswärme),* z. B. bei Kohlendioxid 573,2 kJ/kg.
Die Sublimation ist vom Druck abhängig, was grafisch durch die im → *Tripelpunkt* endende Sublimationskurve im Zustandsdiagramm eines Stoffes dargestellt wird. *(Ha/Bt)*

Sublimationstemperatur, die Temperatur eines festen Stoffes, bei der dieser Stoff vom festen Zustand direkt in den gasförmigen Zustand übergeht *(→ Sublimation).*
Die Sublimationstemperatur ist druckabhängig und beträgt für → *Kohlendioxid* bei Normaldruck –78,5 °C. *(Ha/Bt)*

Sublimationswärme, die zum direkten Übergang eines festen Stoffes in den gasförmigen Zustand *(→ Sublimation)* erforderliche Energie. Diese wird der Umgebung, z. B. einer brennenden Flüssigkeit, entzogen.
Da jedoch die Sublimation sehr langsam verläuft und die → *spezifische Sublimationswärme* der meisten Stoffe relativ gering ist, z. B. bei Kohlendioxid 586 kJ/kg, hat der Kühleffekt durch Sublimation kaum Einfluss auf die Löschwirkung;
–, spezifische; die beim direkten Übergang von 1 kg eines festen Stoffes in den gasförmigen Zustand *(→ Sublimation)* aufgenommene Wärmeenergie in Joule (J), z. B. 586 kJ/kg bei → *Kohlendioxid. (Ha/Bt)*

Suchgerät für Verschüttete (SGV), Gerät (Ortungshilfe), um Verschüttete, z. B. bei Gebäudeeinstürzen, zu orten. Suchgeräte werden eingesetzt, wenn sich die vermissten Personen noch durch Geräusche (Rufen, Klopfen, Weinen oder Bewegungen) bemerkbar machen können. Bewusstlose Personen können nur durch Suchhunde, Bodenradarsysteme oder mit einer → *Wärmebildkamera* geortet werden;
– **Bodenradarsystem:** mit Hilfe eines Radarsystems (Bodenradar) ist es möglich, noch lebende verschüttete Personen ziemlich genau zu orten; Prinzip: ein hochfrequentes Signal wird über eine Sendeantenne in den Boden gestrahlt, das durch die Herz- und Atemfrequenz der verschütteten Person moduliert, reflektiert und von einer Empfangsantenne empfangen werden kann.
– **Life-Detektor** (der Fa. Wandel & Goltermann, Reutlingen); Aufbau: Grundgerät mit Zubehör mit Sensoren und Mikrofonen zum Orten. Eine Mikrofon-Lautsprecher-Kombination ermöglicht die Kontaktaufnahme mit eingeklemmten, ansprechbaren Personen. Die vermisste Person muss sich bemerkbar machen können (Rufen, Klopfen, Weinen oder zumindest das Ausführen von Bewegungen). Diese Geräte eignen sich auch zum Orten von unterirdischen Wasserrohrbrüchen. *(Rö)*

Suizid (lat.), Selbstmord, Freitod, absichtliche Selbsttötung; mögliche Ursachen: Lebenskrise, Identitätskrise oder als gegen sich selbst gerichtete Aggression; → *Suizidversuch. (Zi)*

Suizidversuch, Selbsttötungsversuch ohne tödlichen Ausgang; → *Suizid.*
Man unterscheidet:
Suizidversuch mit Selbsttötungsgesten: Einnahme geringer Mengen von Medikamenten, Drohung, z. B. vom Dach zu springen oder sich die Pulsadern aufzuschneiden, ohne tatsächliche Absicht, sich selbst zu töten (sog. Auf-sich-aufmerksam-machen);
- *Suizidversuch mit ausgeprägtem gleichzeitigem Vorhandensein gegensätzlicher Wünsche* (Nichtsterben-nicht-leben-können);
- *überlegter Suizidversuch,* der nur zufällig nicht tödlich ausgeht. *(Zi)*

Super-GAU, der nicht mehr beherrschbare Unfall in einem Kernkraftwerk; das Unfallgeschehen führt beim Super-GAU zu einer Strahlenbelastung, die für die in der Umgebung wohnenden Bevölkerung höher liegt, als sie für beruflich strahlenexponierte Personen zulässig ist *(→ GAU). (Sr)*

SW 1000: ist ein nicht mehr genormter → *Schlauchwagen,* der zum schnellen Verlegen von Druckschläuchen eingesetzt wird. Er führt 1000 m Druckschläuche und Armaturen zur Wasserförderung mit; Besatzung: ein Trupp. *(Fl)*

SW 2000: ist ein nicht mehr genormter → *Schlauchwagen,* der zum schnellen Verlegen von Druckschläuchen eingesetzt wird. Er führt 2000 m Druckschläuche und Armaturen zur Wasserförderung mit; Besatzung: Staffel. *(Fl)*

SW 2000-Tr, ist ein nicht mehr genormter → *Schlauchwagen,* ein → *Feuerwehrfahrzeug* mit Allradantrieb und einer feuerwehrtechnischen Beladung einschließlich einer → *Tragkraftspritze;* der SW 2000-Tr dient zum Verlegen von maximal 2000 m → *Druckschlauch;* Besatzung: ein Trupp (1/2). *(Fl)*

SWA, → *Anhänger mit Schaum-Wasserwerfer. (Fl)*

Synonym (bei → *Gefahrstoffen),* unterschiedlicher Name für denselben Stoff *(→ Stoffname);* Beispiel: Ethylpivalat (eine entzündbare Flüssigkeit mit einem Flammpunkt von 12 °C) hat folgende Synonyme:
- Pivalinsäureethylester,
- 2,2-Dimethylpropionsäureester,
- Ethyltrimethylacetat. *(Fl)*

Synthese, chemische: (von *synthesis,* griech. = Zusammensetzung, Zusammenfügung), Aufbau einer → *chemischen Verbindung* aus einfachen Verbindungen oder chemischen → *Elementen.*
Das Produkt (Ergebnis) einer Synthese hat andere Eigenschaften als die Ausgangselemente; Beispiel: Wasser aus Wasserstoff und Sauerstoff ($2\ H_2 + O_2 \rightarrow 2\ H_2O$); Ammoniak aus Wasserstoff und Stickstoff ($N_2 + 3\ H_2 \rightarrow 2\ NH_3$).
Die entgegengesetzte Reaktion der Synthese ist die → *Analyse. (Ha)*

System (von *systema,* griech. = Zusammenstellung), allgemein: Prinzip, Ordnung, Gefüge, nach einheitlichen Gesichtspunkten, z. B. aus grundlegenden Erkenntnissen erstelltes Ganzes oder eine Menge von → *Elementen* mit bestimmten Wechselwirkungen untereinander und mit der Umgebung.

Entsprechend den vielfältigen Betrachtungsmöglichkeiten ergeben sich in der Naturwissenschaft zahlreiche Systeme, z. B. abgeschlossenes System (→ *innere Energie*), homogenes System, z. B. Luft, Wasser, Gas, Gemische, ferner heterogenes System, z. B. Schaum, Nebel, Staub, Rauch, Milch, Granit;

–, brennbares: ist ein bestimmtes räumliches Gefüge mit den Voraussetzungen für einen Brand. Das System setzt sich zusammen aus dem brennbaren Stoff, seiner günstigen → *Aufbereitung,* einem → *Oxidationsmittel* im richtigen Mischungsverhältnis mit dem Stoff und einer geeigneten → *Zündquelle.*

Die Sprengstoffe bilden unter den brennbaren Systemen eine Ausnahme, weil sie in ihren Molekülen sowohl oxidierende als auch oxidierbare Gruppen enthalten.

Ein → *Katalysator* muss grundsätzlich hinzukommen. Fehlt eine Komponente, tritt eine Systemstörung ein; Ergebnis: die Verbrennungsreaktion findet nicht statt; Beispiel: → *Inhibition,* → *Inhibitor.*

Zu unterscheiden sind:

– **ungehemmtes brennbares System:** hierzu gehören Gemische unverträglicher chemischer Stoffe, die sich beim Mischen sofort entzünden; Beispiele: Phosphor und Sauerstoff, Natrium bzw. Kalium und Wasser.

– **gehemmtes brennbares System:** der brennbare Stoff und Sauerstoff existieren nebeneinander, ohne dass eine Reaktion eintritt. Erst bei Zufuhr der → *Mindestzündenergie* kann eine → *exotherme Reaktion* eingeleitet werden und sich fortsetzen. Zündquellen entzünden nicht den brennbaren Stoff, sondern das System. *(Ha)*

Szenenflächen dienen der Vorführung schauspielerischer oder ähnlicher künstlerischer Darbietungen.

Sie unterscheiden sich von → *Bühnen* in der Form, dass die Decke der Versammlungsstätte die gleiche Höhe hat wie die Szenenfläche.

Die Szenenflächen sollen einzeln nicht größer als 350 m^2 sein und dürfen nur eine begrenzte Zahl technischer Bühneneinrichtungen haben, beispielsweise keinen Rollenboden oder keine Podestzüge. Auf eine Regenanlage kann verzichtet werden, wenn keine brandschutztechnische Bedenken bestehen.

Die Anforderungen an Versammlungsstätten mit Szenenflächen sind in der Versammlungsstättenverordnung geregelt. *(Oe)*

Taktik, Lehre von der Anordnung und Aufstellung der → *Einheiten* und deren sinnvollem Zusammenwirken in einem → *Einsatz,* mit dem Ziel,
- die richtigen Mittel,
- zur richtigen Zeit und
- am richtigen Ort

einzusetzen; Unterschied: → *Strategie.*
Carl von Clausewitz (1780 bis 1831) definiert in seinem historischen Werk „Vom Kriege" wie folgt: „Taktik ist die Lehre vom Gebrauch der Streitkräfte im Gefecht, Strategie ist die Lehre vom Gebrauch der Gefechte zum Zwecke des Krieges." *(Sr)*

Taktikschema siehe → *Führungsvorgang. (Sr)*

Taktische Einheit → *Einheit. (Sr)*

Taktische Zeichen, grafische Symbole zur Darstellung von Einheiten, Verbänden, Einrichtungen, Personen, Einsatzmaßnahmen, Gefahren und Schäden in Lagekarten und anderen taktischen Zeichnungen. Für nicht festgelegte Elemente sind selbsterklärende einfache Texte oder andere grafische Symbole zu verwenden. Taktische Zeichen setzen sich zusammen aus:

1. Grundzeichen,
2. Bezeichnung von Fachaufgaben,
3. Größenordnungszeichen,
4. Zusatzzeichen,
5. sonstige Zeichen.

(Sr)

Taktischer Einsatzwert → *Einsatzwert. (Sr)*

Taktischer Verband, Zusammenfassung mehrerer taktischer → *Einheiten,* deren Gesamtstärke größer ist als die Stärke eines um einen → *Trupp* erweiterten → *Zuges* (DIN 14 011 Teil 9). *(Sr)*

Talfahrt, Fahrt in Fließrichtung eines Flusses, d. h. mit dem Lauf des Flusses; bei Kanälen ist es die Fahrt von den oberen zu den unteren → *Stauhaltungen;* Gegensatz: → *Bergfahrt. (Mt)*

Tandemanlage (SK-TD) → *Sprinkleranlage. (Oe)*

Tanklöschfahrzeug (TLF), → *Löschfahrzeug* mit einer vom Fahrzeugmotor angetriebenen → *Feuerlöschkreiselpumpe* und anderen löschtechnischen Einrichtungen (z. B. → *Schnellangriffseinrichtung* Wasser, → *feuerwehrtechnische Beladung* und fest eingebautem Löschwasserbehälter; Typen: → *TLF 8/18, TLF 16/24-Tr, TLF 16/25 TLF 20/40, TLF 20/40 S* und → *TLF 24/50. (Fl)*

Tankmotorschiff (TMS), ein Wasserfahrzeug mit eigenem Antrieb (Maschinenantrieb) zur Beförderung von Gütern in flüssiger Form, z. B. Benzin. *(Mt)*

Taucherarztgehilfe nennt man einen Sanitäter, der die besonderen Kenntnisse und Fertigkeiten in der Ersten Hilfe bei Taucherunfällen erworben hat; er sollte die Voraussetzungen nach G 31 (→ *Tauchertauglichkeit)* erfüllen; Aufgaben:
- Unterstützung des Arztes bei der sanitätsdienstlichen Betreuung der Taucher,
- gesundheitliche Überwachung und Betreuung der → *Tauchergruppe* im Einsatz,
- Erste Hilfe bei Taucherunfällen,
- Überwachung der Geräte auf ordnungsgemäße Desinfektion,
- Bedienung der → *Taucherdruckkammer,*

– Begleitung von Krankentransporten. *(Mt)*

Taucherdienstbuch, Nachweis über bestandene Prüfungen im Taucherdienst, alle Tauchzeiten, alle Tauchertätigkeiten (Einsätze, Übungen und Aufenthalte in der Druckkammer) sowie besondere Vorkommnisse. *(Mt)*

Taucherdruckkammer, Druckbehälter zur Dekompression (allmähliche Druckentlastung für den Organismus nach längerem Aufenthalt z. B. unter Wasser) von Tauchern an der Wasseroberfläche bzw. zur Simulation von Druckverhältnissen beim Tauchen.
Dekompression ist meist nach einem Notaufstieg und nach Taucherunfällen erforderlich. Die Taucher müssen danach in einer Taucherdruckkammer unter ärztlicher Aufsicht behandelt werden. Die Taucherdruckkammer ist mit Atemluftanlage, Sicherheitsventil, Sauerstoffanlage, Medikamentenschleuse und Sprechanlage ausgerüstet. Man unterscheidet
– stationäre T.: sind in Räumen fest eingebaut und geeignet zur gleichzeitigen Behandlung mehrerer verunfallter Taucher sowie zum Tauchertraining;
– transportable (mobile) T.: Druckkammer, die mit Kfz., Schiff oder Hubschrauber an die Tauchstelle gebracht wird und in der nach einem Tauchunfall der Verunfallte zusammen mit einem Arzt oder einem → *Taucherarztgehilfen* zur nächstgelegenen Klinik mit stationärer Druckkammer transportiert werden kann. *(Mt)*

Tauchereinsatzleiter, Gesamtverantwortlicher für einen Taucheinsatz; er bereitet den Taucheinsatz vor und leitet ihn. Zu seinen Aufgaben gehören insbesondere:
– Beschaffung der Informationen über die Tauchstelle, insbesondere über Gefahrenquellen wie Strömungen, Strudel, Untiefen, Unterwasserkabel und Leitungen,
– Verbindungsaufnahme mit den für den Tauchort zuständigen Behörden und Dienststellen,
– Belehrung der Einsatzkräfte über → *Sicherheitsbestimmungen,*
– Kennzeichnung und Sicherung der Tauchstelle,
– Versorgungsmaßnahmen der Einsatzkräfte. *(Mt)*

Tauchergruppe, dazu gehören in der Regel Tauchergruppenführer, Taucher, → *Reservetaucher,* Signalmann, Taucherarztgehilfe und Taucherhelfer. Signalmann und Reservetaucher dürfen keine andere Tätigkeit ausüben, solange der Taucher im Wasser ist. Abweichungen von der Zusammensetzung einer Tauchergruppe sind nur in begründeten Ausnahmefällen möglich, z. B. bei Rettungseinsätzen. *(Mt)*

Tauchersicherungskragen, ein über dem Tauchanzug als „Kragen“ (sog. Rettungsweste) getragenes, mit einer Pressluftflasche oder vom Taucher über einen Luftschlauch aufblasbares Teil der Taucherausrüstung mit folgenden, für den Taucher z. T. lebensrettenden Eigenschaften:
– Unterstützung des Tauchers beim Aufstieg,
– Ausgleich von Auftriebsunterschieden unter Wasser durch Aufblasen über den Luftschlauch,
– ertrinkungssicheres (ohnmachtssicheres) Halten des Tauchers an der Wasseroberfläche,

Tabelle: **Tauchersignale**

Zeichen (*x = ein Leinenzug; – = kurze Pause*)	**vom Taucher gegeben**	**vom Signalmann gegeben**
×	Notsignal „Ich bin in Not!“	Notsignal „Sofort auftauchen!“
Als weitere Zeichen werden empfohlen:		
xx		„Nach links!“
xxx		„Nach rechts!“
xxxx	„Ich tauche auf!«	„Auftauchen!“
xxxxx	„Alles in Ordnung!“	„Alles in Ordnung!“
xx-x		„Voraus!“
xx-xx		„Zurück!“
xx-xxx	„Ich bleibe auf der Stelle!"	„Halt! Auf der Stelle bleiben (suchen)!“
xxx-xxx	„Brauche Unterstützung!“	

– Durchführung eines schnellen Notaufstiegs,
– Notatmung aus dem Kragen bei Ausfall des Tauchgeräts. *(Mt)*

Tauchersignale (auch „Leinenzugzeichen“ nach Ziff. 10.1 FwDV 8), Signale zur Führung des Tauchers durch den → *Signalmann* mit der Signalleine *(Tabelle)*.
Tauchersignale (Leinenzugzeichen) sollen vor dem Tauchen zwischen Taucher und → *Signalmann* abgefragt werden.
Bei anderen Organisationen, z. B. Polizei oder DLRG, sind andere Tauchersignale vereinbart. *(Mt)*

Tauchertauglichkeit, alle behördlichen Taucher (Feuerwehr, Polizei, Bundeswehr, Bundesgrenzschutz) müssen vor ihrer Ausbildung zum Taucher und in Nachuntersuchungen nach jeweils 12 Monaten ihre Tauchertauglichkeit in einer ärztlichen Untersuchung von einem in der Tauchermedizin ausgebildeten Arzt feststellen lassen. Die Untersuchung wird nach den „Berufsgenossenschaftlichen Grundsätzen für arbeitsmedizinische Vorsorgeuntersuchungen – Gefährdung durch Überdruck *(→ G31)*“ durchgeführt.
Über das Ergebnis der Untersuchung wird eine Bescheinigung für das → *Taucherdienstbuch* ausgestellt. *(Mt)*

Tauchmotorpumpe → *Tauchpumpe. (Fl)*

Tauchpumpe (TP auch: Tauchmotorpumpe), eine tragbare Umfüllpumpe (Kreiselpumpe) mit Elektroantrieb zur Förderung von Wasser. Die Pumpe saugt nicht an, sondern wird in das Wasser gestellt. Man kann damit, z. B. bei Überschwemmungen, bis zu einem Wasserstand von 2 cm absaugen.
Einsatz: meist bei Hochwasser zum Trockenlegen von wasserüberfluteten Kellern, siehe auch → *Turbinentauchpumpe.*
Nach DIN 14 425 gibt es drei Größen von Tauchpumpen:
– **TP 4/1:** Förderstrom 400 l/min bei 1 bar Ausgangsdruck; Anschlussspannung 230 V Wechselstrom; Nennleistung 1,8 kW.
Die TP 4/1 ist die am meisten verwendete Tauchpumpe; sie muss aus Sicherheitsgründen mit einem Differenzstromschutzschalter (DI-Schalter) betrieben werden;
– **TP 8/1:** Förderstrom 800 l/min bei 1 bar Ausgangsdruck; An-

schlussspannung 400 V Drehstrom; Nennleistung 3,5 kW,
– **TP 15/1**: Förderstrom 1 500 l/min bei 1 bar Ausgangsdruck; Anschlussspannung 400 V Drehstrom; Nennleistung 5,8 kW *(Fl)*

Tauchzeit, Zeit vom Beginn des Abstiegs bis zum Beginn des Aufstiegs bei Tauchern; danach beginnt die → *Austauchzeit. (Mt)*

Täuschungsalarm, ein → *Falschalarm,* z. B. einer → *Brandmeldeanlage,* der durch Vortäuschen einer → *Brandkenngröße* entstanden ist; Beispiel: Auslösen eines automatischen Brandmelders durch Zigarettenrauch, Qualm von Dieselmotoren oder von Abgasen bei Schweißarbeiten. *(Ge)*

TC, Abk. für: *Technical Commitee* (engl.: = Technisches Komitee).
Im Rahmen der europäischen Normung werden dem TC vom → *CEN* Normungsaufträge erteilt. Das TC beschließt formal, ob der Normungsvorschlag angenommen oder abgelehnt wird. Bei Annahme der Norm wird diese von den nationalen Normungsinstituten als so genannter Weißdruck veröffentlicht (Normentwürfe sind auf rosafarbenem Papier gedruckt); Beispiele:
TC 79: Atemschutz
TC 158: Kopfschutz;
TC 159: Gehörschützer;
TC 160: Geräte zum Schutz gegen Absturz einschließlich Arbeitsgurte;
TC 161: Fuß- und Beinschutzausrüstung;
TC 162: Schutzkleidung einschließlich Hand- und Armschutz und Rettungswesten;
TC 191: Ortsfeste Löschanlagen und Löschmittel;
TC 192: Feuerwehrausrüstung. *(Fl)*

TDMA, Abk. für: *Time Division Multiple Access* (= Mehrfachzugriff im Zeitmultiplex), eine Möglichkeit der Informationsübertragung, z. B. von digitalisierter Sprache, durch Zugriff auf zeitlich gestaffelte Anteile einer hochfrequenten Trägerwelle, z. B. im 25-kHz-Raster. TDMA ist ein Modulationsverfahren, wie es bei digitalen → *Bündelfunksystemen,* z. B. „TETRA 25" der Firma Motorola, verwendet wird. *(Ge)*

Technische Hilfeleistung (auch: Technische Hilfe), Maßnahmen zur Abwehr von Gefahren für Leben, Gesundheit, Umwelt und Sachen, die aus → *Explosionen,* Überschwemmungen, Unfällen und ähnlichen Ereignissen entstehen. Technische Hilfeleistung umfasst vor allem → *Retten,* → *In Sicherheit bringen,* → *Bergen* und → *Räumen. (Sr/Ha)*

Technische Regeln für Gefahrstoffe (TRGS), technisches Regelwerk, in dem die Bewertung und Einstufung von → *Gefahrstoffen* geregelt ist und Luftgrenzwerte für Arbeitsplätze festgelegt sind.
Übergeordnete Regelwerke sind die → *Gefahrstoffverordnung* (GefStoffV) und das → *Chemikaliengesetz* (ChemG);
Beispiele:
TRGS 101: Begriffsbestimmungen;
TRGS 200: Einstufung und Kennzeichnung von Stoffen, Zubereitungen und Erzeugnissen;
TRGS 403: Bewertung von Stoffgemischen in der Luft, am Arbeitsplatz;
TRGS 900: Grenzwerte in der Luft am Arbeitsplatz – Luftgrenzwerte.
In den TRGS werden Schutzmaßnahmen und Verhaltensregeln für den Umgang mit Gefahrstoffen an Arbeitsplätzen festgelegt. Die Pflichten, die sich aus diesem Re-

gelwerk ergeben, gelten für Arbeitgeber und Arbeitnehmer. *(Rö)*

Technische Richtkonzentration → *TRK-Wert. (Fl)*

Technische Richtlinie der → *BOS* (TR BOS), eine Beschreibung der technischen Eigenschaften von Fernmeldegeräten oder -Systemen bezüglich Ausführung (z. B. Anordnung der Bedien- und Anzeigeelemente, Art und Beschaltung der Steckverbindungen, Gehäusefarbe), elektrische Daten (z. B. Sendeleistung, Empfänger-Empfindlichkeit, Betriebsspannung) und andere typische Merkmale wie Wellenbereich oder Anzahl der schaltbaren Kanäle (früher: Lieferbedingungen, Pflichtenheft, Baurichtlinie); Beispiele: FuG 7 b, FuG 8 b-1, FuG 9 b. *(Ge)*

Technisch-wissenschaftlicher Beirat (TWB der → *vfdb),* ein Gremium, das den Vorstand der vfdb in technisch-wissenschaftlichen Angelegenheiten unterstützt; Referate (Stand: 2005):
– Referat 1: Vorbeugender Brandschutz,
– Referat 2: Brand- und Explosionsursachen,
– Referat 3: Feuerwehren,
– Referat 4: Ingenieurmethoden des Brandschutzes,
– Referat 5: Brandbekämpfung, Gefahrenabwehr,
– Referat 6: Fahrzeuge und Technische Hilfeleistung,
– Referat 7: Informations- und Kommunikationstechnik,
– Referat 8: Persönliche Schutzausrüstung,
– Referat 9: Werksicherheit und Werkbrandschutz,
– Referat 10: Umweltschutz,
– Referat 11: Brandschutzgeschichte,
– Referat 12: Brandschutzaufklärung und -erziehung, Öffentlichkeitsarbeit,
– Referat 13: Dokumentation und Information. *(Sr)*

Teilkörperbestrahlung, Bestrahlung von Teilen des menschlichen Körpers, z. B. Hand oder Fuß, durch → *Gamma-* oder → *Röntgenstrahlung.* Im Gegensatz zur → *Ganzkörperbestrahlung* wird bei der Teilkörperbestrahlung der größte Teil der aufgenommenen → *Dosis* nur von einem bestimmten Teil des Körpers aufgenommen. Man spricht dann von → *Teilkörperdosis.* Im Feuerwehreinsatz geht man davon aus, dass bei einem Abstand von weniger als einem Meter zu einer Strahlenquelle, die → *Gamma-Strahlung* aussendet, nur eine Teilkörperbestrahlung erfolgt. *(Kl)*

Teilkörperdosis, Mittelwert der → *Äquivalentdosis* über das Volumen eines Körperabschnitts oder eines Organs, im Falle der Haut über die kritische Fläche. *(Kl)*

Telefonwählgerät, Fernmeldegerät an Telefonanschlüssen mit elektrisch auslösbarem Wählvorgang zum Aufbau einer Verbindung im Netz der Telekom. Nach dem Wählvorgang wird dem angerufenen Telefonanschluss eine gespeicherte Nachricht übermittelt; → *AWAG;* → *AWUG. (Ge)*

Teleskoplichtmast → *Beleuchtungsanhänger. (Fl)*

Teleskopmast, eigentlich Teleskopmastfahrzeug, ist ein → *Hubrettungsfahrzeug* mit einem Teleskopmast nach DIN EN 1777 → *Hubrettungsausleger.*
Im Vergleich zur Drehleiter hat das Teleskopmastfahrzeug folgende

Merkmale: Höhere Gesamtmasse von 17 000 kg oder mehr, zusätzliche Notabstiegsleiter, falls der Korbbetrieb ausfällt, unterschiedliches Betriebsfeld, Anfahrt durch enge Gassen erschwert. Infolge der hohen Gesamtmasse erfüllt das Teleskopmastfahrzeug nicht die Anforderungen für → *Flächen für die Feuerwehr. (Fl)*

Teleskopsonde, Gerät zum Messen der → *Dosisleistung,* bei dem das → *Zählrohr* an der Spitze eines Teleskops (auf 4 m ausziehbares Metallrohr) angebracht ist. Dies lässt während des Messeinsatzes einen größeren Abstand *(→ Strahlenschutzgrundsätze)* zum Strahler zu. *(Kl)*

Temperatur, physikalische Größe, die den Wärmezustand eines Stoffes kennzeichnet. Man unterscheidet:

– **thermodynamische Temperatur**: (Formelzeichen: T), gleichbedeutend mit absoluter Temperatur, Basisgröße der Thermodynamik; Basiseinheit: Kelvin (Einheitenzeichen: K); die Temperaturskala der thermodynamischen Temperatur beginnt beim absoluten Nullpunkt (0 K → − 273,15 °C). Somit gilt: T = 273,15 K entspricht 0 °C; Beziehung zur Celsius-Temperatur ϑ: $T = \vartheta + 273{,}15$ K.
In der Einheit Kelvin (K) werden → *Temperaturdifferenzen* angegeben.

– **Celsius-Temperatur**: (Formelzeichen ϑ oder *t),* Einheit für die Temperaturmessung; die Celsius-Temperatur ist der hundertste Teil der → *Temperaturdifferenz* zwischen dem Eispunkt 0 °C und dem → *Siedepunkt* des Wassers 100 °C (bei 1013 mbar); Einheitenbezeichnung: Grad Celsius (°C); Beziehung zur thermodynamischen Temperatur:
$\vartheta = T - T_0$ (T_0 = 273,15 K ist feste Bezugstemperatur und entspricht 0 °C). In der Einheit Grad Celsius wird z. B. die Raumtemperatur angegeben.

–, **kritische** (Formelzeichen: ϑ_k); → *Kritische Temperatur.*

–, **Fahrenheit-Celsius-Umrechnung** (und umgekehrt): *(Ha)*

°F in °C:

$$n\,°F = {}^5/_9\,(n - 32)\,°C;$$

°C in °F:

$$n\,°C = ({}^9/_5\,n + 32)\,°F$$

Temperaturdifferenz, Unterschiedsbetrag zwischen zwei → *Temperaturen;*

– **thermodynamische Temperaturdifferenz**: $\Delta T = T_2 - T_1$; Einheit: Kelvin (K);
Beispiel: T_2 = 573 K, T_1 = 298 K; ΔT = 275 K.

– **Celsius-Temperaturdifferenz:**
$\Delta t = t_2 - t_1$ Einheit: Grad Celsius; Beispiel: Brandraumtemperatur t_2 = 300 °C, Umgebungstemperatur t_1 = −30 °C; $\Delta t = t_2 - t_1$ = 300 °C − 30 °C = 270 °C.
Nach DIN 1345 darf die Differenz zweier Celsiustemperaturen auch in Grad Celsius (°C) angegeben werden. *(Ha)*

Temperaturklassen,

1. Einteilung brennbarer Stoffe nach ihrer → *Zündtemperatur* in sechs Klassen *(siehe Tabelle)* zur Beurteilung der → *Entzündlichkeit* des brennbaren Stoffes.
2. Einteilung der höchstzulässigen Oberflächentemperatur bei elektrischen → *Betriebsmitteln* der Gruppe II *(→ Explosionsgruppen).* Die Klassifizierung nach Temperaturklassen ermöglicht die richtige Auswahl elektrischer Betriebsmittel für explosionsgefährdete Bereiche (z. B. im Bergbau) in Abhängigkeit von der Zündtemperatur der auftretenden explosionsfä-

Temperatur-klasse	Zündtemperatur des brennbaren Stoffes *in °C*	maximale Oberflächentemperatur *in °C*	Beispiele
T 1	450	450	Methan, Aceton
T 2	300	300	Ethanol, Ethylalkohol, Acetylen
T 3	200	200	Benzin, Heizöl, Diesel
T 4	135	135	Acetaldehyd, Ethylether, Vinylethylether
T 5	100	100	Schwefelkohlenstoff
T 6	85	85	Ethylnitrit

higen Gase (siehe DIN EN 50014 und DIN VDE 0165). *(Ha)*

Testmeldung, eine Meldung bei Brandmeldeanlagen, der keine tatsächliche Brandmeldung (Nutzinformation) zugrunde liegt, sondern nur zur Überprüfung des Übertragungsweges und der Verfügbarkeit dient. *(Ge)*

TETRA, Abk. für: *Trans European Trunked Radio Access* bzw. für *„Terrestrial Trunked Radio"*; ein → *Bündelfunksystem,* dessen Standard von → *ETSI* erarbeitet wurde. *(Ge)*

TETRAPOL, Produktname der EADS Telecom eines digitalen → *Bündelfunksystems* zur Übertragung von Sprache und Daten für Betriebs- und Behördenfunk-Anwendung.
Übertragungsverfahren ist das → *FDMA-Verfahren. (Ge)*

Text-Empfänger, Meldeempfänger im digitalen → *Alarmierungssystem,* der z. B. den Einsatzauftrag auf einem Anzeigefeld (Display) darstellt. *(Ge)*

TG, Abk. für: *Task Group* (= Projektgruppe); beschäftigt sich im Rahmen der europäischen Normung mit einzelnen Aufgaben, die von der → *WG* der → *TG* zugewiesen werden.
Die TG erarbeitet für die WG einen Normungsvorschlag und bringt ihn nach Fertigstellung in die WG ein. Dort wird dann der Vorschlag in größerem Kreis (bis zu 30 Personen) besprochen; Beispiel:
Die TG 1 der WG 7 des TC 192 befasst sich mit der Erarbeitung von Vorschlägen zur Normung von hydraulischen Rettungsgeräten. *(Fl)*

Theaterwache → *Feuersicherheitswache. (Sr)*

Thermoplaste → *Kunststoffe. (Bt)*

THW, Abk. für: *Technisches Hilfswerk. (Ma)*

Tiefgang (eines Schiffes), Eintauchtiefe bis zur Wasserlinie, vom Schiffsboden aus gemessen. *(Mt)*

Tiefgangsanzeiger, die an der Außenhaut eines Schiffes angebrachten Eichskalen (Maßstäbe), an denen man den → *Tiefgang* und damit das Ladegewicht feststellen kann. Am oberen Ende der Tiefgangsanzeiger sind die → *Einsenkungsmarken* angebracht. *(Mt)*

TKG, Abk. für: *Telekommunikationsgesetz. (Ge)*

TLF, Abk. für: → *Tanklöschfahrzeug. (Fl)*

TLF 8/18, nicht mehr genormtes → *Tanklöschfahrzeug* (TLF) mit einer vom Fahrzeugmotor angetriebenen → *Feuerlöschkreiselpumpe* FP 8/8 (Pumpenleistung 800 l/min bei 8 bar), einem Löschwasserbehälter mit einem nutzbaren Inhalt von 2 400 (bei Allradantrieb) bzw. 1 800 Liter (bei Straßenantrieb); Besatzung: ein → *Trupp;* zulässiges Gesamtgewicht 7 500 oder 9 000 kg. *(Fl)*

TLF 16/24-Tr, → *Tanklöschfahrzeug* wie TLF 8/18, jedoch Löschwasserbehälter 2 400 l und einer Pumpenleistung von 1 600 l/min bei 8 bar; Besatzung: ein → *Trupp;* zulässiges Gesamtgewicht 9 500 kg. *(Fl)*

TLF 16/25, nicht mehr genormtes → *Tanklöschfahrzeug* mit Pumpe, wie TLF 16/24-Tr, → *Löschwasserbehälter* mit einem nutzbaren Inhalt von 2 400 l und einer feuerwehrtechnischen Beladung; Besatzung: eine → *Staffel;* zulässiges Gesamtgewicht 12 000 kg. *(Fl)*

TLF 20/40, → *Tanklöschfahrzeug* mit einer vom Fahrzeugmotor angetriebenen Feuerlöschkreiselpumpe FPN 10/2000 und einer feuerwehrtechnischen Beladung für den Löscheinsatz. Der Löschwasserbehälter hat eine nutzbare Wassermenge von mindestens 4 000 l, der Schaummittelbehälter von mindestens 500 l. Die Besatzung besteht aus einem Trupp (1/2). Die zulässige Gesamtmasse darf 14 000 kg nicht überschreiten. *(Fl)*

TLF 20/40-S, → *Tanklöschfahrzeug* mit einer vom Fahrzeugmotor angetriebenen Feuerlöschkreiselpumpe FPN 10/2000 und einer feuerwehrtechnischen Beladung für den Löscheinsatz. Der Löschwasserbehälter hat eine nutzbare Wassermenge von mindestens 4 000 l, der Schaummittelbehälter von mindestens 500 l. Zusätzlich kann das Fahrzeug Sonderlöschmittel mitführen. Die Besatzung besteht aus einem Trupp (1/2). Die zulässige Gesamtmasse darf 18 000 kg nicht überschreiten. *(Fl)*

TLF 24/50, ein → *Tanklöschfahrzeug* mit einer vom Fahrzeugmotor angetriebenen Feuerlöschkreiselpumpe FP 24/8, einem Löschwasserbehälter mit 4 800 l, einem → *Schaum-Wasserwerfer* auf dem Dach des Fahrzeugs; Besatzung: ein → *Trupp;* zulässiges Gesamtgewicht 17 000 kg. *(Fl)*

TMO, Abk. für: *Trunked Mode Operation,* Verbindung von Funkgeräten in einem Bündelfunksystem über das Netz (→ *Relaisbetrieb*). *(Ge)*

Tonfrequenz-Rundsteueranlage → *Rundsteueranlage. (Ge)*

Totraum nennt man den Raum, der am Gasaustausch nicht beteiligt ist. Man unterscheidet:
- **anatomischer Totraum:** Raum im menschlichen Körper, in dem sich Atemluft befindet, die nicht aktiv am Gasaustausch beteiligt ist; das sind der Mund-Nasen-Rachenraum, Luftröhre, Bronchien und Bronchiolen;
- **Maskentotraum:** Raum in der → *Vollmaske,* in dem sich Atemluft befindet, die nicht aktiv am Gasaustausch beteiligt ist. *(Zi)*

Tourmat, → *Pumpendruckregelung* nach einem Patent der Fa. Ziegler (Giengen). *(Fl)*

TP, Abk. für: → *Tauchpumpe. (Fl)*

tragbare Leitern, Rettungs- und Angriffsgeräte, die auf → *Feuerwehrfahrzeugen* mitgeführt und an der Einsatzstelle von der Mannschaft zum Ort ihres Einsatzes getragen werden. Sie werden nach der FwDV 10 „Tragbare Leitern" in Stellung gebracht.
Man unterscheidet → *Hakenleiter,* → *Klappleiter,* → *Steckleiter* und → *Schiebleiter* (dreiteilige Schiebleiter), → *Strickleiter* sowie die → *Multifunktionsleiter. (Zi)*

Trageband, Teil eines → *Atemanschlusses* (z. B. Vollmaske; es dient dazu, die Maske in Bereitschaft vor der Brust zu tragen. *(Zi)*

Träger;
– des Katastrophenschutzes: nennt man private Organisationen, z. B. DRK, ASB, DLRG, MHD, JUH, und staatliche/kommunale Einrichtungen (Feuerwehr, THW), die für die Einsatzbereitschaft der von ihnen getragenen → *Einheiten* bzw. → *Fachdienste* zuständig sind. Feuerwehr und THW wirken kraft Gesetzes im → *Katastrophenschutz* mit. Private Organisationen (z. B. DRK, ASB) wirken freiwillig mit; Beispiele: Träger des → *Brandschutzdienstes* sind die Feuerwehren. Träger des Bergungsdienstes ist das THW, Träger des Sanitätsdienstes sind die privaten Hilfsorganisationen, z. B. DRK; *(Sr)*
– in der Bautechnik: ein tragendes, i. d. R. waagrecht über Räumen, z. B. als → *Unterzug,* oder über Öffnungen, z. B. als → *Sturz,* verlaufendes Bauteil aus → *Holz,* → *Stahl,* → *Stahlbeton* oder → *Spannbeton.*
Vorwiegend auf Biegung beanspruchte Träger nehmen die auftretenden → *Lasten* auf und übertragen diese auf senkrechte Bauteile, z. B. Wände oder → *Stützen.*
Nach der Art der Auflagerung unterscheidet man z. B. freiliegende Träger, ein- oder beidseitig eingespannte durchgehende Träger und Krag-Träger *(→ Kragarm).*
Entscheidend für das → *Brandverhalten* eines Trägers ist sein → *Baustoff* und seine Form. So verhalten sich beispielsweise Fachwerkträger aus Stahl im Brandfall schlechter als Vollwand-Träger aus Stahlbeton.
Bei Beschädigung eines Trägers muss immer mit Einsturz gerechnet werden. *(Bt)*

Tragkraftspritze (TS), ursprünglich nach DIN 14410 genormtes tragbares Pumpenaggregat mit einer maximal zulässigen Masse von 190 kg (TS 8/8).
Folgende Größen waren genormt: TS 2/5, TS 4/5, TS 8/8. Für den Bereich des Katastrophenschutzes wurden auch TS 8/8S gebaut, die ca. den doppelten Förderstrom lieferten wie eine TS 8/8. Nach der vorgesehenen neuen europäischen Norm lautet die Bezeichnung eines tragbaren Pumpenaggregats zum Beispiel PFPN 10/750, wobei P für portabel (tragbar) und FPN für Feuerlöschkreiselpumpe mit Normaldruck steht. *(Fl)*

Tragkraftspritzenanhänger (TSA), ein → *Feuerwehranhänger* zur Aufnahme einer → *Tragkraftspritze* TS 8/8 und einer → *feuerwehrtechnischen Beladung. (Fl)*

Tragkraftspritzenfahrzeug (TSF), ein → *Löschfahrzeug* mit einer → *feuerwehrtechnischen Beladung* für eine Gruppe und mit einer → *Tragkraftspritze TS 8/8.* Die Besatzung besteht aus einer → *Staffel;* zul. Gesamtgewicht: 3 500 kg;
– Wasser (TSF-W): ein Fahrzeug, das eine ähnliche Beladung hat wie das → *Tragkraftspritzenfahrzeug.*

Das Tragkraftspritzenfahrzeug-Wasser führt zusätzlich 500 l Wasser mit und hat eine → *Schnellangriffseinrichtung;* zulässiges Gesamtgewicht: 5 500 kg. *(Fl)*

Tragwerk, ein räumliches Gebilde, das die auftretenden → *Lasten* aufnimmt und auf den Baugrund überträgt.
Man unterscheidet Flächentragwerke, die aus plattenförmigen Bauteilen bestehen, z. B. beim → *Massivbau* aus Wänden und Decken, und Rahmentragwerke, die aus stabförmigen Bauteilen zusammengesetzt sind, z. B. beim Skelettbau aus → *Stützen* und → *Trägern.*
Bei Beschädigung von Teilen des Tragwerks muss mit Einsturz gerechnet werden. *(Bt)*

Trailer, engl. Bezeichnung für Anhänger, Einachsanhänger zum Transport kleinerer Boote, z. B. → *Mehrzweckboote. (Sr)*

Transportfähigkeit ist der Zustand eines → *Verletzten* bzw. → *Erkrankten,* in dem die lebenswichtigen Körperfunktionen sichergestellt und durch geeignete Maßnahmen, (z. B. Intubation, Beatmung, Infusion oder spezielle Lagerung) oder eine Zunahme von Schäden während des Transports nach Möglichkeit verhindert wird (DIN 13 050). *(Zi)*

Transportkategorie → *Strahlenschutzkennzeichnung. (Kl)*

Traufe, unterste waagrechte Kante eines geneigten Daches, z. B. beim Sattel-, Pult- oder Walmdach.
Die Entfernung der zum Anleitern vorgesehenen Stellen im Dachbereich, z. B. Dachfenster, von der Traufe entscheidet mit über den erfolgreichen Einsatz von Rettungsgeräten der Feuerwehr. Sind solche Stellen mehr als 1 Meter von der Traufe entfernt, können Trittstufen und Podeste im Traufbereich verlangt werden. *(Bt)*

Traufhöhe (TH), die im → *Bebauungsplan* festgesetzte Entfernung in Meter zwischen → *Traufe* und einem Bezugspunkt, z. B. TH 6,5 m über Gehweg. Die Traufhöhe ist ein Maß der baulichen Nutzung und bestimmt die Höhe der baulichen Anlagen. *(Bt)*

TR BOS, Abk. für: → *Technische Richtlinie der Behörden und Organisationen mit Sicherheitsaufgaben* → *BOS. (Ge)*

Treibgas für Feuerlöscher, notwendiges Mittel, um → *Löschmittel* (Pulver, Wasser, Schaum) unter Druck aus dem Feuerlöscher zu stoßen.
Man unterscheidet die Treibgase Stickstoff und → *Kohlendioxid.* Das Treibgas Stickstoff (Kennfarbe der Treibgasflasche: grün) wird eingesetzt bei → *Dauerdrucklöschern* und in separaten Stahlflaschen bei fahrbaren → *Feuerlöschern* oder Löschcontainerkombinationen *(→ Löschcontainer).*
Kohlendioxid (Kennfarbe der Treibgasflasche: grau) wird eingesetzt als Treibgas in separaten Kohlendioxid-Treibgasflaschen bei tragbaren Feuerlöschern.
Bei → *Gaslöschern* ist das Kohlendioxid sowohl Treibgas als auch Löschmittel. Es sind als Treibmittel auch Pressluft, Argon und Helium erlaubt. *(Oe)*

Treibgasflasche → *Kohlendioxid-Treibgasflasche. (Oe)*

Trenneffekt, → *Löschwirkung. (Kl)*

Trennschleifer (Trenngerät), ein Werkzeug zum Trennen von Me-

tall, Kunststoff, armiertem Beton sowie Natur- und Kunststeinen. Der Antrieb erfolgt durch einen Benzin- oder Elektromotor.
Die Trennschleifscheibe besteht aus Kunstharz, das durch Glasfasergewebe verstärkt ist. Im Kunstharz gebunden befindet sich das Schleifmittel, z. B. Al_2O_3 (Korund). Die Scheibe wird zwischen zwei Flansche gespannt. Zum Schutz gegen Funken- und Feinstaubflug ist eine halbkreisförmige Schutzhaube angebaut.
Unfallverhütung:
- Zusätzlich zur Schutzausrüstung ist Gesichtsschutz zu tragen.
- Am Einsatzort darf keine explosible Atmosphäre herrschen.
- Trennschleifer nicht mit laufendem Motor transportieren.

Trennschleifer dürfen bei Verkehrsunfällen nicht eingesetzt werden, wenn Personen eingeschlossen und wenn andere Rettungsgeräte, z. B. → *Spreizer,* vorhanden sind. *(Ma)*

Treppenauge, Abstand zwischen dem Treppenlauf und der Decke bzw. bei zweiläufigen Treppen zwischen den Treppenläufen. Im Treppenauge kann man beim Löscheinsatz Feuerwehrschläuche hochziehen. *(Bt)*

TRGS, Abk. für: → *Technische Regeln für Gefahrstoffe. (Rö)*

Trinkwasser, für den menschlichen Genuss geeignetes Wasser, dessen Qualität z. B. in der Trinkwasserverordnung und in DIN 2000 festgelegt ist. *(Br)*

Tripelpunkt, der durch eine bestimmte Temperatur und einen bestimmten Druck beschriebene Punkt im → *Zustandsdiagramm,* an dem der feste, flüssige und gasförmige Zustand eines Stoffes im Gleichgewicht stehen. So liegt der Tripelpunkt z. B. von → *Kohlendioxid* bei − 56,6 °C und 5,18 bar. *(Ha/Bt)*

TRK, Abk. für: *Technische Richtkonzentration;* → *TRK-Wert;* → *Arbeitsplatzgrenzwert. (Fl)*

TRK-Wert, (s. auch → *Arbeitsplatzgrenzwert)* Technische Richtkonzentration, Grenzwert in der Luft am Arbeitsplatz; Definition: TRK ist die Konzentration eines Stoffs in der Luft am Arbeitsplatz, die nach dem Stand der Technik erreicht werden darf. Bei Konzentrationsschwankungen werden wie bei den → *MAK-Werten* Mittelwerte gebildet.
TRK-Werte werden vom Ausschuss für Gefahrstoffe (AGS) insbesondere für krebserzeugende und erbgutverändernde Stoffe erarbeitet und vom Bundesminister für Arbeit und Sozialordnung für verbindlich erklärt (Stand 2003 Auszug, *Tabelle*).
(Wegen der Aktualität siehe Internetadresse der Bundesanstalt für Arbeitsschutz und Arbeitsmedizin: www.baua.de) *(Fl)*

Trockenlöschanhänger → *Pulverlöschanhänger. (Fl)*

Trockenlöschfahrzeug (TroLF), ein nicht mehr genormtes Löschfahrzeug mit → *Pulverlöschanlage* und einer kleinen → *feuerwehrtechnischen* Beladung; Typ: → *TroLF 750.* Die Besatzung besteht aus einem → *Trupp;*
– TroLF 750: → *Trockenlöschfahrzeug,* ein → *Löschfahrzeug* zur Aufnahme einer → *Pulverlöschanlage* mit zwei → *Schnellangriffseinrichtungen* und einer feuerwehrtechnischen Beladung; Besatzung: ein → *Trupp* (1/2). *(Fl)*

Tabelle: **TRK-Wert** (Auswahl)

Stoff	TRK-Wert	
	ml/m³	*mg/m³*
Acrylamid	–	0,03
Acrylnitril	3	7
Arsensäure	–	0,1
Salze der Arsensäure	–	0,1
arsenige Säure	–	0,1
Asbest	250 000 Fasern/m³	
Benzol	1	3,2
Benz(o)apyren	–	0,002
Beryllium und Verbindungen	–	0,002
1,3-Butadien	5	11
2-Butenal	0,34	1
1-Chlor-2,3-Epoxypropan	3	12
Chlorfluormethan	0,5	1,4
Chrom (VI)-Verbindungen	–	0,05
4,4-Diaminodiphenylmethan	–	0,1
Diarsenpentaoxid	–	0,1
Diarsentrioxid	–	0,1
Dibenzodioxine und -furane, chlorierte	50 pg/m³ (Picogramm je Kubikmeter)	
1,2-Dibromethan	0,1	0,8
3,3-Dichlorbenzidin und Salze	0,003	0,03
1,4-Dichlorbenzidin und Salze	0,003	0,3
1,4-Dichlorbut-2-en	0,01	0,05
1,2-Dichlorethan	5	20
2,2-Dichlor-4,4-methylendianilin	–	0,02
Dieselmotoren-Emissionen	–	0,1
Diethylsulfat	0,03	0,2
3,3-Dimethoxibenzidin und Salze	0,003	0,3
Dimethylnitrosamin	–	0,001
Dimethylsulfamolchlorid	–	0,1
Dimethylsulfat	0,02	0,1
2,6-Dinitrotoluol	0,007	0,05
Ethylenimin	0,5	0,9
Ethylenoxid	1	2
Holzstaub	–	2
Hydrazin	0,1	0,13
künstliche Mineralfasern	500 000 Fasern/m³	
2-Methoxi-anilin	0,1	0,5
4-Methyl-m-phenylendiamin	–	0,1
Nickeloxid, Nickelsulfid und sulfidische Erze	–	0,5
Nickelverbindungen in Form atembarer Tröpfchen	–	0,05
2-Nitronaphthalin	0,035	0,5
N-Nitrosodi-n-butylamin	–	0,001
N-Nitrosodiethanolamin	–	0,001
N-Nitrosodiethylamin	–	0,001
N-Nitrosodidimethylamin	–	0,001
N-Nitrosodi-i-propylamin	–	0,001
N-Nitrosomethylethylamin	–	0,001
N-Nitrosomorpholin	–	0,001
N-Nitrosopiperidin	–	0,001
N-Nitrosopyrrolidin	–	0,001
2-Nitrotoluol	–	0,5
o-Toluidin	–	0,5
2,3,4-Trichlor-1-buten	0,005	0,035
Vinylchlorid	2	5

Trocken-Tanklöschfahrzeug (TroTLF), ein nicht mehr genormtes → *Tanklöschfahrzeug* mit eingebauter → *Pulverlöschanlage* und Löschwasserbehälter; Typen und Ausstattung/Ausrüstung: → *TroTLF 16. (Fl)*

TroTLF 16, ein nicht mehr genormtes → *Trocken-Tanklöschfahrzeug* mit einer → *Feuerlöschkreiselpumpe* FP 16/8 mit → *Schnellangriffseinrichtung* (Wasser), einem Löschwasserbehälter mit einer nutzbaren Wassermenge von mindestens 1800 Liter und einer → *Pulverlöschanlage* P 750 mit zwei Schnellangriffseinrichtungen (Pulver). Die Besatzung besteht aus einer → *Staffel. (Fl)*

TroLF → *Trockenlöschfahrzeug. (Fl)*

TroTLF, Abk. für: → *Trockentanklöschfahrzeug. (Fl)*

Trupp (Tr), eine → *Einheit* der Feuerwehr zur Durchführung bestimmter Einsatzaufgaben.
Der → *selbstständige* Trupp ist eine taktische → *Einheit,* bestehend aus Truppführer und zwei weiteren Einsatzkräften *(→ Mannschaftsstärke* 1/2) mit zugehörigem Truppfahrzeug, z. B. DLK 23-12 oder RW.
Die Bezeichnung Trupp wird auch für den Angriffs-, Wasser- und Schlauchtrupp als Teil einer taktischen Einheit verwendet. Diese Trupps bestehen aus Truppführer und Truppmann. Dabei handelt es sich aber um keine selbstständige Einheit; somit ist dieser Truppführer kein taktischer Führer. *(Sr)*

Truppführer, taktisch verantwortliche Führungskraft für einen selbstständigen → *Trupp* oder Verantwortlicher für die Ausführung eines Auftrags des Angriffs-, Wasser- oder Schlauchtrupps innerhalb einer taktischen → *Einheit. (Sr)*

TSA, Abk. für: → *Tragkraftspritzenanhänger. (Fl)*

TSF, Abk. für: → *Tragkraftspritzenfahrzeug. (Fl)*

Tubus (lat. Röhre), ein anatomisch angepasstes, je nach Ausführung relativ starres oder flexibles Beatmungsrohr, das entweder durch den Mund-Rachenraum bis vor den Kehlkopf (Beispiele: → *Guedel-Tubus,* → *Safar-Tubus)* oder über den Nasen-Rachenraum bis vor den Kehlkopf geschoben wird. Weiterhin gibt es Tuben, die über den Mund-Rachenraum und den Kehlkopf bis zur Verzweigung der Bronchialäste geschoben werden *(→ Endotrachealtubus). (Zi)*

TUIS, Abk. für: Transport-, Unfall-Informations- und Hilfeleistungs-System des Verbandes der Chemischen Industrie (VCI) mit Sitz in Frankfurt.
TUIS-Mitgliedsfirmen bieten bei → *Gefahrgutunfällen* der Feuerwehr Fernberatung und/oder Fachberatung oder technische Hilfe an der Einsatzstelle an; Beispiel: Über die zur Anforderung von Hilfe zu wählende Telefonnummer (06 21) 60 43 333 der BASF (Badische Anilin- und Sodafabrik), Ludwigshafen, können von der BASF Informationen übermittelt werden. Hat die BASF zu einem Stoff selbst keine Informationen, vermittelt sie an andere Betriebe in Europa weiter. *(Fl)*

Tunnel-Funkanlage, besondere Ausführung einer → *Gebäude-Funkanlage. (Ge)*

Turbinenlüfter, → *Lüfter. (Fl)*

Turbinentauchpumpe → *Turbotauchpumpe. (Fl)*

Turbotauchpumpe (TTP), eine (nach DIN 14 426) mit Wasser angetriebene, tragbare → *Feuerwehrpumpe;* Beispiel: TTP 8/1/8 nach DIN 14 426 (Nennförderstrom 800 l/min (8) bei einem Nennförderdruck von 1 bar (1) und einem Treibwasserdruck von 8 bar (8) am Eingang der Turbine. *(Fl)*

Turbozumischer → *Zumischer. (Fl)*

Tür, feuerbeständige → *Feuerschutzabschluss. (Ki)*

Türhaltemagnet → *Feststellanlage. (Oe)*

TWB, Abk. für: → *Technisch-wissenschaftlicher* Beirat der → *vfdb. (Sr)*

Typzeichen (von → *Löschfahrzeugen):* Mittel zur Einteilung, z. B. von Löschfahrzeugen.
Ein Typzeichen setzt sich zusammen aus Kurzzeichen, Kennzahlen und gegebenenfalls einem mit Bindestrich angehängten Kennbuchstaben; Beispiele: LF 8, LF 16-TS, TLF 24/50. *(Fl)*

Überdruckbelüfter, → *Lüfter. (Fl)*

Überdruck-Pressluftatmer, ein → *Behältergerät,* das durch den konstruktiven Aufbau der atemgesteuerten → *Dosiereinrichtung* im Innern der → *Vollmaske* einen höheren Druck (Überdruck) als den atmosphärischen Druck (der Umgebung) aufbauen kann.
Funktion: Der → *Hochdruck* von 200 bar bzw. 300 bar wird über einen → *Druckminderer* auf einen → *Mitteldruck* (Arbeitsdruck) je nach Geräteart zwischen 6 und 12 bar reduziert und über die → *Mitteldruckleitung* der atemgesteuerten → *Dosiereinrichtung* und der Vollmaske für Überdruck dem Atemschutzgeräteträger bedarfsgerecht zugeführt. Die Ausatemluft entweicht über ein → *Ausatemventil* in der Vollmaske.
Im Gegensatz zum → *Normaldruck-Pressluftatmer* ist beim Überdruck-Pressluftatmer in der atemgesteuerten Dosiereinrichtung die Membran mit einer Feder belastet. Damit wird in Verbindung mit einer Vollmaske für Überdruck erreicht, dass im Innern der Vollmaske stets ein positiver Überdruck vorhanden ist. Dadurch wird bei → *Leckagen* an der Vollmaske verhindert, dass → *Umgebungsatmosphäre* in das Maskeninnere eindringen kann. *(Zi)*

Überdruckventil, Teil eines → *Regenerationsgerätes* mit Drucksauerstoff; Wirkungsweise: bei geringfügiger Abnahme von → *Atemluft* aus dem → *Atembeutel* kann es, bedingt durch die konstante Dosierung, zu einem gefährlichen Überdruck im Gerätesystem kommen. Um dies zu vermeiden, ist im → *Ventilkasten* das Überdruckventil angebracht, das gefährliche Überdrücke an die Umgebungsatmosphäre entweichen lässt. *(Zi)*

Überflurhydrant, oberirdischer → *Hydrant* nach DIN 3222, der etwa 1 m über das Gelände hinausragt. An ihm können zwei B-Schläuche und ein A-Schlauch zur Wasserentnahme angeschlossen werden. Man unterscheidet Überflurhydranten mit und ohne → *Fallmantel,* → *Fallmantelhydrant. (Br)*

Übergangsstück nennt man aus Aluminiumlegierung hergestellte Verbindungsstücke, um → *Feuerwehrschläuche* unterschiedlicher Durchmesser miteinander zu verbinden (Bild); Arten:
- A-Schlauch, zu verbinden mit B-Schlauch (DIN 14 343),
- B-Schlauch, zu verbinden mit C-Schlauch (DIN 14 342),
- C-Schlauch, zu verbinden mit D-Schlauch (DIN 14 341);

Bezeichnung eines C-D-Übergangsstücks nach DIN 14 341: Übergangstück DIN 14 341-C-D. *(Zi)*

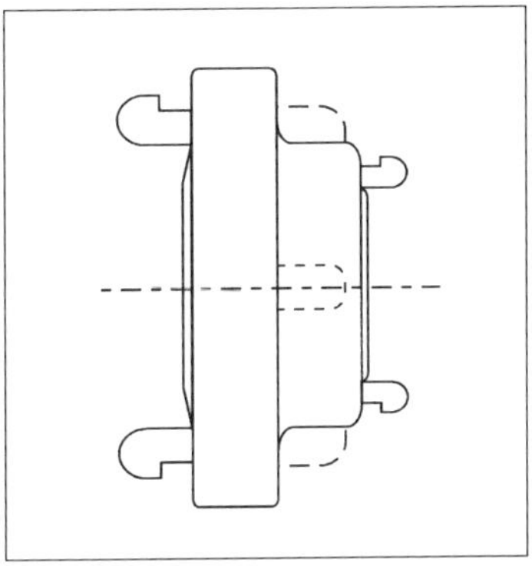

Bild: C-D-Übergangsstück nach DIN 14 341

Überlagern von Fernmeldeverbindungen, das Herstellen parallel verlaufender und voneinander unabhängiger Fernmeldeverbindungen zur Erhöhung der Verfügbarkeit; Beispiele: Übertragung von Brandmeldungen über Wählverbindung der Telekom und zusätzlich im Mobilfunknetz; Verbindung einer Einsatzleitung mit der Leitstelle über

1. BOS-Funkkanal *(→ BOS),*
2. Mobilfunknetz und
3. in die Einsatzleitung verlängerter Telefonanschluss. *(Ge)*

Überlandhilfe → *Nachbarschaftshilfe. (Sr)*

Überleiten, Weitergabe von Nachrichten von einem → *Fernmeldenetz* in ein anderes sowie das Koppeln von Fernmeldenetzen ohne Zwischenspeicherung; Beispiel: Verbinden von Teilnehmern eines Funkverkehrskreises mit Hilfe eines Funkgerätes und einer daran angeschlossenen Überleiteinrichtung (ÜE) mit den Telefonteilnehmern einer Telefonanlage, zum Beispiel im Einsatzleitwagen. *(Ge)*

Übermitteln, Empfang und anschließende unveränderte Weitergabe einer Nachricht („Umsprechen") durch eine Fernmeldebetriebsstelle, z. B. in einem Einsatzleitwagen, innerhalb eines → *Fernmeldenetzes. (Ge)*

Überprüfung (einer → *Sprinkleranlage)* nach den Richtlinien des → *VdS;* nach Fertigstellung einer Anlage *(→ Installationsattest)* erfolgt eine wöchentliche Überprüfung durch den Betreiber. Das wöchentliche Prüfprogramm umfasst z. B. einen Testlauf der → *Sprinklerpumpen* über eine → *Probierleitung.*
Es sind ferner zu überprüfen:
- Wasserdruck,
- Wasserzuflussmenge,
- Wassernachfluss,
- Luftdruck (Druck im System),
- Strömungsdruck,
- Strömungsgeschwindigkeit des Wassers in der Probierleitung,
- Druckluftversorgung,
- Stellung aller im Löschwasserstrom liegenden Absperreinrichtungen (Absperrschieber),
- Ventile der Alarmeinrichtung,
- Ventile vor Druckwächtern,
- Funktion der → *Sprinkler-Alarmglocke.*

Es ist ein Betriebsbuch zu führen, in dem die Ergebnisse jeder Überprüfung festgehalten werden. Zusätzlich prüft der VdS die Anlage entsprechend der → *Brandgefahr* (BG) jährlich bzw. alle zwei Jahre. *(Oe)*

Überschwemmung, das unkontrollierte Ausbreiten von Wasser, wodurch Gefahren für Menschen, Tiere oder Sachwerte entstehen können; Anlass für → *Technische Hilfeleistung* der Feuerwehr (DIN 14011 Teil 3). *(Ma)*

Übertragungsanlage für Brandmeldungen (früher: öffentliche Brandmeldeanlage; Hauptmelder-Anlage), Einrichtung zur Weiterleitung von Meldungen über das Leitungsnetz der Telekom oder der Stadtverwaltung zur Empfangszentrale für Brandmeldungen bei der Feuerwehr. *(Ge)*

Übertragungsdauer, Zeitspanne zwischen der Zustandsänderung am Anfang eines → *Übertragungsweges* und dem Erkennen der Veränderung bei der Empfangseinrichtung, z. B. bei → *Alarmübertragungsanlagen. (Ge)*

Übertragungseinrichtung für Brandmeldungen (früher: Hauptmelder), ein von Hand und/oder von einer → *Brandmelderzentrale* auslösbarer Meldungsgeber einer → *Übertragungsanlage* für Brandmeldungen (öffentliche Brandmeldeanlage). *(Ge)*

Übertragungsgerät für Gefahrenmeldungen (ÜG, früher: Hauptmelder), Gerät, das Meldungen aus Gefahren- bzw. Brandmeldeanlagen aufnimmt und als Schnittstelle zu den Übertragungswegen der → *Alarmübertragungsanlage* dient. *(Ge)*

Übertragungssicherheit, Verfahren, um vorsätzliche Versuche zu verhindern, die Übertragung eines Alarms bei einer → *Alarmübertragungsanlage* zu blockieren. *(Ge)*

Übertragungsweg, technischer Ausdruck für eine Fernmeldeverbindung zum Übertragen von Informationen. *(Ge)*

Übertragungszentrale (ÜZ), neue Bezeichnung für die „Brandmelderzentrale" der → *Brandmeldeanlage* bzw. für die „Empfangseinrichtung" in der → *Alarmübertragungsanlage.*
In der Empfangseinrichtung werden die Meldungen empfangen und ausgewertet. *(Ge)*

Überwachungsbereich, nach § 36 der StrlSchV festgelegter, nicht zum → *Kontrollbereich* gehörender Bereich, in dem Personen im Kalenderjahr eine effektive → *Dosis* von mehr als 1 Millisievert oder höhere Organdosen als 15 Millisievert für die Augenlinse oder 50 Millisievert für die Haut, die Hände, die Unterarme, die Füße und Knöchel erhalten können. *(Kl)*

Überzug, ein tragendes, waagrecht oberhalb einer Decke verlaufendes Bauteil aus → *Spannbeton,* → *Stahlbeton,* → *Stahl* oder → *Holz.*
Auf Biegung beanspruchte Überzüge nehmen → *Lasten* von Decken auf und übertragen diese auf Wände oder → *Stützen.* Im Schadenfall ist bei Beschädigung von Überzügen mit Einsturzgefahr zu rechnen. *(Bt)*

UEG, Abk. für: untere → *Explosionsgrenze. (Rö)*

ÜLE, Abk. für: Überleiteinrichtung; → *Überleiten. (Ge)*

Ultraschall (US), Schall, (mechanische Schwingungen oberhalb der Hörgrenze, d. h. ab etwa 16 000 Schwingungen je Sekunde = 16 kHz.
Anwendung: zur Reinigung von Atemschutzmasken. *(Rö)*

umfassender Angriff, im Feuerwehr-Sprachgebrauch: Vorgehen, bei dem der Brand gleichzeitig von verschiedenen Seiten angegriffen wird. *(Ha)*

Umfüllpumpe → *Gefahrgut-Umfüllpumpe;* → *Mineralöl-Umfüllpumpe. (Fl)*

Umgebungsatmosphäre, die den → *Atemschutzträger* umgebende, z. B. durch Brandgase oder Atemgifte belastete Atmosphäre. *(Zi)*

Umluftunabhängige Atemschutzgeräte → *Atemschutzgeräte. (Zi)*

Umweltschutz, Schutz von Boden, Wasser und Luft.
Der Begriff „Umweltschutz" ist sehr weit gefasst. Auch Brandschutz zählt im weitesten Sinne zum Umweltschutz, da die intensive Brandbekämpfung Schadstoffemissionen verhindert.

Im Rahmen der → *Technischen Hilfeleistung* leistet die Feuerwehr aktiven Umweltschutz, indem sie z. B. bei → *Leckagen* durch Sofortmaßnahmen weiteren Stoffaustritt verhindert, ausgetretene Schadstoffe eingrenzt sowie Boden und Wasser schützt. *(Fl)*

Unfall, ein plötzliches, unvorhergesehenes und durch äußere Ursachen eintretendes Ereignis, das zu einem Personenschaden oder zu einem Sachschaden führt; Beispiel: Verkehrsunfall. *(Sr/Zi)*

Unfallmerkblatt → *Merkblätter. (Fl)*

Unfallverhütungsvorschriften (UVV), Vorschriften, die vom gesetzlichen Unfallversicherer erlassen werden, um den Versicherten, z. B. Feuerwehrangehörige von Freiwilligen Feuerwehren, Hinweise für richtiges Verhalten zur Vermeidung von Unfällen zu geben.
Für die Feuerwehren gibt es speziell die UVV „Feuerwehren"; darüber hinaus sind aber auch alle anderen UVVs zu beachten, die feuerwehrspezifische Arbeiten regeln, wie beispielsweise die UVV „Gase" → *BUK. (Sr)*

Universalschott → *Abschottungssysteme. (Oe)*

Unmittelbarer Zwang ist die unmittelbare (direkte) Einwirkung auf Personen oder Sachen durch körperliche Gewalt; Hilfsmittel der körperlichen Gewalt sind z. B. Handfesseln und Waffen, z. B. Schlagstock oder Schusswaffe.
Für die Feuerwehr kommt unmittelbarer Zwang grundsätzlich nur durch einfache körperliche Gewalt in Betracht, z. B. durch Beiseiteschieben oder Festhalten von Personen, die den Einsatz stören. *(Fi)*

UN-Nummer (United-Nations-Nummer; auch: Stoffnummer oder Nummer zur Kennzeichnung des Stoffes), von den Vereinten Nationen herausgegebene Nummer zur Kennzeichnung eines → *Gefahrguts.*
Die UN-Nummer hat vier Ziffern. UN-Nummern unterhalb 1000 gelten für Explosivstoffe; Beispiele für UN-Nummern s. *Tabelle.*
Die UN-Nummer zur Kennzeichnung von Gefahrgut befindet sich im unteren Teil der orangefarbenen → *Warntafel* sowie auf dem → *Gefahrzettel. (Fl)*

Unterbau nennt man Vorkehrungen gegen das Herabfallen oder Abrutschen von angehobenen Lasten. Angehobene Lasten müssen gesichert werden. Der Unterbau muss bei Versagen des Hebegerätes die Last sicher aufnehmen können. Bei fortschreitendem Hebevorgang muss der Unterbau ständig nachgeführt werden.
Als Unterbau verwendet man z. B. Holzplatten, Holzklötze, Keile und Scheiben aus Kunststoff. *(Ma)*

Unterflurhydrant, unterirdischer → *Hydrant* nach DIN 3221, aus dem mit Hilfe eines → *Standrohres* Wasser entnommen werden kann. Er wird durch eine → *Straßenkappe* mit der Straßenoberkante bündig abgeschlossen. Zum schnellen Auffinden des Unterflurhydranten ist in seiner Nähe gut sichtbar ein → *Hinweisschild* für Unterflurhydranten angebracht. *(Br)*

Unterführer, Bezeichnung des → *Katastrophenschutzes* für → *Gruppenführer;* siehe auch → *Helfer. (Sr)*

UN-Nummer	Stoff	UN-Nummer	Stoff
0389	Trinitrotoluol	1203	Benzin
1005	Ammoniak	1223	Kerosin
1006	Argon, verdichtet	1263	Farbe
1011	Butan	1418	Magnesiumpulver
1013	Kohlendioxid	1485	Kaliumchlorat
1016	Kohlenoxid	1779	Ameisensäure
1017	Chlor	1789	Salzsäure
1049	Wasserstoff, verdichtet	1824	Natriumhydroxidlösung
1050	Chlorwasserstoff	1951	Argon, tiefgekühlt
1066	Stickstoff, verdichtet	2187	Kohlendioxid, tiefgekühlt
1073	Sauerstoff, tiefgekühlt	2212	Asbest (blau)
1090	Aceton	2564	Trichloressigsäure, Lösung
1114	Benzol	2811	giftiger organischer fester Stoff (* n. a. g.)
1133	Klebstoffe	3077	umweltgefährdender Stoff, fest
1202	Dieselkraftstoff		(* n. a. g.)

*n.a.g. steht für: nicht anderweitig genannt, d. h. es gibt für den unter diesen Oberbegriff fallenden Stoff keine eigene UN-Nummer.

Unterhalten, Sammelbegriff im Fernmeldewesen für Tätigkeiten, um Fernmeldeverbindungen betriebsfähig zu halten. *(Ge)*

Unterwasser, Wasserfläche unterhalb einer Staustufe oder → *Schleuse;* Gegensatz: → *Oberwasser. (Mt)*

Unterzug, ein tragendes, waagrecht unter einer Decke verlaufendes Bauteil aus → *Stahl,* → *Stahlbeton,* → *Spannbeton* oder Holz.
Auf Biegung beanspruchte Unterzüge nehmen → *Lasten* von Decken auf und übertragen diese auf Wände oder → *Stützen.* Im Schadenfall ist bei Beschädigung von Unterzügen mit Einsturzgefahr zu rechnen. *(Bt)*

UTM, Abk. für: *Universale Transversale Mercatorprojektion,* benannt nach dem deutschen Geographen Mercator (1512 bis 1594), kartographische Einteilung der Erdoberfläche in ein Gitternetz, das über Koordinatenangaben Punkte auf der Erde bestimmen lässt.
Bei der Feuerwehr werden Karten mit UTM-Gitter z. B. zum Heranführen von Verbänden zu Großschadenstellen benutzt. *(Br)*

UVV, Abk. für: → *Unfallverhütungsvorschrift(en). (Sr)*

ÜZ, Abk. für: → *Übertragungszentrale. (Ge)*

Vakuum-Leckdichtkissen, ein → *Leckdichtkissen,* bei dem die Befestigung des Dichtkissens am abzudichtenden Behälter mit vier Saugnäpfen von je 150 mm Durchmesser erfolgt. Die Saugnäpfe sind über eine Pneumatikleitung mit einer Venturidüse verbunden, die über eine Druckluftflasche mit 200 oder 300 bar gespeist wird und durch die Injektorwirkung ständig den notwendigen Unterdruck im Saugnapf zum Festhalten an der Oberfläche erhält.
Der Betriebsdruck des Injektors beträgt 5 bar, der Luftverbrauch 25 Liter/min; eine → *Atemluftflasche* mit einem Fülldruck von 300 bar gewährleistet folglich eine Einsatzzeit von etwa 60 Minuten. Ferner wird ein Steuergerät benötigt.
Vorteil: Die Entwicklungszeit des Angriffs bis zum Wirksamwerden der Abdichtmaßnahmen verringert sich von etwa 20 Minuten beim Abdichten mit Leckdichtkissen mit Spanngurten beim Einsatz des Vakuum-Leckdichtkissens auf zwei Minuten. *(Fl)*

Vakuum-Matratze, eine mit Kunststoffkugeln gefüllte Matratze zur Lagerung von Patienten; Material: beschichtetes Textilgewebe. Durch Absaugen der Luft aus der Matratze formt sich diese optimal an die Körperkonturen der darauf liegenden Person an und stabilisiert somit den Körper des Patienten; Einsatz: bei → *Frakturen* im Bereich des Beckens, der Wirbelsäule und des Oberschenkels. *(Zi)*

Vakuumpumpe → *Entlüftungseinrichtung. (Fl)*

Vakuum-Schiene, eine mit Kunststoffkugeln gefüllte Fixierungsschiene aus beschichtetem Textilgewebe. Durch Absaugen der Luft aus der Schiene formt sich diese optimal an die verletzten Extremitäten (Arm, Bein) der verletzten Person an und stabilisiert diese; Einsatz: bei → *Frakturen* der Unterarme und Unterschenkel.
Oberarm- und Oberschenkel-Frakturen können mit der Vakuum-Schiene nicht stabilisiert werden, weil eine Ruhigstellung immer über zwei Gelenke durchgeführt werden muss. *(Zi)*

van't Hoffsche Regel; Aussage über den starken Einfluss der → *Temperatur* auf die → *Reaktionsgeschwindigkeit:* eine Temperatursteigerung je 10 °C erhöht die Oxidationsgeschwindigkeit um das Doppelte bis Dreifache.
Für eine exakte Berechnung der → *Verbrennungsgeschwindigkeit* ist die van't Hoffsche Regel nicht geeignet, weil die Voraussetzungen bzw. Randbedingungen nicht erfüllt sind (Reaktionspartner im gleichen → *Aggregatzustand,* Reaktionstemperatur < 200 °C). *(Ha)*

VB, Abk. für: Vorbeugender Brandschutz; → *Brandschutz. (Ki)*

VbF-Klasse, veraltete Klasseneinteilung gemäß der ehemaligen → *Verordnung über brennbare Flüssigkeiten,* um die Gefahren durch brennbare Flüssigkeiten zu kategorisieren. Man unterschied dabei die brennbaren Flüssigkeiten nach ihrem Flammpunkt. Heute gilt für die Einteilung der brennbaren Flüssigkeiten das → *Chemikaliengesetz. (Fl)*

VDE, Abk. für: *Verband Deutscher Elektrotechniker, e. V.* mit Sitz in Frankfurt a. M.; Mitgliederzahl: 33 000 (Stand: 2005).
Der VDE sieht sich als Sprecher für die

– Schlüsseltechnologien Elektrotechnik, Elektronik, Informationstechnik und darauf aufbauende Technologiegebiete,
– Förderung der Wissenschaft und des Transfers von Technikwissen auf diesen Gebieten,
– Ausarbeitung, Herausgabe und Auslegung der elektrotechnischen Sicherheits-Normen (VDE-Bestimmungen) und DIN-Normen, sowie
– Durchführung des VDE-Prüfwesens. *(Fl)*

VdS, Abk. für: → *Verband der Schadenversicherer* (früher: Verband der Sachversicherer) mit Sitz in Köln. *(Sr)*

Vene, Blutader, Blutgefäß, das zum Herzen hin führt; Beispiele: *Vena subclavia* (obere Hohlvene), *Vena femoralis* (Beinvene) oder *Vena facialis* (Gesichtsvene). *(Zi)*

Ventilatoranhänger, ein → *Feuerwehranhänger* mit aufgebautem Be- und Entlüftungsgerät (Ventilator). *(Fl)*

Ventilkasten, Teil eines → *Regenerationsgerätes* mit Drucksauerstoff, in dem sich das Einatem- und das Ausatemventil sowie das Überdruckventil befinden. Der Ventilkasten enthält ferner die atemgesteuerte → *Dosiereinrichtung* des Regenerationsgerätes; Funktion siehe → *Regenerationsgerät* mit Drucksauerstoff. *(Zi)*

Verband → *Taktischer Verband. (Sr)*

Verbau, eine flache Tragkonstruktion aus senkrechten und waagrechten Teilen, z. B. eine → *Spundwand,* die Grubenwände vor dem Nachrutschen oder gegen Einbrechen von Erdreich sichert.
Als Verbauelemente kommen Holzbohlen, Kanthölzer, Stahldielen oder Verbauplatten aus Stahlbeton zum Einsatz. Beim Ausheben von Gruben mit einer Tiefe von mehr als 1,25 m durch Verbau ist Sicherung der Einsatzkräfte erforderlich. *(Bt)*

Verbindung, umgangssprachliche Bezeichnung für einen betriebsbereiten → *Übertragungsweg* zum Austausch von Informationen. *(Ge)*

Verblattung, eine Verbindung von zwei, in einer Ebene liegenden Holzteilen, wobei beide Teile, z. B. → *Strebe* und Riegel, an den Kontaktstellen etwa zur Hälfte ihrer Stärken ausgeschnitten und dann zusammengefügt werden.
Verblattungen sind vor allem im → *Fachwerkbau* und bei Dachstühlen zu finden. Wegen des hohen Herstellungsaufwands und der Querschnittsschwächung wurden Verblattungen weitestgehend durch Stahlblechformteile, z. B. → *Nagelplatten,* verdrängt. *(Bt)*

Verbotszeichen (Verbotsschild), ein → *Sicherheitszeichen* nach DIN 4844 Teil 1 und 3 sowie nach BGV A 8. Verbotszeichen haben die Aufgabe, ein Verhalten, durch das eine Gefahr entstehen kann, zu untersagen, z. B. „Rauchen verboten".
Das Verbotszeichen ist kreisförmig mit rotem Rand; der innere Kreis ist weiß, das Symbol schwarz; es wird durch einen roten, von rechts unten nach links oben führenden Querbalken durchgestrichen *(Tabelle)*. *(Oe)*

Tabelle: **Verbotszeichen** (Auswahl)

 Mit Wasser löschen verboten P 04	 Berühren verboten P 08	 Verbot für Personen mit Herzschrittmacher P 11
 Rauchen verboten P 01	 Handy benutzen verboten –	 Zutritt verboten P 06
 Feuer, offenes Licht, Rauchen verboten P 02	 Für Fußgänger verboten P 03	 Essen und Trinken verboten P 30
 Kein Trinkwasser P 05	 Schutzhandschuhe tragen verboten –	 Regale besteigen verboten P 31
 Nichts abstellen oder lagern P 12	 Nicht schalten Es wird gearbeitet –	 Nicht berühren, Gehäuse steht unter Spannung P 09

Verbrennung,
– bei der Feuerwehr: Vorgang des → *Brennens; (Ha)*
– in der Medizin: durch thermische Einflüsse ausgelöste schwere Schädigung der Haut und tieferliegender Gewebe.
Neben lokalen Schädigungen kann es infolge von Verbrennungen sehr schnell zu Funktionsstörungen anderer Organe kommen, z. B. der Niere; Ursachen von Verbrennungen:
– Strahlung (Sonnenstrahlung, Röntgenstrahlung, atomare Strahlung),
– heiße Flüssigkeiten,
– heiße Körper (Bügeleisen, Herdplatte),
– heiße Dämpfe (Wasserdampf) und Gase,
– Flammeneinwirkungen,
– Reibung, z. B. durch Seile.

Eine Verbrennung hängt ab vom Ausmaß *(→ Neunerregel)* und ihrem Schweregrad *(Tabelle). (Zi)*

Grad der Verbrennung	Symptomatik
Verbrennung 1. Grades: oberflächliche Verbrennung leichter Form	• Hautrötung • Schwellung • Schmerz
Verbrennung 2. Grades: oberflächliche Verbrennung schwererer Form	• teilweise Zerstörung der Haut • Blasenbildung • Schmerz
Verbrennung 3. Grades: tiefe Verbrennung	• Gewebezerstörung • geringe bzw. keine Schmerzen

Verbrennungsgeschwindigkeit, die zeitliche Änderung der Konzentration des → *brennbaren*

Stoffes und des Sauerstoffs beim → *Brennen;* → *Reaktionsgeschwindigkeit.* Zur Bestimmung der Geschwindigkeit von Verbrennungsreaktionen wird die → *Abbrandrate* herangezogen. *(Ha)*

Verbrennungstemperatur, → *Mindestverbrennungstemperatur;* → *Brandtemperatur. (Ha)*

Verbrennungswärme (Formelzeichen: *Q*), die bei dem vollständigen Brennen einer bestimmten Stoffmenge (1 Mol) eines brennbaren Stoffes entstehende → *Reaktionswärme;* sie wird mit dem Kalorimeter gemessen; Einheit: J/mol.
Zu unterscheiden sind:
- Verbrennungswärme bei konstantem Druck (Verbrennungsenthalpie ΔH);
- Verbrennungswärme bei konstantem Volumen (Verbrennungsenergie ΔU).

In der Technik wird Verbrennungswärme (früher auch „oberer Heizwert") auf die Masse (1 kg) des verbrauchten Brennstoffs bezogen. Man spricht daher auch noch von spezifischer Verbrennungswärme; genormt ist jedoch spezifischer → *Brennwert.* Beispiele für Verbrennungswärme:
Wasserstoff zu H_2O: – 285 kJ/mol,
Kohlenstoff zu CO_2: – 394 kJ/mol,
Magnesium zu MgO: – 603 kJ/mol.
(Ha)

Verbrennungszone → *Flammenzonen. (Ha)*

Verbundbau, eine → *Bauart,* bei der die auftretenden → *Lasten* durch eine aus miteinander verbundenen → *Bauteilen* aus → *Stahl* und → *Stahlbeton* bestehende Baukonstruktion aufgenommen werden.
Durch gezielte Verbindungen von Bauteilen aus Stahl und Stahlbeton, z. B. einer Decke aus Stahlbeton mit einem Stahlträger, werden bestimmte Vorteile dieser Baustoffe ausgenutzt. Da Bauteile aus Stahl das → *Brandverhalten* des Verbundbaus negativ beeinflussen, müssen sie, um die entsprechende → *Feuerwiderstandsklasse* zu erreichen, durch Ummantelung, Anstrich oder Bekleidung geschützt werden. *(Bt)*

Verbundbaustoff nennt man einen künstlich, aus mindestens zwei Komponenten hergestellten → *Baustoff,* z. B. → *Stahlbeton* oder → *Asbestzement.*
Durch gezielte Zusammensetzung und Anordnung werden die Vorteile der einzelnen Stoffe ausgenutzt. Beispielsweise sind bei Stahlbeton die Stahleinlagen *(→ Bewehrung)* in den zugbeanspruchten Zonen angeordnet, weil Stahl eine sehr gute Zugfestigkeit besitzt; Beton dagegen nimmt wegen seiner guten Druckfestigkeit die Druckspannungen auf. Somit werden bei Verbundbaustoffen bestimmte Eigenschaften der einzelnen Bestandteile oft sogar übertroffen. So ist beispielsweise das Brandverhalten von → *Stahlbeton* viel besser als das von → *Stahl. (Bt)*

Verdampfungswärme, spezifische: die Wärmeenergie, die 1 kg eines Stoffes, z. B. Wasser, bei einem Normaldruck von 1013 mbar (101 325 Pascal) am → *Siedepunkt* vom flüssigen in den gasförmigen (dampfförmigen) Zustand bei konstanter Temperatur überführt. Bei der Verflüssigung (Kondensation) des Gases bzw. Dampfes wird diese Wärmemenge wieder frei; Einheit: kJ/kg; Beispiele siehe *Tabelle). (Ha)*

Stoff	Verdampfungswärme in kJ/kg
feste Stoffe	
Aluminium	11720
Blei	921
Eisen	6364
Graphit	12000
Kupfer	4650
Kalium	2028
Magnesium	5607
Natrium	4212
Phosphor, weiß	1675
Schwefel	293
Stearin	234
Wolfram	4815
Zinn	2600
Zink	907
flüssige Stoffe	
Aceton	523
Benzin	335
Benzol	394
Ethanol	101
Glycerol	808
Quecksilber	301
Schwefelkohlenstoff	373
Terpentinöl	293
Wasser	2257
gasförmige Stoffe	
Ammoniak	1370
Chlor	260
Ethylen	523
Methan	548
Kohlenmonoxid	216
Sauerstoff	214
Schwefelwasserstoff	550
Stickstoff	59
Wasserstoff	454

Verdrängerpumpe → *Feuerwehrpumpe. (Fl)*

Verdünnungseffekt → *Löschwirkung. (Kl)*

Vereinigung zur Förderung des deutschen Brandschutzes e. V. (vfdb), Zusammenschluss von auf dem Gebiet des Brandschutzes tätigen Fachleuten und Organisationen mit Sitz in Altenberge (gegr. 1950 in Stuttgart).
Ziele: den Brandschutz verbessern, die Brandschutzforschung fördern, die Bevölkerung über Brandschutzprobleme und Brandgefahren aufklären. Dazu führt die vfdb u. a. wissenschaftliche Fachtagungen und internationale Brandschutzseminare durch, gibt eine fachwissenschaftliche Zeitschrift (vfdb – Zeitschrift für Forschung und Technik im Brandschutz) heraus und hat den → *Technisch-wissenschaftlichen Beirat* (TWB). *(Sr)*

Verfügbarkeit, mittlere Betriebsdauer zwischen zwei Ausfällen MTBF (Abk. für: *Meantime Between Failures* = mittlerer Zeitabstand zwischen zwei Fehlern) eines elektronischen Gerätes dividiert durch die Summe aus mittlerer Betriebsdauer MTBF und mittlerer Störungsdauer MDT (Abk. für: *Mean Down Time* = mittlere Ausfallzeit); Berechnung:
V = MTBF: (MTBF + MDT). *(Ge)*

Verglasung → *Brandschutzverglasung;* → *F-Verglasung;* → *G-Verglasung. (Bt)*

Verhältnismäßigkeit, Grundsatz der; ist bei allen Maßnahmen der Feuerwehr zu beachten.
Die Verhältnismäßigkeit ist gewahrt, wenn folgende Bedingungen erfüllt sind:
– Die beabsichtigte Maßnahme muss zur Abwehr der erkannten Gefahr geeignet sein (Geeignetheit); Beispiel: Anordnung der Räumung eines Hauses im Brandfall.
– Von mehreren geeigneten Maßnahmen ist diejenige zu ergreifen, die den Einzelnen und die Allgemeinheit am wenigsten beeinträchtigt (Erforderlichkeit).
– Es dürfen nur Maßnahmen getroffen werden, die nicht zu einem Schaden führen, der zu der beabsichtigten Gefahrenabwehr erkennbar außer Verhältnis steht

Tabelle zur **Verordnung über brennbare Flüssigkeiten (VbF)**

Lagerung *(Ort)*	Art der Behälter	maximale Lagerung in Liter A I	A II oder B
Wohnungen	zerbrechliche Gefäße	1	5
	sonstige Gefäße	1	5
Keller in Wohnhäusern	zerbrechliche Gefäße	1	5
(Gesamtkeller)	sonstige Gefäße	20	20

(Verhältnismäßigkeit im engeren Sinne).
Ist der Grundsatz der Verhältnismäßigkeit verletzt, so ist die Maßnahme der Feuerwehr rechtswidrig und verpflichtet u.U. zum Schadensersatz. *(Fi)*

Verkehrsart (früher: Betriebsart), Oberbegriff für die wesentlichen technischen Möglichkeiten von Funkgeräten; man unterscheidet: → *Richtungsverkehr,* → *Wechselverkehr,* → *Gegenverkehr* und → *Relaisbetrieb. (Ge)*

Verkehrsformen, Oberbegriff für das betriebliche Zusammenwirken von Funkstellen bei der Übermittlung von Nachrichten. Man unterscheidet → *Linienverkehr,* → *Sternverkehr,* → *Kreisverkehr* und → *Querverkehr. (Ge)*

Verkehrshindernis, die plötzlich auftretende und unvorhergesehene Beeinträchtigung des Verkehrs – Straßenverkehrs – auf öffentlichen Verkehrsflächen durch Fahrzeuge oder andere Gegenstände; Anlass für → *Technische Hilfeleistung* der Feuerwehr (DIN 14011 Teil 3). *(Fi)*

Verkehrsleitkegel, eine „Verkehrseinrichtung" gemäß § 34 StVO wie Schranken, Sperrpfosten, Absperrgeräte, Parkuhren und Leiteinrichtungen. Der Verkehrsleitkegel wird als Absperrgerät an Arbeits-, Schaden- und Unfallstellen eingesetzt. Er besteht aus einem orangeroten Kegel aus Kunststoff. Die Warnwirkung wird durch die orangerote Farbe des Kegels und durch seine weißen reflektierenden Streifen erzielt.
Von der Feuerwehr wird der Verkehrsleitkegel zur Warnung vor Gefahren, zur Leitung des Verkehrs und zur Absicherung von Gefahrenstellen eingesetzt. (Ma)

Verkehrslenkung, planmäßige und – soweit erforderlich – weiträumige Führung der Verkehrsströme, z. B. bei Verkehrsumleitungen nach einem Unfall. Dabei sind die Belange des Normalverkehrs angemessen zu berücksichtigen. *(Mt)*

Verkehrsunfall, ein Unfall auf allgemein zugänglichen Verkehrsflächen, durch den Menschen verletzt und/oder Sachwerte beschädigt wurden; Anlass für → *Technische Hilfeleistung* der Feuerwehr (DIN 14011 Teil 3). *(Ha)*

Verletzter, eine Person, die durch äußere Einwirkung einen Gesundheitsschaden erlitten hat. *(Zi)*

Vermitteln, Zusammenschalten von Verbindungen bzw. Übertragungswegen zur Übertragung von Nachrichten. *(Ge)*

Verordnung über Anlagen zur Lagerung, Abfüllung und Beförderung brennbarer Flüssigkeiten zu Lande – VbF – vom 27. Febr. 1980 (Kurzform: Verordnung über

brennbare Flüssigkeiten); veraltete Vorschrift, abgelöst durch die gesetzlichen Regelungen zum → *Chemikaliengesetz* und durch die → *Betriebssicherheitsverordnung.* Geregelt wurden in der VbF u. a.:
- Einteilung der brennbaren Flüssigkeiten in → *Gefahrklassen* (A I, A II, A III, B),
- anzeigebedürftige Anlagen,
- erlaubnisbedürftige Anlagen,
- unzulässige Lagerung,
- Anforderungen an Anlagen, Schutzbereiche, Einrichtungen,
- Sicherheitsanforderungen; Beispiel für zulässige Lagerung (siehe *Tabelle) (Fl).*

Verpuffung, ungedämmte → *Explosion* mit einer → *Flammengeschwindigkeit* unter 1 m/s und einem Druck unter 1 bar. Dieser Druck entspricht einer Last von 10 t auf 1 m^2 Fläche und reicht aus, bei einem normalen Ziegelbau Fenster, Türen und die Außenwände herauszudrücken sowie den Einsturz bzw. Teileinsturz des Gebäudes herbeizuführen. Verpuffungen erfolgen bei Gemischen in der Nähe der oberen bzw. unteren → *Explosionsgrenze. (Ha)*

Verriegelung, elektrische, kann bei Türen in Rettungswegen bei Vorliegen besonderer Gründe auf dem Wege der Befreiung eingesetzt werden. Die elektrische Verriegelung ermöglicht im Gefahrenfall, dass eine sonst verriegelte Tür ohne besondere Hilfsmittel, z. B. über einen Nottaster oder über automatische Freischaltung, geöffnet werden kann, z. B. beim 2. Rettungsweg eines Hotels. Die bauaufsichtlichen Anforderungen sind in einer Richtlinie über elektrische Verriegelungssysteme festgeschrieben. *(Ki)*

Versammlungsräume, Räume innerhalb von Gebäuden, die für Veranstaltungen vorgesehen sind. An Versammlungsräume können besondere Anforderungen hinsichtlich des Brandschutzes gestellt werden. Hierzu gehören auch Rundfunk- und Fernsehstudios, die für Veranstaltungen mit Zuschauern vorgesehen sind sowie Vortragssäle, Hörsäle und Aulen. Fassen Versammlungsräume einzeln oder zusammen mehr als 200 Besucher, so fallen sie unter den Geltungsbereich der → *Versammlungsstättenverordnung. (Ki)*

Versammlungsstätte, bauliche Anlagen oder Teile baulicher Anlagen, die für die gleichzeitige Anwesenheit vieler Menschen bei Veranstaltungen erzieherischer, geselliger, kultureller, künstlerischer, politischer oder unterhaltender Art bestimmt sind. An Versammlungsstätten können besondere Anforderungen hinsichtlich des Brandschutzes gestellt werden. Näheres regelt die → *Versammlungsstättenverordnung. (Ki)*

Versammlungsstättenverordnung (VStättVO), Verordnung zur Präzisierung der baulichen und damit auch brandschutztechnischen Anforderungen an Versammlungsstätten. Grundlage der Versammlungsstättenverordnung der Länder ist die Musterversammlungsstättenverordnung (MVStättVO) der ARGE-Bau.
Die Vorschriften dieser Verordnung gelten für den Bau und Betrieb von
1. Versammlungsstätten mit Versammlungsräumen, die einzeln mehr als 200 Besucher fassen. Sie gelten auch für Versammlungsstätten mit mehreren Versammlungsräumen, die insge-

samt mehr als 200 Besucher fassen, wenn diese Versammlungsräume gemeinsame Rettungswege haben;
2. Versammlungsstätten im Freien mit Szenenflächen, deren Besucherbereich mehr als 1 000 Besucher fasst und ganz oder teilweise aus baulichen Anlagen besteht;
3. Sportstadien, die mehr als 5 000 Besucher fassen.

Die Vorschriften der Musterversammlungsstättenverordnung gelten nicht für
1. Räume, die dem Gottesdienst gewidmet sind,
2. Unterrichtsräume in allgemein- und berufsbildenden Schulen,
3. Ausstellungsräume in Museen,
4. Fliegende Bauten. *(Ki)*

Versatz (Versatzung), eine Verbindung von zwei Holzteilen, bei der das Ende des einen diagonal verlaufenden Teiles, z. B. einer → *Strebe,* schräg angeschnitten ist und in einem dazu passenden Ausschnitt im anderen waagrechten Teil, z. B. einer → *Schwelle,* eingreift.
Diese vor allem im → *Fachwerkbau* und bei Dachstühlen verbreitete Kontaktverbindung wird zusätzlich durch Nägel, Bolzen oder → *Zapfen* gesichert. *(Bt)*

Verschäumungsbereich, wird durch die → *Verschäumungszahl* (VZ) festgelegt. Man unterscheidet → *Schwerschaum* (VZ 4 bis 20), → *Mittelschaum* (VZ über 20 bis 200) und → *Leichtschaum* (VZ über 200).
Zur Berechnung des Schaumvolumens kann in der Regel bei Schwerschaum von einer VZ 7 oder 15), bei Mittelschaum VZ 75 oder 150 (Ausnahme Sonderfahrzeuge und Sonderlöschgeräte) ausgegangen werden. *(Kl)*

Verschäumungszahl (VZ), ergibt sich aus dem Verhältnis des Schaumvolumens (V) in Liter, das aus einem → *Wasser-Schaummittel-Gemisch (→ Schaummittel)* hergestellt werden kann, zum dazugehörigen Schaummittelgewicht (m) in kg; Formel: VZ = V/m; Einheit: dm^3/kg. *(Kl)*

verschüttete Person, eine Person, die ganz oder teilweise von einem Schüttgut, z. B. Sand in einem Silo, oder von Trümmern umhüllt ist und sich nicht selbst befreien kann; Anlass für eine → *Technische Hilfeleistung* der Feuerwehr (DIN 14 011 Teil 3). *(Ma)*

Verschütteten-Suchgerät, Gerät zur Ortung verschütteter Personen; Prinzip: das Gerät reagiert auf akustische Signale. *(Ma)*

Versorgung sind im Feuerwehrwesen alle Einsatzmaßnahmen, die zur Bereitstellung von Betriebsstoffen, Verpflegung, Hilfsmitteln, nichtorganisationseigenen Fahrzeugen, Löschmitteln und Geräten dienen. Im Rettungsdienst sind dies Maßnahmen der ärztlichen Versorgung. *(Sr)*

Verständigungsverkehr, → *Fernmeldeverkehr,* der zur Vorbereitung des Nachrichtenaustausches oder zur Überprüfung der Fernmeldeverbindungen durchgeführt wird. *(Ge)*

Verstärkerpumpe, Pumpe *(→ Feuerlöschkreiselpumpe),* betrieben in einer offenen oder geschlossenen Schaltreihe bei der Wasserförderung über lange Schlauchstrecken im Gelände. *(Fl)*

Verstärkung des Katastrophenschutzes → *Erweiterung. (Sr)*

Verteiler, ist eine Armatur nach DIN 14345 und dient zur Teilung einer Löschwasserversorgungsleitung in drei Angriffsleitungen. Man unterscheidet in C-Verteiler (C-DCD) und B-Verteiler (B-CBC). Beim C-Verteiler ist es möglich, eine ankommende C-Schlauchleitung in zwei D- und eine C-Schlauchleitung, beim B-Verteiler eine ankommende B-Schlauchleitung in zwei C- und eine B-Schlauchleitung aufzuteilen. Die drei Abgänge müssen durch Niederschraubventile oder Kugelhähne verschließbar sein. Am mittleren Abgang des Verteilers ist mittels einer Verbindungskette ein → *Übergangsstück* angebracht, um den Abgang auf die nächst kleinere Größe zu reduzieren. Gewicht: C-Verteiler max. 3 kg, B-Verteiler max. 6,6 kg. *(Zi)*

Verträglichkeitsgruppe, Zuordnung der Explosivstoffe zu einem Buchstaben, der die Verträglichkeitsgruppe darstellt *(Tabelle)*; Zweck: Einhaltung von Stauvorschriften (GGVSE bzw. bei Schiffen IMDG) von Explosivstoffen wie z. B. Munition. Sind mehrere Versandstücke verschiedener → *Gefahrgüter* vorhanden, bestimmen die Stauvorschriften, ob diese und ggf. wie diese zusammen auf einem Fahrzeug oder Schiff geladen werden dürfen (Zusammenladung). *(Fl)*

Verträglichkeitsgruppe	Beschreibung des zu klassifizierenden Stoffs oder Gegenstandes
A	Zündstoff; Beispiel: Bariumazid (UN-Nr. 0224)
B	Gegenstand mit Zündstoff und weniger als zwei wirksamen Sicherungsvorrichtungen; eingeschlossen sind einige Gegenstände wie Sprengkapseln, Zündeinrichtungen für Sprengungen und Anzündhütchen, selbst wenn diese keinen Zündstoff enthalten; Beispiel: elektrische Sprengkapseln (UN-Nr. 0255).
C	Treibstoff oder anderer deflagrierender[a] explosiver Stoff oder Gegenstand mit derartigem Stoff; Beispiel: Raketen mit Ausstoßladung (UN-Nr. 0437).
D	Detonierender explosiver Stoff oder Schwarzpulver oder Gegenstand mit detonierendem explosivem Stoff jeweils ohne Zündmittel und ohne treibende Ladung oder Gegenstand mit Zündstoff und zwei oder mehr wirksamen Sicherungseinrichtungen; Beispiel: gewerbliche Sprengladung ohne Zündmittel (UN-Nr. 0443).
E	Gegenstand mit detonierendem explosiven Stoff ohne Zündmittel, mit treibender Ladung (außer solchen mit entzündbarer Flüssigkeit oder Gel oder Hypergolen[a]); Beispiel: Raketen mit Sprengladung (UN-Nr. 0182).
F	Gegenstand mit detonierendem explosivem Stoff mit eigenem Zündmittel, mit treibender Ladung (außer solchen mit entzündbarer Flüssigkeit oder Gel oder Hypergolen[a]) oder ohne treibende Ladung; Beispiel: Minen mit Sprengladung (UN-Nr. 0294).
G	Pyrotechnischer Satz oder Gegenstand mit pyrotechnischem Satz oder Gegenstand sowohl mit explosivem Stoff als auch Leucht-, Brand-, Augenreiz- oder Nebelstoff (außer Gegenständen, die durch Wasser aktiviert werden oder die weißen Phosphor, Phosphide, pyrophoreri[b]) Stoff, entzündbare Flüssigkeit oder Gel oder Hypergole enthalten; Beispiel: Feuerwerkskörper (UN-Nr. 0333).
H	Gegenstand sowohl mit explosivem Stoff als auch weißem Phosphor; Beispiel: Brandmunition mit weißem Phosphor mit Zerleger und Ausstoß oder Treibladung (UN-Nr. 0243).

Verträglichkeitsgruppe (Fortsetzung)	Beschreibung des zu klassifizierenden Stoffs oder Gegenstandes
J	Gegenstand sowohl mit explosivem Stoff als auch entzündbarer Flüssigkeit oder Gel; Beispiel: Raketenmotoren, Flüssigtreibstoff (UN-Nr. 0395).
K	Gegenstand sowohl mit explosivem Stoff als auch giftigem chemischem Wirkstoff; Beispiel: Munition (UN-Nr. 0020). Solche Munition ist nach der Genfer Konvention nicht zulässig.
L	Explosiver Stoff oder Gegenstand mit explosivem Stoff, von dem besondere Gefahren ausgeht (z. B. durch Aktivierung durch Wasser oder Vorhandensein von Hypergolen[c], Phosphiden oder eines pyrophoren[b] Stoffs), sodass eine Trennung jedes einzelnen Typs erforderlich ist; Beispiel: Raketentriebwerk mit Hypergolen[c], mit oder ohne Ausstoßladung; (UN-Nr. 0322).
N	Gegenstand, der nur extrem unempfindliche Stoffe enthält; Beispiel: Gegenstände mit extrem unempfindlichem Explosivstoff (UN-Nr. 0486).
S	Stoffe oder Gegenstände, die so verpackt oder beschaffen sind, dass jede zufällig eintretende gefährliche Wirkung infolge unfallmäßiger Auslösung auf das Versandstück beschränkt bleibt, es sei denn, dass die Verpackung durch Feuer zerstört wurde. In diesem Fall müssen die Wirkungen in Form von Luftstoß oder Splittern, Spreng- oder Wurfstücken so begrenzt sein, dass sie die Feuerbekämpfung oder andere Notmaßnahmen in der unmittelbaren Umgebung nicht in erheblichem Maße behindern; Beispiel; Treibladungszünder (UN-Nr. 0376).

[a] deflagrierend = verpuffend (Sprengstoff): Deflagration = verhältnismäßig langsam erfolgende Explosion
[b] pyrophor = selbstentzündlich, in feinster Verteilung in Luft aufglühend
[c] Hypergolen = Raketentreibstoff, der zündet, wenn er mit einem Sauerstoffträger in Berührung kommt

Verwaltungsakt bei der Feuerwehr liegt (verkürzt dargestellt) immer dann vor, wenn gleichzeitig
- die Feuerwehr etwas hoheitlich regelt, z. B. eine Maßnahme nach dem jeweiligen Feuerwehrgesetz anordnet, beispielsweise ein Platzverweis,
- ein Einzelfall geregelt werden soll, und
- die Regelung unmittelbare Außenwirkung hat, z. B. die Weisung an einen unbeteiligten Dritten, ein Fahrzeug zu stellen.

Die Feuerwehr greift im Einsatz auch durch Erlass von Verwaltungsakten in die Rechte anderer ein. In Betracht kommen
- Verbote, z. B. das Verbot, die Einsatzstelle zu betreten oder an der Einsatzstelle zu rauchen,
- Gebote, z. B. ein Fahrzeug zu entfernen oder ein Haus zu räumen und
- Duldungsangebote, z. B. das Betreten einer Wohnung zu dulden. (Fi)

Verwaltungsvorschrift (VwV), von Ministerien herausgegebene Festlegung an nachgeordnete Behörden zur landesweit einheitlichen Verfahrensregelung.
Eine VwV ist für die nachgeordnete Behörde bindend. Beispiel: der zuständige Minister, in Feuerwehrfragen der Innenminister, trifft Regelungen für nachgeordnete Behörden wie die „VwV Feuerwehr-Dienstvorschrift“.
Mit ihr führt er die FwDV für den Bereich eines Bundeslandes ein,

d. h. sie gilt für alle Gemeinden (Feuerwehren) und Landesbehörden (z. B. Landesfeuerwehrschule). *(Sr)*

Verzögerungseinrichtung (Personenschutz bei Gaslöschanlagen), hydraulische oder mechanische Einrichtung, die nach erfolgter Auslösung einer → *Löschanlage,* z. B. einer Kohlendioxidanlage, eine definierte Zeit – jedoch nicht mehr als 30 Sekunden – die Freigabe und das Ausströmen des → *Löschmittels* verzögert. Innerhalb dieser Zeit *(→ Vorwarnzeit)* können alle Personen den betroffenen Bereich verlassen.
Kann ein Verlassen des gefährdeten Bereiches nicht innerhalb von 30 Sekunden erfolgen, muss im → *Flutungsbereich* ein → *Stoptaster* vorhanden sein. *(Oe)*

vfdb (früher: VFDB), Abk. für: → *Vereinigung zur Förderung des deutschen Brandschutzes e. V. (Sr)*

vfdb-Richtlinie 0801, ehemalige Vorschrift für den Bau und die Prüfung von → *Chemikalienschutzanzügen.* Diese Vorschrift diente als Vorlage für die europäische Normung der Chemikalienschutzanzüge. *(Fl)*

Vitalfunktion(en), die drei wichtigsten Grundfunktionen des Körpers: → *Bewusstsein,* → *Atmung und Kreislauf (→ Blutkreislauf).*
Die Vitalfunktionen sind zur Erhaltung des menschlichen Lebens notwendig. Jede Einschränkung führt zu schweren Störungen des Organismus. *(Zi)*

Vollbühne, eine → *Bühne* mit einer Grundfläche von $> 150\ m^2$ und Seitenbühnenflächen $> 100\ m^2$; die Raumhöhe einer Vollbühne ist mindestens doppelt so hoch wie die Bühnenöffnung.
Zum Schutz der Zuschauer ist ein rauchdichter, mit einer → *Berieselungsanlage* versehener Schutzvorhang aus nichtbrennbarem Materialien vorgeschrieben.
Die Anforderungen an Versammlungsstätten mit Vollbühnen sind in der → *Versammlungsstättenverordnung* geregelt. *(Oe)*

Vollmaske (VM), ein das ganze Gesicht bedeckender → *Atemanschluss* (DIN EN 134):
Aufgaben:
– Schutz des → *Atemschutzgeräteträgers* vor in der Luft befindlichen → *Atemgiften,*
– Schutz des Gesichtes des Atemschutzgeräteträgers vor Reizungen, insbesondere der Nasenschleimhaut und der Augenschleimhäute sowie vor Verätzungen.
Die Vollmaske besteht aus dem Maskenkörper, der Sichtscheibe, der → *Innenmaske,* den beiden → *Steuerventilen,* dem → *Ausatemventil* und dem → *Einatemventil,* → *Vorkammer,* → *Anschlussstück,* → *Sprechmembran,* → *Kopfbebänderung* und → *Trageband.*
Man unterscheidet Vollmasken für Normaldruck, für Überdruck und für Regenerationsgeräte.
– für Normaldruck: Vollmaske zum Anschluss an Filtergeräte, Schlauchgeräte und Behältergeräte *(→ Normaldruck-Pressluftatmer)* nach DIN EN 148 Teil 1;
– für Überdruck: Vollmaske zum Anschluss an → *Behältergeräte (→ Überdruck-Pressluftatmer)* nach DIN EN 148 Teil 3.
Das Ausatemventil ist federbelastet, um in Verbindung mit einem → *Überdruck-Pressluftatmer* stets einen positiven Überdruck in der Vollmaske zu halten. Dadurch wird bei einer Leckage verhindert, dass

→ *Umgebungsatmosphäre* in das Maskeninnere eindringen kann.
– für Regenerationsgeräte: Vollmaske zum Anschluss an → *Regenerationsgeräte* nach DIN EN 148 Teil 2. Diese Geräte haben eine → *Innenmaske* ohne Steuerventile und daher keine Luftführung, die das Beschlagen der Scheiben verhindert. Daher ist bei diesem Gerät ein Scheibenwischer angebracht. *(Zi)*

Vollstrahl, Strahlform bei Strahlrohren mit großer Wurfweite. Infolge der höheren Ausflussgeschwindigkeit des Wassers ist beim Vollstrahl auch die Auftreffkraft des Wassers größer.
Der Vollstrahl hat eine geringere Wärmebindung, jedoch eine größere Wurfweite als der → *Sprühstrahl;* Beispiel: Wurfweite des Vollstrahls eines C-Rohres 30 m, des Sprühstrahls etwa 10 m. *(Kl)*

Volumenmangelschock, eine Zirkulationsstörung, die zur mangelhaften Durchblutung lebenswichtiger Organe führt; Ursachen: Verminderung der zirkulierenden Blutmenge infolge von starken Blutungen nach außen oder in Körperhöhlen und Gewebe, z. B. Stichverletzung, Abtrennung von Gliedmaßen (äußere Blutungen), Abriss oder Verletzung von Blutgefäßen und dadurch Blutungen im Becken- oder Bauchraum, Verletzung von Organen (z. B. Milz, Leber) durch geschlossene Frakturen (innere Blutungen). Ferner können Flüssigkeitsverluste bei Verbrennungen, Durchfall oder Erbrechen zum Volumenmangelschock führen;
Anzeichen: schneller und schwächer werdender, schließlich kaum noch tastbarer Puls, fahle Blässe, kalte Haut, Frieren, Schweiß auf der Stirn, Teilnahmslosigkeit des Verletzten.
Maßnahmen:
- ständige Betreuung,
- ggf. Blutstillung,
- Wärmeerhaltung mit Wolldecke oder silber/gold-bedampfter Folie (innen silber = Reflektion der Körperwärme, außen gold = Abhalten von Kälte oder starker Sonneneinstrahlung);
- Schocklagerung,
- wiederholte Kontrolle der → *Vitalfunktionen. (Zi)*

Voralarm, ein → *Alarm* innerhalb der → *Alarmvorstufe;* er erfolgt, wenn der → *Info-Alarm* ergebnislos abgelaufen ist und wenn die Brandfrühesterkennung *(→ Branderkennung* weiterhin noch geringe Brandmerkmale, insbesondere Pyrolysegase *(→ Pyrolyse)* feststellt.
Bei Voralarm wird das defekte Gerät, z. B eine computergesteuerte Maschine, oder der betreffende Raum, nach vorgegebenen betriebsinternen Regeln abgeschaltet, d. h. stromlos gestellt, und gleichzeitig die internen Sicherheitskräfte alarmiert. Wird der Voralarm nicht quittiert, so erfolgt nach einer, auf die betrieblichen Gegebenheiten eingestellten Zeit, der → *Hauptalarm.*
Es gibt auch den Fall, dass bereits bei Voralarm die Feuerwehr alarmiert wird, z. B. bei Störfällen in einer Produktionsanlage, wo mit einer raschen Brandausbreitung gerechnet werden muss. *(Oe)*

Vorausfahrzeuge (der Feuerwehr), Feuerwehrfahrzeuge für den Ersteinsatz an der Unfall- bzw. Brandstelle; Beispiele: → *Vorausgerätewagen,* → *Vorausrüstwagen. (Fl)*

Vorausgerätewagen, ein nicht genormtes Feuerwehrfahrzeug mit Straßenantrieb und → *feuer-*

wehrtechnischer Beladung für den Ersteinsatz bei → *Technischen Hilfeleistungen.* Die Besatzung besteht aus einem → *Trupp. (Fl)*

Vorausrüstwagen, ein nicht genormtes Feuerwehrfahrzeug mit Allradantrieb für den Ersteinsatz bei → *Technischen Hilfeleistungen.* Der Vorausrüstwagen hat einen fest eingebauten → *Generator* und eine → *feuerwehrtechnische* Beladung. Die Besatzung besteht aus einem → *Trupp. (Fl)*

Vorbauwinde, eine → *Zugeinrichtung* an der Frontseite von Feuerwehrfahrzeugen. *(Fl)*

Vorbeugender Brandschutz → *Brandschutz. (Ki)*

vorgesteuerte (Sprinkler-)Anlage (SK-V) → *Sprinkleranlage. (Oe)*

Vorhalten nennt man bei der Feuerwehr das Bereithalten von Geräten, Löschmitteln, Mannschaften und Fahrzeugen, die zur Erledigung der Aufgaben einer Feuerwehr benötigt werden. Art und Anzahl des Vorzuhaltenden ist u. a. von den örtlichen Erfordernissen abhängig. *(Sr)*

Vorkammer, Teil einer → *Vollmaske;* sie dient dazu, das → *Ausatemventil* gegen Schmutz, Flammendurchschlag und mechanische Beschädigung zu schützen; Mindestgröße: 15 cm^3. *(Zi)*

Vorratsbehälter (einer → *Sprinkleranlage),* ein künstlich angelegter, ober- oder unterirdischer Löschwasserbehälter aus Beton, oder Stahl. Vorratsbehälter enthalten die gesamte, für die Sprinkleranlage erforderliche Wassermenge, z. B. für BG 3 und BG 4 = 70 m^3. Die Größe der Behälter ergibt sich aus der erforderlichen Wassermenge und der Mindestbetriebszeit. Der Vorratsbehälter nimmt das nachfließende Wasser auf und leitet es in den → *Zwischenbehälter* der Anlage. *(Oe)*

Vorraum (bei Hochhäusern), gemäß → *Musterhochhausrichtlinie* ein Raum vor einem → *Feuerwehraufzug,* von dem aus ein gesicherter Löschangriff von der Feuerwehr vorgetragen werden kann; Anforderungen (neben den Anforderungen für → *Schleusen):*
- feuerbeständige Wände,
- mindestens selbstschließende, feuerhemmende Türen,
- Mindestmaße: 0,6 m × 2,26 m (sichere Unterbringung einer Krankentrage),
- Fenster oder Einrichtungen für ausreichende Rauchfreihaltung im Brandfall, z. B. eine → *Druckbelüftungsanlage. (Ki)*

Vorsatz; vorsätzlich handelt, wer weiß und will, dass seine Handlung zu einem tatbestandsmäßigen Erfolg führt, z. B. zu Schaden, Körperverletzung oder Tod.
Dem Vorsatz steht der so genannte bedingte Vorsatz gleich. Das bedeutet: Der Täter weiß, dass seine Handlung zu einem tatbestandsmäßigen Erfolg führen kann. Er will diesen zwar nicht, nimmt ihn aber billigend in Kauf; Beispiel: bei einer Brandstiftung rechnet der Täter damit, dass Personen getötet werden können; er will dies jedoch nicht, sondern ihm kommt es nur auf den beabsichtigten Versicherungsbetrug an. Gleichwohl begeht er die Tat und nimmt billigend den Tod von Menschen in Kauf; d. h. er handelt mit bedingtem Mordvorsatz. *(Fi)*

Vorsichtszettel, nach → *GGVSE* ein auf die Spitze gestelltes rotes Dreieck (mindestens 74 mm hoch, 105 mm breit) mit Ausrufezeichen; Bedeutung: Eisenbahnwaggon vorsichtig verschieben. Sind drei Vorsichtszettel zusammen angeordnet, so bedeutet dies, dass ein massenexplosionsgefährlicher Stoff, z. B. Schwarzpulver, Chlor oder Phosgen geladen ist und der Waggon deshalb nicht vom Abrollberg ablaufen darf. *(Fl)*

Vorwarnzeit (nach VdS-Richtlinie und der BGR 134, Sicherheitsregel für CO_2-Feuerlöschanlagen des Hauptverbandes der gewerblichen Berufsgenossenschaften), die Zeit zwischen der → *Meldung* eines Brandes durch automatische → *Melder* und der Löschmittelfreigabe, z. B. 30 Sekunden. In der Vorwarnzeit ertönt ein nicht verwechselbares Signal (Hupe, Sirene oder Fanfare), um alle Personen, die sich im Löschbereich befinden, zum sofortigen Verlassen des Raumes bzw. der Anlage zu veranlassen (Erstickungsgefahr!). In der Vorwarnzeit schließen die Türen automatisch, können jedoch von Hand noch geöffnet werden. Ventilation und Maschinen (elektrische Geräte) sollen über einen elektrischen Kontakt automatisch abgeschaltet werden.
Bei Verweilen im Löschbereich nach Beendigung der Vorwarnzeit muss mit schweren Gesundheitsschäden gerechnet werden. Der Aufenthalt im → *Flutungsbereich* einer CO_2-Löschanlagen nach Ende der Vorwarnzeit ist lebensbedrohend! *(Oe)*

VwV, Abk. für: → *Verwaltungsvorschrift. (Sr)*

Wachabteilungsführer, verantwortliche Führungskraft (Vorgesetzter) für die Einsatzkräfte einer Wachabteilung auf einer → *Feuerwache;* er ist während seines Dienstes für den gesamten Wachbetrieb verantwortlich. Im Einsatz nimmt er die Funktion des → *Zugführers* wahr. *(Sr)*

Wachalarmierungsanlage, drahtgebundene → *Alarmierungsanlage* zur Alarmierung der Einsatzkräfte auf einer Feuer- oder Rettungswache mit Hilfe von optischen und akustischen Signalen (Hupe, Wecker, Gong). *(Ge)*

Wachführer, verantwortliche Führungskraft für den gesamten Wachbetrieb einschließlich Geräte, Gebäude und Personal auf einer → *Feuerwache;* er ist Vorgesetzter der → *Wachabteilungsführer. (Sr)*

Wählverbindung, ein → *Übertragungsweg,* der bedarfsweise durch Vermittlungseinrichtungen aufgebaut wird; Gegensatz: → *Festverbindung. (Ge)*

Wahrschau (Seemannssprache: Warnung! Vorsicht!), ermahnender Zuruf zur Unfallverhütung. „Wahrschau" wird heute meist über Funkverkehr übermittelt, z. B. bei Sperrstellen, Unfallsituationen oder anderen unvorhersehbaren Ereignissen in der Schifffahrt. Zur ständigen Information der Schifffahrt besteht der sog. Nautische Informationsfunk (NIF). *(Mt)*

Waldbrand, Schadenfeuer auf forstwirtschaftlich genutzten Flächen. Begünstigt wird ein Waldbrand durch die Art des Baumbestandes (Nadel- oder Laubwald) und des Bodenbelages (z. B. Moos, Gräser, trockenes Laub, Zweige), durch Austrocknung des Waldes und durch niedrige Luftfeuchtigkeit.
Man unterscheidet die Waldbrandarten → *Bodenfeuer,* → *Wipfelfeuer* (Kronenfeuer) und → *Erdfeuer,* die jeweils nach der → *Brandausbreitungsgeschwindigkeit* in rasch und langsamlaufende Feuer unterteilt werden. Charakteristisch für Waldbrände ist die Ausbildung ovaler oder kreisförmiger → *Brandflächen;* Löschverfahren und Einsatzmaßnahmen: → *Waldbrandbekämpfung.*
Markante Waldbrände in Deutschland waren in den letzten 25 Jahren: August 1975 Landkreis Celle (6240 ha), Mai 1976 Landkreis Celle (740 ha), August 1993 Weißwasser bei Hoyerswerda (150 ha). *(Ha)*

Waldbrandbekämpfung, Durchführung geeigneter Maßnahmen und Verfahren, die zur Verhinderung der Ausbreitung und zum Löschen eines → *Waldbrandes* eingesetzt werden.
Brandbekämpfungstaktik: → *Abriegeln* des brennenden Gebietes vom umgebenden Forst und gleichzeitig umfassender Löschangriff. Zum Abriegeln werden Waldstreifen abgeholzt, Brandschutzstreifen aufgepflügt, Gräben gezogen und → *Gegenfeuer* gelegt. Der Brand wird durch Ausschlagen (Schaufeln, Feuerpatsche), Abdecken mit Sand oder Erde sowie durch Einsatz von Wasser (ggf. Waldbrandbekämpfung aus der Luft) gelöscht. *(Ha)*

Wandhydrant, an einer → *Steigleitung nass* oder *nass/trocken* angeschlossene → *Feuerlösch-Schlauchanschlusseinrichtung,* an der ein → *Druckschlauch* WA oder WB mit einem → *Strahlrohr* angekuppelt sind. *(Br)*

Wärme → *Wärmemenge. (Ha)*

Wärmeabzug, brandschutztechnisches Bauteil mit der Aufgabe, bei fortentwickelten Bränden heiße Rauchgase *(→ Rauch)* abzuführen. Im Gegensatz zu → *Rauch-* und Wärmeabzügen, die bereits vor dem Durchzünden eines Brandes ihre wesentliche Wirkung entfalten, sollen Wärmeabzüge erst nach dem Durchzünden möglichst lange die Konstruktion vor dem Versagen infolge Temperatureinwirkung schützen.
Als Wärmeabzüge werden z. B. in Industriehallen abschmelzende Flächen, z. B. aus Polycarbonat, eingesetzt. Bei der Auswahl des Werkstoffs ist darauf zu achten, dass die Materialien der Baustoffklasse B 1 (schwerentflammbar) entsprechen. *(Ki)*

Wärmebildkamera, Messgerät, das die als → *Infrarot-Strahlung* messbare unterschiedliche Temperatur erwärmter Gegenstände in der Umgebung aufnimmt und als Schwarzweiß-Bild auf einem Bildschirm wiedergibt. Die verschiedenen Temperaturgrade erscheinen als unterschiedliche Graustufen. Stellen hoher Temperatur werden als weiße Zonen, Stellen niedriger Temperatur als dunkle Zonen abgebildet.
Das dargestellte Bild kann über einen Videoanschluss auf einen Bildschirm übertragen werden.
Wärmebildkameras sind wichtige Hilfsmittel bei der Suche nach vermissten Personen und bei Brandeinsätzen, wenn versteckte → *Brandnester* gesucht werden, beispielsweise in Dehnungsfugen. *(Rö)*

Wärmedämmstoffe → *Baustoffe* mit niedriger → *Wärmeleitfähigkeit*, z. B. 0,02 bis 0,05 W/(m · K), die die Wärmeverluste von Gebäuden verringern. Da die größten Wärmeverluste aufgrund der → *Wärmeleitung* durch die → *Außenwände* und die → *Dachhaut* entstehen, werden hauptsächlich diese → *Bauteile* mit Wärmedämmstoffen verkleidet. Beispiele für Wärmeleitstoffe sind Glaswolle, Steinwolle, Korkplatten, Polyurethan-Hartschaum, Polystyrol-Hartschaum, Zellulosedämmstoff, Schafwolle.
Bei starker Wärmeeinwirkung, z. B. im Brandfall, kann es dabei zu einem → *Schwelbrand* der Wärmedämmstoffe kommen. Diese sind schwer zu lokalisieren und zu bekämpfen. Zur Lokalisierung des Brandherdes kann eine → *Wärmebildkamera* eingesetzt werden. *(Bt)*

Wärmedurchgang, Übertragung der Wärme von einem flüssigen oder gasförmigen Stoff durch eine Wandung (fester Stoff) zu einem anderen flüssigen oder gasförmigen Stoff (DIN 14011 Teil 1); Beispiele: Heizkörper einer Warmwasserheizung, Autokühler.
Der Wärmedurchgang vollzieht sich in drei Phasen:
- dem → *Wärmeübergang* vom flüssigen bzw. gasförmigen Stoff an den festen Stoff,
- der → *Wärmeleitung* im festen Stoff (Wandmaterial) und
- dem erneuten Wärmeübergang vom festen Stoff an den flüssigen bzw. gasförmigen Stoff. *(Ha)*

Wärmedurchgangszahl, auch Wärmedurchgangskoeffizient, gibt an, welche → *Wärmemenge* in 1 Sekunde bei einer Temperaturdifferenz ΔT von 1 K (Kelvin) durch die Oberfläche einer Stoffschicht geht. Sie ist abhängig von der → *Wärmeleitfähigkeit*, der → *Wärmeübergangszahl* und der Schichtdicke.

Formelzeichen k, Einheit $J/m^2 \cdot s \cdot K$ oder $W/m^2 \cdot K$ *(Ha)*

Wärmekapazität (Wärmefassungsvermögen; früher Wärmeinhalt) ist die → *Wärmemenge Q,* die zur Erwärmung eines Stoffes um 1 K notwendig ist; Formelzeichen *C*; Einheit: *J/K* (Joule je Kelvin); Berechnung: $C = Q/\Delta T$; Beispiel: Die aufgenommene und mitgeführte Wärmemenge in heißen Brandgasen.
Um bei gleichen Massen verschiedener Stoffe, ausgehend von gleichen Temperaturen, gleiche Temperaturerhöhungen herbeizuführen, müssen unterschiedliche Wärmemengen zugeführt werden, d. h. jeder Stoff besitzt eine eigene Wärmekapazität. Sie hängt mit der → *spezifischen Wärmekapazität c* je Masse m eines Stoffes in folgender Form zusammen: $C = m \cdot c$;
– spezifische Wärmekapazität (auch massebezogene Wärmekapazität, früher: spezifische Wärme) ist eine Stoffeigenschaft und zahlenmäßig gleich der Wärmemenge, die erforderlich ist, um 1 kg eines Stoffes um 1 K (Kelvin) zu erwärmen, d. h. sie ist keine Wärmemenge, sondern ein Proportionalitätsfaktor; Formelzeichen: c; Einheit: J/(kg · K); Beispiel: Wasser hat eine spezifische Wärmekapazität von $c_{Wasser} = 4{,}19$ kJ/(kg · K); das ist eine sehr große spezifische Wärmekapazität, daher das beste kühlende Löschmittel (weitere Werte siehe *Tabelle*).
Bei Gasen muss zwischen den spezifischen Wärmekapazitäten unterschieden werden, die bei konstantem Druck c_p und bei konstantem Volumen c_v festgestellt werden. Wird ein Gas unter konstantem Druck erwärmt, so dehnt es sich aus und muss neben der Erwärmung zusätzliche Arbeit, z. B. gegen den Atmosphären-

Stoff*	**spezifische Wärmekapazität c** *in kJ/(kg · K)*
feste Stoffe	
Aluminium	0,95
Baumwolle	1,15
Blei	0,13
Bronze	0,38
Glas	0,70
Graphit	0,61
Holz, Eiche	1,76
Holz, Fichte	2,79
Korkplatten	1,88
Leder	1,50
Magnesium	1,05
Natrium	1,26
Paraffin	2,90
Papier	1,20
Schwefel	0,72
Stahl	0,47
Steinkohle	1,26
Wolle	1,72
Ziegelmauerwerk	0,84
Zinn	0,22
Zucker	1,25
flüssige Stoffe	
Aceton	2,13
Benzol	1,74
Ethanol	2,43
Glyzerin	2,43
Heizöl	2,04
Methanol	2,52
Siliconöl	1,47
Terpentin	1,72
Transformatorenöl	2,09
Trichlormethan	2,09
Wasser	4,19
gasförmige Stoffe	
Acetylen	1,62
Ammoniak	2,06
Chlor	0,47
Ethan	1,65
Ethylen	1,46
Kohlendioxid	1,04
Kohlenmonoxid	0,82
Luft	1,01
Methan	2,17
Propan	1,55
Schwefeldioxid	0,59
Stickstoff	1,04
Wasserstoff	14,05

* feste und flüssige Stoffe bei 20 °C, gasförmige bei Normalbedingungen (20 °C, 1013 bar)

druck, leisten. Diese Arbeit entfällt beim Erhalt des Volumens; daraus folgt: $c_p > c_v$. *(Ha)*

Wärmeleitfähigkeit (Wärmeleitvermögen, früher: Wärmeleitzahl); eine Materialeigenschaft, die das Vermögen eines Stoffes zur → *Wärmeübertragung* kennzeichnet. Sie ist die Wärmemenge Q in J (Joule), die in 1 Sekunde durch eine Fläche von 1 m^2 einer 1 m dicken Stoffschicht hindurchgeht, wenn zwischen den beiden Schichtseiten eine Temperaturdifferenz ΔT von 1 K (Kelvin) besteht. Formel: $\lambda = q \cdot \sigma / \Delta T$ (q = Wärmestromdichte [W/m^2], σ = Stoffdicke [m], ΔT = Temperaturdifferenz K). Die Wärmeleitfähigkeit ist stark temperaturabhängig. *(Tabelle)* Formelzeichen: λ; Einheit: W/(m · K) oder J/(s · m · K). *(Ha)*

Stoff	**Wärmeleitfähigkeit** *in W/(m · K)*
Holzwerkstoffe	
Pressspanplatten	0,13
Holzfaserplatten, hart	0,17
Buche	0,17
Eiche	0,21
Fichte	0,13
Kiefer	0,13
Metalle	
Kupfer	380
Aluminium	220
Blei	35,3
Gusseisen	48,8
Stahl	50 ... 60
Zink	113
Mauerwerk	
Vollziegel	0,5
Lochziegel	0,5
Beton, normal	2,1
Gipskartonbauplatten	0,21
Gasbetonsteine	0,24
Dämmstoffe	
Glaswolle	0,03
Dachpappe	0,15
Steinwolle	0,035
Korkplatten	0,045 ... 0,055
Polyurethan-Hartschaum	0,02 ... 0,035
sonstige Stoffe	
Porzellan	0,8 ... 0,9
Glas	0,6 ... 0,9
flüssige Stoffe	
Wasser	0,6
Heizöl	0,1
Benzin	0,14
Maschinenöl	0,126
gasförmige Stoffe	
Luft	0,02
Stadtgas	0,055
Ammoniak	0,020
Acetylen	0,017
Wasserstoff	0,163

Wärmeleitung, Form der → *Wärmeübertragung* in einem festen, flüssigen oder gasförmigen Stoff zwischen unmittelbar benachbarten Teilchen. Sie tritt in ruhenden oder unbewegt gedachten Medien auf und ist stets von Orten höherer Temperatur zu Orten niederer Temperatur gerichtet; Entstehung eines → *Wärmestromes.*
Für die durch Wärmeleitung transportierte Wärmemenge Q kann gelten:
$Q = \lambda A t \Delta t / l$; ($\lambda$ = Wärmeleitfähigkeit [W/m · K] oder [J/m · k]; A = Querschnittsfläche des Leiters [1 m^2]; t = Zeitdauer der Wärmeleitung 1 s; Δt = Temperaturdifferenz längs der Länge des Wärmeleiters [1 K]; l = Länge des Wärmeleiters [1 m]). Formel gilt nur für stationäre Wärmeleitung. *(Ha)*

Wärmemelder, automatischer Brandmelder *(→ Melder),* der auf eine bestimmte Temperatur anspricht; Arten: → *Differenzialmelder* und → *Maximalmelder. (Ge)*

Wärmemenge, die einem Körper beim Erwärmen zugeführte bzw. beim Abkühlen entzogene Energie (Wärmeenergie); Formelzeichen: Q. Sie hat die Einheit Joule (J) und berechnet sich aus der spezifischen → *Wärmekapazität c* der

Masse m des betreffenden Stoffes (in kg) und der → *Temperaturdifferenz* (in K); Formel: $Q = m \cdot c \cdot \Delta T$. *(Ha)*

Wärmestauung (auch: Wärmestau): Vorgang, bei dem einem Stoff mehr Wärme zugeführt als durch → *Wärmeübertragung* abgeführt wird; Folge: → *Temperaturerhöhung,* Steigerung der → *Reaktionsgeschwindigkeit* annähernd nach der → *van't Hoffschen Regel,* weitere Wärmeerzeugung; Erreichen der → *Zündtemperatur* ist möglich. Wärmestauung ist eine Voraussetzung für die → *Selbstentzündung* von Stoffen.
Die Wärmestauung kann eine → *Brandursache* sein; Beispiele:
- Fernsehgerät in einer Schrankwand ohne ausreichende Luftzirkulation;
- Durchführung eines Rauchrohres durch eine Holzwand ohne Isolation. *(Ha)*

Wärmestrahlung, elektromagnetische Strahlung, die ein Stoff infolge seiner Temperatur unter Abgabe eines Teiles seines Wärmeinhaltes an die Umgebung aussendet (DIN 14011 Teil 1). Bei der Ausbreitung ist Wärmestrahlung nicht an Materie gebunden. Wird Wärmestrahlung von einem Körper absorbiert, so wird die Strahlungsenergie wieder in Teilchenbewegung umgesetzt: der Körper erwärmt sich.
Die Wärmestrahlung, die von der Fläche eines Körpers ausgesandt wird, ist der 4. Potenz seiner absoluten Temperatur in Kelvin proportional (Stefan-Boltzmannsches Gesetz); Folge: eine Verdoppelung der Brandtemperatur, z. B. von 800 °C auf 1600 °C, zieht im Verhältnis eine stärkere Steigerung der Strahlungsintensität – im Beispiel um das 9fache – nach sich. Die Intensität der Wärmestrahlung nimmt mit dem Quadrat der Entfernung von der Strahlungsquelle ab, d. h. bei doppelter Entfernung auf $^1/_4$, bei dreifacher Entfernung auf $^1/_9$.
Beispiel für Wärmestrahlung: Sonnenstrahlung; Wärmestrahlung kann die Ursache einer Brandausweitung sein, z. B.:
- von einem brennenden Haus zu einem anderen Haus über die Straßen hinweg oder
- bei Waldbränden über Wege und Freiflächen. *(Ha)*

Wärmestrom, ist die je Zeiteinheit bewegte → *Wärmemenge.*
Formelzeichen: $\dot{Q}$;
Einheit W (Watt) oder J (Joule) je Sekunde. Er errechnet sich nach der Formel: $\dot{Q} = k \cdot A \cdot \Delta T$
($\dot{Q}$ = Wärmestrom [W] oder [J/sec]; k = Wärmedurchgangskoeffizient [W/(m² · K)]; A = durchströmte Fläche [m]; ΔT = Temperaturdifferenz [K]).
Er beschreibt den stationären Wärmedurchgang, d. h. die Temperaturdifferenz bleibt während der Zeitdauer des Durchganges konstant. *(Ha)*

Wärmestromdichte, ist der → *Wärmestrom,* der je Flächeneinheit in einer Zeiteinheit freigesetzt wird. Formelzeichen $\dot{q}$; Einheit: W/m², Berechnung: $\dot{q} = \dot{Q}/A$. Sie ist abhängig
- bei der → *Wärmeleitung* von der Wärmeleitfähigkeit und der Temperaturdifferenz innerhalb des Wärmeleiters,

Wärmestromdichte	Wirkung auf den menschlichen Körper
≈ 0,4 W/cm²	Schmerz nach 10 bis 20 s
≈ 1,0 W/cm²	Schmerz nach 3 s Blasen nach 10 bis 20 s

- bei der → *Wärmestrahlung* von der Temperatur des strahlenden

Körpers und dem Abstand zum strahlenden Körper.
Zur Entzündung von Holz ist eine Wärmestromdichte von 1,1 bis 1,3 W/cm^2 erforderlich. *(Ha)*

Wärmeströmung → *Konvektion. (Ha)*

Wärmetransport, andere Bezeichnung für → *Wärmeübertragung. (Ha)*

Wärmeübergang, Übertragung der Wärme von einem strömenden gasförmigen oder flüssigen Stoff an die Begrenzungswände des Stoffes.
Der Wärmeübergang ist insbesondere abhängig von der Zeit, der → *Temperaturdifferenz,* der Strömungsgeschwindigkeit der Flüssigkeit bzw. des Gases und der Oberflächenbeschaffenheit der Wandung. Formel: $\dot{Q} = \alpha \cdot A \cdot \Delta T$ ($\dot{Q}$ = Wärmestrom [W], α = Wärmeübergangskoeffizient [W/m^2 · K], A = durchströmte Fläche [m^2], ΔT = Temperaturdifferenz [K]). *(Ha)*

Wärmeübergangszahl, auch Wärmeübergangskoeffizient, ist eine die → *Wärmeströmung* charakterisierende Größe, die von der Oberflächengestalt, der Lage und der Oberflächenbeschaffenheit der Durchtrittsfläche – bei einer erzwungenen → *Konvektion* auch von der Strömungsgeschwindigkeit – abhängig ist. Bestimmung der Wärmeübergangszahl für einen bestimmten Fall ist sehr schwierig. Formelzeichen α, Einheit W/(m^2 · K). *(Ha)*

Wärmeübertragung (auch: Wärmetransport), Sammelbegriff für die Überführung von Wärme von einem Ort zu einem anderen. Sie erfolgt immer von Stellen höherer Temperatur zu Stellen mit niedrigerer Temperatur.
Wärmeübertragung ist meist eine Kombination von → *Wärmeleitung* (in festen Stoffen), → *Konvektion* (in Gasen und Flüssigkeiten) und → *Wärmestrahlung* (von festen und flüssigen Stoffen ausgehend); → *Wärmeübergang;* → *Wärmedurchgang.*
Die Feststellung der Wärmeübertragung von einer → *Zündquelle* auf einen → *brennbaren* Stoff ist Bestandteil der → *Brandursachenermittlung. (Ha)*

Wandler, Gerät, das eine elektrische Größe umwandelt in eine elektrische Größe anderer Form oder anderer Art; Beispiel: beim Spannungswandler wird die Eingangsspannung von 12 Volt Gleichstrom auf eine Ausgangsspannung von 230 V Wechselstrom gebracht, um netzbetriebene Geräte in Kraftfahrzeugen versorgen zu können. *(Ge)*

Warneinrichtung;
– akustische: an einem Feuerwehrfahrzeug angebrachte Signaleinrichtung, z. B. ein Warnhorn, das – in Verbindung mit dem (blauen) Blinklicht – dazu dient, das Sonderrecht gegenüber anderen Verkehrsteilnehmern im Straßenverkehr anzuzeigen; Beispiel: Warneinrichtung DIN 14610 PM (akustische Warneinrichtung mit pneumatisch betriebenen Signalgebern), sog. Martinshorn. Es gibt auch akustische Warneinrichtungen mit elektronischer Klangerzeugung (EK); *(Fl)*
– bei Regenerationsgeräten mit Drucksauerstoff: Einrichtung, die den → *Atemschutzgeräteträger* warnt, dass er das Ventil der Sauerstofflasche noch nicht geöffnet hat oder dass der Sauerstoffvorrat zu Ende ist (DIN EN 145).

Das Regenerationsgerät kann nämlich ohne Öffnen der Sauerstoffflasche beatmet werden, da in den → *Atembeutel* geatmet werden kann (Kreislauf). Dieses würde jedoch zum Ersticken des Atemschutzgeräteträgers führen; *(Zi)*
– **bei Behältergeräten**: Die Warneinrichtung spricht an, wenn der Flaschendruck in der → *Atemluftflasche* nur noch 55 bar ± 5 bar beträgt (DIN EN 137).
ACHTUNG! Das Warnsignal bei Atemschutzgeräten darf keinesfalls als Rückzugsignal verstanden werden, da bei Regenerationsgeräten mit Drucksauerstoff beim Ertönen des Warnsignals im Einsatz der Sauerstoffvorrat bereits zu Ende ist und bei Behältergeräten nur noch ein bestimmtes Restvolumen an → *Atemluft* vorhanden ist (Berechnung des Restvolumens siehe → *Atemluftvorrat).* Für den Rückzug ist jedoch ein Atemluft- bzw. Sauerstoffvorrat notwendig, der das Doppelte beträgt, als für den Anmarschweg benötigt wurde; Beispiel: Anmarschweg Druckverbrauch 50 bar; Rückzug bei 100 bar Restdruck; Begründung: erhöhter Atemluftbedarf beim Rückzug durch Belastung und Gefahr durch Behinderung des Rückweges (Einsturz, Umstürzen von Einrichtungsgegenständen). *(Zi)*

Warnschild (im Strahlenschutz) zur Warnung vor radioaktiven Stoffen oder Strahlern: gelbes Dreieck mit schwarzem „Flügelrad" nach DIN 25400 oder DIN 4844 Teil 1 und 2. *(Kl)*

Warnschwelle → *Dosiswarngerät. (Kl)*

Warnsignal (bei Atemschutzgeräten) → *Warneinrichtung. (Zi)*

Warnsymbole für Blinde: Nach EN 272 müssen Gefahrstoffverpackungen, die für jeden zugänglich sind, mit ertastbaren Warnsymbolen für Blinde gekennzeichnet sein.
In der Praxis wird eine geprägte transparente Folie über ein farbig gedrucktes Gefahrensymbol geklebt. Das Gefahrensymbol ist so normal zu erkennen und für Blinde zu ertasten. *(Oe)*

Warntafel, orangefarbene Hinweistafel auf → *Gefahrgut* beim Transport gefährlicher Güter auf der Straße oder Eisenbahn; Abmessungen: mindestens 400 mm breit und 300 mm hoch, mit 15 mm breitem schwarzen Rand.
Die Warntafel befindet sich an der Front- und an der Heckseite von Straßenfahrzeugen, bei Tankfahrzeugen zusätzlich an beiden Längsseiten der Kammern, bei Kesselwagen der Eisenbahn an beiden Längsseiten im Anschriftenfeld.
Nur bei Tankfahrzeugen, insbesondere an den Längsseiten der Kammern, Fahrzeugen für Schüttgüter (z. B. feste ölhaltige Abfälle) und Kesselwagen tragen die Warntafeln Ziffern, und zwar im oberen Teil die → *Gefahrnummer* und im unteren Teil die → *UN-Nummer.* Beide Tafelhälften sind durch einen schwarzen, 15 mm breiten Strich getrennt. Die Ziffern müssen nach einer Beflammung von 15 Minuten lesbar bleiben.
Beispiel: Die orangefarbene Warntafel für Salzsäure trägt in der oberen Hälfte der Warntafel die Gefahrnummer 80, in der unteren Hälfte die UN-Nummer 1789.
In Ausnahmefällen kann zur Kennzeichnung von Personenkraftwagen eine orangefarbige Warntafel in verkleinerter Ausfüh-

Tabelle: **Warnzeichen** nach BGV A8 (Auswahl)

 W 9	Warnung vor einer Gefahrenstelle	 W 8	Warnung vor gefährlicher elektrischer Spannung	 W 1	Warnung vor feuergefährlichen Stoffen
 W 7	Warnung vor Flurförderfahrzeugen	 W 2	Warnung vor explosionsgefährlichen Stoffen	 W 20	Warnung vor Gefahren durch elektrische Batterien
 W 10	Warnung vor Laserstrahl	 W 4	Warnung vor ätzenden Stoffen	 W 5	Warnung vor radioaktiven Stoffen oder ionisierenden Strahlen
 W 3	Warnung vor giftigen Stoffen	 WS 5	Warnung vor magnetischem Feld	 W 16	Warnung vor Biogefährdung

Tabelle: Wassergefährdungsklassen

Wassergefährdungsklasse	Definition	Beispiele
1	schwach wassergefährdend	Salzsäure
2	wassergefährdend	Xylol
3	stark wassergefährdend	Quecksilber

Zur Ermittlung der Wassergefährdungsklasse werden die Stoffe geprüft auf
- akute orale Säugetiertoxität,
- akute Fischtoxität,
- akute Bakterientoxität und
- biologisches Abbauverhalten.

rung (300 mm breit, 150 mm hoch) benutzt werden. *(Fl)*

Warnzeichen (Warnschild), ein → *Sicherheitszeichen* nach DIN 4844 Teil 1 und DIN 40 008, DIN 58 956 und BGV A 8, das vor einer Gefahr warnt; Beispiele: „Warnung vor feuergefährlichen Stoffen" (W 01) oder „Warnung vor explosionsgefährlichen Stoffen" (W2). Das Warnzeichen hat Dreieckform, ist gelb mit schwarzer Umrandung und schwarzem Symbol *(Tabelle)*. Für einige Warnzeichen gibt es → *Zusatzzeichen* in derselben Farbstellung, jedoch rechteckig, z. B. „Hochspannung, Lebensgefahr" und „Laserstrahl". *(Oe)*

Wartung sind nach DIN 31 015 Maßnahmen, um den → *Sollzustand* von technischen Mitteln zu erhalten; Beispiele: Wartung von Kraftfahrzeugen, Feuerlöschern, Funkanlagen. *(Ge)*

Wartung und Prüfung von tragbaren Feuerlöschern → *Feuerlöscher, tragbare. (Oe)*

Wasser (als Löschmittel) → *Löschwasser. (Oe)*

25-%-/50-%-Wasserabscheidung; Zeitraum, der benötigt wird, bis 25%/50 % des Volumens der Ausgangsschaummittellösung aus dem erzeugten Schaum ausgeschieden ist. Früher als Wasserhalbzeit (WHZ) bezeichnet. 50-%-Wasserabscheidung = 10 min bedeutet, dass von dem Volumen eines Wasser/Schaummittelgemisches von z. B. 10 l, die Hälfte des Wasser-Schaummittel-Gemisches (im Beispiel 5 l) nach 10 min als Flüssigkeit ausgeschieden ist. *(Kl)*

Wasser-Aerosol-Löschtechnik → *Wasservernebelungsanlage. (Oe)*

Wasserdurchfluss (von Strahlrohrmundstücken), ermittelt sich mit Hilfe der Ausflussgleichung für Düsen; Formel: $Q = a \cdot A \sqrt{2 \cdot g \cdot p \cdot k}$, wobei

- Q Wasserdurchfluss in l/min,
- a Ausflussfaktor (0,97 bis 0,998),
- A Querschnitt des Mundstücks bzw. der Düse in m^2,
- g Fallbeschleunigung = 9,81 m/s^2,
- p Druck in bar,
- k = 10,1971 Umrechnungsfaktor für die Umrechnung von mWs (Meter Wassersäule) in bar.

Die vereinfachte Zahlenwertgleichung mit a = 0,99 lautet nach DIN 14200: $Q = 0{,}66 \cdot d^2 \cdot \sqrt{p}$, wobei Q in l/min, d in mm und p in bar eingesetzt werden. *(Fl)*

wasserfilmbildende Schaummittel → *Schaummittel. (Kl/Oe)*

Wassergas, ein giftiges, brennbares und explosionsgefährliches Gasgemisch, das aus 50 % Wasserstoff, 40 % → *Kohlenmonoxid* und 10 % Wasserdampf mit → *Kohlendioxid* besteht. Es bildet sich hauptsächlich bei der Brandbekämpfung glühender Kohlen, z. B. beim Löschen von brennendem Koks mit Wasser;
$C + H_2O \rightarrow CO + H_2$. *(Bt)*

Wassergefährdungsklasse, Ziffern zwischen 1 und 3, die Stoffen zugeordnet sind, um ihre Wassergefährdung darzustellen. (s. *Tabelle*).
Zur Ermittlung der Wassergefährdungsklasse werden die den Stoffen zugeordneten Gefahrensätze nach → *Chemikaliengesetz* herangezogen *(→ R-Sätze),* die mit einer Punktzahl bewertet werden. Die Summe der Punkte entscheidet über die Zuordnung zu einer Wassergefährdungsklasse. *(Fl)*

Wasserhalbzeit (WHZ), → *25-%-/50-%-Wasserabscheidung. (Kl)*

Wasserlöschanlagen, ortsfeste Löschanlage mit dem Löschmittel Wasser, z. B. Sprinkleranlage, → *Wasservernebelungsanlagen* oder Sprühwasseranlagen (auch „Regenvorhang" genannt).
Prinzip: In fest verlegten Rohrleitungen sind Löschdüsen eingebaut.
Bei Sprinkleranlagen erfolgt die Löschmittelfreigabe über → *Sprinkler,* die in die Rohrleitungen eingebaut sind. Es öffnen nur die vom Brand betroffenen Sprinkler.
Bei Sprühwasseranlagen erfolgt die Löschmittelfreigabe über eine Erkennungseinheit, z. B. einen Rauchmelder und einer Auslöseeinheit, z. B. von einer Brandmeldeanlage gesteuertes Fernschalt-

ventil. Es wird das ganze Objekt geflutet. *(Oe)*

Wasserlöscher, ein → *Feuerlöscher* (→ *Aufladelöscher* oder → *Dauerdrucklöscher* mit Wasser als → *Löschmittel;* Funktion: Durch Betätigen der Auslösearmatur wird das Wasser durch erzeugten Druck (Aufladelöscher) oder durch gespeicherten Druck (Dauerdrucklöscher) über ein Steigrohr zur Auswurfvorrichtung (Schlauch mit Unterbrechungseinrichtung, z. B. Löschpistole) in Form eines Wasserstrahls ausgestoßen.
Durch Zusatz von Frostschutzmitteln wird der Wasserlöscher im Temperaturbereich von + 60 bis – 30 °C einsetzbar.
–, fahrbarer: ein W 50 → *Aufladelöscher* mit dem → *Löschmittel* Wasser zum Transport und Bedienung durch eine Person; Füllmenge: 50 Liter Wasser (W 50) und außen angebrachter → *Treibgasflasche* mit Stickstoff als Treibgas; Einsatzgebiete: Sägereien, Lagerhallen für Papier und Kartonagen. Der W 50 hat einen 5 oder 10 m langen Auswurfschlauch mit einer Löschpistole. *(Oe)*

Wasserlöslichkeit, Eigenschaft eines Stoffes, in Wasser homogene Gemenge zu bilden.
Nicht wasserlösliche, leichtere Stoffe als Wasser können auf Wasser eingegrenzt und abgesaugt werden *(→ Ölabscheider).* Dies ist bei wasserlöslichen Stoffen nicht der Fall. Sie können bei Austritt in Wasser nicht mehr abgesaugt bzw. aufgenommen werden und entfalten voll ihre schädigende Wirkung auf Wasserlebewesen.
Wasserlösliche brennbare Flüssigkeiten müssen mit Schaum aus alkoholbeständigen Schaummitteln gelöscht werden; Beispiele: nicht oder nur gering wasserlöslich: Benzol; wasserlöslich: Ethylalkohol. *(Fl)*

Wassernebel → *Hochdrucknebel. (Oe)*

Wassernebel-Löschtechnik → *Wasservernebelungsanlage. (Oe)*

Wasser-Schaummittel-Gemisch, eine Mischung aus Wasser und → *Schaummittel* zur Erzeugung von Schaum. Das prozentuale Verhältnis von Wasser und Schaummittel hängt von der am → *Zumischer* eingestellten → *Zumischung* ab. *(Kl)*

Wasserschutzpolizei (WSP), Spezialeinheit der Polizei der Bundesländer mit polizeilichen Aufgaben auf den schiffbaren Wasserstraßen, z. B. Rhein, Neckar, Küstengewässer, der sonstigen schiffbaren Gewässer (z. B. Bodensee) einschließlich der Nebenanlagen, Schleusen, Häfen und Werftanlagen, soweit dafür nicht andere Stellen zuständig sind (z. B. LKA).
Hauptaufgaben: Überwachung der Vorschriften für den Schiffsverkehr, Gewässerschutz, Schutz von Veranstaltungen und die Bearbeitung von Schiffs- und Personenunfällen in den oben genannten Bereichen.
Die zusätzliche Aus- und Fortbildung der Beamten der Wasserschutzpolizeien aller Länder erfolgt an der Wasserschutzpolizeischule Hamburg. *(Mt)*

Wassersprühnebelanlage, eine spezielle Art der Wassernebel- oder Hochdruck-Wassernebelanlage; eine ortsfeste Löschanlage mit fest verlegten Rohrleitungen, speziellen Löschdüsen, Ventilstationen, Auslöseeinheiten und einer Wasserversorgung.

Prinzip: Der Wasserstrahl wird durch spezielle Löschdüsen und wegen des hohen Druckes in feinste Tropfen aufgespaltet; dadurch wird die Oberfläche der versprühten Wassermenge erheblich vergrößert; Ergebnis: Der Wassertropfen wird zum Wassernebel. Dieser legt sich wie ein Mantel um das zu schützende Objekt. Infolge des erhöhten Wärmebindungsvermögens wird dem Feuer Energie entzogen. Dabei verdampfen die feinsten Wassertröpfchen explosionsartig und verdrängen den Sauerstoff in der Umgebung: das Feuer erstickt.
Infolge der Aufspaltung der Wassertropfen in Wassernebel wird die Löscheffektivität erhöht; gleichzeitig werden die Wasserschäden minimiert.
Wassersprühnebelanlagen schützen Räume und Objekte, z. B. Dampf- oder Gasturbinen und Motorenprüfstände. Wichtig ist die richtige Auswahl der Löschdüsen und der erforderliche Betriebsnenndruck an den Düsen. Für einen Wassertropfendurchmesser von 400 μm (= 0,04 mm) benötigt man an den Löschdüsen einen Betriebsnenndruck von etwa 4,0 MPa. *(Oe)*

Wassersprühnebel-Löschtechnik → *Wasservernebelungsanlage. (Oe)*

Wasserunfall, ein Unfall, bei dem ein Mensch oder ein Tier zu ertrinken droht; Anlass für → *Technische Hilfeleistung* der Feuerwehr (DIN 14011 Teil 3). *(Ma)*

Wasservernebelungsanlage nennt man eine spezielle Form einer ortsfesten und mobilen Wasserlöschanlage. Die Anlage arbeitet mit einem Wasserdruck von 30 bis 250 bar und drückt mit diesem hohen Druck das Wasser auf spezielle Düsen, meist auf sog. Dralldrüsen mit vorwiegend horizontaler Sprührichtung. Wegen des hohen Drucks wird das Wasser in feinste Tropfen zerstäubt (Durchmesser der überwiegenden Tropfenmenge < 0,1 mm) und die Oberfläche der Wassermenge erheblich vergrößert *(Tabelle)*. Das Wasser tritt wie eine Art Nebel aus den Düsen aus und verteilt sich über den gefährdeten Bereich; es löscht durch Verdrängen von Sauerstoff und der Kühlwirkung von Wasser (Wärme- und Energieentzug).

Mittlerer Tropfendurchmesser in μ	Bezeichnung der Strahlart
≥ 10	Wasser-Aerosol
> 10 bis 100	Wassernebel
> 100 bis 400	Wassersprühnebel
> 400 bis 1 000	Sprühwasser
> 1 000 bis 6 000	Grobsprühwasser

Die Löschwirkung beruht auf dem Zerteilungsgrad des Wassers im Löschmittelstrahl (mittlerer Tröpfchendurchmesser) und auf dem an den Löschdüsen vorhandenen Betriebs-Nenndruck *(Tabelle)*.
Man spricht daher auch von Wasser-Aerosol-, Wassernebel-, Wassersprühnebel-, Sprühwasser- und Grobsprühwasser-Löschtechnik.
Wasservernebelungsanlagen können mit Niederdruck, Mitteldruck oder Hochdruck betrieben werden.

Löschtechnik	Düsen-Betriebsnenndruck in MPa
Niederdruck-	≤ 1,6
Mitteldruck-	> 1,6 bis ≤ 4,0
Hochdruck-	> 4,0

Wasservernebelungsanlagen können manuell oder über eine Erkennungseinheit, z. B. Rauch- oder Flammenmelder, ausgelöst werden. *(Oe)*

Wasserwand, Wasserschleier → *Hydroschild. (Zi)*

Wasserwerfer, auf ein → *Löschfahrzeug* stationär aufgebaute Vorrichtung zum Ausbringen von Löschwasser. Der Wasserwerfer besteht aus einem dreh- und schwenkbaren Unterteil und einem Oberteil mit Werfer-Strahlrohr. Wasserwerfer können auch Teil der → *feuerwehrtechnischen* Beladung von Feuerwehrfahrzeugen sein oder auf → *Feuerwehranhängern* aufgebaut sein. *(Fl)*

Wathose, bis über die Hüfte gehende Hose aus kunststoffbeschichtetem Gewebe (PVC/Polyamid), zum Schutz gegen Nässe. Die Nähte der Wathose sind verschweißt, die Gummistiefel anvulkanisiert.
Einsatz bei Hochwassereinsätzen, in überfluteten Gebäudeteilen und in flachen Gewässern.
Der Träger einer Wathose muss mit einer → *Sicherheitsleine* gesichert werden. Ggf. muss zusätzlich eine Rettungsweste getragen werden. *(Mt)*

Wechsellader-Einrichtung, hydraulisch betätigtes Hebelsystem zur Aufnahme von → *Abrollbehältern* bei → *Wechselladerfahrzeugen. (Fl)*

Wechselladerfahrzeug (WLF), ein Fahrzeug mit fest montierter → *Wechsellader-Einrichtung* zur Aufnahme und zum Transport von Wechselbehältern, z. B. für Atemschutz oder Umweltschutz, mit feuerwehrspezifischer Beladung, Die Besatzung besteht aus einem → *Trupp;*
– mit Abrollbehältern, ein → *Wechselladerfahrzeug* für den Transport von → *Abrollbehältern;* es besteht aus einem Fahrgestell mit Fahrerhaus zur Aufnahme einer Besatzung und einer fest auf dem Fahrgestell montierten → *Wechsellader-Einrichtung,* die zum Transport des jeweiligen Abrollbehälters dient; Beispiel: WLF 5 500-1 570 Wechselladerfahrzeug mit Abrollbehälter mit einer nutzbaren Länge von 5 500 mm, System 1 570.
Die Besatzung besteht aus einem → *Trupp,* mindestens aber aus einem Führer und einem Mann. Vorteil: Bei gleicher Verfügbarkeit werden weniger Feuerwehrfahrzeuge benötigt. Bei der Beschaffung geht man aus wirtschaftlichen und taktischen Aspekten von drei Wechselbehältern je Trägerfahrzeug aus. Feuerwehren, die mit Wechsellader-Systemen arbeiten, benötigen mindestens zwei Trägerfahrzeuge, um den Transport auch bei Ausfall eines Trägerfahrzeuges gewährleisten zu können. *(Fl)*

Wechselverkehr (früher: Wechselsprechen), eine → *Verkehrsart,* bei der die beteiligten Funkstellen nur abwechselnd senden oder empfangen; Internationale Bezeichnung: Simplex; Gegensatz: Duplex. *(Ge)*

Weckerlinienanlage, früher verwendete, zentral auszulösende drahtgebundene Alarmierungsanlage mit optischen und akustischen Alarmgeräten zur Alarmierung der dienstfreien Kräfte einer Berufs- oder Freiwilligen Feuerwehr. Weckerlinien wurden meist über feuerwehreigene Kabelanlagen betrieben. *(Ge)*

Wegerecht → *Einsatzfahrt. (Sr)*

Wehr; Begriff aus dem Wasserbau: feste oder mit einem beweglichen Verschluss versehene, meist senk-

Wellenbereiche

30 bis 300 kHz	bis 3 MHz	bis 30 MHz	bis 300 MHz	bis 3.000 MHz
10 bis 1 km Langwelle	1.000 bis 100 m Mittelwelle	100 bis 10 m Kurzwelle	10 bis 1 m VHF* (UKW)	1 m bis 1 dm UHF**

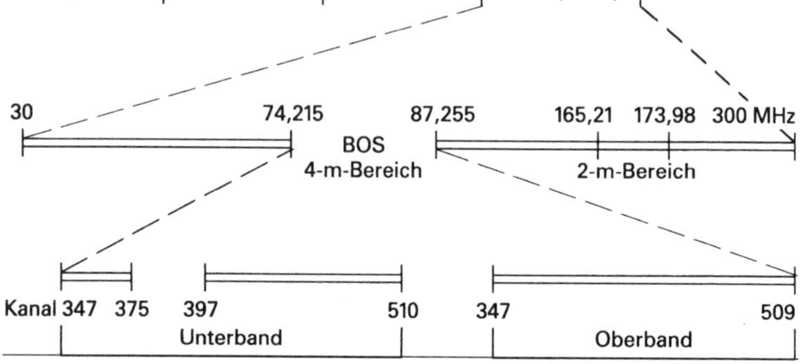

* VHF, Abk. für: Very High Frequency = sehr hohe Frequenz; Meterwellen
** UHF, Abk. für: Ultra High Frequency = ultrahohe Frequenz; Dezimeterwellen

recht zur Fließrichtung angeordnete Stauanlage für Wasser. Ein bewegliches Wehr dient zur Regulierung des Wasserstands.
Die Feuerwehren errichten, meist aus Brettern und Kanthölzern, provisorische (feste) Wehre, um z. B. in einem Bach eine ausreichende Wassertiefe zu erreichen. *(Br)*

Wehrführer ist die Bezeichnung für den Leiter einer Feuerwehr. Die Bezeichnung ist in den → *Feuerwehrgesetzen* der Länder geregelt. In einigen Ländern wird der Wehrführer als Kommandant, Feuerwehrkommandant, Ortsbrandmeister oder Gemeindebrandmeister bezeichnet. *(Sr)*

Weiterbildung, Wissensvermittlung mit dem Ziel, aufbauend auf das während der → *Ausbildung* erlernte Grundwissen, weiterführendes oder angrenzendes Spezialwissen zu vermitteln; Beispiel: Weiterbildung zum Drehleitermaschinisten; → *Fortbildung. (Sr)*

Weiterleiten, Sammelbegriff für die Weitergabe von Nachrichten, die aus behördeneigenen in andere eigene oder fremde Fernmeldenetze übergehen. *(Ge)*

Wellenbereich, Abschnitt aus dem Spektrum nutzbarer elektromagnetischer Wellen, benannt nach der jeweils mittleren Wellenlänge. Den → *BOS* sind zur Nutzung zugewiesen: 8-m-, 4-m-, 2-m- und 0,7-m-Bereich, jeweils unterteilt in Oberband und Unterband (s. Bild). *(Ge)*

Wendl-Tubus → *Nasopharyngealtubus. (Zi)*

Werkfeuerwehr (WF), → *Feuerwehr,* die von einem Betrieb zum Zweck des Brandschutzes und der Technischen Hilfeleistung eingerichtet und unterhalten wird.

Werkfeuerwehren sind wie Gemeindefeuerwehren ausgerüstet und ausgebildet. Ist die vom Betrieb eingerichtete Feuerwehr von der zuständigen Aufsichtsbehörde (→ *Aufsicht)* anerkannt, so wird sie als → *Werkfeuerwehr* bezeichnet; ist sie nicht anerkannt, wird sie als Betriebsfeuerwehr bezeichnet (gilt nicht in allen Bundesländern).
Die → *Dienstgrade* der hauptberuflichen Werkfeuerwehren entsprechen denen der Berufsfeuerwehren. *(Sr)*

Werkfeuerwehrangehöriger, Angehöriger einer → *Werkfeuerwehr;* i. d. R. Angestellte mit einer Ausbildung wie Angehörige einer Freiwilligen Feuerwehr, bei größeren Werkfeuerwehren mit hauptamtlichen Werkfeuerwehrangehörigen einer Ausbildung wie → *Berufsfeuerwehrangehörige. (Sr)*

WG, Abk. für: *Working Group* (engl.: = Arbeitsgruppe); führt die technische Normungsarbeit für das → *TC* durch, d. h. erarbeitet einen europäischen Normungsentwurf und leitet diesen dem zuständigen Technischen Komitee zu;
Beispiele aus dem Bereich des TC 192:
WG 1: Normung von Schläuchen zur Feuerbekämpfung;
WG 2: Normung von Feuerwehrpumpen;
WG 3: Normung von Feuerwehrfahrzeugen;
WG 4: Normung von Hubrettungsfahrzeugen;
WG 5: Normung von tragbaren Leitern für Feuerwehren;
WG 6: Normung von Hydranten;
WG 7: Normung für Rettungsgeräte für Feuerwehren. *(Fl)*

WHZ, Abk. für: → *Wasserhalbzeit. (Kl)*

Wiederbelebung → *Reanimation. (Zi)*

Windrispe, ein diagonal vom → *First* in Richtung → *Traufe* verlaufendes Teil, das der Längssteifigkeit einer Dachkonstruktion dient. Windrispen aus Holz, z. B. in Form von Holzlatten, werden unter den → *Sparren* angebracht; solche aus Stahl oder Leichtmetall in Form von Bändern auch auf den Sparren. Werden im Brandfall bei einem Sparrendach Windrispen und die Dachschalung bzw. die Dachlatten zerstört, muss mit Einsturz der Dachkonstruktion gerechnet werden. *(Bt)*

Wipfelfeuer (auch: Kronenfeuer), eine Waldbrandart *(→ Waldbrand),* entsteht meist durch Übergreifen des → *Bodenfeuers* auf die Baumkronen und läuft durch Überspringen in den Wipfeln weiter; starker → *Funkenflug;* das → *Bodenfeuer* läuft dem Wipfelfeuer hinterher.
– Raschlaufendes Wipfelfeuer: Ausbreitungsgeschwindigkeit in Windrichtung 8 bis 25 km/h. Die Form der → *Brandfläche* ist oval; Bildung langer → *Flammen;*
– Langsamlaufendes Wipfelfeuer: es brennen auch Zweige, starke Äste, Baumrinde und trockene Stämme; Ausbreitungsgeschwindigkeit in Windrichtung 5 bis 8 km/h. Die Form der Brandfläche ist oval. Der Brand breitet sich als geschlossene → *Flammenfront* aus. Ein Wipfelfeuer ist für den Waldbestand am gefährlichsten. *(Ha)*

Wirkfläche (einer → *Sprinkleranlage)* ist die gesamte größtmögliche Fläche in m^2, die durch die → *Sprinkler* einer Anlage bzw. Anlagengruppe geschützt ist. Die Festlegung der Wirkfläche richtet sich nach der → *Brandgefahr* (BG) und nach der Höhe des Raumes (Lagers); Beispiel für BG 4.1: die Wirkfläche bei Nassanlage ist 260 m^2 (bei einer Lagerhöhe von 5,3 m und einem Freistreifen von 2,0 m). *(Oe)*

Wirkungsgrad (Formelzeichen η), Verhältnis der abgegebenen → *Leistung* P_2 zur aufgenommenen Leistung P_1; Formel: $\eta = P_2/P_1$; wird meist in Prozent angegeben; Beispiel: Eine Feuerlöschkreiselpumpe des Typs 8/8 muss einen Nennwirkungsgrad von mindestens 50 % haben.
Die Leistung des Antriebsmotors, d. h. die Antriebsleistung P_1 für eine Feuerlöschkreiselpumpe, muss bei einer abgegebenen Leistung von P_2 = 10,66 kW und einem Wirkungsgrad von 50 % 21,23 kW betragen; Berechnung: $P_1 = P_2/\eta$ = 10,66 kW : 0,5 = 21,23 kW. *(Fl)*

Wunde, Verletzung, die eine Abschürfung oder Durchtrennung der Haut bzw. der Schleimhaut verursacht. Reicht die Wunde tiefer, können Muskeln, Sehnen, Knochen, Nerven oder innere Organe verletzt sein. *(Zi)*

Wurfweite (von Strahlrohren) → *Vollstrahl;* → *Sprühstrahl. (Kl)*

Württembergischer Schachthydrant, besondere Bauform eines → *Unterflurhydranten;* er wird in einen Schacht mit Schachtabdeckung eingebaut. Der württ. Schachthydrant liegt tiefer als der genormte Unterflurhydrant (DIN 3221). Daher ist eine Sonderform des → *Standrohres* und des Unterflurhydrantenschlüssels erforderlich. *(Br)*

Zählrohr (auch: Detektor, Sonde), Teil der Messgeräte zum Messen der → *Strahlung* eines → *radioaktiven* Stoffes. Es besteht aus einer gasgefüllten Röhre, in der eine elektrische Entladung abläuft, wenn ionisierende Strahlung sie durchdringt.
Man unterscheidet das
– **Geiger-Müller-Zählrohr,** z. B. die Zusatzsonde des → *Dosisleistungsmessgerätes,* oder das Flächenzählrohr beim → *Kontaminationsnachweisgerät,* das nur die Anzahl der Entladungen je Sekunde zählt und das
– **Proportionalzählrohr,** das eine Energiebestimmung der Strahlung erlaubt, wie dies z. B. beim internen Zählrohr des → *Dosisleistungsmessgerätes* oder des → *Dosiswarngerätes* notwendig ist. *(Kl)*

Zapfen (Zapfenverbindung), eine Verbindung von zwei Holzteilen, bei der das Ende des einen Teils, z. B. einer → *Strebe,* als angeschnittener Zapfen ausgebildet ist, der in ein dafür passend gestemmtes Zapfloch im anderen Teil, z. B. einer Schwelle, eingreift. Zapfenverbindungen sind vor allem im → *Fachwerkbau* und bei Dachstühlen verbreitet. Wegen des hohen Arbeitsaufwands werden Zapfenverbindungen zunehmend durch andere Holzverbindungen, z. B. Nagelplatten, verdrängt. *(Bt)*

Zarge, eine rahmenartige Einfassung, in der die Türblätter mit Hilfe von Türbeschlägen eingehängt werden. Zargen aus Holz, Stahl oder Leichtmetall werden in Wänden verankert. *(Bt)*

ZB-Technik, Abk. für: → *Zentralbatterie-Technik. (Ge)*

Zeiten (beim Feuerwehreinsatz): → *Alarmierungszeit,* → *Ausrückezeit,* → *Entdeckungszeit,* → *Entwicklungszeit,* → *Erkundungszeit,* → *Hilfsfrist* und → *Meldezeit. (Sr)*

Zeitschlitz, ein Verfahren (Möglichkeit), um auf einer Frequenz mehrere Sender in einer festgelegten Reihenfolge senden zu lassen, z. B. bei digitalen → *Alarmierungssystemen* und beim → *Cityruf.*
Beim Gleichwellenfunksystem der Firma ASCOM, jetzt MOTOROLA, wird innerhalb der Sprachübertragung durch Kompression und Expansion ein so genannter Zeitschlitz gebildet und darin die kurzen Daten für die Empfängerauswahl übertragen. *(Ge)*

Zentralamt für Zulassungen im Fernmeldewesen (ZZF); umbenannt in: Bundesamt für Zulassungen in der Telekommunikation (→ *BZT*). *(Ge)*

Zentralbatterie-Technik (ZB), Stromversorgung für den Betrieb aller Telefone innerhalb einer Telefonanlage oder eines Telefonnetzes, z. B. das Netz der Telekom, durch eine einzelne Batterie in der Zentrale oder in der Vermittlungsstelle; Gleichspannung maximal 60 Volt.
Die Rufstromerzeugung erfolgt ebenfalls zentral durch Wechselstrom mit etwa 110 V und 25 Hz; alternative Technik: → *Ortsbatterie-Technik. (Ge)*

Zentralzone → *Zonen um kerntechnische Anlagen. (Kl)*

Zersetzungstemperatur → *Reaktionswärme. (Ha)*

Zivilschutz (ZS), alle nichtmilitärischen (private und öffentliche)

Maßnahmen, die zum Schutz der Bevölkerung, lebenswichtiger ziviler Betriebe sowie des Kulturgutes im Verteidigungsfall getroffen werden. Der Zivilschutz wird weltweit als humanitäre Aufgabe gesehen und genießt völkerrechtlich eine besondere Stellung. Nach dem Grundgesetz ist für die Gesetzgebung im Zivilschutz der Bund zuständig.
Nach dem Zivilschutzgesetz (ZSG) von 1997 gehören zum Zivilschutz folgende Aufgaben: → *Selbstschutz,* Warnung der Bevölkerung, Schutzbau, Aufenthaltsregelung, → *Katastrophenschutz,* Maßnahmen zum Schutz der Gesundheit und Maßnahmen zum Schutz des Kulturgutes. *(Sr)*

Zivilverteidigung, alle Maßnahmen, die im Verteidigungsfall sowohl im militärischen als auch im nichtmilitärischen Bereich zum Schutz der Zivilbevölkerung getroffen werden; → *Zivilschutz. (Sr)*

Zonen, Einteilung der Trinkwasserversorgungssysteme in voneinander unabhängige Bereiche (Zonen). Eine Zone hat einen Radius von etwa 300 m. Reicht das Löschwasserangebot innerhalb einer Zone nicht, so kann die Feuerwehr Wasser aus der benachbarten Zone herbeiführen (Löschwasserförderung). *(Br)*
– um kerntechnische Anlagen; das Gebiet um kerntechnische Anlagen wird in Außen-, Mittel- und Zentralzone eingeteilt. Die **Zentralzone** umschließt die kerntechnische Anlage unmittelbar. Ihre äußere Begrenzung sollte einen Abstand von etwa 2 km von der Anlage nicht überschreiten.
Die **Mittelzone** umschließt die Zentralzone. Ihre äußere Begrenzung soll durch einen Kreis mit einem Radius bis zu etwa 10 km festgelegt werden.
Die **Außenzone** umschließt die Mittelzone. Ihre äußere Begrenzung soll durch einen Kreis mit einem Radius bis zu etwa 25 km festgelegt werden.
In den jeweiligen Zonen befinden sich stationäre Messeinrichtungen und örtlich festgelegte Messpunkte. Bei einem Störfall werden auf Anforderung durch die zuständige Katastrophenschutzbehörde von den → *Strahlenspürtrupps* an den Messpunkten Messungen und Probenahmen durchgeführt. *(Kl)*

Zug, taktische → *Einheit,* bestehend aus einem Zugtrupp *(→ Mannschaftsstärke* 1/1/2) und zwei → *Gruppen* (1/8); insgesamt also 1/3/18/<u>22</u>. Der Zugtrupp verfügt über einen → *Einsatzleitwagen.* Wird der Zug um einen selbstständigen → *Trupp* verstärkt, spricht man vom erweiterten Zug (1/4/20/<u>25</u>). *(Sr)*

Zugeinrichtung (ZE, auch: Seilwinde), eine maschinelle Einrichtung mit einer Nennzugkraft von 50 kN, vorgesehen für einen Bodenzug bis max. 25° Schräglage. Zugeinrichtungen dienen zur Ausführung → *Technischer Hilfeleistung;* Arten: Zugeinrichtung mit maschinellem Antrieb (MZE) als Treibscheiben-Seilwinde, Trommelseilwinde oder Seilwinde mit Spillantrieb *(→ Spill).* Das Drahtseil der Zugeinrichtung muss eine Länge von mindestens 45 m haben. Zugeinrichtungen werden in → *Rüstwagen* oder das → *HLF 20/16* eingebaut. *(Fl)*

Zugfestigkeit, die Eigenschaft eines → *Baustoffs,* zwei entgegengesetzt in Richtung seiner Achse wirkenden Kräften (Zugkräften) Widerstand zu leisten. Diese ein

Bauteil dehnenden Kräfte verursachen in seinem Querschnitt so genannte Zugspannungen *(→ Spannungen). (Bt)*

Zugführer, verantwortliche Führungskraft für einen *→ Zug. (Sr)*

Zugtrupp *→ Führungstrupp. (Sr)*

Zulassungszeichen des Bundesamtes für Zulassungen in der Telekommunikation (BZT); Zeichen, das z. B. alle Endgeräte von Funkanlagen tragen müssen; Aufbau: Bundesadler mit senkrechtstehenden Buchstaben BZT, Zulassungsart und Zulassungsnummer, Kennbuchstabe als Jahresangabe (nach DIN IEC 62). *(Ge)*

Zumischer, *→ Armatur* aus Bronze zur Zumischung von *→ Schaummittel* zum Wasser bei der Erzeugung von *→ Löschschaum;* der Zumischer wird auf allen Löschfahrzeugen mitgeführt.
Man unterscheidet den Zumischer nach DIN 14 384, der auf dem Injektorprinzip beruht und den Turbozumischer (siehe unten). Man kann den Injektorzumischer in seiner Wirkung mit der veralteten Wasserstrahlpumpe vergleichen.
Prinzip: Im Saugraum der Pumpe entsteht durch Injektorwirkung des Wasserstromes ein Unterdruck, der das Ansaugen des Schaummittels über den *→ Ansaugschlauch* aus dem Schaummittelbehälter bewirkt. Mit einer Regelvorrichtung kann die prozentuale Zumischung des Schaummittelstromes zum Wasserdurchfluss eingestellt werden.
Jeder Zumischer ist für einen bestimmten Gemischzufluss und Druckverlust ausgelegt. Durch den Gegendruck nach dem Zumischer durch Strömungsverluste ändert sich die prozentuale Zumischung. Daher darf der Druckverlust zwischen Zumischer und Schaumstrahlrohr 2 bar nicht überschreiten, was dem Druckverlust in einem Schlauch von etwa 100 m Länge bei einem Durchfluss von 200 Liter/min entspricht bzw. von 400 m Länge eines B-Schlauchs bei 200 Liter/min oder 180 m B-Schlauch bei 800 Liter/min *(Tabelle).*

Schlauch	Länge in m	**Durchfluss** in Liter/min
C	100	200
B	400	200
B	180	800

Folgende Zumischer sind nach DIN 14 384 genormt *(Tabelle):*

Typ	Gemischdurchfluss in Liter/min	Kupplung
Z2	200	C
Z2R	200	C
Z4	400	B
Z4R	400	B
Z8	800	B
Z8R	800	B

R bedeutet: Zumischregelung zwischen 2 und 6 % von Hand möglich

Da das Schaummittel als schwache Säure oder Lauge korrosiv wirkt, muss der Zumischer korrosionsbeständig sein (Bronze).
Beim Betrieb ist darauf zu achten, dass der zum Durchfluss des Schaumrohrs passende Zumischer verwendet wird; beispielsweise muss bei einem Schaumrohr mit einem Durchfluss von 400 Liter/min ein Zumischer Z4 oder Z4R verwendet werden.
Im Zumischer muss ein Rückflussverhinderer (Ventil mit einer Kugel aus Kunststoff) eingebaut sein.
Nach dem Einsatz wird der Zumischer mit klarem Wasser gespült, um korrosive Schaummittelreste zu beseitigen und um ein

Verkleben der Kugel zu verhindern.
–, Turbozumischer: Neben den genormten Zumischern gibt es den TZ4R, bei dem das Schaummittel über eine Schaummittelpumpe zugeführt wird. Diese wird von einer in den Wasserstrom eingebauten Wasserturbine angetrieben. Der Turbozumischer hat den Vorteil, dass er unabhängig vom Druckverlust in der Schlauchleitung arbeitet. Er kann daher unabhängig von der Schlauchlänge direkt nach dem Ausgang der Feuerlöschkreiselpumpe angeschlossen werden. Der Maschinist kann dann sowohl die Kreiselpumpe als auch den Zumischer bedienen. *(Fl)*

Zumischung, die durch den Zumischer bestimmte prozentuale Zugabe von → *Schaummittel* zum → *Löschwasser,* wodurch ein Wasser-Schaummittel-Gemisch entsteht.
Zur Erzeugung von Schwer- und Mittelschaum *(→ Verschäumungsbereich)* werden etwa 3 % Schaummittel zugemischt. Bei Spezialschaummitteln kann die Zumischung bis zu 10 % betragen. *(Kl)*

Zündbereich → *Explosionsbereich. (Ha)*

Zündbereitschaft → *Entzündlichkeit;* → *Zündwilligkeit. (Ha)*

Zünddurchschlag, Durchtritt einer → *Flamme,* z. B. durch einen engen Spalt, ein enges Rohr oder eine enge Bohrung,
– in das Innere einer Kapsel oder eines Gehäuses, in dem sich ein explosibles → *Gemisch* befindet und entzündet werden kann oder
– in eine → *explosible Atmosphäre,* die das Gehäuse oder die Kapsel umgibt.
Unterhalb einer Mindestspaltbreite *(→ Grenzspaltweite)* ist ein Zünddurchschlag nicht möglich (siehe DIN EN 50 018). *(Ha)*

Zünden, Auslösen einer → *Zündquelle* (DIN 14 011 Teil 1), z. B. Betätigen eines Feuerzeuges oder anreißen eines Streichholzes. Zünden muss nicht immer zu einem → *Entzünden* führen. *(Ha)*

Zündenergie, die von einer → *Zündquelle* abgegebene Energie; sie ist eine, die jeweilige Zündquelle kennzeichnende Größe; Einheit: mJ (Milli-Joule).
Die Zündenergie führt nur dann zum → *Entzünden,* wenn sie größer ist als die → *Mindestzündenergie* des betreffenden brennbaren Stoffes; Beispiele:
– Funke einer Zündkerze: etwa 20 mJ;
– Reib- oder Schlagfunke: etwa 1 mJ. *(Ha)*

Zündfähigkeit, Eignung einer → *Zündquelle* zum → *Entzünden* eines Stoff-Luft-Gemisches; Beispiel: elektrische Funken sind zündfähig, wenn folgende gefährliche Kombinationen von Spannungen und Stromstärken überschritten werden: 3 V, 38 mA; 5 V, 35 mA; 60 V, 100 mA. *(Ha)*

Zündgrenze → *Explosionsgrenze. (Ha)*

Zündgruppe (jetzt: → *Temperaturklassen),* früher verwendete Einteilung der brennbaren Gase und Dämpfe nach ihrer → *Zündtemperatur. (Ha)*

Zündpunkt, nicht exakte Bezeichnung für → *Zündtemperatur. (Ha)*

Zündschutzart	Kurzzeichen	Beispiele
druckfeste Kapselung	d	Verteilungen, Gehäuse, Leuchten
erhöhte Sicherheit	e	Motoren, Schalter
Sandkapselung	q	Kondensatoren
Eigensicherheit	i, ia, ib	Mess- und Grenzwertgeber, Stellglieder; → *Eigensicherheit;*
Ölkapselung	o	Transformatoren
Überdruckkapselung	p	Verteilungen, Motoren

Zündquelle, eine Energiequelle, die → *brennbaren Stoffen* oder Stoffgemischen → *Zündenergie* zuführen kann (DIN 14011 Teil 1); Beispiele:
- offene → *Flamme,* z. B. Kerze, Streichholz;
- offene → *Glut,* z. B. Zigarette;
- elektrischer Funke, z. B. Schaltfunke (Kollektorfeuer) eines Motors;
- Schleiffunken, z. B. beim Trennschleifen;
- Schlagfunken;
- elektrische Entladungsfunken, z. B. nach elektrostatischer → *Aufladung,*
- heiße Oberfläche, z. B. Auspuff. *(Ha)*

Zündschutzart, besondere elektrotechnische, wärmetechnische und konstruktive Maßnahmen bei elektrischen → *Betriebsmitteln,* um das → *Entzünden* einer umgebenden explosionsfähigen → *Atmosphäre* zu verhindern (Zündschutzarten nach DIN EN 50014 und 0170/0171, siehe *Tabelle). (Ge)*

Zündtemperatur (früher auch: Zündpunkt),
- einer → *explosionsfähigen Atmosphäre:* die in einem Prüfgerät (nach DIN 51794) ermittelte niedrigste Temperatur einer erwärmten Wand, an der die am leichtesten entzündbare explosionsfähige Atmosphäre gerade noch zum → *Brennen* mit Flammenerscheinung angeregt wird;
- bei festen brennbaren Stoffen: die niedrigste Temperatur, die zum Entzünden des Stoffes ausreicht.

Die Zündtemperatur ist zwar keine Stoffkonstante, sondern eine von den jeweiligen Bedingungen abhängige Größe, doch ist sie eine → *Sicherheitstechnische Kennzahl für die* → *Entzündlichkeit* eines Stoffes.

Nach ihren Zündtemperaturen werden brennbare Gase und Flüssigkeiten, nach den zulässigen Oberflächentemperaturen ebenso elektrische → *Betriebsmittel,* in → *Temperaturklassen* eingeteilt.

Stoff	**Zündtemperatur** *in °C*
gasförmige Stoffe	
Acetylen	305
Butan	365
Wasserstoff	560
flüssige Stoffe	
Benzin	220 bis 450
Diesel	220 bis 330
Schwefelkohlenstoff	102
feste Stoffe	
Holz	280 bis 340
Zeitungspapier	185
Baumwolle	450
Polyester	460
Gießharz	510
Schwefel	250
Polyvinylchlorid	530
Zucker	410
Phosphor, weiß	60

Für die Höhe der Zündtemperatur ist die Einwirkungsdauer der Zündquelle (→ *Zündverzug*) entscheidend: Bei lange einwirkender Erwärmung kann die Zündtemperatur erheblich niedriger sein. *(Ha)*

Zündverzugszeit, die Zeitdifferenz zwischen dem Beginn der Zufuhr von → *Zündenergie* bis zum Erreichen der → *Zündtemperatur* und dem Eintritt deutlicher Flammenbildung.
Zündverzug kann Sekundenbruchteile oder bis zu Minuten dauern. Er wird durch die Menge der bei der → *Aufbereitung* des Stoffes gebildeten Reaktionsprodukte (Peroxide, Aldehyde) und von der Beharrungszeit des Stoffes bei einer Temperatur bestimmt. Mit wachsender Zündverzugszeit verringert sich die Zündtemperatur eines Stoffes. Je intensiver der Stoff aufbereitet wird, um so länger ist die Zündverzugszeit und desto tiefer liegen Zündtemperatur und → *Sauerstoffindex.*
Die Zündverzugszeit von Feststoffen wird insbesondere beeinflusst vom Wassergehalt, vom Verhältnis Oberfläche zu Masse, vom Fremdstoffgehalt und von der Wärmeleitfähigkeit *(Tabelle): (Ha)*

Stoff	Zündtemperatur *in °C*	**Zündverzugszeit**
Erdgas	650	10 s
	1000	1 s
	2000	-
Knallquecksilber	200	15 s
	340	1 s
Fichtenholz (Würfel,	149	20 Std.
5 cm Kantenlänge)	280	> 5 min

Zündvorgang, zusammenfassende Bezeichnung für den Ablauf des Stoff- und Wärmeaustauschs bis zum → *Entzünden* eines festen brennbaren Stoffes.
Der Zündvorgang wird dargestellt durch folgende Kriterien: → *Aufbereitung* des brennbaren Stoffes, → *Mindestzündenergie,* → *Zündtemperatur* sowie weitere Detailvorgänge wie Wärme- und Kettenzündung. *(Ha)*

Zündwilligkeit, die Bereitschaft einer explosionsfähigen → *Atmosphäre* oder eines → *explosiblen Gemischs* bei Einwirkung einer ausreichenden → *Zündenergie* zu entzünden. Zündwilligkeit ist durch die für das Gemisch benötigte → *Mindestzündenergie* festgelegt. *(Ha)*

Zusammenladungen,
–, erlaubte: von Explosivstoffen (in einem Fahrzeug): → *Erlaubte* Zusammenladungen;
– von Explosivstoffen: → *Verträglichkeitsgruppen. (Fl)*

Zusatzbeladung, die in der Norm für das jeweilige → *Feuerwehrfahrzeug* festgelegte zusätzliche Geräteausstattung; die Zusatzbeladung ergänzt die → *Standardbeladung,* um umfangreichere Hilfe leisten zu können oder besteht aus zusätzlichen Gerätegruppen, um Zusatzaufgaben zu erfüllen, z. B. der Gerätesatz-Ölbeseitigung oder Gerätesatz-Wasserrettung. *(Fl)*

Zusatzschild, rechteckiges Schild als → *Warnzeichen,* z. B. „Hochspannung, Lebensgefahr" *(Tabelle). (Oe)*

Hochspannung Lebensgefahr W 08 Laserstrahl W 10	Es wird gearbeitet Ort: . . . Datum: . . . Entfernen des Schildes nur durch: . . . P 10

Zusatzzeichen (auch: → *Zusatzschild),*
– als Kombinationszeichen (Kombinationsschild): → *Sicherheitszeichen* nach DIN 4833 Teil 3 und BGV A 8.

Zusatzzeichen dienen der Ergänzung der Sicherheitszeichen und dürfen nur in Verbindung mit diesen verwendet werden. Sie enthalten zusätzliche Informationen zur Verdeutlichung im Einzelfall; Beispiel 1: zum → *Verbotszeichen* „Rauchen verboten" (kreisförmig, mit rotem Rand, innerer Kreis weiß, Symbol schwarz, durch einen roten, von rechts unten nach links oben führenden Querbalken durchgestrichen) ein rechteckiges Schild mit dem Text „Rauchen verboten" (Bild). *(Oe)*

Beispiel 1: Verbotszeichen „Rauchen verboten"

Beispiel 2: Verbotszeichen „Aufzug im Brandfall nicht benutzen!"

Beispiel 3: „Hochspannung Lebensgefahr"; Warnschild und Zusatzschild als Kombination

Zuschlagstoffe, natürliche (z. B. Sand oder Kies) oder künstliche Stoffe (z. B. Hochofenschlacke oder Ziegelsplitt), die bei der Herstellung von → *Beton,* → *Mörtel* oder künstlichen → *Steinen* verwendet werden. Zuschläge bestimmen in Verbindung mit Bindemitteln die Eigenschaften von Baustoffen und beeinflussen maßgebend deren Brandverhalten. *(Bt)*

Zustandsdiagramm, grafische Darstellung der Abhängigkeit mehrerer Größen voneinander, z. B. Abhängigkeit von Schmelz-, Siede- und Sublimationstemperatur eines Stoffes vom Druck. *(Ha)*

Zwang, unmittelbarer → *Unmittelbarer Zwang. (Fi)*

Zwangsmittel sind die → *Ersatzvornahme,* Zwangsgeld und Ersatzzwangshaft sowie → *unmittelbarer Zwang.*
Für die Feuerwehr im Einsatz kommen wegen der Eilbedürftigkeit grundsätzlich nur Ersatzvornahme und unmittelbarer Zwang in Betracht. Beispiele:
a) Jemand entfernt trotz Anordnung des Einsatzleiters sein behindernd abgestelltes Fahrzeug nicht; Feuerwehrangehörige ziehen es weg (Ersatzvornahme);
b) Eine Person verlässt trotz Aufforderung den Gefahrenbereich nicht. Sie wird von Feuerwehrangehörigen mit einfacher körperlicher Gewalt aus dem Gefahrenbereich geschoben (unmittelbarer Zwang).
Zwangsmittel sind nur zulässig, wenn ein vollziehbarer Verwaltungsakt oder ein Grund für die sofortige Vollziehbarkeit vorliegt. Zwangsmittel sind vor ihrer Anwendung anzudrohen. Der Grundsatz der → *Verhältnismäßigkeit* ist zu beachten. *(Fi)*

Zwei-Helfer-Methode (2-Helfer-Methode), eine Methode der Herz-Lungen-Wiederbelebung (HLW), die durch zwei Helfer durchgeführt wird. Bei dieser Methode führt der erste Helfer die → *Herzdruckmassage,* der zweite Helfer die → *Atemspende* durch; Frequenz: 2 Atemspenden, 15 Herzdruckmassagen; → *Ein-Helfer-Methode. (Zi)*

Zweimelderabhängigkeit, Maßnahme zur Verifizierung des Alarmzustandes einer → *Brandmeldeanlage*. Der Brandmeldezustand wird erst nach Ansprechen von zwei Meldern einer Meldergruppe erreicht. *(Ge)*

Zwischenbehälter (einer → *Sprinkleranlage),* ein künstlich angelegter, ober- oder unterirdischer Löschwasserbehälter (Vorratsbehälter) aus Beton oder Stahl. Ihm wird vom → *Vorratsbehälter* Wasser zugeführt. Er versorgt die → *Sprinklerpumpe* und den Druckluftwasserkessel; sein Mindestfassungsvermögen richtet sich nach der Brandgefahr *(Tabelle). (Oe)*

Brandgefahr (BG) bei SK-Anlage *(nach VdS)*	**Fassungsvermögen**
BG 1 und BG 2.1	5 m^3
BG 2.2 und BG 2.3	20 m^3
BG 3.1 und BG 4,1	70 m^3

Zyklische Überwachung, Aktivieren eines → *Übertragungsweges* in regelmäßigen Abständen, um die Betriebsbereitschaft zu überprüfen. *(Ge)*

ZZF, Abk. für: → *Zentralamt für Zulassungen im Fernmeldewesen. (Ge)*